Real
MySQL 8.0 〔 1 〕 전면 개정판

개발자와 DBA를 위한 MySQL 실전 가이드

Real MySQL 8.0 1 전면 개정판

개발자와 DBA를 위한 MySQL 실전 가이드

지은이 백은빈, 이성욱

펴낸이 박찬규   엮은이 이대엽   디자인 북누리   표지디자인 Arowa & Arowana

펴낸곳 위키북스   전화 031-955-3658, 3659   팩스 031-955-3660

주소 경기도 파주시 문발로 115, 311호 (파주출판도시, 세종출판벤처타운)

가격 30,000   페이지 516   책규격 188 x 240mm

1쇄 발행 2021년 09월 08일
2쇄 발행 2022년 01월 20일
3쇄 발행 2022년 09월 30일
4쇄 발행 2024년 01월 24일
ISBN 979-11-5839-270-3 (93000)

등록번호 제406-2006-000036호   등록일자 2006년 05월 19일
홈페이지 wikibook.co.kr   전자우편 wikibook@wikibook.co.kr

Real
MySQL 8.0

개발자와 DBA를 위한 MySQL 실전 가이드

1

전면 개정판

백은빈, 이성욱 지음

위키북스

책 사용 설명서

본문 내용을 시작하기에 앞서 이 책의 도서 홈페이지 및 예제 파일을 소개하고, 이 책에서 사용된 편집 서식에 대해 알아보겠습니다.

도서 홈페이지

이 책의 홈페이지 URL은 다음과 같습니다.

- 책 홈페이지: https://wikibook.co.kr/realmysql801

이 책을 읽는 과정에서 내용상 궁금한 점이나 잘못된 내용, 오탈자가 있다면 홈페이지 우측의 [도서 관련 문의]를 통해 문의해 주시면 빠른 시간 내에 안내해 드리겠습니다.

예제 파일

이 책의 예제 파일은 깃허브 저장소에서 관리됩니다. 아래 깃허브 저장소에서 예제 파일을 확인하고 내려받을 수 있습니다.

- 깃허브 저장소: https://github.com/wikibook/realmysql80

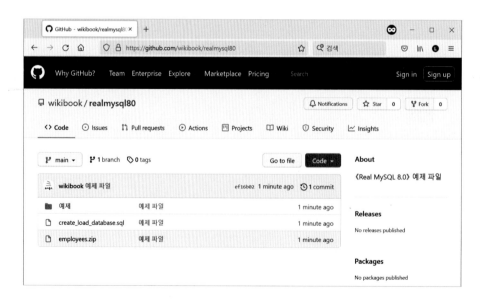

예제 파일이 변경될 경우 위 깃허브 저장소에 반영됩니다.

예제 파일 다운로드

이 책의 예제 파일을 다운로드하는 방법을 알아보겠습니다.

1. 웹 브라우저로 깃허브 저장소(https://github.com/wikibook/realmysql80)에 접속해 우측 상단의 [Code]를 클릭한 후 [Download ZIP]을 클릭합니다.

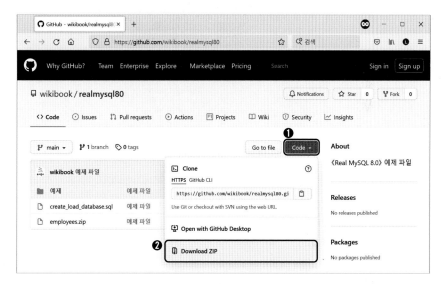

2. 다운로드할 폴더를 지정해 압축 파일(ZIP 파일)을 내려받습니다. 특별히 다운로드 폴더를 지정하지 않으면 다운로드 폴더에 내려받습니다.

3. 다운로드한 압축 파일(realmysql80-main.zip)의 압축을 풉니다. 이때 압축 해제된 파일이 위치할 대상 폴더를 지정하거나 현재 디렉터리에 압축을 해제한 후 대상 폴더로 옮길 수 있습니다.

4. 압축을 해제한 폴더로 이동하면 폴더 구성을 확인할 수 있습니다. 이 가운데 예제 데이터베이스 파일(employees.sql)을 압축한 employees.zip 파일의 압축을 해제합니다.

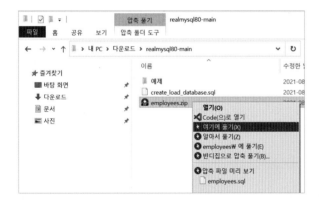

편집 서식

이 책의 본문에 사용된 서식은 다음과 같습니다.

- 본문 코드: 본문에서 코드, 파일명, 옵션 등과 관련된 사항을 표기합니다.

  SET PERSIST 명령이나 SET PERSIST_ONLY 명령으로 시스템 변수를 변경하면 다음과 같이 JSON 포맷의 mysqld-auto.cnf 파일이 생성된다.

- 코드 블록: 코드 예제를 나타냅니다.

```
mysql> SET PERSIST max_connections=5000;
mysql> SHOW GLOBAL VARIABLES LIKE 'max_connections';
+-----------------+-------+
| Variable_name   | Value |
+-----------------+-------+
| max_connections | 5000  |
+-----------------+-------+
```

- 참고: 본문 내용과 관련해서 알아둘 만한 내용을 나타냅니다.

  > **참고**
  > yum 명령어 앞에 사용된 sudo 명령은 yum 명령을 root 권한으로 실행하게 해준다. MySQL 서버를 설치하는 과정에서 리눅스 서버의 관리자만 접근할 수 있는 디렉터리에 파일들을 복사하기 때문에 반드시 root 권한이 필요하다. 그래서 만약 현재 사용자가 root가 아니라면 sudo 명령을 yum 명령과 함께 사용해야 한다.

- 주의: 본문 내용과 관련해서 주의해야 할 내용을 나타냅니다.

  > **주의**
  > MySQL 서버가 시작되거나 종료될 때는 MySQL 서버(InnoDB 스토리지 엔진)의 버퍼 풀 내용을 백업하고 복구하는 과정이 내부적으로 실행된다. 실제 버퍼 풀의 내용을 백업하는 것이 아니라, 버퍼 풀에 적재돼 있던 데이터 파일의 데이터 페이지에 대한 메타 정보를 백업하기 때문에 용량이 크지 않으며, 백업 자체는 매우 빠르게 완료된다. 하지만 MySQL 서버가 새로 시작될 때는 디스크에서 데이터 파일들을 모두 읽어서 적재해야 하므로 상당한 시간이 걸릴 수도 있다.

예제 데이터베이스

이 책에서 사용하는 예제 데이터베이스의 ERD와 예제 데이터베이스를 생성하는 방법입니다.

ERD

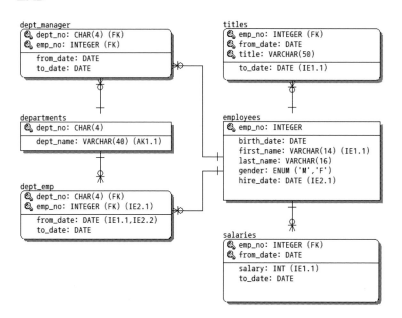

예제 데이터베이스 생성

다음 명령을 MySQL에서 차례로 실행합니다. 책 사용 설명서에서 설명한 바와 같이 employees.zip 파일의 압축을 풀어 employees.sql 파일이 현재 디렉터리에 있다고 가정합니다.

```
mysql> CREATE DATABASE employees
         DEFAULT CHARACTER SET utf8mb4 COLLATE utf8mb4_0900_ai_ci;

mysql> USE employees
mysql> SOURCE employees.sql
```

《Real MySQL》이 출간된 2012년 즈음은 다양한 DBMS들이 우후죽순으로 탄생하던 춘추전국 시대와 같은 시기였으며, 아마도 그때는 전통적인 RDBMS들은 살아남지 못하고 곧 사라질 것이라고 생각한 사람들도 많았을 것이다. 빅데이터 기술에 대한 관심이 높아지고 단순 로그 성격의 대량 데이터 저장을 위한 솔루션의 필요성이 대두되면서 Cassandra나 HBase 같은 NoSQL DBMS가 급부상했으며, 그를 뒤이은 후발 주자로 MongoDB도 많은 관심을 받았다.

10년이 지난 지금, 그 누구도 그때 출시됐던 NoSQL DBMS를 언급하지 않는 듯하다(여기서 이야기하는 DBMS 범주에서 Redis와 Memcached는 제외했다). 그나마 HBase와 MongoDB만이 자기만의 자리를 찾아서 사용되고 있는 상황이다. 오히려 전통적인 RDBMS들은 자기만의 영역과 역할을 견고히 다져왔으며, 그중에서도 MySQL 서버는 수많은 NoSQL DBMS를 대체하면서 더 발전해 왔다. MySQL 서버가 오라클로 인수되면서 오픈소스로 유지되기 어려울 것이라는 예측이 많았지만, 그 이후 안정성 향상뿐만 아니라 더 많은 기능들이 추가되면서 상용 RDBMS와 견주어 부족함이 없을 정도로 발전했으며, 더 많은 회사들이 오픈소스 버전의 MySQL 서버를 사용하고 있다. MySQL 서버는 26년간의 역사를 통틀어서 오늘이 가장 발전된 모습이며, 다가올 1년 그리고 10년 후 오늘보다 더 나은 기능과 성능을 보여줄 것이라 믿는다.

앞에서 언급했던 HBase와 MongoDB는 특정 유스케이스에 적합한 DBMS인 반면, MySQL 서버와 같은 RDBMS는 범용 DBMS 영역에 속한다. 어떤 서비스를 개발하든 초기에는 범용 DBMS를 선택하고, 사용량이나 데이터의 크기가 커지면 일부 도메인 또는 테이블의 데이터만 전용 DBMS로 이전해서 확장하는 형태를 대부분 회사에서 선택하고 있다. 그래서 어떤 서비스를 개발하더라도 RDBMS 선택을 피할 수 없으며, 그 선택의 첫 번째 후보로 MySQL 서버가 견고하게 자리잡고 있다. 이는 다른 DBMS보다 MySQL 서버의 노력과 시간 투자 대비 효율이 가장 높다는 것을 의미하며, 서비스 개발자라면 MySQL 서버를 이해하기 위해서 시간을 투자해야 하는 이유다.

최근에는 다양한 프로그래밍 언어에서 ORM 도구를 지원하고 있으며, 많은 프로젝트에서 ORM 기능을 채택하고 있다. 더 나아가서 SQL 문장을 직접 작성하는 것보다 ORM을 통해서 간접적으로 DBMS를 접근하는 것을 더 선호하는 개발자들도 많아졌다. 요즘은 오픈소스로 제공되는 기능들에 대한 신뢰도가 매우 높아진 것으로 보인다. 물론 오픈소스를 활용하면 개발 생산성을 높일 수 있고 오픈소스의 검증된 코드를 활용하면서 서비스의 안정성을 더 높일 수도 있다. 하지만 모든 오픈소스가 그런 것은 아니라는 것에 주의해야 한다. ORM은 DBMS와의 인터랙션을 블랙박스로 만들어 버리기 때문에 ORM 도구가 DBMS로 어떤 쿼리를 실행하는지를 알기 어렵다. ORM이 만들어 내는 쿼리가 여러분이 직접 작성하는 쿼리보다 더 나은 성능을 보일 것이라는 기대를 해서는 안 되며, 유스케이스별로 ORM이 생성한 쿼리들을 검토해볼 것을 권장한다. 즉 ORM이 최적은 아니어도 최악의 쿼리를 만들어내는 경우를 회피하기 위해 서비스 개발자는 RDBMS와 쿼리 처리 방식을 이해할 필요가 있다.

물론 ORM 사용에 대해서는 많은 논쟁거리가 있다는 것을 잘 알고 있다. 하지만 이 문제에 대해서 하나의 정답이 없다는 것은 확실하다. 개발 생산성에 가중치를 줄 것인지 성능이나 안정성 그리고 서버 비용에 가중치를 줄 것인지는 직접 판단해야 할 문제다. ORM을 사용했을 때 테이블의 레코드를 1건만 읽어도 될 쿼리를 몇만 또는 몇십만 레코드를 읽어서 처리하도록 쿼리를 생성하는 경우가 드물지 않게 발생하는 것을 경험했다. 앞으로 ORM 도구들이 얼마나 더 발전하게 될지는 알 수 없지만, 적어도 아직은 ORM을 전적으로 신뢰해서는 안 될 것으로 보인다.

또한 개발자들은 항상 바쁜 프로젝트 일정을 소화해야 하기 때문에 DBMS에 대해서 입력과 출력 자체에만 집중하는 경우가 많다. 즉 DBMS 서버가 그 결과를 만들기 위해서 내부적으로 무슨 과정을 거쳤는지는 크게 관심을 가지지 않는다. 그런데 AWS 같은 클라우드 환경의 DBMS 서버들은 자원을 무제한 사용하도록 해주고 사용한 만큼 비용을 가져간다. 즉 컴퓨팅 자원이 너무 쉽게 낭비될 수 있는 환경이고 이런 낭비는 결국 비용 증가로 연결될 것이다. 클라우드 서비스 회사와 ORM 도구들은 우리가 지불해야 할 비용에 대해서 걱정해주지 않기 때문에 결국 사용자 입장에서 필요한 만큼 지식과 경험을 갖추고 있어야 하는 것이다. 이 책을 통해 그러한 지식과 경험을 쌓는 시간을 절약하고, MySQL을 사용할 때 더욱 효율적이고 최적화된 형태로 개발이 이뤄질 수 있기를 바란다.

01

소개

1.1 MySQL 소개

이미 많은 사람들이 알고 있듯이 지금의 MySQL은 소스가 공개된 오픈소스 데이터베이스이지만 MySQL이 처음부터 오픈소스였던 것은 아니다. MySQL의 역사는 1979년 스웨덴의 TcX라는 회사의 터미널 인터페이스 라이브러리인 UNIREG로부터 시작된다. UNIREG는 1994년 웹 시스템의 데이터베이스로 사용하기 시작하면서 MySQL 버전 1.0이 완성됐지만 TcX 사내에서만 사용되다가, 1996년에 비로소 일반인에게 공개됐다. 그리고 2000년 TcX에서 MySQL을 개발한 중심인물(몬티와 데이빗)이 MySQL AB라는 회사로 독립함과 동시에 FPL(Free Public License) 라이선스 정책으로 바뀌고, 드디어 2006년 최종적으로 현재와 같은 두 가지 라이선스 정책을 취하게 된다. 이후에 모두 잘 알고 있듯이 썬마이크로시스템즈에 인수되고, 다시 오라클로 인수됐지만 특별한 라이선스 정책의 변화는 없는 상태다.

현재 MySQL의 라이선스 정책은 'MySQL 엔터프라이즈 에디션'과 'MySQL 커뮤니티 에디션'으로 두 가지이며, 별도의 라이선스 계약 없이 일반 사용자가 내려받아 사용하는 버전은 'MySQL 커뮤니티 에디션'이다. 결국 MySQL은 100% 무료는 아니다. 하지만 MySQL의 엔터프라이즈 에디션과 커뮤니티 에디션의 소스코드는 동일하다. MySQL 5.5 이전 버전까지 엔터프라이즈 에디션과 커뮤니티 에디션의 차이는 얼마나 자주 패치 버전이 릴리스되느냐 정도였다. 커뮤니티 에디션은 당연히 소스코드가 공개돼 있었고, 엔터프라이즈 에디션도 라이선스 계약을 맺은 사용자에게는 소스코드를 공개했다. 그런데 2011년 2월 MySQL 5.5 GA(General Available) 버전부터는 엔터프라이즈 에디션의 소스코드가 더는 공개되지 않도록 바뀌었다. 하지만 커뮤니티 에디션은 여전히 소스코드가 공개된 상태로 유지되고 있다.

처음 MySQL이 오라클로 인수된다는 발표가 있었을 때 많은 사람이 이제 MySQL 서버는 시장에서 사라질 것이라고 예상했다. 하지만 그들의 걱정은 단순한 기우에 불과했음을 지금은 누구나 알고 있다. 오라클에서 인수한 초기에는 큰 변화가 없는 듯 보였지만, 이때부터 MySQL 서버의 소스코드 레벨부터 리팩토링이 시작됐다. 그리고 MySQL 5.5 버전부터 5.7 버전까지는 안정성과 성능 개선에 집중했으며, MySQL 8.0 버전부터는 상용 DBMS가 가지고 있는 기능들이 장착되기 시작했다. MySQL이 오라클에 인수된 이후 10여 년의 기간은 MySQL 역사상 가장 큰 변화의 시기가 아니었나 생각한다.

1.2 왜 MySQL인가?

다른 DBMS와 비교할 때 MySQL의 경쟁력은 무엇이고 왜 MySQL을 사용해야 할까?

MySQL과 오라클을 비교해 본다면 당연히 MySQL의 경쟁력은 가격이나 비용일 것이다. 《Real MySQL》을 처음 집필하던 시점만 해도 오라클과 MySQL은 주요 고객이 완전히 달랐다. 물론 DBMS는 보수적인 소프트웨어이기 때문에 쉽게 기존 DBMS를 다른 DBMS로 바꾸려고 하지 않을 것이다. 하지만 이제는 금전적인 트랜잭션 처리라고 해서 MySQL 서버를 처음부터 배제하지는 않는다. 국내 유명 포털 사이트도 빌링 시스템을 MySQL 서버로 구현해서 사용하고 있으며, 코어 뱅킹 시스템은 아닐지라도 국내 대형 은행 시스템에서도 MySQL 서버를 사용하고 있다.

그런데 최근 10여 년간의 전자 제품 발전과 서버 컴퓨터 시장의 변화는 이전에는 없던 새롭고 엄청난 양의 데이터를 만들어 내기 시작했다. MySQL 서버가 오라클 RDBMS와 경쟁하지 않아도 사용될 곳이 무한정 늘어나고 있는 것이다. 이런 방대한 양의 데이터를 저장하기에 오라클 RDBMS는 너무 비싸다. 예전에 페이스북에 근무하는 DBA에게 "페이스북은 돈을 많이 벌 텐데, 왜 상용 DBMS를 선택하지 않고 MySQL 서버를 선택했는가?"라고 물었더니 "페이스북이 가진 데이터를 모두 오라클 RDBMS에 저장하면 페이스북은 망할 것이다"라는 답변을 들은 적이 있다. 앞으로 10년은 지금까지 만들어지던 데이터의 몇백 배, 아니 몇천 배로 늘어날 것이다. 그때는 MySQL 서버 이외의 다른 선택지가 없을지도 모른다.

> "어떤 DBMS를 사용해야 할지 모르겠습니다. 어떤 DBMS가 좋은가요?"

많은 사람들로부터 듣는 질문 중 하나다. 이런 질문을 들을 때마다 저자는 항상 *"자기가 가장 잘 활용할 수 있는 DBMS가 가장 좋은 DBMS입니다."*라고 답변한다. 이 답변은 지금도 변함이 없다. 이 질문의 답을 듣고도 아직 고민된다면 다음 순서로 고려하라고 조언하고 싶다.

- 안정성
- 성능과 기능
- 커뮤니티나 인지도

DBMS의 안정성은 더 설명이 필요 없는 기준일 것이다. 때로는 성능이나 기능을 안정성보다 중요시하는 사람들이 있다. 주로 새로운 시도를 좋아하는 개발자들일 가능성이 높다. 하지만 DBMS의 안정성 문제로 밤잠을 설쳐 본 개발자라면 말이 달라질 것이다. 성능이나 기능은 돈이나 노력으로 해결되지만 안정성은 그렇지 않다. 안정성 다음으로 성능과 기능을 고려해보고, 그다음으로는 커뮤니티나 인지도도 함께 고려해보라. 커뮤니티나 인지도가 적은 DBMS는 필요한 경험이나 지식을 구하기 어렵다. 그런데 더 큰 문제는 DBMS를 관리할 전문가를 구하기 어렵다는 것이다.

다음 그림 1.1의 차트는 DB-Engines.com(https://db-engines.com/en/ranking)에서 제공하는 2021년 7월 DBMS 서버의 랭킹이다.

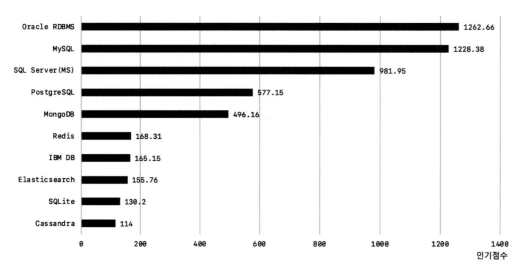

그림 1.1 2021년 7월의 DBMS 랭킹

DB-Engines.com에서 이 순위를 만들기 위해서 점수를 부여할 때 사용하는 대표적인 기준은 다음과 같다.

- 웹 사이트 언급 횟수(website mentions)
- 검색 빈도(search frequency)
- 기술 토론 빈도(technical discussion frequency)
- DBMS별 구인(current job offers)
- 전문가 인맥(professional network profiles)

DBMS 선택에서 중요한 요소인 안정성과 성능, 그리고 기능은 DB-Engines의 점수 부여 기준이 아니다. DB-Engines.com에서 점수 산정의 기준은 DBMS별 활용도에 집중하고 있는데, 결국 이런 활용도의 중심에는 DBMS의 안정성과 기능, 그리고 성능이 모두 포함돼 있기 때문일 것이다. 안정성이나 기능, 성능에 문제가 있음에도 불구하고 그런 DBMS를 억지로 사용하는 경우는 많지 않을 것이며, 또한 그런 DBMS에 대해 사용자의 활동이 많을 가능성은 매우 낮다. DBMS의 커뮤니티나 전문가 집단의 숫자 등도 DBMS를 선정하는 데 있어 중요한 요소의 하나임을 알 수 있다. 그림 1.1의 결과를 보면 MySQL 서버는 충분히 좋은 선택지라는 것을 알 수 있다. 게다가 MySQL 서버는 오픈소스(또는 저비용)라는 무기까지 갖추고 있으니 상위에 위치한 상용 DBMS보다 훨씬 더 매력적인 선택이 될 것이다.

02

설치와
설정

2.1 MySQL 서버 설치

MySQL 서버는 다음과 같이 다양한 형태로 설치할 수 있지만 가능하다면 리눅스의 RPM이나 운영체제별 인스톨러를 이용하기를 권장한다.

- Tar 또는 Zip으로 압축된 버전

- 리눅스 RPM 설치 버전(윈도우 인스톨러 및 macOS 설치 패키지)

- 소스코드 빌드

이번 장에서는 인스톨러를 이용한 MySQL 서버 설치 및 디렉터리 준비, 그리고 MySQL 서버의 시작과 종료에 대해 살펴보자. 우선 본격적인 설치 과정을 설명하기 전에 MySQL 서버의 버전 및 에디션(엔터프라이즈 vs. 커뮤니티)에 대해 살펴보자.

2.1.1 버전과 에디션(엔터프라이즈와 커뮤니티) 선택

MySQL 서버의 버전을 선택할 때는 다른 제약 사항(기존 솔루션이 특정 버전만 지원하는 경우)이 없다면 가능한 한 최신 버전을 설치하는 것이 좋다. 기존 버전에서 새로운 메이저 버전(MySQL 5.1, 5.5, 5.6, 5.7, 8.0)으로 업그레이드하는 경우라면 최소 패치 버전이 15~20번 이상 릴리스된 버전을 선택하는 것이 안정적인 서비스에 도움이 될 것이다. 즉, MySQL 8.0 버전이라면 MySQL 8.0.15부터 8.0.20 사이의 버전부터 시작하는 것을 권장한다. 그리고 새로운 서비스라면 서비스 개발과 동시에 데이터베이스 서버를 함께 테스트해 나갈 수 있기 때문에 조금 더 빠른 패치 버전부터 시작해도 괜찮을 듯하다. 하지만 갓 출시된 메이저 버전을 선택하는 것은 조금 위험할 수 있다. 메이저 버전은 많은 변화를 거친 버전이므로 갓 출시된 상태에서는 치명적이거나 보완하는 데 많은 시간이 걸릴 만한 버그가 발생할 수도 있기 때문이다.

초기 버전의 MySQL 서버는 엔터프라이즈 에디션과 커뮤니티 에디션으로 나뉘어 있기는 했지만 실제 MySQL 서버의 기능에 차이가 있었던 것이 아니라 기술 지원의 차이만 있었다. 하지만 MySQL 5.5 버전부터는 커뮤니티와 엔터프라이즈 에디션의 기능이 달라지면서 소스코드도 달라졌고, MySQL 엔터프라이즈 에디션의 소스코드는 더이상 공개되지 않는다.

하지만 MySQL 서버의 상용화 전략은 핵심 내용은 엔터프라이즈 에디션과 커뮤니티 에디션 모두 동일하며, 특정 부가 기능들만 상용 버전인 엔터프라이즈 에디션에 포함되는 방식이다. 이런 상용화 방식을 오픈 코어 모델(Open Core Model)이라고 한다. 즉, MySQL 엔터프라이즈 에디션과 커뮤니티 에디션의 핵심 기능은 거의 차이가 없으며, 다음과 같은 부가적인 기능과 서비스들은 엔터프라이즈 에디션에서만 지원된다.

- Thread Pool
- Enterprise Audit
- Enterprise TDE(Master Key 관리)
- Enterprise Authentication
- Enterprise Firewall
- Enterprise Monitor
- Enterprise Backup
- MySQL 기술 지원

지금까지의 경험상 Percona[1]에서 출시하는 Percona Server 백업 및 모니터링 도구 또는 Percona Server에서 지원하는 플러그인(Thread Pool과 Audit 플러그인 등)을 활용하면 MySQL 커뮤니티 에디션의 부족한 부분을 메꿀 수 있었기 때문에 MySQL 엔터프라이즈 에디션의 필요성은 그다지 크지 않았다. 물론 기술 지원은 별개의 문제인데, MySQL 엔터프라이즈 에디션과 커뮤니티 에디션의 기본 성능이 다르다거나 한 것은 아니므로 엔터프라이즈 에디션에서 지원하는 것들이 꼭 필요한지 검토해보는 것이 좋다.

2.1.2 MySQL 설치

MySQL 서버의 다양한 설치 방법 중에서 운영체제별로 설치 프로그램을 이용하는 방법 위주로 살펴보겠다.

2.1.2.1 리눅스 서버의 Yum 인스톨러 설치

Yum 인스톨러를 이용하려면 MySQL 소프트웨어 리포지토리(Repository)를 등록해야 하는데, 이를 위해서는 MySQL 다운로드 페이지[2]에서 RPM 설치 파일을 직접 받아서 설치해야 한다.

---

1 https://www.percona.com

2 https://dev.mysql.com/downloads/repo/yum/

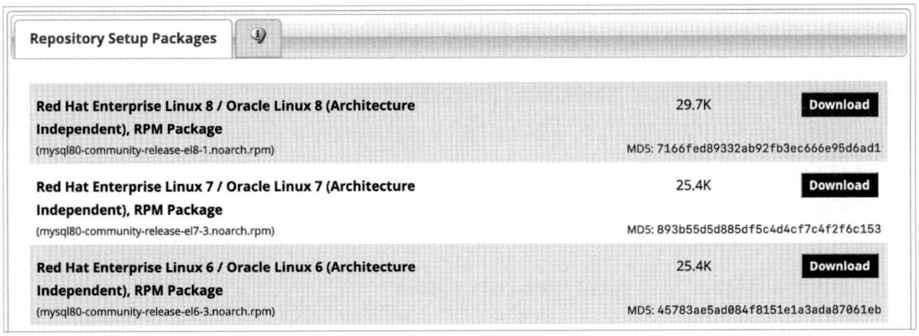

그림 2.1 Yum 리포지토리 설치용 RPM 다운로드

각 운영체제의 버전에 맞는 RPM 파일을 다운로드해서 MySQL 서버를 설치하고자 하는 리눅스 서버에서 다음과 같이 Yum 리포지토리 정보를 등록한다.

```
linux> sudo rpm -Uvh mysql80-community-release-el7-3.noarch.rpm
준비 중...                         ############################### [100%]
Updating / installing...
   1:mysql80-community-release-el7-3  ############################### [100%]
```

Yum 리포지토리가 등록되면 다음과 같이 MySQL 설치용 RPM 파일들이 저장된 경로를 가진 파일이 생성된 것을 확인할 수 있다.

```
linux> ls -alh /etc/yum.repos.d/*mysql*
-rw-r--r-- 1 root root 2.1K  4월 24  2019 /etc/yum.repos.d/mysql-community-source.repo
-rw-r--r-- 1 root root 2.1K  4월 24  2019 /etc/yum.repos.d/mysql-community.repo
```

이제 다음과 같이 Yum 인스톨러 명령을 이용해 버전별로 설치 가능한 MySQL 소프트웨어 목록을 확인할 수 있다.

```
linux> sudo yum search mysql-community
...
===================== N/S matched: mysql-community =====================
mysql-community-client.i686 : MySQL database client applications and tools
mysql-community-client.x86_64 : MySQL database client applications and tools
mysql-community-common.i686 : MySQL database common files for server and client libs
mysql-community-common.x86_64 : MySQL database common files for server and client libs
```

```
mysql-community-libs.i686 : Shared libraries for MySQL database client applications
mysql-community-libs.x86_64 : Shared libraries for MySQL database client applications
mysql-community-release.noarch : MySQL repository configuration for yum
mysql-community-server.x86_64 : A very fast and reliable SQL database server
mysql-community-test.x86_64 : Test suite for the MySQL database server
...

linux> sudo yum --showduplicates list mysql-community-server
...
Available Packages
mysql-community-server.x86_64    8.0.11-1.el7    mysql80-community
mysql-community-server.x86_64    8.0.12-1.el7    mysql80-community
mysql-community-server.x86_64    8.0.13-1.el7    mysql80-community
mysql-community-server.x86_64    8.0.14-1.el7    mysql80-community
mysql-community-server.x86_64    8.0.15-1.el7    mysql80-community
mysql-community-server.x86_64    8.0.16-1.el7    mysql80-community
mysql-community-server.x86_64    8.0.16-2.el7    mysql80-community
mysql-community-server.x86_64    8.0.17-1.el7    mysql80-community
mysql-community-server.x86_64    8.0.18-1.el7    mysql80-community
mysql-community-server.x86_64    8.0.19-1.el7    mysql80-community
mysql-community-server.x86_64    8.0.20-1.el7    mysql80-community
mysql-community-server.x86_64    8.0.21-1.el7    mysql80-community
```

> **참고**
> yum 명령어 앞에 사용된 sudo 명령은 yum 명령을 root 권한으로 실행하게 해준다. MySQL 서버를 설치하는 과정에서 리눅스 서버의 관리자만 접근할 수 있는 디렉터리에 파일들을 복사하기 때문에 반드시 root 권한이 필요하다. 그래서 만약 현재 사용자가 root가 아니라면 sudo 명령을 yum 명령과 함께 사용해야 한다.

yum search 명령의 결과로 어떤 RPM 패키지가 있는지 확인할 수 있으며, yum --showduplicates list 명령으로 설치 가능한 모든 버전을 확인할 수 있다.

이제 MySQL 8.0의 마지막 버전인 8.0.20 버전을 설치해보자.

```
linux> sudo yum install mysql-community-server-8.0.21
...
Dependencies Resolved
```

```
================================================================================
 Package                    Arch     Version      Repository            Size
================================================================================
Installing:
 mysql-community-server     x86_64   8.0.21-1.el7  mysql80-community    499 M
Installing for dependencies:
 mysql-community-client     x86_64   8.0.21-1.el7  mysql80-community     48 M
 mysql-community-common     x86_64   8.0.21-1.el7  mysql80-community    617 k
 mysql-community-libs       x86_64   8.0.21-1.el7  mysql80-community    4.5 M

Transaction Summary
================================================================================
Install  1 Package (+3 Dependent packages)

Total download size: 551 M
Installed size: 2.5 G
Is this ok [y/d/N]:
```

Is this ok [y/d/N]: 프롬프트에 'y'를 입력하면 나머지 설치가 모두 진행된다. Yum 인스톨러를 이용하는 경우 설치하고자 하는 버전을 패키지 이름 뒤에 '−'으로 구분해서 입력하면 된다.

리눅스 서버에서는 Yum 인스톨러나 RPM 설치를 하더라도 MySQL 서버를 바로 시작할 수 있는 준비가 되지는 않는다. 주로 서비스용 MySQL 서버는 리눅스 서버에서 많이 사용하므로 리눅스 서버에서의 설정 파일과 시스템 테이블을 준비하는 과정은 2.2절 'MySQL 서버의 시작과 종료'에서 더 자세히 살펴보겠다.

2.1.2.2 리눅스 서버에서 Yum 인스톨러 없이 RPM 파일로 설치

Yum 인스톨러를 사용하지 않고 RPM 패키지로 직접 설치하려면 설치에 필요한 RPM 패키지 파일들을 직접 다운로드해야 한다. MySQL RPM 다운로드 페이지[3]에서 운영체제의 버전과 CPU 아키텍처를 선택한 후, RPM 패키지 파일을 다운로드하면 된다. 최신 버전이 아닌 이전 버전을 다운로드하고 싶다면 그림 2.2의 우측 상단에 있는 'Looking for previous GA versions?' 링크를 클릭하면 원하는 버전을 선택할 수 있다.

---

3 https://dev.mysql.com/downloads/mysql/

그림 2.2 MySQL RPM 패키지 다운로드

RPM 패키지 다운로드 페이지에서 다음의 RPM 패키지 파일들을 다운로드한 후 의존 관계 순서대로 (표 2.1의 순서가 의존 관계 순서이므로 이 순서대로 설치) 설치하면 된다. Development Libraries 패키지는 C/C++ 언어로 MySQL 서버에 접속하는 프로그램을 개발하고 빌드할 때 필요한 파일들을 담고 있으므로 굳이 필요치 않다면 설치하지 않아도 된다.

표 2.1 RPM 패키지 목록

RPM 패키지	RPM 파일명
Development Libraries	mysql-community-devel-8.0.21-1.el7.x86_64.rpm
Shared Libraries	mysql-community-libs-8.0.21-1.el7.x86_64.rpm
Compatibility Libraries	mysql-community-libs-compat-8.0.21-1.el7.x86_64.rpm
MySQL Configuration	mysql-community-common-8.0.21-1.el7.x86_64.rpm
MySQL Server	mysql-community-server-8.0.21-1.el7.x86_64.rpm
Client Utilities	mysql-community-client-8.0.21-1.el7.x86_64.rpm

표 2.1은 의존 관계 순으로 나열돼 있으므로 이 순서대로 설치한다.

```
linux> rpm -Uvh mysql-community-devel-8.0.21-1.el7.x86_64.rpm
linux> rpm -Uvh mysql-community-libs-8.0.21-1.el7.x86_64.rpm
linux> rpm -Uvh mysql-community-libs-compat-8.0.21-1.el7.x86_64.rpm
linux> rpm -Uvh mysql-community-common-8.0.21-1.el7.x86_64.rpm
linux> rpm -Uvh mysql-community-server-8.0.21-1.el7.x86_64.rpm
linux> rpm -Uvh mysql-community-client-8.0.21-1.el7.x86_64.rpm
```

2.1.2.3 macOS용 DMG 패키지 설치

macOS에서 인스톨러로 설치하려면 설치에 필요한 DMG 패키지 파일들을 직접 다운로드해야 한다. MySQL 다운로드 페이지[4]에서 운영체제의 버전을 선택한 후, DMG 패키지 파일을 다운로드하면 된다. 최신 버전이 아닌 이전 버전을 다운로드하고 싶다면 그림 2.3의 우측 상단에 있는 'Looking for previous GA versions?' 링크를 클릭하면 원하는 비전을 선택할 수 있다.

---

4 https://dev.mysql.com/downloads/mysql/

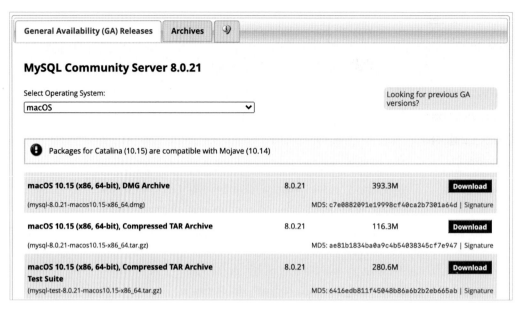

MySQL Community Server 8.0.21

Select Operating System:

macOS

Looking for previous GA versions?

⚠ Packages for Catalina (10.15) are compatible with Mojave (10.14)

macOS 10.15 (x86, 64-bit), DMG Archive	8.0.21	393.3M	Download
(mysql-8.0.21-macos10.15-x86_64.dmg)		MD5: c7e0882091e19998cf40ca2b7301a64d | Signature	
macOS 10.15 (x86, 64-bit), Compressed TAR Archive	8.0.21	116.3M	Download
(mysql-8.0.21-macos10.15-x86_64.tar.gz)		MD5: ae81b1834ba0a9c4b54038345cf7e947 | Signature	
macOS 10.15 (x86, 64-bit), Compressed TAR Archive Test Suite	8.0.21	280.6M	Download
(mysql-test-8.0.21-macos10.15-x86_64.tar.gz)		MD5: 6416edb811f45048b86a6b2b2eb665ab | Signature	

그림 2.3 MySQL DMG 패키지 다운로드

다운로드한 DMG 파일을 실행하면 패키지 실행 화면이 나타나고, 패키지 파일을 더블클릭해서 설치를 진행하면 그림 2.4와 같이 설치 옵션을 변경하는 화면이 나타난다.

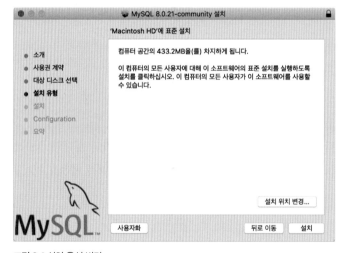

그림 2.4 설치 옵션 변경

설치 위치는 기본 디렉터리로 그대로 유지하고, '설치' 버튼을 클릭해서 다음으로 넘어가면 라이선스 동의 화면이 표시된다. 그다음으로 그림 2.5와 같이 사용자 인증 방식을 선택하는 화면이 표시된다. 여기서 'Use Strong Password Encryption'을 선택하면 Caching SHA-2 Authentication을 사용하게 되고, 'Use Legacy Password Encryption'을 선택하면 Native Authentication 방식을 사용하게 된다. Caching SHA-2와 Native Authentication에 대한 자세한 설명은 3.2절 '사용자 계정 관리'를 참고한다.

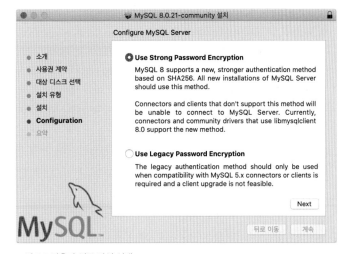

그림 2.5 사용자 인증 방식 선택

MySQL 서버를 사설 네트워크에서만 사용한다면 'Use Legacy Password Encryption'을 선택해도 괜찮지만 인터넷을 경유해서 MySQL 서버에 접속하게 된다면 'Use Strong Password Encryption'을 선택하자.

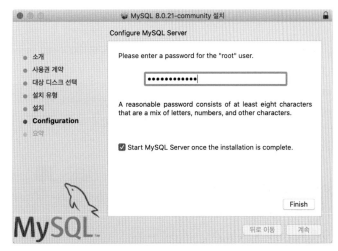

그림 2.6 macOS의 관리자 계정 비밀번호 입력

MySQL 서버를 설치할 때 기본 설정으로 설치하면 데이터 디렉터리와 로그 파일들을 /usr/local/mysql 디렉터리 하위에 생성하고 관리자 모드로 MySQL 서버 프로세스를 기동하기 때문에 그림 2.6과 같이 관리자 계정에 대한 비밀번호 설정이 필요하다.

설치가 완료되면 다음과 같이 MySQL 서버가 자동으로 실행된다.

```
macos> ps -ef | grep mysqld
74 54322     1   0  8:27PM ??         0:00.59 /usr/local/mysql/bin/mysqld --user=_mysql
    --basedir=/usr/local/mysql --datadir=/usr/local/mysql/data
    --plugin-dir=/usr/local/mysql/lib/plugin --log-error=/usr/local/mysql/data/mysqld.local.err
    --pid-file=/usr/local/mysql/data/mysqld.local.pid --keyring-file-data=/usr/local/mysql/keyring/keyring
    --early-plugin-load=keyring_file=keyring_file.so --default_authentication_plugin=mysql_native_password
```

MySQL 서버가 설치된 디렉터리는 /usr/local/mysql이며, 하위의 각 디렉터리 정보는 다음과 같다. 여기에 나열되지 않은 디렉터리도 있는데, 최소한 다음 디렉터리들은 절대 삭제하면 안 되는 디렉터리들이다.

- bin: MySQL 서버와 클라이언트 프로그램, 유틸리티를 위한 디렉터리

- data: 로그 파일과 데이터 파일들이 저장되는 디렉터리

- include: C/C++ 헤더 파일들이 저장된 디렉터리

- lib: 라이브러리 파일들이 저장된 디렉터리

- share: 다양한 지원 파일들이 저장돼 있으며, 에러 메시지나 샘플 설정 파일(my.cnf)이 있는 디렉터리

macOS에 설치된 MySQL 서버의 설정 파일(my.cnf) 등록 및 시작과 종료는 모두 그림 2.7과 같이 '시스템 환경설정'의 최하단에 있는 'MySQL'을 클릭하면 실행되는 MySQL 관리 프로그램에서 수행할 수 있다.

그림 2.7 시스템 환경설정에서 MySQL 관리 프로그램 실행

macOS에 설치된 MySQL 서버의 관리 프로그램은 그림 2.8과 같은데, 이 화면에서 MySQL 서버를 시작하거나 종료할 수 있다. 그림 2.8의 화면이 아니라 macOS의 터미널에서 MySQL 서버를 실행하거나 종료하고 싶다면 다음과 같은 명령으로 MySQL 서버를 시작하고 종료할 수도 있다.

```
## MySQL 서버 시작
macos> sudo /usr/local/mysql/support-files/mysql.server start

## MySQL 서버 종료
macos> sudo /usr/local/mysql/support-files/mysql.server stop
```

그림 2.8 MySQL 서버 관리 화면

그림 2.8의 최상단에 있는 'Configuration' 탭을 클릭하면 MySQL 서버의 설정을 변경할 수 있는 화면이 표시된다(그림 2.9).

그림 2.9 MySQL 서버 설정

그림 2.9를 보면 MySQL 서버의 각종 디렉터리와 로그 파일들의 경로는 설정돼 있지만 MySQL 서버의 설정 파일(Configuration File)은 아직 준비돼 있지 않다는 것을 알 수 있다. MySQL 서버의 기본 설정 파일 없이 실행 프로그램이 저장된 기본 디렉터리와 데이터 디렉터리 정도만 설정된 것을 알 수 있다. 우선 /usr/local/mysql 디렉터리에 my.cnf라는 빈 파일을 생성하고, 그림 2.9 화면에서 설정 파일(Configuration File) 항목에 /usr/local/mysql/my.cnf라고 입력한 후, 최하단의 'Apply' 버튼을 클릭해서 MySQL 설정 파일을 등록해두자. 이 책에서 살펴보게 될 많은 내용이 설정 파일의 변경과 연관이 있으므로 이 설정 파일의 경로는 반드시 기억해 둔다.

macOS에서 설치된 MySQL 서버가 정상 작동하지 않거나 이 책에서 언급되지 않은 부분을 변경해야 한다면 MySQL 설치 매뉴얼[5]에서 더 자세한 내용을 참고한다.

---

5 https://dev.mysql.com/doc/refman/8.0/en/osx-nstallation.html

2.1.2.4 윈도우 MSI 인스톨러 설치

윈도우에서 인스톨러로 MySQL 서버를 설치하려면 설치에 필요한 윈도우 인스톨 프로그램을 직접 다운로드해야 한다. MySQL 다운로드 페이지[6]에서 운영체제의 버전을 선택하면 MSI 설치 프로그램을 다운로드할 수 있는 링크를 제공하며, 해당 링크를 클릭해 MSI 인스톨 프로그램을 다운로드하면 된다. 최신 버전이 아닌 이전 버전을 다운로드하고 싶다면 그림 2.10의 우측 상단에 있는 'Looking for previous GA versions?' 링크를 클릭하면 원하는 버전을 선택할 수 있다.

그림 2.10 윈도우 MSI 인스톨러 다운로드

---

6 https://dev.mysql.com/downloads/mysql/

다운로드된 MSI 인스톨러 파일을 실행하면 그림 2.11과 같이 설치 유형을 선택하는 화면이 나타난다.

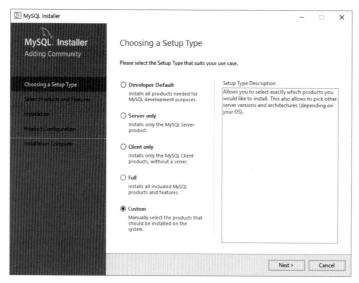

그림 2.11 설치 유형 선택

그림 2.11에서 'Developer Default'를 선택하면 MySQL 서버와 클라이언트 도구, 그리고 MySQL Workbench 같은 GUI 클라이언트 도구가 모두 설치된다. 여기서는 꼭 필요한 소프트웨어만 선택하기 위해 'Custom'을 선택하고 다음으로 넘어가자.

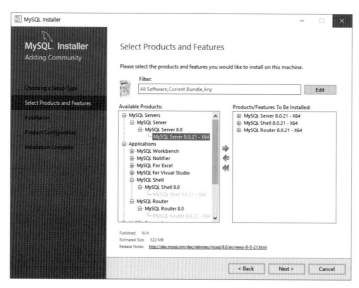

그림 2.12 설치 소프트웨어 선택

그림 2.12에서는 설치할 소프트웨어를 직접 선택할 수 있는데, 꼭 필요한 소프트웨어인 MySQL 서버 (MySQL 클라이언트 프로그램이 포함돼 있음)와 MySQL Shell, MySQL Router만 선택하고 다음 화면으로 넘어가자. 다음 화면에서 필요한 라이브러리들을 모두 설치한 후, 그다음 화면으로 넘어가자.

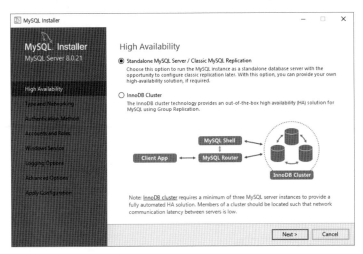

그림 2.13 고가용성(High Availability) 옵션 선택

그림 2.13에서는 MySQL 서버의 고가용성 옵션을 선택할 수 있다. 여기서는 복제 없이 단일 서버 실행 모드인 'Standalone MySQL Server / Classic MySQL Replication' 옵션을 선택한다.

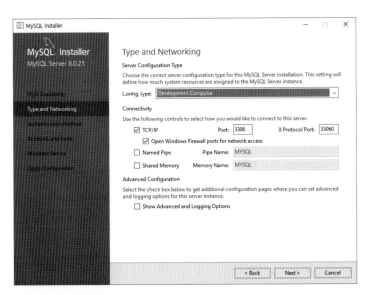

그림 2.14 네트워크 옵션 선택

그림 2.14에서는 MySQL 서버를 어떤 방식으로 접속하게 할지 설정한다. 지금 설치하는 MySQL 서버는 테스트용이므로 'Config Type'을 'Development Computer'로 선택한다. 'Development Computer' 옵션을 선택하면 MySQL 서버가 허용하는 커넥션의 개수를 적게 설정하게 되므로 서비스용 MySQL 서버를 설치한다면 그에 맞게 옵션을 변경하자. 'Connectivity' 옵션은 일반적으로 많이 사용되는 TCP/IP로 선택하고, Port는 MySQL 서버의 기본 포트인 3306으로, X Protocol Port도 기본 포트인 33060 그대로 유지한다. 이처럼 설정하고 다음 화면으로 넘어가자.

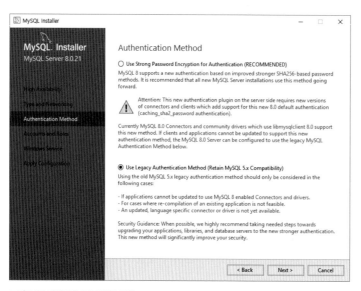

그림 2.15 비밀번호 인증 방법 선택

그림 2.15에서는 사용자 로그인 시점에 사용할 비밀번호 인증 방식을 선택한다. 'Strong Password Encryption'은 Caching SHA-2 Authentication 플러그인을 사용하는 것이며, 'Legacy Authentication Method'는 Native Authentication 플러그인을 사용하는 것이다. 인증에 대한 자세한 내용은 3.2절 '사용자 계정 관리'를 참고한다. 지금 설치하는 MySQL 서버는 테스트용이므로 'Legacy Authentication Method'를 선택한다.

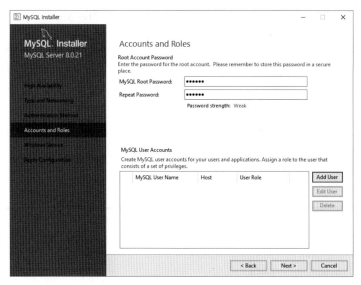

그림 2.16 관리자 계정 비밀번호 입력

그림 2.16에서는 MySQL 서버의 관리자 계정(root 계정)의 비밀번호를 입력한다. 필요하다면 하단의 'Add User' 버튼을 이용해 추가 계정을 더 등록할 수 있다.

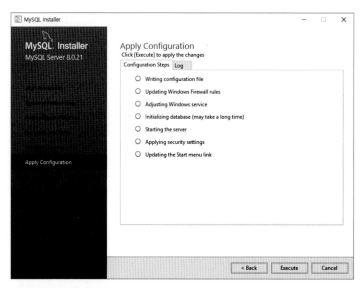

그림 2.17 설정 내용 적용

그림 2.17에서는 지금까지 설정한 내용을 이용해 MySQL 설정 파일과 데이터 디렉터리 및 기본 시스템 테이블을 생성한다. 지금까지 설정한 내용에 따라 1~2분 내에 완료될 수도 있고, 더 오랜 시간이 걸릴 수도 있으니 응답이 없다고 해서 설치를 취소하지 않도록 주의하자.

MySQL 서버의 설정이 모두 완료되면 MySQL Router의 옵션을 설정하는 화면이 나타나는데, 이 설정 화면은 취소하고 다음으로 넘어간다.

이제 MySQL 서버의 설치가 완료됐다. MySQL 서버의 프로그램과 설정 파일(my.ini)의 위치는 그림 2.18과 같이 윈도우 서비스 화면에서 'MySQL80' 서비스의 등록 정보를 통해 확인할 수 있다.

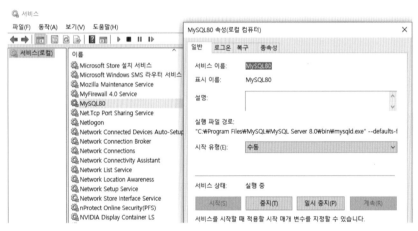

그림 2.18 윈도우 서비스의 MySQL80 서비스 속성

그림 2.18과 같이 윈도우 서비스에서 'MySQL 80' 서비스의 등록 정보를 살펴보면 MySQL 서버의 설치 디렉터리와 설정 파일의 위치는 다음과 같다.

소프트웨어	설치 디렉터리
MySQL Server	C:\Program Files\MySQL\MySQL Server 8.0
MySQL Shell	C:\Program Files\MySQL\MySQL Shell 8.0
MySQL Router	C:\Program Files\MySQL\MySQL Router 8.0

지금까지 진행한 설치 과정을 그대로 따라왔다면 동일한 결과가 보일 것이다. MySQL 서버의 설정 파일의 경로는 그림 2.18에서 '실행 파일 경로' 항목의 --defaults-file 옵션에 지정된 파일로 확인할 수

있는데, 기본 파일 경로로 "C:\ProgramData\MySQL\MySQL Server 8.0\Data\my.ini"[7]를 사용한다. 이 책에서 살펴볼 많은 내용이 설정 파일의 변경과 연관이 있으므로 이 설정 파일의 경로를 반드시 기억하자.

MySQL 서버 디렉터리의 구조는 다음과 같다. 다음 디렉터리들이 삭제되면 MySQL 서버가 정상적으로 실행되지 않을 수 있으니 주의하자.

- bin: MySQL 서버와 클라이언트 프로그램, 그리고 유틸리티를 위한 디렉터리
- include: C/C++ 헤더 파일들이 저장된 디렉터리
- lib: 라이브러리 파일들이 저장된 디렉터리
- share: 다양한 지원 파일들이 저장돼 있으며, 에러 메시지나 샘플 설정 파일(my.ini)이 있는 디렉터리

윈도우 운영체제에서 설치한 MySQL 서버가 정상적으로 작동하지 않거나 이 책에서 언급하지 않은 변경이 더 필요한 경우에는 MySQL 설치 매뉴얼[8]을 참고한다.

2.2 MySQL 서버의 시작과 종료

이제 MySQL 서버의 설치 및 설정을 완료했으므로 MySQL 서버를 시작하고 종료하는 법, 그리고 mysql 클라이언트 프로그램을 이용해 간단한 접속 테스트를 해보자. macOS와 윈도우에 설치된 MySQL 서버의 경우 이미 설치 과정에서 설정 파일의 경로에 대해 살펴봤으며, MySQL 서버를 시작하거나 종료하는 것은 GUI로 쉽게 제어할 수 있을 것이다. 여기서는 거의 대부분의 서비스 환경에서 사용되는 리눅스 운영체제에서 MySQL 서버의 설정 파일을 비롯해 MySQL 서버를 시작, 종료하는 방법을 살펴보겠다.

2.2.1 설정 파일 및 데이터 파일 준비

리눅스 서버에서 Yum 인스톨러나 RPM을 이용해 MySQL 서버를 설치하면 MySQL 서버에 필요한 프로그램들과 디렉터리들은 일부 준비되지만 트랜잭션 로그 파일과 시스템 테이블이 준비되지 않았기 때문에 아직 MySQL 서버를 시작할 수 없다. 우선 MySQL 서버가 설치되면 /etc/my.cnf 설정 파일이 준비되는데, 이 설정 파일에는 MySQL 서버를 실행하는 데 꼭 필요한 3~4개의 아주 기본적인 설정만 기

---

7 MySQL 서버의 설정 파일은 리눅스나 macOS, 유닉스 계열에서는 my.cnf이지만 윈도우 운영체제에서는 my.ini라는 파일명을 사용한다.

8 https://dev.mysql.com/doc/refman/8.0/en/windows-installation.html

록돼 있다. 실제 서비스용으로 사용하기에는 많이 부족한 상태지만 간단히 테스트용으로 MySQL 서버를 실행한다면 이 정도로도 충분히 MySQL 서버를 실행할 수는 있다. 만약 서비스용으로 MySQL 서버를 설치한다면 2.4절 '서버 설정'의 내용을 충분히 숙지한 후 MySQL 설정 파일(/etc/my.cnf)을 준비하자.

여기서는 MySQL 서버를 끝까지 설치해보는 것이 목적이므로 RPM 패키지가 준비해 둔 MySQL 설정 파일을 그대로 이용해 설치를 진행해보겠다. 우선 다음과 같이 MySQL 서버를 실행하는 데 필요한 초기 데이터 파일(시스템 테이블이 저장되는 데이터 파일)과 트랜잭션 로그(리두 로그) 파일을 생성하자.

```
linux> mysqld --defaults-file=/etc/my.cnf --initialize-insecure
```

위와 같이 mysqld 명령에 --initialize-insecure 옵션을 사용하면, 필요한 초기 데이터 파일과 로그 파일들을 생성하고 마지막으로 비밀번호가 없는 관리자 계정인 root 유저를 생성한다. 만약 비밀번호를 가진 관리자 계정을 생성하고자 한다면 다음과 같이 --initialize 옵션을 사용하면 된다. --initialize 옵션을 사용하면 생성된 관리자 계정의 비밀번호를 에러 로그 파일로 기록한다. 에러 로그 파일의 기본 경로는 /var/log/mysqld.log 파일인데, 파일의 제일 마지막에 보면 관리자 계정인 root@localhost를 생성했으며, 비밀번호는 'DqguE(h5o>lS'라고 기록돼 있는 것을 확인할 수 있다.

```
linux> mysqld --defaults-file=/etc/my.cnf --initialize

linux> tail -n 4 /var/log/mysqld.log
2020-07-16T12:31:46.011759Z 0 [System] [MY-013169] [Server] /usr/sbin/mysqld (mysqld 8.0.21)
initializing of server in progress as process 34346
2020-07-16T12:31:46.017728Z 1 [System] [MY-013576] [InnoDB] InnoDB initialization has started.
2020-07-16T12:31:46.568716Z 1 [System] [MY-013577] [InnoDB] InnoDB initialization has ended.
2020-07-16T12:31:47.493224Z 6 [Note] [MY-010454] [Server] A temporary password is generated for
root@localhost: DqguE(h5o>lS
```

2.2.2 시작과 종료

유닉스 계열 운영체제에서 RPM 패키지로 MySQL을 설치했다면 자동으로 /usr/lib/systemd/system/mysqld.service 파일이 생성되고, systemctl 유틸리티를 이용해 MySQL을 기동하거나 종료하는 것이 가능하다. 윈도우 인스톨러 버전의 MySQL을 설치했다면 설치 중 선택사항으로 윈도우의 서비스로 MySQL을 등록할 수 있다.

```
linux> systemctl start mysqld
```

시작된 MySQL 서버의 상태는 다음과 같이 더 자세히 확인할 수 있다.

```
linux> systemctl status mysqld
● mysqld.service - MySQL Server
    Loaded: loaded (/lib/systemd/system/mysqld.service; enabled; vendor ...)
    Active: active (running) since 2020-05-17 12:41:21 UTC; 1 months 26 days ago
      Docs: man:mysqld(8)
            http://dev.mysql.com/doc/refman/en/using-systemd.html
  Main PID: 3976 (mysqld)
    Status: "Server is operational"
    CGroup: /system.slice/mysqld.service
            └─3976 /usr/sbin/mysqld
```

> **주의** 앞의 예제와 같이 MySQL 서버는 systemd를 이용해 시작하고 종료할 수도 있지만 MySQL 배포판과 함께 제
> 공되는 mysqld_safe 스크립트를 이용해서 MySQL 서버를 시작하고 종료할 수도 있다. mysqld_safe 스크립트를 이
> 용하면 MySQL 설정 파일(my.cnf)의 "[mysqld_safe]" 섹션의 설정들을 참조해서 MySQL 서버를 시작하게 되지만,
> 앞의 예제와 같이 systemd를 이용해서 MySQL 서버를 시작하면 mysqld_safe 스크립트를 사용하지 않고 MySQL 서
> 버를 시작하고 종료하게 된다. 그래서 systemd를 이용하는 경우에는 MySQL 설정 파일의 "[mysqld_safe]" 섹션을
> 무시하게 된다. 만약 MySQL 서버의 설정 파일에 "[mysqld_safe]" 섹션에만 설정 가능한 "malloc-lib" 같은 시스
> 템 설정을 적용하고자 한다면 mysqld_safe 스크립트를 이용해 MySQL 서버를 시작해야 한다.
>
> 물론 systemd를 이용해 MySQL 서버를 시작하는 경우에도 메모리 할당자(Memory allocator)를 변경하고자 한다면
> "LD_PRELOAD" 환경변수를 이용해서 MySQL 서버를 시작할 수도 있다.

```
linux> ps -ef | grep mysqld
mysql     3976     1  9  5월17 ?     5-08:10:40 /usr/sbin/mysqld
```

실행 중인 MySQL 서버를 종료하려면 시작과 동일하게 systemctl을 이용하되, 옵션을 stop으로 변경해
서 실행하면 된다.

```
linux> systemctl stop mysqld
```

원격으로 MySQL 서버를 셧다운하려면 다음과 같이 MySQL 서버에 로그인한 상태에서 SHUTDOWN 명령을 실행하면 된다. 이렇게 원격으로 MySQL 서버를 셧다운하려면 SHUTDOWN 권한(Privileges)을 가지고 있어야 한다.

```
mysql> SHUTDOWN;
```

MySQL 서버에서는 실제 트랜잭션이 정상적으로 커밋돼도 데이터 파일에 변경된 내용이 기록되지 않고 로그 파일(리두 로그)에만 기록돼 있을 수 있다. 심지어 MySQL 서버가 종료되고 다시 시작된 이후에도 계속 이 상태로 남아있을 수도 있다. 사용량이 많은 MySQL 서버에서는 이런 현상이 더 일반적인데, 이는 결코 비정상적인 상황이 아니다. 하지만 MySQL 서버가 종료될 때 모든 커밋된 내용을 데이터 파일에 기록하고 종료하게 할 수도 있는데, 이 경우에는 다음과 같이 MySQL 서버의 옵션을 변경하고 MySQL 서버를 종료하면 된다.

```
mysql> SET GLOBAL innodb_fast_shutdown=0;
linux> systemctl stop mysqld.service

## 또는 원격으로 MySQL 서버 종료 시
mysql> SET GLOBAL innodb_fast_shutdown=0;
mysql> SHUTDOWN;
```

이렇게 모든 커밋된 데이터를 데이터 파일에 적용하고 종료하는 것을 클린 셧다운(Clean shutdown)이라고 표현한다. 클린 셧다운으로 종료되면 다시 MySQL 서버가 기동할 때 별도의 트랜잭션 복구 과정을 진행하지 않기 때문에 빠르게 시작할 수 있다.

> **주의** MySQL 서버가 시작되거나 종료될 때는 MySQL 서버(InnoDB 스토리지 엔진)의 버퍼 풀 내용을 백업하고 복구하는 과정이 내부적으로 실행된다. 실제 버퍼 풀의 내용을 백업하는 것이 아니라, 버퍼 풀에 적재돼 있던 데이터 파일의 데이터 페이지에 대한 메타 정보를 백업하기 때문에 용량이 크지 않으며, 백업 자체는 매우 빠르게 완료된다. 하지만 MySQL 서버가 새로 시작될 때는 디스크에서 데이터 파일들을 모두 읽어서 적재해야 하므로 상당한 시간이 걸릴 수도 있다. 혹시 MySQL 서버의 시작 시간이 오래 걸린다면 MySQL 서버가 버퍼 풀의 내용을 복구하고 있는지 확인해보는 것이 좋다. 버퍼 풀의 백업과 복구에 대한 자세한 내용은 4.2.7.5절 '버퍼 풀 상태 백업 및 복구'를 참고한다.

2.2.3 서버 연결 테스트

MySQL 서버가 시작됐다면 서버에 직접 접속해보자. MySQL 서버에 접속하는 방법은 MySQL 서버 프로그램(mysqld)과 함께 설치된 MySQL 기본 클라이언트 프로그램인 mysql을 실행하면 된다. 다음과 같이 여러 가지 형태의 명령행 인자를 넣어 접속을 시도할 수 있다.

```
linux> mysql -uroot -p --host=localhost --socket=/tmp/mysql.sock
linux> mysql -uroot -p --host=127.0.0.1 --port=3306
linux> mysql -uroot -p
```

첫 번째 예제는 MySQL 소켓 파일을 이용해 접속하는 예제다. 두 번째 예제는 TCP/IP를 통해 127.0.0.1(로컬 호스트)로 접속하는 예제인데, 이 경우에는 포트를 명시하는 것이 일반적이다. 로컬 서버에 설치된 MySQL이 아니라 원격 호스트에 있는 MySQL 서버에 접속할 때는 반드시 두 번째 방법을 사용해야 한다. MySQL 서버에 접속할 때는 호스트를 localhost로 명시하는 것과 127.0.0.1로 명시하는 것이 각각 의미가 다르다. --host=localhost 옵션을 사용하면 MySQL 클라이언트 프로그램은 항상 소켓 파일을 통해 MySQL 서버에 접속하게 되는데, 이는 'Unix domain socket'을 이용하는 방식으로 TCP/IP를 통한 통신이 아니라 유닉스의 프로세스 간 통신(IPC; Inter Process Communication)의 일종이다. 하지만 127.0.0.1을 사용하는 경우에는 자기 서버를 가리키는 루프백(loopback) IP이기는 하지만 TCP/IP 통신 방식을 사용하는 것이다.

세 번째 방식은 별도로 호스트 주소와 포트를 명시하지 않는다. 이 경우에는 기본값으로 호스트는 localhost가 되며 소켓 파일을 사용하게 되는데, 소켓 파일의 위치는 MySQL 서버의 설정 파일에서 읽어서 사용한다. MySQL 서버가 기동될 때 만들어지는 유닉스 소켓 파일은 MySQL 서버를 재시작하지 않으면 다시 만들어 낼 수 없기 때문에 실수로 삭제하지 않도록 주의한다. 유닉스나 리눅스에서 mysql 클라이언트 프로그램을 실행하는 경우에는 mysql 프로그램의 경로를 PATH 환경변수에 등록해 둔다.

MySQL 서버에 접속했다면 SHOW DATABASES 명령으로 데이터베이스의 목록을 확인할 수 있다. 처음 설치된 MySQL 서버에는 root라는 관리자 계정이 준비돼 있으며, --initialize-insecure 옵션으로 MySQL 서버가 초기화됐다면 비밀번호 없이 로그인할 수 있다. 만약 --initialize 옵션으로 MySQL 서버가 초기화됐다면 MySQL 서버의 로그 파일에 기록돼 있는 비밀번호를 이용해서 로그인하면 된다.

```
linux> mysql -h127.0.0.1 -uroot -p
mysql: [Warning] Using a password on the command line interface can be insecure.
Welcome to the MySQL monitor.  Commands end with ; or \g.
Your MySQL connection id is 9
Server version: 8.0.21 MySQL Community Server - GPL

Copyright (c) 2000, 2020, Oracle and/or its affiliates. All rights reserved.

Oracle is a registered trademark of Oracle Corporation and/or its
affiliates. Other names may be trademarks of their respective
owners.

Type 'help;' or '\h' for help. Type '\c' to clear the current input statement.

mysql> SHOW DATABASES;
+--------------------+
| Database           |
+--------------------+
| information_schema |
| mysql              |
| performance_schema |
| sys                |
+--------------------+
4 rows in set (0.01 sec)
```

MySQL 서버에 접속되면 위 예제의 마지막 줄과 같이 MySQL 프롬프트가 표시된다. MySQL 프롬프트는 설정에 따라 표시 내용이 조금 다를 수 있는데, 아무런 프롬프트 설정이 없다면 예제에서와 같이 간단히 'mysql>'로 표시된다. MySQL 서버에 로그인되면 위 예제와 같이 SHOW DATABASES 명령을 실행해 기본 생성된 데이터베이스의 목록을 확인할 수 있다.

때로는 MySQL 서버를 직접 로그인하지 않고, 원격 서버에서 MySQL 서버의 접속 가능 여부만 확인해야 하는 경우도 있다. 이처럼 커넥션이 가능한지만 확인하는 경우에는 MySQL 클라이언트를 설치하는 작업이 번거로울 수 있고, 때로는 보안상 이유로 MySQL 클라이언트 프로그램을 설치하지 못할 수도 있다. 네트워크 연결이 정상적인지 확인하는 경우에도 이러한 연결 테스트가 필요할 수 있다. 이 경우에는 간단히 telnet 명령이나 nc(Netcat) 명령을 이용해 원격지 MySQL 서버가 응답 가능한 상태인지 확인해볼 수 있다.

```
linux> telnet 10.2.40.61 3306
Trying 10.2.40.61...
Connected to prod1-db-mysqltest.bhero.io.
Escape character is '^]'.
S
8.0.19-log
                g!D6M�-hs]W-^pacaching_sha2_password
```

```
linux> nc 10.2.40.61 3306
S
8.0.19-logyJ?�m%;_��-��3Ho:i2QrR{caching_sha2_password
```

Telnet과 Netcat 프로그램 모두 MySQL 서버로 접속해서 MySQL 서버가 보내준 메시지를 화면에 출력하는 것을 살펴볼 수 있다. 물론 글자가 깨져 정확한 내용을 알 수는 없지만 Telnet과 Netcat 프로그램이 출력한 내용에서 MySQL 서버의 버전 정보를 정상적으로 보여주고 있음을 알 수 있다. 이렇게 서버가 보내준 메시지를 출력한다면 네트워크 수준의 연결은 정상적임을 판단할 수 있다. 만약 Telnet이나 Netcat 프로그램이 서버의 버전 정보를 정상적으로 출력하는 상태에서도 응용 프로그램이 MySQL 서버에 접속하지 못한다면 이는 MySQL 서버의 계정 비밀번호가 일치하지 않거나 MySQL 서버 계정의 host 부분이 허용되지 않은 경우일 가능성이 높다.

2.3 MySQL 서버 업그레이드

MySQL 서버를 업그레이드하는 방법으로 다음의 두 가지 방법을 생각해볼 수 있다.

1. MySQL 서버의 데이터 파일을 그대로 두고 업그레이드하는 방법

2. mysqldump 도구 등을 이용해 MySQL 서버의 데이터를 SQL 문장이나 텍스트 파일로 덤프한 후, 새로 업그레이드된 버전의 MySQL 서버에서 덤프된 데이터를 적재하는 방법

전자(1번 방법)를 '인플레이스 업그레이드(In-Place Upgrade)'라고 하며, 후자를 '논리적 업그레이드(Logical Upgrade)'라고 한다. 인플레이스 업그레이드는 여러 가지 제약 사항이 있지만 업그레이드 시간을 크게 단축할 수 있다. 반대로 논리적 업그레이드는 버전 간 제약 사항이 거의 없지만 업그레이

드 시간이 매우 많이 소요될 수 있다. 여기서는 논리적 업그레이드 방법은 제외하고 인플레이스 업그레이드의 제약 사항을 먼저 살펴보고, MySQL 8.0으로 업그레이드하는 방법에 대해서도 살펴보겠다.

2.3.1 인플레이스 업그레이드 제약 사항

업그레이드는 마이너(패치) 버전 간 업그레이드와 메이저 버전 간 업그레이드를 생각해볼 수 있다. 동일 메이저 버전에서 마이너 버전 간 업그레이드는 대부분 데이터 파일의 변경 없이 진행되며, 많은 경우 여러 버전을 건너뛰어서 업그레이드하는 것도 허용된다. 예를 들어, MySQL 8.0.16 버전에서 MySQL 8.0.21 버전으로 업그레이드할 때는 MySQL 서버 프로그램만 재설치하면 된다.

하지만 메이저 버전 간 업그레이드는 대부분 크고 작은 데이터 파일의 변경이 필요하기 때문에 반드시 직전 버전에서만 업그레이드가 허용된다. 예를 들어, MySQL 5.5 버전에서 MySQL 5.6 버전으로는 업그레이드가 가능하지만 MySQL 5.5 버전에서 MySQL 5.7로 한 단계 건너뛰거나 MySQL 8.0으로 두 단계를 건너뛰는 업그레이드는 지원하지 않는다. 메이저 버전 업그레이드는 데이터 파일의 패치가 필요한데, MySQL 8.0 서버 프로그램은 직전 메이저 버전인 MySQL 5.7 버전에서 사용하던 데이터 파일과 로그 포맷만 인식하도록 구현되기 때문이다.

현재 MySQL 5.1 서버를 사용하고 있는데 MySQL 8.0으로 업그레이드해야 한다면 MySQL 5.1 버전에서 MySQL 5.5 버전으로 업그레이드한 후 MySQL 5.6으로 업그레이드를 진행해야 한다. 그리고 MySQL 5.6 버전에서 MySQL 5.7 버전으로 업그레이드를 실행한 이후에야 비로소 MySQL 8.0으로 업그레이드를 진행할 수 있게 된다. 상당히 번거로운 과정이 아닐 수 없다. 그래서 만약 두 단계 이상을 한 번에 업그레이드해야 한다면 mysqldump 프로그램으로 MySQL 서버에서 데이터를 백업받은 후 새로 구축된 MySQL 8.0 서버에 데이터를 적재하는 '논리적 업그레이드'가 더 나은 방법일 수도 있다.

인플레이스 업그레이드에서 한 가지 더 주의해야 할 점은 메이저 버전 업그레이드가 특정 마이너 버전에서만 가능한 경우도 있다는 것이다. 예를 들어, 현재 MySQL 5.7.8 버전을 사용 중이라면 MySQL 서버 8.0 버전으로 바로 업그레이드할 수 없다. 이 경우 MySQL 5.7.8 버전이 GA(General Availability) 버전이 아니기 때문이다. GA 버전은 오라클에서 MySQL 서버의 안정성이 확인된 버전이라는 것을 의미한다. 그래서 새로운 버전의 MySQL 서버를 선택할 때도 최소 GA 버전은 지나서 15~20번 이상의 마이너 버전을 선택하는 것이 좋다. 그뿐만 아니라 특정 경우에는 이전 메이저 버전에서도 가장 최근의 마이너 버전에서만 인플레이스 업그레이드가 지원될 수도 있으니 항상 메이저 버전 업그레이드를 할 때는 MySQL 서버의 매뉴얼을 정독한 후 진행할 것을 권장한다.

2.3.2 MySQL 8.0 업그레이드 시 고려 사항

MySQL 8.0에서는 상당히 많은 기능들이 개선되거나 변경됐다. 그중에서도 MySQL 5.7 버전과 8.0 버전의 기본적인 부분의 차이점과 MySQL 8.0에서는 사용할 수 없는 기능들이 몇 가지 있다. 그래서 반드시 MySQL 8.0으로 업그레이드하기 전에 아래 내용이 영향을 미치지 않는지 검토해 보는 것이 좋다.

- **사용자 인증 방식 변경**: MySQL 8.0 버전부터는 Caching SHA-2 Authentication 인증 방식이 기본 인증 방식으로 바뀌었다. MySQL 5.7에 존재했던 사용자 계정은 여전히 Native Authentication 인증 방식을 사용하겠지만 MySQL 8.0 버전에서 별도의 옵션 없이 생성되는 사용자 계정은 Caching SHA-2 Authentication 인증 방식을 사용하게 될 것이다. 만약 Native Authentication을 계속 사용하고자 한다면 MySQL 서버를 시작할 때 --default-authentication-plugin=mysql_native_password 파라미터를 활성화하자.

- **MySQL 8.0과의 호환성 체크**: MySQL 8.0 업그레이드 전에 MySQL 5.7 버전에서 손상된 FRM 파일이나 호환되지 않는 데이터 타입 또는 함수가 있는지 mysqlcheck 유틸리티를 이용해 확인해 볼 것을 권장한다.

- **외래키 이름의 길이**: MySQL 8.0에서는 외래키(Foreign Key)의 이름이 64글자로 제한된다. 그래서 기존의 MySQL 서버에서 외래키 이름이 64글자 이상인 것이 있는지 확인하고 필요하면 변경하자.

- **인덱스 힌트**: MySQL 5.x에서 사용되던 인덱스 힌트가 있다면 MySQL 8.0에서 먼저 성능 테스트를 수행하자. (MySQL 5.x에서는 성능 향상에 도움이 됐지만 MySQL 8.x에서는 오히려 성능 저하를 유발할 수도 있다.)

- **GROUP BY에 사용된 정렬 옵션**: MySQL 5.x에서 GROUP BY 절의 칼럼 뒤에 'ASC'나 'DESC'를 사용(GROUP BY field_name [ASC | DESC] 포맷)하고 있다면 먼저 제거하거나 다른 방식으로 변경하자.

- **파티션을 위한 공용 테이블스페이스**: MySQL 8.x에서는 파티션의 각 테이블스페이스를 공용 테이블스페이스에 저장할 수 없다. 그래서 파티션의 테이블스페이스가 공용 테이블스페이스에 저장된 것이 있는지 먼저 확인하고, 있다면 ALTER TABLE ... REORGANIZE 명령을 실행해 개별 테이블스페이스를 사용하도록 변경해야 한다.

몇 가지 언급했던 내용을 실행하거나 체크하는 명령은 다음과 같다.

```
## mysqlcheck 유틸리티 실행 방법
linux> mysqlcheck -u root -p --all-databases --check-upgrade

-- // 외래키 이름의 길이 체크
mysql> SELECT TABLE_SCHEMA, TABLE_NAME
       FROM information_schema.TABLES
       WHERE TABLE_NAME IN
         (SELECT LEFT(SUBSTR(ID,INSTR(ID,'/')+1),
                 INSTR(SUBSTR(ID,INSTR(ID,'/')+1),'_ibfk_')-1)
```

```
        FROM information_schema.INNODB_SYS_FOREIGN
        WHERE LENGTH(SUBSTR(ID,INSTR(ID,'/')+1))>64);

-- // 공용 테이블스페이스에 저장된 파티션이 있는지 체크
mysql> SELECT DISTINCT NAME, SPACE, SPACE_TYPE
        FROM information_schema.INNODB_SYS_TABLES
        WHERE NAME LIKE '%#P#%' AND SPACE_TYPE NOT LIKE '%Single%';
```

2.3.3 MySQL 8.0 업그레이드

MySQL 5.7에서 MySQL 8.0으로 업그레이드하는 과정은 이전 버전처럼 단순하지 않다. 물론 사용자의 눈에 보이는 것은 별로 차이가 없지만 MySQL 서버가 내부적으로 진행하는 업그레이드 과정은 상당히 복잡하다. 대표적으로 MySQL 8.0 버전부터는 시스템 테이블의 정보와 데이터 딕셔너리(Data Dictionary) 정보의 포맷이 완전히 바뀌었다.

MySQL 5.7에서 MySQL 8.0으로의 업그레이드는 크게 두 가지 단계로 나뉘어서 처리된다.

1. **데이터 딕셔너리 업그레이드**: MySQL 5.7 버전까지는 데이터 딕셔너리 정보가 FRM 확장자를 가진 파일로 별도로 보관됐었는데, MySQL 8.0 버전부터는 데이터 딕셔너리 정보가 트랜잭션이 지원되는 InnoDB 테이블로 저장되도록 개선됐다. 데이터 딕셔너리 업그레이드는 기존의 FRM 파일의 내용을 InnoDB 시스템 테이블로 저장한다. MySQL 8.0 버전부터는 딕셔너리 데이터의 버전 간 호환성 관리를 위해 테이블이 생성될 때 사용된 MySQL 서버의 버전 정보도 함께 기록한다.

2. **서버 업그레이드**: MySQL 서버의 시스템 데이터베이스(performance_schema와 information_schema, 그리고 mysql 데이터베이스)의 테이블 구조를 MySQL 8.0 버전에 맞게 변경한다.

MySQL 8.0.15 버전까지는 '데이터 딕셔너리 업그레이드' 작업은 MySQL 서버(mysqld) 프로그램이 실행하고 '서버 업그레이드' 작업은 mysql_upgrade 프로그램이 실행했다. 그래서 MySQL 5.7 버전에서 MySQL 8.0.15 이하 버전으로 업그레이드할 때는 다음 절차에 따라 업그레이드를 진행했다.

1. MySQL 셧다운

2. MySQL 5.7 프로그램 삭제

3. MySQL 8.0 프로그램 설치

4. MySQL 8.0 서버(mysqld) 시작(MySQL 서버가 데이터 딕셔너리 업그레이드를 자동 실행)

5. mysql_upgrade 프로그램 실행(mysql_upgrade 프로그램이 시스템 테이블의 구조를 MySQL 8.0에 맞게 변경)

하지만 MySQL 8.0.16부터는 mysql_upgrade 유틸리티가 없어지고, MySQL 서버 프로그램(mysqld)이 시작되면서 모든 업그레이드 작업을 다음과 같이 '데이터 딕셔너리 업그레이드'와 '서버 업그레이드'를 순서대로 실행한다.

1. MySQL 셧다운

2. MySQL 5.7 프로그램 삭제

3. MySQL 8.0 프로그램 설치

4. MySQL 8.0 서버(mysqld) 시작(MySQL 서버가 데이터 딕셔너리 업그레이드를 실행 후, 시스템 테이블 구조를 MySQL 8.0에 맞게 변환)

지금까지는 MySQL 서버의 버전을 업그레이드하고도 mysql_upgrade 유틸리티를 실행하지 않아서 이런 저런 이슈가 발생하곤 했다. 하지만 이제부터는 MySQL 서버가 업그레이드됐다면 MySQL 서버 프로그램(mysqld)이 시작되면서 자동으로 필요한 작업을 수행하기 때문에 사용자 실수를 더 줄일 수 있게 됐다.

> **참고** MySQL 8.0.16 이상 버전으로 업그레이드할 때도 --upgrade 옵션을 이용해 데이터 딕셔너리 업그레이드를 수행할지 여부를 제어할 수 있다. --upgrade 파라미터로 다음 4가지 값을 선택할 수 있다.
>
> | 파라미터 값 | 데이터 딕셔너리 업그레이드 | 서버 업그레이드 |
> | --- | --- | --- |
> | AUTO | 필요한 경우 실행 | 필요한 경우 실행 |
> | NONE | X | X |
> | MINIMAL | 필요한 경우 실행 | X |
> | FORCE | 필요한 경우 실행 | 항상 실행 |
>
> MINIMAL과 FORCE의 차이는 '서버 업그레이드' 작업을 실행할지 여부다. MINIMAL의 경우 '서버 업그레이드'를 건너뛰지만, FORCE의 경우 '서버 업그레이드'를 강제로 실행하게 된다. 그래서 FORCE 옵션은 MySQL 서버의 시스템 테이블 구조가 잘못 변경됐거나 손상된 경우에 사용하면 된다. --upgrade 파라미터 값이 제공되지 않으면 기본적으로 AUTO로 설정되며, 필요한 경우 두 가지 업그레이드를 모두 자동으로 실행하게 된다. --upgrade 옵션은 특수한 경우를 위한 옵션이므로 꼭 필요한 경우가 아니라면 무시하자.

2.4 서버 설정

일반적으로 MySQL 서버는 단 하나의 설정 파일을 사용하는데, 리눅스를 포함한 유닉스 계열에서는 my.cnf라는 이름을 사용하고, 윈도우 계열에서는 my.ini라는 이름을 사용한다. MySQL 서버는 시작될 때만 이 설정 파일을 참조하는데, 이 설정 파일의 경로가 고정돼 있는 것은 아니다. MySQL 서버는 지정된 여러 개의 디렉터리를 순차적으로 탐색하면서 처음 발견된 my.cnf 파일을 사용하게 된다.

또한 직접 MySQL을 컴파일해서 설치한 경우에는 이 디렉터리가 다르게 설정될 수도 있다. 만약 설치된 MySQL 서버가 어느 디렉터리에서 my.cnf 파일을 읽는지 궁금하다면 다음과 같이 mysqld 프로그램을 '--verbose --help' 옵션을 주어 실행해 보면 된다. mysqld 프로그램은 MySQL 서버의 실행 프로그램으로 서비스용으로 사용되는 서버에서 이미 MySQL 서버가 실행 중인데 다시 mysqld 프로그램을 시작한다거나 하지 않도록 주의해야 한다. 가능하다면 두 번째 예제처럼 mysql 클라이언트 프로그램(첫 번째 예제의 mysqld 서버 프로그램이 아닌)으로 확인해 보는 것이 좋다.

```
shell> mysqld --verbose --help
...
Default options are read from the following files in the given order:
/etc/my.cnf /etc/mysql/my.cnf /usr/etc/my.cnf ~/.my.cnf
...

shell> mysql --help
...
Default options are read from the following files in the given order:
/etc/my.cnf /etc/mysql/my.cnf /usr/etc/my.cnf ~/.my.cnf
...
```

두 명령 모두 상당히 많은 내용이 출력된다. 내용 상단에 'Default options are read ...'라는 부분을 보면 MySQL 서버나 클라이언트 프로그램이 어디에 있는 my.cnf(또는 my.ini) 파일을 참조하는지 확인할 수 있다. 위 예제에서는 다음과 같은 순서로 파일을 찾고 있다.

1. /etc/my.cnf 파일

2. /etc/mysql/my.cnf 파일

3. /usr/etc/my.cnf 파일

4. ~/.my.cnf 파일

실제 MySQL 서버는 단 하나의 설정 파일(my.cnf)만 사용하지만 설정 파일이 위치한 디렉터리는 여러 곳일 수 있다는 것이다. 이러한 특성은 MySQL 사용자를 상당히 혼란스럽게 하는 부분이기도 하다. 만약 실수로 1번과 2번 디렉터리에 각각 my.cnf 파일을 만든 경우, MySQL 서버가 어느 디렉터리의 my.cnf 파일을 참조해서 기동했는지 알아내기가 쉽지 않다. 이러한 경우에는 위 예제의 명령으로 MySQL 서버가 어느 디렉터리의 my.cnf 파일을 먼저 읽는지(우선순위가 높은지)를 확인할 수 있다. 이러한 파일 가운데 1, 2, 4번 파일은 어느 MySQL에서나 동일하게 검색하는 경로이며, 3번 파일은 컴파일될 때 MySQL 프로그램에 내장된 경로다. 즉, 컴파일할 때 설정한 MySQL의 홈 디렉터리나 MySQL 홈 디렉터리 밑의 etc 디렉터리에 있는 my.cnf 파일이 표시된다.

MySQL 서버용 설정 파일은 주로 1번이나 2번을 사용하는데, 하나의 장비(서버 머신)에 2개 이상의 MySQL 서버(인스턴스)를 실행하는 경우에는 1번과 2번은 충돌이 발생할 수 있으므로 공유된 디렉터리가 아닌 별도 디렉터리에 설정 파일을 준비하고 MySQL 시작 스크립트의 내용을 변경하는 방법을 사용한다. 그러나 하나의 서버에 2개 이상의 MySQL 서버(인스턴스)를 실행하는 형태로 서비스한 경험은 별로 없으며, 그렇게 사용하는 곳도 흔하지는 않다.

2.4.1 설정 파일의 구성

MySQL 설정 파일은 하나의 my.cnf나 my.ini 파일에 여러 개의 설정 그룹을 담을 수 있으며, 대체로 실행 프로그램 이름을 그룹명으로 사용한다. 예를 들어, mysqldump 프로그램은 [mysqldump] 설정 그룹을, mysqld 프로그램은 설정 그룹의 이름이 [mysqld]인 영역을 참조한다. 그리고 mysqld_safe 프로그램은 [mysqld_safe]와 [mysqld] 섹션을 참조한다.

```
[mysqld_safe]
malloc-lib = /opt/lib/libtcmalloc_minimal.so

[mysqld]
socket = /usr/local/mysql/tmp/mysql.sock
port = 3306

[mysql]
default-character-set = utf8mb4
socket = /usr/local/mysql/tmp/mysql.sock
port = 3304
```

```
[mysqldump]
default-character-set = utf8mb4
socket = /usr/local/mysql/tmp/mysql.sock
port = 3305
```

이 예제는 간략한 MySQL 설정 파일의 구성을 보여주는데, 이 설정 파일이 MySQL 서버만을 위한 설정 파일이라면 [mysqld] 그룹만 명시해도 무방하다. 하지만 MySQL 서버뿐 아니라 MySQL 클라이언트나 백업을 위한 mysqldump 프로그램이 실행될 때도 이 설정 파일을 공용으로 사용하고 싶다면 [mysql] 또는 [mysqldump] 등의 그룹을 함께 설정해 둘 수 있다. 일반적으로 각 그룹을 사용하는 프로그램은 성격이 다르며, 각 프로그램이 필요로 하는 설정 내용이 상이하므로 이 예제처럼 중복되는 설정이 나열되는 경우는 거의 없지만 socket이나 port 같은 설정은 모든 프로그램에 공통으로 필요한 설정값이라서 위와 같이 각 설정 그룹에 여러 번 설정된 것이다.

이 예제의 설정 파일을 사용하는 MySQL 서버(mysqld) 프로그램은 3306 포트를 사용한다. 하지만 MySQL 클라이언트(mysql) 프로그램은 3304번 포트를 이용해 MySQL 서버에 접속하려고 할 것이다. 즉, 설정 파일의 각 그룹은 같은 파일을 공유하지만 서로 무관하게 적용된다는 의미다.

2.4.2 MySQL 시스템 변수의 특징

MySQL 서버는 기동하면서 설정 파일의 내용을 읽어 메모리나 작동 방식을 초기화하고, 접속된 사용자를 제어하기 위해 이러한 값을 별도로 저장해 둔다. MySQL 서버에서는 이렇게 저장된 값을 시스템 변수(System Variables)라고 한다. 각 시스템 변수는 다음 예제와 같이 MySQL 서버에 접속해 SHOW VARIABLES 또는 SHOW GLOBAL VARIABLES라는 명령으로 확인할 수 있다.

```
mysql> SHOW GLOBAL VARIABLES;
+---------------------------+---------+
| Variable_name             | Value   |
+---------------------------+---------+
| activate_all_roles_on_login | OFF   |
| admin_address             |         |
| admin_port                | 33062   |
| auto_generate_certs       | ON      |
| auto_increment_increment  | 1       |
| auto_increment_offset     | 1       |
```

```
| autocommit              | ON    |
| automatic_sp_privileges | ON    |
| avoid_temporal_upgrade  | OFF   |
| back_log                | 8000  |
```

시스템 변수(설정) 값이 어떻게 MySQL 서버와 클라이언트에 영향을 미치는지 판단하려면 각 변수가
글로벌 변수인지 세션 변수인지 구분할 수 있어야 한다. 그리고 이를 위해서는 우선 글로벌 변수와 세
션 변수가 무엇이고 서로 어떤 관계가 있는지 명확히 이해해야 한다. MySQL 서버의 매뉴얼에서 시스
템 변수(Server System Variables)를 설명한 페이지[9]를 보면 MySQL 서버에서 제공하는 모든 시스템
변수의 목록과 간단한 설명을 참고할 수 있다. 설명 페이지에 있는 각 변수 항목은 다음 표와 같은 형식
으로 구성돼 있다.[10].

Name	Cmd-Line	Option File	System Var	Var Scope	Dynamic
activate_all_roles_on_login	Yes	Yes	Yes	Global	Yes
admin_address	Yes	Yes	Yes	Global	No
admin_port	Yes	Yes	Yes	Global	No
time_zone			Yes	Both	Yes
sql_log_bin			Yes	Session	Yes

시스템 변수가 가지는 5가지 속성의 의미는 다음과 같다.

- Cmd-Line: MySQL 서버의 명령행 인자로 설정될 수 있는지 여부를 나타낸다. 즉, 이 값이 'Yes'이면 명령행 인자
  로 이 시스템 변수의 값을 변경하는 것이 가능하다는 의미다.

- Option file: MySQL의 설정 파일인 my.cnf(또는 my.ini)로 제어할 수 있는지 여부를 나타낸다. 옵션 파일이나 설
  정 파일 또는 컨피규레이션 파일 등은 전부 my.cnf(또는 my.ini) 파일을 지칭하는 것으로 같은 의미로 사용된다.

- System Var: 시스템 변수인지 아닌지를 나타낸다. MySQL 서버의 설정 파일을 작성할 때 각 변수명에 사용된 하
  이픈('-')이나 언더스코어('_')의 구분에 주의해야 한다. 이는 MySQL 서버가 예전부터 수많은 사람들의 손을 거쳐오
  면서 생긴 일관성 없는 변수의 명명 규칙 때문이다. 어떤 변수는 하이픈으로 구분되고 어떤 시스템 변수는 언더스
  코어로 구분되는 등 상당히 애매모호한 부분이 있는데, 뒤늦게 이런 부분을 언더스코어로 통일해가는 중이다. 현재

---

9 https://dev.mysql.com/doc/refman/8.0/en/server-system-variable-reference.html

10 물론 이 예제에 표시되지 않은 시스템 변수가 훨씬 더 많지만 여기서는 시스템 변수를 나타낸 표를 이해하는 방법을 설명하기 위해 몇 가지만 표시했다.

MySQL 8.0에서는 모든 시스템 변수들이 '_'를 구분자로 사용하도록 변경된 것으로 보인다. 그리고 명령행 옵션으로만 사용 가능한 설정들은 '_'가 아니라 '−'을 구분자로 사용한다.

- **Var Scope**: 시스템 변수의 적용 범위를 나타낸다. 이 시스템 변수가 영향을 미치는 곳이 MySQL 서버 전체(Global, 글로벌 또는 전역)를 대상으로 하는지, 아니면 MySQL 서버와 클라이언트 간의 커넥션(Session, 세션 또는 커넥션)만인지 구분한다. 그리고 어떤 변수는 세션과 글로벌 범위에 모두 적용(Both)되기도 한다. 이와 관련된 내용은 뒤에서 좀 더 설명하겠다.

- **Dynamic**: 시스템 변수가 동적인지 정적인지 구분하는 변수이며, 동적 변수와 정적 변수의 차이는 별도로 설명하겠다.

2.4.3 글로벌 변수와 세션 변수

MySQL의 시스템 변수는 적용 범위에 따라 글로벌 변수와 세션 변수로 나뉘는데, 일반적으로 세션별로 적용되는 시스템 변수의 경우 글로벌 변수뿐만 아니라 세션 변수에도 동시에 존재한다. 이러한 경우 MySQL 매뉴얼의 'Var Scope'에는 'Both'라고 표시된다.

- 글로벌 범위의 시스템 변수는 하나의 MySQL 서버 인스턴스에서 전체적으로 영향을 미치는 시스템 변수를 의미하며, 주로 MySQL 서버 자체에 관련된 설정일 때가 많다. MySQL 서버에서 단 하나만 존재하는 InnoDB 버퍼 풀 크기(innodb_buffer_pool_size) 또는 MyISAM의 키 캐시 크기(key_buffer_size) 등이 가장 대표적인 글로벌 영역의 시스템 변수다.

- 세션 범위의 시스템 변수는 MySQL 클라이언트가 MySQL 서버에 접속할 때 기본으로 부여하는 옵션의 기본값을 제어하는 데 사용된다. 다른 DBMS에서도 거의 비슷하겠지만 MySQL에서도 각 클라이언트가 처음에 접속하면 기본적으로 부여하는 기본값을 가지고 있다. 별도로 그 값을 변경하지 않은 경우에는 그대로 값이 유지되지만, 클라이언트의 필요에 따라 개별 커넥션 단위로 다른 값으로 변경할 수 있는 것이 세션 변수다. 여기서 기본값은 글로벌 시스템 변수이며, 각 클라이언트가 가지는 값이 세션 시스템 변수다. 각 클라이언트에서 쿼리 단위로 자동 커밋을 수행할지 여부를 결정하는 autocommit 변수가 대표적인 예라고 볼 수 있다. autocommit을 ON으로 설정해 두면 해당 서버에 접속하는 모든 커넥션은 기본으로 자동 커밋 모드로 시작되지만 각 커넥션에서 autocommit 변수의 값을 OFF로 변경해 자동 커밋 모드를 비활성화할 수도 있다. 이러한 세션 변수는 커넥션별로 설정값을 서로 다르게 지정할 수 있으며, 한번 연결된 커넥션의 세션 변수는 서버에서 강제로 변경할 수 없다.

- 세션 범위의 시스템 변수 가운데 MySQL 서버의 설정 파일(my.cnf 또는 my.ini)에 명시해 초기화할 수 있는 변수는 대부분 범위가 'Both'라고 명시돼 있다. 이렇게 'Both'로 명시된 시스템 변수는 MySQL 서버가 기억만 하고 있다가 실제 클라이언트와의 커넥션이 생성되는 순간에 해당 커넥션의 기본값으로 사용되는 값이다. 그리고 순수하게 범위가 세션(Session)이라고 명시된 시스템 변수는 MySQL 서버의 설정 파일에 초깃값을 명시할 수 없으며, 커넥션이 만들어지는 순간부터 해당 커넥션에서만 유효한 설정 변수를 의미한다.

2.4.4 정적 변수와 동적 변수

MySQL 서버의 시스템 변수는 MySQL 서버가 기동 중인 상태에서 변경 가능한지에 따라 동적 변수와 정적 변수로 구분된다. MySQL 서버의 시스템 변수는 디스크에 저장돼 있는 설정 파일(my.cnf 또는 my.ini)을 변경하는 경우와 이미 기동 중인 MySQL 서버의 메모리에 있는 MySQL 서버의 시스템 변수를 변경하는 경우로 구분할 수 있다. 디스크에 저장된 설정 파일의 내용은 변경하더라도 MySQL 서버가 재시작하기 전에는 적용되지 않는다. 하지만 SHOW 명령으로 MySQL 서버에 적용된 변숫값을 확인하거나 SET 명령을 이용해 값을 바꿀 수도 있다. 만약 변수명을 정확히 모른다면 SQL 문장의 LIKE처럼 SHOW 명령에서 % 문자를 이용해 패턴 검색을 하는 것도 가능하다.

```
mysql> SHOW GLOBAL VARIABLES LIKE '%max_connections%';
+-----------------+-------+
| Variable_name   | Value |
+-----------------+-------+
| max_connections | 8000  |
+-----------------+-------+

mysql> SET GLOBAL max_connections=500;

mysql> SHOW GLOBAL VARIABLES LIKE 'max_connections';
+-----------------+-------+
| Variable_name   | Value |
+-----------------+-------+
| max_connections | 500   |
+-----------------+-------+
```

하지만 SET 명령을 통해 변경되는 시스템 변숫값이 MySQL의 설정 파일인 my.cnf(또는 my.ini) 파일에 반영되는 것은 아니기 때문에 현재 기동 중인 MySQL의 인스턴스에서만 유효하다. MySQL 서버가 재시작하면 다시 설정 파일의 내용으로 초기화되기 때문에 설정을 영구히 적용하려면 my.cnf 파일도 반드시 변경해야 한다. MySQL 8.0 버전부터는 SET PERSIST 명령을 이용하면 실행 중인 MySQL 서버의 시스템 변수를 변경함과 동시에 자동으로 설정 파일로도 기록된다. SHOW나 SET 명령에서 GLOBAL 키워드를 사용하면 글로벌 시스템 변수의 목록과 내용을 읽고 변경할 수 있으며, GLOBAL 키워드를 빼면 자동으로 세션 변수를 조회하고 변경한다.

일반적으로 글로벌 시스템 변수는 MySQL 서버의 기동 중에는 변경할 수 없는 것이 많지만 실시간으로 변경할 수 있는 것도 있다. my.cnf 설정 파일을 변경할 때 MySQL 서버를 재시작하는 경우가 많은데, 사실 변경하고자 하는 값이 동적 변수라면 SET 명령으로 간단히 변숫값을 변경할 수 있으며, 굳이 MySQL 서버를 재시작하지 않아도 된다. 이처럼 동적으로 시스템 변숫값을 변경하는 경우 SET 명령으로 시스템 변수를 변경하면 my.cnf 설정 파일에는 변경 내용이 기록되지 않는다. 설정 파일까지 내용을 변경하고자 한다면 SET PERSIST 명령을 사용해야 한다. SET PERSIST 명령을 사용하는 경우 변경된 시스템 변수는 my.cnf 파일이 아닌 별도의 파일에 기록된다.

시스템 변수의 범위가 'Both'인 경우(글로벌이면서 세션 변수인)에는 글로벌 시스템 변수의 값을 변경해도 이미 존재하는 커넥션의 세션 변숫값은 변경되지 않고 그대로 유지된다. 동적으로 변경 가능한 join_buffer_size라는 Both 타입 변수로 한번 확인해 보자.

```
mysql> SHOW GLOBAL VARIABLES LIKE 'join_buffer_size';
+------------------+--------+
| Variable_name    | Value  |
+------------------+--------+
| join_buffer_size | 262144 |
+------------------+--------+

mysql> SHOW VARIABLES LIKE 'join_buffer_size';
+------------------+--------+
| Variable_name    | Value  |
+------------------+--------+
| join_buffer_size | 262144 |
+------------------+--------+

mysql> SET GLOBAL join_buffer_size=524288;

mysql> SHOW GLOBAL VARIABLES LIKE 'join_buffer_size';
+------------------+--------+
| Variable_name    | Value  |
+------------------+--------+
| join_buffer_size | 524288 |
+------------------+--------+

mysql> SHOW VARIABLES LIKE 'join_buffer_size';
+------------------+--------+
| Variable_name    | Value  |
```

```
+-----------------+--------+
| join_buffer_size | 262144 |
+-----------------+--------+

1 row in set (0.00 sec)
```

join_buffer_size의 글로벌 변숫값은 524288으로 변경됐지만, 현재 커넥션의 세션 변수는 예전의 값인 262144를 그대로 유지하고 있음을 확인할 수 있다. MySQL의 시스템 변수 가운데 동적인 변수만 이렇게 SET 명령을 이용해 변경하는 것이 가능하다. SET 명령으로 새로운 값을 설정할 때는 설정 파일에서처럼 MB나 GB와 같이 단위 표기법을 사용할 수 없지만 2*1024*1024와 같은 수식은 사용할 수 있다.

2.4.5 SET PERSIST

MySQL 서버의 시스템 변수는 동적 변수와 정적 변수로 구분되는데, 동적 변수의 경우 MySQL 서버에서 SET GLOBAL 명령으로 변경하면 즉시 MySQL 서버에 반영된다. 예를 들어, MySQL 서버의 max_connections라는 시스템 변수가 있는데, 이 시스템 변수는 MySQL 서버로 접속할 수 있는 최대 커넥션의 개수를 제한하는 동적 시스템 변수다. MySQL 서버에 커넥션을 많이 사용 중이라면 최대 연결 가능 커넥션의 개수를 더 늘리기 위해서 다음과 같이 MySQL 서버의 시스템 변수를 즉시 변경하게 될 것이다.

```
mysql> SET GLOBAL max_connections=5000;
```

문제는 이렇게 변경한 후 MySQL 서버의 설정 파일에서도 이 내용을 적용해야 하는데, 응급조치를 하다 보면 MySQL 서버의 설정 파일에 변경 내용을 적용하는 것을 잊어버릴 때도 있다. 그리고 시간이 지나서 MySQL 서버를 재시작하면 다시 예전의 max_connections 시스템 변수의 값으로 MySQL 서버가 시작되고, 이로 인해 장애가 반복적으로 발생하게 된다. 실제로 이런 상황은 꽤 빈번하게 일어난다.

MySQL 8.0 버전에서는 이러한 문제점을 보완하기 위해 SET PERSIST 명령을 도입했다.

```
mysql> SET PERSIST max_connections=5000;
mysql> SHOW GLOBAL VARIABLES LIKE 'max_connections';
+-----------------+-------+
| Variable_name   | Value |
+-----------------+-------+
| max_connections | 5000  |
+-----------------+-------+
```

위 예제와 같이 SET PERSIST 명령으로 시스템 변수를 변경하면 MySQL 서버는 변경된 값을 즉시 적용함과 동시에 별도의 설정 파일(mysqld-auto.cnf)에 변경 내용을 추가로 기록해 둔다. 그리고 MySQL 서버가 다시 시작될 때 기본 설정 파일(my.cnf)뿐만 아니라 자동 생성된 mysqld-auto.cnf 파일을 같이 참조해서 시스템 변수를 적용한다. 즉, SET PERSIST 명령을 사용하면 MySQL 서버 설정 파일(my.cnf)에 변경 내용을 수동으로 기록하지 않아도 자동으로 영구 변경이 되는 것이다.

SET PERSIST 명령은 세션 변수에는 적용되지 않으며, SET PERSIST 명령으로 시스템 변수를 변경하면 MySQL 서버는 자동으로 GLOBAL 시스템 변수의 변경으로 인식하고 변경한다. 현재 실행 중인 MySQL 서버에는 변경 내용을 적용하지 않고 다음 재시작을 위해 mysqld-auto.cnf 파일에만 변경 내용을 기록해두고자 한다면 SET PERSIST_ONLY 명령을 사용하면 된다.

```
mysql> SET PERSIST_ONLY max_connections=5000;
mysql> SHOW GLOBAL VARIABLES LIKE 'max_connections';
+-----------------+-------+
| Variable_name   | Value |
+-----------------+-------+
| max_connections | 1000  |
+-----------------+-------+
```

SET PERSIST_ONLY 명령은 정적인 변수의 값을 영구적으로 변경하고자 할 때도 사용할 수 있다. SET PERSIST 명령은 현재 실행 중인 MySQL 서버에서 동적인 변수들의 값을 변경함과 동시에 mysqld-auto.cnf 파일에도 기록하는 용도인데, 정적인 변수는 실행 중인 MySQL 서버에서 변경할 수 없다. 대표적으로 innodb_doublewrite는 정적 변수로, MySQL 서버가 재시작될 때만 변경될 수 있다. 이렇게 정적 변수를 mysqld-auto.cnf 파일에 기록해두고자 할 때 SET PERSIST_ONLY 명령을 활용하면 된다.

```
mysql> SET PERSIST innodb_doublewrite=ON;
ERROR 1238 (HY000): Variable 'innodb_doublewrite' is a read only variable

mysql> SET PERSIST_ONLY innodb_doublewrite=ON;
Query OK, 0 rows affected (0.00 sec)
```

SET PERSIST 명령이나 SET PERSIST_ONLY 명령으로 시스템 변수를 변경하면 다음과 같이 JSON 포맷의 mysqld-auto.cnf 파일이 생성된다. mysqld-auto.cnf 파일에는 변경된 시스템 변수의 이름과 설정값, 그리고 추가로 언제 누구에 의해 시스템 변수가 변경됐는지 등의 정보도 함께 기록된다. 다음 예제는 가독성을 위해서 포맷을 좀 변경했는데, 실제 파일의 내용은 별도로 들여쓰기나 라인 구분이 돼 있지 않다.

```
{ "Version" : 1 ,
  "mysql_server" : {
    "max_connections" : {
      "Value" : "5000" ,
      "Metadata" : { "Timestamp" : 1603531428710224 ,
                     "User" : "matt.lee" , "Host" : "localhost" }
    } ,
    "mysql_server_static_options" : {
      "innodb_doublewrite" : {
        "Value" : "ON" ,
        "Metadata" : { "Timestamp" : 1603531680005055 ,
                       "User" : "matt.lee" , "Host" : "localhost" }
      }
    }
  }
}
```

SET PERSIST 또는 SET PERSIST_ONLY 명령으로 변경된 시스템 변수의 메타데이터는 다음과 같이 performance_schema.variables_info 뷰와 performance_schema.persisted_variables 테이블을 통해 참조할 수도 있다.

```
mysql> SELECT a.variable_name, b.variable_value,
         a.set_time, a.set_user, a.set_host
       FROM performance_schema.variables_info a
       INNER JOIN performance_schema.persisted_variables b
         ON a.variable_name=b.variable_name
       WHERE b.variable_name LIKE 'max_connections'\G
*************************** 1. row ***************************
 VARIABLE_NAME: max_connections
VARIABLE_value: 5000
      SET_TIME: 2020-10-24 18:23:48.710605
      SET_USER: matt.lee
      SET_HOST: localhost
```

SET PERSIST나 SET PERSIST_ONLY 명령으로 추가된 시스템 변수의 내용을 삭제해야 할 때도 있다. 이때 mysqld-auto.cnf 파일의 내용을 직접 변경하다가 내용상 오류를 만드는 경우 MySQL 서버가 시작되지 못할 수도 있다. 그래서 mysqld-auto.cnf 파일의 내용을 삭제해야 하는 경우에는 다음과 같이 RESET PERSIST 명령을 사용하는 것이 안전하다.

```
## 특정 시스템 변수만 삭제
mysql> RESET PERSIST max_connections;
mysql> RESET PERSIST IF EXISTS max_connections;

## mysqld-auto.cnf 파일의 모든 시스템 변수를 삭제
mysql> RESET PERSIST;
```

2.4.6 my.cnf 파일

MySQL 8.0 서버의 시스템 변수는 대략 570개 수준이며, 사용하는 플러그인이나 컴포넌트에 따라 시스템 변수의 개수는 더 늘어날 수도 있다. 물론 모든 시스템 변수를 공부해야 하는 것은 아니지만 MySQL 서버를 제대로 사용하려면 시스템 변수에 대한 이해가 상당히 많이 필요하다.

다음 예시는 처음 MySQL 서버를 설치할 때 참조할 만한 기본 설정 파일이다. 여기서는 저자가 경험한 것 중에서 꼭 필요한 것들을 명시했지만 이 중에서도 많은 시스템 변수가 MySQL 서버가 실행 중인 서버의 하드웨어 특성과 서비스의 특성에 따라 오히려 성능을 떨어지게 만들 수도 있다는 점에 주의하자. 이번 절에서 예시에 등장하는 시스템 변수를 하나하나 살펴보지는 않겠지만 예시에 나열된 대부분의 시스템 변수는 이 책의 각 장에서 자세히 설명하고 있으므로 시스템 변수의 자세한 내용은 각 장을 참조하자.

```
[mysqld]
server-id=1

user=mysql
datadir=/data/mysql/
default_storage_engine=innodb
default_tmp_storage_engine=innodb
table_open_cache=30000
table_open_cache_instances=16
```

```
open-files-limit=65535
default-time-zone='+09:00'
socket=/tmp/mysql.sock
local_infile=OFF
block_encryption_mode='aes-256-ecb'

core_file
innodb_buffer_pool_in_core_file=OFF

max_allowed_packet=67108864
explicit_defaults_for_timestamp=ON
sql-mode= "STRICT_TRANS_TABLES,NO_ZERO_IN_DATE,NO_ZERO_DATE,ERROR_FOR_DIVISION_BY_ZERO,NO_
ENGINE_SUBSTITUTION"

character-set-server=utf8mb4
character-set-filesystem=utf8mb4
collation_server=utf8mb4_0900_ai_ci
skip-character-set-client-handshake

max_connections=8000
max_connect_errors=999999

activate_all_roles_on_login=1
skip-name-resolve

ngram_token_size=2
max_heap_table_size=10M
tmp_table_size=10M
tmpdir=/data/mytmp/
secure-file-priv=/data/securefile/
default_password_lifetime=0

sysdate-is-now

#### InnoDB ------------------------------------------------------------------
innodb_sort_buffer_size=64M

innodb_data_home_dir=/data/mysql/
```

```
innodb_data_file_path=ibdata1:100M:autoextend
innodb_temp_data_file_path=ibtmp1:12M:autoextend

innodb_log_group_home_dir=/log/innodb-log
innodb_log_files_in_group=3
innodb_log_file_size=2048M
innodb_file_per_table=ON

innodb_undo_directory=/log/innodb-undo/
innodb_rollback_segments=64
innodb_undo_tablespaces=2
innodb_max_undo_log_size=536870912
innodb_undo_log_truncate=ON

innodb_status_output_locks=ON
innodb_print_all_deadlocks=ON
innodb_adaptive_hash_index=OFF
innodb_buffer_pool_size=20G
innodb_buffer_pool_instances=10
innodb_doublewrite=OFF
innodb_checksum_algorithm=CRC32
innodb_flush_log_at_trx_commit=0
innodb_flush_method=O_DIRECT_NO_FSYNC
innodb_io_capacity=1000
innodb_io_capacity_max=5000
innodb_ft_enable_stopword=OFF
innodb_cmp_per_index_enabled=ON

#### Performance schema ------------------------------------------------------------
performance_schema=ON
performance-schema-instrument='stage/%=ON'
performance-schema-instrument='memory/%=ON'
performance-schema-instrument='wait/%=ON'

performance-schema-consumer-events_stages_current=ON
performance-schema-consumer-events_stages_history=ON
performance-schema-consumer-events_stages_history_long=ON
performance-schema-consumer-events_statements_history=OFF
```

```
performance-schema-consumer-events_statements_history_long=ON
performance-schema-consumer-events_waits_current=ON
performance-schema-consumer-events_waits_history=ON
performance-schema-consumer-events_waits_history_long=ON

performance_schema_events_stages_history_long_size=50000
performance_schema_events_stages_history_size=10
performance_schema_events_statements_history_long_size=50000
performance_schema_events_statements_history_size=10
performance_schema_events_waits_history_long_size=50000
performance_schema_events_waits_history_size=10


#### TDE (Encryption) -------------------------------------------------------------
early-plugin-load=keyring_file.so
keyring_file_data = /data/tde/tde_master.key


#### Password validate -------------------------------------------------------------
password_history=5
validate_password.length=8
validate_password.mixed_case_count=2
validate_password.number_count=2
validate_password.special_char_count=2
validate_password.dictionary_file=prohibitive_dictionary.data
validate_password.policy=STRONG


#### MySQL BinLog -------------------------------------------------------------
log-bin=/log/mysql-bin/mysql-bin
sync_binlog=0
enforce_gtid_consistency=ON
gtid-mode=ON
binlog_checksum=CRC32
binlog_order_commits=ON
binlog_format=ROW
binlog_row_image=MINIMAL
max_binlog_size=104857600


#### MySQL Replica Options -------------------------------------------------------------
slave_parallel_type=LOGICAL_CLOCK
```

```
slave_parallel_workers=4
slave_preserve_commit_order=1
binlog_rows_query_log_events=ON
log_slave_updates


#### Relay Log     -----------------------------------------------------------------
relay-log=/log/relay-bin/relay-bin
relay_log_info_repository=TABLE
relay_log_recovery=ON
relay_log_purge=ON


#### MySQL ErrorLog -----------------------------------------------------------------
log-error=/log/mysql-err.log
log_error_verbosity=1


#### MySQL Slow Log -----------------------------------------------------------------
slow-query-log=1
long_query_time=1
log_slow_extra=1
log_slow_admin_statements=1
log_slow_slave_statements=1
slow_query_log_file=/log/mysql-slow.log


#### MySQL Log Expire ---------------------------------------------------------------
binlog_expire_logs_seconds=259200
log-raw
log_timestamps=SYSTEM


[client]
socket=/tmp/mysql.sock
```

위의 설정 파일 예시는 DBMS 전용 서버에서 서비스용으로 사용되는 MySQL 서버를 위한 설정이다. 만약 PC 에서 테스트용으로 MySQL 서버를 실행하는 경우라면 위의 설정 파일 예시에서 아래 설정들은 낮은 수치로 조정해서 사용하자.

```
max_connections=100


innodb_sort_buffer_size=5M


innodb_log_files_in_group=2
innodb_log_file_size=1024M


innodb_buffer_pool_size=200M
innodb_buffer_pool_instances=1
innodb_io_capacity=100
innodb_io_capacity_max=400
```

03

사용자 및 권한

MySQL에서 사용자 계정을 생성하는 방법이나 각 계정의 권한을 설정하는 방법은 다른 DBMS와는 조금 차이가 있다. 대표적으로 MySQL의 사용자 계정은 단순히 사용자의 아이디뿐 아니라 해당 사용자가 어느 IP에서 접속하고 있는지도 확인한다. 또한 MySQL 8.0 버전부터는 권한을 묶어서 관리하는 역할(Role, 롤)의 개념이 도입됐기 때문에 각 사용자의 권한으로 미리 준비된 권한 세트(Role)를 부여하는 것도 가능하다. 데이터베이스 서버의 보안은 갈수록 중요해지고 있으므로 반드시 계정의 식별 방식과 권한, 역할에 대한 기본적인 내용은 꼭 숙지하자.

3.1 사용자 식별

MySQL의 사용자는 다른 DBMS와는 조금 다르게 사용자의 계정뿐 아니라 사용자의 접속 지점(클라이언트가 실행된 호스트명이나 도메인 또는 IP 주소)도 계정의 일부가 된다. 따라서 MySQL에서 계정을 언급할 때는 다음과 같이 항상 아이디와 호스트를 함께 명시해야 한다. 아이디와 IP 주소를 감싸는 역따옴표(`)는 MySQL에서 식별자를 감싸는 따옴표 역할을 하는데, 이는 종종 홑따옴표(')로도 바뀌어서 사용되기도 한다. 다음의 사용자 계정은 항상 MySQL 서버가 기동 중인 로컬 호스트에서 svc_id라는 아이디로 접속할 때만 사용될 수 있는 계정이다. 만약 사용자 계정에 다음과 같은 계정만 등록돼 있다면 다른 컴퓨터에서는 svc_id라는 아이디로 접속할 수 없음을 의미한다.

```
'svc_id'@'127.0.0.1'
```

만약 모든 외부 컴퓨터에서 접속이 가능한 사용자 계정을 생성하고 싶다면 사용자 계정의 호스트 부분을 % 문자로 대체하면 된다. 즉, % 문자는 모든 IP 또는 모든 호스트명을 의미한다. 사용자 계정 식별에서 또 한 가지 주의해야 할 점은 서로 동일한 아이디가 있을 때 MySQL 서버가 해당 사용자의 인증을 위해 어떤 계정을 선택하느냐다. 예를 들어, 다음과 같은 2개의 사용자 계정이 있는 MySQL 서버가 있다고 해보자.

```
'svc_id'@'192.168.0.10' (이 계정의 비밀번호는 123)
'svc_id'@'%' (이 계정의 비밀번호는 abc)
```

IP 주소가 192.168.0.10인 PC에서 이 MySQL 서버에 접속할 때 MySQL 서버가 첫 번째 계정 정보를 이용해 인증을 실행할지, 아니면 두 번째 계정 정보를 이용할지에 따라 이 접속은 성공할 수도 있고 실패할 수도 있다. MySQL은 둘 중에서 어떤 것을 선택할까? 권한이나 계정 정보에 대해 MySQL은 범위가 가장 작은 것을 항상 먼저 선택한다. 즉, 위의 두 계정 정보 가운데 범위가 좁은 것은 %가 포함되지 않은 `svc_id`@`192.168.0.10`이기 때문에 IP가 명시된 계정 정보를 이용해 이 사용자를 인증하게 된다. 이 사용자가 IP가 192.168.0.10인 PC에서 `svc_id`라는 아이디와 abc라는 비밀번호로 로그인하면 '비밀번호가 일치하지 않는다'라는 이유로 접속이 거절될 것이다. 의도적으로 이처럼 중첩된 계정을 생성하지는 않겠지만 실수로 자주 이 같은 상황이 발생할 때가 있으므로 사용자 계정을 생성할 때 주의해야 한다.

3.2 사용자 계정 관리

3.2.1 시스템 계정과 일반 계정

MySQL 8.0부터 계정은 SYSTEM_USER 권한을 가지고 있느냐에 따라 시스템 계정(System Account)과 일반 계정(Regular Account)으로 구분된다. 여기서 소개하는 시스템 계정은 MySQL 서버 내부적으로 실행되는 백그라운드 스레드와는 무관하며, 시스템 계정도 일반 계정과 같이 사용자를 위한 계정이다. 시스템 계정은 데이터베이스 서버 관리자를 위한 계정이며, 일반 계정은 응용 프로그램이나 개발자를 위한 계정 정도로 생각하면 이해하기 쉬울 것이다.

시스템 계정은 시스템 계정과 일반 계정을 관리(생성 삭제 및 변경)할 수 있지만 일반 계정은 시스템 계정을 관리할 수 없다. 또한 다음과 같이 데이터베이스 서버 관리와 관련된 중요 작업은 시스템 계정으로만 수행할 수 있다.

- 계정 관리(계정 생성 및 삭제, 그리고 계정의 권한 부여 및 제거)
- 다른 세션(Connection) 또는 그 세션에서 실행 중인 쿼리를 강제 종료
- 스토어드 프로그램 생성 시 DEFINER를 타 사용자로 설정

이렇게 시스템 계정과 일반 계정의 개념이 도입된 것은 DBA(데이터베이스 관리자) 계정에는 SYSTEM_USER 권한을 할당하고 일반 사용자를 위한 계정에는 SYSTEM_USER 권한을 부여하지 않게 하기 위해서다.

MySQL 서버에는 다음과 같이 내장된 계정들이 있는데, 'root'@'localhost'를 제외한 3개의 계정은 내부적으로 각기 다른 목적으로 사용되므로 삭제되지 않도록 주의하자.

- 'mysql.sys'@'localhost': MySQL 8.0부터 기본으로 내장된 sys 스키마의 객체(뷰나 함수, 그리고 프로시저)들의 DEFINER로 사용되는 계정
- 'mysql.session'@'localhost': MySQL 플러그인이 서버로 접근할 때 사용되는 계정
- 'mysql.infoschema'@'localhost': information_schema에 정의된 뷰의 DEFINER로 사용되는 계정

위에 언급한 3개의 계정은 처음부터 잠겨(account_locked 칼럼) 있는 상태이므로 의도적으로 잠긴 계정을 풀지 않는 한 악의적인 용도로 사용할 수 없으므로 보안을 걱정하지는 않아도 된다.

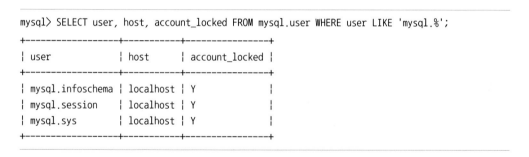

```
mysql> SELECT user, host, account_locked FROM mysql.user WHERE user LIKE 'mysql.%';
+------------------+-----------+----------------+
| user             | host      | account_locked |
+------------------+-----------+----------------+
| mysql.infoschema | localhost | Y              |
| mysql.session    | localhost | Y              |
| mysql.sys        | localhost | Y              |
+------------------+-----------+----------------+
```

3.2.2 계정 생성

MySQL 5.7 버전까지는 GRANT 명령으로 권한의 부여와 동시에 계정 생성이 가능했다. 하지만 MySQL 8.0 버전부터는 계정의 생성은 CREATE USER 명령으로, 권한 부여는 GRANT 명령으로 구분해서 실행하도록 바뀌었다. 계정을 생성할 때는 다음과 같은 다양한 옵션을 설정할 수 있다.

- 계정의 인증 방식과 비밀번호
- 비밀번호 관련 옵션(비밀번호 유효 기간, 비밀번호 이력 개수, 비밀번호 재사용 불가 기간)

- 기본 역할(Role)

- SSL 옵션

- 계정 잠금 여부

일반적으로 많이 사용되는 옵션을 가진 CREATE USER 명령은 다음과 같다.

```
mysql> CREATE USER 'user'@'%'
           IDENTIFIED WITH 'mysql_native_password' BY 'password'
           REQUIRE NONE
           PASSWORD EXPIRE INTERVAL 30 DAY
           ACCOUNT UNLOCK
           PASSWORD HISTORY DEFAULT
           PASSWORD REUSE INTERVAL DEFAULT
           PASSWORD REQUIRE CURRENT DEFAULT;
```

위 예제의 각 옵션을 하나씩 살펴보자.

3.2.2.1 IDENTIFIED WITH

사용자의 인증 방식과 비밀번호를 설정한다. IDENTIFIED WITH 뒤에는 반드시 인증 방식(인증 플러그인의 이름)을 명시해야 하는데, MySQL 서버의 기본 인증 방식을 사용하고자 한다면 IDENTIFIED BY 'password' 형식으로 명시해야 한다. MySQL 서버에서는 다양한 인증 방식을 플러그인 형태로 제공하며, 다음 4가지 방식이 가장 대표적이다.

- Native Pluggable Authentication: MySQL 5.7 버전까지 기본으로 사용되던 방식으로, 단순히 비밀번호에 대한 해시(SHA-1 알고리즘) 값을 저장해두고, 클라이언트가 보낸 값과 해시값이 일치하는지 비교하는 인증 방식이다.

- Caching SHA-2 Pluggable Authentication: MySQL 5.6 버전에 도입되고 MySQL 8.0 버전에서는 조금 더 보완된 인증 방식으로, 암호화 해시값 생성을 위해 SHA-2(256비트) 알고리즘을 사용한다. Native Authentication과의 가장 큰 차이는 사용되는 암호화 해시 알고리즘의 차이이며, SHA-2 Authentication은 저장된 해시값의 보안에 더 중점을 둔 알고리즘으로 이해할 수 있다. Native Authentication 플러그인은 입력이 동일 해시값을 출력하지만 Caching SHA-2 Authentication은 내부적으로 Salt 키를 활용하며, 수천 번의 해시 계산을 수행해서 결과를 만들어 내기 때문에 동일한 키 값에 대해서도 결과가 달라진다. 이처럼 해시값을 계산하는 방식은 상당히 시간 소모적이어서 성능이 매우 떨어지는데, 이를 보완하기 위해 MySQL 서버는 해시 결괏값을 메모리에 캐시해서 사용하게 된다. 그래서 인증 방식의 이름에 'Caching'이 포함된 것이다. 이 인증 방식을 사용하려면 SSL/TLS 또는 RSA 키페어를 반드시 사용해야 하는데, 이를 위해 클라이언트에서 접속할 때 SSL 옵션을 활성화해야 한다.

- PAM Pluggable Authentication: 유닉스나 리눅스 패스워드 또는 LDAP(Lightweight Directory Access Protocol) 같은 외부 인증을 사용할 수 있게 해주는 인증 방식으로, MySQL 엔터프라이즈 에디션에서만 사용 가능하다.

- LDAP Pluggable Authentication: LDAP을 이용한 외부 인증을 사용할 수 있게 해주는 인증 방식으로, MySQL 엔터프라이즈 에디션에서만 사용 가능하다.

MySQL 5.7 버전까지는 Native Authentication이 기본 인증 방식으로 사용됐지만 MySQL 8.0 버전부터는 Caching SHA-2 Authentication이 기본 인증으로 바뀌었다. 하지만 Caching SHA-2 Authentication은 SSL/TLS 또는 RSA 키페어를 필요로 하기 때문에 기존 MySQL 5.7까지의 연결 방식과는 다른 방식으로 접속해야 한다. 그래서 보안 수준은 좀 낮아지겠지만 기존 버전과의 호환성을 고려한다면 Caching SHA-2 Authentication보다는 Native Authentication 인증 방식으로 계정을 생성해야 할 수도 있다. 만약 MySQL 8.0에서도 Native Authentication을 기본 인증 방식으로 설정하고자 한다면 다음과 같이 MySQL 설정을 변경하거나 my.cnf 설정 파일에 추가하면 된다.

```
-- // Native Authentication을 기본 인증 방식으로 설정
mysql> SET GLOBAL default_authentication_plugin="mysql_native_password"
```

CREATE USER 또는 ALTER USER 명령을 이용해 MySQL 서버의 계정을 생성 또는 변경할 때 연결 방식과 비밀번호 옵션, 자원 사용과 관련된 여러 옵션을 설정할 수 있다. 여기서는 보안상 중요한 것들을 살펴보고, 더 자세한 내용은 매뉴얼을 참조하자.

> **주의** MySQL 서버의 Caching SHA-2 Pluggable Authentication은 SCRAM(Salted Challenge Response Authentication Mechanism) 인증 방식을 사용한다. SCRAM 인증 방식은 평문 비밀번호를 이용해서 5000번 이상 암호화 해시 함수를 실행해야 MySQL 서버로 로그인 요청을 보낼 수 있기 때문에 무작위로 비밀번호를 입력하는 무차별 대입 공격(brute-force attack)을 어렵게 만든다. 하지만 이런 인증 방식은 악의가 없는 정상적인 유저나 응용 프로그램의 연결도 느리게 만든다. 물론 허가된 사용자나 응용 프로그램은 정확한 비밀번호를 알고 있기 때문에 해시 함수를 5000번만 실행하면 된다. 하지만 응용 프로그램에서 한번에 많은 컨넥션을 연결하는 경우에는 여전히 응용 프로그램 서버의 CPU 자원을 많이 소모하게 된다는 것을 기억하자.
>
> MySQL 서버의 SCRAM 인증 방식에서 해시 함수를 몇 번이나 실행(SCRAM Iteration count)할지는 caching_sha2_password_digest_rounds 시스템 변수로 설정할 수 있는데, 기본 설정 값은 5000이며 최소 설정 가능값 또한 5000이다.
>
> SCRAM 인증 방식에 대한 자세한 내용은 위키피디아[11]를 참조하자.

---

1 https://ko.wikipedia.org/wiki/Salted_Challenge_Response_Authentication_Mechanism

3.2.2.2 REQUIRE

MySQL 서버에 접속할 때 암호화된 SSL/TLS 채널을 사용할지 여부를 설정한다. 만약 별도로 설정하지 않으면 비암호화 채널로 연결하게 된다. 하지만 REQUIRE 옵션을 SSL로 설정하지 않았다고 하더라도 Caching SHA-2 Authentication 인증 방식을 사용하면 암호화된 채널만으로 MySQL 서버에 접속할 수 있게 된다.

3.2.2.3 PASSWORD EXPIRE

비밀번호의 유효 기간을 설정하는 옵션이며, 별도로 명시하지 않으면 default_password_lifetime 시스템 변수에 저장된 기간으로 유효 기간이 설정된다. 개발자나 데이터베이스 관리자의 비밀번호는 유효 기간을 설정하는 것이 보안상 안전하지만 응용 프로그램 접속용 계정에 유효 기간을 설정하는 것은 위험할 수 있으니 주의하자. PASSWORD EXPIRE 절에 설정 가능한 옵션은 다음과 같다.

- PASSWORD EXPIRE: 계정 생성과 동시에 비밀번호의 만료 처리

- PASSWORD EXPIRE NEVER: 계정 비밀번호의 만료 기간 없음

- PASSWORD EXPIRE DEFAULT: default_password_lifetime 시스템 변수에 저장된 기간으로 비밀번호의 유효 기간을 설정

- PASSWORD EXPIRE INTERVAL n DAY: 비밀번호의 유효 기간을 오늘부터 n일자로 설정

3.2.2.4 PASSWORD HISTORY

한 번 사용했던 비밀번호를 재사용하지 못하게 설정하는 옵션인데, PASSWORD HISTORY 절에 설정 가능한 옵션은 다음과 같다.

- PASSWORD HISTORY DEFAULT: password_history 시스템 변수에 저장된 개수만큼 비밀번호의 이력을 저장하며, 저장된 이력에 남아있는 비밀번호는 재사용할 수 없다.

- PASSWORD HISTORY n: 비밀번호의 이력을 최근 n개까지만 저장하며, 저장된 이력에 남아있는 비밀번호는 재사용할 수 없다.

한 번 사용했던 비밀번호를 사용하지 못하게 하려면 이전에 사용했던 비밀번호를 MySQL 서버가 기억하고 있어야 하는데, 이를 위해 MySQL 서버는 mysql DB의 password_history 테이블을 사용한다.

```
mysql> SELECT * FROM mysql.password_history;
+-----------+------+----------------------------+-------------+
| Host      | User | Password_timestamp         | Password    |
+-----------+------+----------------------------+-------------+
| localhost | root | 2020-07-15 11:42:23.987696 | *AA1420F... |
+-----------+------+----------------------------+-------------+
```

3.2.2.5 PASSWORD REUSE INTERVAL

한 번 사용했던 비밀번호의 재사용 금지 기간을 설정하는 옵션이며, 별도로 명시하지 않으면 password_reuse_interval 시스템 변수에 저장된 기간으로 설정된다. PASSWORD REUSE INTERVAL 절에 설정 가능한 옵션은 다음과 같다.

- PASSWORD REUSE INTERVAL DEFAULT: password_reuse_interval 변수에 저장된 기간으로 설정

- PASSWORD REUSE INTERVAL n DAY: n일자 이후에 비밀번호를 재사용할 수 있게 설정

3.2.2.6 PASSWORD REQUIRE

비밀번호가 만료되어 새로운 비밀번호로 변경할 때 현재 비밀번호(변경하기 전 만료된 비밀번호)를 필요로 할지 말지를 결정하는 옵션이며, 별도로 명시되지 않으면 password_require_current 시스템 변수의 값으로 설정된다. PASSWORD REQUIRE 절에 사용 가능한 옵션은 다음과 같다.

- PASSWORD REQUIRE CURRENT: 비밀번호를 변경할 때 현재 비밀번호를 먼저 입력하도록 설정

- PASSWORD REQUIRE OPTIONAL: 비밀번호를 변경할 때 현재 비밀번호를 입력하지 않아도 되도록 설정

- PASSWORD REQUIRE DEFAULT: password_require_current 시스템 변수의 값으로 설정

3.2.2.7 ACCOUNT LOCK / UNLOCK

계정 생성 시 또는 ALTER USER 명령을 사용해 계정 정보를 변경할 때 계정을 사용하지 못하게 잠글지 여부를 결정한다.

- ACCOUNT LOCK: 계정을 사용하지 못하게 잠금

- ACCOUNT UNLOCK: 잠긴 계정을 다시 사용 가능 상태로 잠금 해제

3.3 비밀번호 관리

3.3.1 고수준 비밀번호

MySQL 서버의 비밀번호는 유효기간이나 이력 관리를 통한 재사용 금지 기능뿐만 아니라 비밀번호를 쉽게 유추할 수 있는 단어들이 사용되지 않게 글자의 조합을 강제하거나 금칙어를 설정하는 기능도 있다. MySQL 서버에서 비밀번호의 유효성 체크 규칙을 적용하려면 validate_password 컴포넌트를 이용하면 되는데, 우선 다음과 같이 validate_password 컴포넌트를 설치해야 한다. validate_password 컴포넌트는 MySQL 서버 프로그램에 내장돼 있기 때문에 INSTALL COMPONENT 명령의 file:// 부분에 별도의 파일 경로를 지정하지 않아도 된다.

```
## validate_password 컴포넌트 설치
mysql> INSTALL COMPONENT 'file://component_validate_password';

## 설치된 컴포넌트 확인
mysql> SELECT * FROM mysql.component;
+--------------+--------------------+------------------------------------+
| component_id | component_group_id | component_urn                      |
+--------------+--------------------+------------------------------------+
|            1 |                  1 | file://component_validate_password |
+--------------+--------------------+------------------------------------+
```

validate_password 컴포넌트가 설치되면 다음과 같이 컴포넌트에서 제공하는 시스템 변수를 확인할 수 있다.

```
mysql> SHOW GLOBAL VARIABLES LIKE 'validate_password%';
+--------------------------------------+--------+
| Variable_name                        | Value  |
+--------------------------------------+--------+
| validate_password.check_user_name    | ON     |
| validate_password.dictionary_file    |        |
| validate_password.length             | 8      |
| validate_password.mixed_case_count   | 2      |
| validate_password.number_count       | 2      |
| validate_password.policy             | STRONG |
| validate_password.special_char_count | 2      |
+--------------------------------------+--------+
```

비밀번호 정책은 크게 다음 3가지 중에서 선택할 수 있으며, 기본값은 MEDIUM으로 자동 설정된다.

- LOW: 비밀번호의 길이만 검증

- MEDIUM: 비밀번호의 길이를 검증하며, 숫자와 대소문자, 그리고 특수문자의 배합을 검증

- STRONG: MEDIUM 레벨의 검증을 모두 수행하며, 금칙어가 포함됐는지 여부까지 검증

비밀번호의 길이는 validate_password.length 시스템 변수에 설정된 길이 이상의 비밀번호가 사용됐는지를 검증하며, 숫자와 대소문자, 특수문자는 validate_password.mixed_case_count와 validate_password.number_count, validate_password.special_char_count 시스템 변수에 설정된 글자 수 이상을 포함하고 있는지 검증한다. 그리고 마지막으로 금칙어는 validate_password.dictionary_file 시스템 변수에 설정된 사전 파일에 명시된 단어를 포함하고 있는지를 검증한다.

MySQL 서버에서는 기본적으로 비밀번호에 'qwerty'나 '1234'와 같이 연속된 단어를 사용해도 아무런 에러 없이 설정된다. 하지만 높은 수준의 보안을 요구하는 서비스에서는 비밀번호를 사전에 명시되지 않은 단어들로 생성하도록 제어해야 할 수도 있다. 이러한 요구사항이 필요한 경우에는 validate_password.dictionary_file 시스템 변수에 금칙어들이 저장된 사전 파일을 등록하면 된다.

금칙어 파일은 다음과 같이 금칙어들을 한 줄에 하나씩 기록해서 저장한 텍스트 파일로 작성하면 된다. 금칙어를 하나씩 입력해서 금칙어 파일을 준비하는 것은 상당히 시간 소모적인 일이므로 이미 만들어져 있는 파일을 내려받아 더 필요한 것을 추가해서 사용하는 것도 좋다. 검색을 통해 쉽게 찾을 수 있지만 찾기가 어렵다면 다음 깃허브 저장소의 파일을 살펴보자.

SecLists: https://github.com/danielmiessler/SecLists/blob/master/Passwords/Common-Credentials/10k-most-common.txt

```
password
123456
12345678
1234
qwerty
12345
dragon
pussy
baseball
football
...
```

금칙어 파일이 준비되면 다음과 같이 MySQL 서버에 금칙어 파일을 등록하면 된다. 비밀번호 금칙어는 validate_password.policy 시스템 변수가 'STRONG'으로 설정된 경우에만 작동하므로 금칙어를 적용하려면 validate_password.policy 시스템 변수도 함께 변경해야 한다.

```
mysql> SET GLOBAL validate_password.dictionary_file='prohibitive_word.data';
mysql> SET GLOBAL validate_password.policy='STRONG';
```

참고   MySQL 5.7 버전까지는 validate_password가 플러그인 형태로 제공됐지만 MySQL 8.0 버전부터는 컴포넌트 형태로 제공된다. validate_password를 플러그인으로 활성화한 경우와 컴포넌트로 활성화한 경우의 차이를 간단히 살펴보자.

플러그인

```
mysql> SELECT * FROM mysql.plugin WHERE name='validate_password';
+-------------------+----------------------+
| name              | dl                   |
+-------------------+----------------------+
| validate_password | validate_password.so |
+-------------------+----------------------+

mysql> SELECT * FROM mysql.component;
Empty set (0.01 sec)

mysql> SHOW GLOBAL VARIABLES LIKE 'validate_password%';
+--------------------------------------+--------+
| Variable_name                        | Value  |
+--------------------------------------+--------+
| validate_password_check_user_name    | ON     |
| validate_password_dictionary_file    |        |
| validate_password_length             | 8      |
| validate_password_mixed_case_count   | 1      |
| validate_password_number_count       | 1      |
| validate_password_policy             | MEDIUM |
| validate_password_special_char_count | 1      |
+--------------------------------------+--------+
```

```
mysql> SELECT * FROM mysql.plugin WHERE name='validate_password';
Empty set (0.00 sec)

mysql> SELECT * FROM mysql.component WHERE component_urn LIKE '%validate_password%';;
+--------------+--------------------+------------------------------------+
| component_id | component_group_id | component_urn                      |
+--------------+--------------------+------------------------------------+
|            1 |                  1 | file://component_validate_password |
+--------------+--------------------+------------------------------------+

mysql> SHOW GLOBAL VARIABLES LIKE 'validate_password%';
+--------------------------------------+----------+
| Variable_name                        | Value    |
+--------------------------------------+----------+
| validate_password.check_user_name    | ON       |
| validate_password.dictionary_file    |          |
| validate_password.length             | 8        |
| validate_password.mixed_case_count   | 2        |
| validate_password.number_count       | 2        |
| validate_password.policy             | STRONG   |
| validate_password.special_char_count | 2        |
+--------------------------------------+----------+
```

사용자 측면에서는 플러그인이나 컴포넌트 모두 거의 동일한 기능을 제공하며, 단지 제공되는 시스템 변수의 이름에만 차이가 있다. 하지만 플러그인의 단점을 보완하기 위해 MySQL 8.0부터 컴포넌트가 도입됐으므로 가능하다면 컴포넌트를 선택하는 편이 더 나을 것이다.

3.3.2 이중 비밀번호

일반적으로 많은 응용 프로그램 서버들이 공용으로 데이터베이스 서버를 사용하기 때문에 데이터베이스 서버의 계정 정보는 응용 프로그램 서버로부터 공용으로 사용되는 경우가 많다. 이러한 구현 특성으로 인해 데이터베이스 서버의 계정 정보는 쉽게 변경하기가 어려운데, 그중에서도 데이터베이스 계정의 비밀번호는 서비스가 실행 중인 상태에서 변경이 불가능했다. 그래서 서비스에서 데이터베이스 계정의 비밀번호는 처음 설정한 상태로 몇 년 동안 사용되는 경우가 많다. 데이터베이스 계정의 비밀번호는 보안을 위해 주기적으로 변경해야 하지만 지금까지는 서비스를 모두 멈추지 않고서는 비밀번호를 변경하는 것은 불가능한 일이었다.

이 같은 문제점을 해결하기 위해 MySQL 8.0 버전부터는 계정의 비밀번호로 2개의 값을 동시에 사용할 수 있는 기능을 추가했다. MySQL 서버 매뉴얼에서는 이 기능을 '이중 비밀번호(Dual Password)'라고 소개한다.

> **주의** 이 책에서는 'Dual Password'를 '이중 비밀번호'로 해석했는데, 사실 한글에서 '이중'은 영어의 'Dual'과는 조금 다른 것으로 생각된다. 한글에서 '이중 비밀번호'라고 하면 사용자가 2개의 비밀번호를 모두 맞게 입력했을 때만 로그인되는 것으로 오해할 소지가 있기 때문이다. 하지만 여기서 소개하는 '이중 비밀번호'는 2개의 비밀번호 중 하나만 일치하면 로그인이 통과되는 것을 의미한다.

MySQL 서버의 이중 비밀번호 기능은 하나의 계정에 대해 2개의 비밀번호를 동시에 설정할 수 있는데, 2개의 비밀번호는 프라이머리(Primary)와 세컨더리(Secondary)로 구분된다. 최근에 설정된 비밀번호는 프라이머리 비밀번호이며, 이전 비밀번호는 세컨더리 비밀번호가 된다. 이중 비밀 비밀번호를 사용하려면 다음과 같이 기존 비밀번호 변경 구문에 RETAIN CURRENT PASSWORD 옵션만 추가하면 된다.

```
-- // 비밀번호를 "ytrewq"로 설정
mysql> ALTER USER 'root'@'localhost' IDENTIFIED BY 'old_password';

-- // 비밀번호를 "qwerty"로 변경하면서 기존 비밀번호를 세컨더리 비밀번호로 설정
mysql> ALTER USER 'root'@'localhost' IDENTIFIED BY 'new_password' RETAIN CURRENT PASSWORD;
```

첫 번째 ALTER USER 명령이 실행되면 root 계정의 프라이머리 비밀번호는 'old_password'로 변경되고 세컨더리 비밀번호는 빈 상태가 된다. 그리고 두 번째 ALTER USER 명령이 실행되면 이전 비밀번호였던 'old_password'는 세컨더리 비밀번호로 설정되고, 새롭게 설정한 'new_password'는 프라이머리 비밀번호가 된다. 이 상태에서 root 계정은 두 비밀번호 중 아무거나 입력해도 로그인이 된다. 이렇게 설정된 상태에서 데이터베이스에 연결하는 응용 프로그램의 소스코드나 설정 파일의 비밀번호를 새로운 비밀번호인 'new_password'로 변경하고 배포 및 재시작을 순차적으로 실행한다.

MySQL 서버에 접속하는 모든 응용 프로그램의 재시작이 완료되면 이제 다음 명령으로 세컨더리 비밀번호는 삭제한다. 세컨더리 비밀번호를 꼭 삭제해야 하는 것은 아니지만 계정의 보안을 위해 세컨더리 비밀번호는 삭제하는 것이 좋다.

```
mysql> ALTER USER 'root'@'localhost' DISCARD OLD PASSWORD;
```

이렇게 세컨더리 비밀번호가 삭제되면 이제는 기존 비밀번호로는 로그인이 불가능하며, 새로운 비밀번호로만 로그인할 수 있게 된다.

3.4 권한(Privilege)

MySQL 5.7 버전까지 권한은 표 3.1과 같이 글로벌(Global) 권한과 객체 단위의 권한으로 구분됐다. 데이터베이스나 테이블 이외의 객체에 적용되는 권한을 글로벌 권한이라고 하며, 데이터베이스나 테이블을 제어하는 데 필요한 권한을 객체 권한이라 한다. 객체 권한은 GRANT 명령으로 권한을 부여할 때 반드시 특정 객체를 명시해야 하며, 반대로 글로벌 권한은 GRANT 명령에서 특정 객체를 명시하지 말아야 한다. 예외적으로 ALL(또는 ALL PRIVILEGES)은 글로벌과 객체 권한 두 가지 용도로 사용될 수 있는데, 특정 객체에 ALL 권한이 부여되면 해당 객체에 적용될 수 있는 모든 객체 권한을 부여하며, 글로벌로 ALL이 사용되면 글로벌 수준에서 가능한 모든 권한을 부여하게 된다.

표 3.1 정적 권한

구분	권한	Grant 테이블의 칼럼명	권한 범위
글로벌 권한	FILE	File_priv	파일
	CREATE ROLE	Create_role_priv	서버 관리
	CREATE TABLESPACE	Create_tablespace_priv	서버 관리
	CREATE USER	Create_user_priv	서버 관리
	DROP ROLE	Drop_role_priv	서버 관리
	PROCESS	Process_priv	서버 관리
글로벌 권한	PROXY	See proxies_priv table	서버 관리
	RELOAD	Reload_priv	서버 관리
	REPLICATION CLIENT	Repl_client_priv	서버 관리
	REPLICATION SLAVE	Repl_slave_priv	서버 관리
	SHOW DATABASES	Show_db_priv	서버 관리
	SHUTDOWN	Shutdown_priv	서버 관리
	SUPER	Super_priv	서버 관리
	USAGE	Synonym for "no privileges"	서버 관리

구분	권한	Grant 테이블의 칼럼명	권한 범위
객체 권한	EVENT	Event_priv	데이터베이스
	LOCK TABLES	Lock_tables_priv	데이터베이스
	REFERENCES	References_priv	데이터베이스 & 테이블
	CREATE	Create_priv	데이터베이스 & 테이블 & 인덱스
	GRANT OPTION	Grant_priv	데이터베이스 & 테이블 & 스토어드 프로그램
	DROP	Drop_priv	데이터베이스 & 테이블, 뷰
	ALTER ROUTINE	Alter_routine_priv	스토어드 프로그램
	CREATE ROUTINE	Create_routine_priv	스토어드 프로그램
	EXECUTE	Execute_priv	스토어드 프로그램
	ALTER	Alter_priv	테이블
	CREATE TEMPORARY TABLES	Create_tmp_table_priv	테이블
	DELETE	Delete_priv	테이블
	INDEX	Index_priv	테이블
	TRIGGER	Trigger_priv	테이블
	INSERT	Insert_priv	테이블 & 칼럼
	SELECT	Select_priv	테이블 & 칼럼
	UPDATE	Update_priv	테이블 & 칼럼
	CREATE VIEW	Create_view_priv	뷰
	SHOW VIEW	Show_view_priv	뷰
객체 & 글로벌	ALL [PRIVILEGES]	Synonym for "all privileges"	서버 관리

MySQL 8.0 버전부터는 MySQL 5.7 버전의 권한에 다음의 동적 권한이 더 추가됐다. 그리고 MySQL 5.7 버전부터 제공되던 표 3.1의 권한은 정적 권한이라고 한다. 표 3.1의 정적 권한은 MySQL 서버의 소스코드에 고정적으로 명시돼 있는 권한을 의미하며, 표 3.2의 동적 권한은 (일부는 MySQL 서버에 명시돼 있기도 하지만) MySQL 서버가 시작되면서 동적으로 생성하는 권한을 의미한다. 예를 들어, MySQL 서버의 컴포넌트나 플러그인이 설치되면 그때 등록되는 권한을 동적 권한이라 한다.

표 3.2 동적 권한

권한	권한 범위
INNODB_REDO_LOG_ARCHIVE	리두 로그 관리
RESOURCE_GROUP_ADMIN	리소스 관리
RESOURCE_GROUP_USER	리소스 관리
BINLOG_ADMIN	백업 & 복제 관리
BINLOG_ENCRYPTION_ADMIN	백업 & 복제 관리
BACKUP_ADMIN	백업 관리
CLONE_ADMIN	백업 관리
GROUP_REPLICATION_ADMIN	복제 관리
REPLICATION_APPLIER	복제 관리
REPLICATION_SLAVE_ADMIN	복제 관리
CONNECTION_ADMIN	서버 관리
ENCRYPTION_KEY_ADMIN	서버 관리
PERSIST_RO_VARIABLES_ADMIN	서버 관리
ROLE_ADMIN	서버 관리
SESSION_VARIABLES_ADMIN	서버 관리
SET_USER_ID	서버 관리
SHOW_ROUTINE	서버 관리
SYSTEM_USER	서버 관리
SYSTEM_VARIABLES_ADMIN	서버 관리
TABLE_ENCRYPTION_ADMIN	서버 관리
VERSION_TOKEN_ADMIN	서버 관리
XA_RECOVER_ADMIN	서버 관리
APPLICATION_PASSWORD_ADMIN	이중 비밀번호 관리
AUDIT_ADMIN	Audit 로그 관리

MySQL 5.7 버전까지는 SUPER라는 권한이 데이터베이스 관리를 위해 꼭 필요한 권한이었지만, MySQL 8.0부터는 SUPER 권한은 잘게 쪼개어져 표 3.2의 동적 권한으로 분산됐다. 그래서 MySQL 서버 8.0 버

전부터는 백업 관리자와 복제 관리자 개별로 꼭 필요한 권한만 부여할 수 있게 된 것이다. 나머지 각 권한은 이름만으로도 충분히 이해할 수 있으므로 자세한 설명은 생략하고, 더 자세한 설명은 매뉴얼을 참조하자.

사용자에게 권한을 부여할 때는 GRANT 명령을 사용한다. GRANT 명령은 다음과 같은 문법으로 작성하는데, 각 권한의 특성(범위)에 따라 GRANT 명령의 ON 절에 명시되는 오브젝트(DB나 테이블)의 내용이 바뀌어야 한다.

```
mysql> GRANT privilege_list ON db.table TO 'user'@'host';
```

MySQL 8.0 버전부터는 존재하지 않는 사용자에 대해 GRANT 명령이 실행되면 에러가 발생하므로 반드시 사용자를 먼저 생성하고 GRANT 명령으로 권한을 부여해야 한다. GRANT OPTION 권한은 다른 권한과 달리 GRANT 명령의 마지막에 WITH GRANT OPTION을 명시해서 부여한다. privilege_list에는 구분자(,)를 써서 앞의 표에 명시된 권한 여러 개를 동시에 명시할 수 있다. TO 키워드 뒤에는 권한을 부여할 대상 사용자를 명시하고, ON 키워드 뒤에는 어떤 DB의 어떤 오브젝트에 권한을 부여할지 결정할 수 있는데, 권한의 범위에 따라 사용하는 방법이 달라진다. 간단하게 예제를 한 번 살펴보자.

글로벌 권한
```
mysql> GRANT SUPER ON *.* TO 'user'@'localhost';
```

글로벌 권한은 특정 DB나 테이블에 부여될 수 없기 때문에 글로벌 권한을 부여할 때 GRANT 명령의 ON 절에는 항상 *.*를 사용하게 된다. *.*은 모든 DB의 모든 오브젝트(테이블과 스토어드 프로시저나 함수 등)를 포함해서 MySQL 서버 전체를 의미한다. CREATE USER나 CREATE ROLE과 같은 글로벌 권한은 DB 단위나 오브젝트 단위로 부여할 수 있는 권한이 아니므로 항상 *.*로만 대상을 사용할 수 있다.

DB 권한
```
mysql> GRANT EVENT ON *.* TO 'user'@'localhost';
mysql> GRANT EVENT ON employees.* TO 'user'@'localhost';
```

DB 권한은 특정 DB에 대해서만 권한을 부여하거나 서버에 존재하는 모든 DB에 대해 권한을 부여할 수 있기 때문에 위의 예제와 같이 ON 절에 *.*이나 employees.* 모두 사용할 수 있다. 여기서 DB라 함은 DB 내부에 존재하는 테이블뿐만 아니라 스토어드 프로그램들도 모두 포함한다.

하지만 DB 권한만 부여하는 경우에는(DB 권한은 테이블에 대해 부여할 수 없기 때문에) employees.department와 같이 테이블까지 명시할 수 없다. DB 권한은 서버의 모든 DB에 적용할 수 있으므로 대상에 *.*을 사용할 수 있다. 또한 특정 DB에 대해서만 권한을 부여하는 것도 가능하기 때문에 db.*로 대상을 설정하는 것도 가능하다. 하지만 오브젝트 권한처럼 db.table로 오브젝트(테이블)까지 명시할 수는 없다.

테이블 권한

```
mysql> GRANT SELECT,INSERT,UPDATE,DELETE ON *.* TO 'user'@'localhost';
mysql> GRANT SELECT,INSERT,UPDATE,DELETE ON employees.* TO 'user'@'localhost';
mysql> GRANT SELECT,INSERT,UPDATE,DELETE ON employees.department TO 'user'@'localhost';
```

테이블 권한은 첫 번째 예제와 같이 서버의 모든 DB에 대해 권한을 부여하는 것도 가능하며, 두 번째 예제와 같이 특정 DB의 오브젝트에 대해서만 권한을 부여하는 것도 가능하다. 그리고 세 번째 예제와 같이 특정 DB의 특정 테이블에 대해서만 권한을 부여하는 것도 가능하다.

테이블의 특정 칼럼에 대해서만 권한을 부여하는 경우에는 GRANT 명령의 문법이 조금 달라져야 한다. 칼럼에 부여할 수 있는 권한은 DELETE를 제외한 INSERT, UPDATE, SELECT로 3가지이며, 각 권한 뒤에 칼럼을 명시하는 형태로 부여한다. employees DB의 department 테이블에서 dept_name 칼럼만 업데이트할 수 있게 권한을 부여하려면 다음과 같이 GRANT 명령을 사용하면 된다. 이 경우 SELECT나 INSERT는 모든 칼럼에 대해 수행할 수 있지만 UPDATE는 dept_name 칼럼에 대해서만 수행할 수 있다.

```
mysql> GRANT SELECT,INSERT,UPDATE(dept_name) ON employees.department TO 'user'@'localhost';
```

여러 가지 레벨이나 범위로 권한을 설정하는 것이 가능하지만 테이블이나 칼럼 단위의 권한은 잘 사용하지 않는다. 칼럼 단위의 권한이 하나라도 설정되면 나머지 모든 테이블의 모든 칼럼에 대해서도 권한 체크를 하기 때문에 칼럼 하나에 대해서만 권한을 설정하더라도 전체적인 성능에 영향을 미칠 수 있다. 칼럼 단위의 접근 권한이 꼭 필요하다면 GRANT 명령으로 해결하기보다는 테이블에서 권한을 허용하고자 하는 칼럼만으로 별도의 뷰(VIEW)를 만들어 사용하는 방법도 생각해볼 수 있다. 뷰도 하나의 테이블로 인식되기 때문에 뷰를 만들어 두면 뷰의 칼럼에 대해 권한을 체크하지 않고 뷰 자체에 대한 권한만 체크하게 된다.

각 계정이나 권한에 부여된 권한이나 역할을 확인하기 위해서는 SHOW GRANTS 명령을 사용할 수도 있지만 표 형태로 깔끔하게 보고자 한다면 mysql DB의 권한 관련 테이블을 참조하면 된다.

구분	저장소 테이블	설명
정적 권한	mysql.user	계정 정보 & 계정이나 역할에 부여된 글로벌 권한
	mysql.db	계정이나 역할에 DB 단위로 부여된 권한
	mysql.tables_priv	계정이나 역할에 테이블 단위로 부여된 권한
	mysql.columns_priv	계정이나 역할에 칼럼 단위로 부여된 권한
	mysql.procs_priv	계정이나 역할에 스토어드 프로그램 단위로 부여된 권한
동적 권한	mysql.global_grants	계정이나 역할에 부여되는 동적 글로벌 권한

3.5 역할(Role)

MySQL 8.0 버전부터 권한을 묶어서 역할(Role)을 사용할 수 있게 됐다. 실제 MySQL 서버 내부적으로 역할(Role)은 계정과 똑같은 모습을 하고 있다. 간단히 MySQL 8.0에서 역할을 사용하는 예시를 한번 살펴보자.

우선 CREATE ROLE 명령을 이용해 role_emp_read와 role_emp_write라는 이름의 역할을 정의한다.

```
mysql> CREATE ROLE
          role_emp_read,
          role_emp_write;
```

위의 CREATE ROLE 명령에서는 빈 껍데기만 있는 역할을 정의한 것이며, 다음과 같이 GRANT 명령으로 각역할에 대해 실질적인 권한을 부여하면 된다. 역할의 이름대로 'role_emp_read' 역할에는 employees DB의 모든 객체에 대해 읽기(SELECT) 권한만 부여했으며, 'role_emp_write' 역할에는 employees DB의 모든 객체에 대해 데이터 변경(INSERT, UPDATE, DELETE) 권한을 부여했다.

```
mysql> GRANT SELECT ON employees.* TO role_emp_read;
mysql> GRANT INSERT, UPDATE, DELETE ON employees.* TO role_emp_write;
```

기본적으로 역할은 그 자체로 사용될 수 없고 계정에 부여해야 하므로 CREATE USER 명령으로 reader와 writer라는 계정을 생성해보자.

```
mysql> CREATE USER reader@'127.0.0.1' IDENTIFIED BY 'qwerty';
mysql> CREATE USER writer@'127.0.0.1' IDENTIFIED BY 'qwerty';
```

CREATE USER 명령으로 계정은 생성됐지만 실제 이 계정들은 아무런 권한이 부여되지 않았으므로 employees DB에 대해 아무런 쿼리도 실행할 수 없는 상태다. 이제 GRANT 명령으로 reader와 writer 계정에 역할을 부여해보자.

```
mysql> GRANT role_emp_read TO reader@'127.0.0.1';
mysql> GRANT role_emp_read, role_emp_write TO writer@'127.0.0.1';
```

reader 계정에는 role_emp_read 역할만 부여했으며, writer 계정에는 role_emp_read와 role_emp_write 역할을 부여했다. SHOW GRANTS 명령으로 계정이 가진 권한을 확인해봐도 role_emp_read 역할이 잘 부여된 것을 확인할 수 있다. 실제 역할을 생성하고 계정에 역할을 부여하는 작업은 의외로 간단히 해결됐다.

```
mysql> SHOW GRANTS;
+------------------------------------------+
| Grants for reader@%                      |
+------------------------------------------+
| GRANT USAGE ON *.* TO `reader`@`%`       |
| GRANT `role_emp_read`@`%` TO `reader`@`%`|
+------------------------------------------+
```

그런데 지금 상태에서 reader나 writer 계정으로 로그인해서 employees DB의 데이터를 조회하거나 변경하려고 하면 다음과 같이 권한이 없다는 에러를 만나게 될 것이다.

```
linux> mysql -h127.0.0.1 -ureader -p
mysql> SELECT * FROM employees.employees LIMIT 10;
ERROR 1142 (42000): SELECT command denied to user 'reader'@'localhost' for table 'employees'
```

실제 역할은 부여돼 있지만 계정의 활성화된 역할을 조회해 보면 role_emp_read 역할이 없음을 확인할 수 있다.

```
mysql> SELECT current_role();
+----------------+
| current_role() |
+----------------+
```

```
| NONE            |
+-----------------+
```

reader 계정이 role_emp_read 역할을 사용할 수 있게 하려면 다음과 같이 SET ROLE 명령을 실행해 해당 역할을 활성화해야 한다. 일단 역할이 활성화되면 그 역할이 가진 권한은 사용할 수 있는 상태가 되지만 계정이 로그아웃됐다가 다시 로그인하면 역할이 활성화되지 않은 상태로 초기화돼 버린다.

```
mysql> SET ROLE 'role_emp_read';

mysql> SELECT current_role();
+---------------------+
| current_role()      |
+---------------------+
| `role_emp_read`@`%` |
+---------------------+

mysql> SELECT COUNT(*) FROM employees.employees;
+----------+
| count(*) |
+----------+
|   300024 |
+----------+
```

MySQL 서버의 역할이 불편하고 수동적으로 보이는데, 이는 MySQL 서버의 역할이 자동으로 활성화되지 않게 설정돼 있기 때문이다. 사용자가 MySQL 서버에 로그인할 때 역할을 자동으로 활성화할지 여부를 activate_all_roles_on_login 시스템 변수로 설정할 수 있다. 다음과 같이 activate_all_roles_on_login 시스템 변수가 ON으로 설정되면 매번 SET ROLE 명령으로 역할을 활성화하지 않아도 로그인과 동시에 부여된 역할이 자동으로 활성화된다.

```
mysql> SET GLOBAL activate_all_roles_on_login=ON;
```

그럼 이제 MySQL 8.0에 도입된 역할의 비밀에 대해 좀 더 살펴보자. 앞에서도 잠깐 언급했듯이 MySQL 서버의 역할은 사용자 계정과 거의 같은 모습을 하고 있으며, MySQL 서버 내부적으로 역할과 계정은 동일한 객체로 취급된다. 단지 하나의 사용자 계정에 다른 사용자 계정이 가진 권한을 병합해서 권한 제어가 가능해졌을 뿐이다. 다음과 같이 mysql DB의 user 테이블을 살펴보면 실제 권한과 사용자 계정이 구분 없이 저장된 것을 확인할 수 있다.

```
mysql> SELECT user, host, account_locked FROM mysql.user;
+----------------------+-----------+----------------+
| user                 | host      | account_locked |
+----------------------+-----------+----------------+
| role_emp_read        | %         | Y              |
| role_emp_write       | %         | Y              |
| reader               | 127.0.0.1 | N              |
| writer               | 127.0.0.1 | N              |
| root                 | localhost | N              |
+----------------------+-----------+----------------+
```

mysql DB의 user 테이블에는 방금 생성했던 사용자 계정과 권한이 모두 저장돼 있는데, 역할과 계정의 차이는 account_locked 칼럼의 값이 다를 뿐 아무런 차이가 없다. user 테이블에 역할이라는 것을 표기하는 플래그 칼럼도 없다. 그렇다면 MySQL 서버는 계정과 권한을 어떻게 구분할까, 라는 의문이 생길 수 있는데, 하나의 계정에 다른 계정의 권한을 병합하기만 하면 되므로 MySQL 서버는 역할과 계정을 구분할 필요가 없는 것이다.

일반적으로 CREATE USER 명령으로 계정을 생성할 때는 reader@'127.0.0.1'과 같이 계정 이름과 호스트 부분을 함께 명시한다. 하지만 CREATE ROLE 명령으로 역할을 생성할 때는 호스트 부분을 별도로 명시하지 않았다. 이것이 역할과 계정의 차이처럼 보일 수 있지만 사실은 호스트 부분을 명시하지 않은 경우에는 자동으로 '모든 호스트(%)'가 자동으로 추가된다. 즉, 다음 2개의 CREATE ROLE 명령은 동일한 '역할(Role)'을 만들게 된다. 그래서 mysql DB의 user 테이블을 조회했을 때 두 역할의 host 칼럼의 값이 '%'로 나타난 것이다. 또한 계정을 생성할 때도 'reader'라고 계정의 이름만 명시하면 reader@'%'와 동일한 계정이 생성된다.

```
mysql> CREATE ROLE
        role_emp_read,
        role_emp_write;

mysql> CREATE ROLE
        role_emp_read@'%',
        role_emp_write@'%';
```

이제 계정과 역할이 내부적으로는 똑같은 객체라는 것을 이해했으니, 다음과 같이 호스트 부분을 가진 역할에 대해 한번 고민해보자.

```
mysql> CREATE ROLE role_emp_local_read@localhost;

mysql> CREATE USER reader@'127.0.0.1' IDENTIFIED BY 'qwerty';

mysql> GRANT SELECT ON employees.* TO role_emp_local_read@'localhost';

mysql> GRANT role_emp_local_read@'localhost' TO reader@'127.0.0.1';
```

위 예제는 role_emp_local_read@'localhost' 역할을 reader@'127.0.0.1' 계정에 부여하는 예제다. 역할 과 계정의 호스트 부분이 서로 달라서 호환되지 않는 상태인데, 이는 역할의 호스트 부분이 어떤 영향 을 미치는지 살펴보기 위한 것이다. 이 예제와 같이 역할과 계정을 생성하면 사용자 계정은 employees DB의 객체들에 대해 SELECT 권한이 부여된다. 즉, 역할의 호스트 부분은 아무런 영향이 없다. 만약 역 할을 다른 계정에 부여하지 않고 직접 로그인하는 용도로 사용한다면(실제 계정처럼 사용한다면) 그때 는 역할의 호스트 부분이 중요해진다.

역할과 계정은 내외부적으로 동일한 객체라고 했는데, 왜 MySQL 서버에서는 굳이 CREATE ROLE 명령과 CREATE USER 명령을 구분해서 지원할까? 이는 데이터베이스 관리의 직무를 분리할 수 있게 해서 보안 을 강화하는 용도로 사용될 수 있게 하기 위해서다. CREATE USER 명령에 대해서는 권한이 없지만 CREATE ROLE 명령만 실행 가능한 사용자는 역할을 생성할 수 있다. 이렇게 생성된 역할은 계정과 동일한 객체 를 생성하지만 실제 이 역할은 account_locked 칼럼의 값이 'Y'로 설정돼 있어서 로그인 용도로 사용할 수가 없게 된다.

계정의 기본 역할 또는 역할에 부여된 역할 그래프 관계는 SHOW GRANTS 명령을 사용할 수도 있지만 표 형태로 깔끔하게 보고자 한다면 mysql DB의 권한 관련 테이블을 참조하면 된다.

저장소 테이블	설명
mysql.default_roles	계정별 기본 역할
mysql.role_edges	역할에 부여된 역할 관계 그래프

04

아키텍처

MySQL 서버는 사람의 머리 역할을 담당하는 MySQL 엔진과 손발 역할을 담당하는 스토리지 엔진으로 구분할 수 있다. 그리고 손과 발의 역할을 담당하는 스토리지 엔진은 핸들러 API를 만족하면 누구든지 스토리지 엔진을 구현해서 MySQL 서버에 추가해서 사용할 수 있다. 이번 장에서는 MySQL 엔진과 MySQL 서버에서 기본으로 제공되는 InnoDB 스토리지 엔진, 그리고 MyISAM 스토리지 엔진을 구분해서 살펴보겠다.

4.1 MySQL 엔진 아키텍처

먼저 MySQL의 쿼리를 작성하고 튜닝할 때 필요한 기본적인 MySQL 엔진의 구조를 훑어보겠다.

MySQL 서버는 다른 DBMS에 비해 구조가 상당히 독특하다. 사용자 입장에서 보면 거의 차이가 느껴지지 않지만 이러한 독특한 구조 때문에 다른 DBMS에서는 가질 수 없는 엄청난 혜택을 누릴 수 있으며, 반대로 다른 DBMS에서는 문제되지 않을 것들이 가끔 문제가 되기도 한다.

4.1.1 MySQL의 전체 구조

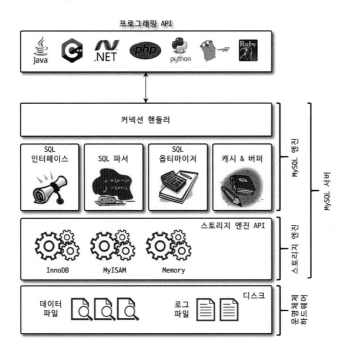

그림 4.1 MySQL 서버의 전체 구조

MySQL은 일반 상용 RDBMS와 같이 대부분의 프로그래밍 언어로부터 접근 방법을 모두 지원한다. MySQL 고유의 C API부터 시작해 JDBC나 ODBC, 그리고 .NET의 표준 드라이버를 제공하며, 이러한 드라이버를 이용해 C/C++, PHP, 자바, 펄, 파이썬, 루비나 .NET 및 코볼까지 모든 언어로 MySQL 서버에서 쿼리를 사용할 수 있게 지원한다.

MySQL 서버는 크게 MySQL 엔진과 스토리지 엔진으로 구분할 수 있다. 이 책에서는 MySQL의 쿼리 파서나 옵티마이저 등과 같은 기능을 스토리지 엔진과 구분하고자 그림 4.1처럼 'MySQL 엔진'과 '스토리지 엔진'으로 구분했다. 그리고 이 둘을 모두 합쳐서 그냥 MySQL 또는 MySQL 서버라고 표현하겠다.

4.1.1.1 MySQL 엔진

MySQL 엔진은 클라이언트로부터의 접속 및 쿼리 요청을 처리하는 커넥션 핸들러와 SQL 파서 및 전처리기, 쿼리의 최적화된 실행을 위한 옵티마이저가 중심을 이룬다. 또한 MySQL은 표준 SQL(ANSI SQL) 문법을 지원하기 때문에 표준 문법에 따라 작성된 쿼리는 타 DBMS와 호환되어 실행될 수 있다.

4.1.1.2 스토리지 엔진

MySQL 엔진은 요청된 SQL 문장을 분석하거나 최적화하는 등 DBMS의 두뇌에 해당하는 처리를 수행하고, 실제 데이터를 디스크 스토리지에 저장하거나 디스크 스토리지로부터 데이터를 읽어오는 부분은 스토리지 엔진이 전담한다. MySQL 서버에서 MySQL 엔진은 하나지만 스토리지 엔진은 여러 개를 동시에 사용할 수 있다. 다음 예제와 같이 테이블이 사용할 스토리지 엔진을 지정하면 이후 해당 테이블의 모든 읽기 작업이나 변경 작업은 정의된 스토리지 엔진이 처리한다.

```
mysql> CREATE TABLE test_table (fd1 INT, fd2 INT) ENGINE=INNODB;
```

위 예제에서 test_table은 InnoDB 스토리지 엔진을 사용하도록 정의했다. 이제 test_table에 대해 INSERT, UPDATE, DELETE, SELECT, ... 등의 작업이 발생하면 InnoDB 스토리지 엔진이 그러한 처리를 담당한다. 그리고 각 스토리지 엔진은 성능 향상을 위해 키 캐시(MyISAM 스토리지 엔진)나 InnoDB 버퍼 풀(InnoDB 스토리지 엔진)과 같은 기능을 내장하고 있다.

4.1.1.3 핸들러 API

MySQL 엔진의 쿼리 실행기에서 데이터를 쓰거나 읽어야 할 때는 각 스토리지 엔진에 쓰기 또는 읽기를 요청하는데, 이러한 요청을 핸들러(Handler) 요청이라 하고, 여기서 사용되는 API를 핸들러 API라고 한다. InnoDB 스토리지 엔진 또한 이 핸들러 API를 이용해 MySQL 엔진과 데이터를 주고받는다. 이 핸들러 API를 통해 얼마나 많은 데이터(레코드) 작업이 있었는지는 SHOW GLOBAL STATUS LIKE 'Handler%'; 명령으로 확인할 수 있다.

```
mysql> SHOW GLOBAL STATUS LIKE 'Handler%';
+----------------------------+-------+
| Variable_name              | Value |
+----------------------------+-------+
| Handler_commit             | 2696  |
| Handler_delete             | 184   |
| Handler_discover           | 0     |
| Handler_external_lock      | 15589 |
| Handler_mrr_init           | 0     |
| Handler_prepare            | 326   |
| Handler_read_first         | 67    |
| Handler_read_key           | 7731  |
| Handler_read_last          | 10    |
| Handler_read_next          | 8394  |
| Handler_read_prev          | 0     |
| Handler_read_rnd           | 0     |
| Handler_read_rnd_next      | 13676 |
| Handler_rollback           | 1     |
| Handler_savepoint          | 0     |
| Handler_savepoint_rollback | 0     |
| Handler_update             | 352   |
| Handler_write              | 840   |
+----------------------------+-------+
18 rows in set (0.02 sec)
```

4.1.2 MySQL 스레딩 구조

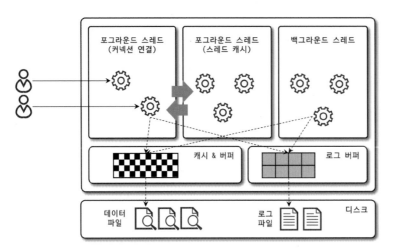

그림 4.2 MySQL의 스레딩 모델

MySQL 서버는 프로세스 기반이 아니라 스레드 기반으로 작동하며, 크게 포그라운드(Foreground) 스레드와 백그라운드(Background) 스레드로 구분할 수 있다. MySQL 서버에서 실행 중인 스레드의 목록은 다음과 같이 performance_schema 데이터베이스의 threads 테이블을 통해 확인할 수 있다.

```
mysql> SELECT thread_id, name, type, processlist_user, processlist_host
       FROM performance_schema.threads ORDER BY type, thread_id;
```

thread_id	name	type	processlist_user	processlist_host
1	thread/sql/main	BACKGROUND	NULL	NULL
2	thread/mysys/thread_timer_notifier	BACKGROUND	NULL	NULL
4	thread/innodb/io_ibuf_thread	BACKGROUND	NULL	NULL
5	thread/innodb/io_log_thread	BACKGROUND	NULL	NULL
6	thread/innodb/io_read_thread	BACKGROUND	NULL	NULL
7	thread/innodb/io_read_thread	BACKGROUND	NULL	NULL
8	thread/innodb/io_read_thread	BACKGROUND	NULL	NULL
9	thread/innodb/io_read_thread	BACKGROUND	NULL	NULL
10	thread/innodb/io_write_thread	BACKGROUND	NULL	NULL
11	thread/innodb/io_write_thread	BACKGROUND	NULL	NULL
12	thread/innodb/io_write_thread	BACKGROUND	NULL	NULL
13	thread/innodb/io_write_thread	BACKGROUND	NULL	NULL

	14	thread/innodb/page_flush_coordinator_thread	BACKGROUND	NULL	NULL	
	15	thread/innodb/log_checkpointer_thread	BACKGROUND	NULL	NULL	
	16	thread/innodb/log_closer_thread	BACKGROUND	NULL	NULL	
	17	thread/innodb/log_flush_notifier_thread	BACKGROUND	NULL	NULL	
	18	thread/innodb/log_flusher_thread	BACKGROUND	NULL	NULL	
	19	thread/innodb/log_write_notifier_thread	BACKGROUND	NULL	NULL	
	20	thread/innodb/log_writer_thread	BACKGROUND	NULL	NULL	
	21	thread/innodb/srv_lock_timeout_thread	BACKGROUND	NULL	NULL	
	22	thread/innodb/srv_error_monitor_thread	BACKGROUND	NULL	NULL	
	23	thread/innodb/srv_monitor_thread	BACKGROUND	NULL	NULL	
	24	thread/innodb/buf_resize_thread	BACKGROUND	NULL	NULL	
	25	thread/innodb/srv_master_thread	BACKGROUND	NULL	NULL	
	26	thread/innodb/dict_stats_thread	BACKGROUND	NULL	NULL	
	27	thread/innodb/fts_optimize_thread	BACKGROUND	NULL	NULL	
	28	thread/mysqlx/worker	BACKGROUND	NULL	NULL	
	29	thread/mysqlx/worker	BACKGROUND	NULL	NULL	
	30	thread/mysqlx/acceptor_network	BACKGROUND	NULL	NULL	
	34	thread/innodb/buf_dump_thread	BACKGROUND	NULL	NULL	
	35	thread/innodb/clone_gtid_thread	BACKGROUND	NULL	NULL	
	36	thread/innodb/srv_purge_thread	BACKGROUND	NULL	NULL	
	37	thread/innodb/srv_worker_thread	BACKGROUND	NULL	NULL	
	38	thread/innodb/srv_worker_thread	BACKGROUND	NULL	NULL	
	39	thread/innodb/srv_purge_thread	BACKGROUND	NULL	NULL	
	40	thread/innodb/srv_worker_thread	BACKGROUND	NULL	NULL	
	41	thread/innodb/srv_worker_thread	BACKGROUND	NULL	NULL	
	42	thread/innodb/srv_worker_thread	BACKGROUND	NULL	NULL	
	43	thread/innodb/srv_worker_thread	BACKGROUND	NULL	NULL	
	45	thread/sql/signal_handler	BACKGROUND	NULL	NULL	
	46	thread/mysqlx/acceptor_network	BACKGROUND	NULL	NULL	
	44	thread/sql/event_scheduler	FOREGROUND	NULL	NULL	
	48	thread/sql/compress_gtid_table	FOREGROUND	NULL	NULL	
	56	thread/sql/one_connection	FOREGROUND	root	localhost	

전체 44개의 스레드가 실행 중이며, 그중에서 41개의 스레드가 백그라운드 스레드이고 나머지 3개만 포그라운드 스레드로 표시돼 있다. 그런데 이 중에서 마지막 'thread/sql/one_connection' 스레드만 실제 사용자의 요청을 처리하는 포그라운드 스레드다. 백그라운드 스레드의 개수는 MySQL 서버의 설정

내용에 따라 가변적일 수 있다. 동일한 이름의 스레드가 2개 이상씩 보이는 것은 MySQL 서버의 설정 내용에 의해 여러 스레드가 동일 작업을 병렬로 처리하는 경우다.

> **참고**　여기서 소개하는 스레드 모델은 MySQL 서버가 전통적으로 가지고 있던 스레드 모델이며, MySQL 커뮤니티 에디션에서 사용되는 모델이다. MySQL 엔터프라이즈 에디션과 Percona MySQL 서버에서는 전통적인 스레드 모델뿐아니라 스레드 풀(Thread Pool) 모델을 사용할 수도 있다. 스레드 풀과 전통적인 스레드 모델의 가장 큰 차이점은 포그라운드 스레드와 커넥션의 관계. 전통적인 스레드 모델에서는 커넥션별로 포그라운드 스레드가 하나씩 생성되고할당된다. 하지만 스레드 풀에서는 커넥션과 포그라운드 스레드는 1:1관계가 아니라 하나의 스레드가 여러 개의 커넥션요청을 전담한다. 스레드 풀에 대한 자세한 설명은 4.1.9절 '스레드 풀'을 절을 참조하자.

4.1.2.1 포그라운드 스레드(클라이언트 스레드)

포그라운드 스레드는 최소한 MySQL 서버에 접속된 클라이언트의 수만큼 존재하며, 주로 각 클라이언트 사용자가 요청하는 쿼리 문장을 처리한다. 클라이언트 사용자가 작업을 마치고 커넥션을 종료하면 해당 커넥션을 담당하던 스레드는 다시 스레드 캐시(Thread cache)로 되돌아간다. 이때 이미 스레드 캐시에 일정 개수 이상의 대기 중인 스레드가 있으면 스레드 캐시에 넣지 않고 스레드를 종료시켜 일정 개수의 스레드만 스레드 캐시에 존재하게 한다. 이때 스레드 캐시에 유지할 수 있는 최대 스레드 개수는 thread_cache_size 시스템 변수로 설정한다.

포그라운드 스레드는 데이터를 MySQL의 데이터 버퍼나 캐시로부터 가져오며, 버퍼나 캐시에 없는 경우에는 직접 디스크의 데이터나 인덱스 파일로부터 데이터를 읽어와서 작업을 처리한다. MyISAM 테이블은 디스크 쓰기 작업까지 포그라운드 스레드가 처리하지만(MyISAM도 지연된 쓰기가 있지만 일반적인 방식은 아님) InnoDB 테이블은 데이터 버퍼나 캐시까지만 포그라운드 스레드가 처리하고, 나머지 버퍼로부터 디스크까지 기록하는 작업은 백그라운드 스레드가 처리한다.

> **참고**　MySQL에서 사용자 스레드와 포그라운드 스레드는 똑같은 의미로 사용된다. 클라이언트가 MySQL 서버에 접속하게 되면 MySQL 서버는 그 클라이언트의 요청을 처리해 줄 스레드를 생성해 그 클라이언트에게 할당한다. 이 스레드는 DBMS의 앞단에서 사용자(클라이언트)와 통신하기 때문에 포그라운드 스레드라고 하며, 사용자가 요청한 작업을 처리하기 때문에 사용자 스레드라고도 한다.

4.1.2.2 백그라운드 스레드

MyISAM의 경우에는 별로 해당 사항이 없는 부분이지만 InnoDB는 다음과 같이 여러 가지 작업이 백그라운드로 처리된다.

- 인서트 버퍼(Insert Buffer)를 병합하는 스레드

- 로그를 디스크로 기록하는 스레드

- InnoDB 버퍼 풀의 데이터를 디스크에 기록하는 스레드

- 데이터를 버퍼로 읽어 오는 스레드

- 잠금이나 데드락을 모니터링하는 스레드

모두 중요한 역할을 하지만 그중에서도 가장 중요한 것은 로그 스레드(Log thread)와 버퍼의 데이터를 디스크로 내려쓰는 작업을 처리하는 쓰기 스레드(Write thread)일 것이다. MySQL 5.5 버전부터 데이터 쓰기 스레드와 데이터 읽기 스레드의 개수를 2개 이상 지정할 수 있게 됐으며, innodb_write_io_threads와 innodb_read_io_threads 시스템 변수로 스레드의 개수를 설정한다. InnoDB에서도 데이터를 읽는 작업은 주로 클라이언트 스레드에서 처리되기 때문에 읽기 스레드는 많이 설정할 필요가 없지만 쓰기 스레드는 아주 많은 작업을 백그라운드로 처리하기 때문에 일반적인 내장 디스크를 사용할 때는 2~4 정도, DAS나 SAN과 같은 스토리지를 사용할 때는 디스크를 최적으로 사용할 수 있을 만큼 충분히 설정하는 것이 좋다.

사용자의 요청을 처리하는 도중 데이터의 쓰기 작업은 지연(버퍼링)되어 처리될 수 있지만 데이터의 읽기 작업은 절대 지연될 수 없다.[1] 그래서 일반적인 상용 DBMS에는 대부분 쓰기 작업을 버퍼링해서 일괄 처리하는 기능이 탑재돼 있으며, InnoDB 또한 이러한 방식으로 처리한다. 하지만 MyISAM은 그렇지 않고 사용자 스레드가 쓰기 작업까지 함께 처리하도록 설계돼 있다. 이러한 이유로 InnoDB에서는 INSERT, UPDATE, DELETE 쿼리로 데이터가 변경되는 경우 데이터가 디스크의 데이터 파일로 완전히 저장될 때까지 기다리지 않아도 된다. 하지만 MyISAM에서 일반적인 쿼리는 쓰기 버퍼링 기능을 사용할 수 없다.

---

1 사용자가 SELECT 쿼리를 실행했는데, "요청된 SELECT는 10분 뒤에 결과를 돌려주겠다"라고 응답을 보내는 DBMS는 없다.

4.1.3 메모리 할당 및 사용 구조

그림 4.3 MySQL의 메모리 사용 및 할당 구조

MySQL에서 사용되는 메모리 공간은 크게 글로벌 메모리 영역과 로컬 메모리 영역으로 구분할 수 있다. 글로벌 메모리 영역의 모든 메모리 공간은 MySQL 서버가 시작되면서 운영체제로부터 할당된다. 운영체제의 종류에 따라 다르겠지만 요청된 메모리 공간을 100% 할당해줄 수도 있고, 그 공간만큼 예약해두고 필요할 때 조금씩 할당해주는 경우도 있다. 각 운영체제의 메모리 할당 방식은 상당히 복잡하며, MySQL 서버가 사용하는 정확한 메모리의 양을 측정하는 것 또한 쉽지 않다. 그냥 단순하게 MySQL의 시스템 변수로 설정해 둔 만큼 운영체제로부터 메모리를 할당받는다고 생각해도 된다.

글로벌 메모리 영역과 로컬 메모리 영역은 MySQL 서버 내에 존재하는 많은 스레드가 공유해서 사용하는 공간인지 여부에 따라 구분되며, 각각 다음과 같은 특성이 있다.

4.1.3.1 글로벌 메모리 영역

일반적으로 클라이언트 스레드의 수와 무관하게 하나의 메모리 공간만 할당된다. 단, 필요에 따라 2개 이상의 메모리 공간을 할당받을 수도 있지만 클라이언트의 스레드 수와는 무관하며, 생성된 글로벌 영역이 N개라 하더라도 모든 스레드에 의해 공유된다. 대표적인 글로벌 메모리 영역은 다음과 같다.

- 테이블 캐시
- InnoDB 버퍼 풀
- InnoDB 어댑티브 해시 인덱스
- InnoDB 리두 로그 버퍼

4.1.3.2 로컬 메모리 영역

세션 메모리 영역이라고도 표현하며, MySQL 서버상에 존재하는 클라이언트 스레드가 쿼리를 처리하는 데 사용하는 메모리 영역이다. 대표적으로 그림 4.3의 커넥션 버퍼와 정렬(소트) 버퍼 등이 있다. 그림 4.2에서 볼 수 있듯이 클라이언트가 MySQL 서버에 접속하면 MySQL 서버에서는 클라이언트 커넥션으로부터의 요청을 처리하기 위해 스레드를 하나씩 할당하게 되는데, 클라이언트 스레드가 사용하는 메모리 공간이라고 해서 클라이언트 메모리 영역이라고도 한다. 클라이언트와 MySQL 서버와의 커넥션을 세션이라고 하기 때문에 로컬 메모리 영역을 세션 메모리 영역이라고도 표현한다.

로컬 메모리는 각 클라이언트 스레드별로 독립적으로 할당되며 절대 공유되어 사용되지 않는다는 특징이 있다. 일반적으로 글로벌 메모리 영역의 크기는 주의해서 설정하지만 소트 버퍼와 같은 로컬 메모리 영역은 크게 신경 쓰지 않고 설정하는데, 최악의 경우(가능성은 희박하지만)에는 MySQL 서버가 메모리 부족으로 멈춰 버릴 수도 있으므로 적절한 메모리 공간을 설정하는 것이 중요하다. 로컬 메모리 공간의 또 한 가지 중요한 특징은 각 쿼리의 용도별로 필요할 때만 공간이 할당되고 필요하지 않은 경우에는 MySQL이 메모리 공간을 할당조차도 하지 않을 수도 있다는 점이다. 대표적으로 소트 버퍼나 조인 버퍼와 같은 공간이 그러하다. 그리고 로컬 메모리 공간은 커넥션이 열려 있는 동안 계속 할당된 상태로 남아 있는 공간도 있고(커넥션 버퍼나 결과 버퍼) 그렇지 않고 쿼리를 실행하는 순간에만 할당했다가 다시 해제하는 공간(소트 버퍼나 조인 버퍼)도 있다.

대표적인 로컬 메모리 영역은 다음과 같다.

- 정렬 버퍼(Sort buffer)
- 조인 버퍼
- 바이너리 로그 캐시
- 네트워크 버퍼

4.1.4 플러그인 스토리지 엔진 모델

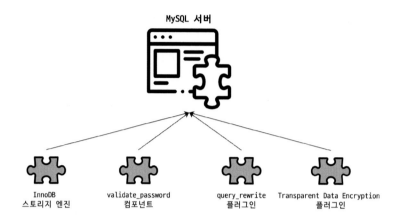

그림 4.4 MySQL 플러그인 모델

MySQL의 독특한 구조 중 대표적인 것이 바로 플러그인 모델이다. 플러그인해서 사용할 수 있는 것이 스토리지 엔진만 있는 것은 아니다. 전문 검색 엔진을 위한 검색어 파서(인덱싱할 키워드를 분리해내는 작업)도 플러그인 형태로 개발해서 사용할 수 있으며, 사용자의 인증을 위한 Native Authentication 과 Caching SHA-2 Authentication 등도 모두 플러그인으로 구현되어 제공된다. MySQL은 이미 기본적으로 많은 스토리지 엔진을 가지고 있다. 하지만 이 세상의 수많은 사용자의 요구 조건을 만족시키기 위해 기본적으로 제공되는 스토리지 엔진 이외에 부가적인 기능을 더 제공하는 스토리지 엔진이 필요할 수 있으며, 이러한 요건을 기초로 다른 전문 개발 회사 또는 사용자가 직접 스토리지 엔진을 개발하는 것도 가능하다.

MySQL에서 쿼리가 실행되는 과정을 크게 그림 4.5와 같이 나눈다면 거의 대부분의 작업이 MySQL 엔진에서 처리되고, 마지막 '데이터 읽기/쓰기' 작업만 스토리지 엔진에 의해 처리된다(만약 사용자가 새로운 용도의 스토리지 엔진을 만든다 하더라도 DBMS의 전체 기능이 아닌 일부분의 기능만 수행하는 엔진을 작성하게 된다는 의미다).

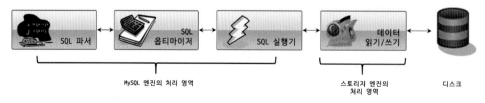

그림 4.5 MySQL 엔진과 스토리지 엔진의 처리 영역

그림 4.5의 각 처리 영역에서 '데이터 읽기/쓰기' 작업은 대부분 1건의 레코드 단위(예를 들어, 특정 인덱스의 레코드 1건 읽기 또는 마지막으로 읽은 레코드의 다음 또는 이전 레코드 읽기와 같이)로 처리된다. 그리고 MySQL을 사용하다 보면 '핸들러(Handler)'라는 단어를 자주 접하게 될 것이다. 핸들러라는 단어는 MySQL 서버의 소스코드로부터 넘어온 표현인데, 이는 우리가 매일 타고 다니는 자동차로 비유해 보면 쉽게 이해할 수 있다. 사람이 핸들(운전대)을 이용해 자동차를 운전하듯이, 프로그래밍 언어에서는 어떤 기능을 호출하기 위해 사용하는 운전대와 같은 역할을 하는 객체를 핸들러(또는 핸들러 객체)라고 표현한다. MySQL 서버에서 MySQL 엔진은 사람 역할을 하고 각 스토리지 엔진은 자동차 역할을 하는데, MySQL 엔진이 스토리지 엔진을 조정하기 위해 핸들러라는 것을 사용하게 된다.

MySQL에서 핸들러라는 것은 개념적인 내용이라서 완전히 이해하지 못하더라도 크게 문제되지는 않지만 최소한 MySQL 엔진이 각 스토리지 엔진에게 데이터를 읽어오거나 저장하도록 명령하려면 반드시 핸들러를 통해야 한다는 점만 기억하자. 나중에 MySQL 서버의 상태 변수라는 것을 배울 텐데, 이러한 상태 변수 가운데 'Handler_'로 시작하는 것이 많다는 사실을 알게 될 것이다. 'Handler_'로 시작하는 상태 변수는 'MySQL 엔진이 각 스토리지 엔진에게 보낸 명령의 횟수를 의미하는 변수'라고 이해하면 된다. MySQL에서 MyISAM이나 InnoDB와 같이 다른 스토리지 엔진을 사용하는 테이블에 대해 쿼리를 실행하더라도 MySQL의 처리 내용은 대부분 동일하며, 단순히 (그림 4.5의 마지막 단계인) '데이터 읽기/쓰기' 영역의 처리만 차이가 있을 뿐이다. 실질적인 GROUP BY나 ORDER BY 등 복잡한 처리는 스토리지 엔진 영역이 아니라 MySQL 엔진의 처리 영역인 '쿼리 실행기'에서 처리된다.

그렇다면 MyISAM이나 InnoDB 스토리지 엔진 가운데 뭘 사용하든 별 차이가 없는 것 아닌가, 라고 생각할 수 있지만 그렇진 않다. 여기서 설명한 내용은 아주 간략하게 언급한 것일 뿐이고, 단순히 보이는 '데이터 읽기/쓰기' 작업 처리 방식이 얼마나 달라질 수 있는가를 이 책의 나머지 부분을 통해 깨닫게 될 것이다. 여기서 중요한 내용은 '하나의 쿼리 작업은 여러 하위 작업으로 나뉘는데, 각 하위 작업이 MySQL 엔진 영역에서 처리되는지 아니면 스토리지 엔진 영역에서 처리되는지 구분할 줄 알아야 한다'는 점이다. 사실 여기서는 스토리지 엔진의 개념을 설명하기 위한 것도 있지만 각 단위 작업을 누가 처리하고 'MySQL 엔진 영역'과 '스토리지 엔진 영역'의 차이를 설명하는 데 목적이 있다.

이제 설치된 MySQL 서버(mysqld)에서 지원되는 스토리지 엔진이 어떤 것이 있는지 확인해보자.

```
mysql> SHOW ENGINES;
+------------------+---------+----------+----------------+------+------------+
| Engine           | Support | Comment  | Transactions   | XA   | Savepoints |
+------------------+---------+----------+----------------+------+------------+
```

```
| ARCHIVE            | YES     | Archive storage engin | NO    | NO    | NO    |
| BLACKHOLE          | YES     | /dev/null storage eng.. | NO  | NO    | NO    |
| MRG_MYISAM         | YES     | Collection of identic.. | NO  | NO    | NO    |
| FEDERATED          | NO      | Federated MySQL stora.. | NULL | NULL | NULL |
| MyISAM             | YES     | MyISAM storage engine | NO    | NO    | NO    |
| PERFORMANCE_SCHEMA | YES     | Performance Schema     | NO    | NO    | NO    |
| InnoDB             | DEFAULT | Supports transactions.. | YES | YES   | YES   |
| MEMORY             | YES     | Hash based, stored in.. | NO  | NO    | NO    |
| CSV                | YES     | CSV storage engine    | NO    | NO    | NO    |
+--------------------+---------+-----------------------+-------+-------+-------+
```

Support 칼럼에 표시될 수 있는 값은 다음 4가지다.

- YES: MySQL 서버(mysqld)에 해당 스토리지 엔진이 포함돼 있고, 사용 가능으로 활성화된 상태임

- DEFAULT: 'YES'와 동일한 상태이지만 필수 스토리지 엔진임을 의미함(즉, 이 스토리지 엔진이 없으면 MySQL이 시작되지 않을 수도 있음을 의미한다)

- NO: 현재 MySQL 서버(mysqld)에 포함되지 않았음을 의미함

- DISABLED: 현재 MySQL 서버(mysqld)에는 포함됐지만 파라미터에 의해 비활성화된 상태임

MySQL 서버(mysqld)에 포함되지 않은 스토리지 엔진(Support 칼럼이 NO로 표시되는)을 사용하려면 MySQL 서버를 다시 빌드(컴파일)해야 한다. 하지만 여러분의 MySQL 서버가 적절히 준비만 돼 있다면 플러그인 형태로 빌드된 스토리지 엔진 라이브러리를 다운로드해서 끼워 넣기만 하면 사용할 수 있다. 또한 플러그인 형태의 스토리지 엔진은 손쉽게 업그레이드할 수 있다. 스토리지 엔진뿐만 아니라 모든 플러그인의 내용은 다음과 같이 확인할 수 있다. SHOW PLUGINS 명령으로 스토리지 엔진뿐 아니라 인증 및 전문 검색용 파서와 같은 플러그인도 (설치돼 있다면) 확인할 수 있다.

```
mysql> SHOW PLUGINS;
+----------------------+--------+----------------+---------+---------+
| Name                 | Status | Type           | Library | License |
+----------------------+--------+----------------+---------+---------+
| binlog               | ACTIVE | STORAGE ENGINE | NULL    | GPL     |
| mysql_native_password | ACTIVE | AUTHENTICATION | NULL    | GPL     |
| sha256_password      | ACTIVE | AUTHENTICATION | NULL    | GPL     |
| caching_sha2_password | ACTIVE | AUTHENTICATION | NULL    | GPL     |
| sha2_cache_cleaner   | ACTIVE | AUDIT          | NULL    | GPL     |
```

```
| CSV                  | ACTIVE   | STORAGE ENGINE     | NULL | GPL |
| MEMORY               | ACTIVE   | STORAGE ENGINE     | NULL | GPL |
| InnoDB               | ACTIVE   | STORAGE ENGINE     | NULL | GPL |
| INNODB_TRX           | ACTIVE   | INFORMATION SCHEMA | NULL | GPL |
| INNODB_CMP           | ACTIVE   | INFORMATION SCHEMA | NULL | GPL |
| INNODB_CMP_RESET     | ACTIVE   | INFORMATION SCHEMA | NULL | GPL |
| MyISAM               | ACTIVE   | STORAGE ENGINE     | NULL | GPL |
| MRG_MYISAM           | ACTIVE   | STORAGE ENGINE     | NULL | GPL |
| PERFORMANCE_SCHEMA   | ACTIVE   | STORAGE ENGINE     | NULL | GPL |
| TempTable            | ACTIVE   | STORAGE ENGINE     | NULL | GPL |
| ARCHIVE              | ACTIVE   | STORAGE ENGINE     | NULL | GPL |
| BLACKHOLE            | ACTIVE   | STORAGE ENGINE     | NULL | GPL |
| FEDERATED            | DISABLED | STORAGE ENGINE     | NULL | GPL |
| ngram                | ACTIVE   | FTPARSER           | NULL | GPL |
| mysqlx_cache_cleaner | ACTIVE   | AUDIT              | NULL | GPL |
| mysqlx               | ACTIVE   | DAEMON             | NULL | GPL |
+----------------------+----------+--------------------+------+-----+
```

MySQL 서버에서는 스토리지 엔진뿐만 아니라 다양한 기능을 플러그인 형태로 지원한다. 인증이나 전문 검색 파서 또는 쿼리 재작성과 같은 플러그인이 있으며, 비밀번호 검증과 커넥션 제어 등에 관련된 다양한 플러그인이 제공된다. 그뿐만 아니라 MySQL 서버의 기능을 커스텀하게 확장할 수 있게 플러그인 API가 매뉴얼에 공개돼 있으므로 기존 MySQL 서버에서 제공하던 기능들을 확장하거나 완전히 새로운 기능들을 플러그인을 이용해 구현할 수도 있다. 플러그인에 대한 자세한 정보는 MySQL 매뉴얼[2]을 참조하자.

4.1.5 컴포넌트

MySQL 8.0부터는 기존의 플러그인 아키텍처를 대체하기 위해 컴포넌트 아키텍처가 지원된다. MySQL 서버의 플러그인은 다음과 같은 몇 가지 단점이 있는데, 컴포넌트는 이러한 단점들을 보완해서 구현됐다.

---

2 https://dev.mysql.com/doc/refman/8.0/en/server-plugins.html

- 플러그인은 오직 MySQL 서버와 인터페이스할 수 있고, 플러그인끼리는 통신할 수 없음

- 플러그인은 MySQL 서버의 변수나 함수를 직접 호출하기 때문에 안전하지 않음(캡슐화 안 됨)

- 플러그인은 상호 의존 관계를 설정할 수 없어서 초기화가 어려움

MySQL 5.7 버전까지는 비밀번호 검증 기능이 플러그인 형태로 제공됐지만 MySQL 8.0의 비밀번호 검증 기능은 컴포넌트로 개선됐다. 컴포넌트의 간단한 사용법을 비밀번호 검증 기능 컴포넌트를 통해 살펴보자.

```
-- // validate_password 컴포넌트 설치
mysql> INSTALL COMPONENT 'file://component_validate_password';

-- // 설치된 컴포넌트 확인
mysql> SELECT * FROM mysql.component;
+--------------+--------------------+----------------------------------+
| component_id | component_group_id | component_urn                    |
+--------------+--------------------+----------------------------------+
|            1 |                  1 | file://component_validate_password |
+--------------+--------------------+----------------------------------+
```

플러그인과 마찬가지로 컴포넌트도 설치하면서 새로운 시스템 변수를 설정해야 할 수도 있으니 컴포넌트를 사용하기 전에 관련 매뉴얼을 살펴보자. MySQL 서버에서 기본으로 제공되는 컴포넌트에 대한 자세한 설명과 컴포넌트 개발과 관련된 자세한 사항은 MySQL 매뉴얼[3]을 참조하자.

---

3 https://dev.mysql.com/doc/refman/8.0/en/server-components.html

4.1.6 쿼리 실행 구조

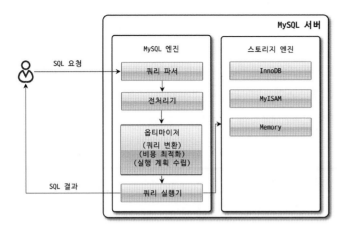

그림 4.6 쿼리 실행 구조

그림 4.6은 쿼리를 실행하는 관점에서 MySQL의 구조를 간략하게 그림으로 표현한 것이며, 다음과 같이 기능별로 나눠 볼 수 있다.

4.1.6.1 쿼리 파서

쿼리 파서는 사용자 요청으로 들어온 쿼리 문장을 토큰(MySQL이 인식할 수 있는 최소 단위의 어휘나 기호)으로 분리해 트리 형태의 구조로 만들어 내는 작업을 의미한다. 쿼리 문장의 기본 문법 오류는 이 과정에서 발견되고 사용자에게 오류 메시지를 전달하게 된다.

4.1.6.2 전처리기

파서 과정에서 만들어진 파서 트리를 기반으로 쿼리 문장에 구조적인 문제점이 있는지 확인한다. 각 토큰을 테이블 이름이나 칼럼 이름, 또는 내장 함수와 같은 개체를 매핑해 해당 객체의 존재 여부와 객체의 접근 권한 등을 확인하는 과정을 이 단계에서 수행한다. 실제 존재하지 않거나 권한상 사용할 수 없는 개체의 토큰은 이 단계에서 걸러진다.

4.1.6.3 옵티마이저

옵티마이저란 사용자의 요청으로 들어온 쿼리 문장을 저렴한 비용으로 가장 빠르게 처리할지를 결정하는 역할을 담당하며, DBMS의 두뇌에 해당한다고 볼 수 있다. 이 책에서는 대부분 옵티마이저가 선택하는 내용을 설명할 것이며, 어떻게 하면 옵티마이저가 더 나은 선택을 할 수 있게 유도하는가를 알려 줄 것이다. 그만큼 옵티마이저의 역할은 중요하고 영향 범위 또한 아주 넓다.

4.1.6.4 실행 엔진

옵티마이저가 두뇌라면 실행 엔진과 핸들러는 손과 발에 비유할 수 있다(좀 더 재미있게 회사로 비유한다면 옵티마이저는 회사의 경영진, 실행 엔진은 중간 관리자, 핸들러는 각 업무의 실무자로 비유할 수 있다). 실행 엔진이 하는 일을 더 쉽게 이해할 수 있게 간단하게 예를 들어 살펴보자. 옵티마이저가 GROUP BY를 처리하기 위해 임시 테이블을 사용하기로 결정했다고 해보자.

1. 실행 엔진이 핸들러에게 임시 테이블을 만들라고 요청

2. 다시 실행 엔진은 WHERE 절에 일치하는 레코드를 읽어오라고 핸들러에게 요청

3. 읽어온 레코드들을 1번에서 준비한 임시 테이블로 저장하라고 다시 핸들러에게 요청

4. 데이터가 준비된 임시 테이블에서 필요한 방식으로 데이터를 읽어 오라고 핸들러에게 다시 요청

5. 최종적으로 실행 엔진은 결과를 사용자나 다른 모듈로 넘김

즉, 실행 엔진은 만들어진 계획대로 각 핸들러에게 요청해서 받은 결과를 또 다른 핸들러 요청의 입력으로 연결하는 역할을 수행한다.

4.1.6.5 핸들러(스토리지 엔진)

앞에서 잠깐 언급한 것처럼 핸들러는 MySQL 서버의 가장 밑단에서 MySQL 실행 엔진의 요청에 따라 데이터를 디스크로 저장하고 디스크로부터 읽어 오는 역할을 담당한다. 핸들러는 결국 스토리지 엔진을 의미하며, MyISAM 테이블을 조작하는 경우에는 핸들러가 MyISAM 스토리지 엔진이 되고, InnoDB 테이블을 조작하는 경우에는 핸들러가 InnoDB 스토리지 엔진이 된다.

4.1.7 복제

MySQL 서버에서 복제(Replication)는 매우 중요한 역할을 담당하며, 지금까지 MySQL 서버에서 복제는 많은 발전을 거듭해왔다. 그래서 MySQL 서버의 복제에 관해서는 별도의 장에서 다루기로 하고, 기본적인 복제의 아키텍처 또한 16장 '복제'에서 살펴보겠다.

4.1.8 쿼리 캐시

MySQL 서버에서 쿼리 캐시(Query Cache)는 빠른 응답을 필요로 하는 웹 기반의 응용 프로그램에서 매우 중요한 역할을 담당했다. 쿼리 캐시는 SQL의 실행 결과를 메모리에 캐시하고, 동일 SQL 쿼리가 실행되면 테이블을 읽지 않고 즉시 결과를 반환하기 때문에 매우 빠른 성능을 보였다. 하지만 쿼리 캐시는 테이블의 데이터가 변경되면 캐시에 저장된 결과 중에서 변경된 테이블과 관련된 것들은 모두 삭제(Invalidate)해야 했다. 이는 심각한 동시 처리 성능 저하를 유발한다. 또한 MySQL 서버가 발전하면서 성능이 개선되는 과정에서 쿼리 캐시는 계속된 동시 처리 성능 저하와 많은 버그의 원인이 되기도 했다.

결국 MySQL 8.0으로 올라오면서 쿼리 캐시는 MySQL 서버의 기능에서 완전히 제거되고, 관련된 시스템 변수도 모두 제거됐다. MySQL 서버의 쿼리 캐시 기능은 아주 독특한 환경(데이터 변경은 거의 없고 읽기만 하는 서비스)에서는 매우 훌륭한 기능이지만 이런 요건을 가진 서비스는 흔치 않다. 실제 쿼리 캐시 기능이 큰 도움이 됐던 서비스는 거의 없었다. 이 같은 이유로 MySQL 서버에서 쿼리 캐시를 제거한 것은 좋은 선택이라고 생각한다. 실제로 큰 도움은 되지 않지만 수많은 버그의 원인으로 지목되는 경우가 많았기 때문이다.

4.1.9 스레드 풀

MySQL 서버 엔터프라이즈 에디션은 스레드 풀(Thread Pool) 기능을 제공하지만 MySQL 커뮤니티 에디션은 스레드 풀 기능을 지원하지 않는다. 여기서는 MySQL 엔터프라이즈 에디션에 포함된 스레드 풀 대신 Percona Server에서 제공하는 스레드 풀 기능을 살펴보고자 한다.

우선 MySQL 엔터프라이즈 스레드 풀 기능은 MySQL 서버 프로그램에 내장돼 있지만 Percona Server의 스레드 풀은 플러그인 형태로 작동하게 구현돼 있다는 차이점이 있다. 만약 MySQL 커뮤니티 에디션에서도 스레드 풀 기능을 사용하고자 한다면 동일 버전의 Percona Server에서 스레드 풀 플러그인 라이브러리(thread_pool.so 파일)를 MySQL 커뮤니티 에디션 서버에 설치(INSTALL PLUGIN 명령)해서 사용하면 된다.

스레드 풀은 내부적으로 사용자의 요청을 처리하는 스레드 개수를 줄여서 동시 처리되는 요청이 많다 하더라도 MySQL 서버의 CPU가 제한된 개수의 스레드 처리에만 집중할 수 있게 해서 서버의 자원 소모를 줄이는 것이 목적이다. 많은 사람들이 MySQL 서버에서 스레드 풀만 설치하면 성능이 그냥 두 배

쯤 올라갈 거라고 기대하는데, 스레드 풀이 실제 서비스에서 눈에 띄는 성능 향상을 보여준 경우는 드물었다. 또한 스레드 풀은 앞에서 소개한 것처럼 동시에 실행 중인 스레드들을 CPU가 최대한 잘 처리해낼 수 있는 수준으로 줄여서 빨리 처리하게 하는 기능이기 때문에 스케줄링 과정에서 CPU 시간을 제대로 확보하지 못하는 경우에는 쿼리 처리가 더 느려지는 사례도 발생할 수 있다는 점에 주의하자. 물론 제한된 수의 스레드만으로 CPU가 처리하도록 적절히 유도한다면 CPU의 프로세서 친화도(Processor affinity)도 높이고 운영체제 입장에서는 불필요한 컨텍스트 스위치(Context switch)를 줄여서 오버헤드를 낮출 수 있다.

Percona Server의 스레드 풀은 기본적으로 CPU 코어의 개수만큼 스레드 그룹을 생성하는데, 스레드 그룹의 개수는 thread_pool_size 시스템 변수를 변경해서 조정할 수 있다. 하지만 일반적으로는 CPU 코어의 개수와 맞추는 것이 CPU 프로세서 친화도를 높이는 데 좋다. MySQL 서버가 처리해야 할 요청이 생기면 스레드 풀로 처리를 이관하는데, 만약 이미 스레드 풀이 처리 중인 작업이 있는 경우에는 thread_pool_oversubscribe 시스템 변수(기본값은 3)에 설정된 개수만큼 추가로 더 받아들여서 처리한다. 이 값이 너무 크면 스케줄링해야 할 스레드가 많아져서 스레드 풀이 비효율적으로 작동할 수도 있다.

스레드 그룹의 모든 스레드가 일을 처리하고 있다면 스레드 풀은 해당 스레드 그룹에 새로운 작업 스레드(Worker thread)를 추가할지, 아니면 기존 작업 스레드가 처리를 완료할 때까지 기다릴지 여부를 판단해야 한다. 스레드 풀의 타이머 스레드는 주기적으로 스레드 그룹의 상태를 체크해서 thread_pool_stall_limit 시스템 변수에 정의된 밀리초만큼 작업 스레드가 지금 처리 중인 작업을 끝내지 못하면 새로운 스레드를 생성해서 스레드 그룹에 추가한다. 이때 전체 스레드 풀에 있는 스레드의 개수는 thread_pool_max_threads 시스템 변수에 설정된 개수를 넘어설 수 없다. 즉, 모든 스레드 그룹의 스레드가 각자 작업을 처리하고 있는 상태에서 새로운 쿼리 요청이 들어오더라도 스레드 풀은 thread_pool_stall_limit 시간 동안 기다려야만 새로 들어온 요청을 처리할 수 있다는 뜻이다. 따라서 응답 시간에 아주 민감한 서비스라면 thread_pool_stall_limit 시스템 변수를 적절히 낮춰서 설정해야 한다. 그렇다고 해서 thread_pool_stall_limit을 0에 가까운 값으로 설정하는 것은 권장하지 않는다. thread_pool_stall_limit을 0에 가까운 값으로 설정해야 한다면 스레드 풀을 사용하지 않는 편이 나을 것이다.

Percona Server의 스레드 풀 플러그인은 선순위 큐와 후순위 큐를 이용해 특정 트랜잭션이나 쿼리를 우선적으로 처리할 수 있는 기능도 제공한다. 이렇게 먼저 시작된 트랜잭션 내에 속한 SQL을 빨리 처리해주면 해당 트랜잭션이 가지고 있던 잠금이 빨리 해제되고 잠금 경합을 낮춰서 전체적인 처리 성능을 향상시킬 수 있다. 그림 4.7은 3명의 사용자로부터 요청이 유입된 순서를 보여주고, 그림 4.8은 Percona Server의 스레드 풀에서 지원하는 선순위 큐와 후순위 큐를 이용해 재배치한 작업의 순서를 보여준다.

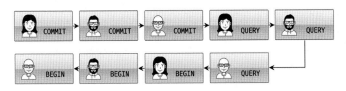

그림 4.7 사용자로부터 요청이 유입된 순서

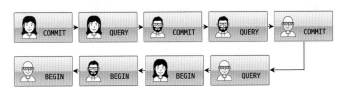

그림 4.8 Percona Server의 선순위 후순위 큐로 재배치된 순서

4.1.10 트랜잭션 지원 메타데이터

데이터베이스 서버에서 테이블의 구조 정보와 스토어드 프로그램 등의 정보를 데이터 딕셔너리 또는 메타데이터라고 하는데, MySQL 서버는 5.7 버전까지 테이블의 구조를 FRM 파일에 저장하고 일부 스토어드 프로그램 또한 파일(*.TRN, *.TRG, *.PAR, ...) 기반으로 관리했다. 하지만 이러한 파일 기반의 메타데이터는 생성 및 변경 작업이 트랜잭션을 지원하지 않기 때문에 테이블의 생성 또는 변경 도중에 MySQL 서버가 비정상적으로 종료되면 일관되지 않은 상태로 남는 문제가 있었다. 많은 사용자들이 이 같은 현상을 가리켜 '데이터베이스나 테이블이 깨졌다'라고 표현한다.

MySQL 8.0 버전부터는 이러한 문제점을 해결하기 위해 테이블의 구조 정보나 스토어드 프로그램의 코드 관련 정보를 모두 InnoDB의 테이블에 저장하도록 개선됐다. MySQL 서버가 작동하는 데 기본적으로 필요한 테이블들을 묶어서 시스템 테이블이라고 하는데, 대표적으로 사용자의 인증과 권한에 관련된 테이블들이 있다. MySQL 서버 8.0 버전부터는 이런 시스템 테이블을 모두 InnoDB 스토리지 엔진을 사용하도록 개선했으며, 시스템 테이블과 데이터 딕셔너리 정보를 모두 모아서 mysql DB에 저장하고 있다. mysql DB는 통째로 mysql.ibd라는 이름의 테이블스페이스에 저장된다. 그래서 MySQL 서버의 데이터 디렉터리에 존재하는 mysql.ibd라는 파일은 다른 *.ibd 파일과 함께 특별히 주의해야 한다.

MySQL 8.0 버전부터 데이터 딕셔너리와 시스템 테이블이 모두 트랜잭션 기반의 InnoDB 스토리지 엔진에 저장되도록 개선되면서 이제 스키마 변경 작업 중간에 MySQL 서버가 비정상적으로 종료된다고 하더라도 스키마 변경이 완전한 성공 또는 완전한 실패로 정리된다. 기존의 파일 기반 메타데이터를 사용할 때와 같이 작업 진행 중인 상태로 남으면서 문제를 유발하지 않게 개선된 것이다.

MySQL 서버에서 InnoDB 스토리지 엔진을 사용하는 테이블은 메타 정보가 InnoDB 테이블 기반의 딕셔너리에 저장되지만 MyISAM이나 CSV 등과 같은 스토리지 엔진의 메타 정보는 여전히 저장할 공간이 필요하다. MySQL 서버는 InnoDB 스토리지 엔진 이외의 스토리지 엔진을 사용하는 테이블들을 위해 SDI(Serialized Dictionary Information) 파일을 사용한다. InnoDB 이외의 테이블들에 대해서는 SDI 포맷의 *.sdi 파일이 존재하며, 이 파일은 기존의 *.FRM 파일과 동일한 역할을 한다. 그리고 SDI는 이름 그대로 직렬화(Serialized)를 위한 포맷이므로 InnoDB 테이블들의 구조도 SDI 파일로 변환할 수 있다. ibd2sdi 유틸리티를 이용하면 InnoDB 테이블스페이스에서 스키마 정보를 추출할 수 있는데, 다음 예제는 mysql DB에 포함된 테이블의 스키마를 JSON 파일로 덤프한 것이다. ibd2sdi 유틸리티로 추출한 테이블의 정보 중에는 MySQL 서버에서 SHOW TABLES 명령으로는 확인할 수 없던 mysql. tables 딕셔너리 데이터를 위한 테이블 구조도 볼 수 있다.

```
linux> ibd2sdi mysql_data_dir/mysql.ibd > mysql_schema.json
linux> cat mysql_schema.json
...
{
        "type": 1,
        "id": 347,
        "object":
                {
    "mysqld_version_id": 80021,
    "dd_version": 80021,
    "sdi_version": 80019,
    "dd_object_type": "Table",
    "dd_object": {
        "name": "tables",
        "mysql_version_id": 80021,
        "created": 20200714052515,
        "last_altered": 20200714052515,
        "hidden": 1,
        "options": "avg_row_length=0;encrypt_type=N;explicit_tablespace=1;key_block_
size=0;keys_disabled=0;pack_record=1;row_type=2;stats_auto_recalc=0;stats_persistent=0;stats_
sample_pages=0;",
        "columns": [
            {
                "name": "id",
                "type": 9,
                "is_nullable": false,
                "is_zerofill": false,
                "is_unsigned": true,
                "is_auto_increment": true,
                "is_virtual": false,
                "hidden": 1,
                "ordinal_position": 1,
                "char_length": 20,
                "numeric_precision": 20,
```

```
    "numeric_scale": 0,
    "numeric_scale_null": false,
    "datetime_precision": 0,
    "datetime_precision_null": 1,
...
```

4.2 InnoDB 스토리지 엔진 아키텍처

지금까지 MySQL 엔진의 전체적인 구조를 살펴봤다. 이번 절에서는 MySQL의 스토리지 엔진 가운데
가장 많이 사용되는 InnoDB 스토리지 엔진을 간단히 살펴보자. InnoDB는 MySQL에서 사용할 수 있
는 스토리지 엔진 중 거의 유일하게 레코드 기반의 잠금을 제공하며, 그 때문에 높은 동시성 처리가 가
능하고 안정적이며 성능이 뛰어나다. InnoDB의 개략적인 구조는 그림 4.9와 같다.

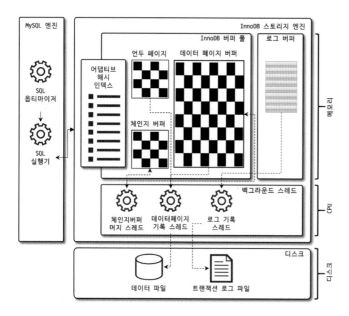

그림 4.9 InnoDB 구조

그림 4.9는 InnoDB의 아키텍처를 아주 간단히 보여주는데, 각 부분에 관한 자세한 설명은 InnoDB
스토리지 엔진의 주요 특징들과 함께 하나씩 살펴보자.

4.2.1 프라이머리 키에 의한 클러스터링

InnoDB의 모든 테이블은 기본적으로 프라이머리 키를 기준으로 클러스터링되어 저장된다. 즉, 프라이머리 키 값의 순서대로 디스크에 저장된다는 뜻이며, 모든 세컨더리 인덱스는 레코드의 주소 대신 프라이머리 키의 값을 논리적인 주소로 사용한다. 프라이머리 키가 클러스터링 인덱스이기 때문에 프라이머리 키를 이용한 레인지 스캔은 상당히 빨리 처리될 수 있다. 결과적으로 쿼리의 실행 계획에서 프라이머리 키는 기본적으로 다른 보조 인덱스에 비해 비중이 높게 설정(쿼리의 실행 계획에서 다른 보조 인덱스보다 프라이머리 키가 선택될 확률이 높음)된다. 오라클 DBMS의 IOT(Index organized table)와 동일한 구조가 InnoDB에서는 일반적인 테이블의 구조가 되는 것이다. 클러스터 키에 대해서는 8.8절 '클러스터링 인덱스'에서 다시 상세히 다루겠다.

InnoDB 스토리지 엔진과는 달리 MyISAM 스토리지 엔진에서는 클러스터링 키를 지원하지 않는다. 그래서 MyISAM 테이블에서는 프라이머리 키와 세컨더리 인덱스는 구조적으로 아무런 차이가 없다. 프라이머리 키는 유니크 제약을 가진 세컨더리 인덱스일 뿐이다. 그리고 MyISAM 테이블의 프라이머리 키를 포함한 모든 인덱스는 물리적인 레코드의 주소 값(ROWID)을 가진다. MyISAM 테이블의 구조와 인덱스에 대해서는 4.3.3절 '데이터 파일과 프라이머리 키(인덱스) 구조'를 참고하자.

4.2.2 외래 키 지원

외래 키에 대한 지원은 InnoDB 스토리지 엔진 레벨에서 지원하는 기능으로 MyISAM이나 MEMORY 테이블에서는 사용할 수 없다. 외래 키는 데이터베이스 서버 운영의 불편함 때문에 서비스용 데이터베이스에서는 생성하지 않는 경우도 자주 있는데, 그렇다 하더라도 개발 환경의 데이터베이스에서는 좋은 가이드 역할을 할 수 있다. InnoDB에서 외래 키는 부모 테이블과 자식 테이블 모두 해당 칼럼에 인덱스 생성이 필요하고, 변경 시에는 반드시 부모 테이블이나 자식 테이블에 데이터가 있는지 체크하는 작업이 필요하므로 잠금이 여러 테이블로 전파되고, 그로 인해 데드락이 발생할 때가 많으므로 개발할 때도 외래 키의 존재에 주의하는 것이 좋다.

수동으로 데이터를 적재하거나 스키마 변경 등의 관리 작업이 실패할 수 있다. 물론 부모 테이블과 자식 테이블의 관계를 명확히 파악해서 순서대로 작업한다면 문제없이 실행할 수 있지만 외래 키가 복잡하게 얽힌 경우에는 그렇게 간단하지 않다. 또한 서비스에 문제가 있어서 긴급하게 뭔가 조치를 해야 하는데 이런 문제가 발생하면 더 조급해질 수도 있다. 이런 경우에는 `foreign_key_checks` 시스템 변수를 `OFF`로 설정하면 외래 키 관계에 대한 체크 작업을 일시적으로 멈출 수 있다. 외래 키 체크 작업을 일시적으로 멈추면 대략 레코드 적재나 삭제 등의 작업도 부가적인 체크가 필요 없기 때문에 훨씬 빠르게 처리할 수 있다.

```
mysql> SET foreign_key_checks=OFF;

-- // 작업 실행

mysql> SET foreign_key_checks=ON;
```

외래 키 체크를 일시적으로 해제했다고 해서 부모와 자식 테이블 간의 관계가 깨진 상태로 그대로 유지해도 된다는 것을 의미하지는 않는다. 예를 들어, 외래 키 체크를 일시적으로 중지한 상태에서 외래 키 관계를 가진 부모 테이블의 레코드를 삭제했다면 반드시 자식 테이블의 레코드도 삭제해서 일관성을 맞춰준 후 다시 외래 키 체크 기능을 활성화해야 한다. 그리고 foreign_key_checks가 비활성화되면 외래 키 관계의 부모 테이블에 대한 작업(ON DELETE CASCADE와 ON UPDATE CASCADE 옵션)도 무시하게 된다.

> **참고**
>
> foreign_key_checks 시스템 변수는 적용 범위를 GLOBAL과 SESSION 모두로 설정 가능한 변수다. 그래서 이런 작업을 할 때는 다음과 같이 반드시 현재 작업을 실행하는 세션에서만 외래 키 체크 기능을 멈추게 해야 한다. SESSION 키워드를 명시하지 않으면 자동으로 현재 세션의 설정만 변경하기 때문에 다음 두 명령은 동일한 효과를 낸다. 그리고 작업이 완료되면 반드시 현재 세션을 종료하거나 현재 세션의 외래 키 체크를 다시 활성화하는 것도 잊지 말자.
>
> ```
> mysql> SET foreign_key_checks=OFF;
> mysql> SET SESSION foreign_key_checks=OFF;
> ```

4.2.3 MVCC(Multi Version Concurrency Control)

일반적으로 레코드 레벨의 트랜잭션을 지원하는 DBMS가 제공하는 기능이며, MVCC의 가장 큰 목적은 잠금을 사용하지 않는 일관된 읽기를 제공하는 데 있다. InnoDB는 언두 로그(Undo log)를 이용해 이 기능을 구현한다. 여기서 멀티 버전이라 함은 하나의 레코드에 대해 여러 개의 버전이 동시에 관리된다는 의미다. 이해를 위해 격리 수준(Isolation level)이 READ_COMMITTED인 MySQL 서버에서 InnoDB 스토리지 엔진을 사용하는 테이블의 데이터 변경을 어떻게 처리하는지 그림으로 한 번 살펴보자.

우선 다음과 같은 테이블에 한 건의 레코드를 INSERT한 다음 UPDATE해서 발생하는 변경 작업 및 절차를 확인해 보자.

```
mysql> CREATE TABLE member (
        m_id INT NOT NULL,
        m_name VARCHAR(20) NOT NULL,
        m_area VARCHAR(100) NOT NULL,
        PRIMARY KEY (m_id),
        INDEX ix_area (m_area)
      );

mysql> INSERT INTO member (m_id, m_name, m_area) VALUES (12,'홍길동','서울');
mysql> COMMIT;
```

INSERT 문이 실행되면 데이터베이스의 상태는 그림 4.10과 같은 상태로 바뀔 것이다.

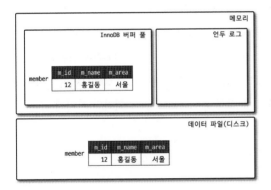

그림 4.10 InnoDB의 버퍼 풀과 데이터 파일의 상태

그림 4.11은 MEMBER 테이블에 UPDATE 문장이 실행될 때의 처리 절차를 그림으로 보여준다.

```
mysql> UPDATE member SET m_area='경기' WHERE m_id=12;
```

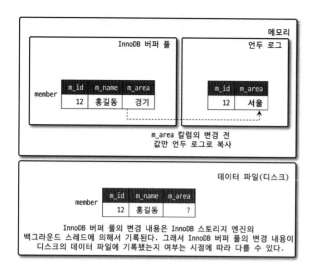

그림 4.11 UPDATE 후 InnoDB 버퍼 풀과 데이터 파일 및 언두 영역의 변화

UPDATE 문장이 실행되면 커밋 실행 여부와 관계없이 InnoDB의 버퍼 풀은 새로운 값인 '경기'로 업데이트된다. 그리고 디스크의 데이터 파일에는 체크포인트나 InnoDB의 Write 스레드에 의해 새로운 값으로 업데이트돼 있을 수도 있고 아닐 수도 있다(InnoDB가 ACID를 보장하기 때문에 일반적으로는 InnoDB의 버퍼 풀과 데이터 파일은 동일한 상태라고 가정해도 무방하다). 아직 COMMIT이나 ROLLBACK이 되지 않은 상태에서 다른 사용자가 다음 같은 쿼리로 작업 중인 레코드를 조회하면 어디에 있는 데이터를 조회할까?

```
mysql> SELECT * FROM member WHERE m_id=12;
```

이 질문의 답은 MySQL 서버의 시스템 변수(transaction_isolation)에 설정된 격리 수준(Isolation level)에 따라 다르다는 것이다. 격리 수준이 READ_UNCOMMITTED인 경우에는 InnoDB 버퍼 풀이 현재 가지고 있는 변경된 데이터를 읽어서 반환한다. 즉, 데이터가 커밋됐든 아니든 변경된 상태의 데이터를 반환한다. 그렇지 않고 READ_COMMITTED나 그 이상의 격리 수준(REPEATABLE_READ, SERIALIZABLE)인 경우에는 아직 커밋되지 않았기 때문에 InnoDB 버퍼 풀이나 데이터 파일에 있는 내용 대신 변경되기 이전의 내용을 보관하고 있는 언두 영역의 데이터를 반환한다. 이러한 과정을 DBMS에서는 MVCC라고 표현한다. 즉, 하나의 레코드(회원 번호가 12인 레코드)에 대해 2개의 버전이 유지되고, 필요에 따라 어느 데이터가 보여지는지 여러 가지 상황에 따라 달라지는 구조다. 여기서는 한 개의 데이터만 가지고 설명했지만 관리해야 하는 예전 버전의 데이터는 무한히 많아질 수 있다(트랜잭션이 길어지면 언두에서 관리하는 예전 데이터가 삭제되지 못하고 오랫동안 관리돼야 하며, 자연히 언두 영역이 저장되는 시스템 테이블스페이스의 공간이 많이 늘어나는 상황이 발생할 수도 있다).

지금까지 UPDATE 쿼리가 실행되면 InnoDB 버퍼 풀은 즉시 새로운 데이터로 변경되고 기존 데이터는 언두영역으로 복사되는 과정까지 살펴봤는데, 이 상태에서 COMMIT 명령을 실행하면 InnoDB는 더 이상의 변경 작업 없이 지금의 상태를 영구적인 데이터로 만들어 버린다. 하지만 롤백을 실행하면 InnoDB는 언두 영역에 있는 백업된 데이터를 InnoDB 버퍼 풀로 다시 복구하고, 언두 영역의 내용을 삭제해 버린다. 커밋이 된다고 언두 영역의 백업 데이터가 항상 바로 삭제되는 것은 아니다. 이 언두 영역을 필요로 하는 트랜잭션이 더는 없을 때 비로소 삭제된다.

4.2.4 잠금 없는 일관된 읽기(Non-Locking Consistent Read)

InnoDB 스토리지 엔진은 MVCC 기술을 이용해 잠금을 걸지 않고 읽기 작업을 수행한다. 잠금을 걸지 않기 때문에 InnoDB에서 읽기 작업은 다른 트랜잭션이 가지고 있는 잠금을 기다리지 않고, 읽기 작업이 가능하다. 격리 수준이 SERIALIZABLE이 아닌 READ_UNCOMMITTED나 READ_COMMITTED, REPEATABLE_READ 수준인 경우 INSERT와 연결되지 않은 순수한 읽기(SELECT) 작업은 다른 트랜잭션의 변경 작업과 관계없이 항상 잠금을 대기하지 않고 바로 실행된다. 그림 4.12에서 특정 사용자가 레코드를 변경하고 아직 커밋을 수행하지 않았다 하더라도 이 변경 트랜잭션이 다른 사용자의 SELECT 작업을 방해하지 않는다. 이를 '잠금 없는 일관된 읽기'라고 표현하며, InnoDB에서는 변경되기 전의 데이터를 읽기 위해 언두 로그를 사용한다.

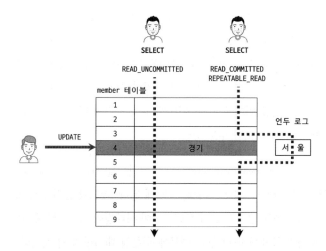

그림 4.12 변경 중인(COMMIT 전) 레코드 읽기

오랜 시간 동안 활성 상태인 트랜잭션으로 인해 MySQL 서버가 느려지거나 문제가 발생할 때가 가끔 있는데, 바로 이러한 일관된 읽기를 위해 언두 로그를 삭제하지 못하고 계속 유지해야 하기 때문에 발생하는 문제다. 따라서 트랜잭션이 시작됐다면 가능한 한 빨리 롤백이나 커밋을 통해 트랜잭션을 완료하는 것이 좋다.

4.2.5 자동 데드락 감지

InnoDB 스토리지 엔진은 내부적으로 잠금이 교착 상태에 빠지지 않았는지 체크하기 위해 잠금 대기 목록을 그래프(Wait-for List) 형태로 관리한다. InnoDB 스토리지 엔진은 데드락 감지 스레드를 가지고 있어서 데드락 감지 스레드가 주기적으로 잠금 대기 그래프를 검사해 교착 상태에 빠진 트랜잭션들을 찾아서 그중 하나를 강제 종료한다. 이때 어느 트랜잭션을 먼저 강제 종료할 것인지를 판단하는 기준은 트랜잭션의 언두 로그 양이며, 언두 로그 레코드를 더 적게 가진 트랜잭션이 일반적으로 롤백의 대상이 된다. 트랜잭션이 언두 레코드를 적게 가졌다는 이야기는 롤백을 해도 언두 처리를 해야 할 내용이 적다는 것이며, 트랜잭션 강제 롤백으로 인한 MySQL 서버의 부하도 덜 유발하기 때문이다.

참고로 InnoDB 스토리지 엔진은 상위 레이어인 MySQL 엔진에서 관리되는 테이블 잠금(LOCK TABLES 명령으로 잠긴 테이블)은 볼 수가 없어서 데드락 감지가 불확실할 수도 있는데, innodb_table_locks 시스템 변수를 활성화하면 InnoDB 스토리지 엔진 내부의 레코드 잠금뿐만 아니라 테이블 레벨의 잠금까지 감지할 수 있게 된다. 특별한 이유가 없다면 innodb_table_locks 시스템 변수를 활성화하자.

일반적인 서비스에서는 데드락 감지 스레드가 트랜잭션의 잠금 목록을 검사해서 데드락을 찾아내는 작업은 크게 부담되지 않는다. 하지만 동시 처리 스레드가 매우 많아지거나 각 트랜잭션이 가진 잠금의 개수가 많아지면 데드락 감지 스레드가 느려진다. 데드락 감지 스레드는 잠금 목록을 검사해야 하기 때문에 잠금 상태가 변경되지 않도록 잠금 목록이 저장된 리스트(잠금 테이블)에 새로운 잠금을 걸고 데드락 스레드를 찾게 된다. 데드락 감지 스레드가 느려지면 서비스 쿼리를 처리 중인 스레드는 더는 작업을 진행하지 못하고 대기하면서 서비스에 악영향을 미치게 된다. 이렇게 동시 처리 스레드가 매우 많은 경우 데드락 감지 스레드는 더 많은 CPU 자원을 소모할 수도 있다.

이런 문제점을 해결하기 위해 MySQL 서버는 innodb_deadlock_detect 시스템 변수를 제공하며, innodb_deadlock_detect를 OFF로 설정하면 데드락 감지 스레드는 더는 작동하지 않게 된다. 데드락 감지 스레드가 작동하지 않으면 InnoDB 스토리지 엔진 내부에서 2개 이상의 트랜잭션이 상대방이 가진 잠금을 요구하는 상황(데드락 상황)이 발생해도 누군가가 중재를 하지 않기 때문에 무한정 대기하게 될 것이다.

하지만 innodb_lock_wait_timeout 시스템 변수를 활성화하면 이런 데드락 상황에서 일정 시간이 지나면 자동으로 요청이 실패하고 에러 메시지를 반환하게 된다. innodb_lock_wait_timeout은 초 단위로 설정할 수 있으며, 잠금을 설정한 시간 동안 획득하지 못하면 쿼리는 실패하고 에러를 반환한다. 데드락 감지 스레드가 부담되어 innodb_deadlock_detect를 OFF로 설정해서 비활성화하는 경우라면 innodb_lock_wait_timeout을 기본값인 50초보다 훨씬 낮은 시간으로 변경해서 사용할 것을 권장한다.

> **참고** 구글(google.com)에서는 프라이머리 키 기반의 조회 및 변경이 아주 높은 빈도로 실행되는 서비스가 많았는데, 이런 서비스는 매우 많은 트랜잭션을 동시에 실행하기 때문에 데드락 감지 스레드가 상당히 성능을 저하시킨다는 것을 알아냈다. 그리고 MySQL 서버의 소스코드를 변경해 데드락 감지 스레드를 활성화 또는 비활성화할 수 있게 변경해서 사용했다. 이 기능의 필요성을 인지하고 오라클에 이 기능을 요청해서 MySQL 서버에 추가된 것이다. 만약 PK 또는 세컨더리 인덱스를 기반으로 매우 높은 동시성 처리를 요구하는 서비스가 있다면 innodb_deadlock_detect를 비활성화해서 성능 비교를 해보는 것도 새로운 기회가 될 것이다.

4.2.6 자동화된 장애 복구

InnoDB에는 손실이나 장애로부터 데이터를 보호하기 위한 여러 가지 메커니즘이 탑재돼 있다. 그러한 메커니즘을 이용해 MySQL 서버가 시작될 때 완료되지 못한 트랜잭션이나 디스크에 일부만 기록된 (Partial write) 데이터 페이지 등에 대한 일련의 복구 작업이 자동으로 진행된다.

InnoDB 스토리지 엔진은 매우 견고해서 데이터 파일이 손상되거나 MySQL 서버가 시작되지 못하는 경우는 거의 발생하지 않는다. 하지만 MySQL 서버와 무관하게 디스크나 서버 하드웨어 이슈로 InnoDB 스토리지 엔진이 자동으로 복구를 못 하는 경우도 발생할 수 있는데, 일단 한 번 문제가 생기면 복구하기가 쉽지 않다. InnoDB 데이터 파일은 기본적으로 MySQL 서버가 시작될 때 항상 자동 복구를 수행한다. 이 단계에서 자동으로 복구될 수 없는 손상이 있다면 자동 복구를 멈추고 MySQL 서버는 종료돼 버린다.

이때는 MySQL 서버의 설정 파일에 innodb_force_recovery 시스템 변수를 설정해서 MySQL 서버를 시작해야 한다. 이 설정값은 MySQL 서버가 시작될 때 InnoDB 스토리지 엔진이 데이터 파일이나 로그 파일의 손상 여부 검사 과정을 선별적으로 진행할 수 있게 한다.

- InnoDB의 로그 파일이 손상됐다면 6으로 설정하고 MySQL 서버를 기동한다.
- InnoDB 테이블의 데이터 파일이 손상됐다면 1로 설정하고 MySQL 서버를 기동한다.

- 어떤 부분이 문제인지 알 수 없다면 innodb_force_recovery 설정값을 1부터 6까지 변경하면서 MySQL을 재시작해 본다. 즉 innodb_force_recovery 설정값을 1로 설정한 후 MySQL 서버를 재시작해 보고, MySQL이 시작되지 않으면 다시 2로 설정하고 재시작해 보는 방식이다. innodb_force_recovery 값이 커질수록 그만큼 심각한 상황이어서 데이터 손실 가능성이 커지고 복구 가능성은 적어진다.

일단 MySQL 서버가 기동되고 InnoDB 테이블이 인식된다면 mysqldump를 이용해 데이터를 가능한 만큼 백업하고 그 데이터로 MySQL 서버의 DB와 테이블을 다시 생성하는 것이 좋다. InnoDB의 복구를 위해 innodb_force_recovery 옵션에 설정 가능한 값은 1부터 6까지인데, 각 숫자 값으로 복구되는 장애 상황과 해결 방법을 살펴보자. innodb_force_recovery가 0이 아닌 복구 모드에서는 SELECT 이외의 INSERT나 UPDATE, DELETE 같은 쿼리는 수행할 수 없다.

- **1(SRV_FORCE_IGNORE_CORRUPT)**

  InnoDB의 테이블스페이스의 데이터나 인덱스 페이지에서 손상된 부분이 발견돼도 무시하고 MySQL 서버를 시작한다. 에러 로그 파일에 'Database page corruption on disk or a failed' 메시지가 출력될 때는 대부분 이 경우에 해당한다. 이때는 mysqldump 프로그램이나 SELECT INTO OUTFILE... 명령을 이용해 덤프해서 데이터베이스를 다시 구축하는 것이 좋다.

- **2(SRV_FORCE_NO_BACKGROUND)**

  InnoDB는 쿼리의 처리를 위해 여러 종류의 백그라운드 스레드를 동시에 사용한다. 이 복구 모드에서는 이러한 백그라운드 스레드 가운데 메인 스레드를 시작하지 않고 MySQL 서버를 시작한다. InnoDB는 트랜잭션의 롤백을 위해 언두 데이터를 관리하는데, 트랜잭션이 커밋되어 불필요한 언두 데이터는 InnoDB의 메인 스레드에 의해 주기적으로 삭제(이를 Undo purge라고 함)된다. InnoDB의 메인 스레드가 언두 데이터를 삭제하는 과정에서 장애가 발생한다면 이 모드로 복구하면 된다.

- **3(SRV_FORCE_NO_TRX_UNDO)**

  InnoDB에서 트랜잭션이 실행되면 롤백에 대비해 변경 전의 데이터를 언두 영역에 기록한다. 일반적으로 MySQL 서버는 다시 시작하면서 언두 영역의 데이터를 먼저 데이터 파일에 적용하고 그다음 리두 로그의 내용을 다시 덮어써서 장애 시점의 데이터 상태를 만들어낸다. 그리고 정상적인 MySQL 서버의 시작에서는 최종적으로 커밋되지 않은 트랜잭션은 롤백을 수행하지만 innodb_force_recovery가 3으로 설정되면 커밋되지 않은 트랜잭션의 작업을 롤백하지 않고 그대로 놔둔다. 즉, 커밋되지 않고 종료된 트랜잭션은 계속 그 상태로 남아 있게 MySQL 서버를 시작하는 모드다. 이때도 우선 MySQL 서버가 시작되면 mysqldump를 이용해 데이터를 백업해서 다시 데이터베이스를 구축하는 것이 좋다.

- 4(SRV_FORCE_NO_IBUF_MERGE)

    InnoDB는 INSERT, UPDATE, DELETE 등의 데이터 변경으로 인한 인덱스 변경 작업을 상황에 따라 즉시 처리할 수도 있고 인서트 버퍼에 저장해두고 나중에 처리할 수도 있다. 이렇게 인서트 버퍼에 기록된 내용은 언제 데이터 파일에 병합(Merge)될지 알 수 없다. MySQL을 종료해도 병합되지 않을 수 있는데, 만약 MySQL이 재시작되면서 인서트 버퍼의 손상을 감지하면 InnoDB는 에러를 발생시키고 MySQL 서버는 시작하지 못한다.

    이때 innodb_force_recovery를 4로 설정하면 InnoDB 스토리지 엔진이 인서트 버퍼의 내용을 무시하고 강제로 MySQL이 시작되게 한다. 인서트 버퍼는 실제 데이터와 관련된 부분이 아니라 인덱스에 관련된 부분이므로 테이블을 덤프한 후 다시 데이터베이스를 구축하면 데이터의 손실 없이 복구할 수 있다.

- 5(SRV_FORCE_NO_UNDO_LOG_SCAN)

    MySQL 서버가 장애나 정상적으로 종료되는 시점에 진행 중인 트랜잭션이 있었다면 MySQL은 그냥 단순히 그 커넥션을 강제로 끊어 버리고 별도의 정리 작업 없이 종료한다. MySQL이 다시 시작하면 InnoDB 엔진은 언두 레코드를 이용해 데이터 페이지를 복구하고 리두 로그를 적용해 종료 시점이나 장애 발생 시점의 상태를 재현해 낸다. 그리고 InnoDB는 마지막으로 커밋되지 않은 트랜잭션에서 변경한 작업은 모두 롤백 처리한다. 그런데 InnoDB의 언두 로그를 사용할 수 없다면 InnoDB 엔진의 에러로 MySQL 서버를 시작할 수 없다.

    이때 innodb_force_recovery 옵션을 5로 설정하면 InnoDB 엔진이 언두 로그를 모두 무시하고 MySQL을 시작할 수 있다. 하지만 이 모드로 복구되면 MySQL 서버가 종료되던 시점에 커밋되지 않았던 작업도 모두 커밋된 것처럼 처리되므로 실제로는 잘못된 데이터가 데이터베이스에 남는 것이라고 볼 수 있다. 이때도 mysqldump를 이용해 데이터를 백업하고, 데이터베이스를 새로 구축해야 한다.

- 6(SRV_FORCE_NO_LOG_REDO)

    InnoDB 스토리지 엔진의 리두 로그가 손상되면 MySQL 서버가 시작되지 못한다. 이 복구 모드로 시작하면 InnoDB 엔진은 리두 로그를 모두 무시한 채로 MySQL 서버가 시작된다. 또한 커밋됐다 하더라도 리두 로그에만 기록되고 데이터 파일에 기록되지 않은 데이터는 모두 무시된다. 즉, 마지막 체크포인트 시점의 데이터만 남게 된다. 이때는 기존 InnoDB의 리두 로그는 모두 삭제(또는 별도의 디렉터리에 백업)하고 MySQL 서버를 시작하는 것이 좋다. MySQL 서버가 시작하면서 리두 로그가 없으면 새로 생성하므로 별도로 파일을 만들 필요는 없다. 이때도 mysqldump를 이용해 데이터를 모두 백업해서 MySQL 서버를 새로 구축하는 것이 좋다.

위와 같이 진행했음에도 MySQL 서버가 시작되지 않으면 백업을 이용해 다시 구축하는 방법밖에 없다. 백업이 있다면 마지막 백업으로 데이터베이스를 새로 구축하고, 바이너리 로그를 사용해 최대한 장애 시점까지의 데이터를 복구할 수도 있다. 마지막 풀 백업 시점부터 장애 시점까지의 바이너리 로그가 있다면 InnoDB의 복구를 이용하는 것보다 풀 백업과 바이너리 로그로 복구하는 편이 데이터 손실이 더 적을 수 있다. 백업은 있지만 복제의 바이너리 로그가 없거나 손실됐다면 마지막 백업 시점까지만 복구할 수 있다.

더 자세한 내용은 MySQL 매뉴얼의 innodb_force_recovery 시스템 변수의 내용을 참조한다.

4.2.7 InnoDB 버퍼 풀

InnoDB 스토리지 엔진에서 가장 핵심적인 부분으로, 디스크의 데이터 파일이나 인덱스 정보를 메모리에 캐시해 두는 공간이다. 쓰기 작업을 지연시켜 일괄 작업으로 처리할 수 있게 해주는 버퍼 역할도 같이 한다. 일반적인 애플리케이션에서는 INSERT, UPDATE, DELETE처럼 데이터를 변경하는 쿼리는 데이터 파일의 이곳저곳에 위치한 레코드를 변경하기 때문에 랜덤한 디스크 작업을 발생시킨다. 하지만 버퍼 풀이 이러한 변경된 데이터를 모아서 처리하면 랜덤한 디스크 작업의 횟수를 줄일 수 있다.

4.2.7.1 버퍼 풀의 크기 설정

일반적으로 전체 물리 메모리의 80% 정도를 InnoDB의 버퍼 풀로 설정하라는 내용의 게시물도 있는데, 그렇게 단순하게 설정해서 되는 값은 아니며, 운영체제와 각 클라이언트 스레드가 사용할 메모리도 충분히 고려해서 설정해야 한다. MySQL 서버 내에서 메모리를 필요로 하는 부분은 크게 없지만 아주 독특한 경우 레코드 버퍼가 상당한 메모리를 사용하기도 한다. 레코드 버퍼는 각 클라이언트 세션에서 테이블의 레코드를 읽고 쓸 때 버퍼로 사용하는 공간을 말하는데, 커넥션이 많고 사용하는 테이블도 많다면 레코드 버퍼 용도로 사용되는 메모리 공간이 꽤 많이 필요해질 수도 있다. MySQL 서버가 사용하는 레코드 버퍼 공간은 별도로 설정할 수 없으며, 전체 커넥션 개수와 각 커넥션에서 읽고 쓰는 테이블의 개수에 따라서 결정된다. 또한 이 버퍼 공간은 동적으로 해제되기도 하므로 정확히 필요한 메모리 공간의 크기를 계산할 수가 없다.

다행히 MySQL 5.7 버전부터는 InnoDB 버퍼 풀의 크기를 동적으로 조절할 수 있게 개선됐다. 그래서 가능하면 InnoDB 버퍼 풀의 크기를 적절히 작은 값으로 설정해서 조금씩 상황을 봐 가면서 증가시키는 방법이 최적이다. 일반적으로 회사에서 이미 MySQL 서버를 사용하고 있다면 그 서버의 메모리 설정을 기준으로 InnoDB 버퍼 풀의 크기를 조정하면 된다. 하지만 처음으로 MySQL 서버를 준비한다면 다음과 같은 방법으로 InnoDB 버퍼 풀 설정을 찾아가는 방법을 권장한다. 운영체제의 전체 메모리 공간이 8GB 미만이라면 50% 정도만 InnoDB 버퍼 풀로 설정하고 나머지 메모리 공간은 MySQL 서버와 운영체제, 그리고 다른 프로그램이 사용할 수 있는 공간으로 확보해주는 것이 좋다. 전체 메모리 공간이 그 이상이라면 InnoDB 버퍼 풀의 크기를 전체 메모리의 50%에서 시작해서 조금씩 올려가면서 최적점을 찾는다. 운영체제의 전체 메모리 공간이 50GB 이상이라면, 대략 15GB에서 30GB 정도를 운영체제와 다른 응용 프로그램을 위해서 남겨두고 나머지를 InnoDB 버퍼 풀로 할당하자.

InnoDB 버퍼 풀은 innodb_buffer_pool_size 시스템 변수로 크기를 설정할 수 있으며, 동적으로 버퍼 풀의 크기를 확장할 수 있다. 하지만 버퍼 풀의 크기 변경은 크리티컬한 변경이므로 가능하면 MySQL 서버가 한가한 시점을 골라서 진행하는 것이 좋다. 또한 InnoDB 버퍼 풀을 더 크게 변경하는 작업은 시스템 영향도가 크지 않지만, 버퍼 풀의 크기를 줄이는 작업은 서비스 영향도가 매우 크므로 가능하면 버퍼 풀의 크기를 줄이는 작업은 하지 않도록 주의하자. InnoDB 버퍼 풀은 내부적으로 128MB 청크 단위로 쪼개어 관리되는데, 이는 버퍼 풀의 크기를 줄이거나 늘리기 위한 단위 크기로 사용된다. 그래서 버퍼 풀의 크기를 줄이거나 늘릴 때는 128MB 단위로 처리된다. 버퍼 풀의 크기를 동적으로 변경해야 한다면 반드시 먼저 MySQL 매뉴얼[4]의 내용을 숙지하고 진행하기를 권장한다.

InnoDB 버퍼 풀은 전통적으로 버퍼 풀 전체를 관리하는 잠금(세마포어)으로 인해 내부 잠금 경합을 많이 유발해왔는데, 이런 경합을 줄이기 위해 버퍼 풀을 여러 개로 쪼개어 관리할 수 있게 개선됐다. 버퍼 풀이 여러 개의 작은 버퍼 풀로 쪼개지면서 개별 버퍼 풀 전체를 관리하는 잠금(세마포어) 자체도 경합이 분산되는 효과를 내게 되는 것이다. innodb_buffer_pool_instances 시스템 변수를 이용해 버퍼 풀을 여러 개로 분리해서 관리할 수 있는데, 각 버퍼 풀을 버퍼 풀 인스턴스라고 표현한다. 기본적으로 버퍼 풀 인스턴스의 개수는 8개로 초기화되지만 전체 버퍼 풀을 위한 메모리 크기가 1GB 미만이면 버퍼 풀 인스턴스는 1개만 생성된다. 버퍼 풀로 할당할 수 있는 메모리 공간이 40GB 이하 수준이라면 기본값인 8을 유지하고, 메모리가 크다면 버퍼 풀 인스턴스당 5GB 정도가 되게 인스턴스 개수를 설정하는 것이 좋다.

4.2.7.2 버퍼 풀의 구조

InnoDB 스토리지 엔진은 버퍼 풀이라는 거대한 메모리 공간을 페이지 크기(innodb_page_size 시스템 변수에 설정된)의 조각으로 쪼개어 InnoDB 스토리지 엔진이 데이터를 필요로 할 때 해당 데이터 페이지를 읽어서 각 조각에 저장한다. 버퍼 풀의 페이지 크기 조각을 관리하기 위해 InnoDB 스토리지 엔진은 크게 LRU(Least Recently Used) 리스트와 플러시(Flush) 리스트, 그리고 프리(Free) 리스트라는 3개의 자료 구조를 관리한다. 프리 리스트는 InnoDB 버퍼 풀에서 실제 사용자 데이터로 채워지지 않은 비어 있는 페이지들의 목록이며, 사용자의 쿼리가 새롭게 디스크의 데이터 페이지를 읽어와야 하는 경우 사용된다. LRU 리스트는 그림 4.13과 같은 구조를 띠고 있는데, 엄밀하게 LRU와 MRU(Most Recently Used) 리스트가 결합된 형태라고 보면 된다. 그림 4.13에서 'Old 서브리스트' 영역은 LRU에 해당하며, 'New 서브리스트' 영역은 MRU 정도로 이해하면 된다.

---

4 https://dev.mysql.com/doc/refman/8.0/en/innodb-buffer-pool-resize.html

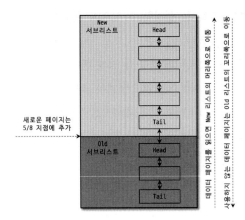

그림 4.13 버퍼 풀 관리를 위한 LRU 리스트 구조

LRU 리스트를 관리하는 목적은 디스크로부터 한 번 읽어온 페이지를 최대한 오랫동안 InnoDB 버퍼 풀의 메모리에 유지해서 디스크 읽기를 최소화하는 것이다. InnoDB 스토리지 엔진에서 데이터를 찾는 과정은 대략 다음과 같다.

1. 필요한 레코드가 저장된 데이터 페이지가 버퍼 풀에 있는지 검사

   A. InnoDB 어댑티브 해시 인덱스를 이용해 페이지를 검색

   B. 해당 테이블의 인덱스(B-Tree)를 이용해 버퍼 풀에서 페이지를 검색

   C. 버퍼 풀에 이미 데이터 페이지가 있었다면 해당 페이지의 포인터를 MRU 방향으로 승급

2. 디스크에서 필요한 데이터 페이지를 버퍼 풀에 적재하고, 적재된 페이지에 대한 포인터를 LRU 헤더 부분에 추가

3. 버퍼 풀의 LRU 헤더 부분에 적재된 데이터 페이지가 실제로 읽히면 MRU 헤더 부분으로 이동(Read Ahead와 같이 대량 읽기의 경우 디스크의 데이터 페이지가 버퍼 풀로 적재는 되지만 실제 쿼리에서 사용되지는 않을 수도 있으며, 이런 경우에는 MRU로 이동되지 않음)

4. 버퍼 풀에 상주하는 데이터 페이지는 사용자 쿼리가 얼마나 최근에 접근했었는지에 따라 나이(Age)가 부여되며, 버퍼 풀에 상주하는 동안 쿼리에서 오랫동안 사용되지 않으면 데이터 페이지에 부여된 나이가 오래되고('Aging'이라고 함) 결국 해당 페이지는 버퍼 풀에서 제거[5]된다. 버퍼 풀의 데이터 페이지가 쿼리에 의해 사용되면 나이가 초기화되어 다시 젊어지고 MRU의 헤더 부분으로 옮겨진다.[6]

5. 필요한 데이터가 자주 접근됐다면 해당 페이지의 인덱스 키를 어댑티브 해시 인덱스에 추가

---

5 버퍼 풀에서 데이터 페이지를 삭제해 추가 공간을 확보하는 작업을 Eviction이라고 한다.

6 즉, 버퍼 풀 내부에서 최근 접근 여부에 따라서 데이터 페이지는 서로 경쟁하면서 MRU 또는 LRU로 이동하는 것이다. 그리고 InnoDB 스토리지 엔진은 LRU의 끝으로 밀려난 데이터 페이지들을 버퍼 풀에서 제거해서 새로운 데이터 페이지를 적재할 수 있는 빈 공간을 준비한다.

그래서 처음 한 번 읽힌 데이터 페이지가 이후 자주 사용된다면 그 데이터 페이지는 InnoDB 버퍼 풀의 MRU 영역에서 계속 살아남게 되고, 반대로 거의 사용되지 않는다면 새롭게 디스크에서 읽히는 데이터 페이지들에 밀려서 LRU의 끝으로 밀려나 결국은 InnoDB 버퍼 풀에서 제거될 것이다.

플러시 리스트는 디스크로 동기화되지 않은 데이터를 가진 데이터 페이지(이를 더티 페이지라고 함)의 변경 시점 기준의 페이지 목록을 관리한다. 디스크에서 읽은 상태 그대로 전혀 변경이 없다면 플러시 리스트에 관리되지 않지만, 일단 한 번 데이터 변경이 가해진 데이터 페이지는 플러시 리스트에 관리되고 특정 시점이 되면 디스크로 기록돼야 한다. 데이터가 변경되면 InnoDB는 변경 내용을 리두 로그에 기록하고 버퍼 풀의 데이터 페이지에도 변경 내용을 반영한다. 그래서 리두 로그의 각 엔트리는 특정 데이터 페이지와 연결된다. 하지만 리두 로그가 디스크로 기록됐다고 해서 데이터 페이지가 디스크로 기록됐다는 것을 항상 보장하지는 않는다. 때로는 그 반대의 경우도 발생할 수 있는데, InnoDB 스토리지 엔진은 체크포인트를 발생시켜 디스크의 리두 로그와 데이터 페이지의 상태를 동기화하게 된다. 체크포인트는 MySQL 서버가 시작될 때 InnoDB 스토리지 엔진이 리두 로그의 어느 부분부터 복구를 실행해야 할지 판단하는 기준점을 만드는 역할을 한다.

4.2.7.3 버퍼 풀과 리두 로그

InnoDB의 버퍼 풀과 리두 로그는 매우 밀접한 관계를 맺고 있다. InnoDB의 버퍼 풀은 서버의 메모리가 허용하는 만큼 크게 설정하면 할수록 쿼리의 성능이 빨라진다. 물론 이미 디스크의 모든 데이터 파일이 버퍼 풀에 적재될 정도의 버퍼 풀 공간이라면 더는 버퍼 풀 크기를 늘려도 성능에 도움이 되지 않겠지만, 그렇지 않다면 디스크의 데이터가 버퍼 풀 메모리로 적재되면 성능이 좋아질 것이다. 하지만 InnoDB 버퍼 풀은 데이터베이스 서버의 성능 향상을 위해 데이터 캐시와 쓰기 버퍼링이라는 두 가지 용도가 있는데, 버퍼 풀의 메모리 공간만 단순히 늘리는 것은 데이터 캐시 기능만 향상시키는 것이다. InnoDB 버퍼 풀의 쓰기 버퍼링 기능까지 향상시키려면 InnoDB 버퍼 풀과 리두 로그와의 관계를 먼저 이해해야 한다.

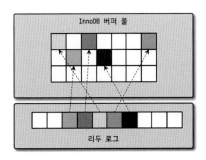

그림 4.14 InnoDB 버퍼 풀과 리두 로그의 관계

InnoDB의 버퍼 풀은 디스크에서 읽은 상태로 전혀 변경되지 않은 클린 페이지(Clean Page)와 함께 INSERT, UPDATE, DELETE 명령으로 변경된 데이터를 가진 더티 페이지(Dirty Page)도 가지고 있다. 더티 페이지는 디스크와 메모리(버퍼 풀)의 데이터 상태가 다르기 때문에 언젠가는 디스크로 기록돼야 한다. 하지만 더티 페이지는 버퍼 풀에 무한정 머무를 수 있는 것은 아니다. InnoDB 스토리지 엔진에서 리두 로그는 1개 이상의 고정 크기 파일을 연결해서 순환 고리처럼 사용한다. 즉, 데이터 변경이 계속 발생하면 리두 로그 파일에 기록됐던 로그 엔트리는 어느 순간 다시 새로운 로그 엔트리로 덮어 쓰인다. 그래서 InnoDB 스토리지 엔진은 전체 리두 로그 파일에서 재사용 가능한 공간과 당장 재사용 불가능한 공간을 구분해서 관리해야 하는데, 재사용 불가능한 공간을 활성 리두 로그(Active Redo Log)라고 한다. 그림 4.14에서 화살표를 가진 엔트리들이 활성 리두 로그 공간인 것이다.

리두 로그 파일의 공간은 계속 순환되어 재사용되지만 매번 기록될 때마다 로그 포지션은 계속 증가된 값을 갖게 되는데, 이를 LSN(Log Sequence Number)이라고 한다. InnoDB 스토리지 엔진은 주기적으로 체크포인트 이벤트를 발생시켜 리두 로그와 버퍼 풀의 더티 페이지를 디스크로 동기화하는데, 이렇게 발생한 체크포인트 중 가장 최근 체크포인트 지점의 LSN이 활성 리두 로그 공간의 시작점이 된다. 하지만 활성 리두 로그 공간의 마지막은 계속해서 증가하기 때문에 체크포인트와 무관하다. 그리고 가장 최근 체크포인트의 LSN과 마지막 리두 로그 엔트리의 LSN의 차이를 체크포인트 에이지(Checkpoint Age)라고 한다. 즉 체크포인트 에이지는 활성 리두 로그 공간의 크기를 일컫는다.

InnoDB 버퍼 풀의 더티 페이지는 특정 리두 로그 엔트리와 관계를 가지고, 체크포인트가 발생하면 체크포인트 LSN보다 작은 리두 로그 엔트리와 관련된 더티 페이지는 모두 디스크로 동기화돼야 한다. 물론 당연히 체크포인트 LSN보다 작은 LSN 값을 가진 리두 로그 엔트리도 디스크로 동기화돼야 한다.

이제 버퍼 풀의 더티 페이지 비율과 리두 로그 파일의 전체 크기가 어떤 관계인지 이해했으니 실제 간단한 예제를 한번 생각해보자.

1. InnoDB 버퍼 풀은 100GB이며 리두 로그 파일의 전체 크기는 100MB인 경우
2. InnoDB 버퍼 풀은 100MB이며 리두 로그 파일의 전체 크기는 100GB인 경우

1번의 경우 리두 로그 파일의 크기가 100MB밖에 안 되기 때문에 체크포인트 에이지(Checkpoint Age)도 최대 100MB만 허용된다. 예를 들어, 평균 리두 로그 엔트리가 4KB였다면 25600개 (100MB/4KB) 정도의 더티 페이지만 버퍼 풀에 보관할 수 있게 된다. 데이터 페이지가 16KB라고 가정한다면 허용 가능한 전체 더티 페이지의 크기는 400MB 수준밖에 안 되는 것이다. 결국 이 경우는 버

퍼 풀의 크기는 매우 크지만 실제 쓰기 버퍼링을 위한 효과는 거의 못 보는 상황인 것이다. 2번의 경우도 1번과 동일한 방식으로 계산해볼 수 있는데, 대략 400GB 정도의 더티 페이지를 가질 수 있다. 하지만 버퍼 풀의 크기가 100MB이기 때문에 최대 허용 가능한 더티 페이지는 100MB 크기가 된다(물론 InnoDB 버퍼 풀의 여러 가지 설정으로 인해 100MB까지는 아니지만 여기서는 설명의 편의를 위해서다).

그렇다면 1번과 2번 중 어떤 경우가 좋은 것일까? 사실 둘 다 좋은 설정은 아니라고 할 수 있다. 1번의 경우는 잘못된 설정이라는 것을 쉽게 알 수 있다. 그리고 2번의 경우는, 만약 리두 로그 공간이 무조건 큰 게 좋다면 왜 오라클에서 기본값으로 리두 로그 공간을 1~200GB로 설정하지 않았을까를 생각해보면 당연한 결과다. 사실 2번의 경우는 이론적으로는 아무 문제가 없어 보여도 실제 이 상태로 서비스를 운영하다 보면 급작스러운 디스크 쓰기가 발생할 가능성이 높다. 버퍼 풀에 더티 페이지의 비율이 너무 높은 상태에서 갑자기 버퍼 풀이 필요해지는 상황이 오면 InnoDB 스토리지 엔진은 매우 많은 더티 페이지를 한 번에 기록해야 하는 상황이 온다. 처음부터 리두 로그 파일의 크기를 적절히 선택하기 어렵다면 버퍼 풀의 크기가 100GB 이하의 MySQL 서버에서는 리두 로그 파일의 전체 크기를 대략 5~10GB 수준으로 선택하고 필요할 때마다 조금씩 늘려가면서 최적값을 선택하는 것이 좋다.

> **참고** 당연한 이야기지만 버퍼 풀의 크기가 100GB라고 해서 리두 로그의 공간이 100GB가 돼야 한다는 것은 아니다. 일반적으로 리두 로그는 변경분만 가지고 버퍼 풀은 데이터 페이지를 통째로 가지기 때문에 데이터 변경이 발생해도 리두 로그는 훨씬 작은 공간만 있으면 된다.

4.2.7.4 버퍼 풀 플러시(Buffer Pool Flush)

MySQL 5.6 버전까지는 InnoDB 스토리지 더티 페이지 플러시 기능이 그다지 부드럽게 처리되지 않았다. 예를 들어, 급작스럽게 디스크 기록이 폭증해서 MySQL 서버의 사용자 쿼리 처리 성능에 영향을 받는 경우가 많았다. 하지만 MySQL 5.7 버전을 거쳐서 MySQL 8.0 버전으로 업그레이드되면서 대부분의 서비스에서는 더티 페이지를 디스크에 동기화하는 부분(더티 페이지 플러시)에서 예전과 같은 디스크 쓰기 폭증 현상은 발생하지 않았다. 여기서 InnoDB 스토리지 엔진의 더티 페이지의 디스크 쓰기 동기화와 관련된 시스템 설정을 살펴보겠지만 특별히 서비스를 운영할 때 성능 문제가 발생하지 않는 상태라면 굳이 이 시스템 변수들을 조정할 필요는 없다.

InnoDB 스토리지 엔진은 버퍼 풀에서 아직 디스크로 기록되지 않은 더티 페이지들을 성능상의 악영향 없이 디스크에 동기화하기 위해 다음과 같이 2개의 플러시 기능을 백그라운드로 실행한다.

- 플러시 리스트(Flush_list) 플러시

- LRU 리스트(LRU_list) 플러시

4.2.7.4.1 플러시 리스트 플러시

InnoDB 스토리지 엔진은 리두 로그 공간의 재활용을 위해 주기적으로 오래된 리두 로그 엔트리가 사용하는 공간을 비워야 한다. 그런데 이때 오래된 리두 로그 공간이 지워지려면 반드시 InnoDB 버퍼 풀의 더티 페이지가 먼저 디스크로 동기화돼야 한다. 이를 위해 InnoDB 스토리지 엔진은 주기적으로 플러시 리스트(Flush_list) 플러시 함수를 호출해서 플러시 리스트에서 오래전에 변경된 데이터 페이지 순서대로 디스크에 동기화하는 작업을 수행한다. 이때 언제부터 얼마나 많은 더티 페이지를 한 번에 디스크로 기록하느냐에 따라 사용자의 쿼리 처리가 악영향을 받지 않으면서 부드럽게 처리된다. 이를 위해 InnoDB 스토리지 엔진은 다음과 같은 시스템 변수들을 제공한다.

- innodb_page_cleaners

- innodb_max_dirty_pages_pct_lwm

- innodb_max_dirty_pages_pct

- innodb_io_capacity

- innodb_io_capacity_max

- innodb_flush_neighbors

- innodb_adaptive_flushing

- innodb_adaptive_flushing_lwm

InnoDB 스토리지 엔진에서 더티 페이지를 디스크로 동기화하는 스레드를 클리너 스레드(Cleaner Thread)라고 하는데, innodb_page_cleaners 시스템 변수는 클리너 스레드의 개수를 조정할 수 있게 해준다. InnoDB 스토리지 엔진은 여러 개의 InnoDB 버퍼 풀 인스턴스를 동시에 사용할 수 있는데, innodb_page_cleaners 설정값이 버퍼 풀 인스턴스 개수보다 많은 경우에는 innodb_buffer_pool_instances 설정값으로 자동으로 변경한다. 즉, 하나의 클리너 스레드가 하나의 버퍼 풀 인스턴스를 처리하도록 자동으로 맞춰준다. 하지만 innodb_page_cleaners 시스템 변수의 설정값이 버퍼 풀 인스턴스 개수보다 적은 경우에는 하나의 클리너 스레드가 여러 개의 버퍼 풀 인스턴스를 처리한다. 따라서 가능하면 innodb_page_cleaners 설정값은 innodb_buffer_pool_instances 설정값과 동일한 값으로 설정하자.

InnoDB 버퍼 풀은 클린 페이지뿐만 아니라 사용자의 DML(INSERT, UPDATE, DELETE)에 의해 변경된 더티 페이지도 함께 가지고 있다. 여기서 InnoDB 버퍼 풀은 한계가 있기 때문에 무한정 더티 페이지를 그대로 유지할 수 없다. 기본적으로 InnoDB 스토리지 엔진은 전체 버퍼 풀이 가진 페이지의 90%까지 더티 페이지를 가질 수 있는데, 때로는 이 값이 너무 높을 수도 있다. 이런 경우에는 innodb_max_dirty_pages_pct라는 시스템 설정 변수를 이용해 더티 페이지의 비율을 조정할 수 있다. 일반적으로 InnoDB 버퍼 풀은 더티 페이지를 많이 가지고 있을수록 디스크 쓰기 작업을 버퍼링함으로써 여러 번의 디스크 쓰기를 한 번으로 줄이는 효과를 극대화할 수 있다. 그래서 innodb_max_dirty_pages_pct 시스템 설정은 가능하면 기본값을 유지하는 것이 좋다.

여기서 한 가지 더 문제점이 발생하는데, InnoDB 버퍼 풀에 더티 페이지가 많으면 많을수록 디스크 쓰기 폭발(Disk IO Burst) 현상이 발생할 가능성이 높아진다. InnoDB 스토리지 엔진은 innodb_io_capacity 시스템 변수에 설정된 값을 기준으로 더티 페이지 쓰기를 실행한다. 하지만 디스크로 기록되는 더티 페이지 개수보다 더 많은 더티 페이지가 발생하면 버퍼 풀에 더티 페이지가 계속 증가하게 되고, 어느 순간 더티 페이지의 비율이 90%를 넘어가면 InnoDB 스토리지 엔진은 급작스럽게 더티 페이지를 디스크로 기록해야 한다고 판단한다. 그래서 급작스럽게 디스크 쓰기가 폭증하는 현상이 발생한다. 이런 문제를 완화하기 위해 InnoDB 스토리지 엔진에서는 innodb_max_dirty_pages_pct_lwm이라는 시스템 설정 변수를 이용해 일정 수준 이상의 더티 페이지가 발생하면 조금씩 더티 페이지를 디스크로 기록하게 하고 있다. innodb_max_dirty_pages_lwm 시스템 변수의 기본값은 10% 수준인데, 만약 더티 페이지의 비율이 얼마 되지 않는 상태에서 디스크 쓰기가 많이 발생하고 더티 페이지의 비율이 너무 낮은 상태로 계속 머물러 있다면 innodb_max_dirty_pages_lwm 시스템 변수를 조금 더 높은 값으로 조정하는 것도 디스크 쓰기 횟수를 줄이는 효과를 얻을 수 있다.

innodb_io_capacity와 innodb_io_capacity_max 시스템 변수는 각 데이터베이스 서버에서 어느 정도의 디스크 읽고 쓰기가 가능한지를 설정하는 값이다. innodb_io_capacity는 일반적인 상황에서 디스크가 적절히 처리할 수 있는 수준의 값을 설정하며, innodb_io_capacity_max 시스템 변수는 디스크가 최대의 성능을 발휘할 때 어느 정도의 디스크 읽고 쓰기가 가능한지를 설정한다. 여기서 언급하는 디스크 읽고 쓰기란 InnoDB 스토리지 엔진의 백그라운드 스레드가 수행하는 디스크 작업을 의미하는데, 대부분 InnoDB 버퍼 풀의 더티 페이지 쓰기가 이에 해당한다. 하지만 InnoDB 스토리지 엔진은 사용자의 쿼리를 처리하기 위해 디스크 읽기도 해야 한다. 그래서 현재 장착된 디스크가 초당 1000 IOPS를 처리할 수 있다고 해서 이 값을 그대로 innodb_io_capacity와 innodb_io_capacity_max 시스템 변수에 설정해서는 안 된다.

관리해야 할 MySQL 서버가 많다면 일일이 서버의 트래픽을 봐 가면서 innodb_io_capacity와 innodb_io_capacity_max를 설정하는 것은 상당히 번거로운 일이 될 것이다. 그래서 InnoDB 스토리지 엔진은 어댑티브 플러시(Adaptive flush)라는 기능을 제공한다. 어댑티브 플러시는 innodb_adaptive_flushing 시스템 변수로 켜고 끌 수 있는데, 기본값은 어댑티브 플러시를 사용하는 것이다. 어댑티브 플러시 기능이 활성화되면 InnoDB 스토리지 엔진은 단순히 버퍼 풀의 더티 페이지 비율이나 innodb_io_capacity, innodb_io_capacity_max 설정값에 의존하지 않고 새로운 알고리즘을 사용한다. 더티 페이지를 어느 정도 디스크로 기록해야 할지는 사실 어느 정도 속도로 더티 페이지가 생성되는지를 분석하는 것인데, 이는 결국 리두 로그가 어느 정도 속도로 증가하는지를 분석하는 것과 같다. 그래서 어댑티브 플러시 알고리즘은 리두 로그의 증가 속도를 분석해서 적절한 수준의 더티 페이지가 버퍼 풀에 유지될 수 있도록 디스크 쓰기를 실행한다. innodb_adaptive_flushing_lwm 시스템 변수의 기본값은 10%인데, 이는 전체 리두 로그 공간에서 활성 리두 로그의 공간이 10% 미만이면 어댑티브 플러시가 작동하지 않다가 10%를 넘어서면 그때부터 어댑티브 플러시 알고리즘이 작동하게 한다.

마지막으로 innodb_flush_neighbors 시스템 변수는 더티 페이지를 디스크에 기록할 때 디스크에서 근접한 페이지 중에서 더티 페이지가 있다면 InnoDB 스토리지 엔진이 함께 묶어서 디스크로 기록하게 해주는 기능을 활성화할지 결정한다. 예전에 많이 사용하던 하드디스크(HDD)의 경우 디스크 읽고 쓰기는 매우 고비용의 작업이었다. 그래서 많은 데이터베이스 서버들은 한 번이라도 디스크 읽고 쓰기를 줄이기 위해 많은 노력을 기울였는데, 이웃 페이지들의 동시 쓰기(innodb_flush_neighbors)는 그러한 노력의 결과라고 볼 수 있다. 데이터 저장을 하드디스크로 하고 있다면 innodb_flush_neighbors 시스템 변수를 1 또는 2로 설정해서 활성화하는 것이 좋다. 하지만 요즘은 대부분 솔리드 스테이트 드라이브(SSD)를 사용하기 때문에 기본값인 비활성 모드로 유지하는 것이 좋다.

4.2.7.4.2 LRU 리스트 플러시

InnoDB 스토리지 엔진은 LRU 리스트에서 사용 빈도가 낮은 데이터 페이지들을 제거해서 새로운 페이지들을 읽어올 공간을 만들어야 하는데, 이를 위해 LRU 리스트(LRU_list) 플러시 함수가 사용된다. InnoDB 스토리지 엔진은 LRU 리스트의 끝부분부터 시작해서 최대 innodb_lru_scan_depth 시스템 변수에 설정된 개수만큼의 페이지들을 스캔한다. InnoDB 스토리지 엔진은 이때 스캔하면서 더티 페이지는 디스크에 동기화하게 하며, 클린 페이지는 즉시 프리(Free) 리스트로 페이지를 옮긴다. InnoDB 스토리지 엔진은 InnoDB 버퍼 풀 인스턴스별로 최대 innodb_lru_scan_depth 개수만큼 스캔하기 때문에 실질적으로 LRU 리스트의 스캔은 (innodb_buffer_pool_instances * innodb_lru_scan_depth) 수만큼 수행한다.

4.2.7.5 버퍼 풀 상태 백업 및 복구

InnoDB 서버의 버퍼 풀은 쿼리의 성능에 매우 밀접하게 연결돼 있다. 쿼리 요청이 매우 빈번한 서버를 셧다운했다가 다시 시작하고 서비스를 시작하면 쿼리 처리 성능이 평상시보다 1/10도 안 되는 경우가 대부분일 것이다. 버퍼 풀에 쿼리들이 사용할 데이터가 이미 준비돼 있으므로 디스크에서 데이터를 읽지 않아도 쿼리가 처리될 수 있기 때문이다. 이렇게 디스크의 데이터가 버퍼 풀에 적재돼 있는 상태를 워밍업(Warming Up)이라고 표현하는데, 버퍼 풀이 잘 워밍업된 상태에서는 그렇지 않은 경우보다 몇십 배의 쿼리 처리 속도를 보이는 것이 일반적이다. 그래서 MySQL 5.5 버전에서는 점검을 위해 MySQL 서버를 셧다운했다가 다시 시작하는 경우 서비스를 오픈하기 전에 강제 워밍업을 위해 주요 테이블과 인덱스에 대해 풀 스캔을 한 번씩 실행하고 서비스를 오픈했었다.

하지만 MySQL 5.6 버전부터는 버퍼 풀 덤프 및 적재 기능이 도입됐다. 서버 점검이나 기타 작업을 위해 MySQL 서버를 재시작해야 하는 경우 MySQL 서버를 셧다운하기 전에 다음과 같이 innodb_buffer_pool_dump_now 시스템 변수를 이용해 현재 InnoDB 버퍼 풀의 상태를 백업할 수 있다. 그리고 MySQL 서버를 다시 시작하면 innodb_buffer_pool_load_now 시스템 변수를 이용해 백업된 버퍼 풀의 상태를 다시 복구할 수 있다.

```
-- // MySQL 서버 셧다운 전에 버퍼 풀의 상태 백업
mysql> SET GLOBAL innodb_buffer_pool_dump_now=ON;

-- // MySQL 서버 재시작 후, 백업된 버퍼 풀의 상태 복구
mysql> SET GLOBAL innodb_buffer_pool_load_now=ON;
```

InnoDB 버퍼 풀의 백업은 데이터 디렉터리에 ib_buffer_pool이라는 이름의 파일로 생성되는데, 실제 이 파일의 크기를 보면 아무리 InnoDB 버퍼 풀이 크다 하더라도 몇십 MB 이하인 것을 알 수 있다. 이는 InnoDB 스토리지 엔진이 버퍼 풀의 LRU 리스트에서 적재된 데이터 페이지의 메타 정보만 가져와서 저장하기 때문이다. 그래서 버퍼 풀의 백업은 매우 빨리 완료된다. 하지만 백업된 버퍼 풀의 내용을 다시 버퍼 풀로 복구하는 과정은 InnoDB 버퍼 풀의 크기에 따라 상당한 시간이 걸릴 수도 있다. 이는 백업된 내용에서 각 테이블의 데이터 페이지를 다시 디스크에서 읽어와야 하기 때문이다. 그래서 InnoDB 스토리지 엔진은 버퍼 풀을 다시 복구하는 과정이 어느 정도 진행됐는지 확인할 수 있게 상태 값을 제공한다.

```
mysql> SHOW STATUS LIKE 'Innodb_buffer_pool_dump_status'\G
*************************** 1. row ***************************
Variable_name: Innodb_buffer_pool_dump_status
        Value: Buffer pool(s) dump completed at 200712 23:38:58
```

버퍼 풀 적재 작업에 너무 시간이 오래 걸려서 중간에 멈추고자 한다면 innodb_buffer_pool_load_abort 시스템 변수를 이용하면 된다. InnoDB의 버퍼 풀을 다시 복구하는 작업은 상당히 많은 디스크 읽기를 필요로 하기 때문에 버퍼 풀 복구가 실행 중인 상태에서 서비스를 재개하는 것은 좋지 않은 선택일 수도 있다. 그래서 버퍼 풀 복구 도중에 급히 서비스를 시작해야 한다면 다음과 같이 버퍼 풀 복구를 멈출 것을 권장한다.

```
mysql> SET GLOBAL innodb_buffer_pool_load_abort=ON;
```

지금까지 수동으로 InnoDB 버퍼 풀의 백업과 복구를 살펴봤는데, 사실 이 작업을 수동으로 하기는 쉽지 않다. 다른 작업을 위해 MySQL 서버를 재시작하는 경우 해야 할 작업에 집중한 나머지 버퍼 풀의 백업과 복구 과정을 잊어버리기 십상이다. 그래서 InnoDB 스토리지 엔진은 MySQL 서버가 셧다운되기 직전에 버퍼 풀의 백업을 실행하고, MySQL 서버가 시작되면 자동으로 백업된 버퍼 풀의 상태를 복구할 수 있는 기능을 제공한다. 버퍼 풀의 백업과 복구를 자동화하려면 innodb_buffer_pool_dump_at_shutdown과 innodb_buffer_pool_load_at_startup 설정을 MySQL 서버의 설정 파일에 넣어두면 된다.

InnoDB 버퍼 풀의 백업은 ib_buffer_pool 파일에 기록되는데, 그렇다고 해서 반드시 셧다운하기 직전의 파일일 필요는 없다. InnoDB 스토리지 엔진은 ib_buffer_pool 파일에서 데이터 페이지의 목록을 가져와서 실제 존재하는 데이터 페이지이면 InnoDB 버퍼 풀로 적재하지만 그렇지 않은 경우에는 그냥 조용히 무시해버린다. 그래서 실제 존재하지 않는 데이터 페이지 정보가 ib_buffer_pool 파일에 명시돼 있다고 해서 MySQL 서버가 비정상적으로 종료되거나 하지는 않는다.

4.2.7.6 버퍼 풀의 적재 내용 확인

MySQL 5.6 버전부터 MySQL 서버의 information_schema 데이터베이스의 innodb_buffer_page 테이블을 이용해 InnoDB 버퍼 풀의 메모리에 어떤 테이블의 페이지들이 적재돼 있는지 확인할 수 있었다. 하지만 InnoDB 버퍼 풀이 큰 경우에는 이 테이블 조회가 상당히 큰 부하를 일으키면서 서비스 쿼리가 많이 느려지는 문제가 있었다. 그래서 실제 서비스용으로 사용되는 MySQL 서버에서는 버퍼 풀의 상태를 확인하는 것이 거의 불가능했다.

MySQL 8.0 버전에서는 이러한 문제점을 해결하기 위해 information_schema 데이터베이스에 innodb_cached_indexes 테이블이 새로 추가됐다. 이 테이블을 이용하면 테이블의 인덱스별로 데이터 페이지가 얼마나 InnoDB 버퍼 풀에 적재돼 있는지 확인할 수 있다.

```
mysql> SELECT
         it.name table_name,
         ii.name index_name,
         ici.n_cached_pages n_cached_pages
     FROM information_schema.innodb_tables it
         INNER JOIN information_schema.innodb_indexes ii ON ii.table_id = it.table_id
         INNER JOIN information_schema.innodb_cached_indexes ici ON ici.index_id = ii.index_id
     WHERE it.name=CONCAT('employees','/','employees');

+---------------------+---------------------+----------------+
| table_name          | index_name          | n_cached_pages |
+---------------------+---------------------+----------------+
| employees/employees | PRIMARY             |            299 |
| employees/employees | ix_hiredate         |              8 |
| employees/employees | ix_gender_birthdate |              8 |
| employees/employees | ix_firstname        |              8 |
+---------------------+---------------------+----------------+
```

조금만 응용하면 테이블 전체(인덱스 포함) 페이지 중에서 대략 어느 정도 비율이 InnoDB 버퍼 풀에 적재돼 있는지 다음과 같이 확인해볼 수 있다.

```
mysql> SELECT
          (SELECT SUM(ici.n_cached_pages) n_cached_pages
           FROM information_schema.innodb_tables it
             INNER JOIN information_schema.innodb_indexes ii ON ii.table_id = it.table_id
             INNER JOIN information_schema.innodb_cached_indexes ici ON ici.index_id = ii.index_id
           WHERE it.name=CONCAT(t.table_schema, '/', t.table_name)) as total_cached_pages,
          ((t.data_length + t.index_length - t.data_free)/@@innodb_page_size) as total_pages
        FROM information_schema.tables t
        WHERE t.table_schema='employees'
          AND t.table_name='employees';
+--------------------+-------------+
| total_cached_pages | total_pages |
+--------------------+-------------+
|                323 |   1668.0000 |
+--------------------+-------------+
```

아직 MySQL 서버는 개별 인덱스별로 전체 페이지 개수가 몇 개인지는 사용자에게 알려주지 않기 때문에 information_schema의 테이블을 이용해도 테이블의 인덱스별로 페이지가 InnoDB 버퍼 풀에 적재된 비율은 확인할 수가 없다. 그래서 앞의 예제에서는 테이블 단위로 전체 데이터 페이지 개수와 InnoDB 버퍼 풀에 적재된 데이터 페이지 개수의 합을 조회해본 것이다.

4.2.8 Double Write Buffer

InnoDB 스토리지 엔진의 리두 로그는 리두 로그 공간의 낭비를 막기 위해 페이지의 변경된 내용만 기록한다. 이로 인해 InnoDB의 스토리지 엔진에서 더티 페이지를 디스크 파일로 플러시할 때 일부만 기록되는 문제가 발생하면 그 페이지의 내용은 복구할 수 없을 수도 있다. 이렇게 페이지가 일부만 기록되는 현상을 파셜 페이지(Partial-page) 또는 톤 페이지(Torn-page)라고 하는데, 이런 현상은 하드웨어의 오작동이나 시스템의 비정상 종료 등으로 발생할 수 있다.

InnoDB 스토리지 엔진에서는 이 같은 문제를 막기 위해 Double-Write 기법을 이용한다. 그림 4.15는 InnoDB의 Double-Write 기법이 작동하는 방식을 표현한 것이다. 그림 4.15에서와 같이 InnoDB에서 'A' ~ 'E'까지의 더티 페이지를 디스크로 플러시한다고 가정해보자. 이때 InnoDB 스토리지 엔진은 실제 데이터 파일에 변경 내용을 기록하기 전에 'A' ~ 'E'까지의 더티 페이지를 우선 묶어서 한 번의 디스크 쓰기로 시스템 테이블스페이스의 DoubleWrite 버퍼에 기록한다. 그리고 InnoDB 스토리지 엔진은 각 더티 페이지를 파일의 적당한 위치에 하나씩 랜덤으로 쓰기를 실행한다.

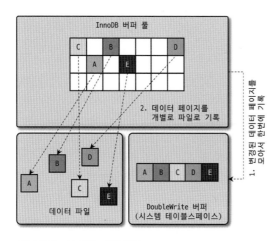

그림 4.15 Double Write 작동 방식

이렇게 시스템 테이블스페이스의 DoubleWrite 버퍼 공간에 기록된 변경 내용은 실제 데이터 파일에 'A' ~ 'E' 더티 페이지가 정상적으로 기록되면 더이상 필요가 없어진다. DoubleWrite 버퍼의 내용은 실제 데이터 파일의 쓰기가 중간에 실패할 때만 원래의 목적으로 사용된다. 'A'와 'B' 페이지는 정상적으로 기록됐지만 'C' 페이지가 기록되는 도중에 운영체제가 비정상적으로 종료됐다고 가정해보자. 그러면 InnoDB 스토리지 엔진은 재시작될 때 항상 DoubleWrite 버퍼의 내용과 데이터 파일의 페이지들을 모두 비교해서 다른 내용을 담고 있는 페이지가 있으면 DoubleWrite 버퍼의 내용을 데이터 파일의 페이지로 복사한다. DoubleWrite 기능을 사용할지 여부는 innodb_doublewrite 시스템 변수로 제어할 수 있다.

DoubleWrite 버퍼는 데이터의 안정성을 위해 자주 사용되는데, HDD처럼 자기 원판(Platter)이 회전하는 저장 시스템에서는 어차피 한 번의 순차 디스크 쓰기를 하는 것이기 때문에 별로 부담이 되지 않지만 SSD처럼 랜덤 IO나 순차 IO의 비용이 비슷한 저장 시스템에서는 상당히 부담스럽다. 하지만 데이터의 무결성이 매우 중요한 서비스에서는 DoubleWrite의 활성화를 고려하는 것이 좋다. 만약 데이터베이스 서버의 성능을 위해 InnoDB 리두 로그 동기화 설정(innodb_flush_log_at_trx_commit 시스템 변수)을 1이 아닌 값으로 설정했다면 DoubleWrite도 비활성화하는 것이 좋다.

4.2.9 언두 로그

InnoDB 스토리지 엔진은 트랜잭션과 격리 수준을 보장하기 위해 DML(INSERT, UPDATE, DELETE)로 변경되기 이전 버전의 데이터를 별도로 백업한다. 이렇게 백업된 데이터를 언두 로그(Undo Log)라고 한다. 언두 로그가 어떻게 사용되는지 간단히 한번 살펴보자.

- **트랜잭션 보장**

  트랜잭션이 롤백되면 트랜잭션 도중 변경된 데이터를 변경 전 데이터로 복구해야 하는데, 이때 언두 로그에 백업해 둔 이전 버전의 데이터를 이용해 복구한다.

- **격리 수준 보장**

  특정 커넥션에서 데이터를 변경하는 도중에 다른 커넥션에서 데이터를 조회하면 트랜잭션 격리 수준에 맞게 변경 중인 레코드를 읽지 않고 언두 로그에 백업해둔 데이터를 읽어서 반환하기도 한다.

언두 로그는 InnoDB 스토리지 엔진에서 매우 중요한 역할을 담당하지만 관리 비용도 많이 필요하다. 여기서는 언두 로그가 어떤 문제점을 가지고 있고, 이를 위해 InnoDB 스토리지 엔진이 어떤 기능을 제공하는지 살펴보자.

4.2.9.1 언두 로그 모니터링

언두 로그의 데이터가 어떻게 저장되고 어떤 목적으로 사용되는지 살펴보자. 언두 영역은 INSERT, UPDATE, DELETE 같은 문장으로 데이터를 변경했을 때 변경되기 전의 데이터(이전 데이터)를 보관하는 곳이다. 예를 들어, 다음과 같은 업데이트 문장을 실행했다고 해보자.

```
mysql> UPDATE member SET name='홍길동' WHERE member_id=1;
```

위 문장이 실행되면 트랜잭션을 커밋하지 않아도 실제 데이터 파일(데이터/인덱스 버퍼) 내용은 '홍길동'으로 변경된다. 그리고 변경되기 전의 값이 '벽계수'였다면, 언두 영역에는 '벽계수'라는 값이 백업되는 것이다. 이 상태에서 사용자가 커밋하면 현재 상태가 그대로 유지되고, 롤백하면 언두 영역의 백업된 데이터를 다시 데이터 파일로 복구한다.

언두 로그의 데이터는 크게 두 가지 용도로 사용되는데, 첫 번째 용도가 바로 위에서 언급한 트랜잭션의 롤백 대비용이다. 두 번째 용도는 트랜잭션의 격리 수준을 유지하면서 높은 동시성을 제공하는 데 있다. 트랜잭션의 격리 수준이라는 개념이 있는데, 이는 동시에 여러 트랜잭션이 데이터를 변경하거나 조회할 때 한 트랜잭션의 작업 내용이 다른 트랜잭션에 어떻게 보일지를 결정하는 기준이다. 격리 수준과 언두 로그의 두 번째 사용법에 대한 자세한 설명은 5.4.3절 'REPEATABLE READ'에 나온 예제를 참조하자.

MySQL 5.5 이전 버전의 MySQL 서버에서는 한 번 증가한 언두 로그 공간은 다시 줄어들지 않았다. 예를 들어, 1억 건의 레코드가 저장된 100GB 크기의 테이블을 DELETE로 삭제한다고 가정해보자. 그러면 MySQL 서버는 이 테이블에서 레코드를 한 건 삭제하고 언두 로그에 삭제되기 전 값을 저장한다. 이렇게 1억 건의 레코드가 테이블에서는 삭제되지만 언두 로그로 복사돼야 한다. 즉, 테이블의 크기만큼 언두 로그의 공간 사용량이 늘어나 결국 언두 로그 공간이 100GB가 되는 것이다.

대용량의 데이터를 처리하는 트랜잭션뿐만 아니라 트랜잭션이 오랜 시간 동안 실행될 때도 언두 로그의 양은 급격히 증가할 수 있다. 트랜잭션이 완료됐다고 해서 해당 트랜잭션이 생성한 언두 로그를 즉시 삭제할 수 있는 것은 아니다. 그림 4.16은 3개의 트랜잭션이 서로 시작과 종료 시점이 다르게 실행되는 것을 보여준다. 그림 4.16에서 B 트랜잭션과 C 트랜잭션은 완료됐지만 가장 먼저 시작된 트랜잭션 A는 아직 완료되지 않은 상태다. 이때 트랜잭션 B와 C는 각각 UPDATE와 DELETE를 실행했으므로 변경 이전의 데이터를 언두 로그에 백업했을 것이다. 하지만 먼저 시작된 A 트랜잭션이 아직 활성 상태이기 때문에 B와 C 트랜잭션의 완료 여부와 관계없이 B와 C 트랜잭션이 만들어낸 언두 로그는 삭제되지 않는다.

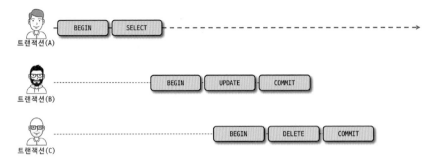

그림 4.16 장시간 활성화된 트랜잭션

일반적으로 응용 프로그램에서 트랜잭션 관리가 잘못된 경우 이런 현상이 발생할 수 있지만 사용자의 실수로 인해 더 자주 문제가 되곤 한다. 서비스용으로 사용되는 MySQL 서버에서 사용자가 트랜잭션을 시작한 상태에서 완료하지 않고 하루 정도 방치했다고 가정해보자. 그러면 InnoDB 스토리지 엔진은 이 트랜잭션이 시작된 시점부터 생성된 언두 로그를 계속 보존할 것이다. 결국 InnoDB 스토리지 엔진의 언두 로그는 하루치 데이터 변경을 모두 저장하고, 디스크의 언두 로그 저장 공간은 계속 증가한다. 이렇게 누적된 언두 로그로 인해 디스크의 사용량이 증가하는 것은 그다지 큰 문제가 아닐 수도 있다. 하지만 그동안 빈번하게 변경된 레코드를 조회하는 쿼리가 실행되면 InnoDB 스토리지 엔진은 언두 로그의 이력을 필요한 만큼 스캔해야만 필요한 레코드를 찾을 수 있기 때문에 쿼리의 성능이 전반적으로 떨어지게 된다.

MySQL 5.5 버전까지는 이렇게 언두 로그의 사용 공간이 한 번 늘어나면 MySQL 서버를 새로 구축하지 않는 한 줄일 수가 없었다. 언두 로그가 늘어나면 디스크 사용량뿐만 아니라 매번 백업할 때도 그만큼 더 복사를 해야 하는 문제점이 발생한다. 다행스럽게도 MySQL 5.7과 MySQL 8.0으로 업그레이드되면서 언두 로그 공간의 문제점은 완전히 해결됐다. MySQL 8.0에서는 언두 로그를 돌아가면서 순차적으로 사용해 디스크 공간을 줄이는 것도 가능하며, 때로는 MySQL 서버가 필요한 시점에 사용 공간을 자동으로 줄여 주기도 한다.

하지만 여전히 서비스 중인 MySQL 서버에서 활성 상태의 트랜잭션이 장시간 유지되는 것은 성능상 좋지 않다. 그래서 MySQL 서버의 언두 로그가 얼마나 증가했는지는 항상 모니터링하는 것이 좋은데, 다음과 같이 MySQL 서버의 언두 로그 건수를 확인할 수 있다.

```
-- // MySQL 서버의 모든 버전에서 사용 가능한 명령
mysql> SHOW ENGINE INNODB STATUS \G
```

```
...
------------
TRANSACTIONS
------------
Trx id counter 13037924893
Purge done for trx's n:o < 13037924893 undo n:o < 0 state: running but idle
History list length 31
....

-- // MySQL 8.0 버전에서 사용 가능한 명령
mysql> SELECT count
       FROM information_schema.innodb_metrics
       WHERE SUBSYSTEM='transaction' AND NAME='trx_rseg_history_len';
+-------+
| count |
+-------+
|    31 |
+-------+
```

MySQL 서버에서 실행되는 INSERT, UPDATE, DELETE 문장이 얼마나 많은 데이터를 변경하느냐에 따라 평상시 언두 로그 건수는 상이할 수 있다. 그래서 MySQL 서버별로 이 값은 차이를 보이는데, 서버별로 안정적인 시점의 언두 로그 건수를 확인해 이를 기준으로 언두 로그의 급증 여부를 모니터링하는 것이 좋다.

> **주의** MySQL 서버에서 INSERT 문장으로 인한 언두 로그와 UPDATE(DELETE 포함) 문장으로 인한 언두 로그는 별도로 관리된다. UPDATE와 DELETE 문장으로 인한 언두 로그는 MVCC와 데이터 복구(롤백 포함)에 모두 사용되지만, INSERT 문장으로 인한 언두 로그는 MVCC를 위해서는 사용되지 않고 롤백이나 데이터 복구만을 위해서 사용되기 때문이다. 예제에서 보인 언두 로그의 건수에는 UPDATE와 DELETE 문장으로 인한 언두 로그 개수만 표시된다.

4.2.9.2 언두 테이블스페이스 관리

언두 로그가 저장되는 공간을 언두 테이블스페이스(Undo Tablespace)라고 한다. 언두 테이블스페이스는 MySQL 서버의 버전별로 많은 변화가 있었다. MySQL 5.6 이전 버전에서는 언두 로그가 모두 시스템 테이블스페이스(ibdata.ibd)에 저장됐다. 하지만 시스템 테이블스페이스의 언두 로그는 MySQL 서버가 초기화될 때 생성되기 때문에 확장의 한계가 있었다. 그래서 MySQL 5.6 버전에서는 innodb_undo_tablespaces 시스템 변수가 도입됐고, innodb_undo_tablespaces 시스템 변수를 2보다 큰 값을 설정

하면 InnoDB 스토리지 엔진은 더이상 언두 로그를 시스템 테이블스페이스에 저장하지 않고 별도의 언두 로그 파일을 사용한다. 하지만 MySQL 5.6 이후 버전에서도 innodb_undo_tablespaces를 0으로 설정하면 여전히 MySQL 5.6 이전의 버전과 동일하게 언두 로그가 시스템 테이블스페이스에 저장됐다. MySQL 8.0으로 업그레이드되면서(MySQL 8.0.14 버전부터) innodb_undo_tablespaces 시스템 변수는 효력이 없어졌으며(Deprecated) 언두 로그는 항상 시스템 테이블스페이스 외부의 별도 로그 파일에 기록되도록 개선됐다.

그림 4.17은 언두 테이블스페이스가 어떤 형태로 구성되는지를 보여준다. 하나의 언두 테이블스페이스는 1개 이상 128개 이하의 롤백 세그먼트를 가지며, 롤백 세그먼트는 1개 이상의 언두 슬롯(Undo Slot)을 가진다.

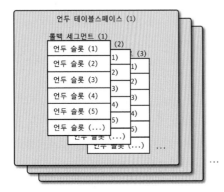

그림 4.17 언두 테이블스페이스 구조

하나의 롤백 세그먼트는 InnoDB의 페이지 크기를 16바이트로 나눈 값의 개수만큼의 언두 슬롯을 가진다. 예를 들어, InnoDB의 페이지 크기가 16KB라면 하나의 롤백 세그먼트는 1024개의 언두 슬롯을 갖게 된다. 하나의 트랜잭션이 필요로 하는 언두 슬롯의 개수는 트랜잭션이 실행하는 INSERT, UPDATE, DELETE 문장의 특성에 따라 최대 4개까지 언두 슬롯을 사용하게 된다. 일반적으로는 트랜잭션이 임시 테이블을 사용하지 않으므로 하나의 트랜잭션은 대략 2개 정도의 언두 슬롯을 필요로 한다고 가정하면 된다. 그래서 최대 동시 처리 가능한 트랜잭션의 개수는 다음 수식으로 예측해볼 수 있다.

```
최대 동시 트랜잭션 수 = (InnoDB 페이지 크기) / 16 * (롤백 세그먼트 개수) * (언두 테이블스페이
스 개수)
```

가장 일반적인 설정인 16KB InnoDB에서 기본 설정(innodb_undo_tablespaces=2, innodb_rollback_segments=128)을 사용한다고 가정하면 대략 131072(=16 * 1024 / 16 * 128 * 2 / 2)개 정도의 트랜잭

션이 동시에 처리 가능해진다. 물론 일반적인 서비스에서 이 정도까지 동시 트랜잭션이 필요하진 않겠지만 기본값으로 해서 크게 문제될 건 없으므로 가능하면 기본값을 유지하자. 언두 로그 공간이 남는 것은 크게 문제되지 않지만 언두 로그 슬롯이 부족한 경우에는 트랜잭션을 시작할 수 없는 심각한 문제가 발생한다. 언두 로그 관련 시스템 변수를 변경해야 한다면 적절히 필요한 동시 트랜잭션 개수에 맞게 언두 테이블스페이스와 롤백 세그먼트의 개수를 설정해야 한다.

MySQL 8.0 이전까지는 한 번 생성된 언두 로그는 변경이 허용되지 않고 정적으로 사용됐지만 MySQL 8.0 버전부터는 CREATE UNDO TABLESPACE나 DROP TABLESPACE 같은 명령으로 새로운 언두 테이블스페이스를 동적으로 추가하고 삭제할 수 있게 개선됐다.

```
mysql> SELECT TABLESPACE_NAME, FILE_NAME
       FROM INFORMATION_SCHEMA.FILES
       WHERE FILE_TYPE LIKE 'UNDO LOG';
+-----------------+------------+
| TABLESPACE_NAME | FILE_NAME  |
+-----------------+------------+
| innodb_undo_001 | ./undo_001 |
| innodb_undo_002 | ./undo_002 |
+-----------------+------------+

mysql> CREATE UNDO TABLESPACE extra_undo_003 ADD DATAFILE '/data/undo_dir/undo_003.ibu';

mysql> SELECT TABLESPACE_NAME, FILE_NAME
       FROM INFORMATION_SCHEMA.FILES
       WHERE FILE_TYPE LIKE 'UNDO LOG';
+-----------------+--------------------------+
| TABLESPACE_NAME | FILE_NAME                |
+-----------------+--------------------------+
| innodb_undo_001 | ./undo_001               |
| innodb_undo_002 | ./undo_002               |
| extra_undo_003  | /data/undo_dir/undo_003.ibu |
+-----------------+--------------------------+

-- // 언두 테이블스페이스를 비활성화
mysql> ALTER UNDO TABLESPACE extra_undo_003 SET INACTIVE;

-- // 비활성화된 테이블스페이스 삭제
mysql> DROP UNDO TABLESPACE extra_undo_003;
```

여기서 잠깐 InnoDB 스토리지 엔진의 언두 로그 관리 방식에 대한 역사를 좀 살펴보자. MySQL 5.6 이전 버전에서는 언두 로그는 모두 시스템 테이블스페이스(ibdata.ibd)에 저장됐다. 하지만 시스템 테이블스페이스의 언두 로그는 MySQL 서버가 초기화될 때 생성되기 때문에 확장의 한계가 있었다. 그래서 MySQL 5.6 버전에서는 innodb_undo_tablespaces 시스템 변수가 도입됐고, innodb_undo_tablespaces 시스템 변수에 2보다 큰 값을 설정하면 InnoDB 스토리지 엔진은 더이상 언두 로그를 시스템 테이블스페이스에 저장하지 않고 별도의 언두 로그 파일을 사용한다. 하지만 MySQL 5.6 이후 버전에서도 innodb_undo_tablespaces를 0으로 설정하면 여전히 MySQL 5.6 이전의 버전과 동일하게 언두 로그가 시스템 테이블스페이스에 저장됐다. MySQL 8.0으로 업그레이드되면서(MySQL 8.0.14 버전부터) innodb_undo_tablespaces 시스템 변수는 효력이 없어졌으며(Deprecated), 언두 로그는 항상 시스템 테이블스페이스 외부의 별도 로그 파일에 기록되도록 개선됐다.

언두 테이블스페이스 공간을 필요한 만큼만 남기고 불필요하거나 과도하게 할당된 공간을 운영체제로 반납하는 것을 'Undo tablespace truncate'라고 한다. 언두 테이블스페이스의 불필요한 공간을 잘라내는(Truncate) 방법은 자동과 수동으로 두 가지 방법이 있는데, 두 가지 방법 모두 MySQL 8.0부터 지원된다.

- 자동 모드: 트랜잭션이 데이터를 변경하면 이전 버전의 데이터를 언두 로그로 기록하는데, 트랜잭션이 커밋되면 더 이상 언두 로그에 복사된 이전 값은 불필요해진다.[7] InnoDB 스토리지 엔진의 퍼지 스레드(Purge Thread)는 주기적으로 깨어나서 언두 로그 공간에서 불필요해진 언두 로그를 삭제하는 작업을 실행하는데, 이 작업을 언두 퍼지(Undo Purge)라고 한다. MySQL 서버의 innodb_undo_log_truncate 시스템 변수가 ON으로 설정되면, 퍼지 스레드는 주기적으로 언두 로그 파일에서 사용되지 않는 공간을 잘라내고 운영체제로 반납하게 된다. 언두 로그 파일을 잘라내는 작업을 더 빈번하게 또는 덜 빈번하게 실행되게 하려면 innodb_purge_rseg_truncate_frequency 시스템 변수의 값을 조정하면 된다.

- 수동 모드: innodb_undo_log_truncate 시스템 변수가 OFF로 설정되어 언두 로그 파일의 잘라내기가 자동으로 실행되지 않거나 예상보다 자동 모드로 언두 테이블스페이스의 공간 반납이 부진한 경우에는 언두 테이블스페이스를 비활성화해서 언두 테이블스페이스가 더이상 사용되지 않도록 설정하면 퍼지 스레드는 비활성 상태의 언두 테이블스페이스를 찾아서 불필요한 공간을 잘라내고 운영체제로 해당 공간을 반납하게 된다. 반납이 완료되면 언두 테이블스페이스를 다시 활성화한다. 그리고 수동 모드는 언두 테이블스페이스가 최소 3개 이상은 돼야 작동한다는 것도 기억해 두자.

```
-- // 언두 테이블스페이스 비활성화
mysql> ALTER UNDO TABLESPACE tablespace_name SET INACTIVE;
```

---

7 물론 언두 로그가 삭제되는 기준은 이보다 더 복잡하긴 하지만 여기서는 이 정도 수준으로 이해해두자.

```
-- // 퍼지 스레드에 의해 언두 테이블스페이스 공간이 반납되면 다시 활성화
mysql> ALTER UNDO TABLESPACE tablespace_name SET ACTIVE;
```

4.2.10 체인지 버퍼

RDBMS에서 레코드가 INSERT되거나 UPDATE될 때는 데이터 파일을 변경하는 작업뿐 아니라 해당 테이블에 포함된 인덱스를 업데이트하는 작업도 필요하다. 그런데 인덱스를 업데이트하는 작업은 랜덤하게 디스크를 읽는 작업이 필요하므로 테이블에 인덱스가 많다면 이 작업은 상당히 많은 자원을 소모하게 된다. 그래서 InnoDB는 변경해야 할 인덱스 페이지가 버퍼 풀에 있으면 바로 업데이트를 수행하지만 그렇지 않고 디스크로부터 읽어와서 업데이트해야 한다면 이를 즉시 실행하지 않고 임시 공간에 저장해 두고 바로 사용자에게 결과를 반환하는 형태로 성능을 향상시키게 되는데, 이때 사용하는 임시 메모리 공간을 체인지 버퍼(Change Buffer)라고 한다.

사용자에게 결과를 전달하기 전에 반드시 중복 여부를 체크해야 하는 유니크 인덱스는 체인지 버퍼를 사용할 수 없다. 체인지 버퍼에 임시로 저장된 인덱스 레코드 조각은 이후 백그라운드 스레드에 의해 병합되는데, 이 스레드를 체인지 버퍼 머지 스레드(Merge thread)라고 한다. MySQL 5.5 이전 버전까지는 INSERT 작업에 대해서만 이러한 버퍼링이 가능(그래서 MySQL 5.5 이전 버전까지는 이 버퍼를 인서트 버퍼라고 함)했는데, MySQL 5.5부터 조금씩 개선되면서 MySQL 8.0에서는 INSERT, DELETE, UPDATE로 인해 키를 추가하거나 삭제하는 작업에 대해서도 버퍼링이 될 수 있게 개선됐다. 또 MySQL 5.5 이전 버전에서는 별도의 시스템 변수 설정 없이 기본적으로 기능이 활성화됐지만 MySQL 5.5부터는 innodb_change_buffering이라는 시스템 변수가 새로 도입되어 작업의 종류별로 체인지 버퍼를 활성화할 수 있으며, 체인지 버퍼가 비효율적일 때는 체인지 버퍼를 사용하지 않게 설정할 수 있게 개선됐다. innodb_change_buffering 시스템 변수에 설성할 수 있는 값은 다음과 같다.

- all: 모든 인덱스 관련 작업(inserts + deletes + purges)을 버퍼링

- none: 버퍼링 안함

- inserts: 인덱스에 새로운 아이템을 추가하는 작업만 버퍼링

- deletes: 인덱스에서 기존 아이템을 삭제하는 작업(삭제됐다는 마킹 작업)만 버퍼링

- changes: 인덱스에 추가하고 삭제하는 작업만(inserts + deletes) 버퍼링

- purges: 인덱스 아이템을 영구적으로 삭제하는 작업만 버퍼링(백그라운드 작업)

체인지 버퍼는 기본적으로 InnoDB 버퍼 풀로 설정된 메모리 공간의 25%까지 사용할 수 있게 설정돼 있으며, 필요하다면 InnoDB 버퍼 풀의 50%까지 사용하게 설정할 수 있다. 체인지 버퍼가 너무 많은 버퍼 풀 공간을 사용하지 못하도록 한다거나 INSERT나 UPDATE 등이 너무 빈번하게 실행되어 체인지 버퍼가 더 많은 버퍼 풀을 사용할 수 있게 하고자 한다면 innodb_change_buffer_max_size 시스템 변수에 비율을 설정하면 된다.

체인지 버퍼가 버퍼 풀의 메모리를 얼마나 사용 중인지, 그리고 얼마나 많은 변경 사항을 버퍼링하고 있는지는 다음과 같이 확인할 수 있다.

체인지 버퍼가 사용 중인 메모리 공간의 크기

```
mysql> SELECT EVENT_NAME, CURRENT_NUMBER_OF_BYTES_USED
       FROM performance_schema.memory_summary_global_by_event_name
       WHERE EVENT_NAME='memory/innodb/ibuf0ibuf';
+-------------------------+------------------------------+
| EVENT_NAME              | CURRENT_NUMBER_OF_BYTES_USED |
+-------------------------+------------------------------+
| memory/innodb/ibuf0ibuf |                          144 |
+-------------------------+------------------------------+
```

체인지 버퍼 관련 오퍼레이션 처리 횟수

```
mysql> SHOW ENGINE INNODB STATUS \G
-------------------------------------
INSERT BUFFER AND ADAPTIVE HASH INDEX
-------------------------------------
Ibuf: size 1, free list len 0, seg size 2, 0 merges
merged operations:
 insert 0, delete mark 0, delete 0
discarded operations:
 insert 0, delete mark 0, delete 0
...
```

4.2.11 리두 로그 및 로그 버퍼

리두 로그(Redo Log)는 트랜잭션의 4가지 요소인 ACID 중에서 D(Durable)에 해당하는 영속성과 가장 밀접하게 연관돼 있다. 리두 로그는 하드웨어나 소프트웨어 등 여러 가지 문제점으로 인해 MySQL

서버가 비정상적으로 종료됐을 때 데이터 파일에 기록되지 못한 데이터를 잃지 않게 해주는 안전장치다.

MySQL 서버를 포함한 대부분 데이터베이스 서버는 데이터 변경 내용을 로그로 먼저 기록한다.[8] 거의 모든 DBMS에서 데이터 파일은 쓰기보다 읽기 성능을 고려한 자료 구조를 가지고 있기 때문에 데이터 파일 쓰기는 디스크의 랜덤 액세스가 필요하다. 그래서 변경된 데이터를 데이터 파일에 기록하려면 상대적으로 큰 비용이 필요하다. 이로 인한 성능 저하를 막기 위해 데이터베이스 서버는 쓰기 비용이 낮은 자료 구조를 가진 리두 로그를 가지고 있으며, 비정상 종료가 발생하면 리두 로그의 내용을 이용해 데이터 파일을 다시 서버가 종료되기 직전의 상태로 복구한다. 데이터베이스 서버는 ACID도 중요하지만 성능도 중요하기 때문에 데이터 파일뿐만 아니라 리두 로그를 버퍼링할 수 있는 InnoDB 버퍼 풀이나 리두 로그를 버퍼링할 수 있는 로그 버퍼와 같은 자료 구조도 가지고 있다.

MySQL 서버가 비정상 종료되는 경우 InnoDB 스토리지 엔진의 데이터 파일은 다음과 같은 두 가지 종류의 일관되지 않은 데이터를 가질 수 있다.

1. 커밋됐지만 데이터 파일에 기록되지 않은 데이터

2. 롤백됐지만 데이터 파일에 이미 기록된 데이터

1번의 경우 리두 로그에 저장된 데이터를 데이터 파일에 다시 복사하기만 하면 된다. 하지만 2번의 경우에는 리두 로그로는 해결할 수 없는데, 이때는 변경되기 전 데이터를 가진 언두 로그의 내용을 가져와 데이터 파일에 복사하면 된다. 그렇다고 해서 2번의 경우 리두 로그가 전혀 필요하지 않은 것은 아니다. 최소한 그 변경이 커밋됐는지, 롤백됐는지, 아니면 트랜잭션의 실행 중간 상태였는지를 확인하기 위해서라도 리두 로그가 필요하다.

데이터베이스 서버에서 리두 로그는 트랜잭션이 커밋되면 즉시 디스크로 기록되도록 시스템 변수를 설정하는 것을 권장한다. 그리고 당연히 그렇게 돼야만 서버가 비정상적으로 종료됐을 때 직전까지의 트랜잭션 커밋 내용이 리두 로그에 기록될 수 있고, 그 리두 로그를 이용해 장애 직전 시점까지의 복구가 가능해진다. 하지만 이처럼 트랜잭션이 커밋될 때마다 리두 로그를 디스크에 기록하는 작업은 많은 부하를 유발한다. 그래서 InnoDB 스토리지 엔진에서 리두 로그를 어느 주기로 디스크에 동기화할지를 결정하는 innodb_flush_log_at_trx_commit 시스템 변수를 제공한다. innodb_flush_log_at_trx_commit 시스템 변수는 다음과 같은 값을 가질 수 있다.

---

8 그래서 일부 DBMS에서는 리두 로그를 WAL 로그라고도 한다. WAL은 Write Ahead Log의 줄임말인데, 데이터를 디스크에 기록하기 전에 먼저 기록되는 로그라는 의미다.

- innodb_flush_log_at_trx_commit = 0: 1초에 한 번씩 리두 로그를 디스크로 기록(write)하고 동기화(sync)를 실행한다. 그래서 서버가 비정상 종료되면 최대 1초 동안의 트랜잭션은 커밋됐다고 하더라도 해당 트랜잭션에서 변경한 데이터는 사라질 수 있다.

- innodb_flush_log_at_trx_commit = 1: 매번 트랜잭션이 커밋될 때마다 디스크로 기록되고 동기화까지 수행된다. 그래서 트랜잭션이 일단 커밋되면 해당 트랜잭션에서 변경한 데이터는 사라진다.

- innodb_flush_log_at_trx_commit = 2: 매번 트랜잭션이 커밋될 때마다 디스크로 기록(write)은 되지만 실질적인 동기화(sync)는 1초에 한 번씩 실행된다. 일단 트랜잭션이 커밋되면 변경 내용이 운영체제의 메모리 버퍼로 기록되는 것이 보장된다. 그래서 MySQL 서버가 비정상 종료됐더라도 운영체제가 정상적으로 작동한다면 해당 트랜잭션의 데이터는 사라지지 않는다. MySQL 서버와 운영체제가 모두 비정상적으로 종료되면 최근 1초 동안의 트랜잭션 데이터는 사라질 수도 있다.

innodb_flush_log_at_trx_commit 시스템 변수가 0이나 2로 설정되는 경우 디스크 동기화 작업이 항상 1초 간격으로 실행되는 것은 아니다. 스키마 변경을 위한 DDL이 실행되면 리두 로그가 디스크로 동기화되기 때문에 InnoDB 스토리지 엔진이 스키마 변경을 위한 DDL을 실행했다면 1초보다 간격이 작을 수도 있다. 하지만 스키마 변경 작업은 자주 실행되는 작업은 아니므로 리두 로그는 최대 1초 정도 손실이 발생할 수 있다는 정도로 기억해두자. 또한 innodb_flush_log_at_trx_commit 시스템 변수가 0이나 2인 경우, 디스크 동기화 시간 간격을 innodb_flush_log_at_timeout 시스템 변수를 이용해 변경할 수 있다. 기본값은 1초이며, 일반적인 서비스에서 이 간격을 변경할 만한 특별한 이유는 없을 것으로 보인다.

InnoDB 스토리지 엔진의 리두 로그 파일들의 전체 크기는 InnoDB 스토리지 엔진이 가지고 있는 버퍼 풀의 효율성을 결정하기 때문에 신중히 결정해야 한다. 리두 로그 파일의 크기는 innodb_log_file_size 시스템 변수로 결정하며, innodb_log_files_in_group 시스템 변수는 리두 로그 파일의 개수를 결정한다. 그래서 전체 리두 로그 파일의 크기는 두 시스템 변수의 곱으로 결정된다. 그리고 리두 로그 파일의 전체 크기가 InnoDB 버퍼 풀의 크기에 맞게 적절히 선택돼야 InnoDB 스토리지 엔진이 적절히 변경된 내용을 버퍼 풀에 모았다가 한 번에 모아서 디스크에 기록할 수 있다. 하지만 사용량(특히 변경 작업)이 매우 많은 DBMS 서버의 경우에는 이 리두 로그의 기록 작업이 큰 문제가 되는데, 이러한 부분을 보완하기 위해 최대한 ACID 속성을 보장하는 수준에서 버퍼링한다. 이러한 리두 로그 버퍼링에 사용되는 공간이 로그 버퍼다.

로그 버퍼의 크기는 기본값인 16MB 수준에서 설정하는 것이 적합한데, BLOB이나 TEXT와 같이 큰 데이터를 자주 변경하는 경우에는 더 크게 설정하는 것이 좋다.

4.2.11.1 리두 로그 아카이빙

MySQL 8.0 버전부터 InnoDB 스토리지 엔진의 리두 로그를 아카이빙할 수 있는 기능이 추가됐다. MySQL 엔터프라이즈 백업이나 Xtrabackup 툴은 데이터 파일을 복사하는 동안 InnoDB 스토리지 엔진의 리두 로그에 쌓인 내용을 계속 추적하면서 새로 추가된 리두 로그 엔트리를 복사한다. 데이터 파일을 복사하는 동안 추가된 리두 로그 엔트리가 같이 백업되지 않는다면 복사된 데이터 백업 파일은 일관된 상태를 유지하지 못한다. 그런데 MySQL 서버에 유입되는 데이터 변경이 너무 많으면 리두 로그가 매우 빠르게 증가하고, 엔터프라이즈 백업이나 Xtrabackup 툴이 새로 추가되는 리두 로그 내용을 복사하기도 전에 덮어쓰일 수도 있다. 이렇게 아직 복사하지 못한 리두 로그가 덮어쓰이면 백업 툴이 리두 로그 엔트리를 복사할 수 없어서 백업은 실패하게 된다. MySQL 8.0의 리두 로그 아카이빙 기능은 데이터 변경이 많아서 리두 로그가 덮어쓰인다고 하더라도 백업이 실패하지 않게 해준다.

백업 툴이 리두 로그 아카이빙을 사용하려면 먼저 MySQL 서버에서 아카이빙된 리두 로그가 저장될 디렉터리를 innodb_redo_log_archive_dirs 시스템 변수에 설정해야 하며, 이 디렉터리는 운영체제의 MySQL 서버를 실행하는 유저(일반적으로 mysql 유저)만 접근이 가능해야 한다.

```
linux> mkdir /var/log/mysql_redo_archive
linux> cd /var/log/mysql_redo_archive
linux> mkdir 20200722
linux> chmod 700 20200722

mysql> SET GLOBAL innodb_redo_log_archive_dirs='backup:/var/log/mysql_redo_archive';
```

디렉터리가 준비되면 다음과 같이 리두 로그 아카이빙을 시작하도록 innodb_redo_log_archive_start UDF(사용자 정의 함수: User Defined Function)를 실행하면 된다. innodb_redo_log_archive_start UDF는 1개 또는 2개의 파라미터를 입력할 수 있는데, 첫 번째 파라미터는 리두 로그를 아카이빙할 디렉터리에 대한 레이블이며 두 번째 파라미터는 서브디렉터리의 이름이다. 두 번째 파라미터는 입력하지 않아도 되는데, 이때는 innodb_redo_log_archive_dirs 시스템 변수의 레이블에 해당하는 디렉터리에 별도 서브디렉터리 없이 리두 로그를 복사한다.

```
mysql> DO innodb_redo_log_archive_start('backup','20200722');
```

이제 리두 로그 아카이빙이 정상적으로 실행되는지 확인하기 위해 간단히 데이터 변경 명령을 몇 개 실행해보자.

```
mysql> CREATE TABLE test (id bigint auto_increment, data mediumtext, PRIMARY KEY(id));
mysql> INSERT INTO test (data)
SELECT repeat('123456789',10000) FROM employees.salaries LIMIT 100;
...
```

INSERT를 실행하고 리두 로그 아카이빙 디렉터리를 확인해보면 다음과 같이 리두 로그의 내용이 아카이빙 파일로 복사된 것을 확인할 수 있다. InnoDB의 리두 로그 아카이빙은 로그 파일이 로테이션될 때 복사되는 것이 아니라 리두 로그 파일에 로그 엔트리가 추가될 때 함께 기록되는 방식을 사용하고 있어서 데이터 변경이 발생하면 즉시 아카이빙된 로그 파일의 크기가 조금씩 늘어나는 것을 확인할 수 있다.

```
linux> ls -alh 20200722/
-r--r----- 1 matt.lee 991M  7 22 11:12 archive.5b30884e-726c-11ea-951c-f91ea9f6d340.000001.log
```

리두 로그 아카이빙을 종료할 때는 innodb_redo_log_archive_stop UDF를 실행하면 된다. innodb_redo_log_archive_stop UDF를 실행하면 InnoDB 스토리지 엔진은 리두 로그 아카이빙을 멈추고 아카이빙 파일도 종료한다. 하지만 아카이빙 파일을 삭제하지는 않기 때문에 사용이 완료되면 사용자가 수동으로 삭제해야 한다.

```
mysql> DO innodb_redo_log_archive_stop();
```

innodb_redo_log_archive_start UDF를 실행한 세션이 계속 연결이 끊어지지 않고 유지돼야 리두 로그 아카이빙이 계속 실행된다. 만약 리두 로그 아카이빙을 시작한 세션이 innodb_redo_log_archive_stop UDF를 실행하기 전에 연결이 끊어진다면 InnoDB 스토리지 엔진은 리두 로그 아카이빙을 멈추고 아카이빙 파일도 자동으로 삭제해버린다. 아카이빙을 시작한 세션이 비정상적으로 종료되면서 아카이빙 된 리두 로그도 쓸모가 없기 때문이다. 그래서 아카이빙된 리두 로그를 정상적으로 사용하려면 커넥션을 그대로 유지해야 하며, 작업이 완료되면 반드시 innodb_redo_log_archive_stop UDF를 호출해서 아카이빙을 정상적으로 종료해야 한다.

4.2.11.2 리두 로그 활성화 및 비활성화

InnoDB 스토리지 엔진의 리두 로그는 하드웨어나 소프트웨어 등 여러 가지 문제점으로 MySQL 서버가 비정상적으로 종료됐을 때 데이터 파일에 기록되지 못한 트랜잭션을 복구하기 위해 항상 활성화돼 있다. MySQL 서버에서 트랜잭션이 커밋돼도 데이터 파일은 즉시 디스크로 동기화되지 않는 반면, 리두 로그(트랜잭션 로그)는 항상 디스크로 기록된다[9].

MySQL 8.0 이전 버전까지는 수동으로 리두 로그를 비활성화할 수 있는 방법이 없었지만 MySQL 8.0 버전부터는 수동으로 리두 로그를 활성화하거나 비활성화할 수 있게 됐다. 그래서 MySQL 8.0 버전부터는 데이터를 복구하거나 대용량 데이터를 한번에 적재하는 경우 다음과 같이 리두 로그를 비활성화해서 데이터의 적재 시간을 단축시킬 수 있다.

```
mysql> ALTER INSTANCE DISABLE INNODB REDO_LOG;

-- // 리두 로그를 비활성화한 후 대량 데이터 적재를 실행
mysql> LOAD DATA ...

mysql> ALTER INSTANCE ENABLE INNODB REDO_LOG;
```

ALTER INSTANCE [ENABLE | DISABLE] INNODB REDO_LOG 명령을 실행한 후, Innodb_redo_log_enabled 상태 변수를 살펴보면 리두 로그가 활성화되거나 비활성화됐는지 확인할 수 있다.

---

9 물론 innodb_flush_log_at_trx_commit 시스템 설정을 0 또는 2로 설정하면 트랜잭션이 커밋돼도 리두 로그가 디스크로 즉시 동기화되지 않을 수도 있다. 하지만 일반적으로 중요한 데이터인 경우 innodb_flush_log_at_trx_commit 시스템 변수는 1로 설정해서 비정상적으로 MySQL 서버가 종료돼도 데이터가 손실되지 않게 하는 것이 좋다.

```
mysql> SHOW GLOBAL STATUS LIKE 'Innodb_redo_log_enabled';
+-------------------------+-------+
| Variable_name           | Value |
+-------------------------+-------+
| Innodb_redo_log_enabled | ON    |
+-------------------------+-------+


mysql> ALTER INSTANCE DISABLE INNODB REDO_LOG;

mysql> SHOW GLOBAL STATUS LIKE 'Innodb_redo_log_enabled';
+-------------------------+-------+
| Variable_name           | Value |
+-------------------------+-------+
| Innodb_redo_log_enabled | OFF   |
+-------------------------+-------+
```

리두 로그를 비활성화하고 데이터 적재 작업을 실행했다면 데이터 적재 완료 후 리두 로그를 다시 활성화하는 것을 잊지 말자. 리두 로그가 비활성화된 상태에서 MySQL 서버가 비정상적으로 종료된다면 MySQL 서버의 마지막 체크포인트 이후 시점의 데이터는 모두 복구할 수 없게 된다. 더 심각한 문제는 MySQL 서버의 데이터가 마지막 체크포인트 시점의 일관된 상태가 아닐 수 있다는 것이다. 예를 들어, 마지막 체크포인트가 10시 정각에 실행됐고, 10시 1분에 MySQL 서버가 비정상적으로 종료됐다고 가정해보자. 이때 리두 로그가 없었다면 재시작된 MySQL 서버의 데이터 파일의 각 부분들은 10시 정각부터 10시 1분까지 다양한 시점의 데이터를 골고루 갖게 되는 것이다.

> **주의** MySQL 서버는 항상 새롭게 시작될 때 자신이 가진 리두 로그에서 데이터 파일에 기록되지 못한 데이터가 있는지 검사를 하게 된다. 그런데 ALTER INSTANCE DISABLE INNODB REDO_LOG 명령으로 리두 로그가 비활성화된 상태에서 MySQL 서버가 비정상적으로 종료되면 리두 로그를 이용한 복구가 불가능하기 때문에 MySQL 서버는 정상적으로 시작되지 못할 수도 있다. 이렇게 리두 로그가 비활성화된 상태에서 MySQL 서버가 재시작되는 경우에는 innodb_force_recovery 시스템 변수를 6으로 설정 후 다시 시작해야 한다. ALTER INSTANCE DISABLE INNODB REDO_LOG 명령으로 리두 로그를 비활성화한 후 이런저런 작업을 하다 보면 다시 리두로그를 활성화하는 것을 잊어버리기도 하는데, 이러한 경우 의도하지 않게 데이터가 손실될 수도 있으니 주의하자.

그래서 데이터가 중요하지 않다 하더라도 서비스 도중에는 리두 로그를 활성화해서 MySQL 서버가 비정상적으로 종료돼도 특정 시점의 일관된 데이터를 가질 수 있게 하자. 만약 MySQL 서버가 비정상적으로 종료되어 데이터가 일부 손실돼도 괜찮다면 리두 로그를 비활성화하는 것보다 innodb_flush_log_at_trx_commit 시스템 변수를 1이 아닌 0 또는 2로 설정해서 사용할 것을 권장한다.

4.2.12 어댑티브 해시 인덱스

일반적으로 '인덱스'라고 하면 이는 테이블에 사용자가 생성해둔 B-Tree 인덱스를 의미한다. 인덱스가 사용하는 알고리즘이 B-Tree는 아니더라도, 사용자가 직접 테이블에 생성해둔 인덱스가 우리가 일반적으로 알고 있는 인덱스일 것이다. 하지만 여기서 언급하는 '어댑티브 해시 인덱스(Adaptive Hash Index)'는 사용자가 수동으로 생성하는 인덱스가 아니라 InnoDB 스토리지 엔진에서 사용자가 자주 요청하는 데이터에 대해 자동으로 생성하는 인덱스이며, 사용자는 innodb_adaptive_hash_index 시스템 변수를 이용해서 어댑티브 해시 인덱스 기능을 활성화하거나 비활성화할 수 있다."

B-Tree 인덱스에서 특정 값을 찾는 과정은 매우 빠르게 처리된다고 많은 사람이 생각한다. 하지만 결국 빠르냐 느리냐의 기준은 상대적인 것이며, 데이터베이스 서버가 얼마나 많은 일을 하느냐에 따라 B-Tree 인덱스에서 값을 찾는 과정이 느려질 수도 있고 빨라질 수도 있다. B-Tree 인덱스에서 특정 값을 찾기 위해서는 B-Tree의 루트 노드를 거쳐서 브랜치 노드, 그리고 최종적으로 리프 노드까지 찾아가야 원하는 레코드를 읽을 수 있다. 적당한 사양의 컴퓨터에서 이런 작업을 동시에 몇 개 실행한다고 해서 성능 저하가 보이지는 않을 것이다. 하지만 이런 작업을 동시에 몇천 개의 스레드로 실행하면 컴퓨터의 CPU는 엄청난 프로세스 스케줄링을 하게 되고 자연히 쿼리의 성능은 떨어진다.

어댑티브 해시 인덱스는 이러한 B-Tree 검색 시간을 줄여주기 위해 도입된 기능이다. InnoDB 스토리지 엔진은 자주 읽히는 데이터 페이지의 키 값을 이용해 해시 인덱스를 만들고, 필요할 때마다 어댑티브 해시 인덱스를 검색해서 레코드가 저장된 데이터 페이지를 즉시 찾아갈 수 있다. B-Tree를 루트 노드부터 리프 노드까지 찾아가는 비용이 없어지고 그만큼 CPU는 적은 일을 하지만 쿼리의 성능은 빨라진다. 그와 동시에 컴퓨터는 더 많은 쿼리를 동시에 처리할 수 있게 된다.

해시 인덱스는 '인덱스 키 값'과 해당 인덱스 키 값이 저장된 '데이터 페이지 주소'의 쌍으로 관리되는데, 인덱스 키 값은 'B-Tree 인덱스의 고유번호(Id)와 B-Tree 인덱스의 실제 키 값' 조합으로 생성된다. 어댑티브 해시 인덱스의 키 값에 'B-Tree 인덱스의 고유번호'가 포함되는 이유는 InnoDB 스토리지 엔진에서 어댑티브 해시 인덱스는 하나만 존재(물론 파티션되는 기능이 있지만)하기 때문이다. 즉, 모든 B-Tree 인덱스에 대한 어댑티브 해시 인덱스가 하나의 해시 인덱스에 저장되며, 특정 키 값이 어느 인덱스에 속한 것인지도 구분해야 하기 때문이다. 그리고 '데이터 페이지 주소'는 실제 키 값이 저장된 데이터 페이지의 메모리 주소를 가지는데, 이는 InnoDB 버퍼 풀에 로딩된 페이지의 주소를 의미한다. 그래서 어댑티브 해시 인덱스는 버퍼 풀에 올려진 데이터 페이지에 대해서만 관리되고, 버퍼 풀에서 해당 데이터 페이지가 없어지면 어댑티브 해시 인덱스에서도 해당 페이지의 정보는 사라진다.

어댑티브 해시 인덱스가 보여줄 수 있는 성능 효과를 그래프로 잠시 살펴보자.

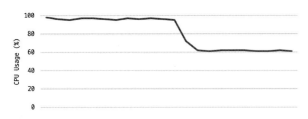

그림 4.18 CPU 사용률 변화

그림 4.19 초당 쿼리 처리 수 변화

그림 4.18과 4.19는 다음과 같이 단순한 쿼리를 MySQL 서버가 최대한 처리할 수 있는 수준까지 실행하는 상태에서 어댑티브 해시 인덱스를 활성화했을 때의 변화를 보여준다.

```
mysql> SELECT fd1 FROM tab WHERE idx_fd2 IN (?, ?, ?, ?, ...);
```

어댑티브 해시 인덱스가 활성화되지 않았을 때는 초당 20,000개 정도의 쿼리를 처리하면서 CPU 사용률은 100%였다. 그런데 어댑티브 해시 인덱스를 활성화한 후 쿼리의 처리량은 2배 가까이 늘어났음에도 불구하고 CPU 사용률은 오히려 떨어진 것을 볼 수 있다. 물론 B-Tree의 루트 노드부터 검색이 많이 줄면서 InnoDB 내부 잠금(세마포어)의 횟수도 획기적으로 줄어든다.

예전 버전까지는 어댑티브 해시 인덱스는 하나의 메모리 객체인 이유로 어댑티브 해시 인덱스의 경합(Contention)이 상당히 심했다. 그래서 MySQL 8.0부터는 내부 잠금(세마포어) 경합을 줄이기 위해 어댑티브 해시 인덱스의 파티션 기능을 제공한다. innodb_adaptive_hash_index_parts 시스템 변수를 이용해 파티션 개수를 변경할 수 있는데, 기본값은 8개이며 만약 어댑티브 해시 인덱스가 성능에 많은 도움이 된다면 파티션 개수를 더 많이 설정하는 것도 어댑티브 해시 인덱스의 내부 잠금 경합을 줄이는 데 많은 도움이 될 것이다.

여기까지만 보면 InnoDB 스토리지 엔진의 어댑티브 해시 인덱스는 팔방미인처럼 보이지만, 실제 어댑티브 해시 인덱스를 의도적으로 비활성화하는 경우도 많다. 어댑티브 해시 인덱스가 성능 향상에 크게 도움이 되지 않는 경우는 다음과 같다.

- 디스크 읽기가 많은 경우
- 특정 패턴의 쿼리가 많은 경우(조인이나 LIKE 패턴 검색)
- 매우 큰 데이터를 가진 테이블의 레코드를 폭넓게 읽는 경우

그리고 다음과 같은 경우에는 성능 향상에 많은 도움이 된다.

- 디스크의 데이터가 InnoDB 버퍼 풀 크기와 비슷한 경우(디스크 읽기가 많지 않은 경우)
- 동등 조건 검색(동등 비교와 IN 연산자)이 많은 경우
- 쿼리가 데이터 중에서 일부 데이터에만 집중되는 경우

하지만 단순히 어댑티브 해시 인덱스가 도움이 될지 아닐지를 판단하기는 쉽지 않다. 한 가지 확실한 것은 어댑티브 해시 인덱스는 데이터 페이지를 메모리(버퍼 풀) 내에서 접근하는 것을 더 빠르게 만드는 기능이기 때문에 데이터 페이지를 디스크에서 읽어오는 경우가 빈번한 데이터베이스 서버에서는 아무런 도움이 되지 않는다는 점이다. 하나 더 기억해야 할 것은 어댑티브 해시 인덱스는 '공짜 점심'이 아니라는 것이다. 어댑티브 해시 인덱스 또한 저장 공간인 메모리를 사용하며, 때로는 상당히 큰 메모리 공간을 사용할 수도 있다. 어댑티브 해시 인덱스 또한 데이터 페이지의 인덱스 키가 해시 인덱스로 만들어져야 하고 불필요한 경우 제거돼야 하며, 어댑티브 해시 인덱스가 활성화되면 InnoDB 스토리지 엔진은 그 키 값이 해시 인덱스에 있든 없든 검색해봐야 한다는 것이다. 즉, 해시 인덱스의 효율이 없는 경우에도 InnoDB는 계속 해시 인덱스를 사용할 것이다.

어댑티브 해시 인덱스는 테이블의 삭제 작업에도 많은 영향을 미친다. 어떤 테이블의 인덱스가 어댑티브 해시 인덱스에 적재돼 있다고 가정해보자. 이때 이 테이블을 삭제(DROP)하거나 변경(ALTER)하려고 하면 InnoDB 스토리지 엔진은 이 테이블이 가진 모든 데이터 페이지의 내용을 어댑티브 해시 인덱스

에서 제거해야 한다. 이로 인해 테이블이 삭제되거나 스키마가 변경되는 동안 상당히 많은 CPU 자원을 사용하고, 그만큼 데이터베이스 서버의 처리 성능이 느려진다. 이후 버전에서는 개선되겠지만 MySQL 8.0.20 버전에서는 다음과 같은 INSTANT 알고리즘의 Online DDL도 상당한 시간이 소요되기도 한다.

```
mysql> ALTER TABLE employees ADD address VARCHAR(200), ALGORITHM=INSTANT;
```

어댑티브 해시 인덱스의 도움을 많이 받을수록 테이블 삭제 또는 변경 작업(Online DDL 포함)은 더 치명적인 작업이 되는 것이다. 이는 어댑티브 해시 인덱스의 사용에 있어서 매우 중요한 부분이므로 꼭 기억해 두자.

어댑티브 해시 인덱스가 우리 서비스 패턴에 맞게 도움이 되는지 아니면 불필요한 오버헤드만 만들고 있는지를 판단해야 하는데, 정확한 판단을 할 수 있는 가장 쉬운 방법은 MySQL 서버의 상태 값들을 살펴보는 것이다. MySQL 서버에서 어댑티브 해시 인덱스는 기본적으로 활성화돼 있기 때문에 특별히 서버 설정을 변경하지 않았다면 이미 어댑티브 해시 인덱스를 사용 중인 상태이며, 아래 상태 값들이 유효한 통계를 가지고 있을 것이다. 어댑티브 해시 인덱스가 비활성화돼 있다면 다음 상태 값 중에서 'hash searches/s'의 값이 0으로 표시될 것이다.

```
mysql> SHOW ENGINE INNODB STATUS\G
...
----------------------------------------
INSERT BUFFER AND ADAPTIVE HASH INDEX
----------------------------------------

...
Hash table size 8747, node heap has 1 buffer(s)
Hash table size 8747, node heap has 0 buffer(s)
Hash table size 8747, node heap has 0 buffer(s)
Hash table size 8747, node heap has 0 buffer(s)
Hash table size 8747, node heap has 0 buffer(s)
Hash table size 8747, node heap has 0 buffer(s)
Hash table size 8747, node heap has 0 buffer(s)
Hash table size 8747, node heap has 0 buffer(s)
1.03 hash searches/s, 2.64 non-hash searches/s
...
```

위의 결과를 보면, 초당 3.67(=2.64 + 1.03)번의 검색이 실행됐는데, 그중 1.03번은 어댑티브 해시 인 덱스를 사용했으며 2.64번은 해시 인덱스를 사용하지 못했다는 것을 알 수 있다. 여기서 searches는 쿼리의 실행 횟수를 의미하는 것이 아니라 쿼리가 처리되기 위해 내부적으로 키 값의 검색이 몇 번 실행됐느냐를 의미한다. 어댑티브 해시 인덱스의 효율은 검색 횟수가 아니라 두 값의 비율(해시 인덱스 히트율)과 어댑티브 해시 인덱스가 사용 중인 메모리 공간, 그리고 서버의 CPU 사용량을 종합해서 판단해야 한다. 위 예제에서는 28% 정도가 어댑티브 해시 인덱스를 이용했다는 것을 알 수 있다. 이 서버의 CPU 사용량이 100%에 근접하다면 어댑티브 해시 인덱스는 효율적이라고 볼 수 있다. 그런데 CPU 사용량은 높지 않은데 28% 정도의 히트율이라면 어댑티브 해시 인덱스를 비활성화하는 편이 더 나을 수도 있다. 이 경우에는 어댑티브 해시 인덱스가 사용 중인 메모리 사용량이 높다면 어댑티브 해시 인덱스를 비활성화해서 InnoDB 버퍼 풀이 더 많은 메모리를 사용할 수 있게 유도하는 것도 좋은 방법이다. 어댑티브 해시 인덱스의 메모리 사용량은 다음과 같이 performance_schema를 이용해서 확인 가능하다.

```
mysql> SELECT EVENT_NAME, CURRENT_NUMBER_OF_BYTES_USED
       FROM performance_schema.memory_summary_global_by_event_name
       WHERE EVENT_NAME='memory/innodb/adaptive hash index';
+-----------------------------------+------------------------------+
| EVENT_NAME                        | CURRENT_NUMBER_OF_BYTES_USED |
+-----------------------------------+------------------------------+
| memory/innodb/adaptive hash index |                         1512 |
+-----------------------------------+------------------------------+
```

4.2.13 InnoDB와 MyISAM, MEMORY 스토리지 엔진 비교

지금까지는 MyISAM이 기본 스토리지 엔진으로 사용되는 경우가 많았다. MySQL 5.5부터는 InnoDB 스토리지 엔진이 기본 스토리지 엔진으로 채택됐지만 MySQL 서버의 시스템 테이블(사용자 인증 관련된 정보와 복제 관련된 정보가 저장된 mysql DB의 테이블)은 여전히 MyISAM 테이블을 사용했다. 또한 전문 검색이나 공간 좌표 검색 기능은 MyISAM 테이블에서만 지원됐다. 하지만 MySQL 8.0 으로 업그레이드되면서 MySQL 서버의 모든 시스템 테이블이 InnoDB 스토리지 엔진으로 교체됐고, 공간 좌표 검색이나 전문 검색 기능이 모두 InnoDB 스토리지 엔진을 지원하도록 개선됐다. MySQL 8.0 버전부터는 MySQL 서버의 모든 기능을 InnoDB 스토리지 엔진만으로 구현할 수 있게 된 것이다. InnoDB 스토리지 엔진에 대한 기능이 개선되는 만큼 MyISAM 스토리지 엔진의 기능은 도태되는 상황이며, 이후 버전에서는 MyISAM 스토리지 엔진은 없어질 것으로 예상한다.

지금도 가끔씩 MyISAM이나 MEMORY 스토리지 엔진에 대한 성능상 장점을 기대하는 사용자들이 있는데, MySQL 5.1과 5.5 버전이라면 의미가 있는 비교겠지만 MySQL 8.0에서는 더이상 무의미한 비교가 될 것으로 보인다. 이미 MySQL 8.0에서는 MySQL 서버의 모든 기능이 InnoDB 스토리지 엔진 기반으로 재편됐고, MyISAM 스토리지 엔진만이 가지는 장점이 없는 상태다.

때로는 MEMORY 스토리지 엔진이 'MEMORY'라는 이름 때문에 과대평가를 받는 경우가 있지만 MEMORY 스토리지 엔진 또한 동시 처리 성능에 있어서 InnoDB 스토리지 엔진을 따라갈 수 없다. MEMORY 스토리지 엔진은 모든 처리를 메모리에서만 수행하니 빠를 것이라고 예상할 수 있겠지만 하나의 스레드에서만 데이터를 읽고 쓴다면 InnoDB보다 빠를 수 있다. 하지만 MySQL 서버는 일반적으로 온라인 트랜잭션 처리를 위한 목적으로 사용되며, 온라인 트랜잭션 처리에서는 동시 처리 성능이 매우 중요하다. 동시에 몇십 또는 몇백 개의 클라이언트에서 쿼리 요청이 실행되는 경우라면 MEMORY 스토리지 엔진은 테이블 수준의 잠금으로 인해 제대로 된 성능을 내지 못할 것이다.

MySQL 서버는 사용자의 쿼리를 처리하기 위해 내부적으로 임시 테이블을 사용할 수도 있다. MySQL 5.7 버전까지만 해도 MEMORY 스토리지 엔진이 내부 임시 테이블의 용도로 사용됐다. 하지만 MEMORY 스토리지 엔진은 가변 길이 타입의 칼럼을 지원하지 않는다는 문제점 때문에 MySQL 8.0 부터는 TempTable 스토리지 엔진이 MEMORY 스토리지 엔진을 대체해 사용되고 있다. MySQL 8.0 에서는 internal_tmp_mem_storage_engine 시스템 변수를 이용해 내부 임시 테이블을 위해 TempTable 엔진을 사용할지 MEMORY 엔진을 사용할지 선택할 수 있다. internal_tmp_mem_storage_engine 시스템 변수의 기본값은 TempTable인데, 이를 MEMORY 스토리지 엔진으로 변경할 수 있다. 하지만 굳이 MEMORY 스토리지 엔진을 선택해서 얻을 수 있는 장점이 없어졌으며, MEMORY 스토리지 엔진은 이전 버전과의 호환성 유지 차원일 뿐 향후 버전에서는 제거될 것으로 보인다.

4.3 MyISAM 스토리지 엔진 아키텍처

MyISAM 스토리지 엔진의 성능에 영향을 미치는 요소인 키 캐시와 운영체제의 캐시/버퍼에 대해 살펴보자. 그림 4.20은 MyISAM 스토리지 엔진의 간략한 구조를 보여준다.

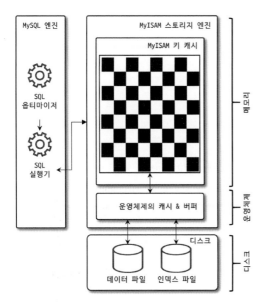

그림 4.20 MyISAM 스토리지 엔진 구조

4.3.1 키 캐시

InnoDB의 버퍼 풀과 비슷한 역할을 하는 것이 MyISAM의 키 캐시(Key cache, 키 버퍼라고도 불림)다. 하지만 이름 그대로 MyISAM 키 캐시는 인덱스만을 대상으로 작동하며, 또한 인덱스의 디스크 쓰기 작업에 대해서만 부분적으로 버퍼링 역할을 한다. 키 캐시가 얼마나 효율적으로 작동하는지는 다음 수식으로 간단히 확인할 수 있다.

```
키 캐시 히트율(Hit rate) = 100 - (Key_reads / Key_read_requests * 100)
```

Key_reads는 인덱스를 디스크에서 읽어 들인 횟수를 저장하는 상태 변수이며, Key_read_requests는 키 캐시로부터 인덱스를 읽은 횟수를 저장하는 상태 변수다. 이 상태 값을 알아보려면 다음과 같이 SHOW GLOBAL STATUS 명령을 사용하면 된다.

```
mysql> SHOW GLOBAL STATUS LIKE 'Key%';
+-----------------------+-------+
| Variable_name         | Value |
+-----------------------+-------+
| Key_blocks_not_flushed |     0 |
```

```
| Key_blocks_unused       |      13 |
| Key_blocks_used         |       1 |
| Key_read_requests       |       4 |
| Key_reads               |       1 |
| Key_write_requests      |       0 |
| Key_writes              |       0 |
+-------------------------+---------+
```

매뉴얼에서는 일반적으로 키 캐시를 이용한 쿼리의 비율(히트율, Hit rate)을 99% 이상으로 유지하라고 권장한다. 히트율이 99% 미만이라면 키 캐시를 조금 더 크게 설정하는 것이 좋다. 하지만 32비트 운영체제에서는 하나의 키 캐시에 4GB 이상의 메모리 공간을 설정할 수 없다. 64비트 운영체제에서는 OS_PER_PROCESS_LIMIT 값에 설정된 크기만큼의 메모리를 할당할 수 있다. 제한 값 이상의 키 캐시를 할당하고 싶다면 기본(Default) 키 캐시 이외에 별도의 명명된(이름이 붙은) 키 캐시 공간을 설정해야 한다. 기본(Default) 키 캐시 공간을 설정하는 파라미터는 key_buffer_size다.

```
key_buffer_size = 4GB
kbuf_board.key_buffer_size = 2GB
kbuf_comment.key_buffer_size = 2GB
```

위와 같이 설정하면 기본 키 캐시 4GB와 kbuf_board와 kbuf_comment라는 이름의 키 캐시가 각각 2GB씩 생성된다. 하지만 기본 키 캐시 이외의 명명된 키 캐시 영역은 아무런 설정을 하지 않으면 메모리 할당만 해두고 사용하지 않게 된다는 점에 주의해야 한다. 즉, 기본(Default)이 아닌 명명된 추가 키 캐시는 어떤 인덱스를 캐시할지 MySQL(MyISAM 스토리지 엔진)에 알려줘야 한다(왜 키 캐시의 이름을 kbuf_board와 kbuf_comment로 지정했는지 이해될 것이다). 그럼 명명된 각 키 캐시에 게시판 테이블(board)의 인덱스와 코멘트 테이블(comment)의 인덱스가 캐시되도록 설정해 보자.

```
mysql> CACHE INDEX db1.board, db2.board IN kbuf_board;
mysql> CACHE INDEX db1.comment, db2.comment IN kbuf_comment;
```

이렇게 설정하면 비로소 board 테이블의 인덱스는 kbuf_board 키 캐시를, comment 테이블의 인덱스는 kbuf_commnet 키 캐시를 사용할 수 있다. 나머지 테이블의 인덱스는 예전과 동일하게 기본 키 캐시를 사용한다. 키 캐시에 대한 더 자세한 설명은 MySQL 매뉴얼의 'Multiple Key caches' 부분을 참고하자.

4.3.2 운영체제의 캐시 및 버퍼

MyISAM 테이블의 인덱스는 키 캐시를 이용해 디스크를 검색하지 않고도 충분히 빠르게 검색할 수 있다. 하지만 MyISAM 테이블의 데이터에 대해서는 디스크로부터의 I/O를 해결해 줄 만한 어떠한 캐시나 버퍼링 기능도 MyISAM 스토리지 엔진은 가지고 있지 않다. 그래서 MyISAM 테이블의 데이터 읽기나 쓰기 작업은 항상 운영체제의 디스크 읽기 또는 쓰기 작업으로 요청될 수밖에 없다. 물론 대부분의 운영체제에는 디스크로부터 읽고 쓰는 파일에 대한 캐시나 버퍼링 메커니즘을 탑재하고 있기 때문에 MySQL 서버가 요청하는 디스크 읽기 작업을 위해 매번 디스크의 파일을 읽지는 않는다.

운영체제의 캐시 기능은 InnoDB처럼 데이터의 특성을 알고 전문적으로 캐시나 버퍼링을 하지는 못하지만, 그래도 여전히 없는 것보다는 낫다. 운영체제의 캐시 공간은 남는 메모리를 사용하는 것이 기본 원칙이다. 전체 메모리가 8GB인데 MySQL이나 다른 애플리케이션에서 메모리를 모두 사용해 버린다면 운영체제가 캐시 용도로 사용할 수 있는 메모리 공간이 없어진다. 이런 경우에는 MyISAM 테이블의 데이터를 캐시하지 못하며, 결론적으로 MyISAM 테이블에 대한 쿼리 처리가 느려진다. 데이터베이스에서 MyISAM 테이블을 주로 사용한다면 운영체제가 사용할 수 있는 캐시 공간을 위해 충분한 메모리를 비워둬야 이러한 문제를 방지할 수 있다.

MyISAM이 주로 사용되는 MySQL에서 일반적으로 키 캐시는 최대 물리 메모리의 40% 이상을 넘지 않게 설정하고, 나머지 메모리 공간은 운영체제가 자체적인 파일 시스템을 위한 캐시 공간을 마련할 수 있게 해주는 것이 좋다.

4.3.3 데이터 파일과 프라이머리 키(인덱스) 구조

InnoDB 스토리지 엔진을 사용하는 테이블은 프라이머리 키에 의해서 클러스터링되어 저장되는 반면, MyISAM 테이블은 프라이머리 키에 의한 클러스터링 없이 데이터 파일이 힙(Heap) 공간처럼 활용된다. 즉 MyISAM 테이블에 레코드는 프라이머리 키 값과 무관하게 INSERT되는 순서대로 데이터 파일에 저장된다. 그리고 MyISAM 테이블에 저장되는 레코드는 모두 ROWID라는 물리적인 주솟값을 가지는데, 프라이머리 키와 세컨더리 인덱스는 모두 데이터 파일에 저장된 레코드의 ROWID 값을 포인터로 가진다.

MyISAM 테이블에서 ROWID는 가변 길이와 고정 길이의 두 가지 방법으로 저장될 수 있다.

- **고정 길이 ROWID**

  자주 사용되지는 않지만 MyISAM 테이블을 생성할 때 MAX_ROWS 옵션을 사용할 수 있는데, MyISAM 테이블을 생성할 때 MAX_ROWS 옵션을 명시하면 MySQL 서버는 최대로 가질 수 있는 레코드가 한정된 테이블을 생성한다. 이렇게 MAX_ROWS 옵션에 의해 MyISAM 테이블이 가질 수 있는 레코드의 개수가 한정되면 MyISAM 테이블은 ROWID 값으로 4바이트 정수를 사용한다. 이때 레코드가 INSERT된 순번이 ROWID로 사용된다.

- **가변 길이 ROWID**

  MyISAM 테이블을 생성할 때 MAX_ROWS 옵션을 설정하지 않으면 MyISAM 테이블의 ROWID는 최대 myisam_data_pointer_size 시스템 변수에 설정된 바이트 수만큼의 공간을 사용할 수 있다. myisam_data_pointer_size 시스템 변수의 기본값은 7이므로 MyISAM 테이블의 ROWID는 2바이트부터 7바이트까지 가변적인 ROWID를 갖게 되는데, 그중에서 첫 번째 바이트는 ROWID의 길이를 저장하는 용도로 사용하고 나머지 공간은 실제 ROWID를 저장하는 데 사용한다. MyISAM 테이블이 가변적인 ROWID를 가지면 데이터 파일에서 레코드의 위치(offset)가 ROWID로 사용된다. 그래서 MAX_ROWS 옵션이 명시되지 않은 MyISAM 테이블의 최대 크기는 256TB($2^{(8*(7-1))}$)가 되는 것이다. 만약 256TB 이상 크기의 데이터 파일이 필요한 경우에는 myisam_data_pointer_size 시스템 변수를 8로 설정하면 MyISAM 테이블의 데이터 파일 크기를 최대 64PB($2^{(8*(8-1))}$)까지 저장할 수 있게 된다.

4.4 MySQL 로그 파일

MySQL 서버에서 서버의 상태를 진단할 수 있는 많은 도구들이 지원되지만 이러한 기능들은 많은 지식을 필요로 하는 경우가 많다. 하지만 로그 파일을 이용하면 MySQL 서버의 깊은 내부 지식이 없어도 MySQL의 상태나 부하를 일으키는 원인을 쉽게 찾아서 해결할 수 있다. 많은 사용자가 로그 파일의 내용을 무시하고 다른 방법으로 해결책을 찾으려고 노력하곤 하는데, 무엇보다 MySQL 서버에 문제가 생겼을 때는 다음에 설명하는 로그 파일들을 자세히 확인하는 습관을 들일 필요가 있다.

4.4.1 에러 로그 파일

MySQL이 실행되는 도중에 발생하는 에러나 경고 메시지가 출력되는 로그 파일이다. 에러 로그 파일의 위치는 MySQL 설정 파일(my.cnf)에서 log_error라는 이름의 파라미터로 정의된 경로에 생성된다. MySQL 설정 파일에 별도로 정의되지 않은 경우에는 데이터 디렉터리(datadir 파라미터에 설정된 디렉터리)에 .err라는 확장자가 붙은 파일로 생성된다. 여러 가지 메시지가 다양하게 출력되지만 다음에 소개되는 메시지들을 가장 자주 보게 될 것이다.

4.4.1.1 MySQL이 시작하는 과정과 관련된 정보성 및 에러 메시지

MySQL의 설정 파일을 변경하거나 데이터베이스가 비정상적으로 종료된 이후 다시 시작하는 경우에는 반드시 MySQL 에러 로그 파일을 통해 설정된 변수의 이름이나 값이 명확하게 설정되고 의도한 대로 적용됐는지 확인해야 한다. MySQL 서버가 정상적으로 기동했고('mysqld: ready for connections' 메시지 확인), 새로 변경하거나 추가한 파라미터에 대한 특별한 에러나 경고성 메시지가 없다면 정상적으로 적용된 것으로 판단하면 된다. 그렇지 않고 특정 변수가 무시(ignore)된 경우에는 MySQL 서버는 정상적으로 기동하지만 해당 파라미터는 MySQL에 적용되지 못했음을 의미한다. 그리고 변수명을 인식하지 못하거나 설정된 파라미터 값의 내용을 인식하지 못하는 경우에는 MySQL 서버가 에러 메시지를 출력하고 시작하지 못했다는 메시지를 보여줄 것이다.

4.4.1.2 마지막으로 종료할 때 비정상적으로 종료된 경우 나타나는 InnoDB의 트랜잭션 복구 메시지

InnoDB의 경우에는 MySQL 서버가 비정상적 또는 강제적으로 종료됐다면 다시 시작되면서 완료되지 못한 트랜잭션을 정리하고 디스크에 기록되지 못한 데이터가 있다면 다시 기록하는 재처리 작업을 하게 된다. 이 과정에 대한 간단한 메시지가 출력되는데, 간혹 문제가 있어서 복구되지 못할 때는 해당 에러 메시지를 출력하고 MySQL은 다시 종료될 것이다. 일반적으로 이 단계에서 발생하는 문제는 상대적으로 해결하기가 어려운 문제점일 때가 많고, 때로는 innodb_force_recovery 파라미터를 0보다 큰 값으로 설정하고 재시작해야만 MySQL이 시작될 수도 있다. innodb_force_recovery 파라미터에 대한 자세한 내용은 4.2.6절 '자동화된 장애 복구'를 참조하거나 MySQL 매뉴얼을 참조하자.

4.4.1.3 쿼리 처리 도중에 발생하는 문제에 대한 에러 메시지

쿼리 도중 발생하는 문제점은 사전 예방이 어려우며, 주기적으로 에러 로그 파일을 검토하는 과정에서 알게 된다. 쿼리의 실행 도중 발생한 에러나 복제에서 문제가 될 만한 쿼리에 대한 경고 메시지가 에러 로그에 기록된다. 그래서 자주 에러 로그 파일을 검토하는 것이 데이터베이스의 숨겨진 문제점을 해결하는 데 많이 도움될 것이다.

4.4.1.4 비정상적으로 종료된 커넥션 메시지(Aborted connection)

어떤 데이터베이스 서버의 로그 파일을 보면 이 메시지가 상당히 많이 누적돼 있는 경우가 있다. 클라이언트 애플리케이션에서 정상적으로 접속 종료를 하지 못하고 프로그램이 종료된 경우 MySQL 서버의 에러 로그 파일에 이런 내용이 기록된다. 물론 중간에 네트워크에 문제가 있어서 의도하지 않게 접속이 끊어지는 경우에도 이런 메시지가 기록된다. 이런 메시지가 아주 많이 기록된다면 애플리케이션의 커넥션 종료 로직을 한번 검토해볼 필요가 있다. max_connect_errors 시스템 변숫값이 너무 낮게 설정된 경우 클라이언트 프로그램이 MySQL 서버에 접속하지 못하고 "Host 'host_name' is blocked"라는 에러가 발생할 수도 있다. 이 메시지는 클라이언트 호스트에서 발생한 에러(커넥션 실패나 강제 연결 종료와 같은)의 횟수가 max_connect_errors 변수의 값을 넘게 되면 발생하는데, 이 경우 max_connect_errors 시스템 변수의 값을 증가시키면 된다. 하지만 먼저 이 에러가 어떻게 발생하게 됐는지 그 원인을 살펴보는 것이 좋다.

4.4.1.5 InnoDB의 모니터링 또는 상태 조회 명령(SHOW ENGINE INNODB STATUS 같은)의 결과 메시지

InnoDB의 테이블 모니터링이나 락 모니터링, 또는 InnoDB의 엔진 상태를 조회하는 명령은 상대적으로 큰 메시지를 에러 로그 파일에 기록한다. InnoDB의 모니터링을 활성화 상태로 만들어 두고 그대로 유지하는 경우에는 에러 로그 파일이 매우 커져서 파일 시스템의 공간을 다 사용해 버릴지도 모른다. 모니터링을 사용한 이후에는 다시 비활성화해서 에러 로그 파일이 커지지 않게 만들어야 한다.

4.4.1.6 MySQL의 종료 메시지

가끔 MySQL이 아무도 모르게 종료돼 있거나 때로는 아무도 모르게 재시작되는 경우를 본 적이 있을 것이다. 이러한 경우 에러 로그 파일에서 MySQL이 마지막으로 종료되면서 출력한 메시지를 확인하는 것이 왜 MySQL 서버가 종료됐는지 확인하는 유일한 방법이다. 만약 누군가가 MySQL 서버를 종료시켰다면 에러 로그 파일에서 'Received SHUTDOWN from user ...'이라는 메시지를 확인할 수 있을 것이다. 그렇지 않고 아무런 종료 관련 메시지가 없거나 스택 트레이스(대표적으로 16진수의 주솟값이 잔뜩 출력되는)와 같은 내용이 출력되는 경우에는 MySQL 서버가 세그먼테이션 폴트(Segmentation fault)로 비정상적으로 종료된 것으로 판단할 수 있다. 세그먼테이션 폴트로 종료된 경우에는 스택 트레이스의 내용을 최대한 참조해서 MySQL의 버그와 연관이 있는지 조사한 후 MySQL의 버전을 업그레이드하거나 회피책(WorkAround)을 찾는 것이 최적의 방법이다. 에러 로그에 대한 상세한 내용은 MySQL 매뉴얼의 'The Error Log' 절을 확인해 보자.

4.4.2 제너럴 쿼리 로그 파일(제너럴 로그 파일, General log)

가끔 MySQL 서버에서 실행되는 쿼리로 어떤 것들이 있는지 전체 목록을 뽑아서 검토해 볼 때가 있는데, 이때는 쿼리 로그를 활성화해서 쿼리를 쿼리 로그 파일로 기록하게 한 다음, 그 파일을 검토하면 된다. 쿼리 로그 파일에는 다음과 같이 시간 단위로 실행됐던 쿼리의 내용이 모두 기록된다. 슬로우 쿼리 로그와는 조금 다르게 제너럴 쿼리 로그는 실행되기 전에 MySQL이 쿼리 요청을 받으면 바로 기록하기 때문에 쿼리 실행 중에 에러가 발생해도 일단 로그 파일에 기록된다.

```
/Users/matt/App/mysql-8.0.21-macos10.15-x86_64/bin/mysqld, Version: 8.0.21 (MySQL Community
Server - GPL). started with:
Tcp port: 3306  Unix socket: /tmp/mysql.sock
Time                       Id Command    Argument
2020-07-19T15:27:34.549010+09:00         14 Connect   root@localhost on  using Socket
2020-07-19T15:27:34.549197+09:00         14 Query     select @@version_comment limit 1
2020-07-19T15:27:39.874970+09:00         14 Query     show databases
2020-07-19T15:27:43.877694+09:00         14 Query     SELECT DATABASE()
2020-07-19T15:27:43.878707+09:00         14 Query     show databases
2020-07-19T15:27:47.635497+09:00         14 Query     show tables
2020-07-19T15:27:53.832132+09:00         14 Query     show table
```

쿼리 로그 파일의 경로는 general_log_file이라는 이름의 파라미터에 설정돼 있다. 또한 쿼리 로그를 파일이 아닌 테이블에 저장하도록 설정할 수 있으므로 이 경우에는 파일이 아닌 테이블을 SQL로 조회해서 검토해야 한다.

```
mysql> SHOW GLOBAL VARIABLES LIKE 'general_log_file';
+------------------+----------------------------------------+
| Variable_name    | Value                                  |
+------------------+----------------------------------------+
| general_log_file | /usr/local/mysql/data/localhost_matt.log |
+------------------+----------------------------------------+
```

쿼리 로그를 파일로 저장할지 테이블로 저장할지는 log_output 파라미터로 결정된다. 제너럴 로그와 관련된 상세한 내용은 MySQL 매뉴얼의 'log_output 설정 파라미터'와 'The General Query Log' 절을 참조하자. 또한 로그 파일의 경로에 관련된 상세한 내용은 MySQL 매뉴얼의 'Selecting General Query and Slow Query Log Output Destinations'를 참조하자.

4.4.3 슬로우 쿼리 로그

MySQL 서버의 쿼리 튜닝은 크게 서비스가 적용되기 전에 전체적으로 튜닝하는 경우와 서비스 운영 중에 MySQL 서버의 전체적인 성능 저하를 검사하거나 정기적인 점검을 위한 튜닝으로 나눌 수 있다. 전자의 경우에는 검토해야 할 대상 쿼리가 전부라서 모두 튜닝하면 되지만, 후자의 경우에는 어떤 쿼리가 문제의 쿼리인지 판단하기가 상당히 어렵다. 이런 경우에 서비스에서 사용되는 쿼리 중에서 어떤 쿼리가 문제인지를 판단하는 데 슬로우 쿼리 로그가 상당히 많은 도움이 된다.

슬로우 쿼리 로그 파일에는 long_query_time 시스템 변수에 설정한 시간(long_query_time 파라미터는 초단위로 설정하지만 소수점 값으로 설정하면 마이크로 초 단위로 설정 가능함) 이상의 시간이 소요된 쿼리가 모두 기록된다. 슬로우 쿼리 로그는 MySQL이 쿼리를 실행한 후, 실제 소요된 시간을 기준으로 슬로우 쿼리 로그에 기록할지 여부를 판단하기 때문에 반드시 쿼리가 정상적으로 실행이 완료돼야 슬로우 쿼리 로그에 기록될 수 있다. 즉, 슬로우 쿼리 로그 파일에 기록되는 쿼리는 일단 정상적으로 실행이 완료됐고 실행하는 데 걸린 시간이 long_query_time에 정의된 시간보다 많이 걸린 쿼리인 것이다.

log_output 옵션을 이용해 슬로우 쿼리 로그를 파일로 기록할지 테이블로 기록할지 선택할 수 있다. log_output 옵션을 TABLE로 설정하면 제너럴 로그나 슬로우 쿼리 로그를 mysql DB의 테이블(general_log와 slow_log 테이블)에 저장하며, FILE로 설정하면 로그의 내용을 디스크의 파일로 저장한다. log_output 옵션을 TABLE로 설정하더라도 mysql DB의 slow_log 테이블과 general_log 테이블은 CSV 스토리지 엔진을 사용하기 때문에 결국 CSV 파일로 저장하는 것과 동일하게 작동한다.

위와 같이 설정하면 실제 슬로우 쿼리 로그 파일에는 다음과 같은 형태로 내용이 출력된다. MySQL의 잠금 처리는 MySQL 엔진 레벨과 스토리지 엔진 레벨의 두 가지 레이어로 처리되는데, MyISAM이나 MEMORY 스토리지 엔진과 같은 경우에는 별도의 스토리지 엔진 레벨의 잠금을 가지지 않지만 InnoDB의 경우 MySQL 엔진 레벨의 잠금과 스토리지 엔진 자체 잠금을 가지고 있다. 이런 이유로 슬로우 쿼리 로그에 출력되는 내용이 상당히 혼란스러울 수 있다.

```
# Time: 2020-07-19T15:44:22.178484+09:00
# User@Host: root[root] @ localhost []  Id:    14
# Query_time: 1.180245  Lock_time: 0.002658 Rows_sent: 1  Rows_examined: 2844047
use employees;
SET timestamp=1595141060;
select emp_no, max(salary) from salaries;
```

위의 슬로우 쿼리 로그 내용을 한 번 확인해 보자. 이 내용은 슬로우 쿼리가 파일로 기록된 것을 일부 발췌한 내용인데, 테이블로 저장된 슬로우 쿼리도 내용은 동일하다.

- 'Time' 항목은 쿼리가 시작된 시간이 아니라 쿼리가 종료된 시점을 의미한다. 그래서 쿼리가 언제 시작됐는지 확인하려면 'Time' 항목에 나온 시간에서 'Query_time'만큼 빼야 한다.

- 'User@Host'는 쿼리를 실행한 사용자의 계정이다.

- 'Query_time'은 쿼리가 실행되는 데 걸린 전체 시간을 의미한다. 많이 혼동되는 부분 중 하나인 'Lock_time'은 사실 위에서 설명한 두 가지 레벨의 잠금 가운데 MySQL 엔진 레벨에서 관장하는 테이블 잠금에 대한 대기 시간만 표현한다. 위 예제의 경우, 이 SELECT 문장을 실행하기 위해 0.002658초간 테이블 락을 기다렸다는 의미가 되는데, 여기서 한 가지 더 중요한 것은 이 값이 0이 아니라고 해서 무조건 잠금 대기가 있었다고 판단하기는 어렵다는 것이다. 'Lock_time'에 표기된 시간은 실제 쿼리가 실행되는 데 필요한 잠금 체크와 같은 코드 실행 부분의 시간까지 모두 포함되기 때문이다. 즉, 이 값이 매우 작은 값이면 무시해도 무방하다.

- 'Rows_examined'는 이 쿼리가 처리되기 위해 몇 건의 레코드에 접근했는지를 의미하며, 'Rows_sent'는 실제 몇 건의 처리 결과를 클라이언트로 보냈는지를 의미한다. 일반적으로 'Rows_examined'의 레코드 건수는 높지만 'Rows_sent'에 표시된 레코드 건수가 상당히 적다면 이 쿼리는 조금 더 적은 레코드만 접근하도록 튜닝해 볼 가치가 있는 것이다(GROUP BY나 COUNT(), MIN(), MAX(), AVG() 등과 같은 집합 함수가 아닌 쿼리인 경우만 해당).

MyISAM이나 MEMORY 스토리지 엔진에서는 테이블 단위의 잠금을 사용하고 MVCC와 같은 메커니즘이 없기 때문에 SELECT 쿼리라고 하더라도 Lock_time이 1초 이상 소요될 가능성이 있다. 하지만 가끔 InnoDB 테이블에 대한 SELECT 쿼리의 경우에도 Lock_time이 상대적으로 큰 값이 발생할 수 있는데, 이는 InnoDB의 레코드 수준의 잠금이 아닌 MySQL 엔진 레벨에서 설정한 테이블 잠금 때문일 가능성이 높다. 그래서 InnoDB 테이블에만 접근하는 쿼리 문장의 슬로우 쿼리 로그에서는 Lock_time 값은 튜닝이나 쿼리 분석에 별로 도움이 되지 않는다.

일반적으로 슬로우 쿼리 또는 제너럴 로그 파일의 내용이 상당히 많아서 직접 쿼리를 하나씩 검토하기에는 시간이 너무 많이 걸리거나 어느 쿼리를 집중적으로 튜닝해야 할지 식별하기가 어려울 수도 있다. 이런 경우에는 Percona에서 개발한 Percona Toolkit[10]의 pt-query-digest 스크립트를 이용하면 쉽게 빈도나 처리 성능별로 쿼리를 정렬해서 살펴볼 수 있다.

```
## General Log 파일 분석
linux> pt-query-digest --type='genlog' general.log > parsed_general.log
```

---

10 https://www.percona.com/doc/percona-toolkit/LATEST/index.html

```
## Slow Log 파일 분석
linux> pt-query-digest --type='slowlog' mysql-slow.log > parsed_mysql-slog.log
```

로그 파일의 분석이 완료되면 그 결과는 다음과 같이 3개의 그룹으로 나뉘어 저장된다.

4.4.3.1 슬로우 쿼리 통계

분석 결과의 최상단에 표시되며, 모든 쿼리를 대상으로 슬로우 쿼리 로그의 실행 시간(Exec time), 그리고 잠금 대기 시간(Lock time) 등에 대해 평균 및 최소/최대 값을 표시한다.

```
# 119s users time, 450ms system time, 94.90M rss, 308.31M vsz
# Current date: Sun Jul 19 07:10:33 2020
# Hostname: shop-db-001
# Files: mysql-slow.log
# Overall: 434.11k total, 916 unique, 0.03 QPS, 0.30x concurrency _____
# Time range: 2020-02-23T19:35:20 to 2020-07-19T07:03:48
# Attribute          total     min     max     avg     95%  stddev  median
# ============     =======  ======  ======  ======  ======  ======  ======
# Exec time        3845025s      1s  29119s      9s     45s     69s      2s
# Lock time             80s       0    51ms   184us   384us   269us   125us
# Rows sent         15.23G        0  23.09M  36.79k  97.04k 381.15k    0.99
# Rows examine      544.53G       0 267.39M   1.28M   9.30M   5.40M    0.99
# Query size        205.97M      13 388.61k  497.42  964.41   1.53k  223.14
```

4.4.3.2 실행 빈도 및 누적 실행 시간순 랭킹

각 쿼리별로 응답 시간과 실행 횟수를 보여주는데, pt-query-digest 명령 실행 시 --order-by 옵션으로 정렬 순서를 변경할 수 있다. Query ID는 실행된 쿼리 문장을 정규화(쿼리에 사용된 리터럴을 제거)해서 만들어진 해시 값을 의미하는데, 일반적으로 같은 모양의 쿼리라면 동일한 Query ID를 가지게 된다.

```
# Profile
# Rank Query ID            Response time        Calls  R/Call   V/M
# ==== ================    =============  ====  =====  =======  ====
#    1 0x47525E2A043E8AF899FD...  2311636.7007 60.1% 35353  65.3873 43.41 SELECT orders order_details
#    2 0xB77F2FFEBF2338FD3B6C...  173684.6297   4.5% 73740   2.3554  0.21 SELECT users_details
#    3 0x00EFC721F6C35CC935AD...  152724.7593   4.0%  2153  70.9358 32.90 SELECT orders order_details
#    4 0xE97971F13DB2D3E78175...  117188.5615   3.0% 36451   3.2150  0.47 SELECT users
# ...
```

4.4.3.3 쿼리별 실행 횟수 및 누적 실행 시간 상세 정보

Query ID별 쿼리를 쿼리 랭킹에 표시된 순서대로 자세한 내용을 보여준다. 랭킹별 쿼리에서는 대상 테이블에 대해 어떤 쿼리인지만을 표시하는데, 실제 상세한 쿼리 내용은 개별 쿼리의 정보를 확인해보면 된다. 여기서는 쿼리가 얼마나 실행됐는지, 쿼리의 응답 시간에 대한 히스토그램 같은 상세한 내용을 보여준다.

```
# Query 1: 0.00 QPS, 0.27x concurrency, ID 0x47525E2A043E8AF899FDBA8EB30ADC13 at byte 216208909
# This item is included in the report because it matches --limit.
# Scores: V/M = 43.41
# Time range: 2020-03-13T04:50:29 to 2020-06-20T21:34:19
# Attribute    pct   total    min    max    avg    95%  stddev median
# ==========   ===  ======  =====  =====  =====  =====  ====== ======
# Count          8   35353
# Exec time     60 2311637s     1s   252s    65s   175s    53s    49s
# Lock time     15     13s   211us    1ms  361us  467us   57us  348us
# Rows sent      4  672.94M     76 19.53k 19.49k 19.40k 733.28 19.40k
# Rows examine  60  328.28G 39.06k 36.70M  9.51M 25.91M  7.82M  7.29M
# Query size    16   33.78M    996   1003 1001.94 964.41      0 964.41
# String:
# Databases    shop_db
# Hosts        192.168.1.190
# userss       shopping
# Query_time distribution
#   1us
#  10us
# 100us
#   1ms
#  10ms
# 100ms
#   1s  ########
#  10s+ ################################################################
# Tables
#    SHOW TABLE STATUS FROM `shop_db` LIKE 'orders'\G
#    SHOW CREATE TABLE `shop_db`.`orders`\G
#    SHOW TABLE STATUS FROM `shop_db` LIKE 'order_details'\G
#    SHOW CREATE TABLE `shop_db`.`order_details`\G
# EXPLAIN /*!50100 PARTITIONS*/
SELECT * FROM (SELECT
...
```

05

트랜잭션과
잠금

이번 장에서는 MySQL의 동시성에 영향을 미치는 잠금(Lock)과 트랜잭션, 트랜잭션의 격리 수준 (Isolation level)을 살펴보겠다.

트랜잭션은 작업의 완전성을 보장해 주는 것이다. 즉 논리적인 작업 셋을 모두 완벽하게 처리하거나, 처리하지 못할 경우에는 원 상태로 복구해서 작업의 일부만 적용되는 현상(Partial update)이 발생하지 않게 만들어주는 기능이다.

잠금(Lock)과 트랜잭션은 서로 비슷한 개념 같지만 사실 잠금은 동시성을 제어하기 위한 기능이고 트랜잭션은 데이터의 정합성을 보장하기 위한 기능이다. 하나의 회원 정보 레코드를 여러 커넥션에서 동시에 변경하려고 하는데 잠금이 없다면 하나의 데이터를 여러 커넥션에서 동시에 변경할 수 있게 된다. 결과적으로 해당 레코드의 값은 예측할 수 없는 상태가 된다. 잠금은 여러 커넥션에서 동시에 동일한 자원(레코드나 테이블)을 요청할 경우 순서대로 한 시점에는 하나의 커넥션만 변경할 수 있게 해주는 역할을 한다. 격리 수준이라는 것은 하나의 트랜잭션 내에서 또는 여러 트랜잭션 간의 작업 내용을 어떻게 공유하고 차단할 것인지를 결정하는 레벨을 의미한다.

5.1 트랜잭션

많은 사용자들이 데이터베이스 서버에서 트랜잭션이 개발자에게 얼마나 큰 혜택을 제공하는지를 자주 잊어버리는 것 같다. 지금은 많이 달라졌지만 여전히 MySQL 서버에서는 MyISAM이나 MEMORY 스토리지 엔진이 더 빠르다고 생각하고 InnoDB 스토리지 엔진은 사용하기 복잡하고 번거롭다고 생각하곤 한다. 하지만 사실은 MyISAM이나 MEMORY 같이 트랜잭션을 지원하지 않는 스토리지 엔진의 테이블이 더 많은 고민거리를 만들어 낸다.

이번 절에서는 트랜잭션을 지원하지 않는 MyISAM과 트랜잭션을 지원하는 InnoDB의 처리 방식 차이를 잠깐 살펴보고자 한다. 그리고 트랜잭션을 사용할 경우 주의할 사항도 함께 살펴보겠다.

5.1.1 MySQL에서의 트랜잭션

트랜잭션은 꼭 여러 개의 변경 작업을 수행하는 쿼리가 조합됐을 때만 의미 있는 개념은 아니다. 트랜잭션은 하나의 논리적인 작업 셋에 하나의 쿼리가 있든 두 개 이상의 쿼리가 있든 관계없이 논리적인 작업 셋 자체가 100% 적용되거나(COMMIT을 실행했을 때) 아무것도 적용되지 않아야(ROLLBACK 또는 트랜잭션을 ROLLBACK시키는 오류가 발생했을 때) 함을 보장해 주는 것이다.

간단한 예제로 트랜잭션 관점에서 InnoDB 테이블과 MyISAM 테이블의 차이를 살펴보자.

```
mysql> CREATE TABLE tab_myisam ( fdpk INT NOT NULL, PRIMARY KEY (fdpk) ) ENGINE=MyISAM;
mysql> INSERT INTO tab_myisam (fdpk) VALUES (3);

mysql> CREATE TABLE tab_innodb ( fdpk INT NOT NULL, PRIMARY KEY (fdpk) ) ENGINE=INNODB;
mysql> INSERT INTO tab_innodb (fdpk) VALUES (3);
```

위와 같이 테스트용 테이블에 각각 레코드를 1건씩 저장한 후 AUTO-COMMIT 모드에서 다음 쿼리 문장을 InnoDB 테이블과 MyISAM 테이블에서 각각 실행해 보자.

```
-- // AUTO-COMMIT 활성화
mysql> SET autocommit=ON;

mysql> INSERT INTO tab_myisam (fdpk) VALUES (1),(2),(3);
mysql> INSERT INTO tab_innodb (fdpk) VALUES (1),(2),(3);
```

두 개의 스토리지 엔진에서 결과가 어떻게 다를까? 위 쿼리 문장의 테스트 결과는 다음과 같다.

```
mysql> INSERT INTO tab_myisam (fdpk) VALUES (1),(2),(3);
ERROR 1062 (23000): Duplicate entry '3' for key 'PRIMARY'

mysql> INSERT INTO tab_innodb (fdpk) VALUES (1),(2),(3);
ERROR 1062 (23000): Duplicate entry '3' for key 'PRIMARY'

mysql> SELECT * FROM tab_myisam;
+------+
| fdpk |
+------+
|    1 |
|    2 |
|    3 |
+------+

mysql> SELECT * FROM tab_innodb;
+------+
| fdpk |
```

```
+------+
|    3 |
+------+
```

두 INSERT 문장 모두 프라이머리 키 중복 오류로 쿼리가 실패했다. 그런데 두 테이블의 레코드를 조회해
보면 MyISAM 테이블에는 오류가 발생했음에도 '1'과 '2'는 INSERT된 상태로 남아 있는 것을 확인할 수
있다. 즉, MyISAM 테이블에 INSERT 문장이 실행되면서 차례대로 '1'과 '2'를 저장하고, 그다음 '3'을 저
장하려고 하는 순간 중복 키 오류(이미 '3'이 있기 때문)가 발생한 것이다. 하지만 MyISAM 테이블에서
실행되는 쿼리는 이미 INSERT된 '1'과 '2'를 그대로 두고 쿼리 실행을 종료해 버린다.

MEMORY 스토리지 엔진을 사용하는 테이블도 MyISAM 테이블과 동일하게 작동한다. 하지만
InnoDB는 쿼리 중 일부라도 오류가 발생하면 전체를 원 상태로 만든다는 트랜잭션의 원칙대로 INSERT
문장을 실행하기 전 상태로 그대로 복구했다. MyISAM 테이블에서 발생하는 이러한 현상을 부분 업데
이트(Partial Update)라고 표현하며, 이러한 부분 업데이트 현상은 테이블 데이터의 정합성을 맞추는
데 상당히 어려운 문제를 만들어 낸다.

어떤 사용자는 (특히 트랜잭션이 선택 사항인 MySQL의 경우) 트랜잭션을 상당히 골치 아픈 기능쯤으
로 생각하지만 트랜잭션이란 그만큼 애플리케이션 개발에서 고민해야 할 문제를 줄여주는 아주 필수적
인 DBMS의 기능이라는 점을 기억해야 한다. 부분 업데이트 현상이 발생하면 실패한 쿼리로 인해 남은
레코드를 다시 삭제하는 재처리 작업이 필요할 수 있다. 실행하는 쿼리가 하나뿐이라면 재처리 작업은
간단할 것이다. 하지만 2개 이상의 쿼리가 실행되는 경우라면 실패에 대한 재처리 작업은 다음 예제와
같이 상당한 고민거리가 될 것이다.

```
INSERT INTO tab_a ...;
IF(_is_insert1_succeed){
  INSERT INTO tab_b ...;
  IF(_is_insert2_succeed){
    // 처리 완료
  }ELSE{
    DELETE FROM tab_a WHERE ...;
    IF(_is_delete_succeed){
      // 처리 실패 및 tab_a, tab_b 모두 원상 복구 완료
    }ELSE{
      // 해결 불가능한 심각한 상황 발생
```

```
      // 이제 어떻게 해야 하나?
      // tab_b에 INSERT는 안 되고, 하지만 tab_a에는 INSERT돼 버렸는데, 삭제는 안 되고...
    }
  }
}
```

위 애플리케이션 코드가 장난처럼 작성한 코드 같지만 트랜잭션이 지원되지 않는 MyISAM에 레코드를 INSERT할 때 위와 같이 하지 않으면 방법이 없다. 코드를 이렇게 작성하지 않았다면 부분 업데이트의 결과로 쓰레기 데이터가 테이블에 남아 있을 가능성이 있다. 하지만 위의 코드를 트랜잭션이 지원되는 InnoDB 테이블에서 처리한다고 가정하면 다음과 같은 간단한 코드로 완벽한 구현이 가능하다. 얼마나 깔끔한 코드로 바뀌었는가! 비즈니스 로직 처리로 이미 IF … ELSE …로 가득한 프로그램 코드에 이런 데이터 클렌징 코드까지 넣어야 한다는 것은 정말 암담한 일일 것이다.

```
try {
  START TRANSACTION;
  INSERT INTO tab_a ...;
  INSERT INTO tab_b ...;
  COMMIT;
} catch(exception) {
  ROLLBACK;
}
```

5.1.2 주의사항

트랜잭션 또한 DBMS의 커넥션과 동일하게 꼭 필요한 최소의 코드에만 적용하는 것이 좋다. 이는 프로그램 코드에서 트랜잭션의 범위를 최소화하라는 의미다. 다음 내용은 사용자가 게시판에 게시물을 작성한 후 저장 버튼을 클릭했을 때 서버에서 처리하는 내용을 순서대로 정리한 것이다. 물론 실제로는 이 내용보다 훨씬 더 복잡하고 많은 내용이 있겠지만 여기서는 설명을 단순화하기 위해 조금 간단히 나열했다.

1) 처리 시작
   ⟹ 데이터베이스 커넥션 생성
   ⟹ 트랜잭션 시작
2) 사용자의 로그인 여부 확인

3) 사용자의 글쓰기 내용의 오류 여부 확인

4) 첨부로 업로드된 파일 확인 및 저장

5) 사용자의 입력 내용을 DBMS에 저장

6) 첨부 파일 정보를 DBMS에 저장

7) 저장된 내용 또는 기타 정보를 DBMS에서 조회

8) 게시물 등록에 대한 알림 메일 발송

9) 알림 메일 발송 이력을 DBMS에 저장

　　　<== 트랜잭션 종료(COMMIT)

　　　<== 데이터베이스 커넥션 반납

10) 처리 완료

위 처리 절차 중에서 DBMS의 트랜잭션 처리에 좋지 않은 영향을 미치는 부분을 나눠서 살펴보자.

- 실제로 많은 개발자가 데이터베이스의 커넥션을 생성(또는 커넥션 풀에서 가져오는)하는 코드를 1번과 2번 사이에 구현하며 그와 동시에 START TRANSACTION 명령으로 트랜잭션을 시작한다. 그리고 9번과 10번 사이에서 트랜잭션을 COMMIT하고 커넥션을 종료(또는 커넥션 풀로 반납)한다. 실제로 DBMS에 데이터를 저장하는 작업(트랜잭션)은 5번부터 시작된다는 것을 알 수 있다. 그래서 2번과 3번, 4번의 절차가 아무리 빨리 처리된다고 하더라도 DBMS의 트랜잭션에 포함시킬 필요는 없다. 일반적으로 데이터베이스 커넥션은 개수가 제한적이어서 각 단위 프로그램이 커넥션을 소유하는 시간이 길어질수록 사용 가능한 여유 커넥션의 개수는 줄어들 것이다. 그리고 어느 순간에는 각 단위 프로그램에서 커넥션을 가져가기 위해 기다려야 하는 상황이 발생할 수도 있다.

- 더 큰 위험은 8번 작업이라고 볼 수 있다. 메일 전송이나 FTP 파일 전송 작업 또는 네트워크를 통해 원격 서버와 통신하는 등과 같은 작업은 어떻게 해서든 DBMS의 트랜잭션 내에서 제거하는 것이 좋다. 프로그램이 실행되는 동안 메일 서버와 통신할 수 없는 상황이 발생한다면 웹 서버뿐 아니라 DBMS 서버까지 위험해지는 상황이 발생할 것이다.

- 또한 이 처리 절차에는 DBMS의 작업이 크게 4개가 있다. 사용자가 입력한 정보를 저장하는 5번과 6번 작업은 반드시 하나의 트랜잭션으로 묶어야 하며, 7번 작업은 저장된 데이터의 단순 확인 및 조회이므로 트랜잭션에 포함할 필요는 없다. 그리고 9번 작업은 조금 성격이 다르기 때문에 이전 트랜잭션(5번과 6번 작업)에 함께 묶지 않아도 무방해 보인다(물론 업무 요건에 따라 달라질 수는 있겠지만). 이러한 작업은 별도의 트랜잭션으로 분리하는 것이 좋다. 그리고 7번 작업은 단순 조회라고 본다면 별도로 트랜잭션을 사용하지 않아도 무방해 보인다.

문제가 될 만한 부분 세 가지를 보완해서 위의 처리 절차를 다시 한번 설계해보자.

1) 처리 시작
2) 사용자의 로그인 여부 확인
3) 사용자의 글쓰기 내용의 오류 발생 여부 확인
4) 첨부로 업로드된 파일 확인 및 저장
   => 데이터베이스 커넥션 생성(또는 커넥션 풀에서 가져오기)
   => 트랜잭션 시작
5) 사용자의 입력 내용을 DBMS에 저장
6) 첨부 파일 정보를 DBMS에 저장
   <= 트랜잭션 종료(COMMIT)
7) 저장된 내용 또는 기타 정보를 DBMS에서 조회
8) 게시물 등록에 대한 알림 메일 발송
   => 트랜잭션 시작
9) 알림 메일 발송 이력을 DBMS에 저장
   <= 트랜잭션 종료(COMMIT)
   <= 데이터베이스 커넥션 종료(또는 커넥션 풀에 반납)
10) 처리 완료

앞에서 보여준 예제가 최적의 트랜잭션 설계는 아닐 수 있으며, 구현하고자 하는 업무의 특성에 따라 크게 달라질 수 있다. 여기서 설명하려는 바는 프로그램의 코드가 데이터베이스 커넥션을 가지고 있는 범위와 트랜잭션이 활성화돼 있는 프로그램의 범위를 최소화해야 한다는 것이다. 또한 프로그램의 코드에서 라인 수는 한두 줄이라고 하더라도 네트워크 작업이 있는 경우에는 반드시 트랜잭션에서 배제해야 한다. 이런 실수로 인해 DBMS 서버가 높은 부하 상태로 빠지거나 위험한 상태에 빠지는 경우가 빈번히 발생한다.

5.2 MySQL 엔진의 잠금

MySQL에서 사용되는 잠금은 크게 스토리지 엔진 레벨과 MySQL 엔진 레벨로 나눌 수 있다. MySQL 엔진은 MySQL 서버에서 스토리지 엔진을 제외한 나머지 부분으로 이해하면 되는데, MySQL 엔진 레벨의 잠금은 모든 스토리지 엔진에 영향을 미치지만, 스토리지 엔진 레벨의 잠금은 스토리지 엔진 간 상호 영향을 미치지는 않는다. MySQL 엔진에서는 테이블 데이터 동기화를 위한 테이블 락 이외에도 테이블의 구조를 잠그는 메타데이터 락(Metadata Lock) 그리고 사용자의 필요에 맞게 사용할 수 있는 네임드 락(Named Lock)이라는 잠금 기능도 제공한다. 이러한 잠금의 특징과 이러한 잠금이 어떤 경우에 사용되는지 한번 살펴보자.

5.2.1 글로벌 락

글로벌 락(GLOBAL LOCK)은 FLUSH TABLES WITH READ LOCK 명령으로 획득할 수 있으며, MySQL에서 제공하는 잠금 가운데 가장 범위가 크다. 일단 한 세션에서 글로벌 락을 획득하면 다른 세션에서 SELECT를 제외한 대부분의 DDL 문장이나 DML 문장을 실행하는 경우 글로벌 락이 해제될 때까지 해당 문장이 대기 상태로 남는다. 글로벌 락이 영향을 미치는 범위는 MySQL 서버 전체이며, 작업 대상 테이블이나 데이터베이스가 다르더라도 동일하게 영향을 미친다. 여러 데이터베이스에 존재하는 MyISAM이나 MEMORY 테이블에 대해 mysqldump로 일관된 백업을 받아야 할 때는 글로벌 락을 사용해야 한다.

> **주의**
>
> 글로벌 락을 거는 FLUSH TABLES WITH READ LOCK 명령은 실행과 동시에 MySQL 서버에 존재하는 모든 테이블을 닫고 잠금을 건다. FLUSH TABLES WITH READ LOCK 명령이 실행되기 전에 테이블이나 레코드에 쓰기 잠금을 거는 SQL이 실행됐다면 이 명령은 해당 테이블의 읽기 잠금을 걸기 위해 먼저 실행된 SQL과 그 트랜잭션이 완료될 때까지 기다려야 한다. FLUSH TABLES WITH READ LOCK 명령은 테이블에 읽기 잠금을 걸기 전에 먼저 테이블을 플러시해야 하기 때문에 테이블에 실행 중인 모든 종류의 쿼리가 완료돼야 한다. 그래서 장시간 SELECT 쿼리가 실행되고 있을 때는 FLUSH TABLES WITH READ LOCK 명령은 SELECT 쿼리가 종료될 때까지 기다려야 한다.
>
> 장시간 실행되는 쿼리와 FLUSH TABLES WITH READ LOCK 명령이 최악의 케이스로 실행되면 MySQL 서버의 모든 테이블에 대한 INSERT, UPDATE, DELETE 쿼리가 아주 오랜 시간 동안 실행되지 못하고 기다릴 수도 있다. 글로벌 락은 MySQL 서버의 모든 테이블에 큰 영향을 미치기 때문에 웹 서비스용으로 사용되는 MySQL 서버에서는 가급적 사용하지 않는 것이 좋다. 또한 mysqldump 같은 백업 프로그램은 우리가 알지 못하는 사이에 이 명령을 내부적으로 실행하고 백업할 때도 있다. mysqldump를 이용해 백업을 수행한다면 mysqldump에서 사용하는 옵션에 따라 MySQL 서버에 어떤 잠금을 걸게 되는지 자세히 확인해보는 것이 좋다.

이미 살펴본 바와 같이 FLUSH TABLES WITH READ LOCK 명령을 이용한 글로벌 락은 MySQL 서버의 모든 변경 작업을 멈춘다. 하지만 MySQL 서버가 업그레이드면서 MyISAM이나 MEMORY 스토리지 엔진보다는 InnoDB 스토리지 엔진의 사용이 일반화됐다. InnoDB 스토리지 엔진은 트랜잭션을 지원하기 때문에 일관된 데이터 상태를 위해 모든 데이터 변경 작업을 멈출 필요는 없다. 또한 MySQL 8.0부터는 InnoDB가 기본 스토리지 엔진으로 채택되면서 조금 더 가벼운 글로벌 락의 필요성이 생겼다. 그래서 MySQL 8.0 버전부터는 Xtrabackup이나 Enterprise Backup과 같은 백업 툴들의 안정적인 실행을 위해 백업 락이 도입됐다.

```
mysql> LOCK INSTANCE FOR BACKUP;
-- // 백업 실행
mysql> UNLOCK INSTANCE;
```

특정 세션에서 백업 락을 획득하면 모든 세션에서 다음과 같이 테이블의 스키마나 사용자의 인증 관련 정보를 변경할 수 없게 된다.

- 데이터베이스 및 테이블 등 모든 객체 생성 및 변경, 삭제

- REPAIR TABLE과 OPTIMIZE TABLE 명령

- 사용자 관리 및 비밀번호 변경

하지만 백업 락은 일반적인 테이블의 데이터 변경은 허용된다. 일반적인 MySQL 서버의 구성은 소스 서버(Source server)와 레플리카 서버(Replica server)로 구성되는데, 주로 백업은 레플리카 서버에서 실행된다. 하지만 백업이 FLUSH TABLES WITH READ LOCK 명령을 이용해 글로벌 락을 획득하면 복제는 백업 시간만큼 지연될 수밖에 없다. 레플리카 서버에서 백업을 실행하는 도중에 소스 서버에 문제가 생기면 레플리카 서버의 데이터가 최신 상태가 될 때까지 서비스를 멈춰야 할 수도 있다. 물론 XtraBackup이나 Enterprise Backup 툴들은 모두 복제가 진행되는 상태에서도 일관된 백업을 만들 수 있다. 하지만 XtraBackup이나 Enterprise Backup 툴이 실행되는 도중에 스키마 변경이 실행되면 백업은 실패하게 된다. 6~7시간 동안 백업이 실행되고 있는데, 갑자기 DDL 명령 하나로 인해 백업이 실패하면 다시 그만큼 시간을 들여서 백업을 실행해야 한다. MySQL 서버의 백업 락은 이런 목적으로 도입됐으며, 정상적으로 복제는 실행되지만 백업의 실패를 막기 위해 DDL 명령이 실행되면 복제를 일시 중지하는 역할을 한다.

5.2.2 테이블 락

테이블 락(Table Lock)은 개별 테이블 단위로 설정되는 잠금이며, 명시적 또는 묵시적으로 특정 테이블의 락을 획득할 수 있다. 명시적으로는 "LOCK TABLES table_name [READ ¦ WRITE]" 명령으로 특정 테이블의 락을 획득할 수 있다. 테이블 락은 MyISAM뿐 아니라 InnoDB 스토리지 엔진을 사용하는 테이블도 동일하게 설정할 수 있다. 명시적으로 획득한 잠금은 UNLOCK TABLES 명령으로 잠금을 반납(해제)할 수 있다. 명시적인 테이블 락도 특별한 상황이 아니면 애플리케이션에서 사용할 필요가 거의 없다. 명시적으로 테이블을 잠그는 작업은 글로벌 락과 동일하게 온라인 작업에 상당한 영향을 미치기 때문이다.

묵시적인 테이블 락은 MyISAM이나 MEMORY 테이블에 데이터를 변경하는 쿼리를 실행하면 발생한다. MySQL 서버가 데이터가 변경되는 테이블에 잠금을 설정하고 데이터를 변경한 후, 즉시 잠금을 해제하는 형태로 사용된다. 즉, 묵시적인 테이블 락은 쿼리가 실행되는 동안 자동으로 획득됐다가 쿼리가

완료된 후 자동 해제된다. 하지만 InnoDB 테이블의 경우 스토리지 엔진 차원에서 레코드 기반의 잠금을 제공하기 때문에 단순 데이터 변경 쿼리로 인해 묵시적인 테이블 락이 설정되지는 않는다. 더 정확히는 InnoDB 테이블에도 테이블 락이 설정되지만 대부분의 데이터 변경(DML) 쿼리에서는 무시되고 스키마를 변경하는 쿼리(DDL)의 경우에만 영향을 미친다.

5.2.3 네임드 락

네임드 락(Named Lock)은 GET_LOCK() 함수를 이용해 임의의 문자열에 대해 잠금을 설정할 수 있다. 이 잠금의 특징은 대상이 테이블이나 레코드 또는 AUTO_INCREMENT와 같은 데이터베이스 객체가 아니라는 것이다. 네임드 락은 단순히 사용자가 지정한 문자열(String)에 대해 획득하고 반납(해제)하는 잠금이다. 네임드 락은 자주 사용되지는 않는다. 예를 들어, 데이터베이스 서버 1대에 5대의 웹 서버가 접속해서 서비스하는 상황에서 5대의 웹 서버가 어떤 정보를 동기화해야 하는 요건처럼 여러 클라이언트가 상호 동기화를 처리해야 할 때 네임드 락을 이용하면 쉽게 해결할 수 있다.

```
-- // "mylock"이라는 문자열에 대해 잠금을 획득한다.
-- // 이미 잠금을 사용 중이면 2초 동안만 대기한다. (2초 이후 자동 잠금 해제됨)
mysql> SELECT GET_LOCK('mylock', 2);

-- // "mylock"이라는 문자열에 대해 잠금이 설정돼 있는지 확인한다.
mysql> SELECT IS_FREE_LOCK('mylock');

-- // "mylock"이라는 문자열에 대해 획득했던 잠금을 반납(해제)한다.
mysql> SELECT RELEASE_LOCK('mylock');

-- // 3개 함수 모두 정상적으로 락을 획득하거나 해제한 경우에는 1을,
-- // 아니면 NULL이나 0을 반환한다.
```

또한 네임드 락의 경우 많은 레코드에 대해서 복잡한 요건으로 레코드를 변경하는 트랜잭션에 유용하게 사용할 수 있다. 배치 프로그램처럼 한꺼번에 많은 레코드를 변경하는 쿼리는 자주 데드락의 원인이 되곤 한다. 각 프로그램의 실행 시간을 분산하거나 프로그램의 코드를 수정해서 데드락을 최소화할 수는 있지만, 이는 간단한 방법이 아니며 완전한 해결책이 될 수도 없다. 이러한 경우에 동일 데이터를 변경하거나 참조하는 프로그램끼리 분류해서 네임드 락을 걸고 쿼리를 실행하면 아주 간단히 해결할 수 있다.

MySQL 8.0 버전부터는 다음과 같이 네임드 락을 중첩해서 사용할 수 있게 됐으며, 현재 세션에서 획득한 네임드 락을 한 번에 모두 해제하는 기능도 추가됐다.

```
mysql> SELECT GET_LOCK('mylock_1',10);
-- // mylock_1에 대한 작업 실행
mysql> SELECT GET_LOCK('mylock_2',10);
-- // mylock_1과 mylock_2에 대한 작업 실행

mysql> SELECT RELEASE_LOCK('mylock_2');
mysql> SELECT RELEASE_LOCK('mylock_1');

-- // mylock_1과 mylock_2를 동시에 모두 해제하고자 한다면 RELEASE_ALL_LOCKS() 함수 사용
mysql> SELECT RELEASE_ALL_LOCKS();
```

5.2.4 메타데이터 락

메타데이터 락(Metadata Lock)은 데이터베이스 객체(대표적으로 테이블이나 뷰 등)의 이름이나 구조를 변경하는 경우에 획득하는 잠금이다. 메타데이터 락은 명시적으로 획득하거나 해제할 수 있는 것이 아니고 "RENAME TABLE tab_a TO tab_b" 같이 테이블의 이름을 변경하는 경우 자동으로 획득하는 잠금이다. RENAME TABLE 명령의 경우 원본 이름과 변경될 이름 두 개 모두 한꺼번에 잠금을 설정한다. 또한 실시간으로 테이블을 바꿔야 하는 요건이 배치 프로그램에서 자주 발생하는데, 다음 예제를 잠깐 살펴보자.

```
-- // 배치 프로그램에서 별도의 임시 테이블(rank_new)에 서비스용 랭킹 데이터를 생성

-- // 랭킹 배치가 완료되면 현재 서비스용 랭킹 테이블(rank)을 rank_backup으로 백업하고
-- // 새로 만들어진 랭킹 테이블(rank_new)을 서비스용으로 대체하고자 하는 경우
mysql> RENAME TABLE rank TO rank_backup , rank_new TO rank;
```

위와 같이 하나의 RENAME TABLE 명령문에 두 개의 RENAME 작업을 한꺼번에 실행하면 실제 애플리케이션에서는 "Table not found 'rank'" 같은 상황을 발생시키지 않고 적용하는 것이 가능하다. 하지만 이 문장을 다음과 같이 2개로 나눠서 실행하면 아주 짧은 시간이지만 rank 테이블이 존재하지 않는 순간이 생기며, 그 순간에 실행되는 쿼리는 "Table not found 'rank'" 오류를 발생시킨다.

```
mysql> RENAME TABLE rank TO rank_backup;
mysql> RENAME TABLE rank_new TO rank;
```

때로는 메타데이터 잠금과 InnoDB의 트랜잭션을 동시에 사용해야 하는 경우도 있다. 예를 들어, 다음과 같은 구조의 INSERT만 실행되는 로그 테이블을 가정해보자. 이 테이블은 웹 서버의 액세스(접근) 로그를 저장만 하기 때문에 UPDATE와 DELETE가 없다.

```
mysql> CREATE TABLE access_log (
         id BIGINT NOT NULL AUTO_INCREMENT,
         client_ip INT UNSIGNED,
         access_dttm TIMESTAMP,
         ...
         PRIMARY KEY(id)
       );
```

그런데 어느 날 이 테이블의 구조를 변경해야 할 요건이 발생했다. 물론 MySQL 서버의 Online DDL을 이용해서 변경할 수도 있지만 시간이 너무 오래 걸리는 경우라면 언두 로그의 증가와 Online DDL이 실행되는 동안 누적된 Online DDL 버퍼의 크기 등 고민해야 할 문제가 많다. 더 큰 문제는 MySQL 서버의 DDL은 단일 스레드로 작동하기 때문에 상당히 많은 시간이 소모될 것이라는 점이다. 이때는 새로운 구조의 테이블을 생성하고 먼저 최근(1시간 직전 또는 하루 전)의 데이터까지는 프라이머리 키인 id 값을 범위별로 나눠서 여러 개의 스레드로 빠르게 복사한다.

```
-- // 테이블의 압축을 적용하기 위해 KEY_BLOCK_SIZE=4 옵션을 추가해 신규 테이블을 생성
mysql> CREATE TABLE access_log_new (
         id BIGINT NOT NULL AUTO_INCREMENT,
         client_ip INT UNSIGNED,
         access_dttm TIMESTAMP,
         ...
         PRIMARY KEY(id)
       ) KEY_BLOCK_SIZE=4;

-- // 4개의 스레드를 이용해 id 범위별로 레코드를 신규 테이블로 복사
mysql_thread1> INSERT INTO access_log_new SELECT * FROM access_log WHERE id>=0 AND id<10000;
mysql_thread2> INSERT INTO access_log_new SELECT * FROM access_log WHERE id>=10000 AND
id<20000;
```

```
mysql_thread3> INSERT INTO access_log_new SELECT * FROM access_log WHERE id>=20000 AND
id<30000;
mysql_thread4> INSERT INTO access_log_new SELECT * FROM access_log WHERE id>=30000 AND
id<40000;
```

그리고 나머지 데이터는 다음과 같이 트랜잭션과 테이블 잠금, RENAME TABLE 명령으로 응용 프로그램의 중단 없이 실행할 수 있다. 이때 "남은 데이터를 복사"하는 시간 동안은 테이블의 잠금으로 인해 INSERT 를 할 수 없게 된다. 그래서 가능하면 미리 아주 최근 데이터까지 복사해 둬야 잠금 시간을 최소화해서 서비스에 미치는 영향을 줄일 수 있다.

```
-- // 트랜잭션을 autocommit으로 실행(BEGIN이나 START TRANSACTION으로 실행하면 안 됨)
mysql> SET autocommit=0;

-- // 작업 대상 테이블 2개에 대해 테이블 쓰기 락을 획득
mysql> LOCK TABLES access_log WRITE, access_log_new WRITE;

-- // 남은 데이터를 복사
mysql> SELECT MAX(id) as @MAX_ID FROM access_log_new;
mysql> INSERT INTO access_log_new SELECT * FROM access_log WHERE pk>@MAX_ID;
mysql> COMMIT;

-- // 새로운 테이블로 데이터 복사가 완료되면 RENAME 명령으로 새로운 테이블을 서비스로 투입
mysql> RENAME TABLE access_log TO access_log_old, access_log_new TO access_log;
mysql> UNLOCK TABLES;

-- // 불필요한 테이블 삭제
mysql> DROP TALBE access_log_old;
```

5.3 InnoDB 스토리지 엔진 잠금

InnoDB 스토리지 엔진은 MySQL에서 제공하는 잠금과는 별개로 스토리지 엔진 내부에서 레코드 기반의 잠금 방식을 탑재하고 있다. InnoDB는 레코드 기반의 잠금 방식 때문에 MyISAM보다는 훨씬 뛰어난 동시성 처리를 제공할 수 있다. 하지만 이원화된 잠금 처리 탓에 InnoDB 스토리지 엔진에서 사용되는 잠금에 대한 정보는 MySQL 명령을 이용해 접근하기가 상당히 까다롭다. 예전 버전의 MySQL

서버에서는 InnoDB의 잠금 정보를 진단할 수 있는 도구라고는 lock_monitor(innodb_lock_monitor라는 이름의 InnoDB 테이블을 생성해서 InnoDB의 잠금 정보를 덤프하는 방법)와 SHOW ENGINE INNODB STATUS 명령이 전부였다. 하지만 이 내용도 거의 어셈블리 코드를 보는 것 같아서 이해하기가 상당히 어려웠다.

하지만 최근 버전에서는 InnoDB의 트랜잭션과 잠금, 그리고 잠금 대기 중인 트랜잭션의 목록을 조회할 수 있는 방법이 도입됐다. MySQL 서버의 information_schema 데이터베이스에 존재하는 INNODB_TRX, INNODB_LOCKS, INNODB_LOCK_WAITS라는 테이블을 조인해서 조회하면 현재 어떤 트랜잭션이 어떤 잠금을 대기하고 있고 해당 잠금을 어느 트랜잭션이 가지고 있는지 확인할 수 있으며, 또한 장시간 잠금을 가지고 있는 클라이언트를 찾아서 종료시킬 수도 있다. 그리고 조금씩 업그레이드되면서 InnoDB의 중요도가 높아졌고, InnoDB의 잠금에 대한 모니터링도 더 강화되면서 Performance Schema를 이용해 InnoDB 스토리지 엔진의 내부 잠금(세마포어)에 대한 모니터링 방법도 추가됐다.

5.3.1 InnoDB 스토리지 엔진의 잠금

InnoDB 스토리지 엔진은 레코드 기반의 잠금 기능을 제공하며, 잠금 정보가 상당히 작은 공간으로 관리되기 때문에 레코드 락이 페이지 락으로, 또는 테이블 락으로 레벨업되는 경우(락 에스컬레이션)는 없다. 일반 상용 DBMS와는 조금 다르게 InnoDB 스토리지 엔진에서는 레코드 락뿐 아니라 레코드와 레코드 사이의 간격을 잠그는 갭(GAP) 락이라는 것이 존재하는데, 그림 5.1은 InnoDB 스토리지 엔진의 레코드 락과 레코드 간의 간격을 잠그는 갭 락을 보여준다.

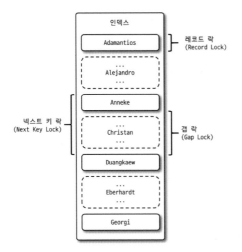

그림 5.1 InnoDB 잠금의 종류(점선의 레코드는 실제 존재하지 않는 레코드를 가정한 것임)

5.3.1.1 레코드 락

레코드 자체만을 잠그는 것을 레코드 락(Record lock, Record only lock)이라고 하며, 다른 상용 DBMS의 레코드 락과 동일한 역할을 한다. 한 가지 중요한 차이는 InnoDB 스토리지 엔진은 레코드 자체가 아니라 인덱스의 레코드를 잠근다는 점이다. 인덱스가 하나도 없는 테이블이더라도 내부적으로 자동 생성된 클러스터 인덱스를 이용해 잠금을 설정한다. 많은 사용자가 간과하는 부분이지만 레코드 자체를 잠그느냐, 아니면 인덱스를 잠그느냐는 상당히 크고 중요한 차이를 만들어 내기 때문에 다음에 다시 잠깐 예제로 다루겠다.

InnoDB에서는 대부분 보조 인덱스를 이용한 변경 작업은 이어서 설명할 넥스트 키 락(Next key lock) 또는 갭 락(Gap lock)을 사용하지만 프라이머리 키 또는 유니크 인덱스에 의한 변경 작업에서는 갭(Gap, 간격)에 대해서는 잠그지 않고 레코드 자체에 대해서만 락을 건다.

5.3.1.2 갭 락

다른 DBMS와의 또 다른 차이가 바로 갭 락(Gap lock)이다. 갭 락은 레코드 자체가 아니라 레코드와 바로 인접한 레코드 사이의 간격만을 잠그는 것을 의미한다. 갭 락의 역할은 레코드와 레코드 사이의 간격에 새로운 레코드가 생성(INSERT)되는 것을 제어하는 것이다. 갭 락은 그 자체보다는 이어서 설명할 넥스트 키 락의 일부로 자주 사용된다.

5.3.1.3 넥스트 키 락

레코드 락과 갭 락을 합쳐 놓은 형태의 잠금을 넥스트 키 락(Next key lock)이라고 한다. STATEMENT 포맷의 바이너리 로그를 사용하는 MySQL 서버에서는 REPEATABLE READ 격리 수준을 사용해야 한다. 또한 innodb_locks_unsafe_for_binlog 시스템 변수가 비활성화되면(0으로 설정되면) 변경을 위해 검색하는 레코드에는 넥스트 키 락 방식으로 잠금이 걸린다. InnoDB의 갭 락이나 넥스트 키 락은 바이너리 로그에 기록되는 쿼리가 레플리카 서버에서 실행될 때 소스 서버에서 만들어 낸 결과와 동일한 결과를 만들어내도록 보장하는 것이 주목적이다. 그런데 의외로 넥스트 키 락과 갭 락으로 인해 데드락이 발생하거나 다른 트랜잭션을 기다리게 만드는 일이 자주 발생한다. 가능하다면 바이너리 로그 포맷을 ROW 형태로 바꿔서 넥스트 키 락이나 갭 락을 줄이는 것이 좋다.

5.3.1.4 자동 증가 락

MySQL에서는 자동 증가하는 숫자 값을 추출(채번)하기 위해 AUTO_INCREMENT라는 칼럼 속성을 제공한다. AUTO_INCREMENT 칼럼이 사용된 테이블에 동시에 여러 레코드가 INSERT되는 경우, 저장되는 각 레코드는 중복되지 않고 저장된 순서대로 증가하는 일련번호 값을 가져야 한다. InnoDB 스토리지 엔진에서는 이를 위해 내부적으로 AUTO_INCREMENT 락(Auto increment lock)이라고 하는 테이블 수준의 잠금을 사용한다.

AUTO_INCREMENT 락은 INSERT와 REPLACE 쿼리 문장과 같이 새로운 레코드를 저장하는 쿼리에서만 필요하며, UPDATE나 DELETE 등의 쿼리에서는 걸리지 않는다. InnoDB의 다른 잠금(레코드 락이나 넥스트 키 락)과는 달리 AUTO_INCREMENT 락은 트랜잭션과 관계없이 INSERT나 REPLACE 문장에서 AUTO_INCREMENT 값을 가져오는 순간만 락이 걸렸다가 즉시 해제된다. AUTO_INCREMENT 락은 테이블에 단 하나만 존재하기 때문에 두 개의 INSERT 쿼리가 동시에 실행되는 경우 하나의 쿼리가 AUTO_INCREMENT 락을 걸면 나머지 쿼리는 AUTO_INCREMENT 락을 기다려야 한다(AUTO_INCREMENT 칼럼에 명시적으로 값을 설정하더라도 자동 증가 락을 걸게 된다).

AUTO_INCREMENT 락을 명시적으로 획득하고 해제하는 방법은 없다. AUTO_INCREMENT 락은 아주 짧은 시간 동안 걸렸다가 해제되는 잠금이라서 대부분의 경우 문제가 되지 않는다. 자동 증가 락에 대한 지금까지의 설명은 MySQL 5.0 이하 버전에서 사용되던 방식이다. MySQL 5.1 이상부터는 innodb_autoinc_lock_mode라는 시스템 변수를 이용해 자동 증가 락의 작동 방식을 변경할 수 있다.

- innodb_autoinc_lock_mode=0

  MySQL 5.0과 동일한 잠금 방식으로 모든 INSERT 문장은 자동 증가 락을 사용한다.

- innodb_autoinc_lock_mode=1

  단순히 한 건 또는 여러 건의 레코드를 INSERT하는 SQL 중에서 MySQL 서버가 INSERT되는 레코드의 건수를 정확히 예측할 수 있을 때는 자동 증가 락(Auto increment lock)을 사용하지 않고, 훨씬 가볍고 빠른 래치(뮤텍스)를 이용해 처리한다. 개선된 래치는 자동 증가 락과 달리 아주 짧은 시간 동안만 잠금을 걸고 필요한 자동 증가 값을 가져오면 즉시 잠금이 해제된다. 하지만 INSERT ... SELECT와 같이 MySQL 서버가 건수를 (쿼리를 실행하기 전에) 예측할 수 없을 때는 MySQL 5.0에서와같이 자동 증가 락을 사용한다. 이때는 INSERT 문장이 완료되기 전까지는 자동 증가 락은 해제되지 않기 때문에 다른 커넥션에서는 INSERT를 실행하지 못하고 대기하게 된다. 이렇게 대량 INSERT 가 수행될 때는 InnoDB 스토리지 엔진은 여러 개의 자동 증가 값을 한 번에 할당받아서 INSERT되는 레코드에 사용한다. 그래서 대량 INSERT되는 레코드는 자동 증가 값이 누락되지 않고 연속되게 INSERT된다. 하지만 한 번에 할당받은 자동 증가 값이 남아서 사용되지 못하면 폐기하므로 대량 INSERT 문장의 실행 이후에 INSERT되는 레코드의 자동 증가 값은 연속되지 않고 누락된 값이 발생할 수 있다. 이 설정에서는 최소한 하나의 INSERT 문장으로 INSERT 되는 레코드는 연속된 자동 증가 값을 가지게 된다. 그래서 이 설정 모드를 연속 모드(Consecutive mode)라고도 한다.

- innodb_autoinc_lock_mode=2

  innodb_autoinc_lock_mode가 2로 설정되면 InnoDB 스토리지 엔진은 절대 자동 증가 락을 걸지 않고 경량화된 래치(뮤텍스)를 사용한다. 하지만 이 설정에서는 하나의 INSERT 문장으로 INSERT되는 레코드라고 하더라도 연속된 자동 증가 값을 보장하지는 않는다. 그래서 이 설정 모드를 인터리빙 모드(Interleaved mode)라고도 한다. 이 설정 모드에서는 INSERT ... SELECT와 같은 대량 INSERT 문장이 실행되는 중에도 다른 커넥션에서 INSERT를 수행할 수 있으므로 동시 처리 성능이 높아진다. 하지만 이 설정에서 작동하는 자동 증가 기능은 유니크한 값이 생성된다는 것만 보장한다. STATEMENT 포맷의 바이너리 로그를 사용하는 복제에서는 소스 서버와 레플리카 서버의 자동 증가 값이 달라질 수도 있기 때문에 주의해야 한다.

더 자세한 내용은 MySQL 매뉴얼[1]의 내용을 참조하길 바란다. 별로 관계없는 것 같지만, 자동 증가 값이 한 번 증가하면 절대 줄어들지 않는 이유가 AUTO_INCREMENT 잠금을 최소화하기 위해서다. 설령 INSERT 쿼리가 실패했더라도 한 번 증가된 AUTO_INCREMENT 값은 다시 줄어들지 않고 그대로 남는다.

> **주의** MySQL 5.7 버전까지는 innodb_autoinc_lock_mode의 기본값이 1이었지만, MySQL 8.0 버전부터는 innodb_autoinc_lock_mode의 기본값이 2로 바뀌었다. 이는 MySQL 8.0부터 바이너리 로그 포맷이 STATEMENT 가 아니라 ROW 포맷이 기본값이 됐기 때문이다. MySQL 8.0에서 ROW 포맷이 아니라 STATEMENT 포맷의 바이너리 로그를 사용한다면 innodb_autoinc_lock_mode를 2가 아닌 1로 변경해서 사용할 것을 권장한다.

5.3.2 인덱스와 잠금

InnoDB의 잠금과 인덱스는 상당히 중요한 연관 관계가 있기 때문에 다시 한번 더 자세히 살펴보자. "레코드 락"을 소개하면서 잠깐 언급했듯이 InnoDB의 잠금은 레코드를 잠그는 것이 아니라 인덱스를

---

1 https://dev.mysql.com/doc/refman/8.0/en/innodb-auto-increment-handling.html

잠그는 방식으로 처리된다. 즉, 변경해야 할 레코드를 찾기 위해 검색한 인덱스의 레코드를 모두 락을 걸어야 한다. 정확한 이해를 위해 다음 UPDATE 문장을 한 번 살펴보자.

```
-- // 예제 데이터베이스의 employees 테이블에는 아래와 같이 first_name 칼럼만
-- // 멤버로 담긴 ix_firstname이라는 인덱스가 준비돼 있다.
-- //   KEY ix_firstname (first_name)
-- // employees 테이블에서 first_name='Georgi'인 사원은 전체 253명이 있으며,
-- // first_name='Georgi'이고 last_name='Klassen'인 사원은 딱 1명만 있는 것을 아래 쿼리로
-- // 확인할 수 있다.
mysql> SELECT COUNT(*) FROM employees WHERE first_name='Georgi';
+----------+
|     253  |
+----------+

mysql> SELECT COUNT(*) FROM employees WHERE first_name='Georgi' AND last_name='Klassen';
+----------+
|        1 |
+----------+

-- // employees 테이블에서 first_name='Georgi'이고 last_name='Klassen'인 사원의
-- // 입사 일자를 오늘로 변경하는 쿼리를 실행해보자.
mysql> UPDATE employees SET hire_date=NOW() WHERE first_name='Georgi' AND last_name='Klassen';
```

UPDATE 문장이 실행되면 1건의 레코드가 업데이트될 것이다. 하지만 이 1건의 업데이트를 위해 몇 개의 레코드에 락을 걸어야 할까? 이 UPDATE 문장의 조건에서 인덱스를 이용할 수 있는 조건은 first_name='Georgi'이며, last_name 칼럼은 인덱스에 없기 때문에 first_name='Georgi'인 레코드 253건의 레코드가 모두 잠긴다. 그림 5.2는 예제의 UPDATE 문장이 어떻게 변경 대상 레코드를 검색하고, 실제 변경이 수행되는지를 보여준다. 아마 MySQL에 익숙하지 않은 사용자라면 상당히 이상하게 생각될 것이며, 이러한 부분을 잘 모르고 개발하면 MySQL 서버를 제대로 이용하지 못할 것이다. 또한 이러한 MySQL의 특성을 알지 못하면 "MySQL은 정말 이상한 데이터베이스군"이라고 생각하게 될 것이다. 이 예제에서는 몇 건 안 되는 레코드만 잠그지만 UPDATE 문장을 위해 적절히 인덱스가 준비돼 있지 않다면 각 클라이언트 간의 동시성이 상당히 떨어져서 한 세션에서 UPDATE 작업을 하는 중에는 다른 클라이언트는 그 테이블을 업데이트하지 못하고 기다려야 하는 상황이 발생할 것이다.

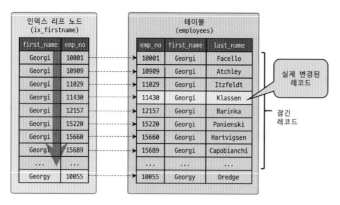

그림 5.2 업데이트를 위해 잠긴 레코드와 실제 업데이트된 레코드

이 테이블에 인덱스가 하나도 없다면 어떻게 될까? 이러한 경우에는 테이블을 풀 스캔하면서 UPDATE 작업을 하는데, 이 과정에서 테이블에 있는 30여만 건의 모든 레코드를 잠그게 된다. 이것이 MySQL의 방식이며, MySQL의 InnoDB에서 인덱스 설계가 중요한 이유 또한 이것이다.

5.3.3 레코드 수준의 잠금 확인 및 해제

InnoDB 스토리지 엔진을 사용하는 테이블의 레코드 수준 잠금은 테이블 수준의 잠금보다는 조금 더 복잡하다. 테이블 잠금에서는 잠금의 대상이 테이블 자체이므로 쉽게 문제의 원인이 발견되고 해결될 수 있다. 하지만 레코드 수준의 잠금은 테이블의 레코드 각각에 잠금이 걸리므로 그 레코드가 자주 사용되지 않는다면 오랜 시간 동안 잠겨진 상태로 남아 있어도 잘 발견되지 않는다.

예전 버전의 MySQL 서버에서는 레코드 잠금에 대한 메타 정보(딕셔너리 테이블)를 제공하지 않기 때문에 더더욱 어려운 부분이다. 하지만 MySQL 5.1부터는 레코드 잠금과 잠금 대기에 대한 조회가 가능하므로 쿼리 하나만 실행해 보면 잠금과 잠금 대기를 바로 확인할 수 있다. 그럼 버전별로 레코드 잠금과 잠금을 대기하는 클라이언트의 정보를 확인하는 방법을 알아보자. 강제로 잠금을 해제하려면 KILL 명령을 이용해 MySQL 서버의 프로세스를 강제로 종료하면 된다.

우선 다음과 같은 잠금 시나리오를 가정해보자.

커넥션 1	커넥션 2	커넥션 3
BEGIN;		
UPDATE employees SET birth_date=NOW() WHERE emp_no=100001;		
	UPDATE employees SET hire_date=NOW() WHERE emp_ no=100001;	
		UPDATE employees SET hire_date=NOW(), birth_ date=NOW() WHERE emp_no=100001;

각 트랜잭션이 어떤 잠금을 기다리고 있는지, 기다리고 있는 잠금을 어떤 트랜잭션이 가지고 있는지를 쉽게 메타 정보를 통해 조회할 수 있다. 우선 MySQL 5.1부터는 information_schema라는 DB에 INNODB_TRX라는 테이블과 INNODB_LOCKS, INNODB_LOCK_WAITS라는 테이블을 통해 확인이 가능했다. 하지만 MySQL 8.0 버전부터는 information_schema의 정보들은 조금씩 제거(Deprecated)되고 있으며, 그 대신 performance_schema의 data_locks와 data_lock_waits 테이블로 대체되고 있다. 여기서는 performance_schema의 테이블을 이용해 잠금과 잠금 대기 순서를 확인하는 방법을 살펴보자.

우선 아래 내용은 MySQL 서버에서 앞의 UPDATE 명령 3개가 실행된 상태의 프로세스 목록을 조회한 것이다(가독성을 위해서 꼭 필요한 부분만 캡처했다). 17번 스레드는 지금 아무것도 하지 않고 있지만 트랜잭션을 시작하고 UPDATE 명령이 실행 완료된 것이다. 하지만 아직 17번 스레드는 COMMIT을 실행하지는 않은 상태이므로 업데이트한 레코드의 잠금을 그대로 가지고 있는 상태다. 18번 스레드가 그다음으로 UPDATE 명령을 실행했으며, 그 이후 19번 스레드에서 UPDATE 명령을 실행했다. 그래서 프로세스 목록에서 18번과 19번 스레드는 잠금 대기로 인해 아직 UPDATE 명령을 실행 중인 것으로 표시된 것이다.

```
mysql> SHOW PROCESSLIST;
+----+--------+----------+---------------------------------------------------------------+
| Id | Time   | State    | Info                                                          |
+----+--------+----------+---------------------------------------------------------------+
| 17 |    607 |          | NULL                                                          |
| 18 |     22 | updating | UPDATE employees SET birth_date=NOW() WHERE emp_no=100001     |
| 19 |     21 | updating | UPDATE employees SET birth_date=NOW() WHERE emp_no=100001     |
+----+--------+----------+---------------------------------------------------------------+
```

이제 performance_schema의 data_locks 테이블과 data_lock_waits 테이블을 조인해서 잠금 대기 순서를 한 번 살펴보자. 다음 내용 또한 가독성을 위해 조금 편집한 결과다.

```
mysql> SELECT
        r.trx_id waiting_trx_id,
        r.trx_mysql_thread_id waiting_thread,
        r.trx_query waiting_query,
        b.trx_id blocking_trx_id,
        b.trx_mysql_thread_id blocking_thread,
        b.trx_query blocking_query
    FROM performance_schema.data_lock_waits w
    INNER JOIN information_schema.innodb_trx b
      ON b.trx_id = w.blocking_engine_transaction_id
    INNER JOIN information_schema.innodb_trx r
      ON r.trx_id = w.requesting_engine_transaction_id;

+---------+---------+------------------+---------+---------+------------------+
| waiting | waiting | waiting_query    | blocking| blocking| blocking_query   |
| _trx_id | _thread |                  | _trx_id | _thread |                  |
+---------+---------+------------------+---------+---------+------------------+
|   11990 |      19 | UPDATE employees..|   11989 |      18 | UPDATE employees..|
|   11990 |      19 | UPDATE employees..|   11984 |      17 | NULL             |
|   11989 |      18 | UPDATE employees..|   11984 |      17 | NULL             |
+---------+---------+------------------+---------+---------+------------------+
```

쿼리의 실행 결과를 보면 현재 대기 중인 스레드는 18번과 19번인 것을 알 수 있다. 18번 스레드는 17번 스레드를 기다리고 있고, 19번 스레드는 17번 스레드와 18번 스레드를 기다리고 있다는 것을 알 수 있다. 이는 잠금 대기 큐의 내용을 그대로 보여주기 때문에 이렇게 표시되는 것이다. 즉 17번 스레드가 가지고 있는 잠금을 해제하고, 18번 스레드가 그 잠금을 획득하고 UPDATE를 완료한 후 잠금을 풀어야만 비로소 19번 스레드가 UPDATE를 실행할 수 있음을 의미한다. 여기서 17번 스레드가 어떤 잠금을 가지고 있는지 더 상세히 확인하고 싶다면 다음과 같이 performance_schema의 data_locks 테이블이 가진 칼럼을 모두 살펴보면 된다.

```
mysql> SELECT * FROM performance_schema.data_locks\G
*************************** 1. row ***************************
            ENGINE: INNODB
```

```
            ENGINE_LOCK_ID: 4828335432:1157:140695376728800
     ENGINE_TRANSACTION_ID: 11984
                 THREAD_ID: 61
                  EVENT_ID: 16028
             OBJECT_SCHEMA: employees
               OBJECT_NAME: employees
            PARTITION_NAME: NULL
         SUBPARTITION_NAME: NULL
                INDEX_NAME: NULL
      OBJECT_INSTANCE_BEGIN: 140695376728800
                 LOCK_TYPE: TABLE
                 LOCK_MODE: IX
               LOCK_STATUS: GRANTED
                 LOCK_DATA: NULL
*************************** 2. row ***************************
                    ENGINE: INNODB
            ENGINE_LOCK_ID: 4828335432:8:298:25:140695394434080
     ENGINE_TRANSACTION_ID: 11984
                 THREAD_ID: 61
                  EVENT_ID: 16048
             OBJECT_SCHEMA: employees
               OBJECT_NAME: employees
            PARTITION_NAME: NULL
         SUBPARTITION_NAME: NULL
                INDEX_NAME: PRIMARY
      OBJECT_INSTANCE_BEGIN: 140695394434080
                 LOCK_TYPE: RECORD
                 LOCK_MODE: X,REC_NOT_GAP
               LOCK_STATUS: GRANTED
                 LOCK_DATA: 100001
```

위의 결과를 보면 employees 테이블에 대해 IX 잠금(Intentional Exclusive)을 가지고 있으며, employees 테이블의 특정 레코드에 대해서 쓰기 잠금을 가지고 있다는 것을 확인할 수 있다. 이때 REC_NOT_GAP 표시가 있으므로 레코드 잠금은 갭이 포함되지 않은 순수 레코드에 대해서만 잠금을 가지고 있음을 알 수 있다.

만약 이 상황에서 17번 스레드가 잠금을 가진 상태에서 상당히 오랜 시간 멈춰 있다면 다음과 같이 17번 스레드를 강제 종료하면 나머지 UPDATE 명령들이 진행되면서 잠금 경합이 끝날 것이다.

```
mysql> KILL 17;
```

5.4 MySQL의 격리 수준

트랜잭션의 격리 수준(isolation level)이란 여러 트랜잭션이 동시에 처리될 때 특정 트랜잭션이 다른 트랜잭션에서 변경하거나 조회하는 데이터를 볼 수 있게 허용할지 말지를 결정하는 것이다. 격리 수준은 크게 "READ UNCOMMITTED", "READ COMMITTED", "REPEATABLE READ", "SERIALIZABLE"의 4가지로 나뉜다. "DIRTY READ"라고도 하는 READ UNCOMMITTED는 일반적인 데이터베이스에서는 거의 사용하지 않고, SERIALIZABLE 또한 동시성이 중요한 데이터베이스에서는 거의 사용되지 않는다. 4개의 격리 수준에서 순서대로 뒤로 갈수록 각 트랜잭션 간의 데이터 격리(고립) 정도가 높아지며, 동시 처리 성능도 떨어지는 것이 일반적이라고 볼 수 있다. 격리 수준이 높아질수록 MySQL 서버의 처리 성능이 많이 떨어질 것으로 생각하는 사용자가 많은데, 사실 SERIALIZABLE 격리 수준이 아니라면 크게 성능의 개선이나 저하는 발생하지 않는다.

데이터베이스의 격리 수준을 이야기하면 항상 함께 언급되는 세 가지 부정합의 문제점이 있다. 이 세 가지 부정합의 문제는 격리 수준의 레벨에 따라 발생할 수도 있고 발생하지 않을 수도 있다.

	DIRTY READ	NON-REPEATABLE READ	PHANTOM READ
READ UNCOMMITTED	발생	발생	발생
READ COMMITTED	없음	발생	발생
REPEATABLE READ	없음	없음	발생 (InnoDB는 없음)
SERIALIZABLE	없음	없음	없음

SQL-92 또는 SQL-99 표준에 따르면 REPEATABLE READ 격리 수준에서는 PHANTOM READ가 발생할 수 있지만, InnoDB에서는 독특한 특성 때문에 REPEATABLE READ 격리 수준에서도 PHANTOM READ가 발생하지 않는다. DIRTY READ나 NON-REPEATABLE READ, PHANTOM READ에 대한 내용은 각 격리 수준별 설명에서 소개하겠다. 일반적인 온라인 서비스 용도의 데이터베

이스는 READ COMMITTED와 REPEATABLE READ 중 하나를 사용한다. 오라클 같은 DBMS에서는 주로 READ COMMITTED 수준을 많이 사용하며, MySQL에서는 REPEATABLE READ를 주로 사용한다. 여기서 설명하는 SQL 예제는 모두 AUTOCOMMIT이 OFF인 상태(SET autocommit=OFF)에서만 테스트할 수 있다.

5.4.1 READ UNCOMMITTED

READ UNCOMMITTED 격리 수준에서는 그림 5.3과 같이 각 트랜잭션에서의 변경 내용이 COMMIT이나 ROLLBACK 여부에 상관없이 다른 트랜잭션에서 보인다. 그림 5.3은 다른 트랜잭션이 사용자 B가 실행하는 SELECT 쿼리의 결과에 어떤 영향을 미치는지를 보여주는 예제다.

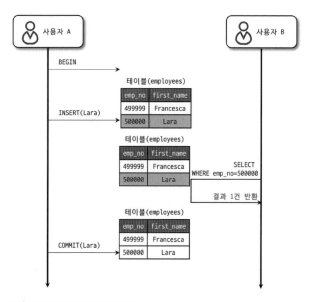

그림 5.3 READ UNCOMMITTED

그림 5.3에서 사용자 A는 emp_no가 500000이고 first_name이 "Lara"인 새로운 사원을 INSERT한다. 사용자 B가 변경된 내용을 커밋하기도 전에 사용자 B는 emp_no=500000인 사원을 검색하고 있다. 하지만 사용자 B는 사용자 A가 INSERT한 사원의 정보를 커밋되지 않은 상태에서도 조회할 수 있다. 그런데 문제는 사용자 A가 처리 도중 알 수 없는 문제가 발생해 INSERT된 내용을 롤백한다고 하더라도 여전히 사용자 B는 "Lara"가 정상적인 사원이라고 생각하고 계속 처리할 것이라는 점이다.

이처럼 어떤 트랜잭션에서 처리한 작업이 완료되지 않았는데도 다른 트랜잭션에서 볼 수 있는 현상을 더티 리드(Dirty read)라 하고, 더티 리드가 허용되는 격리 수준이 READ UNCOMMITTED다. 더티 리드 현상은 데이터가 나타났다가 사라졌다 하는 현상을 초래하므로 애플리케이션 개발자와 사용자를 상당히 혼란스럽게 만들 것이다. 또한 더티 리드를 유발하는 READ UNCOMMITTED는 RDBMS 표준에서는 트랜잭션의 격리 수준으로 인정하지 않을 정도로 정합성에 문제가 많은 격리 수준이다. MySQL을 사용한다면 최소한 READ COMMITTED 이상의 격리 수준을 사용할 것을 권장한다.

5.4.2 READ COMMITTED

READ COMMITTED는 오라클 DBMS에서 기본으로 사용되는 격리 수준이며, 온라인 서비스에서 가장 많이 선택되는 격리 수준이다. 이 레벨에서는 위에서 언급한 더티 리드(Dirty read) 같은 현상은 발생하지 않는다. 어떤 트랜잭션에서 데이터를 변경했더라도 COMMIT이 완료된 데이터만 다른 트랜잭션에서 조회할 수 있기 때문이다. 그림 5.4는 READ COMMITTED 격리 수준에서 사용자 A가 변경한 내용이 사용자 B에게 어떻게 조회되는지 보여준다.

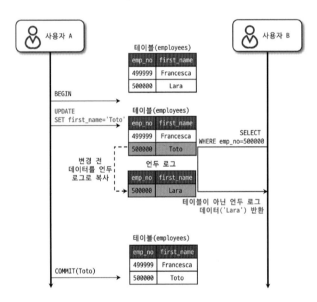

그림 5.4 READ COMMITTED

그림 5.4에서 사용자 A는 emp_no=500000인 사원의 first_name을 "Lara"에서 "Toto"로 변경했는데, 이 때 새로운 값인 "Toto"는 employees 테이블에 즉시 기록되고 이전 값인 "Lara"는 언두 영역으로 백업

된다. 사용자 A가 커밋을 수행하기 전에 사용자 B가 emp_no=500000인 사원을 SELECT하면 조회된 결과의 first_name 칼럼의 값은 "Toto"가 아니라 "Lara"로 조회된다. 여기서 사용자 B의 SELECT 쿼리 결과는 employees 테이블이 아니라 언두 영역에 백업된 레코드에서 가져온 것이다. READ COMMITTED 격리 수준에서는 어떤 트랜잭션에서 변경한 내용이 커밋되기 전까지는 다른 트랜잭션에서 그러한 변경 내역을 조회할 수 없기 때문이다. 최종적으로 사용자 A가 변경된 내용을 커밋하면 그때부터는 다른 트랜잭션에서도 백업된 언두 레코드("Lara")가 아니라 새롭게 변경된 "Toto"라는 값을 참조할 수 있게 된다.

READ COMMITTED 격리 수준에서도 "NON-REPEATABLE READ"("REPEATABLE READ"가 불가능하다)라는 부정합의 문제가 있다. 그림 5.5는 "NON-REPEATABLE READ"가 왜 발생하고 어떤 문제를 만들어낼 수 있는지 보여준다.

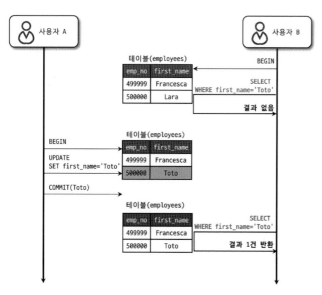

그림 5.5 NON-REPEATABLE READ

그림 5.5에서 처음 사용자 B가 BEGIN 명령으로 트랜잭션을 시작하고 first_name이 "Toto"인 사용자를 검색했는데, 일치하는 결과가 없었다. 하지만 사용자 A가 사원 번호가 500000인 사원의 이름을 "Toto"로 변경하고 커밋을 실행한 후, 사용자 B가 똑같은 SELECT 쿼리로 다시 조회하면 이번에는 결과가 1건이 조회된다. 이는 별다른 문제가 없어 보이지만, 사실 사용자 B가 하나의 트랜잭션 내에서 똑같은 SELECT 쿼리를 실행했을 때는 항상 같은 결과를 가져와야 한다는 "REPEATABLE READ" 정합성에 어긋나는 것이다.

이러한 부정합 현상은 일반적인 웹 프로그램에서는 크게 문제되지 않을 수 있지만 하나의 트랜잭션에서 동일 데이터를 여러 번 읽고 변경하는 작업이 금전적인 처리와 연결되면 문제가 될 수도 있다. 예를 들어, 다른 트랜잭션에서 입금과 출금 처리가 계속 진행될 때 다른 트랜잭션에서 오늘 입금된 금액의 총합을 조회한다고 가정해보자. 그런데 "REPEATABLE READ"가 보장되지 않기 때문에 총합을 계산하는 SELECT 쿼리는 실행될 때마다 다른 결과를 가져올 것이다. 중요한 것은 사용 중인 트랜잭션의 격리 수준에 의해 실행하는 SQL 문장이 어떤 결과를 가져오게 되는지를 정확히 예측할 수 있어야 한다는 것이다. 그리고 당연히 이를 위해서는 각 트랜잭션의 격리 수준이 어떻게 작동하는지 알아야 한다.

가끔 사용자 중에서 트랜잭션 내에서 실행되는 SELECT 문장과 트랜잭션 없이 실행되는 SELECT 문장의 차이를 혼동하는 경우가 있다. READ COMMITTED 격리 수준에서는 트랜잭션 내에서 실행되는 SELECT 문장과 트랜잭션 외부에서 실행되는 SELECT 문장의 차이가 별로 없다. 하지만 REPEATABLE READ 격리 수준에서는 기본적으로 SELECT 쿼리 문장도 트랜잭션 범위 내에서만 작동한다. 즉, START TRANSACTION(또는 BEGIN) 명령으로 트랜잭션을 시작한 상태에서 온종일 동일한 쿼리를 반복해서 실행해 봐도 동일한 결과만 보게 된다(아무리 다른 트랜잭션에서 그 데이터를 변경하고 COMMIT을 실행한다고 하더라도 말이다). 별로 중요하지 않은 차이처럼 보이지만 이런 문제로 데이터의 정합성이 깨지고 그로 인해 애플리케이션에 버그가 발생하면 찾아내기가 쉽지 않다.

5.4.3 REPEATABLE READ

REPEATABLE READ는 MySQL의 InnoDB 스토리지 엔진에서 기본으로 사용되는 격리 수준이다. 바이너리 로그를 가진 MySQL 서버에서는 최소 REPEATABLE READ 격리 수준 이상을 사용해야 한다. 이 격리 수준에서는 READ COMMITTED 격리 수준에서 발생하는 "NON-REPEATABLE READ" 부정합이 발생하지 않는다. InnoDB 스토리지 엔진은 트랜잭션이 ROLLBACK될 가능성에 대비해 변경되기 전 레코드를 언두(Undo) 공간에 백업해두고 실제 레코드 값을 변경한다. 이러한 변경 방식을 MVCC라고 하며, 이미 앞장에서 한 번 설명한 내용이므로 잘 이해가 되지 않는다면 4.2.3절 'MVCC(Multi Version Concurrency Control)'을 다시 한번 읽어 보자. REPEATABLE READ는 이 MVCC를 위해 언두 영역에 백업된 이전 데이터를 이용해 동일 트랜잭션 내에서는 동일한 결과를 보여줄 수 있게 보장한다. 사실 READ COMMITTED도 MVCC를 이용해 COMMIT되기 전의 데이터를 보여준다. REPEATABLE READ와 READ COMMITTED의 차이는 언두 영역에 백업된 레코드의 여러 버전 가운데 몇 번째 이전 버전까지 찾아 들어가야 하느냐에 있다.

모든 InnoDB의 트랜잭션은 고유한 트랜잭션 번호(순차적으로 증가하는 값)를 가지며, 언두 영역에 백업된 모든 레코드에는 변경을 발생시킨 트랜잭션의 번호가 포함돼 있다. 그리고 언두 영역의 백업된 데이터는 InnoDB 스토리지 엔진이 불필요하다고 판단하는 시점에 주기적으로 삭제한다. REPEATABLE READ 격리 수준에서는 MVCC를 보장하기 위해 실행 중인 트랜잭션 가운데 가장 오래된 트랜잭션 번호보다 트랜잭션 번호가 앞선 언두 영역의 데이터는 삭제할 수가 없다. 그렇다고 가장 오래된 트랜잭션 번호 이전의 트랜잭션에 의해 변경된 모든 언두 데이터가 필요한 것은 아니다. 더 정확하게는 특정 트랜잭션 번호의 구간 내에서 백업된 언두 데이터가 보존돼야 한다.

그림 5.6은 REPEATABLE READ 격리 수준이 작동하는 방식을 보여준다. 우선 이 시나리오가 실행되기 전에 employees 테이블은 번호가 6인 트랜잭션에 의해 INSERT됐다고 가정하자. 그래서 그림 5.6에서 employees 테이블의 초기 두 레코드는 트랜잭션 번호가 6으로 표현된 것이다. 그림 5.6의 시나리오에서는 사용자 A가 emp_no가 500000인 사원의 이름을 변경하는 과정에서 사용자 B가 emp_no=500000인 사원을 SELECT할 때 어떤 과정을 거쳐서 처리되는지 보여준다.

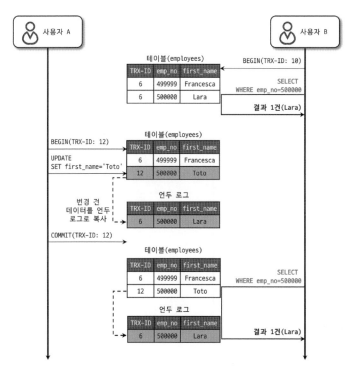

그림 5.6 REPEATABLE READ

그림 5.6에서 사용자 A의 트랜잭션 번호는 12였으며 사용자 B의 트랜잭션의 번호는 10이었다. 이때 사용자 A는 사원의 이름을 "Toto"로 변경하고 커밋을 수행했다. 그런데 A 트랜잭션이 변경을 수행하고 커밋을 했지만, 사용자 B가 emp_no=500000인 사원을 A 트랜잭션의 변경 전후 각각 한 번씩 SELECT했는데 결과는 항상 "Lara"라는 값을 가져온다. 사용자 B가 BEGIN 명령으로 트랜잭션을 시작하면서 10번이라는 트랜잭션 번호를 부여받았는데, 그때부터 사용자 B의 10번 트랜잭션 안에서 실행되는 모든 SELECT 쿼리는 트랜잭션 번호가 10(자신의 트랜잭션 번호)보다 작은 트랜잭션 번호에서 변경한 것만 보게 된다.

그림 5.6에서는 언두 영역에 백업된 데이터가 하나만 있는 것으로 표현했지만 사실 하나의 레코드에 대해 백업이 하나 이상 얼마든지 존재할 수 있다. 한 사용자가 BEGIN으로 트랜잭션을 시작하고 장시간 트랜잭션을 종료하지 않으면 언두 영역이 백업된 데이터로 무한정 커질 수도 있다. 이렇게 언두에 백업된 레코드가 많아지면 MySQL 서버의 처리 성능이 떨어질 수 있다.

REPEATABLE READ 격리 수준에서도 다음과 같은 부정합이 발생할 수 있다. 그림 5.7에서는 사용자 A가 employees 테이블에 INSERT를 실행하는 도중에 사용자 B가 SELECT ... FOR UPDATE 쿼리로 employees 테이블을 조회했을 때 어떤 결과를 가져오는지 보여준다.

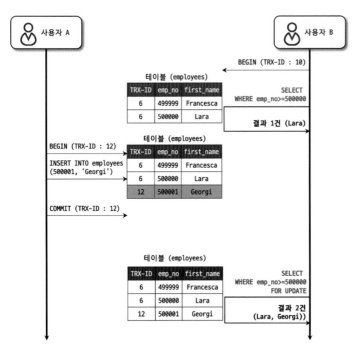

그림 5.7 PHANTOM READ(PHANTOM ROWS)

그림 5.7에서 사용자 B는 BEGIN 명령으로 트랜잭션을 시작한 후 SELECT를 수행한다. 그러므로 그림 5.6의 REPEATABLE READ에서 배운 것처럼 두 번의 SELECT 쿼리 결과는 똑같아야 한다. 하지만 그림 5.7에서 사용자 B가 실행하는 두 번의 SELECT ... FOR UPDATE 쿼리 결과는 서로 다르다. 이렇게 다른 트랜잭션에서 수행한 변경 작업에 의해 레코드가 보였다 안 보였다 하는 현상을 PHANTOM READ(또는 PHANTOM ROW)라고 한다. SELECT ... FOR UPDATE 쿼리는 SELECT하는 레코드에 쓰기 잠금을 걸어야 하는데, 언두 레코드에는 잠금을 걸 수 없다. 그래서 SELECT ... FOR UPDATE나 SELECT ... LOCK IN SHARE MODE로 조회되는 레코드는 언두 영역의 변경 전 데이터를 가져오는 것이 아니라 현재 레코드의 값을 가져오게 되는 것이다.

5.4.4 SERIALIZABLE

가장 단순한 격리 수준이면서 동시에 가장 엄격한 격리 수준이다. 그만큼 동시 처리 성능도 다른 트랜잭션 격리 수준보다 떨어진다. InnoDB 테이블에서 기본적으로 순수한 SELECT 작업(INSERT ... SELECT ... 또는 CREATE TABLE ... AS SELECT ...가 아닌)은 아무런 레코드 잠금도 설정하지 않고 실행된다. InnoDB 매뉴얼에서 자주 나타나는 "Non-locking consistent read(잠금이 필요 없는 일관된 읽기)"라는 말이 이를 의미하는 것이다. 하지만 트랜잭션의 격리 수준이 SERIALIZABLE로 설정되면 읽기 작업도 공유 잠금(읽기 잠금)을 획득해야만 하며, 동시에 다른 트랜잭션은 그러한 레코드를 변경하지 못하게 된다. 즉, 한 트랜잭션에서 읽고 쓰는 레코드를 다른 트랜잭션에서는 절대 접근할 수 없는 것이다. SERIALIZABLE 격리 수준에서는 일반적인 DBMS에서 일어나는 "PHANTOM READ"라는 문제가 발생하지 않는다. 하지만 InnoDB 스토리지 엔진에서는 갭 락과 넥스트 키 락 덕분에 REPEATABLE READ 격리 수준에서도 이미 "PHANTOM READ"가 발생하지 않기 때문에[2] 굳이 SERIALIZABLE을 사용할 필요성은 없어 보인다.

---

2 엄밀하게는 "SELECT ... FOR UPDATE" 또는 "SELECT ... FOR SHARE" 쿼리의 경우 REPEATABLE READ 격리 수준에서 PHANTOM READ 현상이 발생할 수 있다. 하지만 레코드의 변경 이력(언두 레코드)에 잠금을 걸 수는 없기 때문에, 이러한 잠금을 동반한 SELECT 쿼리는 예외적인 상황으로 볼 수 있다.

06

데이터 압축

MySQL 서버에서 디스크에 저장된 데이터 파일의 크기는 일반적으로 쿼리의 처리 성능과도 직결되지만 백업 및 복구 시간과도 밀접하게 연결된다. 디스크의 데이터 파일이 크면 클수록 쿼리를 처리하기 위해서 더 많은 데이터 페이지를 InnoDB 버퍼 풀로 읽어야 할 수도 있고, 새로운 페이지가 버퍼 풀로 적재되기 때문에 그만큼 더티 페이지가 더 자주 디스크로 기록돼야 한다. 그리고 데이터 파일이 크면 클수록 백업 시간이 오래 걸리며, 복구하는 데도 그만큼의 시간이 걸린다. 물론 그만큼의 저장 공간이 필요하기 때문에 비용 문제도 있을 수 있다. 많은 DBMS가 이런 문제점을 해결하기 위해 데이터 압축 기능을 제공한다.

MySQL 서버에서 사용 가능한 압축 방식은 크게 테이블 압축과 페이지 압축의 두 가지 종류로 구분할 수 있는데, 두 방식은 매우 다르게 작동하므로 하나씩 구분해서 살펴보자.

6.1 페이지 압축

페이지 압축은 "Transparent Page Compression"이라고도 불리는데, MySQL 서버가 디스크에 저장하는 시점에 데이터 페이지가 압축되어 저장되고, 반대로 MySQL 서버가 디스크에서 데이터 페이지를 읽어올 때 압축이 해제되기 때문이다. 즉 버퍼 풀에 데이터 페이지가 한 번 적재되면 InnoDB 스토리지 엔진은 압축이 해제된 상태로만 데이터 페이지를 관리한다. 그래서 MySQL 서버의 내부 코드에서는 압축 여부와 관계없이 "투명(Tranparent)"하게 작동한다. 여기서 한 가지 문제점이 있는데, 16KB 데이터 페이지를 압축한 결과가 용량이 얼마나 될지 예측이 불가능한데 적어도 하나의 테이블은 동일한 크기의 페이지(블록)로 통일돼야 한다는 것이다.

그래서 페이지 압축 기능은 운영체제별로 특정 버전의 파일 시스템에서만 지원되는 펀치 홀(Punch hole)이라는 기능을 사용한다. 운영체제(파일 시스템)의 블록 사이즈가 512바이트인 경우, 페이지 압축이 작동하는 방식을 간단히 살펴보면 다음과 같다. MySQL 서버는 특정 테이블에 대해 16KB 크기의 페이지를 유지하면서도 압축된 다양한 크기의 데이터 페이지를 디스크에 저장하고 압축된 만큼의 공간을 절약할 수 있다.

1. 16KB 페이지를 압축(압축 결과를 7KB로 가정)
2. MySQL 서버는 디스크에 압축된 결과 7KB를 기록
   (이때 MySQL 서버는 압축 데이터 7KB에 9KB의 빈 데이터를 기록)
3. 디스크에 데이터를 기록한 후, 7KB 이후의 공간 9KB에 대해 펀치 홀(Punch-hole)을 생성
4. 파일 시스템은 7KB만 남기고 나머지 디스크의 9KB 공간은 다시 운영체제로 반납

그림 6.1은 앞의 과정을 그림으로 표현한 것이다. 그림 6.1의 오른쪽 그림은 16KB 페이지에 대해 9KB 만큼 펀치 홀이 생성된 것을 의미하는데, 이 상태에서는 실제 디스크의 공간은 7KB만 차지한다. 하지만 운영체제에서 16KB를 읽으면 압축된 데이터 7KB와 펀치 홀 공간인 9KB를 합쳐서 16KB를 읽는다.

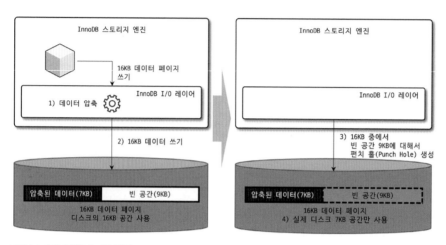

그림 6.1 페이지 압축의 작동 방식

그런데 MySQL 서버의 페이지 압축이 가진 문제는 펀치 홀 기능은 운영체제뿐만 아니라 하드웨어 자체에서도 해당 기능을 지원해야 사용 가능하다는 점이다. 또 다른 문제점은 아직 파일 시스템 관련 명령어(유틸리티)가 펀치 홀을 지원하지 못한다는 것이다. MySQL 서버의 데이터 파일은 해당 서버에만 머무는 것이 아니라 백업했다가 복구하는 과정에서 데이터 파일 복사 과정이 실행되고, 그 외에도 많은 파일 관련 유틸리티들을 사용한다. 예를 들어, 펀치 홀이 적용되어 실제 데이터 파일의 크기가 1GB라고 하더라도 "cp" 같은 파일 복사 명령 또는 XtraBackup 같은 툴이 파일을 복사하면 펀치 홀이 다시 채워져서 데이터 파일의 크기는 원본 크기인 10GB가 될 수도 있다.

이런 이유로 실제 페이지 압축은 많이 사용되지 않는 상태다. 이 책에서도 페이지 압축에 대해서는 자세한 내용을 언급하지 않겠다. 페이지 압축을 이용하기 위해서는 테이블을 생성하거나 변경할 때 다음과 같이 COMPRESSION 옵션을 설정하면 된다.

```
-- // 테이블 생성 시
mysql> CREATE TABLE t1 (c1 INT) COMPRESSION="zlib";
```

```
-- // 테이블 변경 시
mysql> ALTER TABLE t1 COMPRESSION="zlib";
mysql> OPTIMIZE TABLE t1;
```

6.2 테이블 압축

테이블 압축은 운영체제나 하드웨어에 대한 제약 없이 사용할 수 있기 때문에 일반적으로 더 활용도가 높은 편이다. 테이블 압축은 우선 디스크의 데이터 파일 크기를 줄일 수 있기 때문에 그만큼의 이득은 있다. 하지만 테이블 압축도 몇 가지 단점이 있다.

- 버퍼 풀 공간 활용률이 낮음

- 쿼리 처리 성능이 낮음

- 빈번한 데이터 변경 시 압축률이 떨어짐

우선 이러한 단점들이 발생하는 이유를 이해하려면 내부적으로 어떻게 압축이 실행되어 디스크에 저장되는지, 그리고 압축된 데이터 페이지들이 버퍼 풀에 어떻게 적재되어 사용되는지를 이해해야 한다.

6.2.1 압축 테이블 생성

테이블 압축을 사용하기 위한 전제 조건으로 압축을 사용하려는 테이블이 별도의 테이블 스페이스를 사용해야 한다. 이를 위해서는 innodb_file_per_table 시스템 변수가 ON으로 설정된 상태에서 테이블이 생성돼야 한다. 이제 테이블 압축을 사용하는 테이블은 다음과 같이 테이블을 생성할 때 ROW_FORMAT=COMPRESSED 옵션을 명시해야 한다. 추가로 KEY_BLOCK_SIZE 옵션을 이용해 압축된 페이지의 타깃 크기(목표 크기)를 명시하는데, 2n(n 값은 2 이상)으로만 설정할 수 있다. InnoDB 스토리지 엔진의 페이지 크기(innodb_page_size)가 16KB라면 KEY_BLOCK_SIZE는 4KB 또는 8KB만 설정할 수 있다. 그리고 페이지 크기가 32KB 또는 64KB인 경우에는 테이블 압축을 적용할 수 없다.

```
mysql> SET GLOBAL innodb_file_per_table=ON;

-- // ROW_FORMAT 옵션과 KEY_BLOCK_SIZE 옵션을 모두 명시
mysql> CREATE TABLE compressed_table (
          c1 INT PRIMARY KEY
```

```
    )
    ROW_FORMAT=COMPRESSED
    KEY_BLOCK_SIZE=8;

-- // KEY_BLOCK_SIZE 옵션만 명시
mysql> CREATE TABLE compressed_table (
    c1 INT PRIMARY KEY
    )
    KEY_BLOCK_SIZE=8;
```

두 번째 테이블 생성 구문에서와같이 `ROW_FORMAT` 옵션이 생략되면 자동으로 `ROW_FORMAT=COMPRESSED` 옵션이 추가되어 생성된다. `KEY_BLOCK_SIZE`에 명시된 옵션값은 KB 단위를 설정한다. 그래서 앞의 테이블의 `KEY_BLOCK_SIZE`는 8KB를 의미한다.

> **참고** `innodb_file_per_table` 시스템 변수가 0인 상태에서 제너럴 테이블스페이스(General Tablespace)에 생성되는 테이블도 테이블 압축을 사용할 수 있다. 하지만 제너럴 테이블스페이스의 `FILE_BLOCK_SIZE`에 의해 압축을 사용할 수도 있고 그러지 못할 수도 있다. 제너럴 테이블스페이스를 사용하는 테이블에 대해 압축을 고려 중이라면 먼저 매뉴얼[1]의 제너럴 테이블스페이스의 제약 사항을 검토해보자.

압축 적용에 사용되는 `KEY_BLOCK_SIZE` 옵션은 압축된 페이지가 저장될 페이지의 크기를 지정한다. 예를 들어, 현재 InnoDB 스토리지 엔진의 데이터 페이지(블록) 크기가 16KB, 그리고 `KEY_BLOCK_SIZE`가 8로 설정됐다고 가정해보자. 그런데 데이터 페이지를 압축한 용량이 얼마가 될지 알 수 없는데, 어떻게 `KEY_BLOCK_SIZE`를 테이블을 생성할 때 설정할 수 있을까? 우선 InnoDB 스토리지 엔진이 압축을 적용하는 방법을 한번 살펴보자.

1. 16KB의 데이터 페이지를 압축
    1.1 압축된 결과가 8KB 이하이면 그대로 디스크에 저장(압축 완료)
    1.2 압축된 결과가 8KB를 초과하면 원본 페이지를 스플릿(split)해서 2개의 페이지에 8KB씩 저장
2. 나뉜 페이지 각각에 대해 "1"번 단계를 반복 실행

---

1 https://dev.mysql.com/doc/refman/8.0/en/general-tablespaces.html

그림 6.2는 위에서 간략히 살펴본 테이블 압축의 작동 방식을 보여준다. 그림 6.2는 목표 크기(KEY_BLOCK_SIZE)로 8KB를 가정했으며, 테이블 압축에서는 InnoDB 스토리지 엔진의 "InnoDB I/O 레이어"에서는 아무런 역할을 하지 않는다는 것을 알 수 있다.

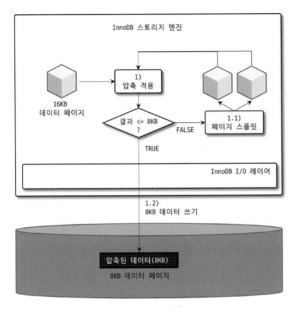

그림 6.2 테이블 압축의 작동 방식

테이블 압축 방식에서 가장 중요한 것은 원본 데이터 페이지의 압축 결과가 목표 크기(KEY_BLOCK_SIZE)보다 작거나 같을 때까지 반복해서 페이지를 스플릿하는 것이다. 그래서 목표 크기가 잘못 설정되면 MySQL 서버의 처리 성능이 급격히 떨어질 수 있으니 주의하자.

6.2.2 KEY_BLOCK_SIZE 결정

테이블 압축에서 가장 중요한 부분은 압축된 결과가 어느 정도가 될지를 예측해서 KEY_BLOCK_SIZE를 결정하는 것이다. 그래서 테이블 압축을 적용하기 전에 먼저 KEY_BLOCK_SIZE를 4KB 또는 8KB로 테이블을 생성해서 샘플 데이터를 저장해보고 적절한지 판단하는 것이 좋다. 이때 샘플 데이터는 많으면 많을수록 더 정확한 테스트가 가능한데, 최소한 테이블의 데이터 페이지가 10개 정도는 생성되도록 테스트 데이터를 INSERT해보는 것이 좋다.

예제 데이터베이스의 employees 테이블을 이용해 간단히 KEY_BLOCK_SIZE를 선택하는 예시를 살펴보자.

```
mysql> USE employees;

-- // employees 테이블과 동일한 구조로, 테이블 압축을 사용하는 예제 테이블을 생성
mysql> CREATE TABLE employees_comp4k (
        emp_no int NOT NULL,
        birth_date date NOT NULL,
        first_name varchar(14) NOT NULL,
        last_name varchar(16) NOT NULL,
        gender enum('M','F') NOT NULL,
        hire_date date NOT NULL,
        PRIMARY KEY (emp_no),
        KEY ix_firstname (first_name),
        KEY ix_hiredate (hire_date)
    ) ROW_FORMAT=COMPRESSED KEY_BLOCK_SIZE=4;

-- // 테스트를 실행하기 전에 innodb_cmp_per_index_enabled 시스템 변수를 ON으로 변경해야
-- // 인덱스별로 압축 실행 횟수와 성공 횟수가 기록된다.
mysql> SET GLOBAL innodb_cmp_per_index_enabled=ON;

-- // employees 테이블의 데이터를 그대로 압축 테스트 테이블로 저장
mysql> INSERT INTO employees_comp4k SELECT * FROM employees;

-- // 인덱스별로 압축 횟수와 성공 횟수, 압축 실패율을 조회
mysql> SELECT
        table_name, index_name, compress_ops, compress_ops_ok,
        (compress_ops-compress_ops_ok)/compress_ops * 100 as compression_failure_pct
    FROM information_schema.INNODB_CMP_PER_INDEX;
+------------------+--------------+--------------+-----------------+-------------------------+
| table_name       | index_name   | compress_ops | compress_ops_ok | compression_failure_pct |
+------------------+--------------+--------------+-----------------+-------------------------+
| employees_comp4k | PRIMARY      |        18635 |           13478 |                 27.6737 |
| employees_comp4k | ix_firstname |         8320 |            7653 |                  8.0168 |
| employees_comp4k | ix_hiredate  |         7766 |            6721 |                 13.4561 |
+------------------+--------------+--------------+-----------------+-------------------------+
```

위 예제의 마지막 부분을 보면 압축된 테이블의 PRIMARY 키는 전체 18653번 압축을 실행했는데, 그 중에서 13478번 성공했다. 즉 5175(18653 − 13478)번 압축했는데, 압축의 결과가 4KB를 초과해서 데이터 페이지를 스플릿해서 다시 압축을 실행했다는 의미다. 여기서 PRIMARY 키는 압축 실패율이 27.67%이며 나머지 인덱스 2개도 압축 실패율이 상대적으로 높게 나온 것을 알 수 있다. 일반적으로 압축 실패율은 3~5% 미만으로 유지할 수 있게 KEY_BLOCK_SIZE를 선택하는 것이 좋다.

그렇다면 이번에는 KEY_BLOCK_SIZE를 8KB로 설정하고 한 번 동일한 테스트를 실행해보자.

```
mysql> SELECT
         table_name, index_name, compress_ops, compress_ops_ok,
         (compress_ops-compress_ops_ok)/compress_ops * 100 as compression_failure_pct
       FROM information_schema.INNODB_CMP_PER_INDEX;
+------------------+--------------+--------------+-----------------+-------------------------+
| table_name       | index_name   | compress_ops | compress_ops_ok | compression_failure_pct |
+------------------+--------------+--------------+-----------------+-------------------------+
| employees_comp8k | PRIMARY      |         8092 |            6593 |                 18.5245 |
| employees_comp8k | ix_firstname |         1996 |            1996 |                  0.0000 |
| employees_comp8k | ix_hiredate  |         1391 |            1381 |                  0.7189 |
+------------------+--------------+--------------+-----------------+-------------------------+
```

KEY_BLOCK_SIZE를 8KB로 설정했음에도 불구하고 PRIMARY 키의 압축 실패율이 꽤 높게 나타난 것을 알 수 있다. 이 결과를 기준으로 판단한다면, 압축을 적용하면 압축 실패율이 꽤 높아서 InnoDB 버퍼 풀에서 디스크로 기록되기 전에 압축하는 과정에 꽤 오랜 시간이 걸릴 것이라고 예측할 수 있다. 성능에 민감한 서비스라면 employees 테이블은 압축을 적용하지 않는 것이 좋다고 판단할 수 있다. 물론 압축 실패율이 높다고 해서 실제 디스크의 데이터 파일 크기가 줄어들지 않는다는 뜻은 아니다.

```
linux> ls -alh data/employees/employees*.ibd
-rw-r----- 1 matt  dba    30M  7 26 15:44 employees.ibd
-rw-r----- 1 matt  dba    20M  7 26 21:54 employees_comp4k.ibd
-rw-r----- 1 matt  dba    21M  7 26 22:05 employees_comp8k.ibd
```

위의 결과는 실제 데이터 디렉터리에 생성된 각 테이블의 크기다. 여기서 압축되지 않은 employees 테이블의 크기는 30MB인 반면, 4KB 압축을 적용하면 데이터 파일의 용량이 20MB로 줄어든 것을 알 수 있다. 여기서 흥미로운 결과는 4KB 압축과 8KB 압축의 결과가 거의 차이 나지 않는다는 것이다.

이 경우 굳이 압축을 선택해야 한다면 압축 실패율은 낮으면서 압축 효율은 상대적으로 높은 8KB를 선택하는 것이 훨씬 효율적일 것이다.

여기서 주의해야 할 것이 있는데, 압축 실패율이 높다고 해서 압축을 사용하지 말아야 한다는 것을 의미하지는 않는다는 것이다. 예를 들어, INSERT만 되는 로그 테이블의 경우에는 한 번 INSERT되면 이후 다시는 변경되지 않을 것이다. 그렇다면 한 번 정도는 압축 시도가 실패해서 페이지 스플릿 후 재압축한다고 하더라도 전체적으로 데이터 파일의 크기가 큰 폭으로 줄어든다면 큰 손해는 아닐 것이다. 물론 그 반대의 경우도 있을 것이다. 압축 실패율이 그다지 높지 않은 경우라고 하더라도 테이블의 데이터가 매우 빈번하게 조회되고 변경된다면 압축은 고려하지 않는 것이 좋다. 테이블 압축은 zlib를 이용해 압축을 실행하는데, 예상외로 압축 알고리즘은 많은 CPU 자원을 소모한다는 것을 기억해두자.

6.2.3 압축된 페이지의 버퍼 풀 적재 및 사용

InnoDB 스토리지 엔진은 압축된 테이블의 데이터 페이지를 버퍼 풀에 적재하면 압축된 상태와 압축이 해제된 상태 2개 버전을 관리한다. 그래서 InnoDB 스토리지 엔진은 디스크에서 읽은 상태 그대로의 데이터 페이지 목록을 관리하는 LRU 리스트와 압축된 페이지들의 압축 해제 버전인 Unzip_LRU 리스트를 별도로 관리하게 된다.

MySQL 서버에는 압축된 테이블과 압축되지 않은 테이블이 공존하므로 결국 LRU 리스트는 다음과 같이 압축된 페이지와 압축되지 않은 페이지를 모두 가질 수 있다.

- 압축이 적용되지 않은 테이블의 데이터 페이지
- 압축이 적용된 테이블의 압축된 데이터 페이지

그리고 Unzip_LRU 리스트는 압축이 적용되지 않은 테이블의 데이터 페이지는 가지지 않으며, 압축이 적용된 테이블에서 읽은 데이터 페이지만 관리한다. 물론 Unzip_LRU 리스트에는 압축을 해제한 상태의 데이터 페이지 목록이 관리된다.

결국 InnoDB 스토리지 엔진은 압축된 테이블에 대해서는 버퍼 풀의 공간을 이중으로 사용함으로써 메모리를 낭비하는 효과를 가진다. 또 다른 문제점으로는 압축된 페이지에서 데이터를 읽거나 변경하기 위해서는 압축을 해제해야 한다는 것인데, 압축 및 압축 해제 작업은 CPU를 상대적으로 많이 소모하는 작업이다. 이러한 두 가지 단점을 보완하기 위해 Unzip_LRU 리스트를 별도로 관리하고 있다가 MySQL 서버로 유입되는 요청 패턴에 따라서 적절히(Adaptive) 다음과 같은 처리를 수행한다.

- InnoDB 버퍼 풀의 공간이 필요한 경우에는 LRU 리스트에서 원본 데이터 페이지(압축된 형태)는 유지하고, Unzip_LRU 리스트에서 압축 해제된 버전은 제거해서 버퍼 풀의 공간을 확보한다.

- 압축된 데이터 페이지가 자주 사용되는 경우에는 Unzip_LRU 리스트에 압축 해제된 페이지를 계속 유지하면서 압축 및 압축 해제 작업을 최소화한다.

- 압축된 데이터 페이지가 사용되지 않아서 LRU 리스트에서 제거되는 경우에는 Unzip_LRU 리스트에서도 함께 제거된다.

InnoDB 스토리지 엔진은 버퍼 풀에서 압축 해제된 버전의 데이터 페이지를 적절한 수준으로 유지하기 위해 다음과 같은 어댑티브(적응적인) 알고리즘을 사용한다.

- CPU 사용량이 높은 서버에서는 가능하면 압축과 압축 해제를 피하기 위해 Unzip_LRU의 비율을 높여서 유지하고

- Disk IO 사용량이 높은 서버에서는 가능하면 Unzip_LRU 리스트의 비율을 낮춰서 InnoDB 버퍼 풀의 공간을 더 확보하도록 작동한다.

6.2.4 테이블 압축 관련 설정

테이블 압축을 사용할 때 연관된 시스템 변수가 몇 가지 있는데, 모두 페이지의 압축 실패율을 낮추기 위해 필요한 튜닝 포인트를 제공한다.

- innodb_cmp_per_index_enabled: 테이블 압축이 사용된 테이블의 모든 인덱스별로 압축 성공 및 압축 실행 횟수를 수집하도록 설정한다. innodb_cmp_per_index_enabled 시스템 옵션이 비활성화(OFF)되면 테이블 단위의 압축 성공 및 압축 실행 횟수만 수집된다. 테이블 단위로 수집된 정보는 information_schema.INNODB_CMP 테이블에 기록되며, 인덱스 단위로 수집된 정보는 information_schema.INNODB_CMP_PER_INDEX 테이블에 기록된다.

- innodb_compression_level: InnoDB의 테이블 압축은 zlib 압축 알고리즘만 지원하는데, 이때 innodb_compression_level 시스템 변수를 이용해 압축률을 설정할 수 있다. 0부터 9까지의 값 중에서 선택할 수 있는데, 값이 작을수록 압축 속도는 빨라지지만 저장 공간은 커질 수 있다. 반대로 값이 커질수록 속도는 느려질 수 있지만 압축률은 높아진다. 기본값은 6으로, 압축 속도와 압축률 모두 중간 정도로 선택한 값이다. 여기서 압축 속도는 CPU 자원 소모량과 동일한 의미다. 즉, 압축 속도가 빨라진다는 것은 CPU 자원을 그만큼 적게 사용한다는 의미다.

- innodb_compression_failure_threshold_pct와 innodb_compression_pad_pct_max: 테이블 단위로 압축 실패율이 innodb_compression_failure_threshold_pct 시스템 설정값보다 커지면 압축을 실행하기 전 원본 데이터 페이지의 끝에 의도적으로 일정 크기의 빈 공간을 추가한다. 즉, 추가된 빈 공간은 압축률을 높여서 압축 결과가 KEY_BLOCK_SIZE보다 작아지게 만드는 효과를 낸다. 여기서 추가하는 빈 공간을 패딩(Padding)이라고 하며, 이 패딩 공간은 압축 실패율이 높아질수록 계속 증가된 크기를 가지는데, 추가할 수 있는 패딩 공간의 최대 크기는

innodb_compression_pad_pct_max 시스템 설정값 이상을 넘을 수 없다. innodb_compression_pad_pct_max 시스템 설정값에는 % 값을 설정하는데, 전체 데이터 페이지 크기 대비 패딩 공간의 비율을 의미한다.

- innodb_log_compressed_pages: MySQL 서버가 비정상적으로 종료됐다가 다시 시작되는 경우 압축 알고리즘(zlib)의 버전 차이가 있더라도 복구 과정이 실패하지 않도록 InnoDB 스토리지 엔진은 압축된 데이터 페이지를 그대로 리두 로그에 기록한다. 이는 압축 알고리즘을 업그레이드할 때 도움이 되지만, 데이터 페이지를 통째로 리두 로그에 저장하는 것은 리두 로그의 증가량에 상당한 영향을 미칠 수도 있다. 압축을 적용한 후 리두 로그 용량이 매우 빠르게 증가한다거나 버퍼 풀로부터 더티 페이지가 한꺼번에 많이 기록되는 패턴으로 바뀌었다면 innodb_log_compressed_pages 시스템 변수를 OFF로 설정한 후 모니터링해보는 것이 좋다. innodb_log_compressed_pages 시스템 변수의 기본값은 ON인데, 가능하면 기본값인 ON 상태를 유지하자.

07

데이터 암호화

MySQL 5.7 버전부터 지원되기 시작한 데이터 암호화 기능은 처음에는 데이터 파일(테이블스페이스)에 대해서만 암호화 기능이 제공됐다. 그러다 MySQL 8.0으로 업그레이드되면서 데이터 파일뿐만 아니라 리두 로그나 언두 로그, 복제를 위한 바이너리 로그 등도 모두 암호화 기능을 지원하기 시작했다.

데이터 암호화 여부는 보안 감사에서 필수적으로 언급되는 부분이며, 핀테크 서비스처럼 중요한 정보를 저장하는 서비스에서는 응용 프로그램에서 암호화한 데이터를 데이터베이스 서버에서 다시 암호화하는 이중 암호화 방법을 선택하기도 한다. 응용 프로그램의 암호화는 주로 중요 정보를 가진 칼럼 단위로 암호화를 수행하며, 데이터베이스 수준에서는 테이블 단위로 암호화를 적용한다.

7.1 MySQL 서버의 데이터 암호화

MySQL 서버의 암호화 기능은 그림 7.1에서와같이 데이터베이스 서버와 디스크 사이의 데이터 읽고 쓰기 지점에서 암호화 또는 복호화를 수행한다. 그래서 MySQL 서버에서 디스크 입출력 이외의 부분에서는 암호화 처리가 전혀 필요치 않다. 즉, MySQL 서버(InnoDB 스토리지 엔진)의 I/O 레이어에서만 데이터의 암호화 및 복호화 과정이 실행되는 것이다.

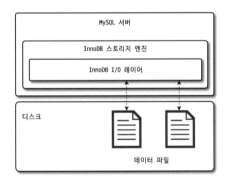

그림 7.1 MySQL 서버의 디스크 입출력

MySQL 서버에서 사용자의 쿼리를 처리하는 과정에서 테이블의 데이터가 암호화돼 있는지 여부를 식별할 필요가 없으며, 암호화된 테이블도 그렇지 않은 테이블과 동일한 처리 과정을 거친다. 데이터 암호화 기능이 활성화돼 있다고 하더라도 MySQL 내부와 사용자 입장에서는 아무런 차이가 없기 때문에 이러한 암호화 방식을 가리켜 TDE(Transparent Data Encryption)이라고 한다. 또한 "Data at Rest Encryption"라고도 하는데, 여기서 "Data at Rest"는 메모리(In-Process)나 네트워크 전송(In-

Transit) 단계가 아닌 디스크에 저장(At Rest)된 단계에서만 암호화된다는 의미로 사용되는 표현이다. MySQL 서버에서는 둘 모두 거의 동일한 표현으로 사용되지만 MySQL 매뉴얼에서는 TDE라는 표현을 사용한다.

7.1.1 2단계 키 관리

MySQL 서버의 TDE에서 암호화 키는 키링(KeyRing) 플러그인에 의해 관리되며, MySQL 8.0 버전에서 지원되는 키링 플러그인은 다음과 같다. 하지만 MySQL 커뮤니티 에디션에서는 keyring_file 플러그인만 사용 가능하고, 나머지 플러그인은 모두 MySQL 엔터프라이즈 에디션에서만 사용 가능하다.

- keyring_file File-Based 플러그인

- keyring_encrypted_file Keyring 플러그인

- keyring_okv KMIP 플러그인

- keyring_aws Amazon Web Services Keyring 플러그인

다양한 플러그인이 제공되지만 마스터 키를 관리하는 방법만 다를 뿐 MySQL 서버 내부적으로 작동하는 방식은 모두 동일하다. MySQL 서버의 키링 플러그인은 2단계(2-Tier) 키 관리 방식을 사용하는데, 그림 7.2는 2단계 키 관리 아키텍처를 보여준다.

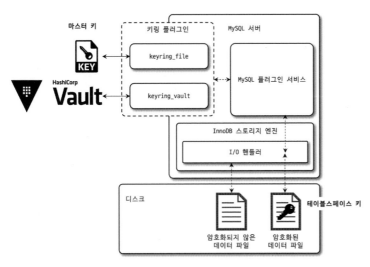

그림 7.2 2단계 암호화 아키텍처

MySQL 서버의 데이터 암호화는 마스터 키(master key)와 테이블스페이스 키(tablespace key)라는 두 가지 종류의 키를 가지고 있는데, 테이블스페이스 키는 프라이빗 키(private key)라고도 한다. 그림 7.2에서 보는 바와 같이 MySQL 서버는 HashiCorp Vault 같은 외부 키 관리 솔루션(KMS, Key Management Service) 또는 디스크의 파일(keyring_file 또는 keyring_encrypted_file 플러그인 사용 시)에서 마스터 키를 가져오고, 암호화된 테이블이 생성될 때마다 해당 테이블을 위한 임의의 테이블스페이스 키를 발급한다. 그리고 MySQL 서버는 마스터 키를 이용해 테이블스페이스키를 암호화해서 각 테이블의 데이터 파일 헤더에 저장한다. 이렇게 생성된 테이블스페이스 키는 테이블이 삭제되지 않는 이상 절대 변경되지 않는다. 하지만 테이블스페이스 키는 절대 MySQL 서버 외부로 노출되지 않기 때문에 테이블스페이스 키를 주기적으로 변경하지 않아도 보안상 취약점이 되지는 않는다.

하지만 마스터 키는 외부의 파일을 이용하기 때문에 노출될 가능성이 있다. 그래서 마스터 키는 주기적으로 변경해야 한다. MySQL 서버의 마스터 키는 다음과 같이 변경할 수 있다.

```
mysql> ALTER INSTANCE ROTATE INNODB MASTER KEY;
```

마스터 키를 변경하면 MySQL 서버는 기존의 마스터 키를 이용해 각 테이블의 테이블스페이스 키를 복호화한 다음 새로운 마스터 키로 다시 암호화한다. 마스터 키가 변경되는 동안 MySQL 서버의 테이블스페이스 키 자체와 데이터 파일의 데이터는 전혀 변경되지 않는다. MySQL 서버에서 이렇게 2단계 암호화 방식을 사용하는 이유는 암호화 키 변경으로 인한 과도한 시스템 부하를 피하기 위해서다. 테이블스페이스 키가 변경된다면 MySQL 서버는 데이터 파일의 모든 데이터를 다시 복호화했다가 다시 암호화해야 한다. 이로 인해 키를 변경할 때마다 엄청난 작업을 해야 하며, 사용자 쿼리를 처리하는 데도 상당한 영향을 미치게 된다.

MySQL 서버의 TDE에서 지원되는 암호화 알고리즘은 AES 256비트이며, 이외의 알고리즘은 지원되지 않는다. 테이블스페이스 키는 AES-256 ECB(Electronic CodeBook) 알고리즘을 이용해 암호화되고, 실제 데이터 파일은 AES-256 CBC(Cipher Block Chaining) 알고리즘을 이용해 암호화된다.

7.1.2 암호화와 성능

MySQL 서버의 암호화는 TDE(Transparent Data Encryption) 방식이기 때문에 디스크로부터 한 번 읽은 데이터 페이지는 복호화되어 InnoDB의 버퍼 풀에 적재된다. 그래서 데이터 페이지가 한 번 메모리에 적재되면 암호화되지 않은 테이블과 동일한 성능을 보인다. 하지만 쿼리가 InnoDB 버퍼 풀에 존재하지 않는 데이터 페이지를 읽어야 하는 경우에는 복호화 과정을 거치기 때문에 복호화 시간 동안 쿼리 처리가 지연될 것이다. 그리고 암호화된 테이블이 변경되면 다시 디스크로 동기화될 때 암호화돼야 하기 때문에 디스크에 저장할 때도 추가로 시간이 더 걸린다. 하지만 데이터 페이지 저장은 사용자의 쿼리를 처리하는 스레드가 아닌 MySQL 서버의 백그라운드 스레드가 수행하기 때문에 실제 사용자 쿼리가 지연되는 것은 아니다. SELECT뿐만 아니라 UPDATE, DELETE 명령 또한 변경하고자 하는 레코드를 InnoDB 버퍼 풀로 읽어와야 하기 때문에 새롭게 디스크에서 읽어야 하는 데이터 페이지의 개수에 따라서 그만큼의 복호화 지연이 발생한다.

AES(Advanced Encryption Standard) 암호화 알고리즘은 암호화하고자 하는 평문의 길이가 짧은 경우 암호화 키의 크기에 따라 암호화된 결과의 용량이 더 커질 수도 있지만, 이미 데이터 페이지는 암호화 키보다 훨씬 크기 때문에 암호화 결과가 평문의 결과와 동일한 크기의 암호문을 반환한다. 그래서 TDE를 적용한다고 해도 데이터 파일의 크기는 암호화되지 않은 테이블과 동일한 크기를 가진다. 즉 암호화한다고 해서 InnoDB 버퍼 풀의 효율이 달라지거나 메모리 사용 효율이 떨어지는 현상은 발생하지 않는다.

같은 테이블에 대해 암호화와 압축이 동시에 적용되면 MySQL 서버는 압축을 먼저 실행하고 암호화를 적용한다. 압축이 암호화보다 먼저 실행되는 이유는 다음과 같다.

- 일반적으로 암호화된 결과문은 아주 랜덤한 바이트의 배열을 가지게 되는데, 이는 압축률을 상당히 떨어뜨린다. 그래서 최대한 압축 효율을 높이기 위해 사용자의 데이터를 그대로 압축해서 용량을 최소화한 후 암호화를 적용한다.

- 또한 암호화된 테이블의 데이터 페이지는 복호화된 상태로 InnoDB 버퍼 풀에 저장되지만, 압축된 데이터 페이지는 압축 또는 압축 해제의 모든 상태로 InnoDB 버퍼 풀에 존재할 수 있다. 그래서 암호화가 먼저 실행되고 압축이 적용된다면 MySQL 서버는 InnoDB 버퍼 풀에 존재하는 데이터 페이지에 대해서도 매번 암복호화 작업을 수행해야 된다.

다음 표는 암호화된 테이블과 그렇지 않은 테이블의 디스크 읽고 쓰기에 걸리는 평균 시간을 수집한 정보다. 물론 수집된 정보에는 어느 정도 오차는 있겠지만 암호화된 테이블의 경우 읽기는 3~5배 정도 느리며, 쓰기의 경우에는 5~6배 정도 느린 것을 확인할 수 있다. 물론 밀리초 단위이므로 수치가 워낙 낮은 편이어서 크게 체감되지는 않을 수도 있다.

암호화	테이블명	테이블 크기(GB)	Read Latency(ms)	Write Latency(ms)
No	table_1	1.3	0.56	0.02
	table_2	2.7	0.16	0.02
	table_3	3.7	0.49	0.02
	table_4	106.6	0.34	0.02
	table_5	141.0	0.25	0.02
Yes	table_6	2.0	1.19	0.11
	table_7	4.8	1.50	0.13
	table_8	206.5	1.44	0.12

> **참고**
>
> 앞의 표에 보이는 디스크 읽고 쓰기 속도는 performance_schema의 file_summary_by_instance 테이블에 수집된 결과를 이용해 다음의 쿼리로 조회했다. 암호화된 테이블의 읽고 쓰기 성능을 직접 확인해보고자 한다면 다음 쿼리를 활용하면 된다.

```
mysql> SELECT (SUM(SUM_TIMER_READ) / SUM(COUNT_READ))/1000000000 as avg_read_latency_ms,
              (SUM(SUM_TIMER_WRITE) / SUM(COUNT_WRITE))/1000000000 as avg_write_latency_ms
       FROM performance_schema.file_summary_by_instance
       WHERE file_name LIKE '%DB_NAME/TABLE_NAME%';
```

7.1.3 암호화와 복제

MySQL 서버의 복제에서 레플리카 서버는 소스 서버의 모든 사용자 데이터를 동기화하기 때문에 실제 데이터 파일도 동일할 것이라 생각할 수 있다. 하지만 TDE를 이용한 암호화 사용 시 마스터 키와 테이블스페이스 키는 그렇지 않다. MySQL 서버에서 기본적으로 모든 노드는 각자의 마스터 키를 할당해야 한다. 데이터베이스 서버의 로컬 디렉터리에 마스터 키를 관리하는 경우에는 소스 서버와 레플리카 서버가 다른 키를 가질 수밖에 없겠지만 원격으로 키 관리 솔루션을 사용하는 경우에도 소스 서버와 레플리카 서버는 서로 다른 마스터 키를 갖도록 설정해야 한다. 마스터 키 자체가 레플리카로 복제되지 않기 때문에 테이블스페이스 키 또한 레플리카로 복제되지 않는다. 결국 소스 서버와 레플리카 서버는 서로 각자의 마스터 키와 테이블스페이스 키를 관리하기 때문에 복제 멤버들의 데이터 파일은 암호화되기 전의 값이 동일하더라도 실제 암호화된 데이터가 저장된 데이터 파일의 내용은 완전히 달라진다.

복제 소스 서버의 마스터 키를 변경할 때는 ALTER INSTANCE ROTATE INNODB MASTER KEY 명령을 실행하는 데, 이때 ALTER INSTANCE ROTATE INNODB MASTER KEY 명령 자체는 레플리카 서버로 복제되지만 실제 소스 서버의 마스터 키 자체가 레플리카 서버로 전달되는 것은 아니다. 그래서 마스터 키 로테이션을 실행하면 소스 서버와 레플리카 서버가 각각 서로 다른 마스터 키를 새로 발급받는다. MySQL 서버의 백업에서 TDE의 키링(Key Ring) 파일을 백업하지 않는 경우가 있는데, 이 경우 키링 파일을 찾지 못하면 데이터 복구를 할 수 없게 된다. 키링 파일을 데이터 백업과 별도로 백업한다면 마스터 키 로테이션 명령으로 TDE의 마스터 키가 언제 변경됐는지까지 기억하고 있어야 한다. 물론 보안을 위해 키링 파일을 데이터 파일과 별도로 보관하는 것을 권장하지만 복구를 감안하고 백업 방식을 선택해야 한다. 이미 언급한 바와 같이 마스터 키도 계속 변경될 수 있기 때문에 백업마다 키링 파일의 백업도 함께 고려하자.

7.2 keyring_file 플러그인 설치

MySQL 서버의 데이터 암호화 기능인 TDE의 암호화 키 관리는 플러그인 방식으로 제공된다. MySQL 엔터프라이즈 에디션에서 사용할 수 있는 플러그인은 다양하지만 MySQL 커뮤니티 에디션에서는 keyring_file 플러그인만 가능하다. 여기서는 keyring_file 플러그인을 설치하고 사용하는 방법을 간단히 살펴보겠다. 우선 keyring_file 플러그인은 테이블스페이스 키를 암호화하기 위한 마스터 키를 디스크의 파일로 관리하는데, 이때 마스터 키는 평문으로 디스크에 저장된다. 즉 마스터 키가 저장된 파일이 외부에 노출된다면 데이터 암호화는 무용지물이 된다.

> **주의** keyring_file 플러그인은 마스터 키를 암호화하지 않은 상태의 평문으로 로컬 디스크에 저장하기 때문에 그다지 보안 요건을 충족시켜주진 않는다. 그럼에도 꼭 keyring_file 플러그인을 사용하고자 한다면 MySQL 서버가 시작될 때만 키링 파일을 다른 서버로부터 다운로드해서 로컬 디스크에 저장한 후 MySQL 서버를 시작하는 방법을 고려해보자. 그리고 일단 MySQL 서버가 시작되면 MySQL 서버가 마스터 키를 메모리에 캐시하기 때문에 로컬 디스크의 키링 파일을 삭제해도 (MySQL 서버가 재시작되지 않는 한) MySQL 서버가 작동하는 데는 아무런 문제가 없다. 마스터 키를 로테이션하는 경우에는 로컬의 키링 파일이 최신이 되므로 다시 외부 서버에 복사해 둬야 한다.
>
> Percona Server[1]는 HashiCorp Vault[2]를 연동하는 키 관리 플러그인을 오픈소스로 제공한다. MySQL 커뮤니티 에디션에서도 문제없이 사용할 수 있으므로 Percona Server의 keyring_vault[3] 플러그인도 함께 검토해볼 것을 권장한다.

---

2 https://percona.com

3 https://www.hashicorp.com/products/vault/data-protection/

4 https://www.percona.com/doc/percona-server/8.0/security/vault.html#vault

MySQL 서버의 다른 플러그인과는 달리, TDE 플러그인의 경우 MySQL 서버가 시작되는 단계에서도 가장 빨리 초기화돼야 한다. 그래서 다음과 같이 MySQL 서버의 설정 파일(my.cnf)에서 early-plugin-load 시스템 변수에 keyring_file 플러그인을 위한 라이브러리("keyring_file.so")를 명시하면 된다. 그리고 keyring_file 플러그인이 마스터 키를 저장할 키링 파일의 경로를 keyring_file_data 설정에 명시하면 된다. keyring_file_data 설정의 경로는 오직 하나의 MySQL 서버만 참조해야 한다. 하나의 리눅스 서버에 MySQL 서버가 2개 이상 실행 중이라면 각 MySQL 서버가 서로 다른 키링 파일을 사용하도록 설정해야 한다.

```
early-plugin-load = keyring_file.so
keyring_file_data = /very/secure/directory/tde_master.key
```

MySQL 서버의 설정 파일이 준비되면 MySQL 서버를 재시작하면 자동으로 keyring_file 플러그인이 초기화된다. keyring_file 플러그인의 초기화 여부는 다음과 같이 SHOW PLUGINS 명령으로 확인 가능하다.

```
mysql> SHOW PLUGINS;
+------------------------------+---------+----------------+-----------------+---------+
| Name                         | Status  | Type           | Library         | License |
+------------------------------+---------+----------------+-----------------+---------+
| keyring_file                 | ACTIVE  | KEYRING        | keyring_file.so | GPL     |
| binlog                       | ACTIVE  | STORAGE ENGINE | NULL            | GPL     |
| mysql_native_password        | ACTIVE  | AUTHENTICATION | NULL            | GPL     |
...
```

keyring_file 플러그인이 초기화되면 MySQL 서버는 플러그인의 초기화와 동시에 keyring_file_data 시스템 변수의 경로에 빈 파일을 생성한다. 플러그인만 초기화된 상태일 뿐, 아직 마스터 키를 사용한 적이 없기 때문에 실제 키링 파일의 내용은 비어 있다. 데이터 암호화 기능을 사용하는 테이블을 생성하거나 마스터 로테이션을 실행하면 키링 파일의 마스터 키가 초기화된다.

```
linux> ls -alh tde_master.key
-rw-r-----  1 matt   0B  7 27 14:24 tde_master.key

mysql> ALTER INSTANCE ROTATE INNODB MASTER KEY;
```

```
linux> ls -alh tde_master.key
-rw-r-----  1 matt 187B  7 27 14:24 tde_master.key
```

> **참고**
>
> ALTER INSTANCE ROTATE INNODB MASTER KEY 명령을 실행하고 바이너리 로그의 내용을 살펴보면 다음과 같이 표시된다. 바이너리 로그의 내용에서 "ALTER INSTANCE ROTATE INNODB MASTER KEY" 이벤트는 Event_type 칼럼값이 "Query"인 것을 알 수 있다. 즉 마스터 키 로테이션을 실행하면 SQL 문장이 레플리카 서버로 전달되며, 이는 실제 새로 생성된 마스터 키의 값이 바이너리 로그로 전달되지 않음을 의미한다. 가독성을 위해 SHOW BINLOG 명령의 결과에서 일부 내용은 삭제했으므로 결과는 다음과 같지 않을 수 있다.
>
> ```
> mysql> SHOW BINLOG EVENTS IN 'mysql-bin.000010';
> +------------------+-----+----------------+------------------------------------+
> | Log_name         | Pos | Event_type     | Info                               |
> +------------------+-----+----------------+------------------------------------+
> | mysql-bin.000010 |   4 | Format_desc    | Server ver: 8.0.21, Binlog ver: 4  |
> | mysql-bin.000010 | 125 | Previous_gtids |                                    |
> | mysql-bin.000010 | 156 | Anonymous_Gtid | SET @@SESSION.GTID_NEXT= 'ANONYMOUS' |
> | mysql-bin.000010 | 233 | Query          | ALTER INSTANCE ROTATE INNODB MASTER KEY |
> +------------------+-----+----------------+------------------------------------+
> ```

7.3 테이블 암호화

키링 플러그인은 마스터 키를 생성하고 관리하는 부분까지만 담당하기 때문에 어떤 키링 플러그인을 사용하든 관계없이 암호화된 테이블을 생성하고 활용하는 방법은 모두 동일하다.

7.3.1 테이블 생성

TDE를 이용하는 테이블은 다음과 같이 생성할 수 있다.

```
mysql> CREATE TABLE tab_encrypted (
         id INT,
         data VARCHAR(100),
         PRIMARY KEY(id)
       ) ENCRYPTION='Y';
```

```
mysql> INSERT INTO tab_encrypted VALUES (1, 'test_data');

mysql> SELECT * FROM tab_encrypted;
+----+-----------+
| id | data      |
+----+-----------+
|  1 | test_data |
+----+-----------+
```

일반적인 테이블 생성 구문과 동일하며, 마지막에 "ENCRYPTION='Y'" 옵션만 추가로 넣으면 된다. 그러면 이제부터 이 테이블의 데이터가 디스크에 기록될 때는 데이터가 자동으로 암호화되어 저장되고, 다시 디스크에서 메모리로 읽어올 때 복호화된다. MySQL 서버에서 암호화된 테이블만 검색할 때는 information_schema의 TABLES 뷰를 이용하면 된다.

```
mysql> SELECT table_schema, table_name, create_options
       FROM information_schema.tables
       WHERE table_name='tab_encrypted';
+--------------+---------------+----------------+
| TABLE_SCHEMA | TABLE_NAME    | CREATE_OPTIONS |
+--------------+---------------+----------------+
| test         | tab_encrypted | ENCRYPTION='Y' |
+--------------+---------------+----------------+
```

테이블을 생성할 때마다 ENCRYPTION 옵션을 설정하면 실수로 암호화 적용을 잊어버릴 수도 있다. MySQL 서버의 모든 테이블에 대해 암호화를 적용하고자 한다면 default_table_encryption 시스템 변수를 ON으로 설정하면 ENCRYPTION 옵션을 별도로 설정하지 않아도 암호화된 테이블로 생성된다.

7.3.2 응용 프로그램 암호화와의 비교

응용 프로그램에서 직접 암호화해서 MySQL 서버에 저장하는 경우도 있는데, 이 경우 저장되는 칼럼의 값이 이미 암호화된 것인지 여부를 MySQL 서버는 인지하지 못한다. 그래서 응용 프로그램에서 암호화된 칼럼은 인덱스를 생성하더라도 인덱스의 기능을 100% 활용할 수 없다. 다음과 같은 테이블의 인덱스를 한번 생각해보자.

```
mysql> CREATE TABLE app_user (
        id BIGINT,
        enc_birth_year VARCHAR(50), /* 응용 프로그램에서 미리 암호화해서 저장된 칼럼 */
        ...
        PRIMARY KEY (id),
        INDEX ix_birthyear (birth_year)
      );
```

app_user 테이블은 암호화되지 않았지만 enc_birth_year 칼럼은 응용 프로그램에서 이미 암호화해서 app_user 테이블에 저장됐다. 이제 app_user 테이블에서 다음 2개의 쿼리 문장을 한번 생각해보자.

```
mysql> SELECT * FROM app_user WHERE enc_birth_year=#{encryptedYear} ;
mysql> SELECT * FROM app_user
        WHERE enc_birth_year BETWEEN #{encryptedMinYear} AND #{encryptedMaxYear} ;
mysql> SELECT * FROM app_user ORDER BY enc_birth_year LIMIT 10 ;
```

첫 번째 쿼리는 동일 값만 검색하는 쿼리이기 때문에 "enc_birth_year=#{encryptedYear}" 조건으로 검색할 수 있다. 하지만 출생 연도 범위의 사용자를 검색한다거나 출생 연도를 기준으로 정렬해서 상위 10개만 가져오는 등의 쿼리는 사용할 수가 없다. MySQL 서버는 이미 암호화된 값을 기준으로 정렬했기 때문에 암호화되기 전의 값을 기준으로 정렬할 수가 없다. 하지만 응용 프로그램에서 직접 암호화하지 않고 MySQL 서버의 암호화 기능(TDE)을 사용한다면 MySQL 서버는 인덱스 관련된 작업을 모두 처리한 후 최종 디스크에 데이터 페이지를 저장할 때만 암호화하기 때문에 이 같은 제약은 없다.

응용 프로그램의 암호화와 MySQL 서버의 암호화 기능 중 선택해야 하는 상황이라면 고민할 필요 없이 MySQL 서버의 암호화 기능을 선택할 것을 권장한다. 물론 응용 프로그램의 암호화와 MySQL 서버의 암호화는 목적과 용도가 조금 다르다. MySQL 서버의 TDE 기능으로 암호화한다면 실행 중인 MySQL 서버에 로그인만 할 수 있다면 모든 데이터를 평문으로 확인할 수 있다. 하지만 응용 프로그램 암호화는 MySQL 서버에 로그인할 수 있다고 하더라도 평문의 내용을 확인할 수 없다. 그래서 응용 프로그램에서의 암호화 기능은 서비스의 요건과 성능을 고려해서 선택해야 하고, MySQL 서버의 암호화 기능과 혼합해서 사용한다면 더 안전한 서비스를 구축할 수 있을 것이다.

7.3.3 테이블스페이스 이동

MySQL 서버의 데이터베이스 관리자라면 테이블스페이스만 이동하는 기능을 자주 사용하게 될 것이다. 테이블을 다른 서버로 복사해야 하는 경우 또는 특정 테이블의 데이터 파일만 백업했다가 복구하는 경우라면 테이블스페이스 이동(Export & Import) 기능이 레코드를 덤프했다가 복구하는 방식보다 훨씬 효율적이고 빠르다.

그런데 TDE가 적용되어 암호화된 테이블의 경우 원본 MySQL 서버와 목적지 MySQL 서버의 암호화 키(마스터 키)가 다르기 때문에 하나 더 신경 써야 할 부분이 있다. MySQL 서버에서 다음과 같이 FLUSH TABLES 명령으로 테이블스페이스를 익스포트(Export)할 수 있다.

```
mysql> FLUSH TABLES source_table FOR EXPORT;
```

이 명령이 실행되면 MySQL 서버는 source_table의 저장되지 않은 변경 사항을 모두 디스크로 기록하고, 더이상 source_table에 접근할 수 없게 잠금을 건다. 그와 동시에 source_table의 구조를 source_table.cfg 파일로 기록해 둔다. 그러면 source_table.ibd 파일과 source_table.cfg 파일을 목적지 서버로 복사한다. 복사가 모두 완료되면 UNLOCK TABLES 명령을 실행해 source_table을 사용할 수 있게 하면 된다. 지금까지의 과정이 암호화되지 않은 테이블의 테이블스페이스 복사 과정이다.

TDE로 암호화된 테이블에 대해 "FLUSH TABLES source_table FOR EXPORT" 명령을 실행하면 MySQL 서버는 임시로 사용할 마스터 키를 발급해서 source_table.cfp라는 파일로 기록한다. 그리고 암호화된 테이블의 테이블스페이스 키를 기존 마스터 키로 복호화한 후, 임시로 발급한 마스터 키를 이용해 다시 암호화해서 데이터 파일의 헤더 부분에 저장한다. 그래서 암호화된 테이블의 경우 테이블스페이스 이동 기능을 사용할 때는 반드시 데이터 파일과 임시 마스터 키가 저장된 *.cfp 파일을 함께 복사해야 한다. *.cfg 파일은 단순히 테이블의 구조만 가지고 있기 때문에 파일이 없어져도 경고만 발생하고 테이블스페이스를 복구할 수 있지만 *.cfp 파일이 없어지면 복구가 불가능해진다.

7.4 언두 로그 및 리두 로그 암호화

테이블의 암호화를 적용하더라도 디스크로 저장되는 데이터만 암호화되고 MySQL 서버의 메모리에 존재하는 데이터는 복호화된 평문으로 관리되며, 이 평문 데이터가 테이블의 데이터 파일 이외의 디스크 파일로 기록되는 경우에는 여전히 평문으로 저장된다. 그래서 테이블 암호화를 적용해도 리두 로그나 언두 로그, 그리고 복제를 위한 바이너리 로그에는 평문으로 저장되는 것이다. MySQL 8.0.16 버전부터는 innodb_undo_log_encrypt 시스템 변수와 innodb_redo_log_encrypt 시스템 변수를 이용해 InnoDB 스토리지 엔진의 리두 로그와 언두 로그를 암호화된 상태로 저장할 수 있게 개선됐다.

테이블의 암호화는 일단 테이블 하나에 대해 암호화가 적용되면 해당 테이블의 모든 데이터가 암호화 돼야 한다. 하지만 리두 로그나 언두 로그는 그렇게 적용할 수가 없다. 즉 실행 중인 MySQL 서버에서 언두 로그나 리두 로그를 활성화한다고 하더라도 모든 리두 로그나 언두 로그의 데이터를 해당 시점에 한 번에 암호화해서 다시 저장할 수 없다. 그래서 MySQL 서버는 리두 로그나 언두 로그를 평문으로 저장하다가 암호화가 활성화되면 그때부터 생성되는 리두 로그나 언두 로그만 암호화해서 저장한다. 반대로 리두 로그와 언두 로그가 암호화되는 상태에서 암호화를 비활성화하면 그때부터 저장되는 로그 만 평문으로 저장한다. 그래서 리두 로그와 언두 로그는 암호화를 활성화했다가 비활성화한다고 해서 즉시 암호화에 사용된 키가 불필요해지는 것이 아니다. 특히 언두 로그의 경우 암호화를 비활성화한다 고 하더라도 새로 생성되는 언두 로그는 평문으로 저장되겠지만 기존의 언두 로그는 여전히 암호화된 상태로 남아있다. 그래서 상황에 따라 며칠 또는 몇 달 동안 여전히 암호화키가 필요할 수도 있다.

리두 로그와 언두 로그 데이터 모두 각각의 테이블스페이스 키로 암호화되고, 테이블스페이스 키는 다 시 마스터 키로 암호화된다. 즉 ALTER INSTANCE ROTATE INNODB MASTER KEY 명령이 실행되면 새로운 마스 터 키가 발급되고 테이블 암호화에 사용된 테이블스페이스 키와 동일하게 그 새로운 마스터 키에 의해 다시 암호화된다. 리두 로그와 언두 로그 데이터의 암호화에 테이블스페이스 키가 사용된다고 했는데, 여기서 이야기한 테이블스페이스 키는 실제 테이블의 암호화에 사용된 테이블스페이스 키가 아니라 리 두 로그와 언두 로그 파일을 위한 프라이빗 키를 의미한다. 즉 리두 로그와 언두 로그를 위한 각각의 프 라이빗 키가 발급되고, 해당 프라이빗 키는 마스터 키로 암호화되어 리두 로그 파일과 언두 로그 파일 의 헤더에 저장되는 것이다.

InnoDB 리두 로그가 암호화됐는지는 다음과 같이 간단히 확인할 수 있다.

```
mysql> SHOW GLOBAL VARIABLES LIKE 'innodb_redo_log_encrypt';
+--------------------------+-------+
| Variable_name            | Value |
+--------------------------+-------+
| innodb_redo_log_encrypt  | OFF   |
+--------------------------+-------+
```

```
mysql> INSERT INTO enc VALUES (2,'Real-MySQL');

mysql> SET GLOBAL innodb_redo_log_encrypt=ON;
mysql> INSERT INTO enc VALUES (2,'Real-MongoDB');
```

INSERT된 레코드의 문자열이 InnoDB의 리두 로그에 보이는지만 확인해보면 된다. grep 명령을 이용한 단순한 검색 결과에서 암호화되기 전에 INSERT한 "Real-MySQL" 문자열은 검색되지만 암호화 이후 INSERT된 "Real-MongoDB" 문자열은 검색되지 않는 것을 확인할 수 있다.

```
## grep 명령의 결과, 문자열이 존재하면 "matches"라는 메시지를 보여준다.
## 그리고 검색한 문자열이 존재한다면 grep 명령은 반환 값으로 "0"을 리턴한다.
linux> grep 'Real-MySQL' ib_logfile0 ib_logfile1
Binary file ib_logfile0 matches
linux> echo $?
0

## grep 명령의 결과, 문자열이 존재하지 않으면 아무런 메시지 출력이 없다.
## 그리고 검색한 문자열이 존재하지 않으면 grep 명령은 반환 값으로 "1"을 리턴한다.
linux> grep 'Real-MongoDB' ib_logfile0 ib_logfile1
linux> echo $?
1
```

7.5 바이너리 로그 암호화

테이블 암호화가 적용돼도 바이너리 로그와 릴레이 로그 파일 또한 리두 로그나 언두 로그처럼 평문을 저장한다. 일반적으로 언두 로그와 리두 로그는 길지 않은 시간 동안의 데이터만 가지기 때문에 크게 보안에 민감하지 않을 수 있지만 바이너리 로그는 의도적으로 상당히 긴 시간 동안 보관하는 서비스도 있고 때로는 증분 백업(Incremental Backup)을 위해 바이너리 로그를 보관하기도 한다. 이런 이유로 바이너리 로그 파일의 암호화는 상황에 따라 중요도가 높아질 수도 있다.

바이너리 로그와 릴레이 로그 파일 암호화 기능은 디스크에 저장된 로그 파일에 대한 암호화만 담당하고, MySQL 서버의 메모리 내부 또는 소스 서버와 레플리카 서버 간의 네트워크 구간에서 로그 데이터를 암호화하지는 않는다. 복제 멤버 간의 네트워크 구간에서도 바이너리 로그를 암호화하고자 한다면

MySQL 복제를 위한 계정이 SSL을 사용하도록 설정하면 된다. 복제 시 네트워크 구간으로 전송되는 데이터의 암호화에 대해서는 3장 '사용자 및 권한'을 참조하자.

7.5.1 바이너리 로그 암호화 키 관리

바이너리 로그와 릴레이 로그 파일 데이터의 암호화를 위해서도 MySQL 서버는 그림 7.3과 같이 2단계 암호화 키 관리 방식을 사용한다.

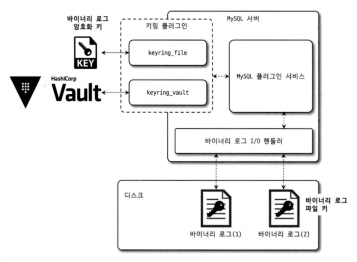

그림 7.3 바이너리 로그 파일의 암호화 방식

바이너리 로그와 릴레이 로그 파일의 데이터는 파일 키(File Key)로 암호화해서 디스크로 저장하고, 파일 키는 "바이너리 로그 암호화 키"로 암호화해서 각 바이너리 로그와 릴레이 로그 파일의 헤더에 저장된다. 즉 "바이너리 로그 암호화 키"는 테이블 암호화의 마스터 키와 동일한 역할을 하며, 파일 키는 바이너리 로그와 릴레이 로그 파일 단위로 자동으로 생성되어 해당 로그 파일의 데이터 암호화에만 사용된다.

7.5.2 바이너리 로그 암호화 키 변경

바이너리 로그 암호화 키는 다음과 같이 변경(로테이션)할 수 있다.

```
mysql> ALTER INSTANCE ROTATE BINLOG MASTER KEY;
```

바이너리 로그 암호화 키가 변경되면 다음의 과정을 거친다.

1. 증가된 시퀀스 번호와 함께 새로운 바이너리 로그 암호화 키 발급 후 키링 파일에 저장

2. 바이너리 로그 파일과 릴레이 로그 파일 스위치(새로운 로그 파일로 로테이션)

3. 새로 생성되는 바이너리 로그와 릴레이 로그 파일의 암호화를 위해 파일 키를 생성하고, 파일 키는 바이너리 로그 파일 키(마스터 키)로 암호화해서 각 로그 파일에 저장

4. 기존 바이너리 로그와 릴레이 로그 파일의 파일 키를 읽어서 새로운 바이너리 로그 파일 키로 암호화해서 다시 저장 (암호화되지 않은 로그 파일은 무시)

5. 모든 바이너리 로그와 릴레이 로그 파일이 새로운 바이너리 로그 암호화 키로 다시 암호화됐다면 기존 바이너리 로그 암호화 키를 키링 파일에서 제거

이 절차에서 4번 과정은 상당히 시간이 걸리는 작업일 수 있는데, 이를 위해 키링 파일에서 "바이너리 로그 암호화 키"는 내부적으로 버전(시퀀스 번호) 관리가 이뤄진다. 예를 들어, 많은 바이너리 로그와 릴레이 로그를 가진 MySQL 서버에서 ALTER INSTANCE ROTATE BINLOG MASTER KEY 명령을 연속으로 2번 실행한다면 키링 파일에는 순차적인 시퀀스 번호를 가지는 3개의 바이너리 로그 암호화 키가 존재할 것이다. 그리고 바이너리 로그와 릴레이 로그 파일들을 최근 순서대로 파일 키를 다시 암호화해서 저장하는 작업을 수행한다. 모든 바이너리 로그와 릴레이 로그 파일의 파일 키가 새로운 바이너리 로그 암호화 키로 암호화되어 저장되면 더이상 기존 바이너리 로그 암호화 키는 필요치 않으므로 키링 파일에서 제거될 것이다.

MySQL 서버의 바이너리 로그 파일이 암호화돼 있는지 여부는 다음과 같이 확인할 수 있다.

```
mysql> SHOW BINARY LOGS;
+------------------+-----------+-----------+
| Log_name         | File_size | Encrypted |
+------------------+-----------+-----------+
| mysql-bin.000010 |      2853 | No        |
| mysql-bin.000011 |      1337 | Yes       |
+------------------+-----------+-----------+
```

7.5.3 mysqlbinlog 도구 활용

MySQL 서버에서는 트랜잭션의 내용을 추적하거나 백업 복구를 위해 암호화된 바이너리 로그를 평문으로 복호화할 일이 자주 발생한다. 하지만 한 번 바이너리 로그 파일이 암호화되면 바이너리 로그 암호화 키가 없으면 복호화할 수 없다. 그런데 바이너리 로그 암호화 키는 MySQL 서버만 가지고 있어서 복호화가 불가능하다. mysqlbinlog 도구를 이용해 암호화된 바이너리 로그 파일의 내용을 SQL 문장으로 한번 풀어보면 다음과 같이 암호화된 바이너리 로그 파일을 직접 열어 볼 수는 없다는 에러 메시지를 출력한다.

```
linux> mysqlbinlog -vvv mysql-bin.000011
Enter password:
/*!50530 SET @@SESSION.PSEUDO_SLAVE_MODE=1*/;
/*!50003 SET @OLD_COMPLETION_TYPE=@@COMPLETION_TYPE,COMPLETION_TYPE=0*/;
DELIMITER /*!*/;
ERROR: Reading encrypted log files directly is not supported.
SET @@SESSION.GTID_NEXT= 'AUTOMATIC' /* added by mysqlbinlog */ /*!*/;
DELIMITER ;
# End of log file
/*!50003 SET COMPLETION_TYPE=@OLD_COMPLETION_TYPE*/;
/*!50530 SET @@SESSION.PSEUDO_SLAVE_MODE=0*/;
```

바이너리 로그 암호화 키는 그 바이너리 로그나 릴레이 로그 파일을 생성한 MySQL 서버만 가지고 있기 때문에 MySQL 서버와 관계없이 mysqlbinlog 도구만으로는 복호화할 방법이 없다. 그래서 예전처럼 다른 서버로 복사하거나 바이너리 로그 파일을 백업하는 것은 소용없어졌다.

그나마 바이너리 로그 파일의 내용을 볼 수 있는 방법은 MySQL 서버를 통해 가져오는 방법이 유일하다. 즉 현재 MySQL 서버가 mysql-bin.000011 로그 파일을 가지고 있다는 가정하에 mysql-bin.000011 로그 파일의 내용을 확인하고자 한다면 다음과 같이 mysqlbinlog 도구가 MySQL 서버에 접속해서 바이너리 로그를 가져오는 방법밖에 없다. 다음 예제에서 파라미터로 주어진 mysql-bin.000011은 MySQL 서버에게 요청할 바이너리 로그 파일의 이름일 뿐, mysqlbinlog 도구가 직접 mysql-bin.000011 파일을 읽는 것은 아니다. 그래서 mysqlbinlog 명령을 실행할 때 "--read-from-remote-server" 파라미터와 함께 MySQL 서버 접속 정보를 입력한다.

```
linux> mysqlbinlog --read-from-remote-server -uroot -p -vvv mysql-bin.000011
Enter password:
....
BINLOG '
c4YjXx0BAAAASQAAAH8BAACAADFpbnNlcnQgaW50byBlbmMgdmFsdWVzICgyLCdlbmNyeXB0ZWRf
YmluYXJ5IGxvZycpcpv4dkcA==
c4YjXxMBAAAANwAAALYBAAAAAFsAAAAAAEABHRlc3QAA2VuYwACAw8CkAEDAQEAAgEtHm4rfQ==
c4YjXx4BAAAAPgAAAPQBAAAAAFsAAAAAAEAAgAC/wACAAAAFABlbmNyeXB0ZWRfYmluYXJ5IGxxv
ZzSCia4=
'/*!*/;
### INSERT INTO `test`.`enc`
### SET
###   @1=2 /* INT meta=0 nullable=1 is_null=0 */
###   @2='encrypted_binary log' /* VARSTRING(400) meta=400 nullable=1 is_null=0 */
...
```

08

인덱스

인덱스는 데이터베이스 쿼리의 성능을 언급하면서 빼놓을 수 없는 부분이다. 이번 장에서는 MySQL 쿼리의 개발이나 튜닝을 설명하기 전에 MySQL에서 사용 가능한 인덱스의 종류 및 특성을 간단히 살펴보겠다.

각 인덱스의 특성과 차이는 상당히 중요하며, 물리 수준의 모델링을 할 때도 중요한 요소가 될 것이다. MySQL 8.0 버전까지 업그레이드되어 오면서 다른 상용 RDBMS에서 제공하는 많은 기능을 지원하게 됐으며, 기존의 MyISAM 스토리지 엔진에서만 제공하던 전문 검색이나 위치 기반 검색 기능도 모두 InnoDB 스토리지 엔진에서 사용할 수 있게 개선됐다. 하지만 아무리 MySQL 서버의 옵티마이저가 발전하고 성능이 개선됐다고 해도 여전히 관리자의 역할은 매우 중요하다. 그래서 인덱스에 대한 기본 지식은 지금도 앞으로도 개발자나 관리자에게 매우 중요한 부분이며, 쿼리 튜닝의 기본이 될 것이다.

8.1 디스크 읽기 방식

인덱스에만 의존적인 용어는 아니지만, 이번 장에서 자주 언급되는 "랜덤(Random) I/O", "순차 (Sequential) I/O"와 같은 디스크 읽기 방식을 먼저 간단히 알아보고 인덱스를 살펴보겠다.

컴퓨터의 CPU나 메모리처럼 전기적 특성을 띤 장치의 성능은 짧은 시간 동안 매우 빠른 속도로 발전했지만 디스크 같은 기계식 장치의 성능은 상당히 제한적으로 발전했다. 비록 최근에는 자기 디스크 원판에 의존하는 하드 디스크보다 SSD 드라이브가 많이 활용되고 있지만, 여전히 데이터 저장 매체는 컴퓨터에서 가장 느린 부분이라는 사실에는 변함이 없다. 데이터베이스나 쿼리 튜닝에 어느 정도 지식을 갖춘 사용자가 절감하고 있듯이 데이터베이스의 성능 튜닝은 어떻게 디스크 I/O를 줄이느냐가 관건일 때가 상당히 많다.

8.1.1 하드 디스크 드라이브(HDD)와 솔리드 스테이트 드라이브(SSD)

컴퓨터에서 CPU나 메모리 같은 주요 장치는 대부분 전자식 장치지만 하드 디스크 드라이브는 기계식 장치다. 그래서 데이터베이스 서버에서는 항상 디스크 장치가 병목이 된다. 이러한 기계식 하드 디스크 드라이브를 대체하기 위해 전자식 저장 매체인 SSD(Solid State Drive)가 많이 출시되고 있다. SSD도 기존 하드 디스크 드라이브와 같은 인터페이스(SATA나 SAS)를 지원하므로 내장 디스크나 DAS 또는 SAN에 그대로 사용할 수 있다.

SSD는 기존 하드 디스크 드라이브에서 데이터 저장용 플래터(원판)를 제거하고 그 대신 플래시 메모리를 장착하고 있다. 그래서 디스크 원판을 기계적으로 회전시킬 필요가 없으므로 아주 빨리 데이터를 읽고 쓸 수 있다. 플래시 메모리는 전원이 공급되지 않아도 데이터가 삭제되지 않는다. 그리고 컴퓨터의 메모리(D-Ram)보다는 느리지만 기계식 하드 디스크 드라이브보다는 훨씬 빠르다.

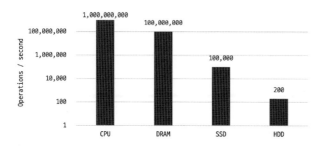

그림 8.1 주요 장치의 초당 처리 횟수(수치가 클수록 빠른 장치를 의미)

그림 8.1은 컴퓨터의 주요 부품별 처리 속도를 보여준다. Y축의 "Operations / second"란 초당 처리 가능한 연산의 횟수를 의미하므로 이 값이 클수록 처리 속도가 빠르다는 것을 의미한다. 그림 8-1에서 보다시피 메모리와 디스크의 처리 속도는 10만 배 이상의 차이를 보인다. 그에 비해 플래시 메모리를 사용하는 SSD는 1000배 가량의 차이를 보인다. 시중에 판매되는 SSD는 대부분 기존 하드 디스크 드라이브보다는 용량이 적으며 가격도 비싼 편이지만 예전보다는 SSD가 훨씬 더 대중화된 상태이며 요즘은 DBMS용으로 사용할 서버에는 대부분 SSD를 채택하고 있다.

디스크의 헤더를 움직이지 않고 한 번에 많은 데이터를 읽는 순차 I/O에서는 SSD가 하드 디스크 드라이브보다 조금 빠르거나 거의 비슷한 성능을 보이기도 한다. 하지만 SSD의 장점은 기존 하드 디스크 드라이브보다 랜덤 I/O가 훨씬 빠르다는 것이다. 데이터베이스 서버에서 순차 I/O 작업은 그다지 비중이 크지 않고 랜덤 I/O를 통해 작은 데이터를 읽고 쓰는 작업이 대부분이므로 SSD의 장점은 DBMS용 스토리지에 최적이라고 볼 수 있다. 그림 8.2는 SSD와 하드 디스크 드라이브에서 랜덤 I/O의 성능을 벤치마크한 것이다. 트랜잭션의 내용별로 수치는 많이 달라질 수 있으니 그림 8.2의 수치 자체보다는 SSD와 HDD를 비교하는 용도로만 수치를 살펴보자.

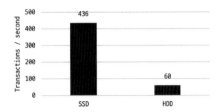

그림 8.2 솔리드 스테이트 드라이브(SSD)와 하드 디스크 드라이브(HDD)의 성능 벤치마크

그림 8.2의 벤치마크 결과를 살펴보면 SSD는 초당 436개의 트랜잭션을 처리했지만 하드 디스크 드라이브는 초당 60개의 트랜잭션밖에 처리하지 못했다. 이 벤치마크 결과는 저자가 간단히 준비한 데이터로 테스트한 내용이라서 실제 여러분의 애플리케이션에서는 어느 정도 성능 차이를 보일지는 예측하기 어렵다. 하지만 일반적인 웹 서비스(OLTP) 환경의 데이터베이스에서는 SSD가 하드 디스크 드라이브보다는 훨씬 빠르다. 물론 애플리케이션을 직접 벤치마킹해볼 수 있다면 더 나은 선택을 할 수 있을 것이다.

8.1.2 랜덤 I/O와 순차 I/O

랜덤 I/O라는 표현은 하드 디스크 드라이브의 플래터(원판)를 돌려서 읽어야 할 데이터가 저장된 위치로 디스크 헤더를 이동시킨 다음 데이터를 읽는 것을 의미하는데, 사실 순차 I/O 또한 이 작업 과정은 같다. 그렇다면 랜덤 I/O와 순차 I/O는 어떤 차이가 있을까? 그림 8.3을 잠깐 살펴보자.

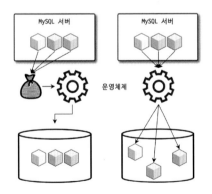

그림 8.3 순차 I/O(왼쪽)와 랜덤 I/O(오른쪽) 비교

순차 I/O는 3개의 페이지(3×16KB)를 디스크에 기록하기 위해 1번 시스템 콜을 요청했지만, 랜덤 I/O는 3개의 페이지를 디스크에 기록하기 위해 3번 시스템 콜을 요청했다. 즉, 디스크에 기록해야 할 위치를 찾기 위해 순차 I/O는 디스크의 헤드를 1번 움직였고, 랜덤 I/O는 디스크 헤드를 3번 움직였다. 디스크에 데이터를 쓰고 읽는 데 걸리는 시간은 디스크 헤더를 움직여서 읽고 쓸 위치로 옮기는 단계에서 결정된다. 결국 그림 8.3의 경우 순차 I/O는 랜덤 I/O보다 거의 3배 정도 빠르다고 볼 수 있다. 즉, 디스크의 성능은 디스크 헤더의 위치 이동 없이 얼마나 많은 데이터를 한 번에 기록하느냐에 의해 결정된다고 볼 수 있다. 그래서 여러 번 쓰기 또는 읽기를 요청하는 랜덤 I/O 작업이 작업 부하가 훨씬 더 크다. 데이터베이스 대부분의 작업은 이러한 작은 데이터를 빈번히 읽고 쓰기 때문에 MySQL 서버에는 그룹 커밋이나 바이너리 로그 버퍼 또는 InnoDB 로그 버퍼 등의 기능이 내장돼 있다.

디스크 원판을 가지지 않는 SSD는 랜덤 I/O와 순차 I/O의 차이가 없을 것으로 예측하지만, 실제로는 그렇지 않다. SSD 드라이브에서도 랜덤 I/O는 여전히 순차 I/O보다 전체 스루풋(Throughput)이 떨어진다. 그래서 SSD 드라이브의 사양에도 항상 순차 I/O와 랜덤 I/O의 성능 비교를 구분해서 명시한다.

> **참고** 이 책에서 소개하는 순차 I/O와 랜덤 I/O의 비교는 쉽게 이해할 수 있게 단순하게 비교해서 설명한 것이다. 랜덤 I/O나 순차 I/O 모두 파일에 쓰기를 실행하면 반드시 동기화(fsync 또는 flush 작업)가 필요하다. 그런데 순차 I/O인 경우에도 이러한 파일 동기화 작업이 빈번히 발생한다면 랜덤 I/O와 같이 비효율적인 형태로 처리될 때가 많다. 기업용으로 사용하는 데이터베이스 서버에는 캐시 메모리가 장착된 RAID 컨트롤러가 일반적으로 사용되는데, RAID 컨트롤러의 캐시 메모리는 아주 빈번한 파일 동기화 작업이 호출되는 순차 I/O를 효율적으로 처리될 수 있게 변환하는 역할을 한다. 하드 디스크 드라이브뿐만 아니라 SSD를 사용하는 경우에도 여전히 RAID 컨트롤러는 중요한 역할을 하기 때문에 RAID 컨트롤러와 RAID 컨트롤러에 장착된 캐시의 성능을 무시하지 말자.

사실 쿼리를 튜닝해서 랜덤 I/O를 순차 I/O로 바꿔서 실행할 방법은 그다지 많지 않다. 일반적으로 쿼리를 튜닝하는 것은 랜덤 I/O 자체를 줄여주는 것이 목적이라고 할 수 있다. 여기서 랜덤 I/O를 줄인다는 것은 쿼리를 처리하는 데 꼭 필요한 데이터만 읽도록 쿼리를 개선하는 것을 의미한다.

> **참고** 인덱스 레인지 스캔은 데이터를 읽기 위해 주로 랜덤 I/O를 사용하며, 풀 테이블 스캔은 순차 I/O를 사용한다. 그래서 큰 테이블의 레코드 대부분을 읽는 작업에서는 인덱스를 사용하지 않고 풀 테이블 스캔을 사용하도록 유도할 때도 있다. 이는 순차 I/O가 랜덤 I/O보다 훨씬 빨리 많은 레코드를 읽어올 수 있기 때문인데, 이런 형태는 OLTP(On-Line Transaction Processing) 성격의 웹 서비스보다는 데이터 웨어하우스나 통계 작업에서 자주 사용된다.

8.2 인덱스란?

많은 사람이 인덱스를 언급할 때는 항상 책의 맨 끝에 있는 찾아보기(또는 "색인")로 설명한다. 책의 마지막에 있는 "찾아보기"가 인덱스에 비유된다면 책의 내용은 데이터 파일에 해당한다고 볼 수 있다. 책의 찾아보기를 통해 알아낼 수 있는 페이지 번호는 데이터 파일에 저장된 레코드의 주소에 비유될 것이다. DBMS도 데이터베이스 테이블의 모든 데이터를 검색해서 원하는 결과를 가져오려면 시간이 오래 걸린다. 그래서 칼럼(또는 칼럼들)의 값과 해당 레코드가 저장된 주소를 키와 값의 쌍(key- Value pair)으로 삼아 인덱스를 만들어 두는 것이다. 그리고 책의 "찾아보기"와 DBMS 인덱스의 공통점 가운데 중요한 것이 바로 정렬이다. 책의 찾아보기도 내용이 많아지면 우리가 원하는 검색어를 찾아내는 데 시간이 걸릴 것이다. 그래서 최대한 빠르게 찾아갈 수 있게 "ㄱ", "ㄴ", "ㄷ", ...과 같은 순서로 정렬돼 있는데, DBMS의 인덱스도 마찬가지로 칼럼의 값을 주어진 순서로 미리 정렬해서 보관한다.

인덱스의 또 다른 특성을 설명하고자 이번에는 프로그래밍 언어의 자료 구조로 인덱스와 데이터 파일을 비교해 가면서 살펴보자. 프로그래밍 언어별로 각 자료 구조의 이름이 조금씩 다르긴 하지만 SortedList와 ArrayList라는 자료 구조는 익숙할 정도로 많이 들어봤을 것이다. SortedList는 DBMS의 인덱스와 같은 자료 구조이며, ArrayList는 데이터 파일과 같은 자료 구조를 사용한다. SortedList는 저장되는 값을 항상 정렬된 상태로 유지하는 자료 구조이며, ArrayList는 값을 저장되는 순서 그대로 유지하는 자료 구조다. DBMS의 인덱스도 SortedList와 마찬가지로 저장되는 칼럼의 값을 이용해 항상 정렬된 상태를 유지한다. 데이터 파일은 ArrayList와 같이 저장된 순서대로 별도의 정렬 없이 그대로 저장해 둔다.

그러면 이제 SortedList의 장단점을 통해 인덱스의 장단점을 살펴보자. SortedList 자료 구조는 데이터가 저장될 때마다 항상 값을 정렬해야 하므로 저장하는 과정이 복잡하고 느리지만, 이미 정렬돼 있어서 아주 빨리 원하는 값을 찾아올 수 있다. DBMS의 인덱스도 인덱스가 많은 테이블은 당연히 INSERT나 UPDATE, DELETE 문장의 처리가 느려진다. 하지만 이미 정렬된 "찾아보기"용 표(인덱스)를 가지고 있기 때문에 SELECT 문장은 매우 빠르게 처리할 수 있다.

결론적으로 DBMS에서 인덱스는 데이터의 저장(INSERT, UPDATE, DELETE) 성능을 희생하고 그 대신 데이터의 읽기 속도를 높이는 기능이다. 여기서도 알 수 있듯이 테이블의 인덱스를 하나 더 추가할지 말지는 데이터의 저장 속도를 어디까지 희생할 수 있는지, 읽기 속도를 얼마나 더 빠르게 만들어야 하느냐에 따라 결정해야 한다. SELECT 쿼리 문장의 WHERE 조건절에 사용되는 칼럼이라고 해서 전부 인덱스로 생성하면 데이터 저장 성능이 떨어지고 인덱스의 크기가 비대해져 오히려 역효과만 불러올 수 있다.

인덱스는 데이터를 관리하는 방식(알고리즘)과 중복 값의 허용 여부 등에 따라 여러 가지로 나눠볼 수 있다. 이 분류는 인덱스를 좀 더 효율적으로 설명하기 위해 저자가 임의로 분류한 것이다. 이 책에서는 키(Key)라는 말과 인덱스(Index)는 같은 의미로 사용하겠다. 인덱스를 역할별로 구분해 본다면 프라이머리 키(Primary key)와 보조 키(세컨더리 인덱스, Secondary key)로 구분할 수 있다.

- 프라이머리 키는 이미 잘 아는 것처럼 그 레코드를 대표하는 칼럼의 값으로 만들어진 인덱스를 의미한다. 이 칼럼(때로는 칼럼의 조합)은 테이블에서 해당 레코드를 식별할 수 있는 기준값이 되기 때문에 우리는 이를 식별자라고도 부른다. 프라이머리 키는 NULL 값을 허용하지 않으며 중복을 허용하지 않는 것이 특징이다.

- 프라이머리 키를 제외한 나머지 모든 인덱스는 세컨더리 인덱스(Secondary Index)로 분류한다. 유니크 인덱스는 프라이머리 키와 성격이 비슷하고 프라이머리 키를 대체해서 사용할 수도 있다고 해서 대체 키라고도 하는데, 별도로 분류하기도 하고 그냥 세컨더리 인덱스로 분류하기도 한다.

데이터 저장 방식(알고리즘)별로 구분할 경우 사실 상당히 많은 분류가 가능하겠지만 대표적으로 B-Tree 인덱스와 Hash 인덱스로 구분할 수 있다. 그리고 최근에는 Fractal-Tree 인덱스나 로그 기반의 Merge-Tree 인덱스[1]와 같은 알고리즘을 사용하는 DBMS도 개발되고 있다. 물론 이 외에도 수많은 알고리즘이 있지만 대표적으로 시중의 RDBMS에서 많이 사용하는 알고리즘은 이 정도일 것이다.

- B-Tree 알고리즘은 가장 일반적으로 사용되는 인덱스 알고리즘으로서, 상당히 오래전에 도입된 알고리즘이며 그만큼 성숙해진 상태다. B-Tree 인덱스는 칼럼의 값을 변형하지 않고 원래의 값을 이용해 인덱싱하는 알고리즘이다. MySQL 서버에서는 위치 기반 검색을 지원하기 위한 R-Tree 인덱스 알고리즘도 있지만, 결국 R-Tree 인덱스는 B-Tree의 응용 알고리즘으로 볼 수 있다.

- Hash 인덱스 알고리즘은 칼럼의 값으로 해시값을 계산해서 인덱싱하는 알고리즘으로, 매우 빠른 검색을 지원한다. 하지만 값을 변형해서 인덱싱하므로 전방(Prefix) 일치와 같이 값의 일부만 검색하거나 범위를 검색할 때는 해시 인덱스를 사용할 수 없다. Hash 인덱스는 주로 메모리 기반의 데이터베이스에서 많이 사용한다.

데이터의 중복 허용 여부로 분류하면 유니크 인덱스(Unique)와 유니크하지 않은 인덱스(Non-Unique)로 구분할 수 있다. 인덱스가 유니크한지 아닌지는 단순히 같은 값이 1개만 존재하는지 1개 이상 존재할 수 있는지를 의미하지만, 실제 DBMS의 쿼리를 실행해야 하는 옵티마이저에게는 상당히 중요한 문제가 된다. 유니크 인덱스에 대해 동등 조건(Equal, =)으로 검색한다는 것은 항상 1건의 레

---

1 Fractal-Tree나 로그 기반의 Merge-Tree 인덱스에 대한 자세한 내용은 인터넷을 참조하자. 이들 인덱스 알고리즘은 MySQL 서버의 범위는 아니므로 이 책에서는 설명을 생략하겠다.

코드만 찾으면 더 찾지 않아도 된다는 것을 옵티마이저에게 알려주는 효과를 낸다. 그뿐만 아니라 유니크 인덱스로 인한 MySQL의 처리 방식의 변화나 차이점이 상당히 많다. 이러한 부분은 인덱스와 쿼리의 실행 계획을 살펴보면서 배울 것이다.

인덱스의 기능별로 분류해보면 전문 검색용 인덱스나 공간 검색용 인덱스 등을 예로 들 수 있다. 물론이 밖에도 수없이 많은 인덱스가 있겠지만, MySQL을 사용할 때는 이 두 가지만으로도 충분하다. 전문검색이나 공간 검색용 인덱스는 뒤에서 좀 더 자세히 살펴보겠다.

8.3 B−Tree 인덱스

B−Tree는 데이터베이스의 인덱싱 알고리즘 가운데 가장 일반적으로 사용되고, 가장 먼저 도입된 알고리즘이다. 하지만 아직도 가장 범용적인 목적으로 사용되는 인덱스 알고리즘이다. B−Tree에는 여러 가지 변형된 형태의 알고리즘이 있는데, 일반적으로 DBMS에서는 주로 B+−Tree 또는 B*−Tree가 사용된다. 인터넷상에서 쉽게 구할 수 있는 B−Tree의 구조를 설명한 그림 때문인지 많은 사람들이 B−Tree의 "B"가 바이너리(이진) 트리라고 잘못 생각한다. 하지만 B−Tree의 "B"는 "Binary(이진)"의 약자가 아니라 "Balanced"를 의미한다는 점에 주의하자.

B−Tree는 칼럼의 원래 값을 변형시키지 않고 (물론 값의 앞부분만 잘라서 관리하기는 하지만) 인덱스 구조체 내에서는 항상 정렬된 상태로 유지한다. 전문 검색과 같은 특수한 요건이 아닌 경우, 대부분 인덱스는 거의 B−Tree를 사용할 정도로 일반적인 용도에 적합한 알고리즘이다.

8.3.1 구조 및 특성

B−Tree 인덱스를 제대로 사용하려면 B−Tree의 기본적인 구조를 알아야 한다. B−Tree는 트리 구조의 최상위에 하나의 "루트 노드(Root node)"가 존재하고 그 하위에 자식 노드가 붙어 있는 형태다. 트리 구조의 가장 하위에 있는 노드를 "리프 노드(Leaf node)"라 하고, 트리 구조에서 루트 노드도 아니고 리프 노드도 아닌 중간의 노드를 "브랜치 노드(Branch node)"라고 한다. 데이터베이스에서 인덱스와 실제 데이터가 저장된 데이터는 따로 관리되는데, 인덱스의 리프 노드는 항상 실제 데이터 레코드를 찾아가기 위한 주솟값을 가지고 있다. 그림 8.4는 B−Tree 인덱스의 각 노드와 데이터 파일의 관계를 표현한 것이다.

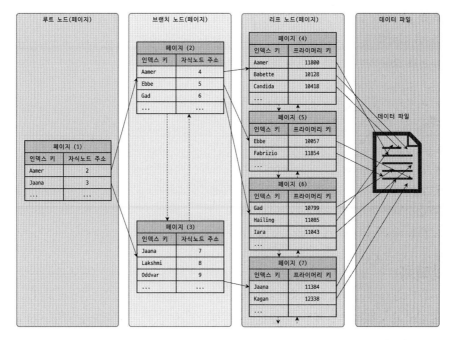

그림 8.4 B-Tree 인덱스의 구조

그림 8.4에서와같이 인덱스의 키 값은 모두 정렬돼 있지만, 데이터 파일의 레코드는 정렬돼 있지 않고 임의의 순서로 저장돼 있다. 많은 사람들이 데이터 파일의 레코드는 INSERT된 순서대로 저장되는 것으로 생각하지만 그렇지 않다. 만약 테이블의 레코드를 전혀 삭제하거나 변경하지 않고 INSERT만 수행한다면 맞을 수도 있다. 하지만 레코드가 삭제되어 빈 공간이 생기면 그다음의 INSERT는 가능한 한 삭제된 공간을 재활용하도록 DBMS가 설계되기 때문에 항상 INSERT된 순서로 저장되는 것은 아니다.

참고 대부분 RDBMS의 데이터 파일에서 레코드는 특정 기준으로 정렬되지 않고 임의의 순서로 저장된다. 하지만 InnoDB 테이블에서 레코드는 클러스터되어 디스크에 저장되므로 기본적으로 프라이머리 키 순서로 정렬되어 저장된다. 이는 오라클의 IOT(Index organized table)나 MS-SQL의 클러스터 테이블과 같은 구조를 말한다. 다른 DBMS에서는 클러스터링 기능이 선택 사항이지만, InnoDB에서는 사용자가 별도의 명령이나 옵션을 선택하지 않아도 디폴트로 클러스터링 테이블이 생성된다. 클러스터링이란 비슷한 값을 최대한 모아서 저장하는 방식을 의미하는데, 더 자세한 내용은 나중에 다시 살펴보겠다.

인덱스는 테이블의 키 칼럼만 가지고 있으므로 나머지 칼럼을 읽으려면 데이터 파일에서 해당 레코드를 찾아야 한다. 이를 위해 인덱스의 리프 노드는 데이터 파일에 저장된 레코드의 주소를 가진다. 그림 8.5와 그림 8.6은 인덱스의 리프 노드와 데이터 파일의 이러한 관계를 보여준다.

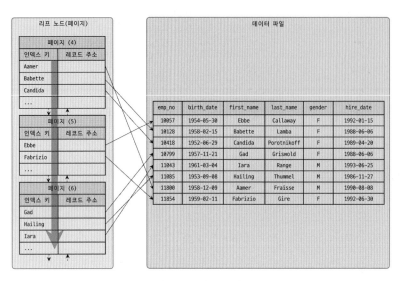

그림 8.5 B-Tree의 리프 노드와 테이블 데이터 레코드(MyISAM)

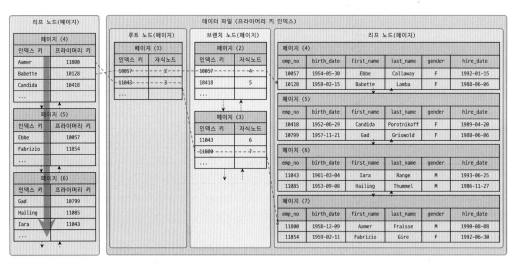

그림 8.6 B-Tree의 리프 노드와 테이블 데이터 레코드(InnoDB)

그림 8.5는 MyISAM 테이블의 인덱스와 데이터 파일의 관계를 보여주는데, "레코드 주소"는 MyISAM 테이블의 생성 옵션에 따라 레코드가 테이블에 INSERT된 순번이거나 데이터 파일 내의 위치(Offset)다. MyISAM 스토리지 엔진에서 인덱스의 구조는 4.3.3절 '데이터 파일과 프라이머리 키(인덱스) 구조'의 ROWID 설명을 참조하자. 그림 8.6은 InnoDB 테이블의 인덱스의 데이터 파일의 관계를 보여주는데, InnoDB 스토리지 엔진을 사용하는 테이블에서는 프라이머리 키가 ROWID의 역할을 한다. 두 스토리지 엔진의 인덱스에서 가장 큰 차이점은 세컨더리 인덱스를 통해 데이터 파일의 레코드를 찾아가는 방법에 있다. MyISAM 테이블은 세컨더리 인덱스가 물리적인 주소를 가지는 반면 InnoDB 테이블은 프라이머리 키를 주소처럼 사용하기 때문에 논리적인 주소를 가진다고 볼 수 있다.

그래서 InnoDB 테이블에서 인덱스를 통해 레코드를 읽을 때는 그림 8.5에서처럼 데이터 파일을 바로 찾아가지 못한다. 그림 8.6에서와같이 인덱스에 저장돼 있는 프라이머리 키 값을 이용해 프라이머리 키 인덱스를 한 번 더 검색한 후, 프라이머리 키 인덱스의 리프 페이지에 저장돼 있는 레코드를 읽는다. 즉, InnoDB 스토리지 엔진에서는 모든 세컨더리 인덱스 검색에서 데이터 레코드를 읽기 위해서는 반드시 프라이머리 키를 저장하고 있는 B-Tree를 다시 한번 검색해야 한다. 간단히 생각하면 이 작업으로 인해 InnoDB 스토리지 엔진을 사용하는 테이블은 성능이 떨어질 것처럼 보이지만 사실은 MyISAM 인덱스 구조와 InnoDB 인덱스 구조는 각각 장단점을 가지고 있다. 자세한 내용은 8.8절 '클러스터링 인덱스'에서 자세히 살펴보자.

8.3.2 B-Tree 인덱스 키 추가 및 삭제

테이블의 레코드를 저장하거나 변경하는 경우 인덱스 키 추가나 삭제 작업이 발생한다. 인덱스 키 추가나 삭제가 어떻게 처리되는지 알아두면 쿼리의 성능을 쉽게 예측할 수 있을 것이다. 또한 인덱스를 사용하면서 주의해야 할 사항도 함께 살펴보겠다.

8.3.2.1 인덱스 키 추가

새로운 키 값이 B-Tree에 저장될 때 테이블의 스토리지 엔진에 따라 새로운 키 값이 즉시 인덱스에 저장될 수도 있고 그렇지 않을 수도 있다. B-Tree에 저장될 때는 저장될 키 값을 이용해 B-Tree상의 적절한 위치를 검색해야 한다. 저장될 위치가 결정되면 레코드의 키 값과 대상 레코드의 주소 정보를 B-Tree의 리프 노드에 저장한다. 리프 노드가 꽉 차서 더는 저장할 수 없을 때는 리프 노드가 분리(Split)돼야 하는데, 이는 상위 브랜치 노드까지 처리의 범위가 넓어진다. 이러한 작업 탓에 B-Tree는 상대적으로 쓰기 작업(새로운 키를 추가하는 작업)에 비용이 많이 드는 것으로 알려졌다.

인덱스 추가로 인해 INSERT나 UPDATE 문장이 어떤 영향을 받을지 궁금해하는 사람이 많다. 하지만 이 질문에 명확하게 답하려면 테이블의 칼럼 수, 칼럼의 크기, 인덱스 칼럼의 특성 등을 확인해야 한다. 대략적으로 계산하는 방법은 테이블에 레코드를 추가하는 작업 비용을 1이라고 가정하면 해당 테이블의 인덱스에 키를 추가하는 작업 비용을 1.5 정도로 예측하는 것이다. 일반적으로 테이블에 인덱스가 3개 (테이블의 모든 인덱스가 B-Tree라는 가정하에)가 있다면 이때 테이블에 인덱스가 하나도 없는 경우는 작업 비용이 1이고, 3개인 경우에는 5.5 정도의 비용(1.5 * 3 + 1) 정도로 예측한다. 중요한 것은 이 비용의 대부분이 메모리와 CPU에서 처리하는 시간이 아니라 디스크로부터 인덱스 페이지를 읽고 쓰기를 해야 해서 걸리는 시간이라는 점이다.

MyISAM이나 MEMORY 스토리지 엔진을 사용하는 테이블에서는 INSERT 문장이 실행되면 즉시 새로운 키 값을 B-Tree 인덱스에 변경한다. 하지만 InnoDB 스토리지 엔진은 이 작업을 조금 더 지능적으로 처리하는데, 필요하다면 인덱스 키 추가 작업을 지연시켜 나중에 처리할 수 있다. 하지만 프라이머리 키나 유니크 인덱스의 경우 중복 체크가 필요하기 때문에 즉시 B-Tree에 추가하거나 삭제한다. InnoDB 스토리지 엔진의 체인지 버퍼에 대해서는 4.2.10절 '체인지 버퍼'를 참조한다.

8.3.2.2 인덱스 키 삭제

B-Tree의 키 값이 삭제되는 경우는 상당히 간단하다. 해당 키 값이 저장된 B-Tree의 리프 노드를 찾아서 그냥 삭제 마킹만 하면 작업이 완료된다. 이렇게 삭제 마킹된 인덱스 키 공간은 계속 그대로 방치하거나 재활용할 수 있다. 인덱스 키 삭제로 인한 마킹 작업 또한 디스크 쓰기가 필요하므로 이 작업 역시 디스크 I/O가 필요한 작업이다. MySQL 5.5 이상 버전의 InnoDB 스토리지 엔진에서는 이 작업 또한 버퍼링되어 지연 처리될 수도 있다. 처리가 지연된 인덱스 키 삭제 또한 사용자에게는 특별한 악영향 없이 MySQL 서버가 내부적으로 처리하므로 특별히 걱정할 것은 없다. MyISAM이나 MEMORY 스토리지 엔진의 테이블에서는 체인지 버퍼와 같은 기능이 없으므로 인덱스 키 삭제가 완료된 후 쿼리 실행이 완료된다.

8.3.2.3 인덱스 키 변경

인덱스의 키 값은 그 값에 따라 저장될 리프 노드의 위치가 결정되므로 B-Tree의 키 값이 변경되는 경우에는 단순히 인덱스상의 키 값만 변경하는 것은 불가능하다. B-Tree의 키 값 변경 작업은 먼저 키 값을 삭제한 후, 다시 새로운 키 값을 추가하는 형태로 처리된다. 키 값의 변경 때문에 발생하는 B-Tree 인덱스 키 값의 삭제와 추가 작업은 앞에서 설명한 절차대로 처리된다. 결국 인덱스 키 값을 변경하는 작업은 기존 인덱스 키 값을 삭제한 후 새로운 인덱스 키 값을 추가하는 작업으로 처리되고, InnoDB 스토리지 엔진을 사용하는 테이블에 대해서는 이 작업 모두 체인지 버퍼를 활용해 지연 처리될 수 있다.

8.3.2.4 인덱스 키 검색

INSERT, UPDATE, DELETE 작업을 할 때 인덱스 관리에 따르는 추가 비용을 감당하면서 인덱스를 구축하는 이유는 바로 빠른 검색을 위해서다. 인덱스를 검색하는 작업은 B-Tree의 루트 노드부터 시작해 브랜치 노드를 거쳐 최종 리프 노드까지 이동하면서 비교 작업을 수행하는데, 이 과정을 "트리 탐색"이라고 한다. 인덱스 트리 탐색은 SELECT에서만 사용하는 것이 아니라 UPDATE 나 DELETE를 처리하기 위해 항상 해당 레코드를 먼저 검색해야 할 경우에도 사용된다. B-Tree 인덱스를 이용한 검색은 100% 일치 또는 값의 앞부분(Left-most part)만 일치하는 경우에 사용할 수 있다. 부등호("〈, 〉") 비교 조건에서도 인덱스를 활용할 수 있지만, 인덱스를 구성하는 키 값의 뒷부분만 검색하는 용도로는 인덱스를 사용할 수 없다. 또한 인덱스를 이용한 검색에서 중요한 사실은 인덱스의 키 값에 변형이 가해진 후 비교되는 경우에는 절대 B-Tree의 빠른 검색 기능을 사용할 수 없다는 것이다. 이미 변형된 값은 B-Tree 인덱스에 존재하는 값이 아니다. 따라서 함수나 연산을 수행한 결과로 정렬한다거나 검색하는 작업은 B-Tree의 장점을 이용할 수 없으므로 주의해야 한다.

InnoDB 스토리지 엔진에서 인덱스는 더 특별한 의미가 있다. InnoDB 테이블에서 지원하는 레코드 잠금이나 넥스트 키락(갭락)이 검색을 수행한 인덱스를 잠근 후 테이블의 레코드를 잠그는 방식으로 구현돼 있다. 따라서 UPDATE나 DELETE 문장이 실행될 때 테이블에 적절히 사용할 수 있는 인덱스가 없으면 불필요하게 많은 레코드를 잠근다. 심지어 테이블의 모든 레코드를 잠글 수도 있다. InnoDB 스토리지 엔진에서는 그만큼 인덱스의 설계가 중요하고 많은 부분에 영향을 미친다.

8.3.3 B-Tree 인덱스 사용에 영향을 미치는 요소

B-Tree 인덱스는 인덱스를 구성하는 칼럼의 크기와 레코드의 건수, 그리고 유니크한 인덱스 키 값의 개수 등에 의해 검색이나 변경 작업의 성능이 영향을 받는다.

8.3.3.1 인덱스 키 값의 크기

InnoDB 스토리지 엔진은 디스크에 데이터를 저장하는 가장 기본 단위를 페이지(Page) 또는 블록(Block)이라고 하며, 디스크의 모든 읽기 및 쓰기 작업의 최소 작업 단위가 된다. 또한 페이지는 InnoDB 스토리지 엔진의 버퍼 풀에서 데이터를 버퍼링하는 기본 단위이기도 하다. 인덱스도 결국은 페이지 단위로 관리되며, 앞의 그림 8.4에서 루트와 브랜치, 그리고 리프 노드를 구분한 기준이 바로 페이지 단위다.

이진(Binary) 트리는 각 노드가 자식 노드를 2개만 가지는데, DBMS의 B-Tree가 이진 트리라면 인덱스 검색이 상당히 비효율적일 것이다. 그래서 B-Tree의 "B"가 이진(Binary) 트리의 약자는 아니라고 강조했던 것이다. 일반적으로 DBMS의 B-Tree는 자식 노드의 개수가 가변적인 구조다. 그러면 MySQL의 B-Tree는 자식 노드를 몇 개까지 가지는지 궁금할 것이다. 그것은 바로 인덱스의 페이지 크기와 키 값의 크기에 따라 결정된다. MySQL 5.7 버전부터는 InnoDB 스토리지 엔진의 페이지 크기를 innodb_page_size 시스템 변수를 이용해 4KB ~ 64KB 사이의 값을 선택할 수 있지만 기본값은 16KB다(이 책에서도 페이지의 기본 크기인 16KB를 기준으로 설명하겠다). 인덱스의 키가 16바이트라고 가정하면 다음 그림과 같이 인덱스 페이지가 구성될 것이다. 그림 8.7에서 자식 노드 주소라는 것은 여러 가지 복합적인 정보가 담긴 영역이며, 페이지의 종류별로 대략 6바이트에서 12바이트까지 다양한 크기의 값을 가질 수 있다. 여기서는 편의상 자식 노드 주소 영역이 평균적으로 12바이트로 구성된다고 가정하자.

그림 8.7 인덱스 페이지의 구성

그림 8.7의 경우 하나의 인덱스 페이지(16KB)에 몇 개의 키를 저장할 수 있을까? 계산해 보면 16*1024/(16+12) = 585개 저장할 수 있다. 최종적으로 이 경우는 자식 노드를 585개를 가질 수 있는 B-Tree가 되는 것이다. 그러면 인덱스 키 값이 커지면 어떤 현상이 발생할까? 위의 경우에서 키 값의 크기가 두 배인 32바이트로 늘어났다고 가정하면 한 페이지에 인덱스 키를 16*1024/(32+12) = 372

개 저장할 수 있다. 여러분의 SELECT 쿼리가 레코드 500개를 읽어야 한다면 전자는 인덱스 페이지 한 번으로 해결될 수도 있지만, 후자는 최소한 2번 이상 디스크로부터 읽어야 한다. 결국 인덱스를 구성하는 키 값의 크기가 커지면 디스크로부터 읽어야 하는 횟수가 늘어나고, 그만큼 느려진다는 것을 의미한다.

또한 인덱스 키 값의 길이가 길어진다는 것은 전체적인 인덱스의 크기가 커진다는 것을 의미한다. 하지만 인덱스를 캐시해 두는 InnoDB의 버퍼 풀이나 MyISAM의 키 캐시 영역은 크기가 제한적이기 때문에 하나의 레코드를 위한 인덱스 크기가 커지면 커질수록 메모리에 캐시해 둘 수 있는 레코드 수는 줄어든다. 그렇게 되면 자연히 메모리의 효율이 떨어지는 결과를 가져온다.

8.3.3.2 B-Tree 깊이

B-Tree 인덱스의 깊이(Depth)는 상당히 중요하지만 직접 제어할 방법은 없다. 여기서는 인덱스 키 값의 평균 크기가 늘어나면 어떤 현상이 추가로 더 발생하는지 알아보겠다. 그림 8.7의 예제를 다시 살펴보자. 인덱스의 B-Tree 깊이가 3인 경우 최대 몇 개의 키 값을 가질 수 있는지 한 번 비교해 보자. 키 값이 16바이트인 경우에는 최대 2억(585 * 585 * 585)개 정도의 키 값을 담을 수 있지만, 키 값이 32바이트로 늘어나면 5천만(372 * 372 * 372) 개로 줄어든다. B-Tree의 깊이는 MySQL에서 값을 검색할 때 몇 번이나 랜덤하게 디스크를 읽어야 하는지와 직결되는 문제다. 결론적으로 인덱스 키 값의 크기가 커지면 커질수록 하나의 인덱스 페이지가 담을 수 있는 인덱스 키 값의 개수가 적어지고, 그 때문에 같은 레코드 건수라 하더라도 B-Tree의 깊이(Depth)가 깊어져서 디스크 읽기가 더 많이 필요하게 된다는 것을 의미한다.

여기서 언급한 내용은 사실 인덱스 키 값의 크기는 가능하면 작게 만드는 것이 좋다는 것을 강조하기 위함이고, 실제로는 아무리 대용량 데이터베이스라도 B-Tree의 깊이(Depth)가 5단계 이상까지 깊어지는 경우는 흔치 않다.

8.3.3.3 선택도(기수성)

인덱스에서 선택도(Selectivity) 또는 기수성(Cardinality)은 거의 같은 의미로 사용되며, 모든 인덱스 키 값 가운데 유니크한 값의 수를 의미한다. 전체 인덱스 키 값은 100개인데, 그중에서 유니크한 값의 수는 10개라면 기수성은 10이다. 인덱스 키 값 가운데 중복된 값이 많아지면 많아질수록 기수성은 낮아지고 동시에 선택도 또한 떨어진다. 인덱스는 선택도가 높을수록 검색 대상이 줄어들기 때문에 그만큼 빠르게 처리된다.

country라는 칼럼과 city라는 칼럼이 포함된 tb_test 테이블을 예로 들겠다. tb_test 테이블의 전체 레코드 건수는 1만 건이며, country 칼럼으로만 인덱스가 생성된 상태에서 아래의 두 케이스를 살펴보자.

- 케이스 A: country 칼럼의 유니크한 값의 개수가 10개

- 케이스 B: country 칼럼의 유니크한 값의 개수가 1,000개

```
mysql> SELECT *
       FROM tb_test
       WHERE country='KOREA' AND city='SEOUL';
```

MySQL에서는 인덱스의 통계 정보(유니크한 값의 개수)가 관리되기 때문에 city 칼럼의 기수성은 작업 범위에 아무런 영향을 미치지 못한다. 위의 쿼리를 실행하면 A 케이스의 경우에는 평균 1,000건, B 케이스의 경우에는 평균 10건이 조회될 수 있다는 것을 인덱스의 통계 정보(유니크한 값의 개수)로 예측할 수 있다. A 케이스와 B 케이스 모두 실제 모든 조건을 만족하는 레코드는 단 1건만 있었다면 A 케이스의 인덱스는 적합하지 않은 것이라고 볼 수 있다. A 케이스는 1건의 레코드를 위해 쓸모없는 999건의 레코드를 더 읽은 것이지만, B 케이스는 9건만 더 읽은 것이다. 그래서 A 케이스의 경우 country 칼럼에 생성된 인덱스는 비효율적이다. 물론 필요한 만큼의 레코드만 정확하게 읽을 수 있다면 최상이 겠지만 현실적으로 모든 조건을 만족하게 인덱스를 생성한다는 것은 불가능하므로 이 정도의 낭비는 무시할 수 있다.

각 국가의 도시를 저장하는 tb_city라는 테이블을 예로 들어보겠다. tb_city 테이블은 1만 건의 레코드를 가지고 있는데, country 칼럼에만 인덱스가 준비돼 있다. tb_city 테이블에는 국가와 도시가 중복해서 저장돼 있지 않다고 가정하자.

```
mysql> CREATE TABLE tb_city(
           country VARCHAR(10),
           city VARCHAR(10),
           INDEX ix_country (country)
       );
```

tb_city 테이블에 아래와 같은 쿼리를 한번 실행해 보자. 이때 tb_city 테이블의 데이터 특성을 두 가지로 나눠서 내부적인 쿼리나 인덱스의 효율성을 살펴보겠다.

```
mysql> SELECT *
       FROM tb_test
       WHERE country='KOREA' AND city='SEOUL';
```

- country 칼럼의 유니크 값이 10개일 때

  country 칼럼의 유니크 값이 10개이므로 tb_city 테이블에는 10개 국가(country)의 도시(city) 정보가 저장돼 있는 것이다. MySQL 서버는 인덱스된 칼럼(country)에 대해서는 전체 레코드의 건수나 유니크한 값의 개수 등에 대한 통계 정보를 가지고 있다. 여기서 전체 레코드 건수를 유니크한 값의 개수로 나눠보면 하나의 키 값으로 검색했을 때 대략 몇 건의 레코드가 일치할지 예측할 수 있게 된다. 즉, 이 케이스의 tb_city 테이블에서는 country='KOREA'라는 조건으로 인덱스를 검색하면 1000건(10,000/10)이 일치하리라는 것을 예상할 수 있다. 그런데 인덱스를 통해 검색된 1000건 가운데 city='SEOUL'인 레코드는 1건이므로 999건은 불필요하게 읽은 것으로 볼 수 있다.

- country 칼럼의 유니크 값이 1000개일 때

  country 칼럼의 유니크 값이 1000개이므로 tb_city 테이블에는 1000개 국가(country)의 도시(city) 정보가 저장 있는 것이다. 이 케이스에서도 전체 레코드 건수를 국가 칼럼의 유니크 값 개수로 나눠보면 대략 한 국가당 대략 10개 정도의 도시 정보가 저장돼 있으리라는 것을 예측할 수 있다. 그래서 이 케이스에서는 tb_city 테이블에서 country='KOREA'라는 조건으로 인덱스를 검색하면 10건(10,000/1,000)이 일치할 것이며, 그 10건 중에서 city='SEOUL'인 레코드는 1건이므로 9건만 불필요하게 읽은 것이다.

위 두 케이스의 테이블에서 똑같은 쿼리를 실행해 똑같은 결과를 받았지만, 사실 두 쿼리가 처리되기 위해 MySQL 서버가 수행한 작업 내용은 매우 크다는 것을 알 수 있다. 이처럼 인덱스에서 유니크한 값의 개수는 인덱스나 쿼리의 효율성에 큰 영향을 미친다.

8.3.3.4 읽어야 하는 레코드의 건수

인덱스를 통해 테이블의 레코드를 읽는 것은 인덱스를 거치지 않고 바로 테이블의 레코드를 읽는 것보다 높은 비용이 드는 작업이다. 테이블에 레코드가 100만 건이 저장돼 있는데, 그중에서 50만 건을 읽어야 하는 쿼리가 있다고 가정해 보자. 이 작업은 전체 테이블을 모두 읽어서 필요 없는 50만 건을 버리는 것이 효율적일지, 인덱스를 통해 필요한 50만 건만 읽어 오는 것이 효율적일지 판단해야 한다.

인덱스를 이용한 읽기의 손익 분기점이 얼마인지 판단할 필요가 있는데, 일반적인 DBMS의 옵티마이저에서는 인덱스를 통해 레코드 1건을 읽는 것이 테이블에서 직접 레코드 1건을 읽는 것보다 4~5배 정도 비용이 더 많이 드는 작업인 것으로 예측한다[2]. 즉, 인덱스를 통해 읽어야 할 레코드의 건수(물론 옵티마이저가 판단한 예상 건수)가 전체 테이블 레코드의 20~25%를 넘어서면 인덱스를 이용하지 않고 테이블을 모두 직접 읽어서 필요한 레코드만 가려내는(필터링) 방식으로 처리하는 것이 효율적이다.

전체 100만 건의 레코드 가운데 50만 건을 읽어야 하는 작업은 인덱스의 손익 분기점인 20~25%보다 훨씬 크기 때문에 MySQL 옵티마이저는 인덱스를 이용하지 않고 직접 테이블을 처음부터 끝까지 읽어서 처리할 것이다. 이렇게 많은 레코드(전체 레코드의 20~25% 이상)를 읽을 때는 강제로 인덱스를 사용하도록 힌트를 추가해도 성능상 얻을 수 있는 이점이 없다. 물론 이러한 작업은 MySQL의 옵티마이저가 기본적으로 힌트를 무시하고 테이블을 직접 읽는 방식으로 처리하겠지만 기본으로 알고 있어야 할 사항이다.

8.3.4 B-Tree 인덱스를 통한 데이터 읽기

어떤 경우에 인덱스를 사용하게 유도할지, 또는 사용하지 못하게 할지 판단하려면 MySQL(더 정확히는 각 스토리지 엔진)이 어떻게 인덱스를 이용(경유)해서 실제 레코드를 읽어 내는지 알아야 한다. 여기서는 MySQL이 인덱스를 이용하는 대표적인 방법 세 가지를 살펴보겠다.

8.3.4.1 인덱스 레인지 스캔

인덱스 레인지 스캔은 인덱스의 접근 방법 가운데 가장 대표적인 접근 방식으로, 뒤에서 설명할 나머지 두 가지 접근 방식보다는 빠른 방법이다. 인덱스를 통해 레코드를 한 건만 읽는 경우와 한 건 이상을 읽는 경우를 각각 다른 이름으로 구분하지만, 이번 절에서는 모두 묶어서 "인덱스 레인지 스캔"이라고 표현했다. 더 상세한 내용은 10장 '실행 계획'에서 다시 언급할 것이므로 그때 둘의 차이를 자세히 알아보자. 여기서는 인덱스 B-Tree의 필요한 영역을 스캔하는 데 어떤 작업이 필요한지만 이해할 수 있으면 충분하다. 다음 쿼리를 예제로 살펴보자.

```
mysql> SELECT * FROM employees WHERE first_name BETWEEN 'Ebbe' AND 'Gad';
```

---

2 이 기준은 RDBMS 서버 종류별로 차이가 있으며, MySQL 서버에서는 코스트 모델 설정에 따라 변경될 수 있다. '코스트 모델'에 대한 자세한 내용은 10.1.3절 '코스트 모델(Cost Model)'을 참조한다.

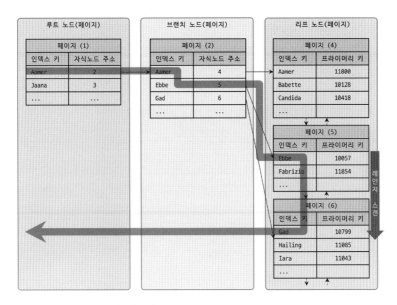

그림 8.8 인덱스를 이용한 레인지 스캔

인덱스 레인지 스캔은 검색해야 할 인덱스의 범위가 결정됐을 때 사용하는 방식이다. 검색하려는 값의 수나 검색 결과 레코드 건수와 관계없이 레인지 스캔이라고 표현한다. 그림 8.8의 화살표에서도 알수 있듯이 루트 노드에서부터 비교를 시작해 브랜치 노드를 거치고 최종적으로 리프 노드까지 찾아 들어가야만 비로소 필요한 레코드의 시작 지점을 찾을 수 있다. 일단 시작해야 할 위치를 찾으면 그때부터는 리프 노드의 레코드만 순서대로 읽으면 된다. 이처럼 차례대로 쭉 읽는 것을 스캔이라고 표현한다. 만약 스캔하다가 리프 노드의 끝까지 읽으면 리프 노드 간의 링크를 이용해 다음 리프 노드를 찾아서 다시 스캔한다. 그리고 최종적으로 스캔을 멈춰야 할 위치에 다다르면 지금까지 읽은 레코드를 사용자에게 반환하고 쿼리를 끝낸다. 그림 8.8에서 두꺼운 선은 스캔해야 할 위치 섬색을 위한 비교 작업을 의미하며, 두꺼운 화살표가 지나가는 리프 노드의 레코드 구간은 실제 스캔하는 범위를 표현한다.

그림 8.8은 실제 인덱스만을 읽는 경우를 보여준다. 하지만 B-Tree 인덱스의 리프 노드를 스캔하면서 실제 데이터 파일의 레코드를 읽어 와야 하는 경우도 많은데, 이 과정을 좀 더 자세히 살펴보자.

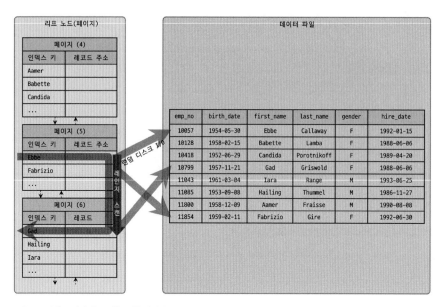

그림 8.9 인덱스 레인지 스캔을 통한 데이터 레코드 읽기

B-Tree 인덱스에서 루트와 브랜치 노드를 이용해 스캔 시작 위치를 검색하고, 그 지점부터 필요한 방향(오름차순 또는 내림차순)으로 인덱스를 읽어 나가는 과정을 그림 8.9에서 확인할 수 있다. 중요한 것은 어떤 방식으로 스캔하든 관계없이, 해당 인덱스를 구성하는 칼럼의 정순 또는 역순으로 정렬된 상태로 레코드를 가져온다는 것이다. 이는 별도의 정렬 과정이 수반되는 것이 아니라 인덱스 자체의 정렬 특성 때문에 자동으로 그렇게 된다.

그림 8.9에서 또 한 가지 중요한 것은 인덱스의 리프 노드에서 검색 조건에 일치하는 건들은 데이터 파일에서 레코드를 읽어오는 과정이 필요하다는 것이다. 이때 리프 노드에 저장된 레코드 주소로 데이터 파일의 레코드를 읽어오는데, 레코드 한 건 한 건 단위로 랜덤 I/O가 한 번씩 일어난다. 그림 8.9에서처럼 3건의 레코드가 검색 조건에 일치했다고 가정하면, 데이터 레코드를 읽기 위해 랜덤 I/O가 최대 3번 필요한 것이다. 그래서 인덱스를 통해 데이터 레코드를 읽는 작업은 비용이 많이 드는 작업으로 분류된다. 그리고 인덱스를 통해 읽어야 할 데이터 레코드가 20~25%를 넘으면 인덱스를 통한 읽기보다 테이블의 데이터를 직접 읽는 것이 더 효율적인 처리 방식이 된다.

인덱스 레인지 스캔은 다음과 같이 크게 3단계를 거친다는 점을 살펴봤다.

1. 인덱스에서 조건을 만족하는 값이 저장된 위치를 찾는다. 이 과정을 인덱스 탐색(Index seek)이라고 한다.

2. 1번에서 탐색된 위치부터 필요한 만큼 인덱스를 차례대로 쭉 읽는다. 이 과정을 인덱스 스캔(Index scan)이라고 한다. (1번과 2번 합쳐서 인덱스 스캔으로 통칭하기도 한다.)

3. 2번에서 읽어 들인 인덱스 키와 레코드 주소를 이용해 레코드가 저장된 페이지를 가져오고, 최종 레코드를 읽어온다.

쿼리가 필요로 하는 데이터에 따라 3번 과정은 필요하지 않을 수도 있는데, 이를 커버링 인덱스라고 한다. 커버링 인덱스로 처리되는 쿼리는 디스크의 레코드를 읽지 않아도 되기 때문에 랜덤 읽기가 상당히 줄어들고 성능은 그만큼 빨라진다. MySQL 서버에서는 1번과 2번 단계의 작업이 얼마나 수행됐는지를 확인할 수 있게 다음과 같은 상태 값을 제공한다.

```
mysql> SHOW STATUS LIKE 'Handler_%';
+-----------------------------+---------+
| Variable_name               | Value   |
+-----------------------------+---------+
| Handler_read_first          | 71      |
| Handler_read_last           | 1       |
| Handler_read_key            | 567     |
| Handler_read_next           | 3447233 |
| Handler_read_prev           | 19      |

...
```

Handler_read_key 상태 값은 1번 단계가 실행된 횟수, 그리고 Handler_read_next와 Handler_read_prev는 2번 단계로 읽은 레코드 건수를 의미한다. Handler_read_next는 인덱스 정순으로 읽은 레코드 건수이며 Handler_read_prev는 인덱스 역순으로 읽은 레코드 건수다. 그리고 Handler_read_first와 Handler_read_last는 인덱스의 첫 번째 레코드와 마지막 레코드를 읽은 횟수를 의미하는데, 이 둘은 MIN() 또는 MAX()와 같이 제일 큰 값 또는 제일 작은 값만 읽는 경우 증가하는 상태 값이다. 이 상태 값들은 읽은 레코드 건수를 의미하는데, 실제 인덱스만 읽었는지 인덱스를 통해 테이블의 레코드를 읽었는지(3번 단계)는 구분하지 않는다.

8.3.4.2 인덱스 풀 스캔

인덱스 레인지 스캔과 마찬가지로 인덱스를 사용하지만 인덱스 레인지 스캔과는 달리 인덱스의 처음부터 끝까지 모두 읽는 방식을 인덱스 풀 스캔이라고 한다. 대표적으로 쿼리의 조건절에 사용된 칼럼이 인덱스의 첫 번째 칼럼이 아닌 경우 인덱스 풀 스캔 방식이 사용된다. 예를 들어, 인덱스는 (A, B, C) 칼럼의 순서로 만들어져 있지만 쿼리의 조건절은 B 칼럼이나 C 칼럼으로 검색하는 경우다.

일반적으로 인덱스의 크기는 테이블의 크기보다 작으므로 직접 테이블을 처음부터 끝까지 읽는 것보다는 인덱스만 읽는 것이 효율적이다. 쿼리가 인덱스에 명시된 칼럼만으로 조건을 처리할 수 있는 경우 주로 이 방식이 사용된다. 인덱스뿐만 아니라 데이터 레코드까지 모두 읽어야 한다면 절대 이 방식으로 처리되지 않는다. 간단하게 그림으로 인덱스 풀 스캔의 처리 방식을 살펴보자.

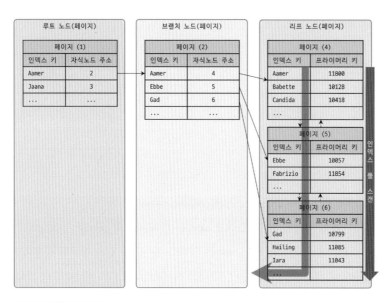

그림 8.10 인덱스 풀 스캔

그림 8.10에서 인덱스 풀 스캔의 예를 살펴볼 수 있다. 먼저 인덱스 리프 노드의 제일 앞 또는 제일 뒤로 이동한 후, 인덱스의 리프 노드를 연결하는 링크드 리스트(Linked list, 리프 노드 사이를 연결하는 세로로 그려진 두 쌍의 화살표)를 따라서 처음부터 끝까지 스캔하는 방식을 인덱스 풀 스캔이라고 한다. 이 방식은 인덱스 레인지 스캔보다는 빠르지 않지만 테이블 풀 스캔보다는 효율적이다. 앞에서도 언급했듯이 인덱스에 포함된 칼럼만으로 쿼리를 처리할 수 있는 경우 테이블의 레코드를 읽을 필요가

없기 때문이다. 인덱스의 전체 크기는 테이블 자체의 크기보다는 훨씬 작으므로 인덱스 풀 스캔은 테이블 전체를 읽는 것보다는 적은 디스크 I/O로 쿼리를 처리할 수 있다.

> **주의** 이 책에서 특별히 방식을 언급하지 않고 "인덱스를 사용한다"라고 표현한 것은 "인덱스 레인지 스캔"이나 뒤에서 설명할 "루스 인덱스 스캔" 방식으로 인덱스를 사용한다는 것을 의미한다. 인덱스 풀 스캔 방식 또한 인덱스를 이용하는 것이지만 효율적인 방식은 아니며, 일반적으로 인덱스를 생성하는 목적은 아니다. 역으로 테이블 전체를 읽거나 인덱스 풀 스캔 방식으로 인덱스를 사용하는 경우는 "인덱스를 사용하지 못한다" 또는 "인덱스를 효율적으로 사용하지 못한다"라는 표현을 사용했다.

8.3.4.3 루스 인덱스 스캔

많은 사용자에게 루스(Loose) 인덱스 스캔이라는 단어는 상당히 생소할 것이다. 오라클과 같은 DBMS의 "인덱스 스킵 스캔"이라고 하는 기능과 작동 방식은 비슷하지만 MySQL에서는 이를 "루스 인덱스 스캔"이라고 한다. MySQL 5.7 버전까지는 MySQL의 루스 인덱스 스캔 기능이 많이 제한적이었지만, MySQL 8.0 버전부터는 다른 상용 DBMS에서 지원하는 인덱스 스킵 스캔과 같은 최적화를 조금씩 지원하기 시작했다. 앞에서 소개한 두 가지 접근 방법("인덱스 레인지 스캔"과 "인덱스 풀 스캔")은 "루스 인덱스 스캔"과는 상반된 의미에서 "타이트(Tight) 인덱스 스캔"으로 분류한다. 루스 인덱스 스캔이란 말 그대로 느슨하게 또는 듬성듬성하게 인덱스를 읽는 것을 의미한다.

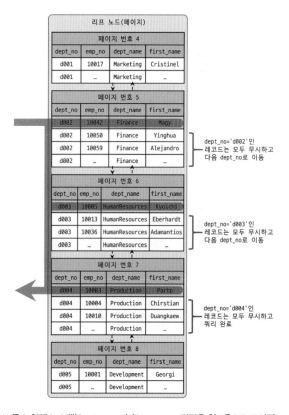

그림 8.11 루스 인덱스 스캔(dept_name과 first_name 칼럼은 참조용으로 표시됨)

루스 인덱스 스캔은 인덱스 레인지 스캔과 비슷하게 작동하지만 중간에 필요치 않은 인덱스 키 값은 무시(SKIP)하고 다음으로 넘어가는 형태로 처리한다. 일반적으로 GROUP BY 또는 집합 함수 가운데 MAX() 또는 MIN() 함수에 대해 최적화를 하는 경우에 사용된다.

```
mysql> SELECT dept_no, MIN(emp_no)
       FROM dept_emp
       WHERE dep_no BETWEEN 'd002' AND 'd004'
       GROUP BY dept_no;
```

이 쿼리에서 사용된 dept_emp 테이블은 dept_no와 emp_no라는 두 개의 칼럼으로 인덱스가 생성돼 있다. 또한 이 인덱스는 (dept_no, emp_no) 조합으로 정렬까지 돼 있어서 그림 8.11에서와같이 dept_no 그룹별로 첫 번째 레코드의 emp_no 값만 읽으면 된다. 즉 인덱스에서 WHERE 조건을 만족하는 범위 전체를 다 스캔할 필요가 없다는 것을 옵티마이저는 알고 있기 때문에 조건에 만족하지 않는 레코드는 무시하고 다음 레코드로 이동한다. 그림 8.11을 보면 인덱스 리프 노드를 스캔하면서 불필요한 부분은 그냥 무시하고 필요한 부분(회색 바탕 색깔의 레코드)만 읽었음을 알 수 있다. 루스 인덱스 스캔을 사용하려면 여러 가지 조건을 만족해야 하는데, 이러한 제약 조건은 10장 '실행 계획'에서 자세히 언급하겠다.

8.3.4.4 인덱스 스킵 스캔

데이터베이스 서버에서 인덱스의 핵심은 값이 정렬돼 있다는 것이며, 이로 인해 인덱스를 구성하는 칼럼의 순서가 매우 중요하다. 예를 들어, employees 테이블에 다음과 같은 인덱스를 생성해보자.

```
mysql> ALTER TABLE employees
       ADD INDEX ix_gender_birthdate (gender, birth_date);
```

이 인덱스를 사용하려면 WHERE 조건절에 gender 칼럼에 대한 비교 조건이 필수다.

```
-- // 인덱스를 사용하지 못하는 쿼리
mysql> SELECT * FROM employees WHERE birth_date>='1965-02-01';

-- // 인덱스를 사용할 수 있는 쿼리
mysql> SELECT * FROM employees WHERE gender='M' AND birth_date>='1965-02-01';
```

그래서 위의 두 쿼리 중에서 gender 칼럼과 birth_date 칼럼의 조건을 모두 가진 두 번째 쿼리는 인덱스를 효율적으로 사용할 수 있지만 gender 칼럼에 대한 비교 조건이 없는 첫 번째 쿼리는 인덱스를 사용할 수가 없었다. 주로 이런 경우에는 birth_date 칼럼부터 시작하는 인덱스를 새로 생성해야만 했다.

MySQL 8.0 버전부터는 옵티마이저가 gender 칼럼을 건너뛰어서 birth_date 칼럼만으로도 인덱스 검색이 가능하게 해주는 인덱스 스킵 스캔(Index skip scan) 최적화 기능이 도입됐다. 물론 MySQL 8.0 이전 버전에서도 인덱스 스킵 스캔과 비슷한 최적화를 수행하는 루스 인덱스 스캔(Loose index scan)이라는 기능이 있었지만 루스 인덱스 스캔은 GROUP BY 작업을 처리하기 위해 인덱스를 사용하는 경우에만 적용할 수 있었다. 하지만 MySQL 8.0 버전에 도입된 인덱스 스킵 스캔은 WHERE 조건절의 검색을 위해 사용 가능하도록 용도가 훨씬 넓어진 것이다.

우선 인덱스 스킵 스캔 기능을 비활성화하고, MySQL 8.0 이전 버전에서 어떤 실행 계획으로 처리됐는지를 한 번 살펴보자.

```
mysql> SET optimizer_switch='skip_scan=off';

mysql> EXPLAIN
       SELECT gender, birth_date
       FROM employees
       WHERE birth_date>='1965-02-01';
+----+-----------+-------+-------------------+--------------------------+
| id | table     | type  | key               | Extra                    |
+----+-----------+-------+-------------------+--------------------------+
|  1 | employees | index | ix_gender_birthdate | Using where; Using index |
+----+-----------+-------+-------------------+--------------------------+
```

위의 쿼리는 WHERE 조건절에 gender 칼럼에 대한 조건 없이 birth_date 칼럼의 비교 조건만 가지고 있기 때문에 쉽게 ix_gender_birthdate 인덱스를 효율적으로 이용할 수 없다. 여기서 인덱스를 "효율적"으로 이용한다는 것은 일반적으로 우리가 '인덱스를 이용한다'라는 표현과 동일한 의미로, 인덱스에서 꼭 필요한 부분만 접근하는 것을 의미한다. 위의 실행 계획에서 type 칼럼이 "index"라고 표시된 것은 인덱스를 처음부터 끝까지 모두 읽었다(풀 인덱스 스캔)는 의미이므로 인덱스를 비효율적으로 사용한 것이다. 이 예제 쿼리는 인덱스에 있는 gender 칼럼과 birth_date 칼럼만 있으면 처리를 완료할 수 있기 때문에 ix_gender_birthdate 인덱스를 풀 스캔한 것이다. 만약 예제 쿼리가 employees 테이블의 모든 칼럼을 가져와야 했다면 테이블 풀 스캔을 실행했을 것이다.

이제 MySQL 8.0 버전부터 도입된 인덱스 스킵 스캔을 활성화하고, 동일 쿼리의 실행 계획을 다시 확인해보자.

```
mysql> SET optimizer_switch='skip_scan=on';

mysql> EXPLAIN
       SELECT gender, birth_date
       FROM employees
       WHERE birth_date>='1965-02-01';
+----+-----------+-------+-------------------+------------------------------------------+
| id | table     | type  | key               | Extra                                    |
+----+-----------+-------+-------------------+------------------------------------------+
|  1 | employees | range | ix_gender_birthdate | Using where; Using index for skip scan |
+----+-----------+-------+-------------------+------------------------------------------+
```

이번에는 쿼리의 실행 계획에서 type 칼럼의 값이 "range"로 표시됐는데, 이는 인덱스에서 꼭 필요한 부분만 읽었다는 것을 의미한다. 그리고 실행 계획의 Extra 칼럼에 "Using index for skip scan"이라는 문구가 표시됐는데, 이는 ix_gender_birthdate 인덱스에 대해 인덱스 스킵 스캔을 활용해 데이터를 조회했다는 것을 의미한다. MySQL 옵티마이저는 우선 gender 칼럼에서 유니크한 값을 모두 조회해서 주어진 쿼리에 gender 칼럼의 조건을 추가해서 쿼리를 다시 실행하는 형태로 처리한다. 다음의 그림 8.12는 인덱스 스킵 스캔이 어떻게 처리되는지를 보여준다.

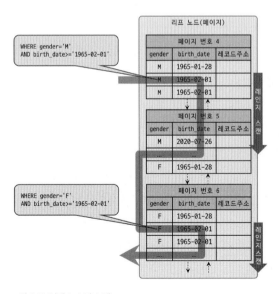

그림 8.12 인덱스 스킵 스캔

gender 칼럼은 성별을 구분하는 칼럼으로 'M'과 'F' 값만 가지는 ENUM 타입의 칼럼이다. 그래서 gender 칼럼에 대해 가능한 값 2개('M'과 'F')를 구한 다음, 옵티마이저는 내부적으로 아래 2개의 쿼리를 실행하는 것과 비슷한 형태의 최적화를 실행하게 된다.

```
mysql> SELECT gender, birth_date FROM employees WHERE gender='M' AND birth_date>='1965-02-01';
mysql> SELECT gender, birth_date FROM employees WHERE gender='F' AND birth_date>='1965-02-01';
```

> **주의** 여기서 gender 칼럼이 ENUM('M','F') 타입이기 때문에 이런 처리가 가능한 것은 아니다. 칼럼이 어떤 타입이더라도 MySQL 서버는 인덱스를 루스 인덱스 스캔과 동일한 방식으로 읽으면서 인덱스에 존재하는 모든 값을 먼저 추출하고 그 결과를 이용해 인덱스 스킵 스캔을 실행한다.

인덱스 스킵 스캔은 MySQL 8.0 버전에 새로이 도입된 기능이어서 아직 다음과 같은 단점이 있다.

- WHERE 조건절에 조건이 없는 인덱스의 선행 칼럼의 유니크한 값의 개수가 적어야 함
- 쿼리가 인덱스에 존재하는 칼럼만으로 처리 가능해야 함(커버링 인덱스)

첫 번째 조건은 쿼리 실행 계획의 비용과 관련된 부분인데, 만약 유니크한 값의 개수가 매우 많다면 MySQL 옵티마이저는 인덱스에서 스캔해야 할 시작 지점을 검색하는 작업이 많이 필요해진다. 그래서 쿼리의 처리 성능이 오히려 더 느려질 수도 있다. 예를 들어 (emp_no, dept_no) 조합으로 만들어진 인덱스에서 스킵 스캔을 실행한다고 가정하면 사원의 수만큼 레인지 스캔 시작 지점을 검색하는 작업이 필요해져 쿼리의 성능이 매우 떨어진다. 그래서 인덱스 스킵 스캔은 인덱스의 선행 칼럼이 가진 유니크한 값의 개수가 소량일 때만 적용 가능한 최적화라는 것을 기억하자.

두 번째 제약 조건은 아래 예제 쿼리를 통해 한번 살펴보자.

```
mysql> EXPLAIN
       SELECT *
       FROM employees
       WHERE birth_date>='1965-02-01';
+----+-----------+------+------+--------+-------------+
| id | table     | type | key  | rows   | Extra       |
+----+-----------+------+------+--------+-------------+
|  1 | employees | ALL  | NULL | 300363 | Using where |
+----+-----------+------+------+--------+-------------+
```

위의 쿼리는 WHERE 조건절은 동일하지만 SELECT 절에서 employees 테이블의 모든 칼럼을 조회하도록 변경했다. 이 쿼리는 ix_gender_birthdate 인덱스에 포함된 gender 칼럼과 birth_date 칼럼 이외의 나머지 칼럼도 필요로 하기 때문에 인덱스 스킵 스캔을 사용하지 못하고 풀 테이블 스캔으로 실행 계획을 수립한 것을 확인할 수 있다. 하지만 이 제약 사항은 MySQL 서버의 옵티마이저가 개선되면 충분히 해결될 수 있는 부분으로 보인다.

8.3.5 다중 칼럼(Multi-column) 인덱스

지금까지 살펴본 인덱스들은 모두 1개의 칼럼만 포함된 인덱스였다. 하지만 실제 서비스용 데이터베이스에서는 2개 이상의 칼럼을 포함하는 인덱스가 더 많이 사용된다. 두 개 이상의 칼럼으로 구성된 인덱스를 다중 칼럼 인덱스(또는 복합 칼럼 인덱스)라고 하며, 또한 2개 이상의 칼럼이 연결됐다고 해서 "Concatenated Index"라고도 한다. 그림 8.13은 2개 이상의 칼럼을 포함하는 다중 칼럼 인덱스의 구조를 보여준다.

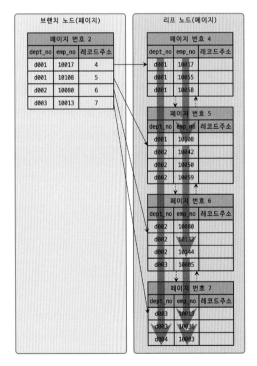

그림 8.13 다중 칼럼 인덱스

그림 8.13에서는 편의상 루트 노드는 생략했으나 실제로 데이터 레코드 건수가 작은 경우에는 브랜치 노드가 없는 경우도 있을 수 있다. 하지만 루트 노드와 리프 노드는 항상 존재한다. 그림 8.13은 다중 칼럼 인덱스일 때 각 인덱스를 구성하는 칼럼의 값이 어떻게 정렬되어 저장되는지 설명해준다. 이 그림에서 중요한 것은 인덱스의 두 번째 칼럼은 첫 번째 칼럼에 의존해서 정렬돼 있다는 것이다. 즉, 두 번째 칼럼의 정렬은 첫 번째 칼럼이 똑같은 레코드에서만 의미가 있다는 것이다. 그림 8.13에서는 칼럼이 2개뿐이지만, 만약 칼럼이 4개인 인덱스를 생성한다면 세 번째 칼럼은 두 번째 칼럼에 의존해서 정렬되고 네 번째 칼럼은 다시 세 번째 칼럼에 의존해서 정렬된다. 위의 예제에서 emp_no 값의 정렬 순서가 빠르다고 하더라도 dept_no 칼럼의 정렬 순서가 늦다면 인덱스의 뒤쪽에 위치한다. 그래서 위의 그림에서 emp_no 값이 "10003"인 레코드가 인덱스 리프 노드의 제일 마지막(하단)에 위치하는 것이다. 다중 칼럼 인덱스에서는 인덱스 내에서 각 칼럼의 위치(순서)가 상당히 중요하며, 그것을 아주 신중히 결정해야 하는 이유가 바로 그것이다.

8.3.6 B-Tree 인덱스의 정렬 및 스캔 방향

인덱스를 생성할 때 설정한 정렬 규칙에 따라서 인덱스의 키 값은 항상 오름차순이거나 내림차순으로 정렬되어 저장된다. 하지만 어떤 인덱스가 오름차순으로 생성됐다고 해서 그 인덱스를 오름차순으로만 읽을 수 있다는 뜻은 아니다. 사실 그 인덱스를 거꾸로 끝에서부터 읽으면 내림차순으로 정렬된 인덱스로도 사용될 수 있다. 인덱스를 어느 방향으로 읽을지는 쿼리에 따라 옵티마이저가 실시간으로 만들어내는 실행 계획에 따라 결정된다.

8.3.6.1 인덱스의 정렬

일반적인 상용 DBMS에서는 인덱스를 생성하는 시점에 인덱스를 구성하는 각 칼럼의 정렬을 오름차순 또는 내림차순으로 설정할 수 있다. MySQL 5.7 버전까지는 칼럼 단위로 정렬 순서를 혼합(ASC와 DESC 혼합)해서 인덱스를 생성할 수 없었다. 이런 문제점을 해결하기 위해 숫자 칼럼의 경우 −1을 곱한 값을 저장하는 우회 방법을 사용했었다. 하지만 MySQL 8.0 버전부터는 다음과 같은 형태의 정렬 순서를 혼합한 인덱스도 생성할 수 있게 됐다.

```
mysql> CREATE INDEX ix_teamname_userscore ON employees (team_name ASC, user_score DESC);
```

8.3.6.1.1 인덱스 스캔 방향

first_name 칼럼에 대한 인덱스가 포함된 employees 테이블에 대해 다음 쿼리를 실행하는 과정을 한 번 살펴보자. MySQL은 이 쿼리를 실행하기 위해 인덱스를 처음부터 오름차순으로 끝까지 읽어 first_name이 가장 큰(오름차순으로 읽었을 때 가장 마지막 레코드) 값 하나를 가져오는 것일까?

```
mysql> SELECT *
       FROM employees
       ORDER BY first_name DESC
       LIMIT 1;
```

그렇지 않다. 인덱스는 항상 오름차순으로만 정렬돼 있지만 인덱스를 최솟값부터 읽으면 오름차순으로 값을 가져올 수 있고, 최댓값부터 거꾸로 읽으면 내림차순으로 값을 가져올 수 있다는 것을 MySQL 옵티마이저는 이미 알고 있다. 그래서 위의 쿼리는 인덱스를 역순으로 접근해 첫 번째 레코드만 읽으면 된다. 그림 8.14는 인덱스를 정순으로 읽는 경우와 역순으로 읽는 경우를 보여준다.

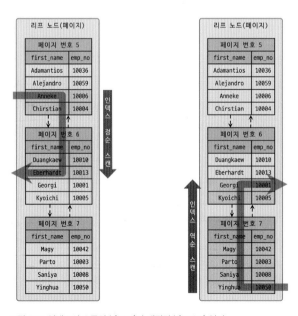

그림 8.14 인덱스의 오름차순(ASC)과 내림차순(DESC) 읽기

즉, 인덱스 생성 시점에 오름차순 또는 내림차순으로 정렬이 결정되지만 쿼리가 그 인덱스를 사용하는 시점에 인덱스를 읽는 방향에 따라 오름차순 또는 내림차순 정렬 효과를 얻을 수 있다. 오름차순으로 생성된 인덱스를 정순으로 읽으면 출력되는 결과 레코드는 자동으로 오름차순으로 정렬된 결과가 되고, 역순으로 읽으면 그 결과는 내림차순으로 정렬된 상태가 되는 것이다.

```
mysql> SELECT * FROM employees WHERE first_name>='Anneke'
       ORDER BY first_name ASC LIMIT 4;

mysql> SELECT * FROM employees
       ORDER BY first_name DESC LIMIT 5;
```

위의 첫 번째 쿼리는 first_name 칼럼에 정의된 인덱스를 이용해 "Anneke"라는 레코드를 찾은 후, 정순으로 해당 인덱스를 읽으면서 4개의 레코드만 가져오면 아무런 비용을 들이지 않고도 원하는 정렬 효과를 얻을 수 있다. 두 번째 쿼리는 이와 반대로 employees 테이블의 first_name 칼럼에 정의된 인덱스를 역순으로 읽으면서 처음 다섯 개의 레코드만 가져오면 된다. 쿼리의 ORDER BY 처리나 MIN() 또는 MAX() 함수 등의 최적화가 필요한 경우에도 MySQL 옵티마이저는 인덱스의 읽기 방향을 전환해서 사용하도록 실행 계획을 만들어 낸다.

8.3.6.1.2 내림차순 인덱스

MySQL 서버에서 다음 두 쿼리는 실제 내림차순인지 오름차순인지와 관계없이 인덱스를 읽는 순서만 변경해서 해결할 수 있다는 것을 살펴봤다.

```
mysql> SELECT * FROM employees ORDER BY first_name ASC  LIMIT 10;
mysql> SELECT * FROM employees ORDER BY first_name DESC LIMIT 10;
```

> **주의** 물론 2개 이상의 칼럼이 내림차순 그리고 오름차순을 동시에 사용하는 쿼리를 위해서는, 각 칼럼이 오름차순 그리고 내림차순으로 정의된 복합 칼럼 인덱스가 필요하다. 예를 들어 다음과 같이 team_name은 정순으로 정렬 후 user_score 칼럼은 역순으로 정렬하는 쿼리를 가정해보자.
>
> ```
> mysql SELECT * FROM employees ORDER BY team_name ASC, user_score DESC LIMIT 10;
> ```
>
> 이 쿼리의 정렬 작업이 인덱스를 사용하도록 튜닝하기 위해서는 (team_name ASC, user_score ASC) 인덱스로는 도움이 되지 않는다. 이런 경우에는 MySQL 8.0의 내림차순 인덱스로만 튜닝이 될 수 있다.
>
> ```
> mysql> CREATE INDEX ix_teamname_userscore ON employees (team_name ASC, user_score DESC);
> ```

```
mysql> CREATE INDEX ix_firstname_asc  ON employees (first_name ASC );
mysql> CREATE INDEX ix_firstname_desc ON employees (first_name DESC);
```

이 궁금증에 대한 답을 찾기 위해 MySQL 8.0부터 지원되는 내림차순 인덱스에 대해 조금 깊이 있게 살펴보자.

우선 내용의 이해도를 높이기 위해 간단히 용어를 그림 8.15와 같이 정리했다.

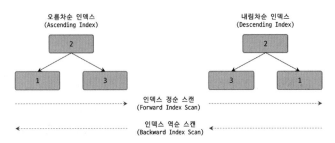

그림 8.15 인덱스 정순(포워드) 스캔과 인덱스 역순(백워드) 스캔

- 오름차순 인덱스(Ascending index): 작은 값의 인덱스 키가 B-Tree의 왼쪽으로 정렬된 인덱스

- 내림차순 인덱스(Descending index): 큰 값의 인덱스 키가 B-Tree의 왼쪽으로 정렬된 인덱스

- 인덱스 정순 스캔(Forward index scan): 인덱스 키의 크고 작음에 관계없이 인덱스 리프 노드의 왼쪽 페이지부터 오른쪽으로 스캔

- 인덱스 역순 스캔(Backward index scan): 인덱스 키의 크고 작음에 관계없이 인덱스 리프 노드의 오른쪽 페이지부터 왼쪽으로 스캔

이제 내림차순 인덱스의 필요성에 대해 간단한 테스트 결과를 살펴보면서 알아보자. 간단한 테스트를 위해 다음과 같이 테스트용 테이블을 생성하고 대략 1천만 건 정도의 레코드를 준비해보자.

```
mysql> CREATE TABLE t1 (
         tid INT NOT NULL AUTO_INCREMENT,
         TABLE_NAME VARCHAR(64),
         COLUMN_NAME VARCHAR(64),
         ORDINAL_POSITION INT,
         PRIMARY KEY(tid)
       ) ENGINE=InnoDB;
```

```
mysql> INSERT INTO t1
        SELECT NULL, TABLE_NAME, COLUMN_NAME, ORDINAL_POSITION
        FROM information_schema.COLUMNS;

mysql> INSERT INTO t1
        SELECT NULL, TABLE_NAME, COLUMN_NAME, ORDINAL_POSITION
        FROM t1;
-- // ... 12번 실행 ...

mysql> SELECT COUNT(*) FROM t1;
+----------+
| COUNT(*) |
+----------+
| 12619776 |
+----------+
```

이제 이 테이블을 풀 스캔하면서 정렬만 수행하는 쿼리를 다음과 같이 한번 실행해보자. 다음 두 쿼리
는 테이블의 프라이머리 키를 정순 또는 역순으로 스캔하면서 마지막 레코드 1건만 반환한다. 첫 번째
쿼리는 tid 칼럼의 값이 가장 큰 레코드 1건을, 그리고 두 번째 쿼리는 tid 칼럼의 값이 가장 작은 레코
드 1건을 반환한다. 하지만 LIMIT … OFFSET … 부분의 쿼리로 인해 실제 MySQL 서버는 테이블의 모
든 레코드를 스캔해야 한다.

```
mysql> SELECT * FROM t1 ORDER BY tid ASC LIMIT 12619775,1;
1 row in set (4.15 sec)

mysql> SELECT * FROM t1 ORDER BY tid DESC LIMIT 12619775,1;
1 row in set (5.35 sec)
```

1천2백여만 건을 스캔하는데, "1.2초 정도의 차이쯤이야!!"라고 생각할 수도 있다. 하지만 비율로 따져
보면 역순 정렬 쿼리가 정순 정렬 쿼리보다 28.9% 더 시간이 걸리는 것을 확인할 수 있다. 하나의 인덱
스를 정순으로 읽느냐 또는 역순으로 읽느냐에 따라 이런 차이가 발생한다는 것은 쉽게 이해하기 어려
울 수 있다. MySQL 서버의 InnoDB 스토리지 엔진에서 정순 스캔과 역순 스캔은 페이지(블록) 간의
양방향 연결 고리(Double linked list)를 통해 전진(Forward)하느냐 후진(Backward)하느냐의 차이
만 있지만, 실제 내부적으로는 InnoDB에서 인덱스 역순 스캔이 인덱스 정순 스캔에 비해 느릴 수밖에
없는 다음의 두 가지 이유가 있다.

- 페이지 잠금이 인덱스 정순 스캔(Forward index scan)에 적합한 구조

- 페이지 내에서 인덱스 레코드가 단방향으로만 연결된 구조(그림 8.16에서 보다시피 InnoDB 페이지 내부에서 레코드들이 단방향으로만 링크를 가진 구조다.)

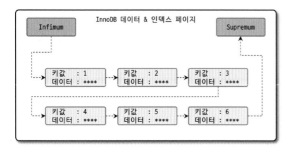

그림 8.16 InnoDB 페이지 내에서 레코드들의 연결

참고

그림 8.16에서는 InnoDB 페이지 내부에서 레코드들이 정렬 순서대로 저장돼 있는 것처럼 표시돼 있지만 실제로 InnoDB 페이지는 힙(Heap)처럼 사용되기 때문에 물리적으로 저장이 순서대로 배치되지는 않는다. 그리고 각 데이터 페이지(InnoDB 스토리지 엔진에서 데이터 파일은 프라이머리 키 인덱스 자체라는 것에 주의하자)나 인덱스 페이지의 엔트리(데이터 레코드 또는 인덱스 키)는 키 값과 데이터를 가지는데, 인덱스(프라이머리 키 인덱스와 세컨더리 인덱스 모두)의 루트 노드 또는 브랜치 노드라면 자식 노드의 주소를 가진다. 프라이머리 키에서 리프 노드의 "데이터"는 실제 레코드의 칼럼 값들이며, 세컨더리 인덱스 페이지에서는 프라이머리 키 값을 가진다.

내림차순과 오름차순 인덱스의 내부적인 차이로 인한 성능을 살펴봤다. 이제 서비스 요건에 맞게 어떤 정렬 순서의 인덱스를 선택해야 할지 살펴보자. 일반적으로 인덱스를 ORDER BY ... DESC하는 쿼리가 소량의 레코드에 드물게 실행되는 경우라면 내림차순 인덱스를 굳이 고려할 필요는 없어 보인다.

예를 들어, 다음 쿼리를 한번 살펴보자.

```
mysql> SELECT * FROM tab
       WHERE userid=?
       ORDER BY score DESC
       LIMIT 10;
```

이 쿼리의 경우 다음 두 가지 인덱스 모두 적절한 선택이 될 수 있다.

```
오름차순 인덱스: INDEX (userid ASC, score ASC)
내림차순 인덱스: INDEX (userid DESC, score DESC)
```

하지만 위 쿼리가 많은 레코드를 조회하면서 빈번하게 실행된다면 오름차순 인덱스보다는 내림차순 인덱스가 더 효율적이라고 볼 수 있다.

또한 많은 쿼리가 인덱스의 앞쪽만 또는 뒤쪽만 집중적으로 읽어서 인덱스의 특정 페이지 잠금이 병목이 될 것으로 예상된다면 쿼리에서 자주 사용되는 정렬 순서대로 인덱스를 생성하는 것이 잠금 병목 현상을 완화하는 데 도움이 될 것이다.

8.3.7 B-Tree 인덱스의 가용성과 효율성

쿼리의 WHERE 조건이나 GROUP BY, 또는 ORDER BY 절이 어떤 경우에 인덱스를 사용할 수 있고 어떤 방식으로 사용할 수 있는지 식별할 수 있어야 한다. 그래야만 쿼리의 조건을 최적화하거나, 역으로 쿼리에 맞게 인덱스를 최적으로 생성할 수 있다. 여기서는 어떤 조건에서 인덱스를 사용할 수 있고 어떨 때 사용할 수 없는지 살펴보겠다. 또한 인덱스를 100% 활용할 수 있는지, 일부만 이용하게 되는지도 함께 살펴보겠다.

8.3.7.1 비교 조건의 종류와 효율성

다중 칼럼 인덱스에서 각 칼럼의 순서와 그 칼럼에 사용된 조건이 동등 비교("=")인지 아니면 크다(">") 또는 작다("<") 같은 범위 조건인지에 따라 각 인덱스 칼럼의 활용 형태가 달라지며, 그 효율 또한 달라진다. 다음 예제를 한번 살펴보자.

```
mysql> SELECT * FROM dept_emp
       WHERE dept_no='d002' AND emp_no >= 10114 ;
```

이 쿼리를 위해 dept_emp 테이블에 각각 칼럼의 순서만 다른 두 가지 케이스로 인덱스를 생성했다고 가정하자. 위의 쿼리가 처리되는 동안 각 인덱스에 어떤 차이가 있었는지 살펴보자.

- 케이스 A: INDEX (dept_no, emp_no)
- 케이스 B: INDEX (emp_no, dept_no)

케이스 A 인덱스는 "dept_no='d002' AND emp_no>=10144"인 레코드를 찾고, 그 이후에는 dept_no가 'd002'가 아닐 때까지 인덱스를 그냥 쭉 읽기만 하면 된다. 이 경우에는 읽은 레코드가 모두 사용자가 원하는 결과임을 알 수 있다. 즉, 조건을 만족하는 레코드가 5건이라고 할 때, 5건의 레코드를 찾는 데 꼭 필요한 5번의 비교 작업만 수행한 것이므로 상당히 효율적으로 인덱스를 이용한 것이다. 하지만 케이스 B 인덱스는 우선 "emp_no>=10144 AND dept_no='d002'"인 레코드를 찾고, 그 이후 모든 레코드에 대해 dept_no가 'd002'인지 비교하는 과정을 거쳐야 한다. 그림 8.17은 두 인덱스의 검색 과정을 보여준다.

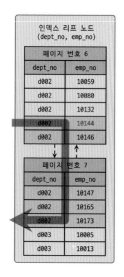

그림 8.17 인덱스의 칼럼 순서로 인한 쿼리 실행 내역의 차이

이처럼 인덱스를 통해 읽은 레코드가 나머지 조건에 맞는지 비교하면서 취사선택하는 작업을 '필터링'이라고도 한다. 케이스 B 인덱스에서는 최종적으로 dept_no='d002' 조건을 만족(필터링)하는 레코드 5건을 가져온다. 즉, 이 경우에는 5건의 레코드를 찾기 위해 7번의 비교 과정을 거친 것이다. 왜 이런 현상이 발생했을까? 그 이유는 그림 8.13 '다중 칼럼 인덱스'에서 설명한 다중 칼럼 인덱스의 정렬 방식(인덱스의 N번째 키 값은 N-1번째 키 값에 대해서 다시 정렬됨) 때문이다. 케이스 A 인덱스에서 2번째 칼럼인 emp_no는 비교 작업의 범위를 좁히는 데 도움을 준다. 하지만 케이스 B 인덱스에서 2번째 칼럼인 dept_no는 비교 작업의 범위를 좁히는 데 아무런 도움을 주지 못하고, 단지 쿼리의 조건에 맞는지 검사하는 용도로만 사용됐다.

공식적인 명칭은 아니지만 케이스 A 인덱스에서의 두 조건(dept_no='d002'와 emp_no>=10144)과 같이 작업의 범위를 결정하는 조건을 '작업 범위 결정 조건'이라 하고, 케이스 B 인덱스의 dept_no='d002' 조건과 같이 비교 작업의 범위를 줄이지 못하고 단순히 거름종이 역할만 하는 조건을 '필터링 조건' 또는 '체크 조건'이라고 표현한다. 결국, 케이스 A 인덱스에서 dept_no 칼럼과 emp_no 칼럼은 모두 '작업 범위 결정 조건'에 해당하지만, 케이스 B 인덱스에서는 emp_no 칼럼만 '작업 범위 결정 조건'이고, dept_no 칼럼은 '필터링 조건'으로 사용된 것이다. 작업 범위를 결정하는 조건은 많으면 많을수록 쿼리의 처리 성능을 높이지만 체크 조건은 많다고 해서 (최종적으로 가져오는 레코드는 작게 만들지 몰라도) 쿼리의 처리 성능을 높이지는 못한다. 오히려 쿼리 실행을 더 느리게 만들 때가 많다.

8.3.7.2 인덱스의 가용성

B-Tree 인덱스의 특징은 왼쪽 값에 기준해서(Left-most) 오른쪽 값이 정렬돼 있다는 것이다. 여기서 왼쪽이란 하나의 칼럼 내에서뿐만 아니라 다중 칼럼 인덱스의 칼럼에 대해서도 함께 적용된다.

- 케이스 A: INDEX (first_name)
- 케이스 B: INDEX (dept_no, emp_no)

그림 8.18에서는 인덱스 키 값의 정렬만 표현하지만 사실은 인덱스 키 값의 이런 정렬 특성은 빠른 검색의 전제 조건이다. 즉 하나의 칼럼으로 검색해도 값의 왼쪽 부분이 없으면 인덱스 레인지 스캔 방식의 검색이 불가능하다. 또한 다중 칼럼 인덱스에서도 왼쪽 칼럼의 값을 모르면 인덱스 레인지 스캔을 사용할 수 없다.

케이스 A의 인덱스가 지정된 employees 테이블에 대해 다음과 같은 쿼리가 어떻게 실행되는지 한번 살펴보자.

그림 8.18 왼쪽 값(Left-most)을 기준으로 정렬

```
mysql> SELECT * FROM employees WHERE first_name LIKE '%mer';
```

이 쿼리는 인덱스 레인지 스캔 방식으로 인덱스를 이용할 수는 없다. 그 이유는 first_name 칼럼에 저장된 값의 왼쪽부터 한 글자씩 비교해 가면서 일치하는 레코드를 찾아야 하는데, 조건절에 주어진 상숫값('%mer')에는 왼쪽 부분이 고정되지 않기 때문이다. 따라서 정렬 우선순위가 낮은 뒷부분의 값만으로는 왼쪽 기준(Left-most) 정렬 기반의 인덱스인 B-tree에서는 인덱스의 효과를 얻을 수 없다. 케이스 B의 인덱스가 지정된 dept_emp 테이블에 대해 다음 쿼리가 어떻게 실행되는지 한번 살펴보자.

```
mysql> SELECT * FROM dept_emp WHERE emp_no>=10144;
```

인덱스가 (dept_no, emp_no) 칼럼 순서대로 생성돼 있다면 인덱스의 선행 칼럼인 dept_no 조건 없이 emp_no 값으로만 검색하면 인덱스를 효율적으로 사용할 수 없다. 케이스 B의 인덱스는 다중 칼럼으로 구성된 인덱스이므로 dept_no 칼럼에 대해 먼저 정렬한 후, 다시 emp_no 칼럼값으로 정렬돼 있기 때문이다. 여기서는 간단히 WHERE 조건절에 대한 내용만 언급했지만 인덱스의 왼쪽 값 기준 규칙은 GROUP BY 절이나 ORDER BY 절에도 똑같이 적용된다. GROUP BY나 ORDER BY에 대해서는 나중에 다시 자세히 살펴보겠다.

8.3.7.3 가용성과 효율성 판단

기본적으로 B-Tree 인덱스의 특성상 다음 조건에서는 사용할 수 없다. 여기서 사용할 수 없다는 것은 작업 범위 결정 조건으로 사용할 수 없다는 것을 의미하며, 경우에 따라서는 체크 조건으로 인덱스를 사용할 수는 있다.

- NOT-EQUAL로 비교된 경우("<>", "NOT IN", "NOT BETWEEN", "IS NOT NULL")
    - .. WHERE column <> 'N'
    - .. WHERE column NOT IN (10,11,12)
    - .. WHERE column IS NOT NULL

- LIKE '%??'(앞부분이 아닌 뒷부분 일치) 형태로 문자열 패턴이 비교된 경우
    - .. WHERE column LIKE '%승환'
    - .. WHERE column LIKE '_승환'
    - .. WHERE column LIKE '%승%'

- 스토어드 함수나 다른 연산자로 인덱스 칼럼이 변형된 후 비교된 경우
    - .. WHERE SUBSTRING(column,1,1) = 'X'
    - .. WHERE DAYOFMONTH(column) = 1

- NOT-DETERMINISTIC 속성의 스토어드 함수가 비교 조건에 사용된 경우
    - .. WHERE column = deterministic_function()

- 데이터 타입이 서로 다른 비교(인덱스 칼럼의 타입을 변환해야 비교가 가능한 경우)
    - .. WHERE char_column = 10
    - 더 자세한 내용은 15장 '데이터 타입' 참조

- 문자열 데이터 타입의 콜레이션이 다른 경우
    - .. WHERE utf8_bin_char_column = euckr_bin_char_column
    - 더 자세한 내용은 15.1.4절 '콜레이션(Collation)' 참조

다른 일반적인 DBMS에서는 NULL 값이 인덱스에 저장되지 않지만 MySQL에서는 NULL 값도 인덱스에 저장된다. 다음과 같은 WHERE 조건도 작업 범위 결정 조건으로 인덱스를 사용한다.

```
mysql> .. WHERE column IS NULL ..
```

다중 칼럼으로 만들어진 인덱스는 어떤 조건에서 사용될 수 있고, 어떤 경우에 절대 사용할 수 없는지 살펴보자. 다음과 같은 인덱스가 있다고 가정해 보자.

```
INDEX ix_test ( column_1, column_2, column_3, .., column_n )
```

- **작업 범위 결정 조건으로 인덱스를 사용하지 못하는 경우**
  - ·column_1 칼럼에 대한 조건이 없는 경우
  - ·column_1 칼럼의 비교 조건이 위의 인덱스 사용 불가 조건 중 하나인 경우

- **작업 범위 결정 조건으로 인덱스를 사용하는 경우(i는 2보다 크고 n보다 작은 임의의 값을 의미)**
  - ·column_1 ~ column_(i-1) 칼럼까지 동등 비교 형태("=" 또는 "IN")로 비교
  - ·column_i 칼럼에 대해 다음 연산자 중 하나로 비교
    - — 동등 비교("=" 또는 "IN")
    - — 크다 작다 형태(">" 또는 "<")
    - — LIKE로 좌측 일치 패턴(LIKE '승환%')

위의 두 가지 조건을 모두 만족하는 쿼리는 column_1부터 column_i까지는 작업 범위 결정 조건으로 사용되고, column_(i+1)부터 column_n까지의 조건은 체크 조건으로 사용된다. 인덱스를 사용하는 경우와 그렇지 않은 상황에 해당하는 쿼리의 조건 몇 가지를 예제로 살펴보자.

```
-- // 다음 쿼리는 인덱스를 사용할 수 없음
mysql> .. WHERE column_1 <> 2

-- // 다음 쿼리는 column_1과 column_2까지 범위 결정 조건으로 사용됨
mysql>.. WHERE column_1 = 1 AND column_2 > 10

-- // 다음 쿼리는 column_1, column_2, column_3까지 범위 결정 조건으로 사용됨
mysql>.. WHERE column_1 IN (1,2) AND column_2 = 2 AND column_3 <= 10

-- // 다음 쿼리는 column_1, column_2, column_3까지 범위 결정 조건으로,
-- // column_4는 체크 조건으로 사용됨
mysql>.. WHERE column_1 = 1 AND column_2 = 2 AND column_3 IN (10,20,30) AND column_4 <> 100

-- // 다음 쿼리는 column_1, column_2, column_3, column_4까지 범위 결정 조건으로 사용됨
-- // 좌측 패턴 일치 LIKE 비교는 크다 또는 작다 비교와 동급으로 생각하면 됨
```

```
mysql>.. WHERE column_1 = 1 AND column_2 IN (2,4) AND column_3 = 30 AND column_4 LIKE '김승%'

-- // 다음 쿼리는 column_1, column_2, column_3, column_4, column_5 칼럼까지
-- // 모두 범위 결정 조건으로 사용됨
mysql>.. WHERE column_1 = 1 AND column_2 = 2 AND column_3 = 30
            AND column_4 = '김승환' AND column_5 = '서울'
```

작업 범위 결정 조건으로 인덱스를 사용하는 쿼리 패턴은 이 밖에도 상당히 많이 있겠지만, 대표적인 것을 기억해 두면 좀 더 효율적인 쿼리를 쉽게 작성할 수 있다. 또한 여기서 설명하는 내용은 모두 B-Tree 인덱스의 특징이므로 MySQL뿐 아니라 대부분의 RDBMS에도 동일하게 적용된다.

8.4 R-Tree 인덱스

아마도 MySQL의 공간 인덱스(Spatial Index)라는 말을 한 번쯤 들어본 적이 있을 것이다. 공간 인덱스는 R-Tree 인덱스 알고리즘을 이용해 2차원의 데이터를 인덱싱하고 검색하는 목적의 인덱스다. 기본적인 내부 메커니즘은 B-Tree와 흡사하다. B-Tree는 인덱스를 구성하는 칼럼의 값이 1차원의 스칼라 값인 반면, R-Tree 인덱스는 2차원의 공간 개념 값이라는 것이다.

최근 GPS나 지도 서비스를 내장하는 스마트 폰이 대중화되면서 SNS 서비스가 GIS와 GPS에 기반을 둔 서비스로 확장되고 있다. 이러한 위치 기반의 서비스를 구현하는 방법은 여러 가지가 있겠지만 MySQL의 공간 확장(Spatial Extension)을 이용하면 간단하게 이러한 기능을 구현할 수 있다. MySQL의 공간 확장에는 다음과 같이 크게 세 가지 기능이 포함돼 있다.

- 공간 데이터를 저장할 수 있는 데이터 타입
- 공간 데이터의 검색을 위한 공간 인덱스(R-Tree 알고리즘)
- 공간 데이터의 연산 함수(거리 또는 포함 관계의 처리)

이번 절에서는 공간 인덱스를 이해하는 데 필요한 기본적인 내용과 R-Tree 알고리즘을 살펴보겠다. 더 자세한 내용은 12.2절 '공간 검색'을 참고한다.

8.4.1 구조 및 특성

MySQL은 공간 정보의 저장 및 검색을 위해 여러 가지 기하학적 도형(Geometry) 정보를 관리할 수 있는 데이터 타입을 제공한다. 대표적으로 MySQL에서 지원하는 데이터 타입은 그림 8.19와 같다.

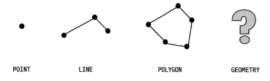

그림 8.19 GEOMETRY 데이터 타입

그림 8.19의 마지막에 있는 GEOMETRY 타입은 나머지 3개 타입의 슈퍼 타입으로, POINT와 LINE, POLYGON 객체를 모두 저장할 수 있다.

공간 정보의 검색을 위한 R-Tree 알고리즘을 이해하려면 MBR이라는 개념을 알고 있어야 한다. 그림 8.20은 그림 8.19에서 예시로 든 도형들의 MBR을 보여주는데, MBR이란 "Minimum Bounding Rectangle"의 약자로 해당 도형을 감싸는 최소 크기의 사각형을 의미한다. 이 사각형들의 포함 관계를 B-Tree 형태로 구현한 인덱스가 R-Tree 인덱스다.

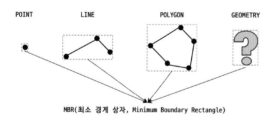

그림 8.20 최소 경계 상자(MBR, Minimum Bounding Rectangle)

간단히 R-Tree의 구조를 살펴보자. 그림 8.21과 같은 도형(공간 데이터)이 있다고 해보자.

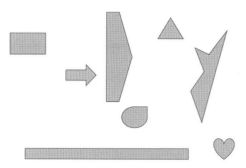

그림 8.21 공간(Spatial) 데이터

여기에는 표시되지 않았지만 단순히 X좌표와 Y좌표만 있는 포인트 데이터 또한 하나의 도형 객체가 될 수 있다. 이러한 도형이 저장됐을 때 만들어지는 인덱스의 구조를 이해하려면 우선 이 도형들의 MBR이 어떻게 되는지 알아볼 필요가 있다. 그림 8.22는 이 도형들의 MBR을 3개의 레벨로 나눠서 그려본 것이다.

- 최상위 레벨: R1, R2

- 차상위 레벨: R3, R4, R5, R6

- 최하위 레벨: R7 ~ R14

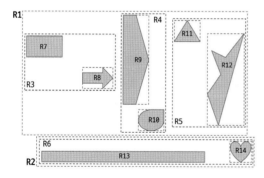

그림 8.22 공간(Spatial) 데이터의 MBR

최하위 레벨의 MBR(각 도형을 제일 안쪽에서 둘러싼 점선 상자)은 각 도형 데이터의 MBR을 의미한다. 그리고 차상위 레벨의 MBR은 중간 크기의 MBR(도형 객체의 그룹)이다. 그림 8.22의 예제에서 최상위 MBR은 R-Tree의 루트 노드에 저장되는 정보이며, 차상위 그룹 MBR은 R-Tree의 브랜치 노드가 된다. 마지막으로 각 도형의 객체는 리프 노드에 저장되므로 그림 8.23과 같이 R-Tree 인덱스의 내부를 표현할 수 있다.

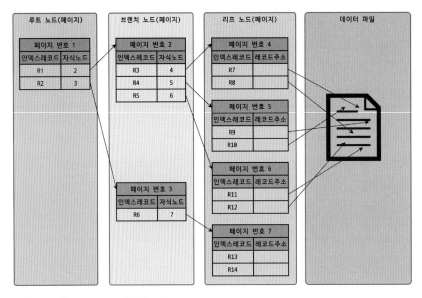

그림 8.23 공간(R-Tree, Spatial) 인덱스 구조

8.4.2 R-Tree 인덱스의 용도

R-Tree는 앞에서 언급한 MBR 정보를 이용해 B-Tree 형태로 인덱스를 구축하므로 Rectangle의 'R' 과 B-Tree의 'Tree'를 섞어서 R-Tree라는 이름이 붙여졌으며, 공간(Spatial) 인덱스라고도 한다. 일 반적으로는 WGS84(GPS) 기준의 위도, 경도 좌표 저장에 주로 사용된다. 하지만 위도, 경도 좌표뿐 아니라 CAD/CAM 소프트웨어 또는 회로 디자인 등과 같이 좌표 시스템에 기반을 둔 정보에 대해서는 모두 적용할 수 있다.

그림 8.22에서도 알 수 있듯이 R-Tree는 각 도형(더 정확히는 도형의 MBR)의 포함 관계를 이용해 만 들어진 인덱스다. 따라서 ST_Contains() 또는 ST_Within() 등과 같은 포함 관계를 비교하는 함수로 검색 을 수행하는 경우에만 인덱스를 이용할 수 있다. 대표적으로는 '현재 사용자의 위치로부터 반경 5km 이내의 음식점 검색' 등과 같은 검색에 사용할 수 있다. 현재 출시되는 버전의 MySQL에서는 거리를 비 교하는 ST_Distance()와 ST_Distance_Sphere() 함수는 공간 인덱스를 효율적으로 사용하지 못하기 때문

에 공간 인덱스를 사용할 수 있는 ST_Contains() 또는 ST_Within()을 이용해 거리 기반의 검색을 해야한다.

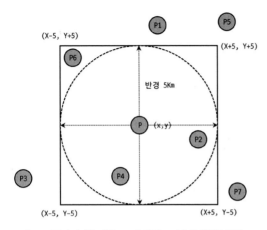

그림 8.24 특정 지점을 기준으로 사각 박스 이내의 위치를 검색

그림 8.24에서 가운데 위치한 'P'가 기준점이다. 기준점으로부터 반경 거리 5km 이내의 점(위치)들을 검색하려면 우선 사각 점선의 상자에 포함되는(ST_Contains() 또는 ST_Within() 함수 이용) 점들을 검색하면 된다. 여기서 ST_Contains()나 ST_Within() 연산은 사각형 박스와 같은 다각형(Polygon)으로만 연산할 수 있으므로 반경 5km를 그리는 원을 포함하는 최소 사각형(MBR)으로 포함 관계 비교를 수행한것이다. 점 'P6'은 기준점 P로부터 반경 5km 이상 떨어져 있지만 최소 사각형 내에는 포함된다. P6을빼고 결과를 조회하려면 조금 더 복잡한 비교가 필요하다. P6을 결과에 포함해도 무방하다면 다음 쿼리와 같이 ST_Contains()나 ST_Within() 비교만 수행하는 것이 좋다.

```
-- // ST_Contains() 또는 ST_Within()을 이용해 "사각 상자"에 포함된 좌표 Px만 검색

mysql> SELECT * FROM tb_location
       WHERE ST_Contains(사각 상자, px);

mysql> SELECT * FROM tb_location
       WHERE ST_Within(px, 사각 상자);
```

ST_Contains() 함수와 ST_Within() 함수는 거의 동일한 비교를 수행하지만 두 함수의 파라미터는 반대로 사용해야 한다. ST_Contains() 함수는 첫 번째 파라미터로 포함 경계를 가진 도형을 명시하고 두 번

째 파라미터로 포함되는 도형(또는 점 좌표)을 명시해야 한다. 하지만 ST_Within() 함수는 첫 번째 파라미터로 포함되는 도형(또는 점 좌표)을 명시하고 두 번째 파라미터로 포함 경계를 가진 도형을 명시해야 한다.

P6을 반드시 제거해야 한다면 다음과 같이 ST_Contains() 비교의 결과에 대해 ST_Distance_Sphere() 함수를 이용해 다시 한번 필터링해야 한다.

```
mysql> SELECT * FROM tb_location
        WHERE ST_Contains(사각상자, px) -- // 공간 좌표 Px가 사각 상자에 포함되는지 비교
          AND ST_Distance_Sphere(p, px)<=5*1000 /* 5km */;
```

8.5 전문 검색 인덱스

지금까지 살펴본 인덱스 알고리즘은 일반적으로 크지 않은 데이터 또는 이미 키워드화한 작은 값에 대한 인덱싱 알고리즘이었다. 대표적으로 MySQL의 B-Tree 인덱스는 실제 칼럼의 값이 1MB이더라도 1MB 전체의 값을 인덱스 키로 사용하는 것이 아니라 1,000바이트(MyISAM) 또는 3072바이트(InnoDB)[3]까지만 잘라서 인덱스 키로 사용한다. 또한 B-Tree 인덱스의 특성에서도 알아봤듯이 전체 일치 또는 좌측 일부 일치와 같은 검색만 가능하다.

문서의 내용 전체를 인덱스화해서 특정 키워드가 포함된 문서를 검색하는 전문(Full Text) 검색에는 InnoDB나 MyISAM 스토리지 엔진에서 제공하는 일반적인 용도의 B-Tree 인덱스를 사용할 수 없다. 문서 전체에 대한 분석과 검색을 위한 이러한 인덱싱 알고리즘을 전문 검색(Full Text search) 인덱스라고 하는데, 전문 검색 인덱스는 일반화된 기능의 명칭이지 전문 검색 알고리즘의 이름을 지칭하는 것은 아니다.

또한 MySQL 8.0 버전부터는 InnoDB가 기본 스토리지 엔진이 됐으며 모든 기능이 InnoDB 스토리지 엔진 중심으로 개선되고 있기 때문에 MyISAM보다는 InnoDB 스토리지 엔진 중심으로 소개하겠다.

---

3 InnoDB의 로우 포맷(innodb_default_row_format 시스템 변수)이 DYNAMIC 또는 COMPRESSED인 경우 3072바이트까지이며, 로우 포맷이 REDUNDANT 또는 COMPACT인 경우 767바이트까지만 가능하다. MySQL 8.0 버전의 innodb_default_row_format 시스템 변수의 기본 값은 DYNAMIC이므로 MySQL 8.0 버전부터는 일반적으로 3072 바이트까지 인덱스 키로 사용된다.

8.5.1 인덱스 알고리즘

전문 검색에서는 문서 본문의 내용에서 사용자가 검색하게 될 키워드를 분석해 내고, 빠른 검색용으로 사용할 수 있게 이러한 키워드로 인덱스를 구축한다. 키워드의 분석 및 인덱스 구축에는 여러 가지 방법이 있을 수 있다. 전문 검색 인덱스는 문서의 키워드를 인덱싱하는 기법에 따라 크게 단어의 어근 분석과 n-gram 분석 알고리즘으로 구분할 수 있다. 예전에는 구분자(공백이나 일부 문장 기호를 기준으로 토큰을 분리)도 하나의 인덱싱 알고리즘처럼 생각됐지만 MySQL 8.0 버전부터는 구분자 방식은 이미 어근 분석과 n-gram 알고리즘에 함께 포함되기 때문에 별도로 언급하지는 않겠다.

8.5.1.1 어근 분석 알고리즘

MySQL 서버의 전문 검색 인덱스는 다음과 같은 두 가지 중요한 과정을 거쳐서 색인 작업이 수행된다.

- 불용어(Stop Word) 처리
- 어근 분석(Stemming)

불용어 처리는 검색에서 별 가치가 없는 단어를 모두 필터링해서 제거하는 작업을 의미한다. 불용어의 개수는 많지 않기 때문에 알고리즘을 구현한 코드에 모두 상수로 정의해서 사용하는 경우가 많고, 유연성을 위해 불용어 자체를 데이터베이스화해서 사용자가 추가하거나 삭제할 수 있게 구현하는 경우도 있다. 현재 MySQL 서버는 불용어가 소스코드에 정의돼 있지만, 이를 무시하고 사용자가 별도로 불용어를 정의할 수 있는 기능을 제공한다.

어근 분석은 검색어로 선정된 단어의 뿌리인 원형을 찾는 작업이다. MySQL 서버에서는 오픈소스 형태소 분석 라이브러리인 MeCab[4]을 플러그인 형태로 사용할 수 있게 지원한다. 한글이나 일본어의 경우 영어와 같이 단어의 변형 자체는 거의 없기 때문에 어근 분석보다는 문장의 형태소를 분석해서 명사와 조사를 구분하는 기능이 더 중요한 편이다. 사실 MeCab은 일본어를 위한 형태소 분석 프로그램이며, 서구권 언어를 위한 형태소 분석기는 MongoDB에서 사용되는 Snowball(http://snowballstem.org/)이라는 오픈소스가 있다. 중요한 것은 각 국가의 언어가 서로 문법이 다르고 다른 방식으로 발전해왔기 때문에 형태소 분석이나 어근 분석 또한 언어별로 방식이 모두 다르다는 것이다. 그나마 한국어는 일본어와 많이 비슷하기 때문에 MeCab을 이용해 한글 분석이 가능하다.

---

4 https://taku910.github.io/mecab/

하지만 MeCab이 제대로 작동하려면 MeCab 프로그램만 가져다 설치한다고 해결되는 것이 아니다. 우선 단어 사전이 필요하며, 문장을 해체해서 각 단어의 품사를 식별할 수 있는 문장의 구조 인식이 필요하다. 문장의 구조 인식을 위해서는 실제 언어의 샘플을 이용해 언어를 학습하는 과정이 필요한데, 이 과정은 상당한 시간이 필요한 작업이다. MeCab을 MySQL 서버에 적용하는 방법은 어렵지 않지만 한글에 맞게 완성도를 갖추는 작업은 많은 시간과 노력이 필요하다.

8.5.1.2 n-gram 알고리즘

MeCab을 위한 형태소 분석은 매우 전문적인 전문 검색 알고리즘이어서 만족할 만한 결과를 내기 위해서는 많은 노력과 시간을 필요로 한다. 전문적인 검색 엔진을 고려하는 것이 아니라면 범용적으로 적용하기는 쉽지 않다. 그래서 이런 단점을 보완하기 위한 방법으로 n-gram 알고리즘이 도입된 것이다. 형태소 분석이 문장을 이해하는 알고리즘이라면, n-gram은 단순히 키워드를 검색해내기 위한 인덱싱 알고리즘이라고 할 수 있다.

n-gram이란 본문을 무조건 몇 글자씩 잘라서 인덱싱하는 방법이다. 형태소 분석보다는 알고리즘이 단순하고 국가별 언어에 대한 이해와 준비 작업이 필요 없는 반면, 만들어진 인덱스의 크기는 상당히 큰 편이다. n-gram에서 n은 인덱싱할 키워드의 최소 글자 수를 의미하는데, 일반적으로는 2글자 단위로 키워드를 쪼개서 인덱싱하는 2-gram(또는 Bi-gram이라고도 한다) 방식이 많이 사용된다. 여기서도 2글자 키워드 방식의 2-gram 위주로 알아보겠다.

MySQL 서버의 n-gram 알고리즘을 이해하기 위해 2-gram 알고리즘으로 다음 문장의 토큰을 분리하는 방법을 한번 살펴보자.

```
To be or not to be. That is the question
```

각 단어는 다음과 같이 띄어쓰기(공백)와 마침표(.)를 기준으로 10개의 단어로 구분되고, 2글자씩 중첩해서 토큰으로 분리된다. 주의해야 할 것은 각 글자가 중첩해서 2글자씩 토큰으로 구분됐다는 것이다. 그래서 10글자 단어라면 그 단어는 2-gram 알고리즘에서는 (10-1)개의 토큰으로 구분된다. 이렇게 구분된 각 토큰을 인덱스에 저장하기만 하면 된다. 이때 중복된 토큰은 하나의 인덱스 엔트리로 병합되어 저장된다.

단어	bi-gram(2-gram) 토큰							
To	To							
be	be							
or	or							
not	no	ot						
to	to							
be	be							
That	Th	ha	at					
is	is							
the	th	he						
question	qu	ue	es	st	ti	io	on	

MySQL 서버는 이렇게 생성된 토큰들에 대해 불용어를 걸러내는 작업을 수행하는데, 이때 불용어와 동일하거나 불용어를 포함하는 경우 걸러서 버린다. 기본적으로 MySQL 서버에 내장된 불용어는 다음 과 같이 information_schema.innodb_ft_default_stopword 테이블을 통해 확인할 수 있다.

```
mysql> SELECT * FROM information_schema.INNODB_FT_DEFAULT_STOPWORD;
+-------+
| value |
+-------+
| a     |
| about |
| an    |
...
+-------+
36 rows in set (0.00 sec)
```

information_schema.innodb_ft_default_stopword 테이블에 등록된 불용어의 전체 목록은 다음과 같다. MySQL 서버에 내장된 불용어를 사용하지 않고, 사용자가 별도로 정의하는 방법은 다시 살펴보겠다.

a	la	de	what	at	the	i	with
about	of	en	when	be	this	in	und
an	on	for	where	by	to	is	the

```
are      or      from     who      com      was      it       www
as       that    how      will
```

최종적으로 MySQL 서버에서 실제 저장되는 인덱스 엔트리는 다음과 같다. 결과적으로 MySQL 서버는 다음 표의 "출력(최종 인덱스 등록)" 칼럼에 표시된 것들만 전문 검색 인덱스에 등록하는 것이다.

입력	불용어 일치	불용어 포함	출력(최종 인덱스 등록)
at		O	
be	O		
be	O		
es			es
ha		O	
he			he
io		O	
is		O	
no			no
on	O		
or	O		
ot			ot
qu			qu
st			st
Th			Th
th			th
ti		O	
To	O		
to	O		
ue			ue

물론 전문 검색을 더 빠르게 하기 위해 2단계 인덱싱(프런트엔드와 백엔드 인덱스)과 같은 방법도 있지만 MySQL 서버는 이렇게 구분된 토큰을 (앞에서 배운) 단순한 B-Tree 인덱스에 저장한다. 물론 성능 향상을 위한 Merge-Tree 같은 기능을 가지고 있긴 하지만 MySQL에서 구현하는 n-gram 알고리즘의 핵심 내용은 이 정도로 이해하면 된다.

8.5.1.3 불용어 변경 및 삭제

앞서 살펴본 n-gram의 토큰 파싱 및 불용어 처리 예시에서 결과를 보면 "ti"와 "at", "ha" 같은 토큰들은 "a"와 "i" 철자가 불용어로 등록돼 있기 때문에 모두 걸러져서 버려졌다. 실제로 이 같은 불용어 처리는 사용자에게 도움이 되기보다는 사용자를 더 혼란스럽게 하는 기능일 수도 있다. 그래서 불용어 처리 자체를 완전히 무시하거나 MySQL 서버에 내장된 불용어 대신 사용자가 직접 불용어를 등록하는 방법을 권장한다.

전문 검색 인덱스의 불용어 처리 무시

불용어 처리를 무시하는 방법은 두 가지가 있다. 첫 번째로 스토리지 엔진에 관계없이 MySQL 서버의 모든 전문 검색 인덱스에 대해 불용어를 완전히 제거하는 것이다. 이를 위해서는 MySQL 서버의 설정 파일(my.cnf)의 ft_stopword_file 시스템 변수에 빈 문자열을 설정하면 된다. ft_stopword_file 시스템 변수는 MySQL 서버가 시작될 때만 인지하기 때문에 설정을 변경하면 MySQL 서버를 재시작해야 변경사항이 반영된다.

```
ft_stopword_file=''
```

ft_stopword_file 시스템 변수는 MySQL 서버의 내장 불용어를 비활성화할 때도 사용할 수 있지만 사용자 정의 불용어를 적용할 때도 사용할 수 있다. 사용자가 직접 정의한 불용어 목록을 저장한 파일의 경로를 ft_stopword_file 시스템 변수에 설정하면 해당 경로의 파일에서 불용어 목록을 가져와 적용한다.

두 번째로 InnoDB 스토리지 엔진을 사용하는 테이블의 전문 검색 인덱스에 대해서만 불용어 처리를 무시할 수도 있다. InnoDB 테이블의 전문 검색 인덱스의 불용어 처리를 무시하려면 다음과 같이 innodb_ft_enable_stopword 시스템 변수를 OFF로 설정하면 된다. 이 경우 MySQL 서버의 다른 스토리지 엔진(MyISAM 스토리지 엔진)을 사용하는 테이블은 여전히 내장 불용어 처리를 사용한다. innodb_ft_enable_stopword는 동적인 시스템 변수이므로 MySQL 서버가 실행 중인 상태에서도 변경할 수 있다.

```
mysql> SET GLOBAL innodb_ft_enable_stopword=OFF;
```

사용자 정의 불용어 사용

때로는 MySQL 서버의 내장 불용어를 사용하지 않고, 응용 프로그램의 특성에 맞게 사용자가 직접 정의한 불용어를 사용할 수도 있다. 사용자 정의 불용어를 사용하는 방법은 두 가지다.

첫 번째 방법은 불용어 목록을 파일로 저장하고, MySQL 서버 설정 파일에서 파일의 경로를 다음과 같이 ft_stopword_file 설정에 등록하면 된다.

```
ft_stopword_file='/data/my_custom_stopword.txt'
```

두 번째 방법은 InnoDB 스토리지 엔진을 사용하는 테이블의 전문 검색 엔진에서만 사용할 수 있는데, 불용어의 목록을 테이블로 저장하는 방식이다. 다음과 같이 불용어 테이블을 생성하고, innodb_ft_server_stopword_table 시스템 변수에 불용어 테이블을 설정하면 된다. 이때 불용어 목록을 변경한 이후 전문 검색 인덱스가 생성돼야만 변경된 불용어가 적용된다는 점에 주의하자.

```
mysql> CREATE TABLE my_stopword(value VARCHAR(30)) ENGINE = INNODB;
mysql> INSERT INTO my_stopword(value) VALUES ('MySQL');

mysql> SET GLOBAL innodb_ft_server_stopword_table='mydb/my_stopword';
mysql> ALTER TABLE tb_bi_gram
          ADD FULLTEXT INDEX fx_title_body(title, body) WITH PARSER ngram;
```

innodb_ft_user_stopword_table 시스템 변수를 이용하는 방법도 있는데, innodb_ft_server_stopword_table 시스템 변수와 사용법은 동일하다. 단, 여러 전문 검색 인덱스가 서로 다른 불용어를 사용해야 하는 경우라면 innodb_ft_user_stopword_table 시스템 변수를 이용하면 된다.

8.5.2 전문 검색 인덱스의 가용성

전문 검색 인덱스를 사용하려면 반드시 다음 두 가지 조건을 갖춰야 한다.

- 쿼리 문장이 전문 검색을 위한 문법(MATCH ... AGAINST ...)을 사용
- 테이블이 전문 검색 대상 칼럼에 대해서 전문 인덱스 보유

다음과 같이 테이블의 doc_body 칼럼에 전문 검색 인덱스를 생성했다고 해보자.

```
mysql> CREATE TABLE tb_test (
         doc_id INT,
         doc_body TEXT,
         PRIMARY KEY (doc_id),
         FULLTEXT KEY fx_docbody (doc_body) WITH PARSER ngram
       ) ENGINE=InnoDB;
```

다음과 같은 검색 쿼리로도 원하는 검색 결과를 얻을 수 있을 것이다. 하지만 전문 검색 인덱스를 이용해 효율적으로 쿼리가 실행된 것이 아니라 테이블을 처음부터 끝까지 읽는 풀 테이블 스캔으로 쿼리를 처리한다.

```
mysql> SELECT * FROM tb_test WHERE doc_body LIKE '%애플%' ;
```

전문 검색 인덱스를 사용하려면 반드시 다음 예제와 같이 MATCH (...) AGAINST (...) 구문으로 검색 쿼리를 작성해야 하며, 전문 검색 인덱스를 구성하는 칼럼들은 MATCH 절의 괄호 안에 모두 명시돼야 한다.

```
mysql> SELECT * FROM tb_test
         WHERE MATCH(doc_body) AGAINST('애플' IN BOOLEAN MODE);
```

8.6 함수 기반 인덱스

일반적인 인덱스는 칼럼의 값 일부(칼럼의 값 앞부분) 또는 전체에 대해서만 인덱스 생성이 허용된다. 하지만 때로는 칼럼의 값을 변형해서 만들어진 값에 대해 인덱스를 구축해야 할 때도 있는데, 이러한 경우 함수 기반의 인덱스를 활용하면 된다. MySQL 서버는 8.0 버전부터 함수 기반 인덱스를 지원하기 시작했는데, MySQL 서버에서 함수 기반 인덱스를 구현하는 방법은 다음과 같이 두 가지로 구분할 수 있다.

- 가상 칼럼을 이용한 인덱스
- 함수를 이용한 인덱스

MySQL 서버의 함수 기반 인덱스는 인덱싱할 값을 계산하는 과정의 차이만 있을 뿐, 실제 인덱스의 내부적인 구조 및 유지관리 방법은 B-Tree 인덱스와 동일하다. 그래서 함수 기반 인덱스의 내부 구조는 앞에서 살펴본 B-Tree 인덱스를 참고하자. 여기서는 간단히 예제를 통해 가상 칼럼과 함수를 활용한 인덱스를 사용하는 방법만 살펴보겠다.

8.6.1 가상 칼럼을 이용한 인덱스

다음과 같이 사용자의 정보를 저장하는 테이블이 있다고 가정해보자.

```
mysql> CREATE TABLE user (
         user_id BIGINT,
         first_name VARCHAR(10),
         last_name VARCHAR(10),
         PRIMARY KEY (user_id)
       );
```

그런데 first_name과 last_name을 합쳐서 검색해야 하는 요건이 생겼다면 이전 버전의 MySQL 서버에서는 full_name이라는 칼럼을 추가하고 모든 레코드에 대해 full_name을 업데이트하는 작업을 거쳐야 했다. 그래야만 비로소 full_name 칼럼에 대해 인덱스를 생성할 수 있었다. 하지만 MySQL 8.0 버전부터는 다음과 같이 가상 칼럼을 추가하고 그 가상 칼럼에 인덱스를 생성할 수 있게 됐다.

```
mysql> ALTER TABLE user
         ADD full_name VARCHAR(30) AS (CONCAT(first_name,' ',last_name)) VIRTUAL,
         ADD INDEX ix_fullname (full_name);
```

이제부터는 full_name 칼럼에 대한 검색도 새로 만들어진 ix_fullname 인덱스를 이용해 실행 계획이 만들어지는 것을 확인할 수 있다.

```
mysql> EXPLAIN SELECT * FROM user WHERE full_name='Matt Lee';
+----+-------------+-------+------+-------------+---------+-------+
| id | select_type | table | type | key         | key_len | Extra |
+----+-------------+-------+------+-------------+---------+-------+
|  1 | SIMPLE      | user  | ref  | ix_fullname | 1023    | NULL  |
+----+-------------+-------+------+-------------+---------+-------+
```

가상 칼럼이 VIRTUAL이나 STORED 옵션 중 어떤 옵션으로 생성됐든 관계없이 해당 가상 칼럼에 인덱스를 생성할 수 있다. 가상 칼럼은 테이블에 새로운 칼럼을 추가하는 것과 같은 효과를 내기 때문에 실제 테이블의 구조가 변경된다는 단점이 있다. VIRTUAL과 STORED 옵션의 차이는 15.8절 '가상 칼럼(파생 칼럼)'에서 자세히 살펴보겠다.

8.6.2 함수를 이용한 인덱스

가상 칼럼은 MySQL 5.7 버전에서도 사용할 수 있었지만 MySQL 5.7에서는 함수를 직접 인덱스 생성 구문에 사용할 수는 없었다. 하지만 MySQL 8.0 버전부터는 다음과 같이 테이블의 구조를 변경하지 않고, 함수를 직접 사용하는 인덱스를 생성할 수 있게 됐다.

```
mysql> CREATE TABLE user (
         user_id BIGINT,
         first_name VARCHAR(10),
         last_name VARCHAR(10),
         PRIMARY KEY (user_id),
         INDEX ix_fullname ((CONCAT(first_name,' ',last_name)))
       );
```

함수를 직접 사용하는 인덱스는 테이블의 구조는 변경하지 않고, 계산된 결괏값의 검색을 빠르게 만들어준다. 함수 기반 인덱스를 제대로 활용하려면 반드시 조건절에 함수 기반 인덱스에 명시된 표현식이 그대로 사용돼야 한다. 함수 생성 시 명시된 표현식과 쿼리의 WHERE 조건절에 사용된 표현식이 다르다면 (설령 결과는 같다고 하더라도) MySQL 옵티마이저는 다른 표현식으로 간주해서 함수 기반 인덱스를 사용하지 못한다.

```
mysql> EXPLAIN SELECT * FROM user WHERE CONCAT(first_name,' ',last_name)='Matt Lee';
+----+-------------+-------+------+-------------+---------+-------+-------+
| id | select_type | table | type | key         | key_len | ref   | Extra |
+----+-------------+-------+------+-------------+---------+-------+-------+
|  1 | SIMPLE      | user  | ref  | ix_fullname | 87      | const | NULL  |
+----+-------------+-------+------+-------------+---------+-------+-------+
```

만약 이 예제를 실행했을 때 옵티마이저가 표시하는 실행 계획이 "ix_fullname" 인덱스를 사용하지 않는 것으로 표시된다면 CONCAT 함수에 사용된 공백 문자 리터럴 때문일 가능성이 높다. 이 경우 다음 3개 시스템 변수의 값을 동일 콜레이션(이 책에서는 "utf8mb4_0900_ai_ci"로 통일해 테스트했다)으로 일치시킨 후, 다시 테스트를 수행해보자.

- collation_connection
- collation_database
- collation_server

> **주의** 가상 칼럼과 함수를 직접 이용하는 인덱스를 구분해서 살펴봤는데, 실제로 이 두 가지 방법은 사용법과 SQL 문장의 문법에서 조금 차이가 있다. 하지만 실제 가상 칼럼(Virtual Column)을 이용한 방법과 직접 함수를 이용한 함수 기반 인덱스는 내부적으로 동일한 구현 방법을 사용한다. 결국 여기서 알아본 방법은 내부적인 구현이 동일한 것이라고 볼 수 있으며, 이는 어떤 방법을 사용하더라도 둘의 성능 차이는 발생하지 않는다는 것을 의미한다.

8.7 멀티 밸류 인덱스

전문 검색 인덱스를 제외한 모든 인덱스는 레코드 1건이 1개의 인덱스 키 값을 가진다. 즉, 인덱스 키와 데이터 레코드는 1:1의 관계를 가진다. 하지만 멀티 밸류(Multi-Value) 인덱스는 하나의 데이터 레코드가 여러 개의 키 값을 가질 수 있는 형태의 인덱스다. 일반적인 RDBMS를 기준으로 생각하면 이러한 인덱스는 정규화에 위배되는 형태다. 하지만 최근 RDBMS들이 JSON 데이터 타입을 지원하기 시작하면서 JSON의 배열 타입의 필드에 저장된 원소(Element)들에 대한 인덱스 요건이 발생한 것이다.

JSON 포맷으로 데이터를 저장하는 MongoDB는 처음부터 이런 형태의 인덱스를 지원하고 있었지만 MySQL 서버는 멀티 밸류 인덱스에 대한 지원 없이 JSON 타입의 칼럼만 지원했다. 하지만 배열 형태에 대한 인덱스 생성이 되지 않아서 MongoDB의 기능과 많이 비교되곤 했다. 하지만 MySQL 8.0 버전으로 업그레이드되면서 MySQL 서버의 JSON 관리 기능은 이제 태생적으로 JSON을 사용했던 MongoDB에 비해서도 부족함이 없는 상태가 됐다.

간단히 다음과 같이 신용 정보 점수를 배열로 JSON 타입 칼럼에 저장하는 테이블을 가정해보자.

```
mysql> CREATE TABLE user (
          user_id BIGINT AUTO_INCREMENT PRIMARY KEY,
          first_name VARCHAR(10),
          last_name VARCHAR(10),
```

```
        credit_info JSON,
        INDEX mx_creditscores ( (CAST(credit_info->'$.credit_scores' AS UNSIGNED ARRAY)) )
    );

mysql> INSERT INTO user VALUES (1, 'Matt', 'Lee', '{"credit_scores":[360, 353, 351]}');
```

멀티 밸류 인덱스를 활용하기 위해서는 일반적인 조건 방식을 사용하면 안 되고, 반드시 다음 함수들을 이용해서 검색해야 옵티마이저가 인덱스를 활용한 실행 계획을 수립한다. 이제 신용 점수를 검색하는 쿼리를 한번 살펴보자.

- MEMBER OF()

- JSON_CONTAINS()

- JSON_OVERLAPS()

```
mysql> SELECT * FROM user WHERE 360 MEMBER OF(credit_info->'$.credit_scores');
+---------+------------+-----------+--------------------------------------+
| user_id | first_name | last_name | credit_info                          |
+---------+------------+-----------+--------------------------------------+
|       1 | Matt       | Lee       | {"credit_scores": [360, 353, 351]}   |
+---------+------------+-----------+--------------------------------------+

mysql> EXPLAIN SELECT * FROM user WHERE 360 MEMBER OF(credit_info->'$.credit_scores');
+----+-------------+-------+------+----------------+---------+-------+-------------+
| id | select_type | table | type | key            | key_len | ref   | Extra       |
+----+-------------+-------+------+----------------+---------+-------+-------------+
|  1 | SIMPLE      | user  | ref  | mx_creditscore | 9       | const | Using where |
+----+-------------+-------+------+----------------+---------+-------+-------------+
```

이 예제에서는 MEMBER OF() 연산자를 사용했지만 나머지 두 연산자도 모두 멀티 밸류 인덱스를 활용해 실행 계획이 만들어진다.

8.8 클러스터링 인덱스

클러스터링이란 여러 개를 하나로 묶는다는 의미로 주로 사용되는데, 지금 설명하고자 하는 인덱스의 클러스터링도 그 의미를 크게 벗어나지 않는다. MySQL 서버에서 클러스터링은 테이블의 레코드를 비슷한 것(프라이머리 키를 기준으로)들끼리 묶어서 저장하는 형태로 구현되는데, 이는 주로 비슷한 값들을 동시에 조회하는 경우가 많다는 점에 착안한 것이다. MySQL에서 클러스터링 인덱스는 InnoDB 스토리지 엔진에서만 지원하며, 나머지 스토리지 엔진에서는 지원되지 않는다.

8.8.1 클러스터링 인덱스

클러스터링 인덱스[6]는 테이블의 프라이머리 키에 대해서만 적용되는 내용이다. 즉 프라이머리 키 값이 비슷한 레코드끼리 묶어서 저장하는 것을 클러스터링 인덱스라고 표현한다. 여기서 중요한 것은 프라이머리 키 값에 의해 레코드의 저장 위치가 결정된다는 것이다. 또한 프라이머리 키 값이 변경된다면 그 레코드의 물리적인 저장 위치가 바뀌어야 한다는 것을 의미하기도 한다. 프라이머리 키 값으로 클러스터링된 테이블은 프라이머리 키 값 자체에 대한 의존도가 상당히 크기 때문에 신중히 프라이머리 키를 결정해야 한다.

---

5 https://dev.mysql.com/worklog/task/?id=8763

6 MySQL 서버에서 인덱스(index)와 키(key)는 동의어로 사용된다. 그래서 클러스터링 인덱스는 클러스터링 키라고도 한다.

클러스터링 인덱스는 프라이머리 키 값에 의해 레코드의 저장 위치가 결정되므로 사실 인덱스 알고리즘이라기보다 테이블 레코드의 저장 방식이라고 볼 수 있다. 그래서 "클러스터링 인덱스"와 "클러스터링 테이블"은 동의어로 사용되기도 한다. 또한 클러스터링의 기준이 되는 프라이머리 키는 클러스터링 키라고도 표현한다. 일반적으로 InnoDB와 같이 항상 클러스터링 인덱스로 저장되는 테이블은 프라이머리 키 기반의 검색이 매우 빠르며, 대신 레코드의 저장이나 프라이머리 키의 변경이 상대적으로 느리다.

주의 일반적으로 B-Tree 인덱스도 인덱스 키 값으로 이미 정렬되어 저장된다. 이 또한 어떻게 보면 인덱스의 키 값으로 클러스터링된 것으로 생각할 수 있다. 하지만 이러한 일반적인 B-Tree 인덱스를 클러스터링 인덱스라고 부르지는 않는다. 테이블의 레코드가 프라이머리 키 값으로 정렬되어 저장된 경우만 "클러스터링 인덱스" 또는 "클러스터링 테이블"이라고 한다.

그림 8.25는 클러스터링 테이블의 특성을 이해하기 쉽도록 클러스터링 테이블의 구조를 그림으로 표현한 것이다.

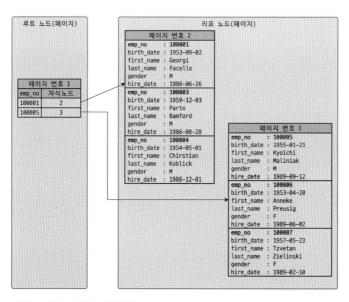

그림 8.25 클러스터링 테이블(인덱스) 구조

그림 8.25의 클러스터링 인덱스 구조를 보면 클러스터링 테이블의 구조 자체는 일반 B-Tree와 비슷하다. 하지만 세컨더리 인덱스를 위한 B-Tree의 리프 노드와는 달리 그림 8.25의 클러스터링 인덱스의 리프 노드에는 레코드의 모든 칼럼이 같이 저장돼 있음을 알 수 있다. 즉, 클러스터링 테이블은 그 자체가 하나의 거대한 인덱스 구조로 관리되는 것이다.

그림 8.25의 클러스터링 테이블에서 다음 쿼리와 같이 프라이머리 키(employees 테이블의 emp_no 칼럼)를 변경하는 문장이 실행되면 클러스터링 테이블의 데이터 레코드에는 어떤 변화가 일어날까?

```
mysql> UPDATE tb_test SET emp_no=100002 WHERE emp_no=100007;
```

그림 8.25에서는 emp_no가 100007인 레코드는 3번 페이지에 저장돼 있음을 확인할 수 있다. 하지만 그림 8.26에서는 emp_no가 100002로 변경되면서 2번 페이지로 이동한 것을 알 수 있다. 실제로 프라이머리 키의 값이 변경되는 경우는 거의 없을 것이다. 여기서는 클러스터링 테이블에서 프라이머리 키 값의 중요성을 다시 한번 강조하고, 클러스터링 테이블의 작동 방식을 설명하기 위해 프라이머리 키 값의 변경 과정을 한번 살펴본 것이다.

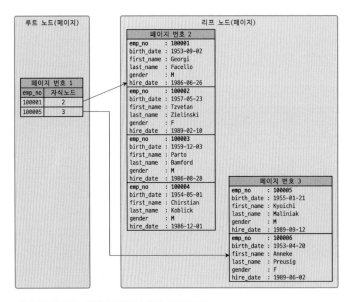

그림 8.26 업데이트 문장이 실행된 이후의 데이터 구조

MyISAM 테이블이나 기타 InnoDB를 제외한 테이블의 데이터 레코드는 프라이머리 키나 인덱스 키 값이 변경된다고 해서 실제 데이터 레코드의 위치가 변경되지는 않는다. 데이터 레코드가 INSERT될 때 데이터 파일의 끝(또는 임의의 빈 공간)에 저장된다. 이렇게 한번 결정된 위치는 절대 바뀌지 않고, 레코드가 저장된 주소는 MySQL 내부적으로 레코드를 식별하는 아이디로 인식된다. 레코드가 저장된 주소를 로우 아이디(ROW-ID)라고 표현하며, 일부 DBMS에서는 이 값을 사용자가 직접 조회하거나 쿼리의 조건으로 사용할 수 있다. 하지만 MySQL에서는 사용자에게 노출되지 않는다.

그러면 프라이머리 키가 없는 InnoDB 테이블은 어떻게 클러스터링 테이블로 구성될까? 프라이머리 키가 없는 경우에는 InnoDB 스토리지 엔진이 다음 우선순위대로 프라이머리 키를 대체할 칼럼을 선택한다.

1. 프라이머리 키가 있으면 기본적으로 프라이머리 키를 클러스터링 키로 선택

2. NOT NULL 옵션의 유니크 인덱스(UNIQUE INDEX) 중에서 첫 번째 인덱스를 클러스터링 키로 선택

3. 자동으로 유니크한 값을 가지도록 증가되는 칼럼을 내부적으로 추가한 후, 클러스터링 키로 선택

InnoDB 스토리지 엔진이 적절한 클러스터링 키 후보를 찾지 못하는 경우 InnoDB 스토리지 엔진이 내부적으로 레코드의 일련번호 칼럼을 생성한다. 이렇게 자동으로 추가된 프라이머리 키(일련번호 칼럼)는 사용자에게 노출되지 않으며, 쿼리 문장에 명시적으로 사용할 수 없다. 즉, 프라이머리 키나 유니크 인덱스가 전혀 없는 InnoDB 테이블에서는 아무 의미 없는 숫자 값으로 클러스터링되는 것이며, 이것은 우리에게 아무런 혜택을 주지 않는다. InnoDB 테이블에서 클러스터링 인덱스는 테이블당 단 하나만 가질 수 있는 엄청난 혜택이므로 가능하다면 프라이머리 키를 명시적으로 생성하자.

8.8.2 세컨더리 인덱스에 미치는 영향

프라이머리 키가 데이터 레코드의 저장에 미치는 영향을 알아봤다. 이제 프라이머리 키가 세컨더리 인덱스(Secondary index)에 어떤 영향을 미치는지 한번 살펴보자.

MyISAM이나 MEMORY 테이블 같은 클러스터링되지 않은 테이블은 INSERT될 때 처음 저장된 공간에서 절대 이동하지 않는다. 데이터 레코드가 저장된 주소는 내부적인 레코드 아이디(ROWID) 역할을 한다고 언급한 바 있다. 그리고 프라이머리 키나 세컨더리 인덱스의 각 키는 그 주소(ROWID)를 이용해 실제 데이터 레코드를 찾아온다. 그래서 MyISAM 테이블이나 MEMORY 테이블에서는 프라이머리 키와 세컨더리 인덱스는 구조적으로 아무런 차이가 없다. 그렇다면 InnoDB 테이블에서 세컨더리 인

덱스가 실제 레코드가 저장된 주소를 가지고 있다면 어떻게 될까? 클러스터링 키 값이 변경될 때마다 데이터 레코드의 주소가 변경되고 그때마다 해당 테이블의 모든 인덱스에 저장된 주솟값을 변경해야 할 것이다. 이런 오버헤드를 제거하기 위해 InnoDB 테이블(클러스터링 테이블)의 모든 세컨더리 인덱스는 해당 레코드가 저장된 주소가 아니라 프라이머리 키 값을 저장하도록 구현돼 있다.

employees 테이블에서 first_name 칼럼으로 검색하는 경우 프라이머리 키로 클러스터링된 InnoDB와 그렇지 않은 MyISAM에서 어떤 차이가 있는지 한번 살펴보자.

```
mysql> CREATE TABLE employees (
        emp_no INT NOT NULL,
        first_name VARCHAR(20) NOT NULL,
        PRIMARY KEY (emp_no),
        INDEX ix_firstname (first_name)
      );

mysql> SELECT * FROM employees WHERE first_name='Aamer';
```

- MyISAM: ix_firstname 인덱스를 검색해서 레코드의 주소를 확인한 후, 레코드의 주소를 이용해 최종 레코드를 가져옴
- InnoDB: ix_firstname 인덱스를 검색해 레코드의 프라이머리 키 값을 확인한 후, 프라이머리 키 인덱스를 검색해서 최종 레코드를 가져옴

InnoDB가 MyISAM보다 조금 더 복잡하게 처리된다는 것을 알 수 있다. 하지만 InnoDB 테이블에서 프라이머리 키(클러스터링 인덱스)는 더 큰 장점을 제공하기 때문에 성능 저하에 대해 너무 걱정하지 않아도 된다.

8.8.3 클러스터링 인덱스의 장점과 단점

지금까지 클러스터링 인덱스의 특성을 설명하면서 클러스터링 인덱스의 장단점을 조금씩 언급했다. 여기서는 MyISAM과 같은 클러스터링되지 않은 일반 프라이머리 키와 클러스터링 인덱스를 비교했을 때의 상대적인 장단점을 정리해 보자.

장점	• 프라이머리 키(클러스터링 키)로 검색할 때 처리 성능이 매우 빠름(특히, 프라이머리 키를 범위 검색하는 경우 매우 빠름) • 테이블의 모든 세컨더리 인덱스가 프라이머리 키를 가지고 있기 때문에 인덱스만으로 처리될 수 있는 경우가 많음(이를 커버링 인덱스라고 한다. 더 자세한 내용은 10장 '실행 계획'에서 다시 설명)
단점	• 테이블의 모든 세컨더리 인덱스가 클러스터링 키를 갖기 때문에 클러스터링 키 값의 크기가 클 경우 전체적으로 인덱스의 크기가 커짐 • 세컨더리 인덱스를 통해 검색할 때 프라이머리 키로 다시 한번 검색해야 하므로 처리 성능이 느림 • INSERT할 때 프라이머리 키에 의해 레코드의 저장 위치가 결정되기 때문에 처리 성능이 느림 • 프라이머리 키를 변경할 때 레코드를 DELETE하고 INSERT하는 작업이 필요하기 때문에 처리 성능이 느림

간단히 클러스터링 인덱스의 장단점을 살펴봤는데, 대부분 클러스터링 인덱스의 장점은 빠른 읽기(SELECT)이며, 단점은 느린 쓰기(INSERT, UPDATE, DELETE)라는 것을 알 수 있다. 일반적으로 웹 서비스와 같은 온라인 트랜잭션 환경(OLTP, On-Line Transaction Processing)에서는 쓰기와 읽기의 비율이 2:8 또는 1:9 정도이기 때문에 조금 느린 쓰기를 감수하고 읽기를 빠르게 유지하는 것은 매우 중요하다.

8.8.4 클러스터링 테이블 사용 시 주의사항

MyISAM과 같이 클러스터링되지 않은 테이블에 비해 InnoDB 테이블(클러스터링 테이블)에서는 조금 더 주의할 사항이 있다.

8.8.4.1 클러스터링 인덱스 키의 크기

클러스터링 테이블의 경우 모든 세컨더리 인덱스가 프라이머리 키(클러스터링 키) 값을 포함한다. 그래서 프라이머리 키의 크기가 커지면 세컨더리 인덱스도 자동으로 크기가 커진다. 하지만 일반적으로 테이블에 세컨더리 인덱스가 4~5개 정도 생성된다는 것을 고려하면 세컨더리 인덱스 크기는 급격히 증가한다. 5개의 세컨더리 인덱스를 가지는 테이블의 프라이머리 키가 10바이트인 경우와 50바이트인 경우를 한번 비교해 보자.

프라이머리 키 크기	레코드당 증가하는 인덱스 크기	100만 건 레코드 저장 시 증가하는 인덱스 크기
10바이트	10바이트 * 5 = 50바이트	50바이트 * 1,000,000 = 47MB
50바이트	50바이트 * 5 = 250바이트	250바이트 * 1,000,000 = 238MB

레코드 한 건 한 건을 생각하면 50바이트쯤이야 대수롭지 않지만 레코드 건수가 100만 건만 돼도 인덱스의 크기가 거의 190MB(238MB - 47MB)나 증가했다. 1,000만 건이 되면 1.9GB가 증가한다. 또한 인덱스가 커질수록 같은 성능을 내기 위해 그만큼의 메모리가 더 필요해지므로 InnoDB 테이블의 프라이머리 키는 신중하게 선택해야 한다.

8.8.4.2 프라이머리 키는 AUTO-INCREMENT보다는 업무적인 칼럼으로 생성(가능한 경우)

다시 한번 강조하지만, InnoDB의 프라이머리 키는 클러스터링 키로 사용되며, 이 값에 의해 레코드의 위치가 결정된다. 즉, 프라이머리 키로 검색하는 경우(특히 범위로 많은 레코드를 검색하는 경우) 클러스터링되지 않은 테이블에 비해 매우 빠르게 처리될 수 있음을 의미한다. MyISAM과 같이 클러스터링되지 않는 테이블에서는 사실 프라이머리 키로 뭘 선택해도 성능의 차이는 별로 없을 수 있지만, InnoDB에서는 엄청난 차이를 만들어 낸다. 또한 프라이머리 키는 그 의미만큼이나 중요한 역할을 하기 때문에 대부분 검색에서 상당히 빈번하게 사용되는 것이 일반적이다. 그러므로 설령 그 칼럼의 크기가 크더라도 업무적으로 해당 레코드를 대표할 수 있다면 그 칼럼을 프라이머리 키로 설정하는 것이 좋다.

8.8.4.3 프라이머리 키는 반드시 명시할 것

가끔 프라이머리 키가 없는 테이블을 자주 보게 되는데, 가능하면 AUTO_INCREMENT 칼럼을 이용해서라도 프라이머리 키는 생성하는 것을 권장한다. InnoDB 테이블에서 프라이머리 키를 정의하지 않으면 InnoDB 스토리지 엔진이 내부적으로 일련번호 칼럼을 추가한다. 하지만 이렇게 자동으로 추가된 칼럼은 사용자에게 보이지 않기 때문에 사용자가 전혀 접근(사용)할 수가 없다. 즉, InnoDB 테이블에 프라이머리 키를 정의하지 않는 경우와 AUTO_INCREMENT 칼럼을 생성하고 프라이머리 키로 설정하는 것이 결국 똑같다는 것이다. 그렇다면 사용자가 사용할 수 있는 값(AUTO_INCREMENT 값)을 프라이머리 키로 설정하는 것이 좋을 것이다. 또한 ROW 기반의 복제나 InnoDB Cluster에서는 모든 테이블이 프라이머리 키를 가져야만 하는 정상적인 복제 성능을 보장하기도 하므로 프라이머리 키는 꼭 생성하자.

8.8.4.4 AUTO-INCREMENT 칼럼을 인조 식별자로 사용할 경우

여러 개의 칼럼이 복합으로 프라이머리 키가 만들어지는 경우 프라이머리 키의 크기가 길어질 때가 가끔 있다. 하지만 프라이머리 키의 크기가 길어도 세컨더리 인덱스가 필요치 않다면 그대로 프라이머리 키를 사용하는 것이 좋다. 세컨더리 인덱스도 필요하고 프라이머리 키의 크기도 길다면 AUTO_INCREMENT

칼럼을 추가하고, 이를 프라이머리 키로 설정하면 된다. 이렇게 프라이머리 키를 대체하기 위해 인위적으로 추가된 프라이머리 키를 인조 식별자(Surrogate key)라고 한다. 그리고 로그 테이블과 같이 조회보다는 INSERT 위주의 테이블들은 AUTO_INCREMENT를 이용한 인조 식별자를 프라이머리 키로 설정하는 것이 성능 향상에 도움이 된다.

8.9 유니크 인덱스

유니크는 사실 인덱스라기보다는 제약 조건에 가깝다고 볼 수 있다. 말 그대로 테이블이나 인덱스에 같은 값이 2개 이상 저장될 수 없음을 의미하는데, MySQL에서는 인덱스 없이 유니크 제약만 설정할 방법이 없다. 유니크 인덱스에서 NULL도 저장될 수 있는데, NULL은 특정 값이 아니므로 2개 이상 저장될 수 있다. MySQL에서 프라이머리 키는 기본적으로 NULL을 허용하지 않는 유니크 속성이 자동으로 부여된다. MyISAM이나 MEMORY 테이블에서 프라이머리 키는 사실 NULL이 허용되지 않는 유니크 인덱스와 같지만 InnoDB 테이블의 프라이머리 키는 클러스터링 키의 역할도 하므로 유니크 인덱스와는 근본적으로 다르다.

8.9.1 유니크 인덱스와 일반 세컨더리 인덱스의 비교

유니크 인덱스와 유니크하지 않은 일반 세컨더리 인덱스는 사실 인덱스의 구조상 아무런 차이점이 없다. 유니크 인덱스와 일반 세컨더리 인덱스의 읽기와 쓰기를 성능 관점에서 한번 살펴보자.

8.9.1.1 인덱스 읽기

많은 사람이 유니크 인덱스가 빠르다고 생각한다. 하지만 이것은 사실이 아니다. 어떤 책에서는 유니크 인덱스는 1건만 읽으면 되지만 유니크하지 않은 세컨더리 인덱스에서는 레코드를 한 건 더 읽어야 하므로 느리다고 이야기한다. 하지만 유니크하지 않은 세컨더리 인덱스에서 한 번 더 해야 하는 작업은 디스크 읽기가 아니라 CPU에서 칼럼값을 비교하는 작업이기 때문에 이는 성능상 영향이 거의 없다고 볼 수 있다. 유니크하지 않은 세컨더리 인덱스는 중복된 값이 허용되므로 읽어야 할 레코드가 많아서 느린 것이지, 인덱스 자체의 특성 때문에 느린 것이 아니라는 것이다. 즉, 레코드 1건을 읽는 데 0.1초가 걸렸고 2건을 읽을 때 0.2초가 걸렸다고 했을 때 후자를 느리게 처리됐다고 할 수 없는 것과 같은 이치다. 하나의 값을 검색하는 경우, 유니크 인덱스와 일반 세컨더리 인덱스는 사용되는 실행 계획이 다르다. 하지만 이는 인덱스의 성격이 유니크한지 아닌지에 따른 차이일 뿐 큰 차이는 없다. 1개의 레코드를 읽느냐 2개 이상의 레코드를 읽느냐의 차이만 있다는 것을 의미할 뿐, 읽어야 할 레코드 건수가 같다면 성능상의 차이는 미미하다.

8.9.1.2 인덱스 쓰기

새로운 레코드가 INSERT되거나 인덱스 칼럼의 값이 변경되는 경우에는 인덱스 쓰기 작업이 필요하다. 그런데 유니크 인덱스의 키 값을 쓸 때는 중복된 값이 있는지 없는지 체크하는 과정이 한 단계 더 필요하다. 그래서 유니크하지 않은 세컨더리 인덱스의 쓰기보다 느리다. 그런데 MySQL에서는 유니크 인덱스에서 중복된 값을 체크할 때는 읽기 잠금을 사용하고, 쓰기를 할 때는 쓰기 잠금을 사용하는데 이과정에서 데드락이 아주 빈번히 발생한다. 또한 InnoDB 스토리지 엔진에는 인덱스 키의 저장을 버퍼링하기 위해 체인지 버퍼(Change Buffer)가 사용된다. 그래서 인덱스의 저장이나 변경 작업이 상당히 빨리 처리되지만, 안타깝게도 유니크 인덱스는 반드시 중복 체크를 해야 하므로 작업 자체를 버퍼링하지 못한다. 이 때문에 유니크 인덱스는 일반 세컨더리 인덱스보다 변경 작업이 더 느리게 작동한다.

8.9.2 유니크 인덱스 사용 시 주의사항

꼭 필요한 경우라면 유니크 인덱스를 생성하는 것은 당연하다. 하지만 더 성능이 좋아질 것으로 생각하고 불필요하게 유니크 인덱스를 생성하지는 않는 것이 좋다. 그리고 하나의 테이블에서 같은 칼럼에 유니크 인덱스와 일반 인덱스를 각각 중복해서 생성해 둔 경우가 가끔 있는데, MySQL의 유니크 인덱스는 일반 다른 인덱스와 같은 역할을 하므로 중복해서 인덱스를 생성할 필요는 없다. 즉, 다음과 같은 테이블에서 이미 nick_name이라는 칼럼에 대해서는 유니크 인덱스인 ux_nickname이 있기 때문에 ix_nickname 인덱스는 필요하지 않다. 이미 유니크 인덱스도 일반 세컨더리 인덱스와 같은 역할을 동일하게 수행할 수 있으므로 다음과 같이 세컨더리 인덱스를 중복으로 만들어 줄 필요는 없다.

```
mysql> CREATE TABLE tb_unique (
         id INTEGER NOT NULL,
         nick_name VARCHAR(100),
         PRIMARY KEY (id),
         UNIQUE INDEX ux_nickname (nick_name),
         INDEX ix_nickname (nick_name)
       );
```

그리고 가끔 똑같은 칼럼에 대해 프라이머리 키와 유니크 인덱스를 동일하게 생성한 경우도 있는데, 이 또한 불필요한 중복이므로 주의하자. 이 밖에도 유니크 인덱스는 쿼리의 실행 계획이나 테이블의 파티션에 미치는 영향이 있는데, 자세한 내용은 10장 '실행 계획'과 13장 '파티션'에서 다루겠다.

결론적으로 유일성이 꼭 보장돼야 하는 칼럼에 대해서는 유니크 인덱스를 생성하되, 꼭 필요하지 않다면 유니크 인덱스보다는 유니크하지 않은 세컨더리 인덱스를 생성하는 방법도 한 번씩 고려해 보자.

8.10 외래키

MySQL에서 외래키는 InnoDB 스토리지 엔진에서만 생성할 수 있으며, 외래키 제약이 설정되면 자동으로 연관되는 테이블의 칼럼에 인덱스까지 생성된다. 외래키가 제거되지 않은 상태에서는 자동으로 생성된 인덱스를 삭제할 수 없다.

InnoDB의 외래키 관리에는 중요한 두 가지 특징이 있다.

- 테이블의 변경(쓰기 잠금)이 발생하는 경우에만 잠금 경합(잠금 대기)이 발생한다.
- 외래키와 연관되지 않은 칼럼의 변경은 최대한 잠금 경합(잠금 대기)을 발생시키지 않는다.

```
mysql> CREATE TABLE tb_parent (
         id INT NOT NULL,
         fd VARCHAR(100) NOT NULL, PRIMARY KEY (id)
       ) ENGINE=InnoDB;


mysql> CREATE TABLE tb_child (
         id INT NOT NULL,
         pid INT DEFAULT NULL, -- // parent.id 칼럼 참조
         fd VARCHAR(100) DEFAULT NULL,
         PRIMARY KEY (id),
         KEY ix_parentid (pid),
         CONSTRAINT child_ibfk_1 FOREIGN KEY (pid) REFERENCES tb_parent (id) ON DELETE CASCADE
       ) ENGINE=InnoDB;

mysql> INSERT INTO tb_parent VALUES (1, 'parent-1'), (2, 'parent-2');
mysql> INSERT INTO tb_child VALUES (100, 1, 'child-100');
```

위와 같은 테이블에서 언제 자식 테이블의 변경이 잠금 대기를 하고, 언제 부모 테이블의 변경이 잠금 대기를 하는지 예제로 살펴보자.

8.10.1 자식 테이블의 변경이 대기하는 경우

작업 번호	커넥션-1	커넥션-2
1	BEGIN;	
2	UPDATE tb_parent SET fd='changed-2' WHERE id=2;	
3		BEGIN;
4		UPDATE tb_child SET pid=2 WHERE id=100;
5	ROLLBACK;	
6		Query OK, 1 row affected (3.04 sec)

이 작업에서는 1번 커넥션에서 먼저 트랜잭션을 시작하고 부모(tb_parent) 테이블에서 id가 2인 레코드에 UPDATE를 실행한다. 이 과정에서 1번 커넥션이 tb_parent 테이블에서 id가 2인 레코드에 대해 쓰기 잠금을 획득한다. 그리고 2번 커넥션에서 자식 테이블(tb_child)의 외래키 칼럼(부모의 키를 참조하는 칼럼)인 pid를 2로 변경하는 쿼리를 실행해보자. 이 쿼리(작업번호 4번)는 부모 테이블의 변경 작업이 완료될 때까지 대기한다. 다시 1번 커넥션에서 ROLLBACK이나 COMMIT으로 트랜잭션을 종료하면 2번 커넥션의 대기 중이던 작업이 즉시 처리되는 것을 확인할 수 있다. 즉 자식 테이블의 외래 키 칼럼의 변경(INSERT, UPDATE)은 부모 테이블의 확인이 필요한데, 이 상태에서 부모 테이블의 해당 레코드가 쓰기 잠금이 걸려 있으면 해당 쓰기 잠금이 해제될 때까지 기다리게 되는 것이다. 이것이 InnoDB의 외래키 관리의 첫 번째 특징에 해당한다.

자식 테이블의 외래키(pid)가 아닌 칼럼(tb_child 테이블의 fd 칼럼과 같은)의 변경은 외래키로 인한 잠금 확장(바로 위에서 살펴본 예제와 같은)이 발생하지 않는다. 이것이 InnoDB의 외래키의 두 번째 특징에 해당한다.

8.10.2 부모 테이블의 변경 작업이 대기하는 경우

작업 번호	커넥션-1	커넥션-2
1	BEGIN;	
2	UPDATE tb_child SET fd='changed-100' WHERE id=100;	
3		BEGIN;
4		DELETE FROM tb_parent WHERE id=1;
5	ROLLBACK;	
6		Query OK, 1 row affected (6.09 sec)

변경하는 테이블의 순서만 변경해서 같은 예제를 만들어 봤다. 첫 번째 커넥션에서 부모 키 "1"을 참조하는 자식 테이블의 레코드를 변경하면 tb_child 테이블의 레코드에 대해 쓰기 잠금을 획득한다. 이 상태에서 2번 커넥션이 tb_parent 테이블에서 id가 1인 레코드를 삭제하는 경우 이 쿼리(작업번호 4번)는 tb_child 테이블의 레코드에 대한 쓰기 잠금이 해제될 때까지 기다려야 한다. 이는 자식 테이블(tb_child)이 생성될 때 정의된 외래키의 특성(ON DELETE CASCADE) 때문에 부모 레코드가 삭제되면 자식 레코드도 동시에 삭제되는 식으로 작동하기 때문이다.

데이터베이스에서 외래 키를 물리적으로 생성하려면 이러한 현상으로 인한 잠금 경합까지 고려해 모델링을 진행하는 것이 좋다. 이처럼 물리적으로 외래키를 생성하면 자식 테이블에 레코드가 추가되는 경우 해당 참조키가 부모 테이블에 있는지 확인한다는 것은 이미 다들 알고 있을 것이다. 하지만 물리적인 외래키의 고려 사항은 이러한 체크 작업이 아니라 이러한 체크를 위해 연관 테이블에 읽기 잠금을 걸어야 한다는 것이다. 또한 이렇게 잠금이 다른 테이블로 확장되면 그만큼 전체적으로 쿼리의 동시 처리에 영향을 미친다.

09

옵티마이저와 힌트

MySQL 서버로 요청된 쿼리는 결과는 동일하지만 내부적으로 그 결과를 만들어내는 방법은 매우 다양하다. 이런 다양한 방법 중에서 어떤 방법이 최적이고 최소의 비용이 소모될지 결정해야 한다. 여행할 때도 인터넷이나 책 등을 참고해서 최소한의 비용이 드는 방법을 알아본 뒤에 여행 경로를 결정한다. MySQL에서도 쿼리를 최적으로 실행하기 위해 각 테이블의 데이터가 어떤 분포로 저장돼 있는지 통계 정보를 참조하며, 그러한 기본 데이터를 비교해 최적의 실행 계획을 수립하는 작업이 필요하다. MySQL 서버를 포함한 대부분의 DBMS에서는 옵티마이저가 이러한 기능을 담당한다.

MySQL에서는 EXPLAIN이라는 명령으로 쿼리의 실행 계획을 확인할 수 있는데, EXPLAIN 명령의 결과에는 상당히 많은 정보가 출력된다. 실행 계획에 표시되는 내용을 제대로 이해하려면 MySQL 서버 옵티마이저가 실행하는 최적화에 대해 어느 정도 지식을 갖추고 있어야 한다.

이번 장에서는 MySQL 서버가 사용자의 요청을 처리하기 위해 데이터를 가공하는 기본 절차와 빠른 성능을 보장하기 위해 수행하는 최적화에 대해 살펴보겠다.

9.1 개요

어떤 DBMS든지 쿼리의 실행 계획을 수립하는 옵티마이저는 가장 복잡한 부분으로 알려져 있으며, 옵티마이저가 만들어 내는 실행 계획을 이해하는 것 또한 상당히 어려운 부분이다. 하지만 실행 계획을 이해할 수 있어야만 실행 계획의 불합리한 부분을 찾아내고, 더 최적화된 방법으로 실행 계획을 수립하도록 유도할 수 있다. 실행 계획을 살펴보기 전에 먼저 알고 있어야 할 몇 가지 사항을 살펴보자.

9.1.1 쿼리 실행 절차

MySQL 서버에서 쿼리가 실행되는 과정은 크게 세 단계로 나눌 수 있다.

1. 사용자로부터 요청된 SQL 문장을 잘게 쪼개서 MySQL 서버가 이해할 수 있는 수준으로 분리(파스 트리)한다.
2. SQL의 파싱 정보(파스 트리)를 확인하면서 어떤 테이블부터 읽고 어떤 인덱스를 이용해 테이블을 읽을지 선택한다.
3. 두 번째 단계에서 결정된 테이블의 읽기 순서나 선택된 인덱스를 이용해 스토리지 엔진으로부터 데이터를 가져온다.

첫 번째 단계를 "SQL 파싱(Parsing)"이라고 하며, MySQL 서버의 "SQL 파서"라는 모듈로 처리한다. SQL 문장이 문법적으로 잘못됐다면 이 단계에서 걸러진다. 또한 이 단계에서 "SQL 파스 트리"가 만들어진다. MySQL 서버는 SQL 문장 그 자체가 아니라 SQL 파스 트리를 이용해 쿼리를 실행한다.

두 번째 단계는 첫 번째 단계에서 만들어진 SQL 파스 트리를 참조하면서 다음과 같은 내용을 처리한다.

- 불필요한 조건 제거 및 복잡한 연산의 단순화
- 여러 테이블의 조인이 있는 경우 어떤 순서로 테이블을 읽을지 결정
- 각 테이블에 사용된 조건과 인덱스 통계 정보를 이용해 사용할 인덱스를 결정
- 가져온 레코드들을 임시 테이블에 넣고 다시 한번 가공해야 하는지 결정

물론 이 밖에도 수많은 처리를 하지만 대표적으로 이러한 작업을 들 수 있다. 두 번째 단계는 "최적화 및 실행 계획 수립" 단계이며, MySQL 서버의 "옵티마이저"에서 처리한다. 또한 두 번째 단계가 완료되면 쿼리의 "실행 계획"이 만들어진다. 세 번째 단계는 수립된 실행 계획대로 스토리지 엔진에 레코드를 읽어오도록 요청하고, MySQL 엔진에서는 스토리지 엔진으로부터 받은 레코드를 조인하거나 정렬하는 작업을 수행한다. 첫 번째 단계와 두 번째 단계는 거의 MySQL 엔진에서 처리하며, 세 번째 단계는 MySQL 엔진과 스토리지 엔진이 동시에 참여해서 처리한다.

9.1.2 옵티마이저의 종류

옵티마이저는 데이터베이스 서버에서 두뇌와 같은 역할을 담당한다. 옵티마이저는 현재 대부분의 DBMS가 선택하고 있는 비용 기반 최적화(Cost-based optimizer, CBO) 방법과 예전 초기 버전의 오라클 DBMS에서 많이 사용했던 규칙 기반 최적화 방법(Rule-based optimizer, RBO)으로 크게 나눌 수 있다.

- 규칙 기반 최적화는 기본적으로 대상 테이블의 레코드 건수나 선택도 등을 고려하지 않고 옵티마이저에 내장된 우선순위에 따라 실행 계획을 수립하는 방식을 의미한다. 이 방식에서는 통계 정보(테이블의 레코드 건수나 칼럼값의 분포도)를 조사하지 않고 실행 계획이 수립되기 때문에 같은 쿼리에 대해서는 거의 항상 같은 실행 방법을 만들어 낸다. 하지만 사용자의 데이터는 분포도가 매우 다양하기 때문에 규칙 기반의 최적화는 이미 오래전부터 많은 DBMS에서 거의 사용되지 않는다.
- 비용 기반 최적화는 쿼리를 처리하기 위한 여러 가지 가능한 방법을 만들고, 각 단위 작업의 비용(부하) 정보와 대상 테이블의 예측된 통계 정보를 이용해 실행 계획별 비용을 산출한다. 이렇게 산출된 실행 방법별로 비용이 최소로 소요되는 처리 방식을 선택해 최종적으로 쿼리를 실행한다.

규칙 기반 최적화는 각 테이블이나 인덱스의 통계 정보가 거의 없고 상대적으로 느린 CPU 연산 탓에 비용 계산 과정이 부담스럽다는 이유로 사용되던 최적화 방법이다. 현재는 대부분의 RDBMS가 비용 기반의 옵티마이저를 채택하고 있으며, MySQL 역시 마찬가지다.

9.2 기본 데이터 처리

MySQL 서버를 포함한 모든 RDBMS는 데이터를 정렬하거나 그루핑하는 등의 기본 데이터 가공 기능을 가지고 있다. 하지만 결과물은 동일하더라도 RDBMS별로 그 결과를 만들어 내는 과정은 천차만별이다. 여기서는 이러한 기본적인 가공을 위해 MySQL 서버가 어떤 알고리즘을 사용하는지 간단히 살펴보겠다.

9.2.1 풀 테이블 스캔과 풀 인덱스 스캔

인덱스 처리에 대한 자세한 내용은 이미 8장 '인덱스'에서 살펴봤으므로 여기서는 풀 테이블 스캔에 대한 내용을 간단히 살펴보겠다. 풀 테이블 스캔은 인덱스를 사용하지 않고 테이블의 데이터를 처음부터 끝까지 읽어서 요청된 작업을 처리하는 작업을 의미한다. MySQL 옵티마이저는 다음과 같은 조건이 일치할 때 주로 풀 테이블 스캔을 선택한다.

- 테이블의 레코드 건수가 너무 작아서 인덱스를 통해 읽는 것보다 풀 테이블 스캔을 하는 편이 더 빠른 경우(일반적으로 테이블이 페이지 1개로 구성된 경우)
- WHERE 절이나 ON 절에 인덱스를 이용할 수 있는 적절한 조건이 없는 경우
- 인덱스 레인지 스캔을 사용할 수 있는 쿼리라고 하더라도 옵티마이저가 판단한 조건 일치 레코드 건수가 너무 많은 경우(인덱스의 B-Tree를 샘플링해서 조사한 통계 정보 기준)

일반적으로 테이블의 전체 크기는 인덱스보다 훨씬 크기 때문에 테이블을 처음부터 끝까지 읽는 작업은 상당히 많은 디스크 읽기가 필요하다. 그래서 대부분 DBMS는 풀 테이블 스캔을 실행할 때 한꺼번에 여러 개의 블록이나 페이지를 읽어오는 기능을 내장하고 있다. 하지만 MySQL에는 풀 테이블 스캔을 실행할 때 한꺼번에 몇 개씩 페이지를 읽어올지 설정하는 시스템 변수는 없다. 그래서 많은 사람들이 MySQL은 풀 테이블 스캔을 실행할 때 디스크로부터 페이지를 하나씩 읽어 오는 것으로 생각한다.

이것은 MyISAM 스토리지 엔진에는 맞는 이야기지만 InnoDB에서는 틀린 말이다. InnoDB 스토리지 엔진은 특정 테이블의 연속된 데이터 페이지가 읽히면 백그라운드 스레드에 의해 리드 어헤드(Read ahead) 작업이 자동으로 시작된다. 리드 어헤드란 어떤 영역의 데이터가 앞으로 필요해지리라는 것을 예측해서 요청이 오기 전에 미리 디스크에서 읽어 InnoDB의 버퍼 풀에 가져다 두는 것을 의미한다. 즉, 풀 테이블 스캔이 실행되면 처음 몇 개의 데이터 페이지는 포그라운드 스레드(Foreground thread, 클라이언트 스레드)가 페이지 읽기를 실행하지만 특정 시점부터는 읽기 작업을 백그라운드 스레드로 넘긴다. 백그라운드 스레드가 읽기를 넘겨받는 시점부터는 한 번에 4개 또는 8개씩의 페이지를 읽으면서 계속 그 수를 증가시킨다. 이때 한 번에 최대 64개의 데이터 페이지까지 읽어서 버퍼 풀에 저장해 둔다. 포그라운드 스레드는 미리 버퍼 풀에 준비된 데이터를 가져다 사용하기만 하면 되므로 쿼리가 상당히 빨리 처리되는 것이다.

MySQL 서버에서는 innodb_read_ahead_threshold 시스템 변수를 이용해 InnoDB 스토리지 엔진이 언제 리드 어헤드를 시작할지 임계값을 설정할 수 있다. 포그라운드 스레드에 의해 innodb_read_ahead_threshold 시스템 변수에 설정된 개수만큼의 연속된 데이터 페이지가 읽히면 InnoDB 스토리지 엔진은 백그라운드 스레드를 이용해 대량으로 그다음 페이지들을 읽어서 버퍼 풀로 적재한다. 일반적으로 디폴트 설정으로도 충분하지만 데이터 웨어하우스용으로 MySQL을 사용한다면 이 옵션을 더 낮은 값으로 설정해서 더 빨리 리드 어헤드가 시작되게 유도하는 것도 좋은 방법이다.

리드 어헤드는 풀 테이블 스캔에서만 사용되는 것이 아니라 풀 인덱스 스캔에서도 동일하게 사용된다. 풀 테이블 스캔이 테이블을 처음부터 끝까지 스캔하는 것을 의미하듯이, 풀 인덱스 스캔은 인덱스를 처음부터 끝까지 스캔하는 것을 의미한다. 예를 들어, 다음과 같은 쿼리를 한번 생각해보자.

```
mysql> SELECT COUNT(*) FROM employees;
```

이 쿼리는 아무런 조건 없이 employees 테이블의 레코드 건수를 조회하고 있으므로 당연히 풀 테이블 스캔을 할 것처럼 보인다. 하지만 실제 실행 계획은 풀 테이블 스캔보다는 풀 인덱스 스캔을 하게 될 가능성이 높다. MySQL 서버는 앞의 예제와 같이 단순히 레코드의 건수만 필요로 하는 쿼리라면 용량이 작은 인덱스를 선택하는 것이 디스크 읽기 횟수를 줄일 수 있기 때문이다. 일반적으로 인덱스는 테이블의 2~3개 칼럼만으로 구성되기 때문에 테이블 자체보다는 용량이 작아서 훨씬 빠른 처리가 가능하다. 하지만 다음과 같이 레코드에만 있는 칼럼이 필요한 쿼리의 경우에는 풀 인덱스 스캔을 활용하지 못하고 풀 테이블 스캔을 한다.

```
mysql> SELECT * FROM employees;
```

9.2.2 병렬 처리

MySQL 8.0 버전부터는 용도가 한정돼 있긴 하지만 처음으로 MySQL 서버에서도 쿼리의 병렬 처리가
가능해졌다.

> **주의** 여기서 설명하는 병렬 처리는 하나의 쿼리를 여러 스레드가 작업을 나누어 동시에 처리한다는 것을 의미한다.
> "MySQL 8.0 이전까지는 여러 개의 쿼리가 동시에 처리되지 못했나?"라는 의문을 가지는 독자는 없기를 바란다. 여러
> 스레드가 동시에 각각의 쿼리를 처리하는 것은 MySQL 서버가 처음 만들어질 때부터 가능했다.

MySQL 8.0에서는 innodb_parallel_read_threads라는 시스템 변수를 이용해 하나의 쿼리를 최대 몇 개
의 스레드를 이용해서 처리할지를 변경할 수 있다. 아직 MySQL 서버에서는 쿼리를 여러 개의 스레드
를 이용해 병렬로 처리하게 하는 힌트나 옵션은 없다. MySQL 8.0 버전에서는 다음 예제와 같이 아무
런 WHERE 조건 없이 단순히 테이블의 전체 건수를 가져오는 쿼리만 병렬로 처리할 수 있다.

```
mysql> SET SESSION innodb_parallel_read_threads=1;
mysql> SELECT COUNT(*) FROM salaries;
1 row in set (0.32 sec)

mysql> SET SESSION innodb_parallel_read_threads=2;
mysql> SELECT COUNT(*) FROM salaries;
1 row in set (0.20 sec)

mysql> SET SESSION innodb_parallel_read_threads=4;
mysql> SELECT COUNT(*) FROM salaries;
1 row in set (0.18 sec)

mysql> SET SESSION innodb_parallel_read_threads=8;
mysql> SELECT COUNT(*) FROM salaries;
1 row in set (0.13 sec)
```

앞의 쿼리 실행 결과를 보면 병렬 처리용 스레드 개수가 늘어날수록 쿼리 처리에 걸리는 시간이 줄어드는 것을 확인할 수 있다. 하지만 병렬 처리용 스레드 개수를 아무리 늘리더라도 서버에 장착된 CPU의 코어 개수를 넘어서는 경우에는 오히려 성능이 떨어질 수도 있으니 주의하자.

9.2.3 ORDER BY 처리(Using filesort)

레코드 1~2건을 가져오는 쿼리를 제외하면 대부분의 SELECT 쿼리에서 정렬은 필수적으로 사용된다. 데이터 웨어하우스처럼 대량의 데이터를 조회해서 일괄 처리하는 기능이 아니라면 아마도 레코드 정렬 요건은 대부분의 조회 쿼리에 포함돼 있을 것이다. 정렬을 처리하는 방법은 인덱스를 이용하는 방법과 쿼리가 실행될 때 "Filesort"라는 별도의 처리를 이용하는 방법으로 나눌 수 있다.

	장점	단점
인덱스 이용	INSERT, UPDATE, DELETE 쿼리가 실행될 때 이미 인덱스가 정렬돼 있어서 순서대로 읽기만 하면 되므로 매우 빠르다.	INSERT, UPDATE, DELETE 작업 시 부가적인 인덱스 추가/삭제 작업이 필요하므로 느리다. 인덱스 때문에 디스크 공간이 더 많이 필요하다. 인덱스의 개수가 늘어날수록 InnoDB의 버퍼 풀을 위한 메모리가 많이 필요하다.
Filesort 이용	인덱스를 생성하지 않아도 되므로 인덱스를 이용할 때의 단점이 장점으로 바뀐다. 정렬해야 할 레코드가 많지 않으면 메모리에서 Filesort가 처리되므로 충분히 빠르다.	정렬 작업이 쿼리 실행 시 처리되므로 레코드 대상 건수가 많아질수록 쿼리의 응답 속도가 느리다.

물론 레코드를 정렬하기 위해 항상 "Filesort"라는 정렬 작업을 거쳐야 하는 것은 아니다. 이미 인덱스를 이용한 정렬은 8.3.6절 'B-TREE 인덱스의 정렬 및 스캔 방향'에서 한번 살펴봤다. 하지만 다음과 같은 이유로 모든 정렬을 인덱스를 이용하도록 튜닝하기란 거의 불가능하다.

- 정렬 기준이 너무 많아서 요건별로 모두 인덱스를 생성하는 것이 불가능한 경우
- GROUP BY의 결과 또는 DISTINCT 같은 처리의 결과를 정렬해야 하는 경우
- UNION의 결과와 같이 임시 테이블의 결과를 다시 정렬해야 하는 경우
- 랜덤하게 결과 레코드를 가져와야 하는 경우

MySQL 서버에서 인덱스를 이용하지 않고 별도의 정렬 처리를 수행했는지는 실행 계획의 Extra 칼럼에 "Using filesort" 메시지가 표시되는지 여부로 판단할 수 있다. 여기서는 MySQL의 정렬이 어떻게

처리되는지 살펴보고자 한다. MySQL의 정렬 특성을 이해하면 쿼리를 튜닝할 때 어떻게 하면 조금이라도 더 빠른 쿼리가 될지 쉽게 판단할 수 있을 것이다.

9.2.3.1 소트 버퍼

MySQL은 정렬을 수행하기 위해 별도의 메모리 공간을 할당받아서 사용하는데, 이 메모리 공간을 소트 버퍼(Sort buffer)라고 한다. 소트 버퍼는 정렬이 필요한 경우에만 할당되며, 버퍼의 크기는 정렬해야 할 레코드의 크기에 따라 가변적으로 증가하지만 최대 사용 가능한 소트 버퍼의 공간은 sort_buffer_size라는 시스템 변수로 설정할 수 있다. 소트 버퍼를 위한 메모리 공간은 쿼리의 실행이 완료되면 즉시 시스템으로 반납된다.

여기까지는 아주 이상적인 부분만 이야기했는데, 지금부터 정렬이 왜 문제가 되는지 살펴보자. 정렬해야 할 레코드가 아주 소량이어서 메모리에 할당된 소트 버퍼만으로 정렬할 수 있다면 아주 빠르게 정렬이 처리될 것이다. 하지만 정렬해야 할 레코드의 건수가 소트 버퍼로 할당된 공간보다 크다면 어떨까? 이때 MySQL은 정렬해야 할 레코드를 여러 조각으로 나눠서 처리하는데, 이 과정에서 임시 저장을 위해 디스크를 사용한다.

메모리의 소트 버퍼에서 정렬을 수행하고, 그 결과를 임시로 디스크에 기록해 둔다. 그리고 다음 레코드를 가져와서 다시 정렬해서 반복적으로 디스크에 임시 저장한다. 이처럼 각 버퍼 크기만큼 정렬된 레코드를 다시 병합하면서 정렬을 수행해야 한다. 이 병합 작업을 멀티 머지(Multi-merge)라고 표현하며, 수행된 멀티 머지 횟수는 Sort_merge_passes라는 상태 변수(SHOW STATUS VARIABLES 명령 참조)에 누적해서 집계된다.

이 작업들이 모두 디스크의 쓰기와 읽기를 유발하며, 레코드 건수가 많을수록 이 반복 작업의 횟수가 많아진다. 소트 버퍼를 크게 설정하면 디스크를 사용하지 않아서 더 빨라질 것으로 생각할 수도 있지만, 실제 벤치마크 결과로는 큰 차이를 보이진 않았다. 그림 9.1은 MySQL의 소트 버퍼 크기를 확장해가면서 다음 쿼리를 실행했을 때 소요되는 시간을 측정한 것이다. 이 쿼리는 salaries 테이블의 2,844,047건 레코드를 모두 읽어서 정렬하는데, to_date 칼럼에 인덱스가 없기 때문에 쿼리 처리 시에 정렬 작업이 필요한 쿼리다. 마지막의 LIMIT 절은 일부러 화면에 표시되는 내용을 최소화하기 위해서 추가해둔 옵션이다.

```
mysql> SELECT * FROM salaries
       ORDER BY to_date
       LIMIT 999999999,1;
```

개인용 PC에서 실행해본 벤치마크에서는 MySQL의 소트 버퍼 크기가 256KB에서 8MB 사이에서 최적의 성능을 보였으며, 256KB 미만 또는 8MB 이상부터는 소트 버퍼 크기 변화에 대해 성능 효과가 보이지 않았다. 때로는 더 큰 sort_buffer_size에서 성능이 더 빠르다는 게시물들도 있지만, 이는 모두 어떤 데이터를 정렬하는지, 그리고 테스트하는 서버에서 메모리나 디스크의 특성에 따라 결과가 달라질 수 있다. 참고로 그림 9.1의 테스트는 동일 쿼리를 5번씩 실행했을 때의 평균 소요 시간을 그린 것이다.

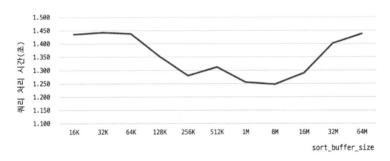

그림 9.1 소트 버퍼 크기에 따른 성능 변화

sort_buffer_size 시스템 변수의 설정값이 무조건 크면 메모리에서 모두 처리되니 빨라질 것으로 예상하지만 실제 결과는 그렇지 않다. 그리고 리눅스 계열의 운영체제에서는 너무 큰 sort_buffer_size를 사용하는 경우, 큰 메모리 공간 할당 때문에 성능이 훨씬 떨어질 수도 있다.

지금까지의 경험상 일반적인 트랜잭션 처리용 MySQL 서버의 소트 버퍼 크기는 56KB에서 1MB 미만이 적절해 보인다. 4.1.3절 '메모리 할당 및 사용 구조'에서 언급했듯이 MySQL은 글로벌 메모리 영역과 세션(로컬) 메모리 영역으로 나눠서 생각할 수 있는데, 정렬을 위해 할당하는 소트 버퍼는 세션 메모리 영역에 해당한다. 즉, 소트 버퍼는 여러 클라이언트가 공유해서 사용할 수 있는 영역이 아니다. 커넥션이 많으면 많을수록, 정렬 작업이 많으면 많을수록 소트 버퍼로 소비되는 메모리 공간이 커짐을 의미한다. 소트 버퍼의 크기를 10MB 이상으로 설정하면 대량의 레코드를 정렬하는 쿼리가 여러 커넥션에서 동시에 실행되면서 운영체제는 메모리 부족 현상을 겪을 수도 있다. 더는 메모리 여유 공간이 없는 경우에는 운영체제의 OOM-Killer가 여유 메모리를 확보하기 위해 프로세스를 강제로 종료할 것이다. 그런데 OOM-Killer는 메모리를 가장 많이 사용하는 프로세스를 강제 종료하기 때문에 일반적으로 메모리를 가장 많이 사용하는 MySQL 서버가 강제 종료 1순위가 된다.

> **주의** 소트 버퍼를 크게 설정해서 빠른 성능을 얻을 수는 없지만 디스크의 읽기와 쓰기 사용량은 줄일 수 있다. 그래서 MySQL 서버의 데이터가 많거나 디스크의 I/O 성능이 낮은 장비라면 소트 버퍼의 크기를 더 크게 설정하는 것이 도움이 될 수도 있다. 하지만 소트 버퍼를 너무 크게 설정하면 서버의 메모리가 부족해져서 MySQL 서버가 메모리 부족을 겪을 수도 있기 때문에 소트 버퍼의 크기는 적절히 설정하는 것이 좋다. 그리고 대량 데이터의 정렬이 필요한 경우 해당 세션의 소트 버퍼만 일시적으로 늘려서 쿼리를 실행하고 다시 줄이는 것도 좋은 방법이다.

9.2.3.2 정렬 알고리즘

레코드를 정렬할 때 레코드 전체를 소트 버퍼에 담을지 또는 정렬 기준 칼럼만 소트 버퍼에 담을지에 따라 (공식적인 명칭은 아니지만) "싱글 패스(Single-pass)"와 "투 패스(Two-pass)" 2가지 정렬 모드로 나눌 수 있다. 정렬을 수행하는 쿼리가 어떤 정렬 모드를 사용하는지는 다음과 같이 옵티마이저 트레이스 기능으로 확인할 수 있다.

```
-- // 옵티마이저 트레이스 활성화
mysql> SET OPTIMIZER_TRACE="enabled=on",END_MARKERS_IN_JSON=on;
mysql> SET OPTIMIZER_TRACE_MAX_MEM_SIZE=1000000;


-- // 쿼리 실행
mysql> SELECT * FROM employees ORDER BY last_name LIMIT 100000,1;


-- // 트레이스 내용 확인
mysql> SELECT * FROM INFORMATION_SCHEMA.OPTIMIZER_TRACE \G
...
            "filesort_priority_queue_optimization": {
              "limit": 100001
            } /* filesort_priority_queue_optimization */,
            "filesort_execution": [
            ] /* filesort_execution */,
            "filesort_summary": {
              "memory_available": 262144,
              "key_size": 32,
              "row_size": 169,
```

```
        "max_rows_per_buffer": 1551,
        "num_rows_estimate": 936530,
        "num_rows_found": 300024,
        "num_initial_chunks_spilled_to_disk": 82,
        "peak_memory_used": 262144,
        "sort_algorithm": "std::stable_sort",
        "sort_mode": "<fixed_sort_key, packed_additional_fields>"
    } /* filesort_summary */
```

...

출력된 내용에서 "filesort_summary" 섹션의 "sort_algorithm" 필드에 정렬 알고리즘이 표시되고, "sort_mode" 필드에는 "<fixed_sort_key, packed_additional_fields>"가 표시된 것을 확인할 수 있다. 더 정확히는 MySQL 서버의 정렬 방식은 다음과 같이 3가지가 있다.

- <sort_key, rowid>: 정렬 키와 레코드의 로우 아이디(Row ID)만 가져와서 정렬하는 방식

- <sort_key, additional_fields>: 정렬 키와 레코드 전체를 가져와서 정렬하는 방식으로, 레코드의 칼럼들은 고정 사이즈로 메모리 저장

- <sort_key, packed_additional_fields>: 정렬 키와 레코드 전체를 가져와서 정렬하는 방식으로, 레코드의 칼럼들은 가변 사이즈로 메모리 저장

여기서는 첫 번째 방식을 "투 패스" 정렬 방식이라 명명하고, 두 번째와 세 번째 방식을 "싱글 패스" 정렬 방식이라 명명하겠다. MySQL 5.7 버전부터 세 번째 방식이 도입됐는데, 이는 정렬을 위한 메모리 공간의 효율적인 사용을 위해서 추가로 도입된 방식이다.

> **참고** 옵티마이저 트레이스 내용에서 "sort_algorithm" 필드에 보여진 "std::stable_sort"는 MySQL 서버에서 실제 정렬을 수행할 때 사용한 라이브러리의 함수 이름을 보여준다. "std::stable_sort"는 C++의 STL(Standard Template Library)에서 제공되는 stable_sort() 함수를 사용했다는 것을 의미한다. 하지만 운영체제별로 STL의 stable_sort() 함수가 어떤 정렬 알고리즘을 사용하는지는 조금씩 차이가 있다. 리눅스 서버에서 사용하는 GNU C++의 STL에서는 퀵 소트(Quick-sort)와 힙 소트(Heap-sort) 알고리즘을 복합적으로 사용한다.

9.2.3.2.1 싱글 패스 정렬 방식

소트 버퍼에 정렬 기준 칼럼을 포함해 SELECT 대상이 되는 칼럼 전부를 담아서 정렬을 수행하는 정렬 방식이다.

```
mysql> SELECT emp_no, first_name, last_name
       FROM employees
       ORDER BY first_name;
```

위 쿼리와 같이 first_name으로 정렬해서 emp_no, first_name, last_name을 SELECT하는 쿼리를 싱글 패스(Single-pass) 정렬 방식으로 처리하는 절차를 그림으로 보면 다음과 같다.

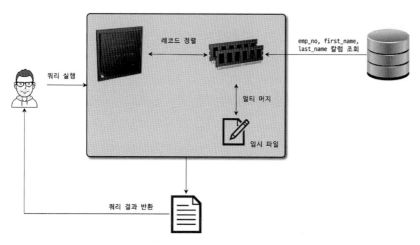

그림 9.2 싱글 패스(Single-pass) 정렬 방식

그림 9.2에서 알 수 있듯이, 처음 employees 테이블을 읽을 때 정렬에 필요하지 않은 last_name 칼럼까지 전부 읽어서 소트 버퍼에 담고 정렬을 수행한다. 그리고 정렬이 완료되면 정렬 버퍼의 내용을 그대로 클라이언트로 넘겨주는 과정을 볼 수 있다.

9.2.3.2.2 투 패스 정렬 방식

정렬 대상 칼럼과 프라이머리 키 값만 소트 버퍼에 담아서 정렬을 수행하고, 정렬된 순서대로 다시 프라이머리 키로 테이블을 읽어서 SELECT할 칼럼을 가져오는 정렬 방식으로, 싱글 패스 정렬 방식이 도입되기 이전부터 사용하던 방식이다. 하지만 MySQL 8.0에서도 여전히 특정 조건에서는 투 패스(Two-pass) 정렬 방식을 사용한다.

그림 9.3은 같은 쿼리를 MySQL의 예전 정렬 방식인 투 패스 방식으로 정렬하는 과정을 표현한 것이다. 처음 employees 테이블을 읽을 때는 정렬에 필요한 first_name 칼럼과 프라이머리 키인 emp_no만 읽어서 정렬을 수행했음을 알 수 있다. 이 정렬이 완료되면 그 결과 순서대로 employees 테이블을 한 번 더 읽어서 last_name을 가져오고, 최종적으로 그 결과를 클라이언트 쪽으로 넘기는 과정을 확인할 수 있다.

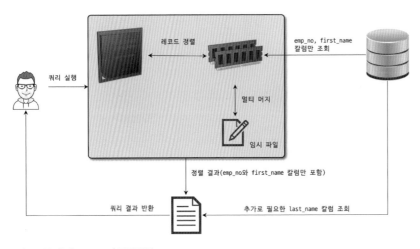

그림 9.3 투 패스(Two-pass) 정렬 방식

MySQL의 예전 정렬 방식인 투 패스 방식은 테이블을 두 번 읽어야 하기 때문에 상당히 불합리하지만, 새로운 정렬 방식인 싱글 패스는 이러한 불합리가 없다. 하지만 싱글 패스 정렬 방식은 더 많은 소트 버퍼 공간이 필요하다. 즉, 대략 128KB의 정렬 버퍼를 사용한다면 이 쿼리는 투 패스 정렬 방식에서는 대략 7,000건의 레코드를 정렬할 수 있지만 싱글 패스 정렬 방식에서는 그것의 반 정도밖에 정렬할 수 없다. 물론 이것은 소트 버퍼 공간의 크기와 레코드의 크기에 의존적이다.

최신 버전에서는 일반적으로 싱글 패스 정렬 방식을 주로 사용한다. 하지만 최신 버전의 MySQL 서버라고 해서 항상 싱글 패스 정렬 방식을 사용하는 것은 아니다. 다음의 경우, MySQL 서버는 싱글 패스 정렬 방식을 사용하지 못하고 투 패스 정렬 방식을 사용한다.

- 레코드의 크기가 max_length_for_sort_data 시스템 변수에 설정된 값보다 클 때

- BLOB이나 TEXT 타입의 칼럼이 SELECT 대상에 포함할 때

얼핏 생각해 보면 투 패스 정렬 방식이 더 빠를 것도 같지만 항상 그런 것은 아니다. 싱글 패스 방식은 정렬 대상 레코드의 크기나 건수가 작은 경우 빠른 성능을 보이며, 투 패스 방식은 정렬 대상 레코드의 크기나 건수가 상당히 많은 경우 효율적이라고 볼 수 있다.

> **주의** SELECT 쿼리에서 꼭 필요한 칼럼만 조회하지 않고, 모든 칼럼(*)을 가져오도록 개발할 때가 많다. 하지만 이는 정렬 버퍼를 몇 배에서 몇십 배까지 비효율적으로 사용할 가능성이 크다. SELECT 쿼리에서 꼭 필요한 칼럼만 조회하도록 쿼리를 작성하는 것이 좋다고 권장하는 것은 바로 이런 이유 때문이다. 특히 정렬이 필요한 SELECT는 불필요한 칼럼을 SELECT하지 않게 쿼리를 작성하는 것이 효율적이다. 이는 꼭 정렬 버퍼에만 영향을 미치는 것이 아니라 임시 테이블이 필요한 쿼리에서도 영향을 미친다. 이에 대한 자세한 내용은 9.2.6절 '내부 임시 테이블 활용'에서 자세히 살펴보겠다.

9.2.3.3 정렬 처리 방법

쿼리에 ORDER BY가 사용되면 반드시 다음 3가지 처리 방법 중 하나로 정렬이 처리된다. 일반적으로 아래쪽에 있는 정렬 방법으로 갈수록 처리 속도는 떨어진다.

정렬 처리 방법	실행 계획의 Extra 칼럼 내용
인덱스를 사용한 정렬	별도 표기 없음
조인에서 드라이빙 테이블만 정렬	"Using filesort" 메시지가 표시됨
조인에서 조인 결과를 임시 테이블로 저장 후 정렬	"Using temporary; Using filesort" 메시지가 표시됨

먼저 옵티마이저는 정렬 처리를 위해 인덱스를 이용할 수 있을지 검토할 것이다. 인덱스를 이용할 수 있다면 별도의 "Filesort" 과정 없이 인덱스를 순서대로 읽어서 결과를 반환한다. 하지만 인덱스를 사용할 수 없다면 WHERE 조건에 일치하는 레코드를 검색해 정렬 버퍼에 저장하면서 정렬을 처리(Filesort)할 것이다. 이때 MySQL 옵티마이저는 정렬 대상 레코드를 최소화하기 위해 다음 2가지 방법 중 하나를 선택한다.

- 조인의 드라이빙 테이블만 정렬한 다음 조인을 수행

- 조인이 끝나고 일치하는 레코드를 모두 가져온 후 정렬을 수행

일반적으로 조인이 수행되면서 레코드 건수와 레코드의 크기는 거의 배수로 불어나기 때문에 가능하다면 드라이빙 테이블만 정렬한 다음 조인을 수행하는 방법이 효율적이다. 그래서 두 번째 방법보다는 첫번째 방법이 더 효율적으로 처리된다. 3가지 정렬 처리 방법에 대해 하나씩 자세히 살펴보자.

9.2.3.3.1 인덱스를 이용한 정렬

인덱스를 이용한 정렬을 위해서는 반드시 ORDER BY에 명시된 칼럼이 제일 먼저 읽는 테이블(조인이 사용된 경우 드라이빙 테이블)에 속하고, ORDER BY의 순서대로 생성된 인덱스가 있어야 한다. 또한 WHERE 절에 첫 번째로 읽는 테이블의 칼럼에 대한 조건이 있다면 그 조건과 ORDER BY는 같은 인덱스를 사용할수 있어야 한다. 그리고 B-Tree 계열의 인덱스가 아닌 해시 인덱스나 전문 검색 인덱스 등에서는 인덱스를 이용한 정렬을 사용할 수 없다. 예외적으로 R-Tree도 B-Tree 계열이지만, 특성상 이 방식을 사용할 수 없다. 여러 테이블이 조인되는 경우에는 네스티드-루프(Nested-loop) 방식의 조인에서만 이방식을 사용할 수 있다.

인덱스를 이용해 정렬이 처리되는 경우에는 실제 인덱스의 값이 정렬돼 있기 때문에 인덱스의 순서대로 읽기만 하면 된다. 실제로 MySQL 엔진에서 별도의 정렬을 위한 추가 작업을 수행하지는 않는다. 다음 예제처럼 ORDER BY가 있든 없든 같은 인덱스를 레인지 스캔해서 나온 결과는 같은 순서로 출력되는 것을 확인할 수 있다. ORDER BY 절이 없어도 정렬이 되는 이유는 그림 9.4와 같이 employees 테이블의 프라이머리 키를 읽고, 그다음으로 salaries 테이블을 조인했기 때문이다.

```
mysql> SELECT *
       FROM employees e, salaries s
       WHERE s.emp_no=e.emp_no
         AND e.emp_no BETWEEN 100002 AND 100020
       ORDER BY e.emp_no;


-- // emp_no 칼럼으로 정렬이 필요한데, 인덱스를 사용하면서 자동으로 정렬이 된다고
-- // 일부러 ORDER BY emp_no를 제거하는 것은 좋지 않은 선택이다.
mysql> SELECT *
       FROM employees e, salaries s
       WHERE s.emp_no=e.emp_no
         AND e.emp_no BETWEEN 100002 AND 100020;
```

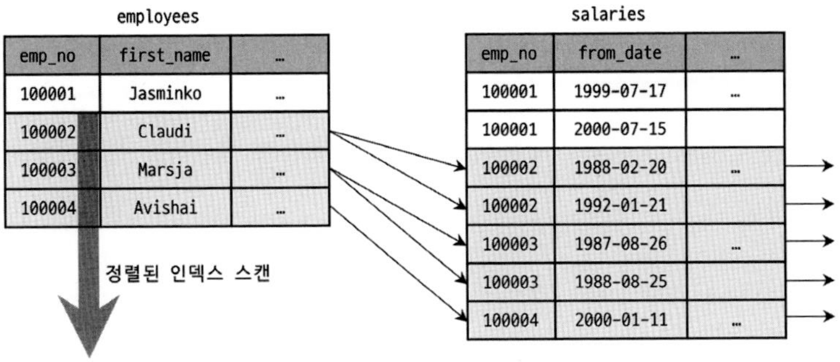

그림 9.4 인덱스를 이용한 정렬

ORDER BY 절을 넣지 않아도 자동으로 정렬되므로 ORDER BY 절 자체를 쿼리에서 완전히 제거해서 쿼리를 작성하기도 한다. 혹시 ORDER BY 절을 포함하면 MySQL 서버가 별도로 정렬 작업을 한 번 더 할까 봐 걱정스러워서다. 하지만 MySQL 서버는 정렬을 인덱스로 처리할 수 있는 경우 부가적으로 불필요한 정렬 작업을 수행하지 않는다. 그래서 인덱스로 정렬이 처리될 때는 ORDER BY가 쿼리에 명시된다고 해서 작업량이 더 늘지는 않는다.

또한, 어떤 이유로 쿼리의 실행 계획이 조금 변경된다면 ORDER BY가 명시되지 않은 쿼리는 결과를 기대했던 순서로 가져오지 못해서 애플리케이션의 버그로 연결될 수도 있다. 하지만 ORDER BY 절을 명시해두면 성능상의 손해가 없음은 물론이고 이런 예외 상황에서도 버그로 연결되지 않는다.

앞에서도 언급했듯이 인덱스를 사용한 정렬이 가능한 이유는 B-Tree 인덱스가 키 값으로 정렬돼 있기 때문이다. 또한 조인이 네스티드-루프 방식으로 실행되기 때문에 조인 때문에 드라이빙 테이블의 인덱스 읽기 순서가 흐트러지지 않는다. 하지만 조인이 사용된 쿼리의 실행 계획에 조인 버퍼(Join buffer)가 사용되면 순서가 흐트러질 수 있기 때문에 주의해야 한다.

9.2.3.3.2 조인의 드라이빙 테이블만 정렬

일반적으로 조인이 수행되면 결과 레코드의 건수가 몇 배로 불어나고, 레코드 하나하나의 크기도 늘어난다. 그래서 조인을 실행하기 전에 첫 번째 테이블의 레코드를 먼저 정렬한 다음 조인을 실행하는 것이 정렬의 차선책이 될 것이다. 이 방법으로 정렬이 처리되려면 조인에서 첫 번째로 읽히는 테이블(드라이빙 테이블)의 칼럼만으로 ORDER BY 절을 작성해야 한다.

```
mysql> SELECT *
       FROM employees e, salaries s
       WHERE s.emp_no=e.emp_no
```

```
        AND e.emp_no BETWEEN 100002 AND 100010
    ORDER BY e.last_name;
```

우선 WHERE 절이 다음 2가지 조건을 갖추고 있기 때문에 옵티마이저는 employees 테이블을 드라이빙 테이블로 선택할 것이다.

- WHERE 절의 검색 조건("emp_no BETWEEN 100002 AND 100010")은 employees 테이블의 프라이머리 키를 이용해 검색하면 작업량을 줄일 수 있다.

- 드리븐 테이블(salaries)의 조인 칼럼인 emp_no 칼럼에 인덱스가 있다.

검색은 인덱스 레인지 스캔으로 처리할 수 있지만 ORDER BY 절에 명시된 칼럼은 employees 테이블의 프라이머리 키와 전혀 연관이 없으므로 인덱스를 이용한 정렬은 불가능하다. 그런데 ORDER BY 절의 정렬 기준 칼럼이 드라이빙 테이블(employees)에 포함된 칼럼임을 알 수 있다. 옵티마이저는 드라이빙 테이블만 검색해서 정렬을 먼저 수행하고, 그 결과와 salaries 테이블을 조인한 것이다.

그림 9.5는 이 과정을 보여준다.

1. 인덱스를 이용해 "emp_no BETWEEN 100002 AND 100010" 조건을 만족하는 9건을 검색

2. 검색 결과를 last_name 칼럼으로 정렬을 수행(Filesort)

3. 정렬된 결과를 순서대로 읽으면서 salaries 테이블과 조인을 수행해 86건의 최종 결과를 가져옴(그림 9.5의 오른쪽에 있는 번호는 레코드가 조인되어 출력되는 순서를 의미).

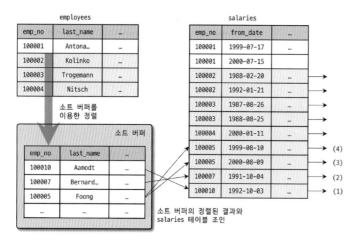

그림 9.5 조인의 첫 번째(드라이빙) 테이블만 정렬 실행

9.2.3.3.3 임시 테이블을 이용한 정렬

쿼리가 여러 테이블을 조인하지 않고, 하나의 테이블로부터 SELECT해서 정렬하는 경우라면 임시 테이블이 필요하지 않다. 하지만 2개 이상의 테이블을 조인해서 그 결과를 정렬해야 한다면 임시 테이블이 필요할 수도 있다. 앞에서 살펴본 "조인의 드라이빙 테이블만 정렬"은 2개 이상의 테이블이 조인되면서 정렬이 실행되지만 임시 테이블을 사용하지 않는다. 하지만 그 외 패턴의 쿼리에서는 항상 조인의 결과를 임시 테이블에 저장하고, 그 결과를 다시 정렬하는 과정을 거친다. 이 방법은 정렬의 3가지 방법 가운데 정렬해야 할 레코드 건수가 가장 많기 때문에 가장 느린 정렬 방법이다. 다음 쿼리는 "드라이빙 테이블만 정렬"에서 살펴본 예제와 ORDER BY 절의 칼럼만 제외하고 같은 쿼리다. 이 쿼리도 "드라이빙 테이블만 정렬"과 같은 이유로 employees 테이블이 드라이빙 테이블로 사용되며, salaries 테이블이 드리븐 테이블로 사용될 것이다.

```
mysql> SELECT *
       FROM employees e, salaries s
       WHERE s.emp_no=e.emp_no
         AND e.emp_no BETWEEN 100002 AND 100010
       ORDER BY s.salary;
```

하지만 이번 쿼리에서는 ORDER BY 절의 정렬 기준 칼럼이 드라이빙 테이블이 아니라 드리븐 테이블(salaries)에 있는 칼럼이다. 즉 정렬이 수행되기 전에 salaries 테이블을 읽어야 하므로 이 쿼리는 조인된 데이터를 가지고 정렬할 수밖에 없다.

```
+----+-------+-------+---------+-------------------------------------------------+
| id | table | type  | key     | Extra                                           |
+----+-------+-------+---------+-------------------------------------------------+
|  1 | e     | range | PRIMARY | Using where; Using temporary; Using filesort    |
|  1 | s     | ref   | PRIMARY | NULL                                            |
+----+-------+-------+---------+-------------------------------------------------+
```

쿼리의 실행 계획을 보면 Extra 칼럼에 "Using temporary; Using filesort"라는 코멘트가 표시된다. 이는 조인의 결과를 임시 테이블에 저장하고, 그 결과를 다시 정렬 처리했음을 의미한다. 그림 9.6은 이 쿼리의 처리 절차를 보여준다.

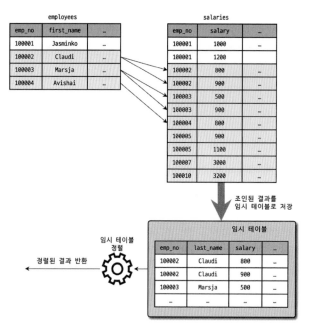

그림 9.6 임시 테이블을 이용한 정렬

9.2.3.3.4 정렬 처리 방법의 성능 비교

주로 웹 서비스용 쿼리에서는 ORDER BY와 함께 LIMIT이 거의 필수로 사용되는 경향이 있다. 일반적으로 LIMIT은 테이블이나 처리 결과의 일부만 가져오기 때문에 MySQL 서버가 처리해야 할 작업량을 줄이는 역할을 한다. 그런데 ORDER BY나 GROUP BY 같은 작업은 WHERE 조건을 만족하는 레코드를 LIMIT 건수만큼만 가져와서는 처리할 수 없다. 우선 조건을 만족하는 레코드를 모두 가져와서 정렬을 수행하거나 그루핑 작업을 실행해야만 비로소 LIMIT으로 건수를 제한할 수 있다. WHERE 조건이 아무리 인덱스를 잘 활용하도록 튜닝해도 잘못된 ORDER BY나 GROUP BY 때문에 쿼리가 느려지는 경우가 자주 발생한다.

쿼리에서 인덱스를 사용하지 못하는 정렬이나 그루핑 작업이 왜 느리게 작동할 수밖에 없는지 한번 살펴보자. 이를 위해 쿼리가 처리되는 방법을 "스트리밍 처리"와 "버퍼링 처리"라는 2가지 방식으로 구분해 보자.

9.2.3.3.4.1 스트리밍 방식

그림 9.7과 같이 서버 쪽에서 처리할 데이터가 얼마인지에 관계없이 조건에 일치하는 레코드가 검색될 때마다 바로바로 클라이언트로 전송해주는 방식을 의미한다. 이 방식으로 쿼리를 처리할 경우 클라이언트는 쿼리를 요청하고 곧바로 원했던 첫 번째 레코드를 전달받는다. 물론 가장 마지막 레코드는 언제 받을지 알 수 없지만, 이는 그다지 중요하지 않다.

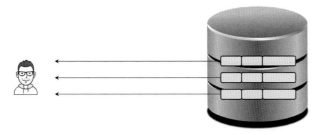

그림 9.7 스트리밍 처리

그림 9.7과 같이 쿼리가 스트리밍(Streaming) 방식으로 처리될 수 있다면 클라이언트는 MySQL 서버가 일치하는 레코드를 찾는 즉시 전달받기 때문에 동시에 데이터의 가공 작업을 시작할 수 있다. 웹 서비스 같은 OLTP 환경에서는 쿼리의 요청에서부터 첫 번째 레코드를 전달받게 되기까지의 응답 시간이 중요하다. 스트리밍 방식으로 처리되는 쿼리는 쿼리가 얼마나 많은 레코드를 조회하느냐에 상관없이 빠른 응답 시간을 보장해준다.

또한 스트리밍 방식으로 처리되는 쿼리에서 LIMIT처럼 결과 건수를 제한하는 조건들은 쿼리의 전체 실행 시간을 상당히 줄여줄 수 있다. 매우 큰 테이블을 아무런 조건 없이 SELECT만 해보면 첫 번째 레코드는 아주 빨리 가져온다는 사실을 알 수 있다. 물론 서버에서는 쿼리가 아직 실행되고 있는 도중이라도 말이다. 이것은 풀 테이블 스캔의 결과가 아무런 버퍼링 처리나 필터링 과정 없이 바로 클라이언트로 스트리밍되기 때문이다. 이 쿼리에 LIMIT 조건을 추가하면 전체적으로 가져오는 레코드 건수가 줄어들기 때문에 마지막 레코드를 가져오기까지의 시간을 상당히 줄일 수 있다.

9.2.3.3.4.2 버퍼링 방식

ORDER BY나 GROUP BY 같은 처리는 쿼리의 결과가 스트리밍되는 것을 불가능하게 한다. 우선 WHERE 조건에 일치하는 모든 레코드를 가져온 후, 정렬하거나 그루핑해서 차례대로 보내야 하기 때문이다.

MySQL 서버에서는 모든 레코드를 검색하고 정렬 작업을 하는 동안 클라이언트는 아무것도 하지 않고 기다려야 하기 때문에 응답 속도가 느려진다. 그렇기 때문에 이 방식을 스트리밍의 반대 표현으로 버퍼링(Buffering)이라고 표현해 본 것이다.

그림 9.8에서 보는 바와 같이 버퍼링 방식으로 처리되는 쿼리는 먼저 결과를 모아서 MySQL 서버에서 일괄 가공해야 하므로 모든 결과를 스토리지 엔진으로부터 가져올 때까지 기다려야 한다. 그래서 버퍼링 방식으로 처리되는 쿼리는 LIMIT처럼 결과 건수를 제한하는 조건이 있어도 성능 향상에 별로 도움이 되지 않는다. 네트워크로 전송되는 레코드의 건수를 줄일 수는 있지만 MySQL 서버가 해야 하는 작업량에는 그다지 변화가 없기 때문이다.

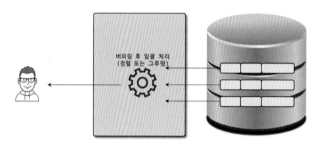

그림 9.8 버퍼링 처리

참고   스트리밍 처리는 어떤 클라이언트 도구나 API를 사용하느냐에 따라 그 방식에 차이가 있을 수도 있다. 대표적으로 JDBC 라이브러리를 이용해 "SELECT * FROM bigtable" 같은 쿼리를 실행하면 MySQL 서버는 레코드를 읽자마자 클라이언트로 그 결과를 전달할 것이다. 하지만 JDBC는 MySQL 서버로부터 받는 레코드를 일단 내부 버퍼에 모두 담아둔다. 그리고 마지막 레코드가 전달될 때까지 기다렸다가 모든 결과를 전달받으면 그때서야 비로소 클라이언트의 애플리케이션에 반환한다. 즉, MySQL 서버는 스트리밍 방식으로 처리해서 반환하지만 클라이언트의 JDBC 라이브러리가 버퍼링하는 것이다.

하지만 JDBC를 사용하지 않는 SQL 클라이언트 도구는 이러한 버퍼링을 하지 않기 때문에 아무리 큰 테이블이라고 하더라도 첫 번째 레코드는 매우 빨리 가져온다. JDBC 라이브러리가 자체적으로 레코드를 버퍼링하는 이유는 이 방식이 전체 처리(Throughput) 시간이 짧고 MySQL 서버와의 통신 횟수가 적어 자원 소모가 줄어들기 때문이다. 이 방식은 JDBC 라이브러리와 MySQL 서버가 대화형으로 데이터를 주고받는 것이 아니라 MySQL 서버는 데이터의 크기에 관계없이 무조건 보내고, JDBC MySQL 서버로부터 전송되는 데이터를 받아서 저장만 하므로 불필요한 네트워크 요청이 최소화되기 때문에 전체 처리량이 뛰어나다.

하지만 JDBC의 버퍼링 처리 방식은 기본 작동 방식이며, 아주 대량의 데이터를 가져와야 할 때는 MySQL 서버와 JDBC 간의 전송 방식을 스트리밍 방식으로 변경할 수 있다.

9.2.3.3절 '정렬 처리 방법'에서 소개한 ORDER BY의 3가지 처리 방법 가운데 인덱스를 사용한 정렬 방식만 스트리밍 형태의 처리이며, 나머지는 모두 버퍼링된 후에 정렬된다. 즉 인덱스를 사용한 정렬 방식은 LIMIT으로 제한된 건수만큼만 읽으면서 바로바로 클라이언트로 결과를 전송해줄 수 있다. 하지만 인덱스를 사용하지 못하는 경우의 처리는 필요한 모든 레코드를 디스크로부터 읽어서 정렬한 후에야 비로소 LIMIT으로 제한된 건수만큼 잘라서 클라이언트로 전송해줄 수 있음을 의미한다.

조인과 함께 ORDER BY 절과 LIMIT 절이 사용될 경우 정렬 처리 방법별로 어떤 차이가 있는지 좀 더 자세히 살펴보자.

```
mysql> SELECT *
       FROM tb_test1 t1, tb_test2 t2
       WHERE t1.col1=t2.col1
       ORDER BY t1.col2
       LIMIT 10;
```

tb_test1 테이블의 레코드가 100건이고, tb_test2 테이블의 레코드가 1,000건(tb_test1의 레코드 1건당 tb_test2의 레코드가 10건씩 존재한다고 가정)이며, 두 테이블의 조인 결과는 전체 1,000건이라고 가정하고 정렬 처리 방법별로 읽어야 하는 레코드 건수와 정렬을 수행해야 하는 레코드 건수를 비교해보자.

tb_test1이 드라이빙되는 경우

정렬 방법	읽어야 할 건수	조인 횟수	정렬해야 할 대상 건수
인덱스 사용	tb_test1: 1건 tb_test2: 10건	1번	0건
조인의 드라이빙 테이블만 정렬	tb_test1: 100건 tb_test2: 10건	1번	100건 (tb_test1 테이블의 레코드 건수만큼 정렬 필요)
임시 테이블 사용 후 정렬	tb_test1: 100건 tb_test2: 1000건	100번 (tb_test1 테이블의 레코드 건수만큼 조인 발생)	1,000건 (조인된 결과 레코드 건수를 전부 정렬해야 함)

tb_test2가 드라이빙되는 경우

정렬 방법	읽어야 할 건수	조인 횟수	정렬해야 할 대상 건수
인덱스 사용	tb_test2: 10건 tb_test1: 10건	10번	0건
조인의 드라이빙 테이블만 정렬	tb_test2: 1000건 tb_test1: 10건	10번	1000건 (tb_test2 테이블의 레코드 건수 만큼 정렬 필요)
임시 테이블 사용 후 정렬	tb_test2: 1000건 tb_test1: 100건	1,000번 (tb_test2 테이블의 레코 드 건수만큼 조인 발생)	1000건 (조인된 결과 레코드 건수를 전부 정렬해야 함)

어느 테이블이 먼저 드라이빙되어 조인되는지도 중요하지만 어떤 정렬 방식으로 처리되는지는 더 큰 성능 차이를 만든다. 가능하다면 인덱스를 사용한 정렬로 유도하고, 그렇지 못하다면 최소한 드라이빙 테이블만 정렬해도 되는 수준으로 유도하는 것도 좋은 튜닝 방법이라고 할 수 있다.

> **참고** 인덱스를 사용하지 못하고 별도로 Filesort 작업을 거쳐야 하는 쿼리에서 LIMIT 조건이 아무런 도움이 되지 못하는 것은 아니다. 정렬할 대상 레코드가 1,000건인 쿼리에 "LIMIT 10"이라는 조건이 있다면 MySQL 서버는 1,000건의 레코드를 모두 정렬하는 것이 아니라 필요한 순서(ASC 또는 DESC)대로 정렬해서 상위 10건만 정렬이 채워지면 정렬을 멈추고 결과를 반환한다. 하지만 MySQL 서버는 정렬을 위해 퀵 소트와 힙 소트 알고리즘을 사용한다. 이는 "LIMIT 10"을 만족하는 상위 10건을 정렬하기 위해 더 많은 작업이 필요할 수도 있음을 의미한다.
>
> 결론적으로, 인덱스를 사용하지 못하는 쿼리를 페이징 처리에 사용하는 경우 LIMIT으로 5~10건만 조회한다고 하더라도 쿼리가 기대만큼 아주 빨라지지는 않는다.

9.2.3.4 정렬 관련 상태 변수

MySQL 서버는 처리하는 주요 작업에 대해서는 해당 작업의 실행 횟수를 상태 변수로 저장한다. 정렬과 관련해서도 지금까지 몇 건의 레코드나 정렬 처리를 수행했는지, 소트 버퍼 간의 병합 작업(멀티 머지)은 몇 번이나 발생했는지 등을 다음과 같은 명령으로 확인해 볼 수 있다.

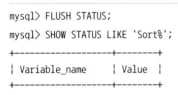

```
mysql> FLUSH STATUS;
mysql> SHOW STATUS LIKE 'Sort%';
+-------------------+--------+
| Variable_name     | Value  |
+-------------------+--------+
```

```
| Sort_merge_passes | 13     |
| Sort_range        | 0      |
| Sort_rows         | 300024 |
| Sort_scan         | 1      |
+-------------------+--------+
```

각 상태 값은 다음과 같은 의미가 있으며, 이 값들을 이용해 지금까지 MySQL 서버가 처리한 정렬 작업의 내용을 어느 정도 이해할 수 있다.

- Sort_merge_passes는 멀티 머지 처리 횟수를 의미한다.

- Sort_range는 인덱스 레인지 스캔을 통해 검색된 결과에 대한 정렬 작업 횟수다.

- Sort_scan은 풀 테이블 스캔을 통해 검색된 결과에 대한 정렬 작업 횟수다. Sort_scan과 Sort_range는 둘 다 정렬 작업 횟수를 누적하고 있는 상태 값이다.

- Sort_rows는 지금까지 정렬한 전체 레코드 건수를 의미한다.

이 예제의 결과를 해석해 보면 대략 다음과 같은 내용을 알아낼 수 있다.

- 풀 테이블 스캔의 결과를 1번(Sort_scan 상태 변수 값) 정렬

- 단위 정렬 작업의 결과를 13번(Sort_merge_passes 상태 변수 값) 병합 처리

- 전체 정렬된 레코드 건수는 300,024건(Sort_rows 상태 변수 값)

9.2.4 GROUP BY 처리

GROUP BY 또한 ORDER BY와 같이 쿼리가 스트리밍된 처리를 할 수 없게 하는 처리 중 하나다. GROUP BY 절이 있는 쿼리에서는 HAVING 절을 사용할 수 있는데, HAVING 절은 GROUP BY 결과에 대해 필터링 역할을 수행한다. GROUP BY에 사용된 조건은 인덱스를 사용해서 처리될 수 없으므로 HAVING 절을 튜닝하려고 인덱스를 생성하거나 다른 방법을 고민할 필요는 없다.

GROUP BY 작업도 인덱스를 사용하는 경우와 그렇지 못한 경우로 나눠 볼 수 있다. 인덱스를 이용할 때는 인덱스를 차례대로 읽는 인덱스 스캔 방법과 인덱스를 건너뛰면서 읽는 루스 인덱스 스캔이라는 방법으로 나뉜다. 그리고 인덱스를 사용하지 못하는 쿼리에서 GROUP BY 작업은 임시 테이블을 사용한다.

9.2.4.1 인덱스 스캔을 이용하는 GROUP BY(타이트 인덱스 스캔)

ORDER BY의 경우와 마찬가지로 조인의 드라이빙 테이블에 속한 칼럼만 이용해 그루핑할 때 GROUP BY 칼럼으로 이미 인덱스가 있다면 그 인덱스를 차례대로 읽으면서 그루핑 작업을 수행하고 그 결과로 조인을 처리한다. GROUP BY가 인덱스를 사용해서 처리된다 하더라도 그룹 함수(Aggregation function) 등의 그룹값을 처리해야 해서 임시 테이블이 필요할 때도 있다. GROUP BY가 인덱스를 통해 처리되는 쿼리는 이미 정렬된 인덱스를 읽는 것이므로 쿼리 실행 시점에 추가적인 정렬 작업이나 내부 임시 테이블은 필요하지 않다. 이러한 그루핑 방식을 사용하는 쿼리의 실행 계획에서는 Extra 칼럼에 별도로 GROUP BY 관련 코멘트("Using index for group-by")나 임시 테이블 사용 또는 정렬 관련 코멘트("Using temporary, Using filesort")가 표시되지 않는다.

9.2.4.2 루스 인덱스 스캔을 이용하는 GROUP BY

루스(Loose) 인덱스 스캔 방식은 인덱스의 레코드를 건너뛰면서 필요한 부분만 읽어서 가져오는 것을 의미하는데, 옵티마이저가 루스 인덱스 스캔을 사용할 때는 실행 계획의 Extra 칼럼에 "Using index for group-by" 코멘트가 표시된다. 루스 인덱스 스캔을 사용하는 다음 예제를 한번 살펴보자.

```
mysql> EXPLAIN
        SELECT emp_no
        FROM salaries
        WHERE from_date='1985-03-01'
        GROUP BY emp_no;
```

salaries 테이블의 인덱스는 (emp_no, from_date)로 생성돼 있으므로 위의 쿼리 문장에서 WHERE 조건은 인덱스 레인지 스캔 접근 방식으로 이용할 수 없는 쿼리다. 하지만 이 쿼리의 실행 계획은 다음과 같이 인덱스 레인지 스캔(range 타입)을 이용했으며, Extra 칼럼의 메시지를 보면 GROUP BY 처리까지 인덱스를 사용했다는 것을 알 수 있다.

```
+----+----------+-------+---------+-----------------------------------------+
| id | table    | type  | key     | Extra                                   |
+----+----------+-------+---------+-----------------------------------------+
|  1 | salaries | range | PRIMARY | Using where; Using index for group-by   |
+----+----------+-------+---------+-----------------------------------------+
```

MySQL 서버가 이 쿼리를 어떻게 실행했는지 순서대로 하나씩 살펴보자.

1. (emp_no, from_date) 인덱스를 차례대로 스캔하면서 emp_no의 첫 번째 유일한 값(그룹 키) "10001"을 찾아낸다.

2. (emp_no, from_date) 인덱스에서 emp_no가 '10001'인 것 중에서 from_date 값이 '1985-03-01'인 레코드만 가져온다. 이 검색 방법은 1번 단계에서 알아낸 '10001' 값과 쿼리의 WHERE 절에 사용된 "from_date='1985-03-01'" 조건을 합쳐서 "emp_no=10001 AND from_date='1985-03-01'" 조건으로 (emp_ no, from_date) 인덱스를 검색하는 것과 거의 흡사하다.

3. (emp_no, from_date) 인덱스에서 emp_no의 그다음 유니크한(그룹 키) 값을 가져온다.

4. 3번 단계에서 결과가 더 없으면 처리를 종료하고, 결과가 있다면 2번 과정으로 돌아가서 반복 수행한다.

이 예제가 잘 이해되지 않는다면 10.3.12.24.2절 '루스 인덱스 스캔을 통한 GROUP BY 처리'의 내용을 함께 참조하자. MySQL의 루스 인덱스 스캔 방식은 단일 테이블에 대해 수행되는 GROUP BY 처리에만 사용할 수 있다. 또한 프리픽스 인덱스(Prefix index, 칼럼값의 앞쪽 일부만으로 생성된 인덱스)는 루스 인덱스 스캔을 사용할 수 없다. 인덱스 레인지 스캔에서는 유니크한 값의 수가 많을수록 성능이 향상되는 반면 루스 인덱스 스캔에서는 인덱스의 유니크한 값의 수가 적을수록 성능이 향상된다. 즉, 루스 인덱스 스캔은 분포도가 좋지 않은 인덱스일수록 더 빠른 결과를 만들어낸다. 루스 인덱스 스캔으로 처리되는 쿼리에서는 별도의 임시 테이블이 필요하지 않다.

루스 인덱스 스캔이 사용될 수 있을지 없을지 판단하는 것은 WHERE 절의 조건이나 ORDER BY 절이 인덱스를 사용할 수 있을지 없을지 판단하는 것보다는 더 어렵다. 여기서는 여러 패턴의 쿼리를 살펴보고, 루스 인덱스 스캔을 사용할 수 있는지 없는지 판별하는 연습을 해보자. 우선, (col1, col2, col3) 칼럼으로 생성된 tb_test 테이블을 가정해보자. 다음의 쿼리들은 루스 인덱스 스캔을 사용할 수 있는 쿼리다. 쿼리의 패턴을 보고 이렇게 사용할 수 있는지를 생각해 보자.

```
SELECT col1, col2 FROM tb_test GROUP BY col1, col2;
SELECT DISTINCT col1, col2 FROM tb_test;
SELECT col1, MIN(col2) FROM tb_test GROUP BY col1;
SELECT col1, col2 FROM tb_test WHERE col1 < const GROUP BY col1, col2;
SELECT MAX(col3), MIN(col3), col1, col2 FROM tb_test WHERE col2 > const GROUP BY col1, col2;
SELECT col2 FROM tb_test WHERE col1 < const GROUP BY col1, col2;
SELECT col1, col2 FROM tb_test WHERE col3 = const GROUP BY col1, col2;
```

다음 쿼리는 루스 인덱스 스캔을 사용할 수 없는 쿼리 패턴이다.

```
-- // MIN()과 MAX() 이외의 집합 함수가 사용됐기 때문에 루스 인덱스 스캔은 사용 불가
SELECT col1, SUM(col2) FROM tb_test GROUP BY col1;

-- // GROUP BY에 사용된 칼럼이 인덱스 구성 칼럼의 왼쪽부터 일치하지 않기 때문에 사용 불가
SELECT col1, col2 FROM tb_test GROUP BY col2, col3;

-- // SELECT 절의 칼럼이 GROUP BY와 일치하지 않기 때문에 사용 불가
SELECT col1, col3 FROM tb_test GROUP BY col1, col2;
```

> **참고**
> MySQL 8.0 버전부터는 루스 인덱스 스캔과 동일한 방식으로 작동하는 인덱스 스킵 스캔(Index Skip Scan) 최적화도 도입됐다. MySQL 8.0 이전 버전까지는 GROUP BY 절의 처리를 위해서만 루스 인덱스 스캔이 사용됐지만 MySQL 8.0 버전부터는 인덱스 스킵 스캔이 도입되면서 옵티마이저가 쿼리에서 필요로 하는 레코드를 검색하는 부분까지 루스 인덱스 스캔 방식으로 최적화가 가능해졌다. 인덱스 스킵 스캔 또한 루스 인덱스 스캔과 마찬가지로 조건이 누락된 인덱스의 선행 칼럼이 유니크한 값을 많이 가질수록 쿼리 처리 성능이 떨어지게 된다. 그래서 인덱스 스킵 스캔에서도 선행 칼럼의 유니크한 값의 개수가 많으면 인덱스 스킵 스캔 최적화를 사용하지 않게 된다.

9.2.4.3 임시 테이블을 사용하는 GROUP BY

GROUP BY의 기준 칼럼이 드라이빙 테이블에 있든 드리븐 테이블에 있든 관계없이 인덱스를 전혀 사용하지 못할 때는 이 방식으로 처리된다. 다음 쿼리를 잠깐 살펴보자.

```
mysql> EXPLAIN
       SELECT e.last_name, AVG(s.salary)
       FROM employees e, salaries s
       WHERE s.emp_no=e.emp_no
       GROUP BY e.last_name;
```

이 쿼리의 실행 계획에서는 Extra 칼럼에 "Using temporary" 메시지가 표시됐다. 이 실행 계획에서 임시 테이블이 사용된 것은 employees 테이블을 풀 스캔(ALL)하기 때문이 아니라 인덱스를 전혀 사용할 수 없는 GROUP BY이기 때문이다.

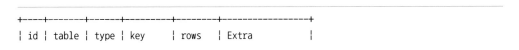

```
+----+-------+------+---------+--------+-----------------+
¦ 1 ¦ e     ¦ ALL  ¦ NULL    ¦ 300584 ¦ Using temporary ¦
¦ 1 ¦ s     ¦ ref  ¦ PRIMARY ¦     10 ¦ NULL            ¦
+----+-------+------+---------+--------+-----------------+
```

여기서 한 가지 주의 깊게 살펴봐야 할 부분은 실행 계획의 Extra 칼럼에 "Using filesort"는 표시되지 않고 "Using temporary"만 표시됐다는 것이다. MySQL 8.0 이전 버전까지는 GROUP BY가 사용된 쿼리는 그루핑되는 칼럼을 기준으로 묵시적인 정렬까지 함께 수행했다. 그래서 위 예제 쿼리에서와같이 GROUP BY는 있지만 ORDER BY 절이 없는 쿼리에 대해서는 기본적으로 그루핑 칼럼인 last_name 칼럼으로 정렬된 결과를 반환했다. 하지만 MySQL 8.0 버전부터는 이 같은 묵시적인 정렬은 더 이상 실행되지 않게 바뀌었다.

MySQL 8.0에서는 GROUP BY가 필요한 경우 내부적으로 GROUP BY 절의 칼럼들로 구성된 유니크 인덱스를 가진 임시 테이블을 만들어서 중복 제거와 집합 함수 연산을 수행한다. 즉 위의 쿼리를 처리하기 위해 MySQL 서버는 다음과 같은 임시 테이블을 생성한다. 그리고 조인의 결과를 한 건씩 가져와 임시 테이블에서 중복 체크를 하면서 INSERT 또는 UPDATE를 실행한다. 즉 별도의 정렬 작업 없이 GROUP BY가 처리된다.

```
CREATE TEMPORARY TABLE ... (
  last_name VARCHAR(16),
  salary INT,
  UNIQUE INDEX ux_lastname (last_name)
);
```

하지만 MySQL 8.0에서도 GROUP BY와 ORDER BY가 같이 사용되면 명시적으로 정렬 작업을 실행한다. 다음은 동일한 쿼리에 ORDER BY 절을 추가한 예제인데, 이 쿼리의 실행 계획에서 Extra 칼럼에 "Using temporary"와 함께 "Using filesort"가 표시된 것을 확인할 수 있다.

```
mysql> EXPLAIN
       SELECT e.last_name, AVG(s.salary)
       FROM employees e, salaries s
       WHERE s.emp_no=e.emp_no
       GROUP BY e.last_name
       ORDER BY e.last_name;
```

```
+----+-------+------+---------+--------+-------------------------------------+
| id | table | type | key     | rows   | Extra                               |
+----+-------+------+---------+--------+-------------------------------------+
|  1 | e     | ALL  | NULL    | 300584 | Using temporary; Using filesort     |
|  1 | s     | ref  | PRIMARY |     10 | NULL                                |
+----+-------+------+---------+--------+-------------------------------------+
```

참고 MySQL 5.7 버전까지는 GROUP BY가 사용되면 자동으로 그루핑 칼럼을 기준으로 정렬이 수행됐는데, 정렬이 필요치 않은 경우라면 다음 쿼리와 같이 "ORDER BY NULL"을 추가로 사용할 것을 권장했다. "ORDER BY NULL"이 사용되면 MySQL 서버는 불필요한 추가 정렬 작업을 수행하지 않으므로 크진 않지만 성능 향상을 볼 수 있었다.

```
SELECT *
FROM employees
GROUP BY last_name
ORDER BY NULL;
```

하지만 MySQL 8.0 버전부터는 GROUP BY를 사용하더라도 묵시적인 정렬이 수행되지 않기 때문에 정렬된 결과가 필요치 않은 경우 굳이 GROUP BY 절 뒤에 "ORDER BY NULL" 구문을 추가하지 않아도 된다.

9.2.5 DISTINCT 처리

특정 칼럼의 유니크한 값만 조회하려면 SELECT 쿼리에 DISTINCT를 사용한다. DISTINCT는 MIN(), MAX() 또는 COUNT() 같은 집합 함수와 함께 사용되는 경우와 집합 함수가 없는 경우의 2가지로 구분해서 살펴보자. 이렇게 구분한 이유는 각 경우에 DISTINCT 키워드가 영향을 미치는 범위가 달라지기 때문이다. 그리고 집합 함수와 같이 DISTINCT가 사용되는 쿼리의 실행 계획에서 DISTINCT 처리가 인덱스를 사용하지 못할 때는 항상 임시 테이블이 필요하다. 하지만 실행 계획의 Extra 칼럼에는 "Using temporary" 메시지가 출력되지 않는다.

9.2.5.1 SELECT DISTINCT ...

단순히 SELECT되는 레코드 중에서 유니크한 레코드만 가져오고자 하면 SELECT DISTINCT 형태의 쿼리 문장을 사용한다. 이 경우에는 GROUP BY와 동일한 방식으로 처리된다. 특히 MySQL 8.0 버전부터는 GROUP BY를 수행하는 쿼리에 ORDER BY 절이 없으면 정렬을 사용하지 않기 때문에 다음의 두 쿼리는 내부적으로 같은 작업을 수행한다.

```
mysql> SELECT DISTINCT emp_no FROM salaries;
mysql> SELECT emp_no FROM salaries GROUP BY emp_no;
```

DISTINCT를 사용할 때 자주 실수하는 것이 있다. DISTINCT는 SELECT하는 레코드(튜플)를 유니크하게 SELECT하는 것이지, 특정 칼럼만 유니크하게 조회하는 것이 아니다. 즉, 다음 쿼리에서 SELECT하는 결과는 first_name만 유니크한 것을 가져오는 것이 아니라 (first_name, last_name) 조합 전체가 유니크한 레코드를 가져오는 것이다.

```
mysql> SELECT DISTINCT first_name, last_name FROM employees;
```

가끔 DISTINCT를 다음과 같이 함수처럼 사용하는 사람도 있다.

```
mysql> SELECT DISTINCT(first_name), last_name FROM employees;
```

위의 쿼리는 얼핏 보면 first_name만 유니크하게 조회하고 last_name은 그냥 DISTINCT가 없을 때와 동일하게 조회하는 쿼리처럼 보인다. 그리고 실제로 상당히 그럴듯하게 아무런 에러 없이 실행되기 때문에 쉽게 실수할 수 있는 부분이다. 하지만 MySQL 서버는 DISTINCT 뒤의 괄호를 그냥 의미 없이 사용된 괄호로 해석하고 제거해 버린다. DISTINCT는 함수가 아니므로 그 뒤의 괄호는 의미가 없는 것이다.

```
mysql> SELECT DISTINCT first_name, last_name FROM employees;
```

SELECT 절에 사용된 DISTINCT 키워드는 조회되는 모든 칼럼에 영향을 미친다. 절대로 SELECT하는 여러 칼럼 중에서 일부 칼럼만 유니크하게 조회하는 것은 아니다. 단, 이어서 설명할 집합 함수와 함께 사용된 DISTINCT의 경우는 조금 다르다.

9.2.5.2 집합 함수와 함께 사용된 DISTINCT

COUNT() 또는 MIN(), MAX() 같은 집합 함수 내에서 DISTINCT 키워드가 사용될 수 있는데, 이 경우에는 일반적으로 SELECT DISTINCT와 다른 형태로 해석된다. 집합 함수가 없는 SELECT 쿼리에서 DISTINCT는 조회하는 모든 칼럼의 조합이 유니크한 것들만 가져온다. 하지만 집합 함수 내에서 사용된 DISTINCT는 그 집합 함수의 인자로 전달된 칼럼값이 유니크한 것들을 가져온다.

```
mysql> EXPLAIN SELECT COUNT(DISTINCT s.salary)
        FROM employees e, salaries s
```

```
WHERE e.emp_no=s.emp_no
AND e.emp_no BETWEEN 100001 AND 100100;
```

이 쿼리는 내부적으로는 "COUNT(DISTINCT s.salary)"를 처리하기 위해 임시 테이블을 사용한다. 하지만 이 쿼리의 실행 계획에는 임시 테이블을 사용한다는 메시지는 표시되지 않는다. 이는 버그처럼 보이지만 지금까지 모든 버전의 MySQL 서버에서 보여주는 실행 계획에서 "Using temporary"를 표시하지 않고 있다.

```
+----+-------+-------+---------+-----+--------------------------+
| id | table | type  | key     | rows Extra                     |
+----+-------+-------+---------+-----+--------------------------+
| 1  | e     | range | PRIMARY | 100 | Using where; Using index |
| 1  | s     | ref   | PRIMARY |  10 | NULL                     |
+----+-------+-------+---------+-----+--------------------------+
```

위 쿼리의 경우에는 employees 테이블과 salaries 테이블을 조인한 결과에서 salary 칼럼의 값만 저장하기 위한 임시 테이블을 만들어서 사용한다. 이때 임시 테이블의 salary 칼럼에는 유니크 인덱스가 생성되기 때문에 레코드 건수가 많아진다면 상당히 느려질 수 있는 형태의 쿼리다.

위의 쿼리에 COUNT(DISTINCT ...)를 하나 더 추가해서 다음과 같이 변경해보자. COUNT() 함수가 두 번 사용된 다음 쿼리의 실행 계획은 위의 쿼리와 똑같이 표시된다. 하지만 다음 쿼리를 처리하려면 s.salary 칼럼의 값을 저장하는 임시 테이블과 e.last_name 칼럼의 값을 저장하는 또 다른 임시 테이블이 필요하므로 전체적으로 2개의 임시 테이블을 사용한다.

```
mysql> SELECT COUNT(DISTINCT s.salary),
              COUNT(DISTINCT e.last_name)
       FROM employees e, salaries s
       WHERE e.emp_no=s.emp_no
         AND e.emp_no BETWEEN 100001 AND 100100;
```

위의 쿼리는 DISTINCT 처리를 위해 인덱스를 이용할 수 없어서 임시 테이블이 필요했다. 하지만 다음 쿼리와 같이 인덱스된 칼럼에 대해 DISTINCT 처리를 수행할 때는 인덱스를 풀 스캔하거나 레인지 스캔하면서 임시 테이블 없이 최적화된 처리를 수행할 수 있다.

```
mysql> SELECT COUNT(DISTINCT emp_no) FROM employees;
mysql> SELECT COUNT(DISTINCT emp_no) FROM dept_emp GROUP BY dept_no;
```

```
+----+----------+-------+---------+--------+-------------+
| id | table    | type  | key     | rows   | Extra       |
+----+----------+-------+---------+--------+-------------+
|  1 | dept_emp | index | PRIMARY | 331143 | Using index |
+----+----------+-------+---------+--------+-------------+
```

> **주의**
>
> DISTINCT가 집합 함수 없이 사용된 경우와 집합 함수 내에서 사용된 경우 쿼리의 결과가 조금씩 달라지기 때문에 그 차이를 정확하게 이해해야 한다. 다음 3개 쿼리의 차이를 잘 기억해두자.
>
> ```
> mysql> SELECT DISTINCT first_name, last_name
>        FROM employees
>        WHERE emp_no BETWEEN 10001 AND 10200;
>
> mysql> SELECT COUNT(DISTINCT first_name), COUNT(DISTINCT last_name)
>        FROM employees
>        WHERE emp_no BETWEEN 10001 AND 10200;
>
> mysql> SELECT COUNT(DISTINCT first_name, last_name)
>        FROM employees
>        WHERE emp_no BETWEEN 10001 AND 10200;
> ```

9.2.6 내부 임시 테이블 활용

MySQL 엔진이 스토리지 엔진으로부터 받아온 레코드를 정렬하거나 그루핑할 때는 내부적인 임시 테이블(Internal temporary table)을 사용한다. "내부적(Internal)"이라는 단어가 포함된 이유는 여기서 이야기하는 임시 테이블은 "CREATE TEMPORARY TABLE" 명령으로 만든 임시 테이블과는 다르기 때문이다. 일반적으로 MySQL 엔진이 사용하는 임시 테이블은 처음에는 메모리에 생성됐다가 테이블의 크기가 커지면 디스크로 옮겨진다. 물론 특정 예외 케이스에는 메모리를 거치지 않고 바로 디스크에 임시 테이블이 만들어지기도 한다.

MySQL 엔진이 내부적인 가공을 위해 생성하는 임시 테이블은 다른 세션이나 다른 쿼리에서는 볼 수 없으며 사용하는 것도 불가능하다. 사용자가 생성한 임시 테이블(CREATE TEMPORARY TABLE)과는 달리 내부적인 임시 테이블은 쿼리의 처리가 완료되면 자동으로 삭제된다.

9.2.6.1 메모리 임시 테이블과 디스크 임시 테이블

MySQL 8.0 이전 버전까지는 원본 테이블의 스토리지 엔진과 관계없이 임시 테이블이 메모리를 사용할 때는 MEMORY 스토리지 엔진을 사용하며, 디스크에 저장될 때는 MyISAM 스토리지 엔진을 이용한다. 하지만 MySQL 8.0 버전부터는 메모리는 TempTable이라는 스토리지 엔진을 사용하고, 디스크에 저장되는 임시 테이블은 InnoDB 스토리지 엔진을 사용하도록 개선됐다.

기존 MEMORY 스토리지 엔진은 VARBINARY나 VARCHAR 같은 가변 길이 타입을 지원하지 못하기 때문에 임시 테이블이 메모리에 만들어지면 가변 길이 타입의 경우 최대 길이만큼 메모리를 할당해서 사용했다. 이는 메모리 낭비가 심해지는 문제점을 안고 있었다. 그리고 디스크에 임시 테이블이 만들어질 때 사용되는 MyISAM 스토리지 엔진은 트랜잭션을 지원하지 못한다는 문제점을 안고 있었다. 그래서 MySQL 8.0 버전부터는 MEMORY 스토리지 엔진 대신 가변 길이 타입을 지원하는 TempTable 스토리지 엔진이 도입됐으며, MyISAM 스토리지 엔진을 대신해서 트랜잭션 지원 가능한 InnoDB 스토리지 엔진(또는 TempTable 스토리지 엔진의 MMAP 파일 버전)이 사용되도록 개선된 것이다.

MySQL 8.0 버전부터는 internal_tmp_mem_storage_engine 시스템 변수를 이용해 메모리용 임시 테이블을 MEMORY와 TempTable 중에서 선택할 수 있게 하고 있는데, 기본값은 TempTable이다. 그리고 TempTable이 최대한 사용 가능한 메모리 공간의 크기는 temptable_max_ram 시스템 변수로 제어할 수 있는데, 기본값은 1GB로 설정돼 있다. 임시 테이블의 크기가 1GB보다 커지는 경우 MySQL 서버는 메모리의 임시 테이블을 디스크로 기록하게 되는데, 이때 MySQL 서버는 다음의 2가지 디스크 저장 방식 중 하나를 선택한다.

- MMAP 파일로 디스크에 기록
- InnoDB 테이블로 기록

MySQL 서버가 MMAP 파일로 기록할지 InnoDB 테이블로 전환할지는 temptable_use_mmap 시스템 변수로 설정할 수 있는데, 기본값은 ON으로 설정돼 있다. 즉, 메모리의 TempTable 크기가 1GB를 넘으면 MySQL 서버는 메모리의 TempTable을 MMAP 파일로 전환하게 된다. 메모리의 TempTable을 MMAP 파일로 전환하는 것은 InnoDB 테이블로 전환하는 것보다 오버헤드가 적기 때문에 temptable_use_mmap 시스템 변수의 기본값이 ON으로 선택된 것이다. 이때 디스크에 생성되는 임시 테이블은 tmpdir 시스템 변수에 정의된 디렉터리에 저장된다.

메모리에 상주하던 임시 테이블이 디스크로 전환되는 경우 MMAP을 사용할지 InnoDB 테이블을 사용할지는 temptable_use_mmap 시스템 변수로 설정한다는 것과 디스크 기반의 임시 테이블로 전환되는 과정을 살펴봤다. 하지만 내부 임시 테이블이 메모리에 생성되지 않고 처음부터 디스크 테이블로 생성되는 경우도 있다. 이 경우에는 internal_tmp_disk_storage_engine 시스템 변수에 설정된 스토리지 엔진이 사용된다. internal_tmp_disk_storage_engine 시스템 변수의 기본값은 InnoDB다.

---

1 파일이 오픈된 상태에서 삭제되면 운영체제는 그 파일을 즉시 삭제하지 않는다. 대신 운영체제는 파일을 참조하는 프로세스가 모두 없어지면 그때 자동으로 파일을 삭제한다.

9.2.6.2 임시 테이블이 필요한 쿼리

다음과 같은 패턴의 쿼리는 MySQL 엔진에서 별도의 데이터 가공 작업을 필요로 하므로 대표적으로 내부 임시 테이블을 생성하는 케이스다. 물론 이 밖에도 인덱스를 사용하지 못할 때는 내부 임시 테이블을 생성해야 할 때가 많다.

- ORDER BY와 GROUP BY에 명시된 칼럼이 다른 쿼리

- ORDER BY나 GROUP BY에 명시된 칼럼이 조인의 순서상 첫 번째 테이블이 아닌 쿼리

- DISTINCT와 ORDER BY가 동시에 쿼리에 존재하는 경우 또는 DISTINCT가 인덱스로 처리되지 못하는 쿼리

- UNION이나 UNION DISTINCT가 사용된 쿼리(select_type 칼럼이 UNION RESULT인 경우)

- 쿼리의 실행 계획에서 select_type이 DERIVED인 쿼리

어떤 쿼리의 실행 계획에서 임시 테이블을 사용하는지는 Extra 칼럼에 "Using temporary"라는 메시지가 표시되는지 확인하면 된다. 하지만 "Using temporary"가 표시되지 않을 때도 임시 테이블을 사용할 수 있는데, 위의 예에서 마지막 3개 패턴이 그러한 예다. 첫 번째부터 네 번째까지의 쿼리 패턴은 유니크 인덱스를 가지는 내부 임시 테이블이 만들어진다. 그리고 마지막 쿼리 패턴은 유니크 인덱스가 없는 내부 임시 테이블이 생성[2]된다. 일반적으로 유니크 인덱스가 있는 내부 임시 테이블은 그렇지 않은 쿼리보다 처리 성능이 상당히 느리다.

> **주의**   MySQL 8.0 이전 버전까지는 UNION ALL이 사용된 쿼리(select_type 칼럼이 UNION RESULT인 경우)도 항상 내부 임시 테이블을 사용해서 결과를 모은 후 결과를 반환했다. 하지만 MySQL 8.0 버전부터는 UNION ALL을 사용하는 쿼리는 더는 임시 테이블을 사용하지 않게 개선됐다. 그러나 UNION 또는 UNION DISTINCT를 사용하는 쿼리는 MySQL 8.0에서도 여전히 내부 임시 테이블을 사용한다. MySQL 서버에서 UNION은 DISTINCT를 생략한 것으로 판단하기 때문에 결과적으로 UNION DISTINCT와 동일한 기능이다. 그리고 이 둘은 모두 여러 결과 집합에서 중복을 제거하는 작업이 필요하기 때문에 임시 테이블을 이용한 중복 제거 작업이 필수적이다.

9.2.6.3 임시 테이블이 디스크에 생성되는 경우

내부 임시 테이블은 기본적으로는 메모리상에 만들어지지만 다음과 같은 조건을 만족하면 메모리 임시 테이블을 사용할 수 없게 된다. 그래서 이 경우에는 디스크 기반의 임시 테이블을 사용한다.

---

2 물론 이 경우에도 옵티마이저가 쿼리 성능 향상을 위해 인덱스를 생성할 때도 있지만 유니크 인덱스가 아닌 중복이 허용되는 인덱스를 생성한다.

- UNION이나 UNION ALL에서 SELECT되는 칼럼 중에서 길이가 512바이트 이상인 크기의 칼럼이 있는 경우

- GROUP BY나 DISTINCT 칼럼에서 512바이트 이상인 크기의 칼럼이 있는 경우

- 메모리 임시 테이블의 크기가 (MEMORY 스토리지 엔진에서) tmp_table_size 또는 max_heap_table_size 시스템 변수보다 크거나 (TempTable 스토리지 엔진에서) temptable_max_ram 시스템 변수 값보다 큰 경우

> **주의**   MySQL 8.0.13 이전 버전까지는 BLOB이나 TEXT 칼럼을 가진 경우, 임시 테이블을 메모리에 생성하지 못하고 디스크에 생성했다. 하지만 MySQL 8.0.13 버전부터는 BLOB이나 TEXT 칼럼을 가진 임시 테이블에 대해서도 메모리에 임시 테이블을 생성할 수 있게 개선됐다. 하지만 메모리 임시 테이블이 TempTable 스토리지 엔진이 아니라 MEMORY 스토리지 엔진을 사용하는 경우에는 여전히 디스크 임시 테이블을 사용한다.

9.2.6.4 임시 테이블 관련 상태 변수

실행 계획상에서 "Using temporary"가 표시되면 임시 테이블을 사용했다는 사실을 수 있다. 하지만 임시 테이블이 메모리에서 처리됐는지 디스크에서 처리됐는지는 알 수 없으며, 몇 개의 임시 테이블이 사용됐는지도 알 수 없다. "Using temporary"가 한 번 표시됐다고 해서 임시 테이블을 하나만 사용했다는 것을 의미하지는 않는다. 임시 테이블이 디스크에 생성됐는지 메모리에 생성됐는지 확인하려면 MySQL 서버의 상태 변수(SHOW SESSION STATUS LIKE 'Created_tmp%';)를 확인해 보면 된다.

```
mysql> FLUSH STATUS;

mysql> SELECT first_name, last_name
       FROM employees
       GROUP BY first_name, last_name;

mysql> SHOW SESSION STATUS LIKE 'Created_tmp%';
+-------------------------+--------+
| Variable name           | Value  |
+-------------------------+--------+
| Created_tmp_disk_tables |      1 |
| Created_tmp_tables      |      1 |
+-------------------------+--------+
```

테스트 쿼리를 실행하기 전에 먼저 "FLUSH STATUS" 명령을 실행해 현재 세션의 상태 값을 초기화한다. 그리고 SELECT 쿼리를 실행한 후, 다시 상태 조회 명령을 실행해 보면 된다. 예제의 두 상태 변수에 누적된 값의 의미는 다음과 같다.

- Created_tmp_tables: 쿼리의 처리를 위해 만들어진 내부 임시 테이블의 개수를 누적하는 상태 값이다. 이 값은 내부 임시 테이블이 메모리에 만들어졌는지 디스크에 만들어졌는지를 구분하지 않고 모두 누적한다.
- Created_tmp_disk_tables: 디스크에 내부 임시 테이블이 만들어진 개수만 누적해서 가지고 있는 상태 값이다.

위 예제에서 내부 임시 테이블의 사용 현황을 보자. 임시 테이블이 1개 생성됐는데, "Created_tmp_disk_tables" 상태 변수 값의 변화를 보면 해당 임시 테이블이 디스크에 만들어졌었음을 알 수 있다.

9.3 고급 최적화

MySQL 서버의 옵티마이저가 실행 계획을 수립할 때 통계 정보와 옵티마이저 옵션을 결합해서 최적의 실행 계획을 수립하게 된다. 옵티마이저 옵션은 크게 조인 관련된 옵티마이저 옵션과 옵티마이저 스위치로 구분할 수 있다. 조인 관련된 옵티마이저 옵션은 MySQL 서버 초기 버전부터 제공되던 옵션이지만, 많은 사람이 그다지 신경 쓰지 않는 편이다. 하지만 조인이 많이 사용되는 서비스에서는 알아야 하는 부분이기도 하다. 그리고 옵티마이저 스위치는 MySQL 5.5 버전부터 지원되기 시작했는데, 이들은 MySQL 서버의 고급 최적화 기능들을 활성화할지를 제어하는 용도로 사용된다.

9.3.1 옵티마이저 스위치 옵션

옵티마이저 스위치 옵션은 optimizer_switch 시스템 변수를 이용해서 제어하는데, optimizer_switch 시스템 변수에는 여러 개의 옵션을 세트로 묶어서 설정하는 방식으로 사용한다. optimizer_switch 시스템 변수에 설정할 수 있는 최적화 옵션은 다음과 같다.

옵티마이저 스위치 이름	기본값	설명
batched_key_access	off	BKA 조인 알고리즘을 사용할지 여부 설정
block_nested_loop	on	Block Nested Loop 조인 알고리즘을 사용할지 여부 설정
engine_condition_pushdown	on	Engine Condition Pushdown 기능을 사용할지 여부 설정
index_condition_pushdown	on	Index Condition Pushdown 기능을 사용할지 여부 설정

옵티마이저 스위치 이름	기본값	설명
use_index_extensions	on	Index Extension 최적화를 사용할지 여부 설정
index_merge	on	Index Merge 최적화를 사용할지 여부 설정
index_merge_intersection	on	Index Merge Intersection 최적화를 사용할지 여부 설정
index_merge_sort_union	on	Index Merge Sort Union 최적화를 사용할지 여부 설정
index_merge_union	on	Index Merge Union 최적화를 사용할지 여부 설정
mrr	on	MRR 최적화를 사용할지 여부 설정
mrr_cost_based	on	비용 기반의 MRR 최적화를 사용할지 여부 설정
semijoin	on	세미 조인 최적화를 사용할지 여부 설정
firstmatch	on	FirstMatch 세미 조인 최적화를 사용할지 여부 설정
loosescan	on	LooseScan 세미 조인 최적화를 사용할지 여부 설정
materialization	on	Materialization 최적화를 사용할지 여부 설정 (Materialization 세미 조인 최적화 포함)
subquery_materialization_cost_based	on	비용 기반의 Materialization 최적화를 사용할지 여부 설정

각각의 옵티마이저 스위치 옵션은 "default"와 "on", "off" 중에서 하나를 설정할 수 있는데, "on"으로 설정되면 해당 옵션을 활성화하고, "off"를 설정하면 해당 옵션을 비활성화한다. 그리고 "default"를 설정하면 기본값이 적용된다. 옵티마이저 스위치 옵션은 글로벌과 세션별 모두 설정할 수 있는 시스템 변수이므로 MySQL 서버 전체적으로 또는 현재 커넥션에 대해서만 다음과 같이 설정할 수 있다.

```
-- // MySQL 서버 전체적으로 옵티마이저 스위치 설정
mysql> SET GLOBAL optimizer_switch='index_merge=on,index_merge_union=on,...';

-- // 현재 커넥션의 옵티마이저 스위치만 설정
mysql> SET SESSION optimizer_switch='index_merge=on,index_merge_union=on,...';
```

또한 다음과 같이 "SET_VAR" 옵티마이저 힌트를 이용해 현재 쿼리에만 설정할 수도 있다.

```
mysql> SELECT /*+ SET_VAR(optimizer_switch='condition_fanout_filter=off') */
    ...
    FROM ...
```

9.3.1.1 MRR과 배치 키 액세스(mrr & batched_key_access)

MRR은 "Multi-Range Read"를 줄여서 부르는 이름인데, 매뉴얼에서는 DS-MRR(Disk Sweep Multi-Range Read)이라고도 한다. MySQL 서버에서 지금까지 지원하던 조인 방식은 드라이빙 테이블(조인에서 제일 먼저 읽는 테이블)의 레코드를 한 건 읽어서 드리븐 테이블(조인되는 테이블에서 드라이빙이 아닌 테이블들)의 일치하는 레코드를 찾아서 조인을 수행하는 것이었다. 이를 네스티드 루프 조인(Nested Loop Join)이라고 한다. MySQL 서버의 내부 구조상 조인 처리는 MySQL 엔진이 처리하지만, 실제 레코드를 검색하고 읽는 부분은 스토리지 엔진이 담당한다. 이때 드라이빙 테이블의 레코드 건별로 드리븐 테이블의 레코드를 찾으면 레코드를 찾고 읽는 스토리지 엔진에서는 아무런 최적화를 수행할 수가 없다.

이 같은 단점을 보완하기 위해 MySQL 서버는 조인 대상 테이블 중 하나로부터 레코드를 읽어서 조인 버퍼에 버퍼링한다. 즉, 드라이빙 테이블의 레코드를 읽어서 드리븐 테이블과의 조인을 즉시 실행하지 않고 조인 대상을 버퍼링하는 것이다. 조인 버퍼에 레코드가 가득 차면 비로소 MySQL 엔진은 버퍼링된 레코드를 스토리지 엔진으로 한 번에 요청한다. 이렇게 함으로써 스토리지 엔진은 읽어야 할 레코드들을 데이터 페이지에 정렬된 순서로 접근해서 디스크의 데이터 페이지 읽기를 최소화할 수 있는 것이다. 물론 데이터 페이지가 메모리(InnoDB 버퍼 풀)에 있다고 하더라도 버퍼 풀의 접근을 최소화할 수 있는 것이다.

이러한 읽기 방식을 MRR(Multi-Range Read)이라고 하며, MRR을 응용해서 실행되는 조인 방식을 BKA(Batched Key Access) 조인이라고 한다. BKA 조인 최적화는 기본적으로 비활성화돼 있는데, 이는 BKA 조인의 단점이 있기 때문이다. 쿼리의 특성에 따라 BKA 조인이 큰 도움이 되는 경우도 있지만, BKA 조인을 사용하게 되면 부가적인 정렬 작업이 필요해지면서 오히려 성능에 안 좋은 영향을 미치는 경우도 있다.

9.3.1.2 블록 네스티드 루프 조인(block_nested_loop)

MySQL 서버에서 사용되는 대부분의 조인은 네스티드 루프 조인(Nested Loop Join)인데, 조인의 연결 조건이 되는 칼럼에 모두 인덱스가 있는 경우 사용되는 조인 방식이다. 다음 예제 쿼리는 employees 테이블에서 first_name 조건에 일치하는 레코드 1건을 찾아서 salaries 테이블의 일치하는 레코드를 찾는 형태의 조인을 실행한다.

```
mysql> EXPLAIN
        SELECT *
        FROM employees e
            INNER JOIN salaries s ON s.emp_no=e.emp_no
                        AND s.from_date<=NOW()
                        AND s.to_date>=NOW()
            WHERE e.first_name='Amor';
+----+-------------+-------+------+--------------+------+-------------+
| id | select_type | table | type | key          | rows | Extra       |
+----+-------------+-------+------+--------------+------+-------------+
|  1 | SIMPLE      | e     | ref  | ix_firstname |    1 | NULL        |
|  1 | SIMPLE      | s     | ref  | PRIMARY      |   10 | Using where |
+----+-------------+-------+------+--------------+------+-------------+
```

이러한 형태의 조인은 다음과 같이 프로그래밍 언어에서 마치 중첩된 반복 명령을 사용하는 것처럼 작동한다고 해서 네스티드 루프 조인(Nested Loop Join)이라고 한다. 다음 의사 코드(Psuedo Code)에서도 알 수 있듯이 레코드를 읽어서 다른 버퍼 공간에 저장하지 않고 즉시 드리븐 테이블의 레코드를 찾아서 반환한다는 것을 알 수 있다.

```
for(row1 IN employees){
  for(row2 IN salaries){
    if(condition_matched) return (row1, row2);
  }
}
```

네스티드 루프 조인과 블록 네스티드 루프 조인(Block Nested Loop Join)의 가장 큰 차이는 조인 버퍼(join_buffer_size 시스템 설정으로 조정되는 조인을 위한 버퍼)가 사용되는지 여부와 조인에서 드라이빙 테이블과 드리븐 테이블이 어떤 순서로 조인되느냐다. 조인 알고리즘에서 "Block"이라는 단어가 사용되면 조인용으로 별도의 버퍼가 사용됐다는 것을 의미하는데, 조인 쿼리의 실행 계획에서 Extra 칼럼에 "Using Join buffer"라는 문구가 표시되면 그 실행 계획은 조인 버퍼를 사용한다는 것을 의미한다.

조인은 드라이빙 테이블에서 일치하는 레코드의 건수만큼 드리븐 테이블을 검색하면서 처리된다. 즉 드라이빙 테이블은 한 번에 쭉 읽지만, 드리븐 테이블은 여러 번 읽는다는 것을 의미한다. 예를 들어, 드라이빙 테이블에서 일치하는 레코드가 1,000건이었는데, 드리븐 테이블의 조인 조건이 인덱스를 이용할 수 없었다면 드리븐 테이블에서 연결되는 레코드를 찾기 위해 1,000번의 풀 테이블 스캔을 해야한다. 그래서 드리븐 테이블을 검색할 때 인덱스를 사용할 수 없는 쿼리는 상당히 느려지며, 옵티마이저는 최대한 드리븐 테이블의 검색이 인덱스를 사용할 수 있게 실행 계획을 수립한다.

그런데 어떤 방식으로도 드리븐 테이블의 풀 테이블 스캔이나 인덱스 풀 스캔을 피할 수 없다면 옵티마이저는 드라이빙 테이블에서 읽은 레코드를 메모리에 캐시한 후 드리븐 테이블과 이 메모리 캐시를 조인하는 형태로 처리한다. 이때 사용되는 메모리의 캐시를 조인 버퍼(Join buffer)라고 한다. 조인 버퍼는 join_buffer_size라는 시스템 변수로 크기를 제한할 수 있으며, 조인이 완료되면 조인 버퍼는 바로 해제된다.

두 테이블이 조인되는 다음 예제 쿼리에서 각 테이블에 대한 조건은 WHERE 절에 있지만, 두 테이블 간의 연결 고리 역할을 하는 조인 조건은 없다. 그래서 dept_emp 테이블에서 from_date>'2000-01-01'인 레코드(10,616건)와 employees 테이블에서 emp_no<109004 조건을 만족하는 레코드(99,003건)는 카테시안 조인을 수행한다.

```
mysql> SELECT *
       FROM dept_emp de, employees e
       WHERE de.from_date>'1995-01-01' AND e.emp_no<109004;
```

이 쿼리의 실행 계획을 살펴보면 다음과 같이 dept_emp 테이블이 드라이빙 테이블이며, employees 테이블을 읽을 때는 조인 버퍼(Join buffer)를 이용해 블록 네스티드 루프 조인을 한다는 것을 Extra 칼럼의 내용으로 알 수 있다.

```
+----+-------------+-------+-------+------------+-----------------------------------------+
| id | select_type | table | type  | key        | Extra                                   |
+----+-------------+-------+-------+------------+-----------------------------------------+
|  1 | SIMPLE      | de    | range | ix_fromdate | Using index condition                  |
|  1 | SIMPLE      | e     | range | PRIMARY    | Using join buffer (block nested loop)   |
+----+-------------+-------+-------+------------+-----------------------------------------+
```

그림 9.9는 이 쿼리의 실행 계획에서 조인 버퍼가 어떻게 사용되는지 보여준다. 단계별로 잘라서 실행 내역을 한 번 살펴보자.

1. dept_emp 테이블의 ix_fromdate 인덱스를 이용해(from_date>'1995-01-01') 조건을 만족하는 레코드를 검색한다.

2. 조인에 필요한 나머지 칼럼을 모두 dept_emp 테이블로부터 읽어서 조인 버퍼에 저장한다.

3. employees 테이블의 프라이머리 키를 이용해 (emp_no<109004) 조건을 만족하는 레코드를 검색한다.

4. 3번에서 검색된 결과(employees)에 2번의 캐시된 조인 버퍼의 레코드(dept_emp)를 결합해서 반환한다.

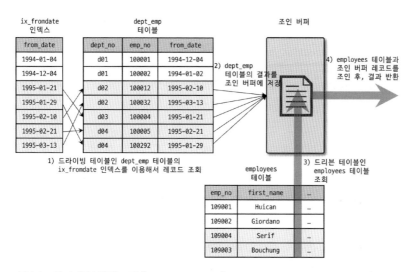

그림 9.9 조인 버퍼를 사용하는 조인(Block Nested Loop)

그림 9.9에서 중요한 점은 조인 버퍼가 사용되는 쿼리에서는 조인의 순서가 거꾸로인 것처럼 실행된다는 것이다. 위에서 설명한 절차의 4번 단계가 employees 테이블의 결과를 기준으로 dept_emp 테이블의 결과를 결합(병합)한다는 것을 의미한다. 실제 이 쿼리의 실행 계획상으로는 dept_emp 테이블이 드라이빙 테이블이 되고, employees 테이블이 드리븐 테이블이 된다. 하지만 실제 드라이빙 테이블의 결과는 조인 버퍼에 담아두고, 드리븐 테이블을 먼저 읽고 조인 버퍼에서 일치하는 레코드를 찾는 방식으로 처리된다. 일반적으로 조인이 수행된 후 가져오는 결과는 드라이빙 테이블의 순서에 의해 결정되지만, 조인 버퍼가 사용되는 조인에서는 결과의 정렬 순서가 흐트러질 수 있음을 기억해야 한다.

> **주의**
> MySQL 8.0.18 버전부터는 해시 조인 알고리즘이 도입됐으며, MySQL 8.0.20 버전부터는 블록 네스티드 루프 조인은 더이상 사용되지 않고 해시 조인 알고리즘이 대체되어 사용된다. 그래서 MySQL 8.0.20 이후의 버전이라면 실행 계획의 Extra 칼럼에 더이상 "Using Join Buffer (block nested loop)" 메시지는 표시되지 않을 수도 있다.

9.3.1.3 인덱스 컨디션 푸시다운(index_condition_pushdown)

MySQL 5.6 버전부터는 인덱스 컨디션 푸시다운(Index Condition Pushdown)이라는 기능이 도입됐다. 사실 인덱스 컨디션 푸시다운은 너무 비효율적이어서 이미 훨씬 오래 전부터 개선됐어야 할 기능인데, 이제서야 보완된 것이다. 우선 간단한 테스트를 위해 다음과 같이 인덱스를 생성하고, 옵티마이저 스위치를 조정해서 인덱스 컨디션 푸시다운 기능을 비활성화하자.

```
mysql> ALTER TABLE employees ADD INDEX ix_lastname_firstname (last_name, first_name);

mysql> SET optimizer_switch='index_condition_pushdown=off';
mysql> SHOW VARIABLES LIKE 'optimizer_switch' \G
Variable_name : optimizer_switch
        Value : ...,index_condition_pushdown=off,...
```

이제 다음과 같은 쿼리를 실행할 때 스토리지 엔진이 몇 건의 레코드를 읽는지를 한 번 살펴보자. 우선 다음 예제 쿼리에서 last_name='Acton' 조건은 위에서 생성한 ix_lastname_firstname 인덱스를 레인지 스캔으로 사용할 수 있다. 하지만 first_name LIKE '%sal' 조건은 인덱스 레인지 스캔으로는 검색해야 할 인덱스의 범위를 좁힐 수가 없다. 그래서 다음 쿼리에서는 last_name 조건은 ix_lastname_firstname 인덱스의 특정 범위만 조회할 수 있는 조건이며, first_name LIKE '%sal' 조건은 데이터를 모두 읽은 후 사용자가 원하는 결과인지 하나씩 비교해보는 조건(체크 조건 또는 필터링 조건이라 함)으로만 사용된다.

```
mysql> SELECT * FROM employees WHERE last_name='Acton' AND first_name LIKE '%sal';
```

위 쿼리의 실행 계획을 확인해 보면 다음과 같이 Extra 칼럼에 "Using where"가 표시된 것을 확인할 수 있다. 여기서 "Using where"는 InnoDB 스토리지 엔진이 읽어서 반환해준 레코드가 인덱스를 사용할 수 없는 WHERE 조건에 일치하는지 검사하는 과정을 의미한다. 이 쿼리에서는 first_name LIKE '%sal'이 검사 과정에 사용된 조건이다.

```
+----+-------------+-----------+------+-----------------------+---------+-------------+
| id | select_type | table     | type | key                   | key_len | Extra       |
+----+-------------+-----------+------+-----------------------+---------+-------------+
|  1 | SIMPLE      | employees | ref  | ix_lastname_firstname | 66      | Using where |
+----+-------------+-----------+------+-----------------------+---------+-------------+
```

그림 9.10은 last_name='Acton' 조건으로 인덱스 레인지 스캔을 하고 테이블의 레코드를 읽은 후, first_name LIKE '%sal' 조건에 부합되는지 여부를 비교하는 과정을 그림으로 표현한 것이다. 성능과 큰 관계가 없어 보일 수도 있지만, 사실 이 과정은 매우 중요한 의미를 가진다. 그림 9.10에서는 실제 테이블을 읽어서 3건의 레코드를 가져왔지만 그중 단 1건만 first_name LIKE '%sal' 조건에 일치했다. 그런데 만약 last_name='Acton' 조건에 일치하는 레코드가 10만 건이나 되는데, 그중에서 단 1건만 first_name LIKE '%sal' 조건에 일치했다면 어땠을까? 이 경우에는 99,999건의 레코드 읽기가 불필요한 작업이 되어버린다.

ix_lastname_firstname
인덱스

last_name	first_name
Aamodt	Abdelkader
Aamodt	Adhemar
Aamodt	Aemilian
Acton	Marsal
Acton	Marsja
Acton	Masaki
Boguraev	Iara
Boguraev	Isaac
Boguraev	Isaac

employees
테이블

emp_no	birth_date	first_name	last_name	gender	hire_date
219052	1965-01-06	Marsal	Acton	F	1995-08-02
258005	1953-02-17	Adhemar	Aamodt	F	1991-01-21
258641	1961-05-23	Abdelkader	Aamodt	M	1994-12-02
429125	1963-07-19	Marsja	Acton	M	1991-09-05
432983	1962-05-19	Isaac	Boguraev	M	1993-07-28
442803	1957-04-21	Masaki	Acton	M	1992-11-26
450495	1952-03-10	Isaac	Boguraev	F	1985-10-20
455773	1960-05-04	Aemilian	Aamodt	M	1988-04-21
488924	1960-04-04	Iara	Boguraev	M	1991-10-14

그림 9.10 인덱스 컨디션 푸시다운이 작동하지 않을 때

하지만 여기서 한 번만 더 생각하면 first_name LIKE '%sal' 조건을 처리하기 위해 이미 한 번 읽은 ix_lastname_firstname 인덱스의 first_name 칼럼을 이용하지 않고 왜 다시 테이블의 레코드를 읽어서 처리했는지 궁금할 것이다. 인덱스의 first_name 칼럼을 이용해서 비교했다면 불필요한 2건의 레코드는 테이블에서 읽지 않아도 됐을 텐데 말이다. 사실 first_name LIKE '%sal' 조건을 누가 처리하느냐에 따라 인덱스에 포함된 first_name 칼럼을 이용할지 또는 테이블의 first_name 칼럼을 이용할지가 결정된다. 그림 9.10에서 인덱스를 비교하는 작업은 실제 InnoDB 스토리지 엔진이 수행하지만 테이블의 레코드에서 first_name 조건을 비교하는 작업은 MySQL 엔진이 수행하는 작업이다. 그런데 MySQL 5.5 버전까지는 인덱스를 범위 제한 조건으로 사용하지 못하는 first_name 조건은 MySQL 엔진이 스토리지 엔진으로 아예 전달해주지 않았다. 그래서 스토리지 엔진에서는 불필요한 2건의 테이블 읽기를 수행할 수밖에 없었던 것이다.

MySQL 5.6 버전부터는 이렇게 인덱스를 범위 제한 조건으로 사용하지 못한다고 하더라도 인덱스에 포함된 칼럼의 조건이 있다면 모두 같이 모아서 스토리지 엔진으로 전달할 수 있게 핸들러 API가 개선

됐다. 그래서 MySQL 5.6 버전부터는 그림 9.11과 같이 인덱스를 이용해 최대한 필터링까지 완료해서 꼭 필요한 레코드 1건에 대해서만 테이블 읽기를 수행할 수 있게 됐다.

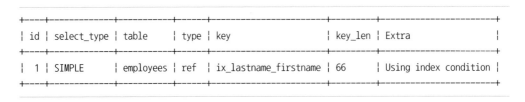

그림 9.11 인덱스 컨디션 푸시다운

이제 옵티마이저 옵션을 원래대로 돌려두고 실행 계획을 한 번 확인해보자.

```
mysql> SET optimizer_switch='index_condition_pushdown=on';
mysql> SHOW VARIABLES LIKE 'optimizer_switch'\G
Variable_name : optimizer_switch
        Value : ...,index_condition_pushdown=on,...
```

위와 같이 옵티마이저 스위치에서 index_condition_pushdown을 활성화하고 쿼리의 실행 계획을 확인해 보면 다음과 같이 Extra 칼럼에 "Using where"가 없어지고 "Using index condition"이 출력되는 것을 확인할 수 있다.

```
+----+-------------+-----------+------+----------------------+---------+-----------------------+
| id | select_type | table     | type | key                  | key_len | Extra                 |
+----+-------------+-----------+------+----------------------+---------+-----------------------+
|  1 | SIMPLE      | employees | ref  | ix_lastname_firstname | 66     | Using index condition |
+----+-------------+-----------+------+----------------------+---------+-----------------------+
```

사실 인덱스 컨디션 푸시다운 기능은 고도의 기술력을 필요로 하는 기능은 아니다. 하지만 쿼리의 성능이 몇 배에서 몇십 배로 향상될 수도 있는 중요한 기능이다.

9.3.1.4 인덱스 확장(use_index_extensions)

use_index_extensions 옵티마이저 옵션은 InnoDB 스토리지 엔진을 사용하는 테이블에서 세컨더리 인덱스에 자동으로 추가된 프라이머리 키를 활용할 수 있게 할지를 결정하는 옵션이다. 우선 "세컨더리 인덱스에 자동으로 추가된 프라이머리 키"의 의미와 이로 인해 어떤 성능상 장점이 있는지를 살펴보자.

이미 8.8절 '클러스터링 인덱스'에서 살펴본 바와 같이 InnoDB 스토리지 엔진은 프라이머리 키를 클러스터링 키로 생성한다. 그래서 모든 세컨더리 인덱스는 리프 노드에 프라이머리 키 값을 가진다. 예를 들어, 다음과 같이 프라이머리 키와 세컨더리 인덱스를 가진 테이블을 가정해보자.

```
mysql> CREATE TABLE dept_emp (
         emp_no INT NOT NULL,
         dept_no CHAR(4) NOT NULL,
         from_date DATE NOT NULL,
         to_date DATE NOT NULL,
         PRIMARY KEY (dept_no,emp_no),
         KEY ix_fromdate (from_date)
       ) ENGINE=InnoDB;
```

dept_emp 테이블에서 프라이머리 키는 (dept_no, emp_no)이며, 세컨더리 인덱스 ix_fromdate는 from_date 칼럼만 포함한다. 그런데 세컨더리 인덱스는 데이터 레코드를 찾아가기 위해 프라이머리 키인 dept_no와 emp_no 칼럼을 순서대로(프라이머리 키에 명시된 순서) 포함한다. 그래서 최종적으로 ix_fromdate 인덱스는 (from_date, dept_no, emp_no) 조합으로 인덱스를 생성한 것과 흡사하게 작동할 수 있게 된다.

예전 MySQL 버전에서는 다음과 같은 쿼리가 세컨더리 인덱스의 마지막에 자동 추가되는 프라이머리 키를 제대로 활용하지 못했지만 MySQL 서버가 업그레이드되면서 옵티마이저는 ix_fromdate 인덱스의 마지막에 (dept_no, emp_no) 칼럼이 숨어있다는 것을 인지하고 실행 계획을 수립하도록 개선됐다.

간단히 아래 쿼리의 실행 계획을 한 번 살펴보자.

```
mysql> EXPLAIN SELECT COUNT(*) FROM dept_emp WHERE from_date='1987-07-25' AND dept_no='d001';
+----+-------------+----------+------+-------------+---------+-------------+
| id | select_type | table    | type | key         | key_len | ref         |
+----+-------------+----------+------+-------------+---------+-------------+
|  1 | SIMPLE      | dept_emp | ref  | ix_fromdate | 19      | const,const |
+----+-------------+----------+------+-------------+---------+-------------+
```

실행 계획의 key_len 칼럼은 이 쿼리가 인덱스를 구성하는 칼럼 중에서 어느 부분(어느 칼럼)까지 사용했는지를 바이트 수로 보여주는데, 이 예제에서는 19바이트가 표시된 것을 보면 from_date 칼럼(3바이트)과 dept_no 칼럼(16바이트)까지 사용했다는 것을 알 수 있다. 그럼 "dept_no='d001'" 조건을 제거한 쿼리의 실행 계획에서 key_len 칼럼의 값이 얼마로 표시되는지 한 번 살펴보자.

```
mysql> EXPLAIN SELECT COUNT(*) FROM dept_emp WHERE from_date='1987-07-25';
+----+-------------+----------+------+-------------+---------+-------+
| id | select_type | table    | type | key         | key_len | ref   |
+----+-------------+----------+------+-------------+---------+-------+
|  1 | SIMPLE      | dept_emp | ref  | ix_fromdate | 3       | const |
+----+-------------+----------+------+-------------+---------+-------+
```

예상했던 대로 dept_no 칼럼을 사용하지 않으니, from_date 칼럼을 위한 3바이트만 표시된 것을 확인할 수 있다.

그뿐만 아니라, InnoDB의 프라이머리 키가 세컨더리 인덱스에 포함돼 있으므로 다음과 같이 정렬 작업도 인덱스를 활용해서 처리되는 장점도 있다. 아래 쿼리의 실행 계획에서 Extra 칼럼에 "Using Filesort"가 표시되지 않았다는 것은 MySQL 서버가 별도의 정렬 작업 없이 인덱스 순서대로 레코드를 읽기만 함으로써 "ORDER BY dept_no"를 만족했다는 것을 의미한다.

```
mysql> EXPLAIN SELECT * FROM dept_emp WHERE from_date='1987-07-25' ORDER BY dept_no;
+----+-------------+----------+------+-------------+---------+-------+
| id | select_type | table    | type | key         | key_len | Extra |
+----+-------------+----------+------+-------------+---------+-------+
|  1 | SIMPLE      | dept_emp | ref  | ix_fromdate | 3       | NULL  |
+----+-------------+----------+------+-------------+---------+-------+
```

9.3.1.5 인덱스 머지(index_merge)

인덱스를 이용해 쿼리를 실행하는 경우, 대부분 옵티마이저는 테이블별로 하나의 인덱스만 사용하도록 실행 계획을 수립한다. 하지만 인덱스 머지 실행 계획을 사용하면 하나의 테이블에 대해 2개 이상의 인덱스를 이용해 쿼리를 처리한다. 쿼리에서 한 테이블에 대한 WHERE 조건이 여러 개 있더라도 하나의 인덱스에 포함된 칼럼에 대한 조건만으로 인덱스를 검색하고 나머지 조건은 읽어온 레코드에 대해서 체크하는 형태로만 사용되는 것이 일반적이다. 이처럼 하나의 인덱스만 사용해서 작업 범위를 충분히 줄일 수 있는 경우라면 테이블별로 하나의 인덱스만 활용하는 것이 효율적이다. 하지만 쿼리에 사용된 각각의 조건이 서로 다른 인덱스를 사용할 수 있고 그 조건을 만족하는 레코드 건수가 많을 것으로 예상될 때 MySQL 서버는 인덱스 머지 실행 계획을 선택한다.

인덱스 머지 실행 계획은 다음과 같이 3개의 세부 실행 계획으로 나누어 볼 수 있다. 3가지 최적화 모두 여러 개의 인덱스를 통해 결과를 가져온다는 것은 동일하지만 각각의 결과를 어떤 방식으로 병합할지에 따라 구분된다.

- index_merge_intersection

- index_merge_sort_union

- index_merge_union

index_merge 옵티마이저 옵션은 위의 나열된 3개의 최적화 옵션을 한 번에 모두 제어할 수 있는 옵션이며, 각각의 최적화 알고리즘에 대해서는 하나씩 예제 쿼리로 살펴보겠다.

9.3.1.6 인덱스 머지 – 교집합(index_merge_intersection)

다음 쿼리는 2개의 WHERE 조건을 가지고 있는데, employees 테이블의 first_name 칼럼과 emp_no 칼럼 모두 각각의 인덱스(ix_firstname, PRIMARY)를 가지고 있다. 즉, 2개 중에서 어떤 조건을 사용하더라도 인덱스를 사용할 수 있다. 그에 따라 옵티마이저는 ix_firstname과 PRIMARY 키를 모두 사용해서 쿼리를 처리하기로 결정한다. 실행 계획의 Extra 칼럼에 "Using intersect"라고 표시된 것은 이 쿼리가 여러 개의 인덱스를 각각 검색해서 그 결과의 교집합만 반환했다는 것을 의미한다.

```
mysql> EXPLAIN SELECT *
       FROM employees
       WHERE first_name='Georgi' AND emp_no BETWEEN 10000 AND 20000;
```

```
+--------------+------------------------+---------+--------------------------------------------------------+
| type         | key                    | key_len | Extra                                                  |
+--------------+------------------------+---------+--------------------------------------------------------+
| index_merge  | ix_firstname,PRIMARY   | 62,4    | Using intersect(ix_firstname,PRIMARY); Using where     |
+--------------+------------------------+---------+--------------------------------------------------------+
```

first_name 칼럼의 조건과 emp_no 칼럼의 조건 중 하나라도 충분히 효율적으로 쿼리를 처리할 수 있었다면 옵티마이저는 2개의 인덱스를 모두 사용하는 실행 계획을 사용하지 않았을 것이다. 즉, 옵티마이저가 각각의 조건에 일치하는 레코드 건수를 예측해 본 결과, 두 조건 모두 상대적으로 많은 레코드를 가져와야 한다는 것을 알게 된 것이다.

```
mysql> SELECT COUNT(*) FROM employees WHERE first_name='Georgi';
+----------+
| COUNT(*) |
+----------+
|      253 |
+----------+

mysql> SELECT COUNT(*) FROM employees WHERE emp_no BETWEEN 10000 AND 20000;
+----------+
| COUNT(*) |
+----------+
|    10000 |
+----------+
```

인덱스 머지 실행 계획이 아니었다면 다음 2가지 방식으로 처리해야 했을 것이다.

- "first_name='Georgi'" 조건만 인덱스를 사용했다면 일치하는 레코드 253건을 검색한 다음 데이터 페이지에서 레코드를 찾고 emp_no 칼럼의 조건에 일치하는 레코드들만 반환하는 형태로 처리돼야 한다.
- "emp_no BETWEEN 10000 AND 20000" 조건만 인덱스를 사용했다면 프라이머리 키를 이용해 10,000건을 읽어와서 "first_name='Georgi'" 조건에 일치하는 레코드만 반환하는 형태로 처리돼야 한다.

대략 생각해보면 첫 번째와 두 번째 방식 모두 그다지 나쁘지 않은 실행 계획이 될 듯한데, 왜 MySQL 옵티마이저는 두 인덱스의 교집합만 가져오는 실행 계획을 세웠을까? 다음 결과를 보면 옵티마이저가 나름 현명한 선택을 했다는 것을 알 수 있다.

```
mysql> SELECT COUNT(*) FROM employees
       WHERE first_name='Georgi' AND emp_no BETWEEN 10000 AND 20000;
+----------+
| count(*) |
+----------+
|       14 |
+----------+
```

실제 두 조건을 모두 만족하는 레코드 건수는 14건밖에 안 된다. 즉, ix_firstname 인덱스만 사용했다면 253번의 데이터 페이지 읽기를 하지만 실제 그중에서 겨우 14번만 의미 있는 작업이었을 것이고, PRIMARY 키만 사용했다면 10,000건을 읽어서 9,986건은 버리고 겨우 14건만 반환하는 작업이 됐을 것이다. 두 작업 모두 비효율이 매우 큰 상황이어서 옵티마이저는 각 인덱스를 검색해 두 결과의 교집합만 찾아서 반환한 것이다.

그런데 ix_firstname 인덱스는 프라이머리 키인 emp_no 칼럼을 자동으로 포함하고 있기 때문에 그냥 ix_firstname 인덱스만 사용하는 것이 더 성능이 좋을 것으로 생각할 수도 있다. 그렇다면 다음과 같이 index_merge_intersection 최적화를 비활성화하면 된다. MySQL 서버 전체적으로 index_merge_intersection 최적화를 제어하는 것이 불안하다면 현재 커넥션 또는 현재 쿼리에 대해서만 index_merge_intersection 최적화를 비활성화할 수도 있다.

```
-- // MySQL 서버 전체적으로 index_merge_intersection 최적화 비활성화
mysql> SET GLOBAL optimizer_switch='index_merge_intersection=off';

-- // 현재 커넥션에 대해 index_merge_intersection 최적화 비활성화
mysql> SET SESSION optimizer_switch='index_merge_intersection=off';

-- // 현재 쿼리에서만 index_merge_intersection 최적화 비활성화
mysql> EXPLAIN
       SELECT /*+ SET_VAR(optimizer_switch='index_merge_intersection=off') */ *
       FROM employees
       WHERE first_name='Georgi' AND emp_no BETWEEN 10000 AND 20000;
+----+-------------+-----------+-------+---------------+---------+---------------------+
| id | select_type | table     | type  | key           | key_len | Extra               |
+----+-------------+-----------+-------+---------------+---------+---------------------+
|  1 | SIMPLE      | employees | range | ix_firstname  | 62      | Using index condition |
+----+-------------+-----------+-------+---------------+---------+---------------------+
```

9.3.1.7 인덱스 머지 – 합집합(index_merge_union)

인덱스 머지의 'Using union'은 WHERE 절에 사용된 2개 이상의 조건이 각각의 인덱스를 사용하되 OR 연산자로 연결된 경우에 사용되는 최적화다. 설명을 위해 다음 예제 쿼리를 한 번 살펴보자. 이 쿼리는 employees 테이블의 first_name 칼럼이 'Matt'이거나 hire_date 칼럼이 '1987-03-31'인 사원 정보를 조회하는 쿼리다.

```
mysql> SELECT *
       FROM employees
       WHERE first_name='Matt' OR hire_date='1987-03-31';
```

위의 예제 쿼리는 2개의 조건이 OR로 연결돼 있다는 것에 유의하자. employees 테이블에는 first_name 칼럼과 hire_date 칼럼에 각각 ix_firstname 인덱스와 ix_hiredate가 준비돼 있다. 그래서 first_name='Matt'인 조건과 hire_date='1987-03-31' 조건이 각각의 인덱스를 사용할 수 있다. 이 쿼리의 실행 계획은 다음과 같이 'Using union' 최적화를 사용한다.

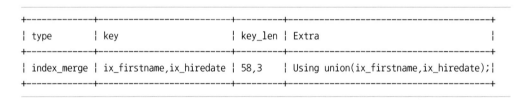

type	key	key_len	Extra
index_merge	ix_firstname,ix_hiredate	58,3	Using union(ix_firstname,ix_hiredate);

쿼리의 실행 계획에서 Extra 칼럼에 "Using union(ix_firstname, ix_hiredate)"이라고 표시됐는데, 이는 인덱스 머지 최적화가 ix_firstname 인덱스의 검색 결과와 ix_hiredate 인덱스 검색 결과를 'Union' 알고리즘으로 병합했다는 것을 의미한다. 여기서 병합은 두 집합의 합집합을 가져왔다는 것을 의미한다.

'Union' 알고리즘의 숨은 비밀을 하나 살펴보자. 예제로 살펴본 쿼리에서 first_name='Matt'이면서 hire_date='1987-03-31'인 사원이 있었다면 그 사원의 정보는 ix_firstname 인덱스를 검색한 결과에도 포함돼 있을 것이며, ix_hiredate 인덱스를 검색한 결과에도 포함돼 있을 것이다. 하지만 이 쿼리의 결과에서는 그 사원의 정보가 두 번 출력되지는 않는다. 그렇다면 MySQL 서버는 두 결과 집합을 정렬해서 중복 레코드를 제거했다는 것인데, 두 결과 집합에서 중복을 제거하기 위해서는 정렬 작업이 필요했을 것이다. 하지만 실제 실행 계획에는 정렬했다는 표시는 없다. MySQL 서버는 이 같은 중복 제거를 위해 내부적으로 어떤 작업을 수행했을까?

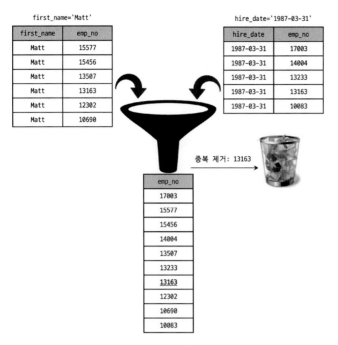

first_name='Matt'

first_name	emp_no
Matt	15577
Matt	15456
Matt	13507
Matt	13163
Matt	12302
Matt	10690

hire_date='1987-03-31'

hire_date	emp_no
1987-03-31	17003
1987-03-31	14004
1987-03-31	13233
1987-03-31	13163
1987-03-31	10083

중복 제거: 13163

emp_no
17003
15577
15456
14004
13507
13233
13163
12302
10690
10083

그림 9.12 인덱스 머지(Using union)

그림 9.12는 인덱스 머지 최적화의 'Union' 알고리즘의 작동 방식을 그림으로 표현한 것이다. 이 그림에서도 알 수 있듯이, first_name 칼럼의 검색 결과와 hire_date 칼럼의 검색 결과에서 사원 번호가 "13163"인 사원은 양쪽 집합에 모두 포함돼 있어서 반드시 제거해야 한다. 하지만 MySQL 서버는 first_name 조건을 검색한 결과와 hire_date 칼럼을 검색한 결과가 프라이머리 키로 이미 각각 정렬돼 있다는 것을 알고 있다. 예제 쿼리를 다음과 같이 각각의 쿼리로 분리해서 실행 계획이나 쿼리 결과를 살펴보면 인덱스 검색을 통한 두 결과 집합이 모두 프라이머리 키로 정렬돼 있다는 것을 쉽게 확인할 수 있다.

```
mysql> SELECT * FROM employees WHERE first_name='Matt';
mysql> SELECT * FROM employees WHERE hire_date='1987-03-31';
```

그래서 MySQL 서버는 두 집합에서 하나씩 가져와서 서로 비교하면서 프라이머리 키인 emp_no 칼럼의 값이 중복된 레코드들을 정렬 없이 걸러낼 수 있는 것이다. 이렇게 정렬된 두 집합의 결과를 하나씩 가져와 중복 제거를 수행할 때 사용된 알고리즘(그림 9.12의 깔때기)을 우선순위 큐(Priority Queue)라고 한다.

9.3.1.8 인덱스 머지 – 정렬 후 합집합(index_merge_sort_union)

인덱스 머지 최적화의 'Union' 알고리즘은 두 결과 집합의 중복을 제거하기 위해 정렬된 결과를 필요로 하는데도 MySQL 서버는 별도의 정렬을 수행하지 않는다는 것과 별도의 정렬이 필요치 않은 이유에 대해 살펴봤다. 하지만 모든 경우가 그렇지는 않은데, 만약 인덱스 머지 작업을 하는 도중에 결과의 정렬이 필요한 경우 MySQL 서버는 인덱스 머지 최적화의 'Sort union' 알고리즘을 사용한다.

```
mysql> EXPLAIN
       SELECT * FROM employees
       WHERE first_name='Matt'
           OR hire_date BETWEEN '1987-03-01' AND '1987-03-31'
```

위의 예제 쿼리를 'Union' 알고리즘 설명에서 했던 방식으로 다음과 같이 2개의 쿼리로 분리해서 생각해보자.

```
mysql> SELECT * FROM employees WHERE first_name='Matt';
mysql> SELECT * FROM employees WHERE hire_date BETWEEN '1987-03-01' AND '1987-03-31';
```

첫 번째 쿼리는 결과가 emp_no로 정렬되어 출력되지만, 두 번째 쿼리의 결과는 emp_no 칼럼으로 정렬돼 있지 않다는 것을 알 수 있다. 즉, 위 예제의 결과에서는 중복을 제거하기 위해 우선순위 큐를 사용하는 것이 불가능하다. 그래서 MySQL 서버는 두 집합의 결과에서 중복을 제거하기 위해 각 집합을 emp_no 칼럼으로 정렬한 다음 중복 제거를 수행한다. 예제 쿼리의 실행 계획은 다음과 같다.

type	key	key_len	Extra
index_merge	ix_firstname,ix_hiredate	58,3	Using sort_union(ix_firstname,ix_hiredate);

위의 실행 계획에서와같이 인덱스 머지 최적화에서 중복 제거를 위해 강제로 정렬을 수행해야 하는 경우에는 실행 계획의 Extra 칼럼에 "Using sort_union" 문구가 표시된다.

9.3.1.9 세미 조인(semijoin)

다른 테이블과 실제 조인을 수행하지는 않고, 단지 다른 테이블에서 조건에 일치하는 레코드가 있는지 없는지만 체크하는 형태의 쿼리를 세미 조인(Semi-Join)이라고 한다. MySQL 5.7 서버는 전통적으로 세미 조인 형태의 쿼리를 최적화하는 부분이 상당히 취약했다. 다음 쿼리는 세미 조인의 대표적인 예시인데, MySQL 서버에 세미 조인 최적화가 도입되기 전에 어떻게 처리됐는지를 먼저 살펴보자.

```
mysql> SELECT *
       FROM employees e
       WHERE e.emp_no IN
           (SELECT de.emp_no FROM dept_emp de WHERE de.from_date='1995-01-01');
```

MySQL 서버에서 세미 조인 최적화 기능이 없었을 때는 위의 세미 조인 쿼리의 실행 계획은 다음과 같았다. 일반적으로 다른 RDBMS에 익숙한 사용자였다면 dept_emp 테이블을 조회하는 서브쿼리 부분이 먼저 실행되고 그다음 employees 테이블에서 일치하는 레코드만 검색할 것으로 기대했을 것이다. 하지만 MySQL 서버는 employees 테이블을 풀 스캔하면서 한 건 한 건 서브쿼리의 조건에 일치하는지 비교했다. 다음 실행 계획만 봐도 대략 57건만 읽으면 될 쿼리를 30만 건 넘게 읽어서 처리된다는 것을 알 수 있다.

id	select_type	table	type	key	rows
1	PRIMARY	e	ALL	NULL	300363
2	SUBQUERY	de	ref	ix_fromdate	57

MySQL 8.0 버전에서 세미 조인 쿼리의 예전 처리 방식을 확인해보고자 한다면 다음과 같이 optimizer_ switch 시스템 변수에서 세미 조인 최적화(semijoin)를 off로 변경하면 된다.

```
mysql> SET SESSION optimizer_switch='semijoin=off';
```

그리고 테스트를 위해 optimizer_switch 시스템 변수를 변경했다면 테스트가 완료되고 나면 반드시 기본값으로 다시 되돌려 두자. optimizer_switch를 변경했다는 것을 잊어버리고, 다른 쿼리들의 실행 계획을 확인하다 보면 성능이 기대했던 것보다 떨어지는 경우가 발생한다. 하지만 그러한 잘못된 실행 계획이 optimizer_switch를 변경해서 그 결과가 나왔다는 것을 잊어버리고, 다른 곳에서 원인을 찾다가 시간을 허비하는 경우가 많다. 참고로 다음과 같이 간단한 방법으로 optimizer_switch를 원래의 기본값으로 되돌릴 수 있다.

```
mysql> SET optimizer_switch='default';
```

세미 조인(Semi-join) 형태의 쿼리와 안티 세미 조인(Anti Semi-join) 형태의 쿼리는 최적화 방법이 조금 차이가 있다. 우선 "= (subquery)" 형태와 "IN (subquery)" 형태의 세미 조인 쿼리에 대해 다음과 같이 3가지 최적화 방법을 적용할 수 있다.

- 세미 조인 최적화

- IN-to-EXISTS 최적화

- MATERIALIZATION 최적화

그리고 "<> (subquery)" 형태와 "NOT IN (subquery)" 형태의 안티 세미 조인 쿼리에 대해서는 다음 2가지의 최적화 방법이 있다.

- IN-to-EXISTS 최적화

- MATERIALIZATION 최적화

여기서는 서브쿼리 최적화 중에서 최근 도입된 세미 조인 최적화에 대해서만 살펴보겠다. MySQL 서버 8.0 버전부터는 세미 조인 쿼리의 성능을 개선하기 위한 다음과 같은 최적화 전략이 있다. MySQL 서버 매뉴얼에서는 아래 최적화 전략들을 모아서 세미 조인 최적화라고 부른다.

- Table Pull-out

- Duplicate Weed-out

- First Match

- Loose Scan

- Materialization

쿼리에 사용되는 테이블과 조인 조건의 특성에 따라 MySQL 옵티마이저는 사용 가능한 전략들을 선별적으로 사용한다. Table pull-out 최적화 전략은 사용 가능하면 항상 세미 조인보다는 좋은 성능을 내기 때문에 별도로 제어하는 옵티마이저 옵션을 제공하지 않는다. 그리고 First Match와 Loose Scan 최적화 전략은 각각 firstmatch와 loosescan 옵티마이저 옵션으로 사용 여부를 결정할 수 있고, Duplicate Weed-out과 Materialization 최적화 전략은 materialization 옵티마이저 스위치로 사용 여부를 선택할 수 있다.

optimizer_switch 시스템 변수의 semijoin 옵티마이저 옵션은 firstmatch와 loosescan, materialization 옵티마이저 옵션을 한 번에 활성화하거나 비활성화할 때 사용한다.

9.3.1.10 테이블 풀-아웃(Table Pull-out)

Table pullout 최적화는 세미 조인의 서브쿼리에 사용된 테이블을 아우터 쿼리로 끄집어낸 후에 쿼리를 조인 쿼리로 재작성하는 형태의 최적화다. 이는 서브쿼리 최적화가 도입되기 이전에 수동으로 쿼리를 튜닝하던 대표적인 방법이었다. 다음 예제 쿼리는 부서 번호가 'd009'인 부서에 소속된 모든 사원을 조회하는 쿼리다. 아마도 IN(subquery) 형태의 세미 조인이 가장 빈번하게 사용되는 형태의 쿼리일 것이다.

```
mysql> EXPLAIN
    SELECT * FROM employees e
    WHERE e.emp_no IN (SELECT de.emp_no FROM dept_emp de WHERE de.dept_no='d009');
```

MySQL 8.0 버전에서 이 쿼리의 실행 계획은 다음과 같다. 다음 실행 계획에서 dept_emp 테이블과 employees 테이블이 순서대로 표시돼 있는데, 가장 중요한 부분은 id 칼럼의 값이 모두 1이라는 것이다. 여기서 이 값이 동일한 값을 가진다는 것은 두 테이블이 서브쿼리 형태가 아니라 조인으로 처리됐음을 의미한다.

```
+----+-------------+-------+--------+---------+------+------------+
| id | select_type | table | type   | key     | rows | Extra      |
+----+-------------+-------+--------+---------+------+------------+
```

```
|  1 | SIMPLE      | de    | ref    | PRIMARY | 46012 | Using index |
|  1 | SIMPLE      | e     | eq_ref | PRIMARY |     1 | NULL        |
+----+------------+-------+--------+---------+-------+-------------+
```

Table pullout 최적화는 별도로 실행 계획의 Extra 칼럼에 "Using table pullout"과 같은 문구가 출력되지 않는다. 그래서 Table pullout 최적화가 사용됐는지는 실행 계획에서 해당 테이블들의 id 칼럼 값이 같은지 다른지를 비교해보는 것(그러면서 Extra 칼럼에 아무것도 출력되지 않는 경우)이 가장 간단한 방법이다. Table pullout 최적화가 사용됐는지 더 정확하게 확인하는 방법은 EXPLAIN 명령을 실행한 직후 다음과 같이 SHOW WARNINGS 명령으로 MySQL 옵티마이저가 재작성(Re-Write)한 쿼리를 살펴보는 것이다.

```
mysql> SHOW WARNINGS \G
*************************** 1. row ***************************
  Level: Note
   Code: 1003
Message: /* select#1 */ SELECT employees.e.emp_no AS emp_no,
                employees.e.birth_date AS birth_date,
                employees.e.first_name AS first_name,
                employees.e.last_name AS last_name,
                employees.e.gender AS gender,
                employees.e.hire_date AS hire_date
        FROM employees.dept_emp de
          JOIN employees.employees e
        WHERE ((employees.e.emp_no = employees.de.emp_no)
                AND (employees.de.dept_no = 'd009'));
```

SHOW WARNINGS 명령의 결과로 출력되는 내용은 한 줄로 표시되기 때문에 읽기가 조금 어려울 수 있다 (참고로 위의 결과는 가독성을 위해 쿼리를 정리한 것이다). 하지만 쿼리가 대략 어떤 패턴으로 재작성됐는지는 어렵지 않게 식별할 수 있다. 이 쿼리를 보면 IN(subquery) 형태는 사라지고, JOIN으로 쿼리가 재작성된 것을 확인할 수 있다.

Table pullout 최적화는 모든 형태의 서브쿼리에서 사용될 수 있는 것은 아니다. Table pullout 최적화의 몇 가지 제한 사항과 특성을 살펴보자.

- Table pullout 최적화는 세미 조인 서브쿼리에서만 사용 가능하다.

- Table pullout 최적화는 서브쿼리 부분이 UNIQUE 인덱스나 프라이머리 키 룩업으로 결과가 1건인 경우에만 사용 가능하다.

- Table pullout이 적용된다고 하더라도 기존 쿼리에서 가능했던 최적화 방법이 사용 불가능한 것은 아니므로 MySQL에서는 가능하다면 Table pullout 최적화를 최대한 적용한다.

- Table pullout 최적화는 서브쿼리의 테이블을 아우터 쿼리로 가져와서 조인으로 풀어쓰는 최적화를 수행하는데, 만약 서브쿼리의 모든 테이블이 아우터 쿼리로 끄집어 낼 수 있다면 서브쿼리 자체는 없어진다.

- MySQL에서는 "최대한 서브쿼리를 조인으로 풀어서 사용해라"라는 튜닝 가이드가 많은데, Table pullout 최적화는 사실 이 가이드를 그대로 실행하는 것이다. 이제부터는 서브쿼리를 조인으로 풀어서 사용할 필요가 없다.

9.3.1.11 퍼스트 매치(firstmatch)

First Match 최적화 전략은 IN(subquery) 형태의 세미 조인을 EXISTS(subquery) 형태로 튜닝한 것과 비슷한 방법으로 실행된다. 다음 예제 쿼리는 이름이 'Matt'인 사원 중에서 1995년 1월 1일부터 30일 사이에 직급이 변경된 적이 있는 사원을 조회하는 용도의 쿼리다.

```
mysql> EXPLAIN SELECT *
       FROM employees e WHERE e.first_name='Matt'
         AND e.emp_no IN (
           SELECT t.emp_no FROM titles t
           WHERE t.from_date BETWEEN '1995-01-01' AND '1995-01-30'
           );
```

위 예제 쿼리의 실행 계획은 다음과 같다. 실행 계획에서도 눈여겨봐야 할 부분이 id 칼럼의 값이 모두 1로 표시됐다는 것이다. 그리고 Extra 칼럼에는 "FirstMatch(e)"라는 문구가 출력됐다.

```
+----+-------+------+--------------+------+----------------------------------------+
| id | table | type | key          | rows | Extra                                  |
+----+-------+------+--------------+------+----------------------------------------+
|  1 | e     | ref  | ix_firstname |  233 | NULL                                   |
|  1 | t     | ref  | PRIMARY      |    1 | Using where; Using index; FirstMatch(e) |
+----+-------+------+--------------+------+----------------------------------------+
```

실행 계획의 id 칼럼의 값이 모두 "1"로 표시된 것으로 봐서 위의 FirstMatch 최적화 예제에서 titles 테이블이 서브쿼리 패턴으로 실행되지 않고, 조인으로 처리됐다는 것을 알 수 있다. "FirstMatch(e)" 문구는 employees 테이블의 레코드에 대해 titles 테이블에 일치하는 레코드 1건만 찾으면 더이상의 titles 테이블 검색을 하지 않는다는 것을 의미한다. 실제 의미론적으로는 EXISTS(subquery)와 동일하게 처리된 것이다. 하지만 FirstMatch는 서브쿼리가 아니라 조인으로 풀어서 실행하면서 일치하는 첫 번째 레코드만 검색하는 최적화를 실행한 것이다. 그림 9.13은 위 실행 계획이 처리된 방식을 그림으로 표현한 것이다.

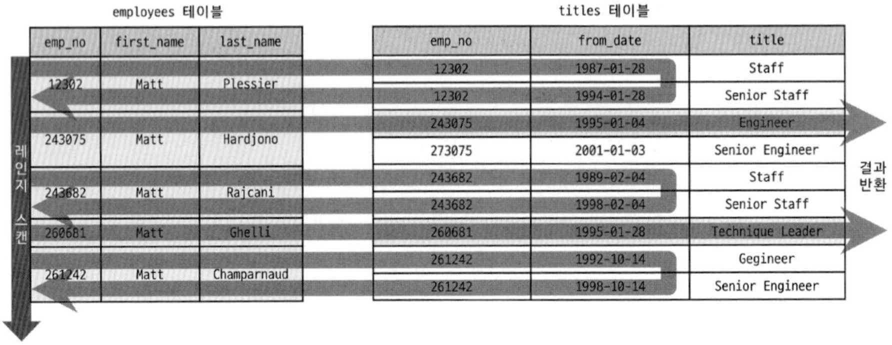

그림 9.13 FirstMatch 최적화 작동 방식

먼저 employees 테이블에서 first_name 칼럼의 값이 'Matt'인 사원의 정보를 ix_firstname 인덱스를 이용해 레인지 스캔으로 읽은 결과가 그림 9.13의 왼쪽에 있는 employees 테이블이다. first_name이 'Matt'이고 사원 번호가 12302인 레코드를 titles 테이블과 조인해서 titles 테이블의 from_date가 "t.from_date BETWEEN '1995-01-01' AND '1995-01-30'" 조건을 만족하는 레코드를 찾아본다. 12302번 사원은 from_date 조건을 만족하는 레코드가 없으므로 사용자에게 반환되는 결과는 없다. 그다음으로 243075번 사원의 레코드를 읽어서 titles 테이블과 조인하고 조인된 titles 레코드 중에서 from_date 조건을 만족하는지 검사한다. 이때 일치하는 첫 번째 레코드를 찾았기 때문에 243075번 사원에 대해서는 더이상 titles 테이블을 검색하지 않고 즉시 사원 번호가 243075인 레코드를 최종 결과로 반환한다.

그림 9.13에서 본 것처럼 First Match 최적화는 MySQL 5.5에서 수행했던 최적화 방법인 IN-to-EXISTS 변환과 거의 비슷한 처리 로직을 수행한다. MySQL 5.5의 IN-to-EXISTS 변환에 비해 First Match 최적화 전략은 다음과 같은 장점이 있다.

- 가끔은 여러 테이블이 조인되는 경우 원래 쿼리에는 없던 동등 조건을 옵티마이저가 자동으로 추가하는 형태의 최적화가 실행되기도 한다. 기존의 IN-to-EXISTS 최적화에서는 이러한 동등 조건 전파(Equality propagation)가 서브쿼리 내에서만 가능했지만 FirstMatch에서는 조인 형태로 처리되기 때문에 서브쿼리뿐만 아니라 아우터 쿼리의 테이블까지 전파될 수 있다. 최종적으로는 FirstMatch 최적화로 실행되면 더 많은 조건이 주어지는 것이므로 더 나은 실행 계획을 수립할 수 있다.

- IN-to-EXISTS 변환 최적화 전략에서는 아무런 조건 없이 변환이 가능한 경우에는 무조건 그 최적화를 수행했다. 하지만 FirstMatch 최적화에서는 서브쿼리의 모든 테이블에 대해 FirstMatch 최적화를 수행할지 아니면 일부 테이블에 대해서만 수행할지 취사선택할 수 있다는 것이 장점이다.

FirstMatch 최적화 또한 특정 형태의 서브쿼리에서 자주 사용되는 최적화다. FirstMatch 최적화의 몇 가지 제한 사항과 특성을 살펴보자.

- FirstMatch는 서브쿼리에서 하나의 레코드만 검색되면 더이상의 검색을 멈추는 단축 실행 경로(Short-cut path)이기 때문에 FirstMatch 최적화에서 서브쿼리는 그 서브쿼리가 참조하는 모든 아우터 테이블이 먼저 조회된 이후에 실행된다.

- FirstMatch 최적화가 사용되면 실행 계획의 Extra 칼럼에는 "FirstMatch(table-N)" 문구가 표시된다.

- FirstMatch 최적화는 상관 서브쿼리(Correlated subquery)에서도 사용될 수 있다.

- FirstMatch 최적화는 GROUP BY나 집합 함수가 사용된 서브쿼리의 최적화에는 사용될 수 없다.

FirstMatch 최적화는 optimizer_switch 시스템 변수에서 semijoin 옵션과 firstmatch 옵션이 모두 ON으로 활성화된 경우에만 사용할 수 있다. firstmatch 최적화만 비활성화하려면 semijoin 옵티마이저 옵션은 ON으로 활성화하되, firstmatch 옵티마이저 옵션만 OFF로 비활성화하면 된다.

9.3.1.12 루스 스캔(loosescan)

세미 조인 서브쿼리 최적화의 LooseScan은 인덱스를 사용하는 GROUP BY 최적화 방법에서 살펴본 "Using index for group-by"의 루스 인덱스 스캔(Loose Index Scan)과 비슷한 읽기 방식을 사용한다. 다음 쿼리는 dept_emp 테이블에 존재하는 모든 부서 번호에 대해 부서 정보를 읽어 오기 위한 쿼리다.

```
mysql> EXPLAIN
    SELECT * FROM departments d WHERE d.dept_no IN (
        SELECT de.dept_no FROM dept_emp de );
```

departments 테이블의 레코드 건수는 9건밖에 되지 않지만 dept_emp 테이블의 레코드 건수는 무려 33만 건 가까이 저장돼 있다. 그런데 dept_emp 테이블에는 (dept_no + emp_no) 칼럼의 조합으로 프라이머리 키 인덱스가 만들어져 있다. 그리고 이 프라이머리 키는 전체 레코드 수는 33만 건 정도 있지만 dept_no 만으로 그루핑해서 보면 결국 9건밖에 없다는 것을 알 수 있다. 그렇다면 dept_emp 테이블의 프라이머리 키를 루스 인덱스 스캔으로 유니크한 dept_no만 읽으면 아주 효율적으로 서브쿼리 부분을 실행할 수 있다. 그것도 중복된 레코드까지 제거하면서 말이다. 그림 9.14는 LooseScan 최적화의 실행 과정을 그림으로 표현한 것이다.

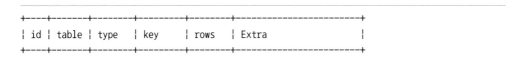

그림 9.14 LooseScan 최적화 작동 방식

그림 9.14에서는 서브쿼리에 사용된 dept_emp 테이블이 드라이빙 테이블로 실행되며, dept_emp 테이블의 프라이머리 키를 dept_no 부분에서 유니크하게 한 건씩만 읽고 있다는 것을 보여준다. 루스 인덱스 스캔의 "Using index for group-by"도 그림 9.14에 표현된 dept_emp 테이블의 프라이머리 키를 읽는 방식과 동일하게 작동한다.

다음은 예제 쿼리의 실행 계획으로 Extra 칼럼에 "LooseScan"이라는 문구가 표시된 것을 알 수 있다. 또한 실행 계획의 각 테이블에 할당된 id 칼럼의 값이 동일하게 1이라는 것도 MySQL 내부적으로는 조인처럼 처리됐다는 것을 말해준다.

```
+----+-------+--------+---------+--------+----------------------+
| id | table | type   | key     | rows   | Extra                |
+----+-------+--------+---------+--------+----------------------+
```

```
|  1 | de      | index   | PRIMARY | 331143 | Using index; LooseScan |
|  1 | d       | eq_ref  | PRIMARY |      1 | NULL                   |
+----+---------+---------+---------+--------+------------------------+
```

예제에서 사용된 쿼리는 사실 LooseScan 최적화 방식으로 처리하기에는 좋은 예제 케이스다. 이는 서브쿼리 최적화의 성숙도 문제인데, MySQL 8.0에서는 이 서브쿼리를 Semi-join Materialization 알고리즘으로 실행하려고 했다. 그래서 옵티마이저가 루스 스캔(Loose Scan) 실행 계획을 사용하도록 유도하기 위해서 다음과 같이 일시적으로 옵티마이저 스위치를 변경한 후 테스트했다.

```
mysql> SET optimizer_switch='materialization=off';
mysql> SET optimizer_switch='firstmatch=off';
mysql> SET optimizer_switch='duplicateweedout=off';
```

LooseScan 최적화는 다음과 같은 특성을 가진다.

- LooseScan 최적화는 루스 인덱스 스캔으로 서브쿼리 테이블을 읽고, 그다음으로 아우터 테이블을 드리븐으로 사용해서 조인을 수행한다. 그래서 서브쿼리 부분이 루스 인덱스 스캔을 사용할 수 있는 조건이 갖춰져야 사용할 수 있는 최적화다. 루스 인덱스 스캔 최적화는 다음과 같은 형태의 서브쿼리들에서 사용할 수 있다.

```
SELECT .. FROM .. WHERE expr IN (SELECT keypart1 FROM tab WHERE ...)
SELECT .. FROM .. WHERE expr IN (SELECT keypart2 FROM tab WHERE keypart1='상수' ...)
```

옵티마이저가 LooseScan 최적화를 사용하지 못하게 비활성화하려면 optimizer_switch 시스템 변수에서 loosescan 최적화 옵션을 off로 설정하면 된다.

```
mysql> SET optimizer_switch='loosescan=off';
```

9.3.1.13 구체화(Materialization)

Materialization 최적화는 세미 조인에 사용된 서브쿼리를 통째로 구체화해서 쿼리를 최적화한다는 의미다. 여기서 구체화(Materialization)는 쉽게 표현하면 내부 임시 테이블을 생성한다는 것을 의미한다. 다음의 1995년 1월 1일 조직이 변경된 사원들의 목록을 조회하는 쿼리는 IN (subquery) 포맷의 세미 조인을 사용하는 예제다.

```
mysql> EXPLAIN
       SELECT *
       FROM employees e
       WHERE e.emp_no IN
           (SELECT de.emp_no FROM dept_emp de
               WHERE de.from_date='1995-01-01');
```

이 쿼리는 FirstMatch 최적화를 사용하면 employees 테이블에 대한 조건이 서브쿼리 이외에는 아무것도 없기 때문에 employees 테이블을 풀 스캔해야 할 것이다. 그래서 이런 형태의 세미 조인에서는 First Match 최적화가 성능 향상에 별로 도움이 되지 않는다.

MySQL 서버 옵티마이저는 이런 형태의 쿼리를 위해 서브쿼리 구체화(Subquery Materialization)라는 최적화를 도입했다. 다음 실행 계획에서는 위의 예제 쿼리의 서브쿼리가 "서브쿼리 구체화" 최적화를 사용하는 형태로 수립되는 것을 볼 수 있다.

```
+----+--------------+-------------+--------+------------+--------------------+
| id | select_type  | table       | type   | key        | ref                |
+----+--------------+-------------+--------+------------+--------------------+
|  1 | SIMPLE       | <subquery2> | ALL    | NULL       | NULL               |
|  1 | SIMPLE       | e           | eq_ref | PRIMARY    | <subquery2>.emp_no |
|  2 | MATERIALIZED | de          | ref    | ix_fromdate| const              |
+----+--------------+-------------+--------+------------+--------------------+
```

실행 계획 마지막 라인의 select_type 칼럼에는 간단하게 "MATERIALIZED"라고만 표시됐다. 이 쿼리에서 사용하는 테이블은 2개인데 실행 계획은 3개 라인이 출력된 것을 봐도 이 쿼리의 실행 계획 어디선가 임시 테이블이 생성됐다는 것을 짐작할 수 있다. dept_emp 테이블을 읽는 서브쿼리가 먼저 실행되어 그 결과로 임시 테이블(<subquery2>)이 만들어졌다. 그리고 최종적으로 서브쿼리가 구체화된 임시 테이블(<subquery2>)과 employees 테이블을 조인해서 결과를 반환한다.

Materialization 최적화는 다른 서브쿼리 최적화와는 달리, 다음 쿼리와 같이 서브쿼리 내에 GROUP BY 절이 있어도 이 최적화 전략을 사용할 수 있다.

```
mysql> EXPLAIN
       SELECT *
       FROM employees e
```

```
WHERE e.emp_no IN
    (SELECT de.emp_no FROM dept_emp de
     WHERE de.from_date='1995-01-01'
     GROUP BY de.dept_no);
```

Materialization 최적화가 사용될 수 있는 형태의 쿼리에도 역시 몇 가지 제한 사항과 특성이 있다.

- IN(subquery)에서 서브쿼리는 상관 서브쿼리(Correlated subquery)가 아니어야 한다.

- 서브쿼리는 GROUP BY나 집합 함수들이 사용돼도 구체화를 사용할 수 있다.

- 구체화가 사용된 경우에는 내부 임시 테이블이 사용된다.

Materialization 최적화는 optimizer_switch 시스템 변수에서 semijoin 옵션과 materialization 옵션이 모두 ON으로 활성화된 경우에만 사용된다. MySQL 8.0 버전에서는 기본적으로 이 두 옵션은 ON으로 활성화돼 있다. Materialization 최적화만 비활성화하고자 한다면 semijoin 옵티마이저 옵션은 ON으로 활성화하되, materialization 옵티마이저 옵션만 OFF로 비활성화하면 된다.

> **주의** 세미 조인이 아닌 서브쿼리의 최적화에서도 구체화를 이용한 최적화가 사용될 수 있다. 그러나 optimizer_switch 시스템 변수에서 materialization 옵션이 OFF로 비활성화된다면 세미 조인이 아닌 서브쿼리 최적화에서도 구체화를 이용한 최적화는 사용되지 못한다.

9.3.1.14 중복 제거(Duplicated Weed-out)

Duplicate Weedout은 세미 조인 서브쿼리를 일반적인 INNER JOIN 쿼리로 바꿔서 실행하고 마지막에 중복된 레고드를 제거하는 방법으로 처리되는 최적화 알고리즘이다. 다음 예제 쿼리는 급여가 150000 이상인 사원들의 정보를 조회하는 쿼리다.

```
mysql> EXPLAIN
    SELECT * FROM employees e
    WHERE e.emp_no IN (SELECT s.emp_no FROM salaries s WHERE s.salary>150000);
```

salaries 테이블의 프라이머리 키가(emp_no + from_date)이므로 salary가 150000 이상인 레코드를 salaries 테이블에서 조회하면 그 결과에는 중복된 emp_no가 발생할 수 있다. 그래서 이 쿼리를 다음과 같이 재작성해서 GROUP BY 절을 넣어 주면 위의 세미 조인 서브쿼리와 동일한 결과를 얻을 수 있다.

```
mysql> SELECT e.*
       FROM employees e, salaries s
       WHERE e.emp_no=s.emp_no AND s.salary>150000
       GROUP BY e.emp_no;
```

실제로 Duplicate Weedout 최적화 알고리즘은 원본 쿼리를 위와 같이 INNER JOIN + GROUP BY 절로 바꿔서 실행하는 것과 동일한 작업으로 쿼리를 처리한다. 그림 9.15는 예제 쿼리를 Duplicate Weedout 최적화 알고리즘으로 처리하는 과정을 그림으로 표현한 것이다.

1. salaries 테이블의 ix_salary 인덱스를 스캔해서 salary가 150000보다 큰 사원을 검색해 employees 테이블 조인을 실행

2. 조인된 결과를 임시 테이블에 저장

3. 임시 테이블에 저장된 결과에서 emp_no 기준으로 중복 제거

4. 중복을 제거하고 남은 레코드를 최종적으로 반환

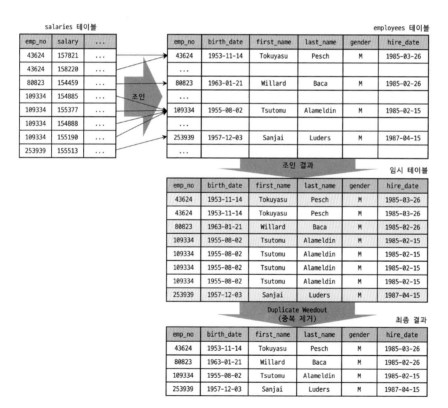

그림 9.15 Duplicate Weedout 최적화 작동 방식

Duplicate Weedout 최적화를 이용한 예제 쿼리의 실행 계획은 다음과 같다. 이 실행 계획에서는 "Duplicate Weedout"이라는 문구가 별도로 표시되거나 하진 않는다. 하지만 Extra 칼럼에 "Start temporary"와 "End temporary" 문구가 별도로 표기된 것을 확인할 수 있다. 그림 9.15의 처리 과정을 설명할 때는 1번과 2번 과정을 별도로 설명했지만, 사실 1번에서 조인을 수행하는 작업과 2번에서 임시 테이블로 저장하는 작업은 반복적으로 실행되는 과정이다. 이 반복 과정이 시작되는 테이블의 실행 계획 라인에는 "Start temporary" 문구가, 그리고 반복 과정이 끝나는 테이블의 실행 계획 라인에는 "End temporary" 문구가 표시된다. 즉 Start / End temporary 문구의 구간이 Duplicate Weedout 최적화의 처리 과정이라고 보면 된다.

```
+----+-------------+-------+--------+----------+--------------------------------------------+
| id | select_type | table | type   | key      | Extra                                      |
+----+-------------+-------+--------+----------+--------------------------------------------+
| 1  | SIMPLE      | s     | range  | ix_salary| Using where; Using index; Start temporary  |
| 1  | SIMPLE      | e     | eq_ref | PRIMARY  | End temporary                              |
+----+-------------+-------+--------+----------+--------------------------------------------+
```

> **참고** 이 책에서 예제로 사용하는 데이터베이스에서는 Duplicate Weedout 최적화 처리가 필요한 쿼리 예제를 만들기가 쉽지 않았다. 그래서 이 쿼리를 실행하는 과정에서는 다음과 같이 optimizer_switch 시스템 변수의 값을 변경해서 Materialization과 FirstMatch, LooseScan 최적화가 사용되지 못하게 한 상태에서 테스트했다.
>
> ```
> mysql> SET optimizer_switch='materialization=OFF';
> mysql> SET optimizer_switch='firstmatch=OFF';
> mysql> SET optimizer_switch='loosescan=OFF';
> mysql> SET optimizer_switch='duplicateweedout=ON';
> ```

Duplicate Weedout 최적화는 다음과 같은 장점과 제약 사항이 있다.

- 서브쿼리가 상관 서브쿼리라고 하더라도 사용할 수 있는 최적화다.
- 서브쿼리가 GROUP BY나 집합 함수가 사용된 경우에는 사용될 수 없다.
- Duplicate Weedout은 서브쿼리의 테이블을 조인으로 처리하기 때문에 최적화할 수 있는 방법이 많다.

9.3.1.15 컨디션 팬아웃(condition_fanout_filter)

조인을 실행할 때 테이블의 순서는 쿼리의 성능에 매우 큰 영향을 미친다. 예를 들어, A 테이블과 B 테이블을 조인할 때 A 테이블에는 조건에 일치하는 레코드가 1만 건이고 B 테이블에는 일치하는 레코드 건수가 10건이라고 가정해보자. 이때 A 테이블을 조인의 드라이빙 테이블로 결정하면 B 테이블을 1만 번 읽어야 한다. 이때 B 테이블의 인덱스를 이용해 조인을 실행한다고 하더라도 레코드를 읽을 때마다 B 테이블의 인덱스를 구성하는 B-Tree의 루트 노드부터 검색을 실행해야 한다. 그래서 MySQL 옵티마이저는 여러 테이블이 조인되는 경우 가능하다면 일치하는 레코드 건수가 적은 순서대로 조인을 실행한다.

다음 쿼리는 employees 테이블에서 이름이 'Matt'이면서 입사 일자가 '1985-11-21'부터 '1986-11-21'일 사이인 사원을 검색해 해당 사원의 급여를 조회하는 쿼리다.

```
mysql> SELECT *
       FROM employees e
         INNER JOIN salaries s ON s.emp_no=e.emp_no
       WHERE e.first_name='Matt'
         AND e.hire_date BETWEEN '1985-11-21' AND '1986-11-21';
```

우선 condition_fanout_filter 옵티마이저 옵션을 비활성화한 상태에서 실행 계획을 한 번 살펴보자.

```
mysql> SET optimizer_switch='condition_fanout_filter=off';

mysql> EXPLAIN
       SELECT *
       FROM employees e
         INNER JOIN salaries s ON s.emp_no=e.emp_no
       WHERE e.first_name='Matt'
         AND e.hire_date BETWEEN '1985-11-21' AND '1986-11-21';
```

id	table	type	key	rows	filtered	Extra
1	e	ref	ix_firstname	233	100.00	Using where
1	s	ref	PRIMARY	10	100.00	NULL

실행 계획에 의하면 이 쿼리는 대략 다음과 같은 절차를 거쳐서 처리된다는 것을 알 수 있다.

1. employees 테이블에서 ix_firstname 인덱스를 이용해 first_name='Matt' 조건에 일치하는 233건의 레코드를 검색한다.

2. 검색된 233건의 레코드 중에서 hire_date가 '1985-11-21'부터 '1986-11-21'일 사이인 레코드만 걸러내는데, 이 실행 계획에서는 filtered 칼럼의 값이 100인 것은 옵티마이저가 233건 모두 hire_date 칼럼의 조건을 만족할 것으로 예측했다는 것을 의미한다.

3. employees 테이블을 읽은 결과 233건에 대해 salaries 테이블의 프라이머리 키를 이용해 salaries 테이블의 레코드를 읽는다. 이때 MySQL 옵티마이저는 employees 테이블의 레코드 한 건당 salaries 테이블의 레코드 10건이 일치할 것으로 예상했다.

여기서 중요한 것은 employees 테이블의 rows 칼럼의 값이 233이고, filtered 칼럼의 값이 100%라는 것이다. 그럼 이제 condition_fanout_filter 최적화를 활성화한 상태의 실행 계획과 비교해보자.

```
mysql> SET optimizer_switch='condition_fanout_filter=on';

mysql> EXPLAIN
    SELECT *
    FROM employees e
      INNER JOIN salaries s ON s.emp_no=e.emp_no
    WHERE e.first_name='Matt'
        AND e.hire_date BETWEEN '1985-11-21' AND '1986-11-21';
```

id	table	type	key	rows	filtered	Extra
1	e	ref	ix_firstname	233	23.20	Using where
1	s	ref	PRIMARY	10	100.00	NULL

condition_fanout_filter 최적화를 활성화한 후 조회한 실행 계획에서도 rows 칼럼의 값은 233으로 동일하다. 하지만 filtered 칼럼의 값이 100%가 아니라 23.2%로 변경됐다. condition_fanout_filter 최적화가 활성화되면서 MySQL 옵티마이저는 인덱스를 사용할 수 있는 first_name 칼럼 조건 이외의 나머지 조건(hire_date 칼럼의 조건)에 대해서도 얼마나 조건을 충족할지를 고려했다는 뜻이다. 즉 condition_fanout_filter 최적화가 비활성화된 경우에는 employees 테이블에서 모든 조건을 충족

하는 레코드가 233건일 것으로 예측한 반면, condition_fanout_filter 최적화가 활성화된 경우에는 employees 테이블에서 54건(233 * 0.2320)만 조건을 충족할 것이라고 예측했다. MySQL 옵티마이저가 조건을 만족하는 레코드 건수를 정확하게 예측할 수 있다면 더 빠른 실행 계획을 만들어 낼 수 있는 것이다.

그렇다면 condition_fanout_filter 최적화는 어떻게 filtered 칼럼의 값을 예측해내는 것일까? MySQL 8.0 버전에서는 condition_fanout_filter 최적화가 활성화되면 다음과 같은 조건을 만족하는 칼럼의 조건들에 대해 조건을 만족하는 레코드의 비율을 계산할 수 있다.

1. WHERE 조건절에 사용된 칼럼에 대해 인덱스가 있는 경우

2. WHERE 조건절에 사용된 칼럼에 대해 히스토그램이 존재하는 경우

예제로 살펴본 쿼리는 실제 실행되는 경우에는 first_name='Matt' 조건을 위한 ix_firstname 인덱스만 사용한다. 하지만 실행 계획을 수립하는 경우에는 first_name 칼럼의 인덱스를 이용해 first_name='Matt' 조건에 일치하는 레코드 건수가 대략 233건정도라는 것을 알아내고, hire_date 칼럼의 조건을 만족하는 레코드의 비율이 대략 23.2%일 것으로 예측한다. employees 테이블의 hire_date 칼럼의 인덱스가 없었다면 MySQL 옵티마이저는 first_name 칼럼의 인덱스를 이용해 hire_date 칼럼값의 분포도를 살펴보고 filtered 칼럼의 값을 예측한다.

> **참고** MySQL 옵티마이가 실행 계획을 수립할 때 테이블이나 인덱스의 통계 정보만 사용하는 것이 아니라 다음의 순서대로 사용 가능한 방식을 선택한다.
>
> 1. 레인지 옵티마이저(Range optimizer)를 이용한 예측
>
> 2. 히스토그램을 이용한 예측
>
> 3. 인덱스 통계를 이용한 예측
>
> 4. 추측에 기반한 예측(Guesstimates[3])
>
> 여기서 가장 우선순위가 높은 레인지 옵티마이저는 실제 인덱스의 데이터를 살펴보고 레코드 건수를 예측하는 방식인데, 실제 쿼리가 실행되기도 전에 실행 계획을 수립 단계에서 빠르게 소량의 데이터를 읽어보는 것이다. 레인지 옵티마이저에 의한 예측은 인덱스를 이용해서 쿼리가 실행될 수 있을 때만 사용된다. 레인지 옵티마이저를 이용한 예측이 히스토그램이나 인덱스의 통계 정보보다 우선순위가 높기 때문에 실행 계획에 표시되는 레코드 건수가 테이블이나 인덱스의 통계, 히스토그램 정보와 다른 값이 표시될 수도 있다.

---

3 Guesstimates는 "Guess"와 "Estimate"의 합성어로 추측(Guess)에 의한 예측(Estimate)을 의미한다.

condition_fanout_filter 최적화 기능을 활성화하면 MySQL 옵티마이저는 더 정교한 계산을 거쳐서 실행 계획을 수립한다. 그에 따라 쿼리의 실행 계획 수립에 더 많은 시간과 컴퓨팅 자원을 사용하게 된다. 쿼리가 간단하고 MySQL 8.0 이전 버전에서도 쿼리 실행 계획이 잘못된 선택을 한 적이 별로 없다면, condition_fanout_filter 최적화는 성능 향상에 크게 도움이 되지 않을 수도 있다. MySQL 서버가 처리하는 쿼리의 빈도가 매우 높다면 실행 계획 수립에 추가되는 오버헤드가 더 크게 보일 수 있으므로 가능하면 업그레이드를 실행하기 전에 성능 테스트를 진행하는 것이 좋다.

9.3.1.16 파생 테이블 머지(derived_merge)

예전 버전의 MySQL 서버에서는 다음과 같이 FROM 절에 사용된 서브쿼리는 먼저 실행해서 그 결과를 임시 테이블로 만든 다음 외부 쿼리 부분을 처리했다.

```
mysql> EXPLAIN
    SELECT * FROM (
      SELECT * FROM employees WHERE first_name='Matt'
    ) derived_table
    WHERE derived_table.hire_date='1986-04-03';
```

id	select_type	table	type	key
1	PRIMARY	\<derived2\>	ref	\<auto_key0\>
2	DERIVED	employees	ref	ix_firstname

쿼리의 실행 계획을 보면 employees 테이블을 읽는 라인의 select_type 칼럼의 값이 DERIVED라고 표시돼 있다. 이는 emplyees 테이블에서 first_name 칼럼의 값이 'Matt'인 레코드들만 읽어서 임시 테이블을 생성하고, 이 임시 테이블을 다시 읽어서 hire_date 칼럼의 값이 '1986-04-03'인 레코드만 걸러내어 반환한 것이다. 그래서 MySQL 서버에서는 이렇게 FROM 절에 사용된 서브쿼리를 파생 테이블(Derived Table)이라고 부른다.

이 실행 계획의 경우 MySQL 서버는 내부적으로 임시 테이블을 생성하고 first_name='Matt'인 레코드를 employees 테이블에서 읽어서 임시 테이블로 INSERT한다. 그리고 다시 임시 테이블을 읽으므로 MySQL 서버는 레코드를 복사하고 읽는 오버헤드가 더 추가된다. 내부적으로 생성되는 임시 테이블은 처음에는 메모리에 생성되지만, 임시 테이블에 저장될 레코드 건수가 많아지면 결국 디스크로 다시 기록돼야 한다. 그래서 임시 테이블이 메모리에 상주할 만큼 크기가 작다면 성능에 큰 영향을 미치지 않겠지만 레코드가 많아진다면 임시 테이블로 레코드를 복사하고 읽는 오버헤드로 인해 쿼리의 성능은 많이 느려질 것이다.

참고

예전 버전의 MySQL 서버에서는 메모리에 생성되는 임시 테이블은 MEMORY 스토리지 엔진을 사용했으며, 디스크에 생성되는 임시 테이블은 MyISAM 스토리지 엔진을 사용했다. 하지만 MEMORY 스토리지 엔진은 가변 길이 칼럼을 지원하지 않아서 메모리를 과다하게 사용하는 문제점이 있었으며, MyISAM 스토리지 엔진은 트랜잭션을 지원하지 않는 문제점이 있었다.

이 같은 문제점을 해결하기 위해 MySQL 8.0 버전부터는 메모리에 생성되는 임시 테이블을 위해 TempTable이라는 새로운 스토리지 엔진이 도입됐고 디스크 임시 테이블에 대해서는 InnoDB 스토리지 엔진을 사용하도록 개선됐다. 그래서 메모리에 만들어지는 임시 테이블은 가변 길이 칼럼을 지원하고, 디스크 임시 테이블도 트랜잭션을 지원할뿐만 아니라 MyISAM 스토리지 엔진보다 더 나은 성능으로 처리할 수 있게 됐다.

MySQL 5.7 버전부터는 이렇게 파생 테이블로 만들어지는 서브쿼리를 외부 쿼리와 병합해서 서브쿼리 부분을 제거하는 최적화가 도입됐는데, derived_merge 최적화 옵션은 이러한 임시 테이블 최적화를 활성화할지 여부를 결정한다. 이제 위의 쿼리에서 임시 테이블이 외부 쿼리로 병합된 경우의 실행 계획을 한 번 살펴보자.

```
+----+-------------+-----------+-------------+-----------------------+
| id | select_type | table     | type        | key                   |
+----+-------------+-----------+-------------+-----------------------+
|  1 | SIMPLE      | employees | index_merge | ix_hiredate,ix_firstname |
+----+-------------+-----------+-------------+-----------------------+
```

이 실행 계획에서는 select_type 칼럼이 DERIVED였던 라인이 없어지고, 서브쿼리 없이 employees 테이블을 조회하던 형태의 단순 실행 계획으로 바뀌었다. 그리고 SHOW WARNINGS 명령으로 MySQL 옵티마이저가 새로 작성한 쿼리를 살펴보면 서브쿼리 부분이 어떻게 외부 쿼리로 병합됐는지 확인할 수 있다.

```
mysql> SHOW WARNINGS \G
*************************** 1. row ***************************
  Level: Note
   Code: 1003
Message: /* select#1 */ SELECT employees.employees.emp_no AS emp_no,
```

```
        employees.employees.birth_date AS birth_date,
        employees.employees.first_name AS first_name,
        employees.employees.last_name AS last_name,
        employees.employees.gender AS gender,
        employees.employees.hire_date AS hire_date
FROM employees.employees
WHERE ((employees.employees.hire_date = DATE'1986-04-03')
        AND (employees.employees.first_name = 'Matt'))
```

예전 버전의 MySQL 서버에서는 이렇게 서브쿼리로 작성된 쿼리를 외부 쿼리로 병합하는 작업을 DBA
가 수작업으로 많이 처리했다. 하지만 이제는 MySQL 옵티마이저가 처리할 수 있어 굳이 쿼리를 새로
작성할 필요는 없어졌다. 하지만 모든 쿼리에 대해 옵티마이저가 서브쿼리를 외부 쿼리로 병합할 수 있
는 것은 아니다. 다음과 같은 조건에서는 옵티마이저가 자동으로 서브쿼리를 외부 쿼리로 병합할 수 없
게 된다. 그러므로 다음의 경우 가능하다면 서브쿼리는 외부 쿼리로 수동으로 병합해서 작성하는 것이
쿼리의 성능 향상에 도움이 된다.

- SUM() 또는 MIN(), MAX() 같은 집계 함수와 윈도우 함수(Window Function)가 사용된 서브쿼리

- DISTINCT가 사용된 서브쿼리

- GROUP BY나 HAVING이 사용된 서브쿼리

- LIMIT이 사용된 서브쿼리

- UNION 또는 UNION ALL을 포함하는 서브쿼리

- SELECT 절에 사용된 서브쿼리

- 값이 변경되는 사용자 변수가 사용된 서브쿼리

9.3.1.17 인비저블 인덱스(use_invisible_indexes)

MySQL 8.0 버전부터는 인덱스의 가용 상태를 제어할 수 있는 기능이 추가됐다. MySQL 8.0 이전 버
전까지는 인덱스가 존재하면 항상 옵티마이저가 실행 계획을 수립할 때 해당 인덱스를 검토하고 사용
했다. 하지만 MySQL 8.0 버전부터는 인덱스를 삭제하지 않고, 해당 인덱스를 사용하지 못하게 제어하
는 기능을 제공한다. 다음 예제와 같이 ALTER TABLE ... ALTER INDEX ... [VISIBLE | INVISIBLE] 명령
으로 인덱스의 가용 상태를 변경할 수 있다.

```
-- // 옵티마이저가 ix_hiredate 인덱스를 사용하지 못하게 변경
mysql> ALTER TABLE employees ALTER INDEX ix_hiredate INVISIBLE;

-- // 옵티마이저가 ix_hiredate 인덱스를 사용할 수 있게 변경
mysql> ALTER TABLE employees ALTER INDEX ix_hiredate VISIBLE;
```

use_invisible_indexes 옵티마이저 옵션을 이용하면 INVISIBLE로 설정된 인덱스라 하더라도 옵티마이저가 사용하게 제어할 수 있다. use_invisible_indexes 옵션의 기본값은 off로 설정돼 있기 때문에 INVISIBLE 상태의 인덱스는 옵티마이저가 볼 수 없는 상태다. 다음과 같이 옵티마이저 옵션을 변경하면 옵티마이저가 INVISIBLE 상태의 인덱스도 볼 수 있게 설정할 수 있다.

```
mysql> SET optimizer_switch='use_invisible_indexes=on';
```

9.3.1.18 스킵 스캔(skip_scan)

인덱스의 핵심은 값이 정렬돼 있다는 것이며, 이로 인해 인덱스를 구성하는 칼럼의 순서가 매우 중요하다. 예를 들어, (A, B, C) 칼럼으로 구성된 인덱스가 있을 때 쿼리의 WHERE 절에 A와 B 칼럼에 대한 조건이 있다면 이 쿼리는 A 칼럼과 B 칼럼까지만 인덱스를 활용할 수 있고, WHERE 절에 A 칼럼에 대한 조건만 가지고 있다면 A 칼럼까지만 인덱스를 활용할 수 있다. 그런데 WHERE 절에 B와 C 칼럼에 대한 조건을 가지고 있다면 이 쿼리는 인덱스를 활용할 수 없다. 인덱스 스킵 스캔은 제한적이긴 하지만 인덱스의 이런 제약 사항을 뛰어넘을 수 있는 최적화 기법이다.

우선 employees 테이블에 다음과 같은 인덱스가 있다고 가정해보자.

```
mysql> ALTER TABLE employees
          ADD INDEX ix_gender_birthdate (gender, birth_date);
```

이 인덱스를 사용하기 위해서는 WHERE 조건절에 gender 칼럼에 대한 비교 조건이 필수적이다.

```
-- // ix_gender_birthdate 인덱스를 사용하지 못하는 쿼리
mysql> SELECT * FROM employees WHERE birth_date>='1965-02-01';

-- // ix_gender_birthdate 인덱스를 사용할 수 있는 쿼리
mysql> SELECT * FROM employees WHERE gender='M' AND birth_date>='1965-02-01';
```

위의 2개 쿼리 중에서 gender 칼럼과 birth_date 칼럼의 조건을 모두 가진 두 번째 쿼리는 인덱스를 효율적으로 사용할 수 있지만 gender 칼럼에 대한 비교 조건이 없는 첫 번째 쿼리는 인덱스를 사용할 수가 없었다. 주로 이런 경우에는 birth_date 칼럼부터 시작하는 인덱스를 새로 생성해야만 했다.

하지만 MySQL 8.0 버전부터는 인덱스 스킵 스캔 최적화가 도입됐으며, 이 기능은 인덱스의 선행 칼럼이 조건절에 사용되지 않더라도 후행 칼럼의 조건만으로도 인덱스를 이용한 쿼리 성능 개선이 가능하다. 위 예제의 첫 번째 쿼리를 실행할 때 MySQL 8.0 버전의 옵티마이저는 테이블에 존재하는 모든 gender 칼럼을 값을 가져와 두 번째 쿼리와 같이 gender 칼럼의 조건이 있는 것처럼 쿼리를 최적화한다. 그런데 인덱스의 선행 칼럼이 매우 다양한 값을 가지는 경우에는 인덱스 스킵 스캔 최적화가 비효율적일 수 있다. 그래서 MySQL 8.0 옵티마이저는 인덱스의 선행 칼럼이 소수의 유니크한 값을 가질 때만 인덱스 스킵 스캔 최적화를 사용한다. 인덱스 스킵 스캔에 대한 자세한 내용은 8.3.4.4절 '인덱스 스킵 스캔'을 참조하자.

옵티마이저의 인덱스 스킵 스캔 최적화 기능은 다음과 같이 활성화 여부를 제어할 수 있다.

```
-- // 현재 세션에서 인덱스 스킵 스캔 최적화를 활성화
mysql> SET optimizer_switch='skip_scan=on';

-- // 현재 세션에서 인덱스 스킵 스캔 최적화를 비활성화
mysql> SET optimizer_switch='skip_scan=off';

-- // 특정 테이블에 대해 인덱스 스킵 스캔을 사용하도록 힌트를 사용
mysql> SELECT /*+ SKIP_SCAN(employees)*/ COUNT(*)
       FROM employees
       WHERE birth_date>='1965-02-01';

-- // 특정 테이블과 인덱스에 대해 인덱스 스킵 스캔을 사용하도록 힌트를 사용
mysql> SELECT /*+ SKIP_SCAN(employees ix_gender_birthdate)*/ COUNT(*)
       FROM employees
       WHERE birth_date>='1965-02-01';

-- // 특정 테이블에 대해 인덱스 스킵 스캔을 사용하지 않도록 힌트를 사용
mysql> SELECT /*+ NO_SKIP_SCAN(employees)*/ COUNT(*)
       FROM employees
       WHERE birth_date>='1965-02-01';
```

9.3.1.19 해시 조인(hash_join)

MySQL 8.0.18 버전부터는 해시 조인이 추가로 지원되기 시작했는데, MySQL 서버에 해시 조인이 없어서 아쉬워했던 많은 사용자에게는 환영할 만한 부분일 것이다. 해시 조인의 진실에 대해 먼저 좀 살펴보고, 그다음으로 MySQL 서버의 해시 조인이 내부적으로 어떻게 처리되는지 살펴보자.

많은 사용자가 해시 조인 기능을 기대하는 이유가 기존의 네스티드 루프 조인(Nested Loop Join)보다 해시 조인이 빠르다고 생각하기 때문이다. 하지만 이는 항상 옳은 이야기는 아니다. 다음 그림 9.16은 네스티드 루프 조인과 해시 조인의 처리 성능을 비교해 보여주는 것으로, 화살표의 길이는 전체 쿼리의 실행 시간을 의미한다.

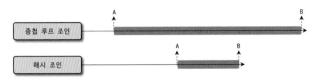

그림 9.16 중첩 루프 조인과 해시 조인의 처리 성능

예상대로 네스티드 루프 조인과 해시 조인은 똑같은 시점에 시작했지만 해시 조인이 먼저 끝난 것을 확인할 수 있다. 그림 9.16에서 A 지점은 쿼리가 실행되면서 MySQL 서버가 첫 번째 레코드를 찾아낸 시점이며, B 지점은 MySQL 서버가 마지막 레코드를 찾아낸 시점을 의미한다. 물론 조인 조건에 일치하는 마지막 레코드를 찾았다고 해서 항상 쿼리가 완료되는 것은 아니지만 그림 9.16에서는 마지막 레코드를 찾아낸 시점에서 쿼리 처리가 완료된 것으로 표현했다.

해시 조인은 첫 번째 레코드를 찾는 데는 시간이 많이 걸리지만 최종 레코드를 찾는 데까지는 시간이 많이 걸리지 않음을 알 수 있다. 그리고 네스티드 루프 조인은 마지막 레코드를 찾는 데까지는 시간이 많이 걸리지만 첫 번째 레코드를 찾는 것은 상대적으로 훨씬 빠르다는 것을 알 수 있다. 즉, 해시 조인 쿼리는 최고 스루풋(Best Throughput) 전략에 적합하며, 네스티드 루프 조인은 최고 응답 속도(Best Response-time) 전략에 적합하다는 것을 알 수 있다. 일반적인 웹 서비스는 온라인 트랜잭션(OLTP) 서비스이기 때문에 스루풋도 중요하지만 응답 속도가 더 중요하다. 그리고 분석과 같은 서비스는 사용자의 응답 시간보다는 전체적으로 처리 소요 시간이 중요하기 때문에 응답 속도보다는 전체 스루풋이 중요하다.

MySQL 서버는 범용 RDBMS이며, 여기에서 범용이라 함은 온라인 트랜잭션 처리를 위한 데이터베이스 서버를 지칭하는 것이다. 아마도 대용량 데이터 분석을 위해서 MySQL 서버를 사용하지는 않을 것이다. 이 관점으로 본다면 MySQL 서버가 응답 속도와 스루풋 중 어디에 집중해서 최적화할 것인지 명확해진다. 이런 이유로 MySQL 서버는 주로 조인 조건의 칼럼이 인덱스가 없다거나 조인 대상 테이블 중 일부의 레코드 건수가 매우 적은 경우 등에 대해서만 해시 조인 알고리즘을 사용하도록 설계돼 있다. 즉 MySQL 서버의 해시 조인 최적화는 네스티드 루프 조인이 사용되기에 적합하지 않은 경우를 위한 차선책(Fallback strategy) 같은 기능으로 생각하는 것이 좋다[4]. 그래서 해시 조인이 빠르다고 하니까 옵티마이저 힌트를 사용해서 강제로 쿼리의 실행 계획을 해시 조인으로 유도하는 것은 좋지 않다는 것을 기억하자.

MySQL 8.0.17 버전까지는 해시 조인 기능이 없었기 때문에 조인 조건이 좋지 않은 경우 블록 네스티드 루프 조인(Block Nested Loop)이라는 조인 알고리즘을 사용했다. 블록 네스티드 루프 조인 또한 쿼리의 조인 조건이 인덱스를 제대로 활용할 수 없는 경우에만 사용되는 최적화 방법 수준으로 사용됐다. 그래서 인덱스가 잘 설계된 데이터베이스에서는 블록 네스티드 루프 조인 실행 계획은 거의 볼 수 없었다. 블록 기반의 네스티드 루프 조인에서 "블록"은 join_buffer_size라는 시스템 변수로 크기를 조정할 수 있는 메모리 공간을 의미한다. 하지만 이 조인 버퍼를 무한정 크게 설정할 수는 없으며, 조인 대상 테이블의 레코드 크기가 조인 버퍼보다 큰 경우에는 드라이빙 테이블을 여러 번 반복해서 스캔해야 하는 문제점이 있다.

그래서 MySQL 8.0.18과 8.0.19 버전에서는 동등 조인(Equi-Join)을 위해서는 해시 조인이 사용됐지만 안티 조인이나 세미 조인을 위해서는 블록 네스티드 루프 조인이 사용됐다. 하지만 MySQL 8.0.20 버전부터는 블록 네스티드 루프 조인은 더이상 사용되지 않고, 네스티드 루프 조인을 사용할 수 없는 경우에는 항상 해시 조인이 사용되도록 바뀌었다. 그리고 8.0.20 버전부터는 block_nested_loop 같은 optimizer_switch 또는 BNL과 NO_BNL과 같은 힌트들도 블록 네스티드 루프가 아닌 해시 조인을 유도하는 목적으로 사용된다.

다음 쿼리 처리를 살펴보면서 해시 조인의 최적화 방식을 자세히 살펴보자. 쿼리의 실행 계획을 살펴보면 salaries 테이블의 접근 방식에서 Extra 칼럼에 "hash join"이라는 키워드를 확인할 수 있는데, 이는 MySQL 옵티마이저가 해시 조인으로 이 쿼리를 처리했다는 것을 의미한다. 이 예제에서 IGNORE

---

4 적어도 MySQL 8.0.21 버전이 나온 지금 시점까지는 그렇다. 물론 앞으로 MySQL 서버가 데이터 분석을 위한 기능을 보강하면 그때는 해시 조인이 기본 조인 알고리즘으로 자리 잡을 수도 있을 것이다.

INDEX 힌트는 네스티드 루프 조인이 사용되지 못하게 하기 위해 사용됐으며, 결과적으로 옵티마이저는 적절한 인덱스가 없어서 해시 조인을 사용했다.

```
mysql> EXPLAIN
    SELECT *
    FROM employees e IGNORE INDEX(PRIMARY, ix_hiredate)
       INNER JOIN dept_emp de IGNORE INDEX(ix_empno_fromdate, ix_fromdate)
          ON de.emp_no=e.emp_no AND de.from_date=e.hire_date;
+----+-------------+-------+------+--------------------------------------------+
| id | select_type | table | type | Extra                                      |
+----+-------------+-------+------+--------------------------------------------+
|  1 | SIMPLE      | de    | ALL  | NULL                                       |
|  1 | SIMPLE      | e     | ALL  | Using where; Using join buffer (hash join) |
+----+-------------+-------+------+--------------------------------------------+
```

일반적으로 해시 조인은 빌드 단계(Build-phase)와 프로브 단계(Probe-phase)로 나뉘어 처리된다. 빌드 단계에서는 조인 대상 테이블 중에서 레코드 건수가 적어서 해시 테이블로 만들기에 용이한 테이블을 골라서 메모리에 해시 테이블을 생성(빌드)하는 작업을 수행한다. 빌드 단계에서 해시 테이블을 만들 때 사용되는 원본 테이블을 빌드 테이블이라고도 한다. 그리고 프로브 단계는 나머지 테이블의 레코드를 읽어서 해시 테이블의 일치 레코드를 찾는 과정을 의미한다. 이때 읽는 나머지 테이블을 프로브 테이블이라고도 한다. 하지만 위의 실행 계획에서는 어느 테이블이 빌드 테이블이고 어느 테이블이 프로브 테이블인지 식별하기 어렵다. 이러한 경우에는 EXPLAIN FORMAT=TREE 명령 또는 EXPLAIN ANALYZE 명령을 사용하면 조금 더 쉽게 구분할 수 있다.

```
mysql> EXPLAIN FORMAT=TREE
    SELECT *
    FROM employees e IGNORE INDEX(PRIMARY, ix_hiredate)
       INNER JOIN dept_emp de IGNORE INDEX(ix_empno_fromdate, ix_fromdate)
          ON de.emp_no=e.emp_no AND de.from_date=e.hire_date \G

-> Inner hash join (e.hire_date = de.from_date), (e.emp_no = de.emp_no)
              (cost=9942694661.05 rows=331143)
    -> Table scan on e  (cost=0.08 rows=300252)
    -> Hash
       -> Table scan on de  (cost=33979.30 rows=331143)
```

Tree 포맷의 실행 계획에서 보는 바와 같이 실행 계획의 최하단 제일 안쪽(들여쓰기가 가장 많이 된)의 dept_emp 테이블이 빌드 테이블로 선정된 것이다. MySQL 옵티마이저는 해시 조인을 위해 빌드 테이블인 dept_emp 테이블의 레코드를 읽어서 메모리에 해시 테이블을 생성했다. 그리고 프로브 테이블로 선택된 employees 테이블을 스캔하면서 메모리에 생성된 해시 테이블에서 레코드를 찾아서 결과를 사용자에게 반환한 것이다. 그림 9.17은 이 해시 조인의 과정을 그림으로 표현한 것이다.

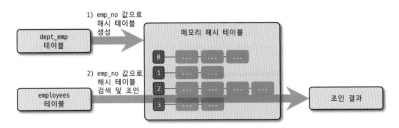

그림 9.17 해시 조인(메모리에서 모두 처리 가능한 경우)

해시 테이블을 메모리에 저장할 때 MySQL 서버는 join_buffer_size 시스템 변수로 크기를 제어할 수 있는 조인 버퍼를 사용한다. 조인 버퍼의 기본 크기는 256KB인데, 해시 테이블의 레코드 건수가 많아서 조인 버퍼의 공간이 부족할 수도 있다. 이러한 경우 MySQL 서버는 빌드 테이블과 프로브 테이블을 적당한 크기(하나의 청크가 조인 버퍼보다 작도록)의 청크로 분리한 다음, 청크별로 그림 9.17 '해시 조인(메모리에서 모두 처리 가능한 경우)'와 동일 방식으로 해시 조인을 처리한다. 그림 9.18 '해시 조인 1차 처리(메모리가 부족한 경우)'는 조인 버퍼보다 해시 테이블이 큰 경우 해시 조인이 실행되는 방법을 보여준다.

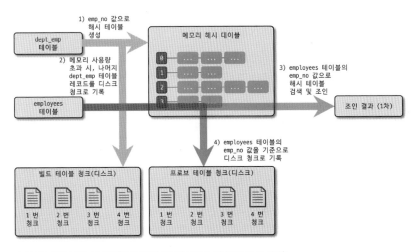

그림 9.18 해시 조인 1차 처리(해시 테이블이 조인 버퍼 메모리보다 큰 경우)

그림 9.18에서는 해시 조인의 처리 방법이 조금 복잡해졌는데, 그 이유는 만들어질 해시 테이블이 설정된 메모리 크기(join_buffer_size)보다 큰지를 알 수 없기 때문이다. MySQL 서버는 dept_emp 테이블을 읽으면서 메모리의 해시 테이블을 준비하다가 지정된 메모리 크기(join_buffer_size)를 넘어서면 dept_emp 테이블의 나머지 레코드를 디스크에 청크로 구분해서 저장한다(이 과정은 그림 9.18의 1번과 2번에 해당한다). 그리고 MySQL 서버는 employees 테이블의 emp_no 값을 이용해 메모리의 해시 테이블을 검색해서 1차 조인 결과를 생성한다. 그리고 동시에 employees 테이블에서 읽은 레코드를 디스크에 청크로 구분해서 저장한다. 그래서 그림 9.18에서 디스크에 2개의 그룹으로 구분된 청크 목록이 표현된 것이며, "빌드 테이블 청크"는 dept_emp 테이블의 레코드들을 저장해둔 공간이고, "프로브 테이블 청크"는 employees 테이블의 레코드들을 저장해둔 공간이다.

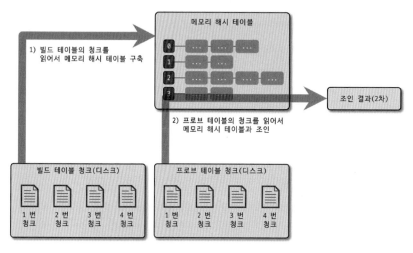

그림 9.19 해시 조인 2차 처리(해시 테이블이 조인 버퍼 메모리보다 큰 경우)

그림 9.18과 같이 1차 조인이 완료되면 그림 9.19의 1번 화살표와 같이 MySQL 서버는 디스크에 저장된 "빌드 테이블 청크"에서 첫 번째 청크를 읽어서 다시 "메모리 해시 테이블"을 구축한다. 그리고 MySQL 서버는 2번 화살표와 같이 "프로브 테이블 청크"에서 첫 번째 청크를 읽으면서 새로 구축된 "메모리 해시 테이블"과 조인을 수행해 2차 결과를 가져온다. 그림 9.19는 "빌드 테이블 청크"와 "프로브 테이블 청크"에서 첫 번째 청크만 처리하는 그림을 보여주지만 디스크에 저장된 청크 개수만큼 이 과정을 반복 처리해서 완성된 조인 결과를 만들어낸다. 이렇게 청크 단위로 조인을 수행하기 위해

MySQL 서버는 2차 해시 함수[5]를 이용해 "빌드 테이블"과 "프로브 테이블"을 동일 개수의 청크로 쪼개어 디스크로 저장한다.

MySQL 옵티마이저는 빌드 테이블의 크기에 따라 "그림 9.17 해시 조인(메모리에서 모두 처리 가능한 경우)" 경우에 클래식 해시 조인(Classic hash join) 알고리즘을 사용하고, "그림 9.18 해시 조인 1차 처리(해시 테이블이 조인 버퍼 메모리보다 큰 경우)"의 경우에 그레이스 해시 조인(Grace hash join) 알고리즘을 하이브리드(Hybrid)하게 활용하도록 구현돼 있다[6]. MySQL 서버의 해시 조인에서 해시 키를 만들 때 xxHash64 해시 함수를 사용하는데, xxHash64 해시 함수는 매우 빠르고 해시된 값의 분포도도 훌륭한 해시 알고리즘이다.

> **참고**   해시 조인 알고리즘에 대한 더 자세한 내용이 궁금하다면 다음 의사 코드를 참고하자.
>
> ```
> result = []
> join_buffer = []
> partitions = 0
> on_disk = false;
>
> ## h_tab :: Hash table
> ## p_tab :: Probe table
>
> for(h_tab_row in h_tab){
>   hash = xxHash64(h_tab_row.join_column)
>   if(not on_disk){
>     join_buffer.append(hash)
>
>     if(is_full(join_buffer)){
>       ## Spill out partition to disk
>       on_disk = true
>       partitions = write_buffer_to_disk(join_buffer)
>       join_buffer = []
> ```

---

5 여기서 "2차 해시 함수"라고 표현한 것은 특정 해시 알고리즘을 지칭한 것이 아니라 해시 조인을 위한 해시 키 생성용 해시 함수와는 다른 해시 함수를 사용해서 청크를 분리한다는 의미다. 실제 청크를 구분하기 위해서 사용하는 해시 함수 자체는 크게 중요하지 않다.

6 해시 조인의 알고리즘에 영어 표기를 넣은 것은 매뉴얼이나 인터넷 블로그를 참조할 때 이해를 돕기 위함이므로 최소한 조인 알고리즘의 이름은 기억해두는 것이 좋다.

```
    }else{
      write_hash_to_disk(hash)
    }
  }
}

if(not on_disk){
  for(p_tab_row in p_tab){
    hash = xxHash64(p_tab_row.join_column)
    if hash in join_buffer{
      h_tab_row = get_row(hash)
      p_tab_row = get_row(hash)
      result.append(join_rows(h_tab_row, p_tab_row))
    }
  }
}else{
  for(p_tab_row in p_tab){
    hash = xxHash64(p_tab_row.join_column)
    write_hash_to_disk(hash)
  }

  for(part in partitions){
    join_buffer = load_build_from_disk(part)
    for(hash in load_hash_from_disk(part)){
      if(hash in join_buffer){
        h_tab_row = get_row(hash)
        p_tab_row = get_row(hash)
        result.append(join_rows(h_tab_row, p_tab_row))
      }
    join_buffer = []
  }
}
```

9.3.1.20 인덱스 정렬 선호(prefer_ordering_index)

MySQL 옵티마이저는 ORDER BY 또는 GROUP BY를 인덱스를 사용해 처리 가능한 경우 쿼리의 실행 계획에서 이 인덱스의 가중치를 높이 설정해서 실행된다. 예를 들어, 다음 쿼리를 한 번 살펴보자.

```
mysql> EXPLAIN
    SELECT *
    FROM employees
    WHERE hire_date BETWEEN '1985-01-01' AND '1985-02-01'
    ORDER BY emp_no;
+----+-----------+-------+---------+--------+-------------+
| id | table     | type  | key     | rows   | Extra       |
+----+-----------+-------+---------+--------+-------------+
|  1 | employees | index | PRIMARY | 300252 | Using where |
+----+-----------+-------+---------+--------+-------------+
```

이 쿼리는 대표적으로 다음 2가지 실행 계획을 선택할 수 있다.

1. ix_hiredate 인덱스를 이용해 "hire_date BETWEEN '1985-01-01' AND '1985-02-01'" 조건에 일치하는 레코드를 찾은 다음, emp_no로 정렬해서 결과를 반환

2. employees 테이블의 프라이머리 키가 emp_no이므로 프라이머리 키를 정순으로 읽으면서 hire_date 칼럼의 조건에 일치하는지 비교 후 결과를 반환

상황에 따라 1번이 효율적일 수도 있고 2번이 효율적일 수도 있다. 일반적으로는 hire_date 칼럼의 조건에 부합되는 레코드 건수가 많지 않다면 1번이 효율적일 것이다. 그런데 가끔 MySQL 옵티마이저가 예제 쿼리의 실행 계획과 같이 2번 실행 계획을 선택하는 경우가 있을 수도 있다. 실행 계획에서는 PRIMARY 키를 풀 스캔하면서 hire_date 칼럼의 값이 1985년 1월인 건만 필터링하도록 쿼리를 처리하고 있다. 이렇게 체크해야 하는 레코드 건수가 상당히 많음에도 불구하고 정렬된 인덱스 활용으로 실행 계획이 수립되는 것은 옵티마이저가 실수로 잘못된 실행 계획을 선택한 것일 가능성이 높다. 물론 이런 경우가 빈번하진 않지만 아주 가끔 옵티마이저가 이런 실수를 한다.

그런데 MySQL 8.0.20 버전까지는 이 같은 옵티마이저의 실수가 자주 발생하면 다른 실행 계획을 사용하게 하기 위해 특정 인덱스(ORDER BY를 위한 인덱스)를 사용하지 못하도록 "IGNORE INDEX" 힌트를 사용하거나 했다. MySQL 8.0.21 버전부터는 MySQL 서버 옵티마이저가 ORDER BY를 위한 인덱스에 너무 가중치를 부여하지 않도록 prefer_ordering_index 옵티마이저 옵션이 추가됐다. prefer_ordering_ index 옵티마이저 옵션의 기본값은 ON으로 설정돼 있지만 옵티마이저가 자주 실수를 한다면 다음과 같이 prefer_ordering_index 옵션을 OFF로 변경하면 된다.

```
-- // 현재 커넥션에서만 prefer_ordering_index 옵션을 비활성화
mysql> SET SESSION optimizer_switch='prefer_ordering_index=OFF';

-- // 현재 쿼리에 대해서만 prefer_ordering_index 옵션을 비활성화
mysql> SELECT /*+ SET_VAR(optimizer_switch='prefer_ordering_index=OFF') */
          ...
       FROM
          ...
```

9.3.2 조인 최적화 알고리즘

MySQL에는 조인 쿼리의 실행 계획 최적화를 위한 알고리즘이 2개 있다. 사실 이 알고리즘들은 MySQL 5.0 버전부터 있던 기능인데, 그 중요성에 비해 모르는 경우가 많아서 함께 설명하고자 한다. MySQL의 조인 최적화는 나름 많이 개선됐다고 이야기한다. 하지만 사실 테이블의 개수가 많아지면 최적화된 실행 계획을 찾는 것이 상당히 어려워지고, 하나의 쿼리에서 조인되는 테이블의 개수가 많아지면 실행 계획을 수립하는 데만 몇 분이 걸릴 수도 있다. 테이블의 개수가 특정 한계를 넘어서면 그때부터는 실행 계획 수립에 소요되는 시간만 몇 시간이나 며칠로 늘어날 수도 있다. 여기서는 왜 그런 현상이 생기고, 어떻게 그런 현상을 피할 수 있는지 살펴보겠다.

MySQL에는 최적화된 조인 실행 계획 수립을 위한 2가지 알고리즘이 있는데, 적절한 한글 명칭이 없어서 영어를 그대로 표기하겠다. 다음과 같이 간단히 4개의 테이블을 조인하는 쿼리 문장이 조인 옵티마이저 알고리즘에 따라 어떻게 처리되는지 간단히 살펴보자.

```
mysql> SELECT *
       FROM t1, t2, t3, t4
       WHERE ...
```

9.3.2.1 Exhaustive 검색 알고리즘

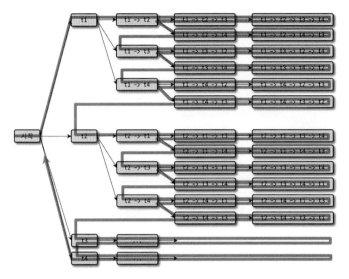

그림 9.20 Exhaustive 검색 알고리즘

Exhaustive 검색 알고리즘은 MySQL 5.0과 그 이전 버전에서 사용되던 조인 최적화 기법으로, FROM 절에 명시된 모든 테이블의 조합에 대해 실행 계획의 비용을 계산해서 최적의 조합 1개를 찾는 방법이다. 그림 9.20은 4개의 테이블(t1~t4)이 Exhaustive 검색 알고리즘으로 처리될 때 최적의 조인 순서를 찾는 방법을 표현한 것이다. 테이블이 20개라면 이 방법으로 처리했을 때 가능한 조인 조합은 모두 20!(Factorial, 3628800)개가 된다. 이전 버전에서 사용되던 Exhaustive 검색 알고리즘에서는 사실 테이블이 10개만 넘어도 실행 계획을 수립하는 데 몇 분이 걸린다. 그리고 테이블이 10개에서 1개만 더 늘어나도 11배의 시간이 더 걸린다.

9.3.2.2 Greedy 검색 알고리즘

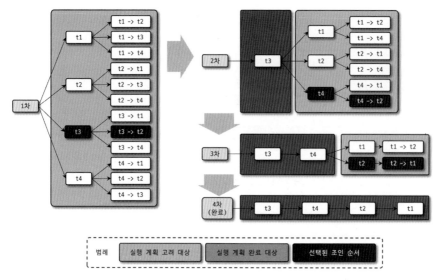

그림 9.21 Greedy 검색 알고리즘

Greedy 검색 알고리즘은 Exhaustive 검색 알고리즘의 시간 소모적인 문제점을 해결하기 위해 MySQL 5.0부터 도입된 조인 최적화 기법이다. 그림 9.21은 4개의 테이블(t1~t4)이 Greedy 검색 알고리즘으로 처리될 때(optimizer_search_depth 시스템 변수의 값은 2로 가정) 최적의 조인 순서를 검색하는 방법을 보여준다. Greedy는 Exhaustive 검색 알고리즘보다는 조금 복잡한 형태로 최적의 조인 순서를 결정한다. 그림 9.21의 내용을 간단히 순서대로 살펴보자.

1. 전체 N개의 테이블 중에서 optimizer_search_depth 시스템 설정 변수에 정의된 개수의 테이블로 가능한 조인 조합을 생성

2. 1번에서 생성된 조인 조합 중에서 최소 비용의 실행 계획 하나를 선정

3. 2번에서 선정된 실행 계획의 첫 번째 테이블을 "부분 실행 계획(그림 9.20에서는 실행 계획 완료 대상으로 표현됨)"의 첫 번째 테이블로 선정

4. 전체 N-1개의 테이블 중(3번에서 선택된 테이블 제외)에서 optimizer_search_depth 시스템 설정 변수에 정의된 개수의 테이블로 가능한 조인 조합을 생성

5. 4번에서 생성된 조인 조합들을 하나씩 3번에서 생성된 "부분 실행 계획"에 대입해 실행 비용을 계산

6. 5번의 비용 계산 결과, 최적의 실행 계획에서 두 번째 테이블을 3번에서 생성된 "부분 실행 계획"의 두 번째 테이블로 선정

7. 남은 테이블이 모두 없어질 때까지 4~6번까지의 과정을 반복 실행하면서 "부분 실행 계획"에 테이블의 조인 순서를 기록

8. 최종적으로 "부분 실행 계획"이 테이블의 조인 순서로 결정됨

Greedy 검색 알고리즘은 `optimizer_search_depth` 시스템 변수에 설정된 값에 따라 조인 최적화의 비용이 상당히 줄어들 수 있다. `optimizer_search_depth` 시스템 변수의 기본값은 62다.

MySQL에서는 조인 최적화를 위한 시스템 변수로 `optimizer_prune_level`과 `optimizer_search_depth`가 제공된다.

- `optimizer_search_depth` 시스템 변수는 Greedy 검색 알고리즘과 Exhaustive 검색 알고리즘 중에서 어떤 알고리즘을 사용할지 결정하는 시스템 변수다. `optimizer_search_depth`는 0~62까지의 정숫값을 설정할 수 있는데, 1~62까지의 정숫값이 설정되면 Greedy 검색 대상을 지정된 개수로 한정해서 최적의 실행 계획을 산출한다. `optimizer_search_depth`가 0으로 설정되면 Greedy 검색을 위한 최적의 조인 검색 테이블의 개수를 MySQL 옵티마이저가 자동으로 결정한다. `optimizer_search_depth` 설정 값과 쿼리의 조인 테이블 개수에 따라 Exhaustive 검색만 사용되거나 Greedy 검색과 Exhaustive 검색이 동시에 사용된다. 조인에 사용된 테이블의 개수가 `optimizer_search_depth` 설정 값보다 크다면 `optimizer_search_depth` 만큼의 테이블은 Exhaustive 검색이 사용되고 나머지 테이블은 Greedy 검색이 사용된다. 그리고 조인에 사용된 테이블의 개수가 `optimizer_search_depth` 설정 값보다 작다면 Exhaustive 검색만 사용된다. `optimizer_search_depth`의 기본값은 62인데, 많은 테이블이 조인되는 쿼리에서는 상당히 부담이 될 수도 있다. 특히 `optimizer_prune_level` 시스템 변수가 0으로 설정된 경우에는 `optimizer_search_depth`의 설정값이 쿼리의 성능에 심각한 영향을 미칠 수 있으니 `optimizer_search_depth`를 4~5 정도로 설정하는 것이 좋다.

- `optimizer_prune_level` 시스템 변수는 MySQL 5.0부터 추가된 Heuristic 검색이 작동하는 방식을 제어한다. 우리가 Exhaustive 검색 알고리즘과 Greedy 검색 알고리즘 중에서 어떤 알고리즘을 사용하더라도 MySQL 옵티마이저는 여러 테이블의 조인 순서를 결정하기 위해 상당히 많은 조인 경로를 비교한다. Heuristic 검색의 가장 핵심적인 내용은 다양한 조인 순서의 비용을 계산하는 도중 이미 계산했던 조인 순서의 비용보다 큰 경우에는 언제든지 중간에 포기할 수 있다는 것이다. 예를 들어, 첫 번째 조인 순서의 비용이 100이라고 가정하면 그 이후에 비교되는 조인 순서의 비용이 100보다 크면 그 조인 순서는 끝까지 비교해 볼 필요가 없는 것이다. 그리고 아우터 조인으로 연결되는 테이블은 우선순위에서 제거하는 등 경험 기반의 최적화도 Heuristic 검색 최적화에는 포함돼 있다. `optimizer_prune_level`이 "1"로 설정되면 옵티마이저는 조인 순서 최적화에 경험 기반의 Heuristic 알고리즘을 사용한다. 그리고 이 값이 "0"으로 설정되면 경험 기반의 Heuristic 최적화가 적용되지 않는다. 실제 Heuristic 조인 최적화는 조인 대상 테이블이 몇 개 되지 않더라도 상당한 성능 차이를 낸다. 그러므로 특별한 요건이 없다면 `optimizer_prune_level`을 "0"으로 설정하지 말자.

그렇다면 테이블 조인이 많은 쿼리의 실행 계획 수립이 얼마나 느려질 수 있는지, optimizer_prune_level과 optimizer_search_depth를 조정하면 얼마나 더 빨라질 수 있는지 한 번 살펴보자. 우선 다음과 같이 칼럼 2개와 프라이머리 키, 그리고 보조 인덱스를 가진 테이블을 tab01부터 tab30까지 생성하고, 레코드를 2000건 정도 INSERT한다. 테이블의 구조와 인덱스 구조를 좀 더 다양화하기 위해 몇 개의 테이블은 fd1 칼럼과 fd2 칼럼을 INT와 BIGINT 타입으로 생성했고, 몇 개의 테이블은 일부러 보조 인덱스를 제거했다. 그리고 테이블당 2000여 건 정도의 테스트 데이터를 INSERT했다.

```
mysql> CREATE TABLE tab01 (
          fd1 char(20) NOT NULL,
          fd2 char(20) DEFAULT NULL,
          PRIMARY KEY (fd1),
          KEY ix_fd2 (fd2)
          );
```

테스트를 수행할 테이블은 준비됐으니 이제 다음의 쿼리로 실행 계획을 한 번 확인해 보자. 최적화된 쿼리는 아니므로 실제 이 쿼리 문장으로 데이터를 조회하지는 말자. 쿼리 자체는 최적화되지 않았지만 쿼리의 실행 계획을 확인하는 것은 쿼리의 성능과는 무관하므로 MySQL 서버의 실행 계획 수립에 소요되는 시간을 확인하는 것으로는 충분할 것이다.

```
mysql> SET SESSION optimizer_prune_level = { 0 | 1 };
mysql> SET SESSION optimizer_search_depth= { 1 | 5 | 10 | 15 | 20 | 25 | 30 | 35 | 40 | 62 };
mysql> EXPLAIN
    SELECT *
    FROM tab01, tab02, tab03, tab04, tab05, tab06, tab07, tab08, tab09, tab10,
         tab11, tab12, tab13, tab14, tab15, tab16, tab17, tab18, tab19, tab20,
         tab21, tab22, tab23, tab24, tab25, tab26, tab27, tab28, tab29, tab30
    WHERE tab01.fd1=tab02.fd1
         AND tab02.fd1=tab03.fd2 AND tab03.fd1=tab04.fd2 AND tab04.fd2=tab05.fd1
         AND tab05.fd2=tab06.fd1 AND tab06.fd2=tab07.fd2 AND tab07.fd1=tab08.fd1
         AND tab08.fd2=tab09.fd1 AND tab09.fd1=tab10.fd2 AND tab10.fd1=tab11.fd2
         AND tab11.fd2=tab12.fd1 AND tab12.fd2=tab13.fd2 AND tab13.fd1=tab14.fd1
         AND tab14.fd2=tab15.fd1 AND tab15.fd1=tab16.fd2 AND tab16.fd1=tab17.fd1
         AND tab17.fd2=tab18.fd2 AND tab18.fd1=tab19.fd1 AND tab19.fd2=tab20.fd2
         AND tab20.fd1=tab21.fd1 AND tab21.fd2=tab22.fd2 AND tab22.fd2=tab23.fd1
         AND tab23.fd1=tab24.fd2 AND tab24.fd2=tab25.fd2 AND tab25.fd1=tab26.fd2
```

```
AND tab26.fd1=tab27.fd2 AND tab27.fd2=tab28.fd1 AND tab28.fd2=tab29.fd1
AND tab29.fd2=tab30.fd2;
```

먼저 optimizer_prune_level 시스템 변수를 1로 고정하고, optimizer_search_depth 세션 변수의 값을 1부터 5씩 증가시켜서 62까지 변화시켜가면서 위 쿼리의 실행 계획 수립에 걸린 시간을 확인한 결과, 거의 시간 차이 없이 0.01초 이내에 완료됐다. MySQL 5.1 버전에서는 optimizer_prune_level을 1로 설정해서 조인 순서 결정에 Heuristic 최적화를 적용해도 optimizer_search_depth 세션 변숫값이 증가하면 실행 계획 수립에 1초 넘는 시간이 걸렸다. 지금처럼 optimizer_search_depth 값 변화와 관계없이 실행 계획 수립이 아주 빠르게 처리되는 것은 MySQL 서버의 조인 최적화나 딕셔너리 정보 검색 성능이 버전이 올라감에 따라 많이 개선됐기 때문이다.

이번에는 optimizer_prune_level 세션 변수를 0으로 고정하고, optimizer_search_depth 세션 변수의 값을 1부터 5씩 증가시키면서 실행 계획 수립에 걸리는 시간을 확인해봤다. 그림 9.22는 optimizer_search_depth 값 변화에 따른 실행 계획 수립에 소요된 시간을 보여주는데, optimizer_search_depth가 15일 때부터는 실행 계획 수립에만 너무 많은 시간이 소요되어 표기하지 않았다.

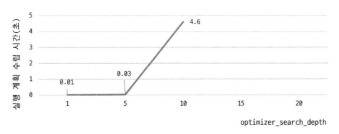

그림 9.22 optimizer_search_depth 값 변화에 따른 실행 계획 수립 소요 시간

MySQL 8.0 버전의 조인 최적화는 많이 개선되어 optimizer_search_depth 변수의 값에는 크게 영향받지 않는 것으로 보인다. 하지만 optimizer_prune_level을 0으로 설정하면 optimizer_search_depth 값 변화에 따라 실행 계획 수립에 소요되는 시간이 급증하는 것을 확인할 수 있다. 예전 버전의 MySQL 서버에서는 조인 최적화와 관련된 휴리스틱(Heuristic)의 문제점이 있었지만 MySQL 8.0에서는 이런 조인 최적화 관련된 휴리스틱을 비활성화할 필요가 거의 없어졌다. optimizer_prune_level 시스템 변수의 기본값이 1이므로 조인 관련된 시스템 변수의 조정은 더이상 필요치 않을 것으로 보인다.

9.4 쿼리 힌트

MySQL의 버전이 업그레이드되고 통계 정보나 옵티마이저의 최적화 방법들이 더 다양해지면서 쿼리의 실행 계획 최적화가 많이 성숙하고 있다. 하지만 여전히 MySQL 서버는 우리가 서비스하는 비즈니스를 100% 이해하지는 못한다. 그래서 서비스 개발자나 DBA보다 MySQL 서버가 부족한 실행 계획을 수립할 때가 있을 수 있다. 이런 경우에는 옵티마이저에게 쿼리의 실행 계획을 어떻게 수립해야 할지 알려줄 수 있는 방법이 필요하다. 일반적인 RDBMS에서는 이런 목적으로 힌트가 제공되며, MySQL에서도 다양한 옵티마이저 힌트를 제공한다.

MySQL 서버에서 사용 가능한 쿼리 힌트는 다음과 같이 2가지로 구분할 수 있다.

- 인덱스 힌트
- 옵티마이저 힌트

인덱스 힌트는 예전 버전의 MySQL 서버에서 사용되어 오던 "USE INDEX" 같은 힌트를 의미하며, 옵티마이저 힌트는 MySQL 5.6 버전부터 새롭게 추가되기 시작한 힌트들을 지칭한다. 그런데 여기에 포함되지 않은 STRAIGHT_JOIN과 같은 힌트들도 있다. 여기서는 옵티마이저 힌트가 아닌 것들은 모두 모아서 인덱스 힌트 절로 분류해서 살펴보겠다.

9.4.1 인덱스 힌트

"STRAIGHT_JOIN"과 "USE INDEX" 등을 포함한 인덱스 힌트들은 모두 MySQL 서버에 옵티마이저 힌트가 도입되기 전에 사용되던 기능들이다. 이들은 모두 SQL의 문법에 맞게 사용해야 하기 때문에 사용하게 되면 ANSI-SQL 표준 문법을 준수하지 못하게 되는 단점이 있다[7]. MySQL 5.6 버전부터 추가되기 시작한 옵티마이저 힌트들은 모두 MySQL 서버를 제외한 다른 RDBMS에서는 주석으로 해석하기 때문에 ANSI-SQL 표준을 준수한다고 볼 수 있다. 그래서 가능하다면 인덱스 힌트보다는 옵티마이저 힌트를 사용할 것을 추천한다. 또한 인덱스 힌트는 SELECT 명령과 UPDATE 명령에서만 사용할 수 있다.

---

7 물론 인덱스 힌트도 옵티마이저 힌트와 같이 주석 형태로 표기할 수도 있다. 하지만 일반적으로 주석 형태보다는 SQL의 일부 형태로 자주 사용된다.

9.4.1.1 STRAIGHT_JOIN

STRAIGHT_JOIN은 옵티마이저 힌트인 동시에(11.6.2절 'JOIN UPDATE'의 예제와 같이) 조인 키워드이기도 하다. STRAIGHT_JOIN은 SELECT, UPDATE, DELETE 쿼리에서 여러 개의 테이블이 조인되는 경우 조인순서를 고정하는 역할을 한다. 다음 쿼리는 3개의 테이블을 조인하지만 어느 테이블이 드라이빙 테이블이 되고 어느 테이블이 드리븐 테이블이 될지 알 수 없다. 옵티마이저가 그때그때 각 테이블의 통계정보와 쿼리의 조건을 기반으로 가장 최적이라고 판단되는 순서로 조인한다.

```
mysql> EXPLAIN
    SELECT *
    FROM employees e, dept_emp de, departments d
    WHERE e.emp_no=de.emp_no AND d.dept_no=de.dept_no;
```

이 쿼리의 실행 계획을 확인해 보면 다음과 같이 departments 테이블을 드라이빙 테이블로 선택했고, 두 번째로 dept_emp 테이블을 읽은 뒤에 마지막으로 employees 테이블을 읽었음을 알 수 있다. 일반적으로 조인을 하기 위한 칼럼들의 인덱스 여부로 조인의 순서가 결정되며, 조인 칼럼의 인덱스에 아무런 문제가 없는 경우에는(WHERE 조건이 있는 경우는 WHERE 조건을 만족하는) 레코드가 적은 테이블을 드라이빙으로 선택한다. 이 쿼리의 경우에는 departments 테이블이 레코드 건수가 가장 적어서 드라이빙으로 선택됐을 것으로 보인다.

```
+----+-------------+-------+--------+-------------+-------+-------------+
| id | select_type | table | type   | key         | rows  | Extra       |
+----+-------------+-------+--------+-------------+-------+-------------+
|  1 | SIMPLE      | d     | index  | ux_deptname |     9 | Using index |
|  1 | SIMPLE      | de    | ref    | PRIMARY     | 41392 | NULL        |
|  1 | SIMPLE      | e     | eq_ref | PRIMARY     |     1 | NULL        |
+----+-------------+-------+--------+-------------+-------+-------------+
```

하지만 이 쿼리의 조인 순서를 변경하려는 경우에는 STRAIGHT_JOIN 힌트를 사용할 수 있다. 다음 두 쿼리는 힌트의 표기법만 조금 다르게 했을 뿐 동일한 쿼리다. 두 예제 모두 STRAIGHT_JOIN 키워드가 SELECT 키워드 바로 뒤에 사용됐다는 것에 주의하자. 이처럼 인덱스 힌트는 사용해야 하는 위치가 이미 결정됐으므로 그 이외의 다른 위치에서는 사용하지 않도록 주의하자.

```
mysql> SELECT STRAIGHT_JOIN
          e.first_name, e.last_name, d.dept_name
       FROM employees e, dept_emp de, departments d
       WHERE e.emp_no=de.emp_no
         AND d.dept_no=de.dept_no;

mysql> SELECT /*! STRAIGHT_JOIN */
          e.first_name, e.last_name, d.dept_name
       FROM employees e, dept_emp de, departments d
       WHERE e.emp_no=de.emp_no
         AND d.dept_no=de.dept_no;
```

STRAIGHT_JOIN 힌트는 옵티마이저가 FROM 절에 명시된 테이블의 순서대로 조인을 수행하도록 유도하는데, 이 쿼리의 실행 계획을 보면 FROM 절에 명시된 테이블의 순서대로(employees → dept_emp → departments) 조인을 수행한다는 것을 알 수 있다.

```
+----+-------------+-------+--------+------------------+--------+-------------+
| id | select_type | table | type   | key              | rows   | Extra       |
+----+-------------+-------+--------+------------------+--------+-------------+
|  1 | SIMPLE      | e     | ALL    | NULL             | 300473 | NULL        |
|  1 | SIMPLE      | de    | ref    | ix_empno_fromdate |     1 | Using index |
|  1 | SIMPLE      | d     | eq_ref | PRIMARY          |      1 | NULL        |
+----+-------------+-------+--------+------------------+--------+-------------+
```

주로 다음 기준에 맞게 조인 순서가 결정되지 않는 경우에만 STRAIGHT_JOIN 힌트로 조인 순서를 조정하는 것이 좋다.

- 임시 테이블(인라인 뷰 또는 파생된 테이블)과 일반 테이블의 조인: 이 경우에는 거의 일반적으로 임시 테이블을 드라이빙 테이블로 선정하는 것이 좋다. 일반 테이블의 조인 칼럼에 인덱스가 없는 경우에는 레코드 건수가 작은 쪽을 먼저 읽도록 드라이빙으로 선택하는 것이 좋은데, 대부분 옵티마이저가 적절한 조인 순서를 선택하기 때문에 쿼리를 작성할 때부터 힌트를 사용할 필요는 없다. 옵티마이저가 실행 계획을 제대로 수립하지 못해서 심각한 성능 저하가 있는 경우에는 힌트를 사용하면 된다.

- 임시 테이블끼리 조인: 임시 테이블(서브쿼리로 파생된 테이블)은 항상 인덱스가 없기 때문에 어느 테이블을 먼저 드라이빙으로 읽어도 무관하므로 크기가 작은 테이블을 드라이빙으로 선택해주는 것이 좋다.

- 일반 테이블끼리 조인: 양쪽 테이블 모두 조인 칼럼에 인덱스가 있거나 양쪽 테이블 모두 조인 칼럼에 인덱스가 없는 경우에는 레코드 건수가 적은 테이블을 드라이빙으로 선택해주는 것이 좋으며, 그 이외의 경우에는 조인 칼럼에 인덱스가 없는 테이블을 드라이빙으로 선택하는 것이 좋다.

여기서 언급한 레코드 건수라는 것은 인덱스를 사용할 수 있는 WHERE 조건까지 포함해서 그 조건을 만족하는 레코드 건수를 의미하는 것이지, 무조건 테이블 전체의 레코드 건수를 의미하는 것은 아니다. 다음 예제와 같이 employees 테이블의 건수가 훨씬 많지만 조건을 만족하는 employees 테이블의 레코드는 건수가 훨씬 적은 경우를 생각해볼 수 있다. 이런 경우에는 (옵티마이저가 실행 계획을 잘못 수립하는 경우라면) STRAIGHT_JOIN 힌트를 이용해 employees 테이블을 드라이빙되게 하는 것이 좋다.

```
mysql> SELECT /*! STRAIGHT_JOIN */
          e.first_name, e.last_name, d.dept_name
       FROM employees e, departments d, dept_emp de
       WHERE e.emp_no=de.emp_no
         AND d.dept_no=de.dept_no
         AND e.emp_no=10001;
```

STRAIGHT_JOIN 힌트와 비슷한 역할을 하는 옵티마이저 힌트로는 다음과 같은 것들이 있다.

- JOIN_FIXED_ORDER

- JOIN_ORDER

- JOIN_PREFIX

- JOIN_SUFFIX

JOIN_FIXED_ORDER 옵티마이저 힌트는 STRAIGHT_JOIN 힌트와 동일한 효과를 낸다. STRAIGHT_JOIN 힌트는 한 번 사용되면 FROM 절의 모든 테이블에 대해 조인 순서가 결정되는 효과를 낸다. 하지만 나머지 3개의 옵티마이저 힌트(JOIN_ORDER와 JOIN_PREFIX, 그리고 JOIN_SUFFIX)는 STRAIGHT_JOIN과는 달리 일부 테이블의 조인 순서에 대해서만 제안하는 힌트다.

9.4.1.2 USE INDEX / FORCE INDEX / IGNORE INDEX

조인의 순서를 변경하는 것 다음으로 자주 사용되는 것이 인덱스 힌트인데, STRAIGHT_JOIN 힌트와는 달리 인덱스 힌트는 사용하려는 인덱스를 가지는 테이블 뒤에 힌트를 명시해야 한다. 대체로 MySQL 옵티마이저는 어떤 인덱스를 사용해야 할지를 무난하게 잘 선택하는 편이다. 하지만 3~4개 이상의 칼럼을 포함하는 비슷한 인덱스가 여러 개 존재하는 경우에는 가끔 옵티마이저가 실수를 하는데, 이런 경우에는 강제로 특정 인덱스를 사용하도록 힌트를 추가한다.

인덱스 힌트는 크게 다음과 같이 3종류가 있다. 3종류의 인덱스 힌트 모두 키워드 뒤에 사용할 인덱스의 이름을 괄호로 묶어서 사용하며, 괄호 안에 아무것도 없거나 존재하지 않는 인덱스 이름을 사용할 경우에는 쿼리의 문법 오류로 처리된다. 또한 별도로 사용자가 부여한 이름이 없는 프라이머리 키는 "PRIMARY"라고 명시하면 된다.

- USE INDEX: 가장 자주 사용되는 인덱스 힌트로, MySQL 옵티마이저에게 특정 테이블의 인덱스를 사용하도록 권장하는 힌트 정도로 생각하면 된다. 대부분의 경우 인덱스 힌트가 주어지면 옵티마이저는 사용자의 힌트를 채택하지만 항상 그 인덱스를 사용하는 것은 아니다.

- FORCE INDEX: USE INDEX와 비교해서 다른 점은 없으며, USE INDEX보다 옵티마이저에게 미치는 영향이 더 강한 힌트로 생각하면 된다. 하지만 USE INDEX 힌트만으로도 옵티마이저에 대한 영향력이 충분히 크기 때문에 FORCE INDEX는 거의 사용할 필요가 없어 보인다. 지금까지의 경험으로 보면 대체로 USE INDEX 힌트를 부여했는데도 그 인덱스를 사용하지 않는 경우라면 FORCE INDEX 힌트를 사용해도 그 인덱스를 사용하지 않았다.

- IGNORE INDEX: USE INDEX나 FORCE INDEX와는 반대로 특정 인덱스를 사용하지 못하게 하는 용도로 사용하는 힌트다. 때로는 옵티마이저가 풀 테이블 스캔을 사용하도록 유도하기 위해 IGNORE INDEX 힌트를 사용할 수도 있다.

방금 소개한 3종류의 인덱스 힌트 모두 용도를 명시해 줄 수 있다. 용도는 선택 사항이며, 특별히 인덱스 힌트에 용도가 명시되지 않으면(사용 가능한 경우) 주어진 인덱스를 3가지 용도로 사용한다.

- USE INDEX FOR JOIN: 여기서 JOIN이라는 키워드는 테이블 간의 조인뿐만 아니라 레코드를 검색하기 위한 용도까지 포함하는 용어다. 이미 실행 계획 부분에서도 한 번 언급했듯이 MySQL 서버에서는 하나의 테이블로부터 데이터를 검색하는 작업도 JOIN이라고 표현하기 때문에 FOR JOIN이라는 이름이 붙은 것이다.

- USE INDEX FOR ORDER BY: 명시된 인덱스를 ORDER BY 용도로만 사용할 수 있게 제한한다.

- USE INDEX FOR GROUP BY: 명시된 인덱스를 GROUP BY 용도로만 사용할 수 있게 제한한다.

이렇게 용도를 3가지로 나누긴 했지만 ORDER BY나 GROUP BY 작업에서 인덱스를 사용할 수 있다면 나은 성능을 보장하며, 용도는 옵티마이저가 대부분 최적으로 선택하기 때문에 인덱스의 용도까지는 크게 고려하지 않아도 된다.

인덱스 힌트에 대한 이론적 소개는 여기까지 하고 직접 예제를 실행해 보면서 사용법을 살펴보자.

```
mysql> SELECT * FROM employees WHERE emp_no=10001;
mysql> SELECT * FROM employees FORCE INDEX(primary) WHERE emp_no=10001;
mysql> SELECT * FROM employees USE INDEX(primary) WHERE emp_no=10001;

mysql> SELECT * FROM employees IGNORE INDEX(primary) WHERE emp_no=10001;
mysql> SELECT * FROM employees FORCE INDEX(ix_firstname) WHERE emp_no=10001;
```

예제 중 첫 번째부터 세 번째까지의 쿼리는 모두 employees 테이블의 프라이머리 키를 이용해 동일한 실행 계획으로 쿼리를 처리한다. 기본적으로 인덱스 힌트가 주어지지 않아도 "emp_no=10001" 조건이 있기 때문에 프라이머리 키를 사용하는 것이 최적이라는 것을 옵티마이저도 인식하기 때문이다. 네 번째 쿼리는 일부러 인덱스를 사용하지 못하게 힌트를 추가했다. 이런 터무니없는 힌트(프라이머리 키를 통해 조회할 수 있는데 풀 테이블 스캔으로 처리하도록 유도하는 힌트)는 무시할 것이라고 생각할 수도 있겠지만, MySQL 5.5 같은 예전 버전에서는 실제로 프라이머리 키 레인지 스캔을 마다하고 풀 테이블 스캔으로 실행 계획이 사용되기도 했다. 다섯 번째 예제 또한 전혀 관계없는 인덱스를 사용하도록 FORCE INDEX 힌트를 사용했더니 프라이머리 키는 버리고 풀 테이블 스캔을 하는 형태로 실행 계획이 출력됐다.

여기 있는 예제는 모두 힌트 사용법의 예시를 위한 것일 뿐이므로 주의해야 한다. 여기 예제로는 없지만 전문 검색(Full Text search) 인덱스가 있는 경우에는 MySQL 옵티마이저는 다른 일반 보조 인덱스(B-Tree 인덱스)를 사용할 수 있는 상황이라고 하더라도 전문 검색 인덱스를 선택하는 경우가 많다. 옵티마이저는 프라이머리 키나 전문 검색 인덱스와 같은 인덱스에 대해서는 선택 시 가중치를 두고 실행 계획을 수립하기 때문이다.

인덱스의 사용법이나 좋은 실행 계획이 어떤 것인지 판단하기 힘든 상황이라면 힌트를 사용해 강제로 옵티마이저의 실행 계획에 영향을 미치는 것은 피하는 것이 좋다. 이제 MySQL의 옵티마이저도 한눈에 파악할 수 있을 정도의 최적화는 눈 깜짝할 사이에 처리하기 때문이다. 최적의 실행 계획은 데이터의 성격에 따라서 시시각각 변하므로, 지금 프라이머리 키를 사용하는 것이 좋은 계획이었다고 하더라도 내일은 달라질 수 있기 때문에 가능하다면 그때그때 옵티마이저가 당시 통계 정보를 가지고 선택하게 하는 것이 가장 좋다. 가장 훌륭한 최적화는 그 쿼리를 서비스에서 없애 버리거나 튜닝할 필요가 없게 데이터를 최소화하는 것이며, 그것이 어렵다면 데이터 모델의 단순화를 통해 쿼리를 간결하게 만들고 힌트가 필요치 않게 하는 것이다. 어떤 방법도 없다면 그다음으로는 힌트를 선택하는 것인데, 일반적으로 실무에서는 앞쪽의 작업들에 상당한 시간과 작업 능력이 필요하기 때문에 항상 이런 힌트에 의존하는 경우가 많다.

9.4.1.3 SQL_CALC_FOUND_ROWS

MySQL의 LIMIT을 사용하는 경우, 조건을 만족하는 레코드가 LIMIT에 명시된 수보다 더 많다고 하더라도 LIMIT에 명시된 수만큼 만족하는 레코드를 찾으면 즉시 검색 작업을 멈춘다. 하지만 SQL_CALC_FOUND_ROWS 힌트가 포함된 쿼리의 경우에는 LIMIT을 만족하는 수만큼의 레코드를 찾았다고 하더라도 끝까지 검색을 수행한다. 최종적으로 사용자에게는 LIMIT에 제한된 수만큼의 결과 레코드만 반환됨에도 불구하고 말이다. SQL_CALC_FOUND_ROWS 힌트가 사용된 쿼리가 실행된 경우에는 FOUND_ROWS()라는 함수를 이용해 LIMIT을 제외한 조건을 만족하는 레코드가 전체 몇 건이었는지를 알아낼 수 있다. 간단한 예제를 한 번 살펴보자.

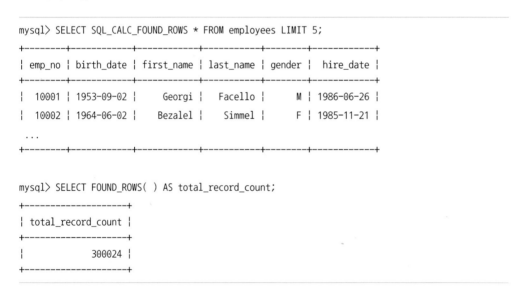

```
mysql> SELECT SQL_CALC_FOUND_ROWS * FROM employees LIMIT 5;
+--------+------------+------------+-----------+--------+------------+
| emp_no | birth_date | first_name | last_name | gender | hire_date  |
+--------+------------+------------+-----------+--------+------------+
|  10001 | 1953-09-02 |     Georgi |   Facello |      M | 1986-06-26 |
|  10002 | 1964-06-02 |    Bezalel |    Simmel |      F | 1985-11-21 |
  ...
+--------+------------+------------+-----------+--------+------------+


mysql> SELECT FOUND_ROWS( ) AS total_record_count;
+--------------------+
| total_record_count |
+--------------------+
|             300024 |
+--------------------+
```

아마도 이 기능을 웹 프로그램의 페이징 기능에 적용하기 위해서 검토했거나 이미 사용하고 있을지도 모르겠다. 하지만 여기서는 이 힌트의 장점이 아니라 이 힌트를 사용하면 안 되는 경우를 설명하고자 한다. 우선 SQL_CALC_FOUND_ROWS를 사용한 페이징 처리와 COUNT(*) 쿼리를 사용하는 예제를 한 번 비교해 보자.

- SQL_CALC_FOUND_ROWS 사용법

```
mysql> SELECT SQL_CALC_FOUND_ROWS * FROM employees WHERE first_name='Georgi' LIMIT 0, 20;
mysql> SELECT FOUND_ROWS() AS total_record_count;
```

이 경우에는 한 번의 쿼리 실행으로 필요한 정보 2가지를 모두 가져오는 것처럼 보이지만 FOUND_ROWS() 함수의 실행을 위해 또 한 번의 쿼리가 필요하기 때문에 쿼리를 2번 실행해야 한다. 이 쿼리의 경우 first_name='Georgi' 조건을 처리하기 위해 employees 테이블의 ix_firstname 인덱스를 레인지 스캔으로 실제 값을 읽어오는데, 실제 이 조건을 만족하는 레코드는 전체 253건이다. LIMIT 조건이 처음 20건만 가져오도록 했지만 SQL_CALC_FOUND_ROWS 힌트 때문에 조건을 만족하는 레코드 전부를 읽어 봐야 한다. 그래서 ix_firstname 인덱스를 통해 실제 데이터 레코드를 찾아가는 작업을 253번 실행해야 하며, 디스크 헤드가 특정 위치로 움직일 때까지 기다려야 하는 랜덤 I/O가 253번 일어난다.

- 기존 2개의 쿼리로 쪼개어 실행하는 방법

```
mysql> SELECT COUNT(*) FROM employees WHERE first_name='Georgi';
mysql> SELECT * FROM employees WHERE first_name='Georgi' LIMIT 0, 20;
```

이 방식 또한 쿼리는 2번 실행해야 한다. 우선 전체 조건을 만족하는 건수를 조회하기 위한 첫 번째 쿼리를 살펴보자. WHERE 조건절에 first_name='Georgi'가 있기 때문에 똑같이 ix_firstname 인덱스를 레인지 스캔한다. 이 쿼리에서는 실제의 레코드 데이터가 필요한 것이 아니라 건수만 가져오면 되기 때문에 실제로 데이터 레코드를 찾아가기 위한 랜덤 I/O는 발생하지 않는다. 커버링 인덱스(Covering index) 쿼리이기 때문이다. 이번에는 실제 데이터 레코드를 읽어 오기 위한 두 번째 쿼리를 한 번 살펴보자. 이 쿼리는 SQL_CALC_FOUND_ROWS에서 했던 것처럼 ix_firstname 인덱스를 레인지 스캔으로 접근한 후, 실제로 데이터 레코드를 읽으러 가야 하기 때문에 랜덤 I/O가 발생한다. 하지만 이 쿼리는 LIMIT 0, 20의 제한이 있기 때문에 랜덤 I/O를 253번 실행하는 것이 아니라 20번만 실행한다.

간단한 예제로 2가지 방식을 비교해 봤는데, 아마 어렵지 않게 어느 쪽 방식이 더 빠를지 쉽게 알 수 있을 것이다. 전기적 처리인 메모리나 CPU의 연산 작업에 비해 기계적 처리인 디스크 작업이 얼마나 느린 작업인지를 고려하면 비교할 수도 없을 만큼 SQL_CALC_FOUND_ROWS를 사용하는 경우가 느리다는 것을 쉽게 알 수 있다. SELECT 쿼리 문장이 UNION(또는 UNION DISTINCT)으로 연결된 경우에는 SQL_CALC_FOUND_ROWS 힌트를 사용해도 FOUND_ROWS() 함수로 정확한 레코드 건수를 가져올 수 없다는 것도 문제다. 인덱스나 쿼리의 튜닝이 제대로 됐다면 후자의 방식이 SQL_CALC_FOUND_ROWS를 사용하는 방식보다는 빠르게 실행될 것이므로 SQL_CALC_FOUND_ROWS는 사용하지 않는 방향으로 추천한다. 이는 SQL_CALC_FOUND_ROWS는 성능 향상을 위해 만들어진 힌트가 아니라 개발자의 편의를 위해 만들어진 힌트라는 것을 생각하면 당연한 결과일 것이다.

물론 COUNT(*) 쿼리나 칼럼값을 읽어오는 SELECT 쿼리가 적절히 튜닝되지 않았거나 WHERE 조건에 대해서 적절한 인덱스가 준비되지 않은 경우에는 SQL_CALC_FOUND_ROWS로 처리하는 것이 빠른 경우도 있다. 이러한 경우라면 어떻게든 쿼리나 인덱스를 튜닝하는 편이 훨씬 더 빠른 결과를 만들어낼 수 있는 방법이 될 것이다. 예외적인 경우도 있을 수 있겠지만, 일반적인 관점에서 본다면 SQL_CALC_FOUND_ROWS보다는 레코드 카운터용 쿼리와 데이터를 조회하는 쿼리는 분리하는 것이 더 효율적일 것 같다.

9.4.2 옵티마이저 힌트

MySQL 8.0 버전에서 사용 가능한 힌트는 종류가 매우 다양하며, 옵티마이저 힌트가 미치는 영향 범위도 매우 다양하다. 우선 옵티마이저 힌트들을 영향 범위별로 구분해서 살펴보고, 그중에서 자주 사용되는 것들 위주로 예제 쿼리와 함께 살펴보자.

9.4.2.1 옵티마이저 힌트 종류

옵티마이저 힌트는 영향 범위에 따라 다음 4개 그룹으로 나누어 볼 수 있다.

- 인덱스: 특정 인덱스의 이름을 사용할 수 있는 옵티마이저 힌트
- 테이블: 특정 테이블의 이름을 사용할 수 있는 옵티마이저 힌트
- 쿼리 블록: 특정 쿼리 블록에 사용할 수 있는 옵티마이저 힌트로서, 특정 쿼리 블록의 이름을 명시하는 것이 아니라 힌트가 명시된 쿼리 블록에 대해서만 영향을 미치는 옵티마이저 힌트
- 글로벌(쿼리 전체): 전체 쿼리에 대해서 영향을 미치는 힌트

하지만 이 구분으로 인해 힌트의 사용 위치가 달라지는 것은 아니다. 그리고 힌트에 인덱스 이름이 명시될 수 있는 경우를 인덱스 수준의 힌트로 구분하고, 테이블 이름까지만 명시될 수 있는 경우를 테이블 수준의 힌트로 구분한다. 또한 특정 힌트는 테이블과 인덱스의 이름을 모두 명시할 수도 있지만 인덱스의 이름을 명시하지 않고 테이블 이름만 명시할 수도 있는데, 이런 경우는 인덱스와 테이블 수준의 힌트가 된다.

힌트 이름	설명	영향 범위
MAX_EXECUTION_TIME	쿼리의 실행 시간 제한	글로벌
RESOURCE_GROUP	쿼리 실행의 리소스 그룹 설정	글로벌
SET_VAR	쿼리 실행을 위한 시스템 변수 제어	글로벌
SUBQUERY	서브쿼리의 세미 조인 최적화(MATERIALIZATION과 INTOEXISTS) 전략 제어	쿼리 블록
BKA, NO_BKA	BKA(Batched Key Access) 조인 사용 여부 제어	쿼리 블록, 테이블
BNL, NO_BNL	블록 네스티드 루프 조인(BNL) 사용 여부 제어(MySQL 8.0.18 이전까지는 블록 네스티드 루프 조인 제어, MySQL 8.0.20부터는 해시 조인 사용 여부 제어)	쿼리 블록, 테이블
DERIVED_CONDITION_PUSHDOWN, NO_DERIVED_CONDITION_PUSHDOWN	외부 쿼리의 조건을 서브쿼리로 옮기는 최적화 사용 여부 제어	쿼리 블록, 테이블
HASH_JOIN, NO_HASH_JOIN	해시 조인 사용 여부 제어(MySQL 8.0.18 버전에서만 사용 가능하며, 8.0.18 이후 버전에서는 BNL과 NO_BNL 힌트로 해시 조인 사용 여부 제어)	쿼리 블록, 테이블
JOIN_FIXED_ORDER	FROM 절에 명시된 테이블 순서대로 조인 실행	쿼리 블록
JOIN_ORDER	힌트에 명시된 테이블 순서대로 조인 실행	쿼리 블록
JOIN_PREFIX	힌트에 명시된 테이블을 조인의 드라이빙 테이블로 조인 실행	쿼리 블록
JOIN_SUFFIX	힌트에 명시된 테이블을 조인의 드리븐 테이블로 조인 실행	쿼리 블록
QB_NAME	쿼리 블록의 이름 설정을 위한 힌트	쿼리 블록
SEMIJOIN, NO_SEMIJOIN	서브쿼리의 세미 조인 최적화(DUPSWEEDOUT, FIRSTMATCH, LOOSESCAN, MATERIALIZATION) 전략 제어	쿼리 블록
MERGE, NO_MERGE	FROM 절의 서브쿼리나 뷰를 외부 쿼리 블록으로 병합하는 최적화를 수행할지 여부 제어	테이블
INDEX_MERGE, NO_INDEX_MERGE	인덱스 병합 실행 계획 사용 여부 제어	테이블, 인덱스
MRR, NO_MRR	MRR(Multi-Range Read) 사용 여부 제어	테이블, 인덱스
NO_ICP	ICP(인덱스 컨디션 푸시다운) 최적화 전략 사용 여부 제어	테이블, 인덱스
NO_RANGE_OPTIMIZATION	인덱스 레인지 액세스를 비활성화(특정 인덱스를 사용하지 못하도록 하거나, 쿼리를 풀 테이블 스캔 방식으로 처리)	테이블, 인덱스
SKIP_SCAN, NO_SKIP_SCAN	인덱스 스킵 스캔 사용 여부 제어	테이블, 인덱스

힌트 이름	설명	영향 범위
INDEX, NO_INDEX	GROUP BY, ORDER BY, WHERE 절의 처리를 위한 인덱스 사용 여부 제어	인덱스
GROUP_INDEX, NO_GROUP_INDEX	GROUP BY 절의 처리를 위한 인덱스 사용 여부 제어	인덱스
JOIN_INDEX, NO_JOIN_INDEX	WHERE 절의 처리를 위한 인덱스 사용 여부 제어	인덱스
ORDER_INDEX, NO_ORDER_INDEX	ORDER BY 절의 처리를 위한 인덱스 사용 여부 제어	인덱스

> **주의** 모든 인덱스 수준의 힌트는 반드시 테이블명이 선행돼야 한다. 예를 들어, 인덱스 수준의 옵티마이저 힌트인 INDEX 힌트를 사용하는 경우 사용할 인덱스명을 사용해야 한다. 하지만 인덱스 이름을 명시할 때는 다음 예제와 같이 반드시 그 인덱스를 가진 테이블명을 먼저 명시해야 한다.
>
> ```
> mysql> EXPLAIN
>        SELECT /*+ INDEX(employees ix_firstname) */ *
>        FROM employees
>        WHERE first_name='Matt';
>
> mysql> EXPLAIN
>        SELECT /*+ NO_INDEX(employees ix_firstname) */ *
>        FROM employees
>        WHERE first_name='Matt';
> ```

옵티마이저 힌트가 문법에 맞지 않게 잘못 사용된 경우에는 다음과 같이 경고 메시지가 표시된다. 일반적으로 EXPLAIN 명령은 파싱된 쿼리의 재조립된 결과를 보여주는 용도로 1개의 경고 메시지를 출력한다. 옵티마이저 힌트에 오류가 있다면 다음 예제와 같이 2개의 경고 메시지를 출력한다. 익숙하지 않은 힌트를 사용할 경우에는 EXPLAIN 명령으로 힌트 문법상 오류가 있지 않은지 확인하자.

```
mysql> EXPLAIN
       SELECT /*+ NO_INDEX(ix_firstname) */ *
       FROM employees
       WHERE first_name='Matt';
...
1 row in set, 2 warnings (0.00 sec)
```

```
mysql> SHOW WARNINGS;
+---------+------+--------------------------------------------------------------------+
| Level   | Code | Message                                                            |
+---------+------+--------------------------------------------------------------------+
| Warning | 3128 | Unresolved name `ix_firstname`@`select#1` for NO_INDEX hint        |
| Note    | 1003 | /* select#1 */ select `employees`.`employees`.`emp_no` AS `em..    |
+---------+------+--------------------------------------------------------------------+
```

하나의 SQL 문장에서 SELECT 키워드는 여러 번 사용될 수 있다. 이때 각 SELECT 키워드로 시작하는 서브쿼리 영역을 쿼리 블록이라고 한다. 특정 쿼리 블록에 영향을 미치는 옵티마이저 힌트는 그 쿼리 블록 내에서 사용될 수도 있지만 외부 쿼리 블록에서 사용할 수도 있다. 이처럼 특정 쿼리 블록을 외부 쿼리 블록에서 사용하려면 "QB_NAME()" 힌트를 이용해 해당 쿼리 블록에 이름을 부여해야 한다. 다음 쿼리는 특정 쿼리 블록(서브쿼리)에 대해 "subq1"이라는 이름을 부여하고, 그 쿼리 블록을 힌트에 사용하는 예제다.

```
mysql> EXPLAIN
       SELECT /*+ JOIN_ORDER(e, s@subq1) */
         COUNT(*)
       FROM employees e
       WHERE e.first_name='Matt'
         AND e.emp_no IN (SELECT /*+ QB_NAME(subq1) */ s.emp_no
                          FROM salaries s
                          WHERE s.salary BETWEEN 50000 AND 50500);
```

id	select_type	table	key	Extra
1	SIMPLE	e	ix_firstname	Using index
1	SIMPLE	s	PRIMARY	Using where; FirstMatch(e)

이 예제 쿼리는 서브쿼리에 사용된 salaries 테이블이 세미 조인 최적화를 통해 조인으로 처리될 것을 예상하고 JOIN_ORDER 힌트를 사용한 것이며, 조인의 순서로 외부 쿼리 블록의 employees 테이블과 서브쿼리 블록의 salaries 테이블을 순서대로 조인하게 힌트를 사용한 것이다. 이 예제 쿼리와 같은 힌트 사

용은 일반적이진 않지만 쿼리 블록에 대한 이름 부여와 그 쿼리 블록 내부의 테이블을 외부 쿼리 블록에서 사용하기 위해서는 이와 같이 사용해야 한다.

9.4.2.2 MAX_EXECUTION_TIME

옵티마이저 힌트 중에서 유일하게 쿼리의 실행 계획에 영향을 미치지 않는 힌트이며, 단순히 쿼리의 최대 실행 시간을 설정하는 힌트다. MAX_EXECUTION_TIME 힌트에는 밀리초 단위의 시간을 설정하는데, 쿼리가 지정된 시간을 초과하면 다음과 같이 쿼리는 실패하게 된다.

```
mysql> SELECT /*+ MAX_EXECUTION_TIME(100) */ *
       FROM employees
       ORDER BY last_name LIMIT 1;

ERROR 3024 (HY000): Query execution was interrupted, maximum statement execution time exceeded
```

9.4.2.3 SET_VAR

옵티마이저 힌트뿐만 아니라 MySQL 서버의 시스템 변수들 또한 쿼리의 실행 계획에 상당한 영향을 미친다. 대표적으로 조인 버퍼의 크기를 설정하는 join_buffer_size 시스템 변수의 경우 쿼리에 아무런 영향을 미치지 않을 것처럼 보인다. 하지만 MySQL 서버의 옵티마이저는 조인 버퍼의 공간이 충분하면 조인 버퍼를 활용하는 형태의 실행 계획을 선택할 수도 있다. 그뿐만 아니라 옵티마이저 힌트로 부족한 경우 optimizer_switch 시스템 변수를 제어해야 할 수도 있다. 이런 경우에는 다음과 같이 SET_VAR 힌트를 이용하면 된다.

```
mysql> EXPLAIN
       SELECT /*+ SET_VAR(optimizer_switch='index_merge_intersection=off') */ *
       FROM employees
       WHERE first_name='Georgi' AND emp_no BETWEEN 10000 AND 20000;
```

SET_VAR 힌트는 실행 계획을 바꾸는 용도뿐만 아니라 조인 버퍼나 정렬용 버퍼(소트 버퍼)의 크기를 일시적으로 증가시켜 대용량 처리 쿼리의 성능을 향상시키는 용도로도 사용할 수 있다. 여기서 예시하지 않은 다양한 형태의 시스템 변수 조정을 사용할 수 있으므로 SET_VAR 힌트는 기억해두자. 하지만 모든 시스템 변수를 SET_VAR 힌트로 조정할 수는 없다는 것도 기억해두자.

9.4.2.4 SEMIJOIN & NO_SEMIJOIN

세미 조인의 최적화는 여러 가지 세부 전략이 있다는 것을 이미 살펴봤다. 9.3.1.9절 '세미 조인 (semijoin)'을 참조하자. SEMIJOIN 힌트는 어떤 세부 전략을 사용할지를 제어하는 데 사용할 수 있다.

최적화 전략	힌트
Duplicate Weed-out	SEMIJOIN(DUPSWEEDOUT)
First Match	SEMIJOIN(FIRSTMATCH)
Loose Scan	SEMIJOIN(LOOSESCAN)
Materialization	SEMIJOIN(MATERIALIZATION)
Table Pull-out	없음

"Table Pull-out" 최적화 전략은 별도로 힌트를 사용할 수 없다. "Table Pull-out" 전략은 그 전략을 사용할 수 있다면 항상 더 나은 성능을 보장하기 때문이다. 하지만 다른 최적화 전략들은 상황에 따라 다른 최적화 전략으로 우회하는 것이 더 나은 성능을 낼 수도 있기 때문에 NO_SEMIJOIN 힌트도 제공되는 것이다.

다음 예제 쿼리는 세미 조인 최적화에서 FirstMatch 전략을 사용하는 실행 계획을 가진다.

```
mysql> EXPLAIN
    SELECT *
    FROM departments d
    WHERE d.dept_no IN
        (SELECT de.dept_no FROM dept_emp de);
+----+-------------+-------+-------+--------------+-------------------------+
| id | select_type | table | type  | key          | Extra                   |
+----+-------------+-------+-------+--------------+-------------------------+
|  1 | SIMPLE      | d     | index | ux_deptname  | Using index             |
|  1 | SIMPLE      | de    | ref   | PRIMARY      | Using index; FirstMatch(d) |
+----+-------------+-------+-------+--------------+-------------------------+
```

다음 예제는 위의 쿼리가 다른 최적화 전략을 사용하도록 세미 조인 힌트를 사용한 것이다. 세미 조인 최적화 힌트는 외부 쿼리가 아니라 서브쿼리에 명시해야 한다.

```
mysql> EXPLAIN
      SELECT *
      FROM departments d
      WHERE d.dept_no IN
          (SELECT /*+ SEMIJOIN(MATERIALIZATION) */ de.dept_no
           FROM dept_emp de);
```

```
+----+-------------+-------------+--------+---------------------+--------------------------+
| id | select_type | table       | type   | key                 | Extra                    |
+----+-------------+-------------+--------+---------------------+--------------------------+
|  1 | SIMPLE      | d           | index  | ux_deptname         | Using where; Using index |
|  1 | SIMPLE      | <subquery2> | eq_ref | <auto_distinct_key> | NULL                     |
|  2 | MATERIALIZED| de          | index  | ix_fromdate         | Using index              |
+----+-------------+-------------+--------+---------------------+--------------------------+
```

다른 방법으로는 우선 서브쿼리에 쿼리 블록 이름을 정의하고 실제 세미 조인 힌트는 외부 쿼리 블록에
명시하는 방법이 있다.

```
mysql> EXPLAIN
      SELECT /*+ SEMIJOIN(@subq1 MATERIALIZATION) */ *
      FROM departments d
      WHERE d.dept_no IN
          (SELECT /*+ QB_NAME(subq1) */ de.dept_no
           FROM dept_emp de);
```

특정 세미 조인 최적화 전략을 사용하지 않게 하려면 다음과 같이 NO_SEMIJOIN 힌트를 명시해서 해당 최
적화 전략을 사용하지 않게 가이드한다.

```
mysql> SELECT *
      FROM departments d
      WHERE d.dept_no IN
          (SELECT /*+ NO_SEMIJOIN(DUPSWEEDOUT, FIRSTMATCH) */ de.dept_no
           FROM dept_emp de);
```

9.4.2.5 SUBQUERY

서브쿼리 최적화는 세미 조인 최적화가 사용되지 못할 때 사용하는 최적화 방법으로, 서브쿼리는 다음 2가지 형태로 최적화할 수 있다.

최적화 방법	힌트
IN-to-EXISTS	SUBQUERY(INTOEXISTS)
Materialization	SUBQUERY(MATERIALIZATION)

세미 조인 최적화는 주로 IN(subquery) 형태의 쿼리에 사용될 수 있지만 안티 세미 조인(Anti Semi-Join)의 최적화에는 사용될 수 없다. 그래서 주로 안티 세미 조인 최적화에는 위의 2가지 최적화가 사용된다. 서브쿼리 최적화 힌트는 세미 조인 최적화 힌트와 비슷한 형태로, 서브쿼리에 힌트를 사용하거나 서브쿼리에 쿼리 블록 이름을 지정해서 외부 쿼리 블록에서 최적화 방법을 명시하면 된다. 서브쿼리 최적화 전략은 사용할 기회가 그다지 많지 않으므로 자세한 예시는 생략하겠다. 서브쿼리 최적화에 대해 더 자세히 살펴보고자 한다면 매뉴얼[8]을 참조하자.

9.4.2.6 BNL & NO_BNL & HASHJOIN & NO_HASHJOIN

MySQL 8.0.19 버전까지는 블록 네스티드 루프(Block Nested Loop) 조인 알고리즘을 사용했지만 MySQL 8.0.18 버전부터 도입된 해시 조인 알고리즘이 MySQL 8.0.20 버전부터는 블록 네스티드 루프 조인까지 대체하도록 개선됐다. 그래서 MySQL 8.0.20 버전부터는 블록 네스티드 루프 조인은 MySQL 서버에서 더 이상 사용되지 않는다. 하지만 BNL 힌트와 NO_BNL 힌트는 MySQL 8.0.20과 그 이후의 버전에서도 여전히 사용 가능한데, MySQL 8.0.20 버전과 그 이후 버전에서는 BNL 힌트를 사용하면 해시 조인을 사용하도록 유도하는 힌트로 용도가 변경됐다. 대신 HASHJOIN과 NO_HASHJOIN 힌트는 MySQL 8.0.18 버전에서만 유효하며, 그 이후 버전에서는 효력이 없다. 그래서 MySQL 8.0.20과 그 이후 버전에서는 해시 조인을 유도하거나 해시 조인을 사용하지 않게 하고자 한다면 다음 예제 쿼리와 같이 BNL과 NO_BNL 힌트를 사용해야 한다.

```
mysql> EXPLAIN
       SELECT /*+ BNL(e, de) */ *
       FROM employees e
       INNER JOIN dept_emp de ON de.emp_no=e.emp_no;
```

---

8 https://dev.mysql.com/doc/refman/8.0/en/subquery-optimization.html

9.4.2.7 JOIN_FIXED_ORDER & JOIN_ORDER & JOIN_PREFIX & JOIN_SUFFIX

MySQL 서버에서는 조인의 순서를 결정하기 위해 전통적으로 STRAIGHT_JOIN 힌트를 사용해왔다. 하지만 STRAIGHT_JOIN 힌트는 우선 쿼리의 FROM 절에 사용된 테이블의 순서를 조인 순서에 맞게 변경해야 하는 번거로움이 있었다. 또한 STRAIGHT_JOIN은 한 번 사용되면 FROM 절에 명시된 모든 테이블의 조인 순서가 결정되기 때문에 일부는 조인 순서를 강제하고 나머지는 옵티마이저에게 순서를 결정하게 맡기는 것이 불가능했다. 이 같은 단점을 보완하기 위해 옵티마이저 힌트에서는 STRAIGHT_JOIN과 동일한 힌트까지 포함해서 다음과 같이 4개의 힌트를 제공한다.

- JOIN_FIXED_ORDER: STRAIGHT_JOIN 힌트와 동일하게 FROM 절의 테이블 순서대로 조인을 실행하게 하는 힌트

- JOIN_ORDER: FROM 절에 사용된 테이블의 순서가 아니라 힌트에 명시된 테이블의 순서대로 조인을 실행하는 힌트

- JOIN_PREFIX: 조인에서 드라이빙 테이블만 강제하는 힌트

- JOIN_SUFFIX: 조인에서 드리븐 테이블(가장 마지막에 조인돼야 할 테이블들)만 강제하는 힌트

조인 순서와 관련된 옵티마이저 힌트의 사용법은 다음과 같다. 물론 쿼리 블록의 이름까지 사용하면서 복잡하게 사용할 수도 있지만 여기서는 간단한 형태만 예시로 나열했다.

```
-- // FROM 절에 나열된 테이블의 순서대로 조인 실행
mysql> SELECT /*+ JOIN_FIXED_ORDER() */ *
         FROM employees e
           INNER JOIN dept_emp de ON de.emp_no=e.emp_no
           INNER JOIN departments d ON d.dept_no=de.dept_no;

-- // 일부 테이블에 대해서만 조인 순서를 나열
mysql> SELECT /*+ JOIN_ORDER(d, de) */ *
         FROM employees e
           INNER JOIN dept_emp de ON de.emp_no=e.emp_no
           INNER JOIN departments d ON d.dept_no=de.dept_no;
```

```
-- // 조인의 드라이빙 테이블에 대해서만 조인 순서를 나열
mysql> SELECT /*+ JOIN_PREFIX(e, de) */ *
       FROM employees e
         INNER JOIN dept_emp de ON de.emp_no=e.emp_no
         INNER JOIN departments d ON d.dept_no=de.dept_no;


-- // 조인의 드리븐 테이블에 대해서만 조인 순서를 나열
mysql> SELECT /*+ JOIN_SUFFIX(de, e) */ *
       FROM employees e
         INNER JOIN dept_emp de ON de.emp_no=e.emp_no
         INNER JOIN departments d ON d.dept_no=de.dept_no;
```

9.4.2.8 MERGE & NO_MERGE

예전 버전의 MySQL 서버에서는 FROM 절에 사용된 서브쿼리를 항상 내부 임시 테이블로 생성했다. 이렇게 생성된 내부 임시 테이블을 파생 테이블(Derived table)이라고 하는데, 이는 불필요한 자원 소모를 유발한다. 그래서 MySQL 5.7과 8.0 버전에서는 가능하면 임시 테이블을 사용하지 않게 FROM 절의 서브쿼리를 외부 쿼리와 병합하는 최적화를 도입했다. 때로는 MySQL 옵티마이저가 내부 쿼리를 외부 쿼리와 병합하는 것이 나을 수도 있고, 때로는 내부 임시 테이블을 생성하는 것이 더 나은 선택일 수도 있다. 하지만 MySQL 옵티마이저는 최적의 방법을 선택하지 못할 수도 있는데, 이때는 다음과 같이 MERGE 또는 NO_MERGE 옵티마이저 힌트를 사용하면 된다.

```
mysql> EXPLAIN
       SELECT /*+ MERGE(sub)*/ *
       FROM (SELECT *
             FROM employees
             WHERE first_name='Matt') sub LIMIT 10;
+----+-------------+-----------+------+--------------+-------+
| id | select_type | table     | type | key          | Extra |
+----+-------------+-----------+------+--------------+-------+
|  1 | SIMPLE      | employees | ref  | ix_firstname | NULL  |
+----+-------------+-----------+------+--------------+-------+

mysql> EXPLAIN
       SELECT /*+ NO_MERGE(sub)*/ *
       FROM (SELECT *
```

```
           FROM employees
           WHERE first_name='Matt') sub LIMIT 10;
```

id	select_type	table	type	key	Extra
1	PRIMARY	\<derived2\>	ALL	NULL	NULL
2	DERIVED	employees	ref	ix_firstname	NULL

9.4.2.9 INDEX_MERGE & NO_INDEX_MERGE

MySQL 서버는 가능하다면 테이블당 하나의 인덱스만을 이용해 쿼리를 처리하려고 한다. 하지만 하나의 인덱스만으로 검색 대상 범위를 충분히 좁힐 수 없다면 MySQL 옵티마이저는 사용 가능한 다른 인덱스를 이용하기도 한다. 여러 인덱스를 통해 검색된 레코드로부터 교집합 또는 합집합만을 구해서 그 결과를 반환한다. 이처럼 하나의 테이블에 대해 여러 개의 인덱스를 동시에 사용하는 것을 인덱스 머지(Index Merge)라고 한다. 인덱스 머지 실행 계획은 때로는 성능 향상에 도움이 되지만 항상 그렇지는 않을 수도 있다. 인덱스 머지 실행 계획의 사용 여부를 제어하고자 할 때, 다음 예제와 같이 INDEX_MERGE 와 NO_INDEX_MERGE 옵티마이저 힌트를 이용하면 된다.

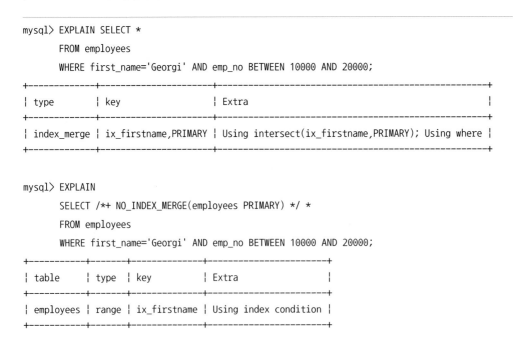

```
mysql> EXPLAIN SELECT *
       FROM employees
       WHERE first_name='Georgi' AND emp_no BETWEEN 10000 AND 20000;
```

type	key	Extra
index_merge	ix_firstname,PRIMARY	Using intersect(ix_firstname,PRIMARY); Using where

```
mysql> EXPLAIN
       SELECT /*+ NO_INDEX_MERGE(employees PRIMARY) */ *
       FROM employees
       WHERE first_name='Georgi' AND emp_no BETWEEN 10000 AND 20000;
```

table	type	key	Extra
employees	range	ix_firstname	Using index condition

```
mysql> EXPLAIN
    SELECT /*+ INDEX_MERGE(employees ix_firstname, PRIMARY) */ *
    FROM employees
    WHERE first_name='Georgi' AND emp_no BETWEEN 10000 AND 20000;
+-----------+-------------+---------------------+-------------------------------------------+
| table     | type        | key                 | Extra                                     |
+-----------+-------------+---------------------+-------------------------------------------+
| employees | index_merge | ix_firstname,PRIMARY | Using intersect(ix_firstname,PRIMARY)    |
+-----------+-------------+---------------------+-------------------------------------------+
```

9.4.2.10 NO_ICP

인덱스 컨디션 푸시다운(ICP, Index Condition Pushdown) 최적화는 사용 가능하다면 항상 성능 향상에 도움이 되므로 MySQL 옵티마이저는 최대한 인덱스 컨디션 푸시다운 기능을 사용하는 방향으로 실행 계획을 수립한다. 그래서 MySQL 옵티마이저에서는 ICP 힌트(인덱스 컨디션 푸시다운을 사용하도록 하는 힌트)는 제공되지 않는다. 그런데 인덱스 컨디션 푸시다운으로 인해 여러 실행 계획의 비용 계산이 잘못된다면 결과적으로 잘못된 실행 계획을 수립하게 될 수도 있다.

예를 들어, A 인덱스와 B 인덱스 둘 중에서 하나를 선택해야 하는 상황에서 A 인덱스에서는 인덱스 컨디션 푸시다운이 가능해서 A 인덱스를 사용하는 것이 비용이 낮게 예측됐다고 가정해보자. 그렇다면 MySQL 옵티마이저는 A 인덱스를 사용하는 실행 계획을 선택할 것이다. 하지만 실제 서비스에서는 B 인덱스를 선택하는 것이 더 효율적일 수도 있다. 이러한 경우 A 인덱스를 완전히 사용하지 못하게 하거나 B 인덱스를 선호하게 하는 것은 좋지 않은 선택일 수도 있다. 테이블의 데이터 분포는 항상 균등한 것이 아니기 때문에 쿼리 검색 범위에 따라 A 인덱스 또는 B 인덱스가 효율적일 수 있기 때문이다. 이 같은 경우에는 인덱스 컨디션 푸시다운 최적화만 비활성화해서 조금 더 유연하고 정확하게 실행 계획을 선택하게 할 수 있다.

```
-- // ICP 테스트를 위한 임시 인덱스 생성
mysql> ALTER TABLE employees ADD INDEX ix_lastname_firstname (last_name, first_name);

-- // Extra 칼럼의 "Using index condition" 문구를 보면
-- // 기본적으로 MySQL 옵티마이저는 인덱스 컨디션 푸시다운 최적화를 선택한 것을 알 수 있음
mysql> EXPLAIN
    SELECT *
    FROM employees
```

```
        WHERE last_name='Acton' AND first_name LIKE '%sal';
+-----------+------+------------------------+---------+------------------------+
| table     | type | key                    | key_len | Extra                  |
+-----------+------+------------------------+---------+------------------------+
| employees | ref  | ix_lastname_firstname  | 66      | Using index condition  |
+-----------+------+------------------------+---------+------------------------+


-- // NO_ICP 옵티마이저 힌트를 이용해 인덱스 컨디션 푸시다운 최적화를 비활성화한 후
-- // Extra 칼럼에는 "Using where"만 표시됨
mysql> EXPLAIN
       SELECT /*+ NO_ICP(employees ix_lastname_firstname) */ *
       FROM employees
       WHERE last_name='Acton' AND first_name LIKE '%sal';
+-----------+------+------------------------+---------+-------------+
| table     | type | key                    | key_len | Extra       |
+-----------+------+------------------------+---------+-------------+
| employees | ref  | ix_lastname_firstname  | 66      | Using where |
+-----------+------+------------------------+---------+-------------+
```

9.4.2.11 SKIP_SCAN & NO_SKIP_SCAN

인덱스 스킵 스캔은 인덱스의 선행 칼럼에 대한 조건이 없어도 옵티마이저가 해당 인덱스를 사용할 수 있게 해주는 매우 훌륭한 최적화 기능이다. 하지만 조건이 누락된 선행 칼럼이 가지는 유니크한 값의 개수가 많아진다면 인덱스 스킵 스캔의 성능은 오히려 더 떨어진다. MySQL 옵티마이저가 유니크한 값의 개수를 제대로 분석하지 못하거나 잘못된 경로로 인해 비효율적인 인덱스 스킵 스캔을 선택하면 다음 예제와 같이 NO_SKIP_SCAN 옵티마이저 힌트를 이용해 인덱스 스킵 스캔을 사용하지 않게 할 수 있다.

```
-- // 인덱스 스킵 스캔 테스트를 위한 임시 인덱스 생성
mysql> ALTER TABLE employees
       ADD INDEX ix_gender_birthdate (gender, birth_date);


mysql> EXPLAIN
       SELECT gender, birth_date
       FROM employees
       WHERE birth_date>='1965-02-01';
```

```
+-----------+-------+-------------------+---------+-------------------------------------+
| table     | type  | key               | key_len | Extra                               |
+-----------+-------+-------------------+---------+-------------------------------------+
| employees | range | ix_gender_birthdate | 4     | Using where; Using index for skip scan |
+-----------+-------+-------------------+---------+-------------------------------------+
```

-- // NO_SKIP_SCAN 힌트를 이용해 인덱스 스킵 스캔을 비활성화
mysql> EXPLAIN
        SELECT /*+ NO_SKIP_SCAN(employees ix_gender_birthdate) */ gender, birth_date
        FROM employees
        WHERE birth_date>='1965-02-01';

```
+-----------+-------+-------------------+---------+--------------------------+
| table     | type  | key               | key_len | Extra                    |
+-----------+-------+-------------------+---------+--------------------------+
| employees | index | ix_gender_birthdate | 4     | Using where; Using index |
+-----------+-------+-------------------+---------+--------------------------+
```

9.4.2.12 INDEX & NO_INDEX

INDEX와 NO_INDEX 옵티마이저 힌트는 예전 MySQL 서버에서 사용되던 인덱스 힌트를 대체하는 용도로
제공된다. 인덱스 힌트를 대체하는 옵티마이저 힌트는 다음과 같다.

인덱스 힌트	옵티마이저 힌트
USE INDEX	INDEX
USE INDEX FOR GROUP BY	GROUP_INDEX
USE INDEX FOR ORDER BY	ORDER_INDEX
IGNORE INDEX	NO_INDEX
IGNORE INDEX FOR GROUP BY	NO_GROUP_INDEX
IGNORE INDEX FOR ORDER BY	NO_ORDER_INDEX

인덱스 힌트는 특정 테이블 뒤에 사용했기 때문에 별도로 힌트 내에 테이블명 없이 인덱스 이름만 나열
했다. 하지만 옵티마이저 힌트에는 테이블명과 인덱스 이름을 함께 명시해야 한다.

-- // 인덱스 힌트 사용
mysql> EXPLAIN
        SELECT *

```
       FROM employees USE INDEX(ix_firstname)
       WHERE first_name='Matt';

-- // 옵티마이저 힌트 사용
mysql> EXPLAIN
       SELECT /*+ INDEX(employees ix_firstname) */ *
       FROM employees
       WHERE first_name='Matt';
```

10

실행 계획

대부분의 DBMS는 많은 데이터를 안전하게 저장 및 관리하고 사용자가 원하는 데이터를 빠르게 조회할 수 있게 해주는 것이 주목적이다. 이러한 목적을 달성하려면 옵티마이저가 사용자의 쿼리를 최적으로 처리될 수 있게 하는 쿼리의 실행 계획을 수립할 수 있어야 한다. 하지만 옵티마이저가 관리자나 사용자의 개입 없이 항상 좋은 실행 계획을 만들어낼 수 있는 것은 아니다. DBMS 서버는 이러한 문제점을 관리자나 사용자가 보완할 수 있도록 EXPLAIN 명령으로 옵티마이저가 수립한 실행 계획을 확인할 수 있게 해준다.

하지만 MySQL 서버에서 보여주는 실행 계획을 읽고 이해하려면 MySQL 서버가 데이터를 처리하는 로직을 이해할 필요가 있다. 그런데 이것이 처음 MySQL 서버를 접하는 사용자에게는 그렇게 쉬운 일은 아니다. 여기서는 MySQL 서버의 실행 계획에 가장 큰 영향을 미치는 통계 정보에 대해 간략히 살펴보고, MySQL 서버가 보여주는 실행 계획을 읽는 순서와 실행 계획에 출력되는 키워드, 그리고 알고리즘에 대해 살펴보겠다.

10.1 통계 정보

MySQL 서버는 5.7 버전까지 테이블과 인덱스에 대한 개괄적인 정보를 가지고 실행 계획을 수립했다. 하지만 이는 테이블 칼럼의 값들이 실제 어떻게 분포돼 있는지에 대한 정보가 없기 때문에 실행 계획의 정확도가 떨어지는 경우가 많았다. 그래서 MySQL 8.0 버전부터는 인덱스되지 않은 칼럼들에 대해서도 데이터 분포도를 수집해서 저장하는 히스토그램(Histogram) 정보가 도입됐다. 히스토그램이 도입됐다고 해서 기존의 테이블이나 인덱스의 통계 정보가 필요치 않은 것은 아니다. 여기서는 테이블 및 인덱스에 대한 통계 정보와 히스토그램을 나누어 살펴보겠다.

10.1.1 테이블 및 인덱스 통계 정보

비용 기반 최적화에서 가장 중요한 것은 통계 정보다. 통계 정보가 정확하지 않다면 전혀 엉뚱한 방향으로 쿼리를 실행할 수 있기 때문이다. 예를 들어, 1억 건의 레코드가 저장된 테이블의 통계 정보가 갱신되지 않아서 레코드가 10건 미만인 것처럼 돼 있다면 옵티마이저는 실제 쿼리를 실행할 때 인덱스 레인지 스캔이 아니라 테이블을 처음부터 끝까지 읽는 방식(풀 테이블 스캔)으로 실행해 버릴 수도 있다. 부정확한 통계 정보 탓에 0.1초에 끝날 쿼리에 1시간이 소요될 수도 있다.

MySQL 또한 다른 DBMS와 같이 비용 기반의 최적화를 사용하지만, 다른 DBMS보다 통계 정보의 정확도가 높지 않고 통계 정보의 휘발성이 강했다. 그래서 MySQL 서버에서는 쿼리의 실행 계획을 수립할 때 실제 테이블의 데이터를 일부 분석해서 통계 정보를 보완해서 사용했다. 이러한 이유로 MySQL 5.6 버전부터는 통계 정보의 정확성을 높일 수 있는 방법이 제공되기 시작했지만 아직도 많은 사용자가 기존 방식을 그대로 사용한다. 여기서는 MySQL 8.0 버전에서 통계 정보 관리가 어떻게 개선됐는지도 함께 살펴보겠다.

10.1.1.1 MySQL 서버의 통계 정보

MySQL 5.6 버전부터는 InnoDB 스토리지 엔진을 사용하는 테이블에 대한 통계 정보를 영구적으로(Persistent) 관리할 수 있게 개선됐다. MySQL 5.5 버전까지는 각 테이블의 통계 정보가 메모리에만 관리되고, SHOW INDEX 명령으로만 테이블의 인덱스 칼럼의 분포도를 볼 수 있었다. 이처럼 통계 정보가 메모리에 관리될 경우 MySQL 서버가 재시작되면 지금까지 수집된 통계 정보가 모두 사라진다. MySQL 5.6 버전부터는 각 테이블의 통계 정보를 mysql 데이터베이스의 innodb_index_stats 테이블과 innodb_table_stats 테이블로 관리할 수 있게 개선됐다. 이렇게 통계 정보를 테이블로 관리함으로써 MySQL 서버가 재시작돼도 기존의 통계 정보를 유지할 수 있게 됐다.

```
mysql> SHOW TABLES LIKE '%_stats';
+--------------------------+
| Tables_in_mysql (%_stats) |
+--------------------------+
| innodb_index_stats       |
| innodb_table_stats       |
+--------------------------+
```

MySQL 5.6에서 테이블을 생성할 때는 STATS_PERSISTENT 옵션을 설정할 수 있는데, 이 설정값에 따라 테이블 단위로 영구적인 통계 정보를 보관할지 말지를 결정할 수 있다.

```
mysql> CREATE TABLE tab_test (fd1 INT, fd2 VARCHAR(20), PRIMARY KEY(fd1))
       ENIGNE=InnoDB
       STATS_PERSISTENT={ DEFAULT | 0 | 1 }
```

- STATS_PERSISTENT=0: 테이블의 통계 정보를 MySQL 5.5 이전의 방식대로 관리하며, mysql 데이터베이스의 innodb_index_stats와 innodb_ table_stats 테이블에 저장하지 않음

- STATS_PERSISTENT=1: 테이블의 통계 정보를 mysql 데이터베이스의 innodb_index_stats와 innodb_table_stats 테이블에 저장함

- STATS_PERSISTENT=DEFAULT: 테이블을 생성할 때 별도로 STATS_PERSISTENT 옵션을 설정하지 않은 것과 동일하며, 테이블의 통계를 영구적으로 관리할지 말지를 innodb_stats_persistent 시스템 변수의 값으로 결정한다.

innodb_stats_persistent 시스템 설정 변수는 기본적으로 ON(1)으로 설정돼 있으며, STATS_PERSISTENT 옵션 없이 테이블을 생성하면 영구적인 통계 정보를 사용하면서 innodb_index_stats 테이블과 innodb_table_stats 테이블에 통계 정보를 저장한다. 다음 예제에서는 tab_persistent와 tab_transient라는 두 테이블을 STATS_PERSISTENT 값을 0과 1로 다르게 설정해서 생성했다.

```
mysql> CREATE TABLE tab_persistent (fd1 INT PRIMARY KEY, fd2 INT)
         ENGINE=InnoDB STATS_PERSISTENT=1;
mysql> CREATE TABLE tab_transient (fd1 INT PRIMARY KEY, fd2 INT)
         ENGINE=InnoDB STATS_PERSISTENT=0;


mysql> SELECT * FROM mysql.innodb_table_stats
       WHERE table_name IN ('tab_persistent', 'tab_transient') \G
*************************** 1. row ***************************
            database_name: test
               table_name: tab_persistent
              last_update: 2013-12-28 17:11:30
                   n_rows: 0
        clustered_index_size: 1
 sum_of_other_index_sizes: 0
```

테이블이 생성된 후 mysql 데이터베이스의 innodb_table_stats 테이블의 통계 정보를 조회해보면 STATS_PERSISTENT=1로 생성한 tab_persistent 테이블의 통계 정보만 조회되는 것을 확인할 수 있다. 물론 이렇게 생성된 테이블의 통계 정보를 영구적(STATS_PERSISTENT=1)으로 또는 단기적(STATS_PERSISTENT=0)으로 변경하는 것은 ALTER TABLE 명령으로 실행할 수 있다.

```
mysql> ALTER TABLE employees.employees STATS_PERSISTENT=1;

-- // 가독성을 위해 결과에서 database_name과 table_name, last_update 칼럼은 제거
mysql> SELECT *
       FROM innodb_index_stats
```

```
        WHERE database_name='employees'
          AND TABLE_NAME='employees';
+--------------+--------------+-------------+-------------+----------------------------------------+
| index_name   | stat_name    | stat_value  | sample_size | stat_description                       |
+--------------+--------------+-------------+-------------+----------------------------------------+
| PRIMARY      | n_diff_pfx01 |      299202 |          20 | emp_no                                 |
| PRIMARY      | n_leaf_pages |         886 |        NULL | Number of leaf pages in the index      |
| PRIMARY      | size         |         929 |        NULL | Number of pages in the index           |
| ix_firstname | n_diff_pfx01 |        1313 |          20 | first_name                             |
| ix_firstname | n_diff_pfx02 |      294090 |          20 | first_name,emp_no                      |
| ix_firstname | n_leaf_pages |         309 |        NULL | Number of leaf pages in the index      |
| ix_firstname | size         |         353 |        NULL | Number of pages in the index           |
| ix_hiredate  | n_diff_pfx01 |        5128 |          20 | hire_date                              |
| ix_hiredate  | n_diff_pfx02 |      300069 |          20 | hire_date,emp_no                       |
| ix_hiredate  | n_leaf_pages |         231 |        NULL | Number of leaf pages in the index      |
| ix_hiredate  | size         |         289 |        NULL | Number of pages in the index           |
+--------------+--------------+-------------+-------------+----------------------------------------+

mysql> SELECT *
       FROM innodb_table_stats
       WHERE database_name='employees'
         AND TABLE_NAME='employees';
+--------+--------------------+-------------------------+
| n_rows | clustered_index_size | sum_of_other_index_sizes |
+--------+--------------------+-------------------------+
| 299202 |                929 |                     642 |
+--------+--------------------+-------------------------+
```

통계 정보의 각 칼럼은 다음과 같은 값을 저장하고 있다.

- innodb_index_stats.stat_name='n_diff_pfx%': 인덱스가 가진 유니크한 값의 개수

- innodb_index_stats.stat_name='n_leaf_pages': 인덱스의 리프 노드 페이지 개수

- innodb_index_stats.stat_name='size': 인덱스 트리의 전체 페이지 개수

- innodb_table_stats.n_rows: 테이블의 전체 레코드 건수

- innodb_table_stats.clustered_index_size: 프라이머리 키의 크기(InnoDB 페이지 개수)

- innodb_table_stats.sum_of_other_index_sizes: 프라이머리 키를 제외한 인덱스의 크기(InnoDB 페이지 개수)

참고 innodb_table_stats.sum_of_other_index_sizes 칼럼의 값은 테이블의 STATS_AUTO_RECALC 옵션에 따라
0으로 보일 수도 있는데, 그 경우 다음과 같이 테이블에 대해 ANALYZE TABLE 명령을 실행하면 통곗값이 저장된다.

```
mysql> ANALYZE TABLE employees.employees;
```

MySQL 5.5 버전까지는 테이블의 통계 정보가 메모리에만 저장되며, MySQL 서버가 재시작되면 통계 정보가 초기화됐다. 그래서 MySQL 서버가 시작되면 모든 테이블의 통계 정보는 다시 수집돼야 했다. 그리고 사용자나 관리자가 알지 못하는 순간에 다음과 같은 이벤트가 발생하면 자동으로 통계 정보가 갱신됐다.

- 테이블이 새로 오픈되는 경우

- 테이블의 레코드가 대량으로 변경되는 경우(테이블의 전체 레코드 중에서 1/16 정도의 UPDATE 또는 INSERT나 DELETE가 실행되는 경우)

- ANALYZE TABLE 명령이 실행되는 경우

- SHOW TABLE STATUS 명령이나 SHOW INDEX FROM 명령이 실행되는 경우

- InnoDB 모니터가 활성화되는 경우

- innodb_stats_on_metadata 시스템 설정이 ON인 상태에서 SHOW TABLE STATUS 명령이 실행되는 경우

이렇게 자주 테이블의 통계 정보가 갱신되면 응용 프로그램의 쿼리를 인덱스 레인지 스캔으로 잘 처리하던 MySQL 서버가 어느 날 갑자기 풀 테이블 스캔으로 실행되는 상황이 발생할 수도 있다. 그러나 영구적인 통계 정보가 도입되면서 이렇게 의도하지 않은 통계 정보 변경을 막을 수 있게 됐다. 또한 innodb_stats_auto_recalc 시스템 설정 변수의 값을 OFF로 설정해서 통계 정보가 자동으로 갱신되는 것을 막을 수 있다. innodb_stats_auto_recalc 시스템 설정 변수의 기본값은 ON이므로 영구적인 통계 정보를 이용하고자 한다면 이 설정을 OFF로 변경하자. 통계 정보를 자동으로 수집할지 여부도 테이블을 생성할 때 STATS_AUTO_RECALC 옵션을 이용해 테이블 단위로 조정할 수 있다.

- STATS_AUTO_RECALC=1: 테이블의 통계 정보를 MySQL 5.5 이전의 방식대로 자동 수집한다.

- STATS_AUTO_RECALC=0: 테이블의 통계 정보는 ANALYZE TABLE 명령을 실행할 때만 수집된다.

- STATS_AUTO_RECALC=DEFAULT: 테이블을 생성할 때 별도로 STATS_AUTO_RECALC 옵션을 설정하지 않은 것과 동일하며, 테이블의 통계 정보 수집을 innodb_stats_auto_recalc 시스템 설정 변수의 값으로 결정한다.

MySQL 5.5 버전에서는 테이블의 통계 정보를 수집할 때 몇 개의 InnoDB 테이블 블록을 샘플링할지 결정하는 옵션으로 innodb_stats_sample_pages 시스템 설정 변수가 제공되는데, MySQL 5.6 버전부터는 이 옵션은 없어졌다(Deprecated). 대신 이 시스템 변수가 innodb_stats_transient_sample_pages와 innodb_stats_persistent_sample_pages 시스템 변수 2개로 분리됐다.

- innodb_stats_transient_sample_pages

  이 시스템 변수의 기본값은 8인데, 이는 자동으로 통계 정보 수집이 실행될 때 8개 페이지만 임의로 샘플링해서 분석하고 그 결과를 통계 정보로 활용함을 의미한다.

- innodb_stats_persistent_sample_pages

  기본값은 20이며, ANALYZE TABLE 명령이 실행되면 임의로 20개 페이지만 샘플링해서 분석하고 그 결과를 영구적인 통계 정보 테이블에 저장하고 활용함을 의미한다.

영구적인 통계 정보를 사용한다면 MySQL 서버의 점검이나 사용량이 많지 않은 시간을 이용해 더 정확한 통계 정보를 수집할 수도 있다. 물론 더 정확한 통계 정보 수집에는 많은 시간이 소요되겠지만, 이 통계 정보의 정확성에 의해 쿼리의 성능이 결정되기 때문에 시간을 투자할 충분한 가치가 있는 것이다. 이처럼 더 정확한 통계 정보를 수집하고자 한다면 innodb_stats_persistent_sample_pages 시스템 변수에 높은 값을 설정하면 된다. 하지만 이 값을 너무 높이면 통계 정보 수집 시간이 길어지므로 주의해야 한다.

10.1.2 히스토그램

MySQL 5.7 버전까지의 통계 정보는 단순히 인덱스된 칼럼의 유니크한 값의 개수 정도만 가지고 있었는데, 이는 옵티마이저가 최적의 실행 계획을 수립하기에는 많이 부족했다. 그래서 옵티마이저는 이러한 부족함을 메우기 위해 실행 계획을 수립할 때 실제 인덱스의 일부 페이지를 랜덤으로 가져와 참조하는 방식을 사용했다. 8.0 버전으로 업그레이드되면서 MySQL 서버도 드디어 칼럼의 데이터 분포도를 참조할 수 있는 히스토그램(Histogram) 정보를 활용할 수 있게 됐다.

10.1.2.1 히스토그램 정보 수집 및 삭제

MySQL 8.0 버전에서 히스토그램 정보는 칼럼 단위로 관리되는데, 이는 자동으로 수집되지 않고 ANALYZE TABLE ... UPDATE HISTOGRAM 명령을 실행해 수동으로 수집 및 관리된다. 수집된 히스토그램 정보는 시스템 딕셔너리에 함께 저장되고, MySQL 서버가 시작될 때 딕셔너리의 히스토그램 정보를

information_schema 데이터베이스의 column_statistics 테이블로 로드한다. 그래서 실제 히스토그램 정보를 조회하려면 column_statistics 테이블을 SELECT해서 참조할 수 있다. 간단하게 히스토그램 정보 수집과 조회 예제를 한 번 살펴보자.

```
mysql> ANALYZE TABLE employees.employees
       UPDATE HISTOGRAM ON gender, hire_date;

mysql> SELECT *
       FROM COLUMN_STATISTICS
       WHERE SCHEMA_NAME='employees'
         AND TABLE_NAME='employees'\G
*************************** 1. row ***************************
SCHEMA_NAME: employees
 TABLE_NAME: employees
COLUMN_NAME: gender
  HISTOGRAM: {"buckets": [
                          [1, 0.5998529796789721],
                          [2, 1.0]
                         ],
             "data-type": "enum",
             "null-values": 0.0,
             "collation-id": 45,
             "last-updated": "2020-08-03 03:47:45.739242",
             "sampling-rate": 0.3477368727939573,
             "histogram-type": "singleton",
             "number-of-buckets-specified": 100
             }
*************************** 2. row ***************************
SCHEMA_NAME: employees
 TABLE_NAME: employees
COLUMN_NAME: hire_date
  HISTOGRAM: {"buckets": [["1985-02-01", "1985-02-28", 0.009838277646869273, 28],
                          ["1985-03-01", "1985-03-28", 0.020159909773830382, 28],
                          ["1985-03-29", "1985-04-26", 0.030159305580730267, 29],
                          ["1985-04-27", "1985-05-24", 0.03999758322759954, 28],
                          ...
                          ["1997-01-24", "1997-06-25", 0.9700118824643023, 153],
```

```
                    ["1997-06-26", "1997-12-15", 0.980021348156204, 172],
                    ["1997-12-16", "1998-08-06", 0.9900006041931001, 233],
                    ["1998-08-07", "2000-01-06", 1.0, 420]
                ],
            "data-type": "date",
            "null-values": 0.0,
            "collation-id": 8,
            "last-updated": "2020-08-03 03:47:45.742159",
            "sampling-rate": 0.3477368727939573,
            "histogram-type": "equi-height",
            "number-of-buckets-specified": 100
        }
2 rows in set (0.00 sec)
```

MySQL 8.0 버전에서는 다음과 같이 2종류의 히스토그램 타입이 지원된다.

- Singleton(싱글톤 히스토그램): 칼럼값 개별로 레코드 건수를 관리하는 히스토그램으로, Value-Based 히스토그램 또는 도수 분포라고도 불린다.
- Equi-Height(높이 균형 히스토그램): 칼럼값의 범위를 균등한 개수로 구분해서 관리하는 히스토그램으로, Height-Balanced 히스토그램이라고도 불린다.

히스토그램은 버킷(Bucket) 단위로 구분되어 레코드 건수나 칼럼값의 범위가 관리되는데, 싱글톤 히스토그램은 칼럼이 가지는 값별로 버킷이 할당되며 높이 균형 히스토그램에서는 개수가 균등한 칼럼값의 범위별로 하나의 버킷이 할당된다. 싱글톤 히스토그램은 각 버킷이 칼럼의 값과 발생 빈도의 비율의 2개 값을 가진다. 반면 높이 균형 히스토그램은 각 버킷이 범위 시작 값과 마지막 값, 그리고 발생 빈도 율과 각 버킷에 포함된 유니크한 값의 개수 등 4개의 값을 가진다.

그림 10.1과 그림 10.2는 employees 테이블의 gender 칼럼과 hire_date 칼럼의 히스토그램 데이터를 그래프로 표현한 것이다. 그림 10.1은 gender 칼럼에 생성된 싱글톤 히스토그램이며, 그림 10.2는 hire_date 칼럼에 생성된 높이 균형 히스토그램의 데이터다.

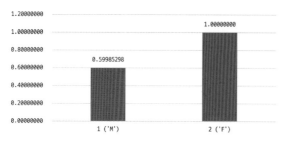

그림 10.1 싱글톤 히스토그램

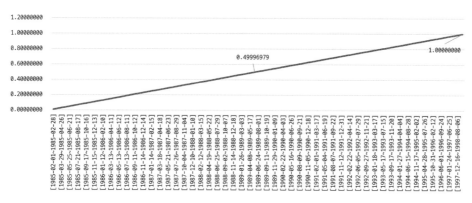

그림 10.2 높이 균형 히스토그램

그림 10.1에서 보다시피 싱글톤 히스토그램은 ENUM('M','F') 타입인 gender 칼럼이 가질 수 있는 2개의 값에 대해 누적된 레코드 건수의 비율을 가지고 있다. 이처럼 싱글톤 히스토그램은 주로 코드 값과 같이 유니크한 값의 개수가 상대적으로 적은(히스토그램의 버킷 수보다 적은) 경우 사용된다. 싱글톤 히스토그램에서 gender 칼럼의 값이 'M'인 레코드의 비율은 0.5998 정도이며, 'F'인 레코드의 비율은 1로 표시된다. 그런데 히스토그램의 모든 레코드 건수 비율은 누적으로 표시된다. 그래서 gender 칼럼의 값이 'F'인 레코드의 비율은 (1 − 0.5998)이 된다.

그림 10.2의 높이 균형 히스토그램은 칼럼값의 각 범위에 대해 레코드 건수 비율이 누적으로 표시된다. 그래서 히스토그램의 버킷 범위가 뒤로 갈수록 비율이 높아지는 것으로 보이지만, 사실은 범위별로 비율이 같은 수준에서 hire_date 칼럼의 범위가 선택된 것이다. 그래프의 기울기가 일정한 것을 보면 각 범위가 비슷한 값(레코드의 건수)을 가진다는 것을 알 수 있다.

information_schema.column_statistics 테이블의 HISTOGRAM 칼럼이 가진 나머지 필드들은 다음과 같은 의미를 가지고 있다.

- sampling-rate: 히스토그램 정보를 수집하기 위해 스캔한 페이지의 비율을 저장한다. 샘플링 비율이 0.35라면 전체 데이터 페이지의 35%를 스캔해서 이 정보가 수집됐다는 것을 의미한다. 물론 샘플링 비율이 높아질수록 더 정확한 히스토그램이 되겠지만, 테이블을 전부 스캔하는 것은 부하가 높으며 시스템의 자원을 많이 소모한다. 그래서 MySQL 서버는 histogram_generation_max_mem_size 시스템 변수에 설정된 메모리 크기에 맞게 적절히 샘플링한다. histogram_generation_max_mem_size 시스템 변수의 메모리 크기는 20MB로 초기화돼 있다.

- histogram-type: 히스토그램의 종류를 저장한다.

- number-of-buckets-specified: 히스토그램을 생성할 때 설정했던 버킷의 개수를 저장한다. 히스토그램을 생성할 때 별도로 버킷의 개수를 지정하지 않았다면 기본으로 100개의 버킷이 사용된다. 버킷은 최대 1024개를 설정할 수 있지만, 일반적으로 100개의 버킷이면 충분한 것으로 알려져 있다.

> **주의**
>
> MySQL 8.0.19 미만의 버전까지는 히스토그램 생성 시 샘플링 비율(Sampling-rate)과 histogram_generation_max_mem_size 시스템 변수의 크기에 관계없이 MySQL 서버는 풀 스캔을 통해 데이터 페이지를 샘플링해서 히스토그램을 생성했다. 하지만 MySQL 8.0.19 버전부터 InnoDB 스토리지 엔진 자체적으로 샘플링 알고리즘을 구현했으며, 더이상 히스토그램 수집 시 풀 테이블 스캔이 필요치 않게 됐다. 지금 사용 중인 버전이 MySQL 8.0.19 미만의 버전이라면 히스토그램 수집 시 주의하자.

생성된 히스토그램은 다음과 같이 삭제할 수 있다. 히스토그램의 삭제 작업은 테이블의 데이터를 참조하는 것이 아니라 딕셔너리의 내용만 삭제하기 때문에 다른 쿼리 처리의 성능에 영향을 주지 않고 즉시 완료된다. 하지만 히스토그램이 사라지면 쿼리의 실행 계획이 달라질 수 있으므로 주의하자.

```
mysql> ANALYZE TABLE employees.employees
       DROP HISTOGRAM ON gender, hire_date;
```

히스토그램을 삭제하지 않고 MySQL 옵티마이저가 히스토그램을 사용하지 않게 하려면 다음과 같이 optimizer_switch 시스템 변수의 값을 변경하면 된다. 다음과 같이 optimizer_switch 시스템 변수의 값을 글로벌로 변경하면 MySQL 서버의 모든 쿼리가 히스토그램을 사용하지 않는다. 또한 condition_fanout_filter 옵션에 의해 영향받는 다른 최적화 기능들이 사용되지 않을 수도 있으니 주의하자.

```
mysql> SET GLOBAL optimizer_switch='condition_fanout_filter=off';
```

특정 커넥션 또는 특정 쿼리에서만 히스토그램을 사용하지 않고자 한다면 다음과 같은 방법을 사용하면 된다.

```
-- // 현재 커넥션에서 실행되는 쿼리만 히스토그램을 사용하지 않게 설정
mysql> SET SESSION optimizer_switch='condition_fanout_filter=off';

-- // 현재 쿼리만 히스토그램을 사용하지 않게 설정
mysql> SELECT /*+ SET_VAR(optimizer_switch='condition_fanout_filter=off') */ *
       FROM ...
```

10.1.2.2 히스토그램의 용도

MySQL 서버에 히스토그램이 도입되기 이전에도 테이블과 인덱스에 대한 통계 정보는 존재했다. 하지만 기존 MySQL 서버가 가지고 있던 통계 정보는 테이블의 전체 레코드 건수와 인덱스된 칼럼이 가지는 유니크한 값의 개수 정도였다. 예를 들어, 테이블의 레코드가 1000건이고 어떤 칼럼의 유니크한 값 개수가 100개였다면 MySQL 서버는 이 칼럼에 대해 다음과 같은 동등 비교 검색을 하면 대략 10개의 레코드가 일치할 것이라고 예측한다.

```
mysql> SELECT * FROM order WHERE user_id='matt.lee';
```

하지만 실제 응용 프로그램의 데이터는 항상 균등한 분포도를 가지지 않는다. 어떤 사용자는 주문 레코드를 많이 가지고 있고 또 다른 사용자들은 주문 정보가 하나도 없을 수 있다. 그렇지만 MySQL 서버의 기존 통계 정보는 이런 부분을 고려하지 못했다. 이러한 단점을 보완하기 위해 히스토그램이 도입됐다. 히스토그램은 특정 칼럼이 가지는 모든 값에 대한 분포도 정보를 가지지는 않지만 각 범위(버킷)별로 레코드의 건수와 유니크한 값의 개수 정보를 가지기 때문에 훨씬 정확한 예측을 할 수 있다.

간단히 employees 테이블의 birth_date 칼럼에 대해 히스토그램이 없을 때와 히스토그램이 있을 때의 예측치가 얼마나 달라지는지 한 번 살펴보자. 다음 예제의 결과를 보면 옵티마이저는 first_name='Zita' 조건에 일치하는 레코드가 224건이 있고, 그중에서 대략 11.11%인 24.8명 정도의 birth_date가 1950년대 출생일 것으로 예측했다.

```
mysql> EXPLAIN
       SELECT *
       FROM employees
```

```
        WHERE first_name='Zita'
          AND birth_date BETWEEN '1950-01-01' AND '1960-01-01';
```

id	select_type	table	type	key	rows	filtered
1	SIMPLE	employees	ref	ix_firstname	224	11.11

이제 birth_date 칼럼에 히스토그램 정보를 수집하고, 동일한 쿼리의 실행 계획을 살펴보자.

```
mysql> ANALYZE TABLE employees
          UPDATE histogram ON first_name, birth_date;


mysql> EXPLAIN
        SELECT *
        FROM employees
        WHERE first_name='Zita'
          AND birth_date BETWEEN '1950-01-01' AND '1960-01-01';
```

id	select_type	table	type	key	rows	filtered
1	SIMPLE	employees	ref	ix_firstname	224	60.82

히스토그램을 사용한 실행 계획에서는 대략 60.82%인 136.2명이 1950년대 출생일 것으로 예측했다. 실제 데이터를 조회해보면 대략 63.84%인 143명이 1950년대 출생인 것을 알 수 있다. 단순 통계 정보만 이용한 경우와 히스토그램을 이용한 경우의 차이가 매우 큰 것을 알 수 있다.

```
mysql> SELECT
        SUM(CASE WHEN birth_date between '1950-01-01' and '1960-01-01' THEN 1 ELSE 0 END)
          / COUNT(*) as ratio
        FROM employees WHERE first_name='Zita';
+--------+
| ratio  |
+--------+
| 0.6384 |
+--------+
```

히스토그램 정보가 없으면 옵티마이저는 데이터가 균등하게 분포돼 있을 것으로 예측한다. 하지만 히스토그램이 있으면 특정 범위의 데이터가 많고 적음을 식별할 수 있다. 이게 무슨 큰 변화냐고 반문할 수도 있는데, 이는 쿼리의 성능에 상당한 영향을 미칠 수 있다. 다음 예제는 2개의 테이블을 조인하는데, 옵티마이저 힌트를 이용해 강제로 조인의 순서를 바꿔 성능을 살펴본 것이다.

```
mysql> SELECT /*+ JOIN_ORDER(e, s) */ *
       FROM salaries s
          INNER JOIN employees e ON e.emp_no=s.emp_no
                     AND e.birth_date BETWEEN '1950-01-01' AND '1950-02-01'
          WHERE s.salary BETWEEN 40000 AND 70000;
Empty set (0.13 sec)

mysql> SELECT /*+ JOIN_ORDER(s, e) */ *
       FROM salaries s
          INNER JOIN employees e ON e.emp_no=s.emp_no
                     AND e.birth_date BETWEEN '1950-01-01' AND '1950-02-01'
          WHERE s.salary BETWEEN 40000 AND 70000;
Empty set (1.29 sec)
```

첫 번째 쿼리는 employees 테이블을 읽고 salaries 테이블을 조인한 예제이며, 두 번째 쿼리는 그 반대로 조인을 실행했다. 두 쿼리 모두 동일한 결과를 만들어 내지만 employees 테이블을 먼저 읽은 경우 조인을 해야 할 건수가 salaries 테이블을 먼저 읽은 경우보다 훨씬 적다. birth_date 칼럼과 salary 칼럼은 인덱스되지 않은 칼럼이어서 이 칼럼들에 히스토그램이 없다면 옵티마이저는 이 칼럼들의 데이터 분포를 전혀 알지 못하고 실행 계획을 수립하게 된다. 때문에 옵티마이저 힌트를 제거했을 때 옵티마이저는 테이블의 전체 레코드 건수나 크기 등의 단순한 정보만으로 조인의 드라이빙 테이블을 결정하게 된다. 상황에 따라 어떤 테이블이라도 조인의 드라이빙 테이블이 될 수 있는 것이다.

이러한 차이로 인해 쿼리의 성능은 10배 정도 차이를 보일 수 있으며, InnoDB 버퍼 풀에 데이터가 존재하지 않아서 디스크에서 데이터를 읽어야 하는 경우라면 몇 배의 차이가 발생할 수도 있다. 각 칼럼에 대해 히스토그램 정보가 있으면 어느 테이블을 먼저 읽어야 조인의 횟수를 줄일 수 있을지 옵티마이저가 더 정확히 판단할 수 있다.

10.1.2.3 히스토그램과 인덱스

히스토그램과 인덱스는 완전히 다른 객체이기 때문에 서로 비교할 대상은 아니지만, MySQL 서버에서 인덱스는 부족한 통계 정보를 수집하기 위해 사용된다는 측면에서 어느 정도 공통점을 가진다고 볼 수 있다. MySQL 서버에서는 쿼리의 실행 계획을 수립할 때 사용 가능한 인덱스들로부터 조건절에 일치하는 레코드 건수를 대략 파악하고 최종적으로 가장 나은 실행 계획을 선택한다. 이때 조건절에 일치하는 레코드 건수를 예측하기 위해 옵티마이저는 실제 인덱스의 B-Tree를 샘플링해서 살펴본다. 이 작업을 매뉴얼에서는 "인덱스 다이브(Index Dive)"라고 표현한다.

쿼리의 검색 조건으로 많이 사용되는 칼럼에 대해서는 일반적으로 인덱스를 생성한다. 그런데 이렇게 인덱스된 칼럼에 대해 히스토그램 정보를 수집해 두는 것이 좋을지 고민스러울 수 있다. 다음 쿼리를 한번 생각해보자.

```
mysql> SELECT *
       FROM employees
       WHERE first_name='Tonny'
         AND birth_date BETWEEN '1954-01-01' AND '1955-01-01';
```

옵티마이저는 테이블 풀 스캔을 할지 first_name 칼럼의 인덱스를 이용할지 고민할 것이다. birth_date 칼럼에는 인덱스가 없으므로 이 쿼리에서 birth_date 칼럼은 실행 계획에 큰 영향을 미치지 않을 것이다. first_name 칼럼에 히스토그램이 수집돼 있었다면 MySQL 옵티마이저는 그 히스토그램을 이용하게 될까? MySQL 8.0 서버에서는 인덱스된 칼럼을 검색 조건으로 사용하는 경우 그 칼럼의 히스토그램은 사용하지 않고 실제 인덱스 다이브를 통해 직접 수집한 정보를 활용한다. 이는 실제 검색 조건의 대상 값에 대한 샘플링을 실행하는 것이므로 항상 히스토그램보다 정확한 결과를 기대할 수 있기 때문이다. 그래서 MySQL 8.0 버전에서 히스토그램은 주로 인덱스되지 않은 칼럼에 대한 데이터 분포도를 참조하는 용도로 사용된다.

하지만 인덱스 다이브 작업은 어느 정도의 비용이 필요하며, 때로는 (IN 절에 값이 많이 명시된 경우) 실행 계획 수립만으로도 상당한 인덱스 다이브를 실행하고 비용도 그만큼 커진다. 아마 조만간 실제 인덱스 다이브를 실행하기보다는 히스토그램을 활용하는 최적화 기능도 MySQL 서버에 추가되지 않을까 생각된다.

10.1.3 코스트 모델(Cost Model)

MySQL 서버가 쿼리를 처리하려면 다음과 같은 다양한 작업을 필요로 한다.

- 디스크로부터 데이터 페이지 읽기
- 메모리(InnoDB 버퍼 풀)로부터 데이터 페이지 읽기
- 인덱스 키 비교
- 레코드 평가
- 메모리 임시 테이블 작업
- 디스크 임시 테이블 작업

MySQL 서버는 사용자의 쿼리에 대해 이러한 다양한 작업이 얼마나 필요한지 예측하고 전체 작업 비용을 계산한 결과를 바탕으로 최적의 실행 계획을 찾는다. 이렇게 전체 쿼리의 비용을 계산하는 데 필요한 단위 작업들의 비용을 코스트 모델(Cost Model)이라고 한다 MySQL 5.7 이전 버전까지는 이런 작업들의 비용을 MySQL 서버 소스 코드에 상수화해서 사용했다. 하지만 이 작업들의 비용은 MySQL 서버가 사용하는 하드웨어에 따라 달라질 수 있기 때문에 예전 버전처럼 고정된 비용을 일률적으로 적용하는 것은 최적의 실행 계획 수립에 있어서 방해 요소였다.

이런 단점을 보완하기 위해 MySQL 5.7 버전부터 MySQL 서버의 소스 코드에 상수화돼 있던 각 단위 작업의 비용을 DBMS 관리자가 조정할 수 있게 개선됐다. 하지만 MySQL 5.7 버전에서는 인덱스되지 않은 칼럼의 데이터 분포(히스토그램)나 메모리에 상주 중인 페이지의 비율 등 비용 계산과 연관된 부분의 정보가 부족한 상태였다. MySQL 8.0 버전으로 업그레이드되면서 비로소 칼럼의 데이터 분포를 위한 히스토그램과 각 인덱스별 메모리에 적재된 페이지의 비율이 관리되고 옵티마이저의 실행 계획 수립에 사용되기 시작했다.

MySQL 8.0 서버의 코스트 모델은 다음 2개 테이블에 저장돼 있는 설정값을 사용하는데, 두 테이블 모두 mysql DB에 존재한다.

- server_cost: 인덱스를 찾고 레코드를 비교하고 임시 테이블 처리에 대한 비용 관리
- engine_cost: 레코드를 가진 데이터 페이지를 가져오는 데 필요한 비용 관리

server_cost 테이블과 engine_cost 테이블은 공통으로 다음 5개의 칼럼을 가지고 있다. 참고로 last_updated와 comment 칼럼의 값은 MySQL 서버 옵티마이저에 영향을 미치는 정보는 아니며, 단순 정보성으로 관리되는 칼럼이다.

- cost_name: 코스트 모델의 각 단위 작업
- default_value: 각 단위 작업의 비용(기본값이며, 이 값은 MySQL 서버 소스 코드에 설정된 값)
- cost_value: DBMS 관리자가 설정한 값(이 값이 NULL이면 MySQL 서버는 default_value 칼럼의 비용 사용)
- last_updated: 단위 작업의 비용이 변경된 시점
- comment: 비용에 대한 추가 설명

engine_cost 테이블은 위의 5개 칼럼에 추가로 다음 2개 칼럼을 더 가지고 있다.

- engine_name: 비용이 적용된 스토리지 엔진
- device_type: 디스크 타입

engine_name 칼럼은 스토리지 엔진별로 각 단위 작업의 비용을 설정할 수 있는데, 기본값은 "default"다. 여기서 "default"는 특정 스토리지 엔진의 비용이 설정되지 않았다면 해당 스토리지 엔진의 비용으로 이 값을 적용한다는 의미다. MEMORY 스토리지 엔진, 그리고 MyISAM과 InnoDB 스토리지 엔진에 대해 단위 작업의 비용을 달리 설정하고자 한다면 engine_name 칼럼을 이용하면 된다. device_type은 디스크의 타입을 설정할 수 있는데, MySQL 8.0에서는 아직 이 칼럼의 값을 활용하지 않는다. 그래서 MySQL 8.0 버전에서는 "0"만 설정할 수 있다.

MySQL 8.0 버전의 코스트 모델에서 지원하는 단위 작업은 다음과 같이 8개다.

	cost_name	default_value	설명
engine_cost	io_block_read_cost	1.00	디스크 데이터 페이지 읽기
	memory_block_read_cost	0.25	메모리 데이터 페이지 읽기
server_cost	disk_temptable_create_cost	20.00	디스크 임시 테이블 생성
	disk_temptable_row_cost	0.50	디스크 임시 테이블의 레코드 읽기
	key_compare_cost	0.05	인덱스 키 비교
	memory_temptable_create_cost	1.00	메모리 임시 테이블 생성
	memory_temptable_row_cost	0.10	메모리 임시 테이블의 레코드 읽기
	row_evaluate_cost	0.10	레코드 비교

row_evaluate_cost는 스토리지 엔진이 반환한 레코드가 쿼리의 조건에 일치하는지를 평가하는 단위 작업을 의미하는데, row_evaluate_cost 값이 증가할수록 풀 테이블 스캔과 같이 많은 레코드를 처리하는 쿼리의 비용이 높아지고 반대로 레인지 스캔과 같이 상대적으로 적은 수의 레코드를 처리하는 쿼리의 비용이 낮아진다. key_compare_cost는 키 값의 비교 작업에 필요한 비용을 의미하는데, key_compare_cost 값이 증가할수록 레코드 정렬과 같이 키 값 비교 처리가 많은 경우 쿼리의 비용이 높아진다.

MySQL 서버에서 각 실행 계획의 계산된 비용(Cost)은 다음과 같이 확인할 수 있다.

```
mysql> EXPLAIN FORMAT=TREE
       SELECT *
       FROM employees WHERE first_name='Matt' \G
*************************** 1. row ***************************
EXPLAIN: -> Index lookup on employees using ix_firstname (first_name='Matt')
            (cost=256.10 rows=233)


mysql> EXPLAIN FORMAT=JSON
       SELECT *
       FROM employees WHERE first_name='Matt' \G
*************************** 1. row ***************************
EXPLAIN: {
  "query_block": {
    "select_id": 1,
    "cost_info": {
      "query_cost": "255.08"
    },
    "table": {
      ...
      "rows_examined_per_scan": 233,
      "rows_produced_per_join": 233,
      "filtered": "100.00",
      "cost_info": {
        "read_cost": "231.78",
        "eval_cost": "23.30",
        "prefix_cost": "255.08",
        "data_read_per_join": "49K"
      },
  ...
```

각 단위 작업의 비용을 이용해 MySQL 서버의 실행 계획에 표시되는 비용을 직접 계산해보고 싶을 수도 있다. 하지만 역으로 이러한 계산을 직접 해보기는 쉽지 않다. 대표적으로 MySQL 옵티마이저는 인덱스의 B-Tree 깊이와 인덱스 키 검색을 위해 읽어야 하는 페이지의 개수, 그리고 디스크와 메모리(InnoDB 버퍼 풀)에서 데이터 페이지를 각각 몇 개씩 읽어야 하는지, 또는 레코드 정렬 작업에서 사용되는 알고리즘별로 키 값 비교 작업이 몇 번 필요한지 등을 이용해 쿼리의 비용이 계산된다. 하지만 이런 정보는 모두 사용자에게 표시되지 않기 때문에 직접 계산하는 것은 상당히 어렵다.

코스트 모델에서 중요한 것은 각 단위 작업에 설정되는 비용 값이 커지면 어떤 실행 계획들이 고비용으로 바뀌고 어떤 실행 계획들이 저비용으로 바뀌는지를 파악하는 것이다. 대표적으로 각 단위 작업의 비용이 변경되면 예상할 수 있는 결과들은 다음과 같다. 물론 다음 예시가 MySQL 서버 옵티마이저의 실행 계획에 미치는 영향의 전부는 아니지만, 대략 코스트 모델을 이해하고 각 단위 작업의 비용 조절을 연습해볼 수 있는 기준은 될 것이다.

- key_compare_cost 비용을 높이면 MySQL 서버 옵티마이저가 가능하면 정렬을 수행하지 않는 방향의 실행 계획을 선택할 가능성이 높아진다.

- row_evaluate_cost 비용을 높이면 풀 스캔을 실행하는 쿼리들의 비용이 높아지고, MySQL 서버 옵티마이저는 가능하면 인덱스 레인지 스캔을 사용하는 실행 계획을 선택할 가능성이 높아진다.

- disk_temptable_create_cost와 disk_temptable_row_cost 비용을 높이면 MySQL 옵티마이저는 디스크에 임시 테이블을 만들지 않는 방향의 실행 계획을 선택할 가능성이 높아진다.

- memory_temptable_create_cost와 memory_temptable_row_cost 비용을 높이면 MySQL 서버 옵티마이저는 메모리 임시 테이블을 만들지 않는 방향의 실행 계획을 선택할 가능성이 높아진다.

- io_block_read_cost 비용이 높아지면 MySQL 서버 옵티마이저는 가능하면 InnoDB 버퍼 풀에 데이터 페이지가 많이 적재돼 있는 인덱스를 사용하는 실행 계획을 선택할 가능성이 높아진다.

- memory_block_read_cost 비용이 높아지면 MySQL 서버는 InnoDB 버퍼 풀에 적재된 데이터 페이지가 상대적으로 적다고 하더라도 그 인덱스를 사용할 가능성이 높아진다.

> **주의** 각 단위 작업의 비용을 사용자가 변경할 수 있는 기능을 제공한다고 해서 이 비용들을 꼭 바꿔서 사용해야 하는 것은 아니다. 코스트 모델은 MySQL 서버가 사용하는 하드웨어와 MySQL 서버 내부적인 처리 방식에 대한 깊이 있는 지식을 필요로 한다. 이런 부분에 대해 전문적인 지식을 가지고 있지 않다면 서비스에 사용되는 MySQL 서버의 engine_cost 테이블과 server_cost 테이블의 기본값을 함부로 변경하지 않는 게 좋다. MySQL 서버에 적용된 기본값으로도 MySQL 서버는 20년이 넘는 시간 동안 수많은 응용 프로그램에서 잘 사용돼 왔다.

10.2 실행 계획 확인

MySQL 서버의 실행 계획은 DESC 또는 EXPLAIN 명령으로 확인할 수 있다. 그리고 MySQL 8.0 버전부터는 EXPLAIN 명령에 사용할 수 있는 새로운 옵션이 추가됐는데, 실행 계획의 출력 포맷과 실제 쿼리의 실행 결과까지 확인할 수 있는 기능을 구분해서 살펴보겠다.

10.2.1 실행 계획 출력 포맷

이전 버전에서는 EXPLAIN EXTENDED 또는 EXPLAIN PARTITIONS 명령이 구분돼 있었지만, MySQL 8.0 버전부터는 모든 내용이 통합되어 보이도록 개선되면서 PARTITIONS나 EXTENDED 옵션은 문법에서 제거됐다. 그리고 MySQL 8.0 버전부터는 FORMAT 옵션을 사용해 실행 계획의 표시 방법을 JSON이나 TREE, 단순 테이블 형태로 선택할 수 있다.

테이블 포맷 표시

```
mysql> EXPLAIN
       SELECT *
       FROM employees e
         INNER JOIN salaries s ON s.emp_no=e.emp_no
       WHERE first_name='ABC';
```

id	select_type	table	partitions	type	possible_keys	key	key_len	ref	rows	filtered	Extra
1	SIMPLE	e	NULL	ref	PRIMARY,ix_firstname	ix_firstname	58	const	1	100.00	NULL
1	SIMPLE	s	NULL	ref	PRIMARY	PRIMARY	4	employees.e.emp_no	10	100.00	NULL

트리 포맷 표시

```
mysql> EXPLAIN FORMAT=TREE
       SELECT *
       FROM employees e
         INNER JOIN salaries s ON s.emp_no=e.emp_no
       WHERE first_name='ABC'\G
*************************** 1. row ***************************
EXPLAIN: -> Nested loop inner join  (cost=2.40 rows=10)
    -> Index lookup on e using ix_firstname (first_name='ABC')  (cost=0.35 rows=1)
    -> Index lookup on s using PRIMARY (emp_no=e.emp_no)  (cost=2.05 rows=10)
```

JSON 포맷 표시

```
mysql> EXPLAIN FORMAT=JSON
       SELECT *
       FROM employees e
         INNER JOIN salaries s ON s.emp_no=e.emp_no
       WHERE first_name='ABC'\G
*************************** 1. row ***************************
EXPLAIN: {
  "query_block": {
    "select_id": 1,
    "cost_info": {
      "query_cost": "2.40"
    },
    "nested_loop": [
      {
        "table": {
          "table_name": "e",
          "access_type": "ref",
          "possible_keys": [
            "PRIMARY",
            "ix_firstname"
          ],
          "key": "ix_firstname",
          "used_key_parts": [
            "first_name"
          ],
...
```

EXPLAIN 명령에 사용되는 포맷 옵션별로 개인의 선호도 또는 표시되는 정보의 차이가 있을 수 있다. 하지만 MySQL 옵티마이저가 수립한 실행 계획의 큰 흐름을 보여주는 데는 큰 차이가 없다.

10.2.2 쿼리의 실행 시간 확인

MySQL 8.0.18 버전부터는 쿼리의 실행 계획과 단계별 소요된 시간 정보를 확인할 수 있는 EXPLAIN ANALYZE 기능이 추가됐다. 물론 SHOW PROFILE 명령[1]으로 어떤 부분에서 시간이 많이 소요되는지 확인할 수 있지만 SHOW PROFILE 명령의 결과는 실행 계획의 단계별로 소요된 시간 정보를 보여주진 않는다. EXPLAIN ANALYZE 명령은 항상 결과를 TREE 포맷으로 보여주기 때문에 EXPLAIN 명령에 FORMAT 옵션을 사용할 수 없다. 간단히 EXPLAIN ANALYZE 명령의 예시를 한 번 살펴보자. 실행 계획의 A) ~ F) 번호는 설명의 편의를 위해서 임의로 추가한 것이다.

```
mysql> EXPLAIN ANALYZE
       SELECT e.emp_no, avg(s.salary)
       FROM employees e
         INNER JOIN salaries s ON s.emp_no=e.emp_no
                     AND s.salary>50000
                     AND s.from_date<='1990-01-01'
                     AND s.to_date>'1990-01-01'
       WHERE e.first_name='Matt'
       GROUP BY e.hire_date \G


A) -> Table scan on <temporary>  (actual time=0.001..0.004 rows=48 loops=1)
B)     -> Aggregate using temporary table  (actual time=3.799..3.808 rows=48 loops=1)
C)         -> Nested loop inner join  (cost=685.24 rows=135)
                     (actual time=0.367..3.602 rows=48 loops=1)
D)             -> Index lookup on e using ix_firstname (first_name='Matt') (cost=215.08 rows=233)
                     (actual time=0.348..1.046 rows=233 loops=1)
E)             -> Filter: ((s.salary > 50000) and (s.from_date <= DATE'1990-01-01')
                         and (s.to_date > DATE'1990-01-01')) (cost=0.98 rows=1)
                     (actual time=0.009..0.011 rows=0 loops=233)
F)                 -> Index lookup on s using PRIMARY (emp_no=e.emp_no) (cost=0.98 rows=10)
                     (actual time=0.007..0.009 rows=10 loops=233)
```

TREE 포맷의 실행 계획에서 들여쓰기는 호출 순서를 의미하며, 실제 실행 순서는 다음 기준으로 읽으면 된다.

---

1 https://dev.mysql.com/doc/refman/8.0/en/show-profile.htm

- 들여쓰기가 같은 레벨에서는 상단에 위치한 라인이 먼저 실행

- 들여쓰기가 다른 레벨에서는 가장 안쪽에 위치한 라인이 먼저 실행

그래서 위 쿼리의 실행 계획은 다음의 실행 순서를 의미한다.

1. D) Index lookup on e using ix_firstname
2. F) Index lookup on s using PRIMARY
3. E) Filter
4. C) Nested loop inner join
5. B) Aggregate using temporary table
6. A) Table scan on <temporary>

위의 상세한 실행 계획과 순서를 묶어서 다음과 같이 한글로 간단하게 실행 계획을 풀어 쓸 수 있다.

1. employees 테이블의 ix_firstname 인덱스를 통해 first_name='Matt' 조건에 일치하는 레코드를 찾고
2. salaries 테이블의 PRIMARY 키를 통해 emp_no가 (1)번 결과의 emp_no와 동일한 레코드를 찾아서
3. ((s.salary > 50000) and (s.from_date <= DATE'1990-01-01') and (s.to_date > DATE'1990-01-01'))
   조건에 일치하는 건만 가져와
4. 1번과 3번의 결과를 조인해서
5. 임시 테이블에 결과를 저장하면서 GROUP BY 집계를 실행하고
6. 임시 테이블의 결과를 읽어서 결과를 반환한다.

EXPLAIN ANALYZE 명령의 결과에는 단계별로 실제 소요된 시간(actual time)과 처리한 레코드 건수 (rows), 반복 횟수(loops)가 표시된다. 실행 계획의 F) 라인에 나열된 필드들의 의미를 한 번 살펴보자.

- actual time=0.007..0.009: employees 테이블에서 읽은 emp_no 값을 기준으로 salaries 테이블에서 일치하는 레코드를 검색하는 데 걸린 시간(밀리초)을 의미한다. 이때 숫자 값이 2개가 표시되는데, 첫 번째 숫자 값은 첫 번째 레코드를 가져오는 데 걸린 평균 시간(밀리초)을 의미한다. 두 번째 숫자 값은 마지막 레코드를 가져오는 데 걸린 평균 시간(밀리초)을 의미한다.

- rows=10: employees 테이블에서 읽은 emp_no에 일치하는 salaries 테이블의 평균 레코드 건수를 의미한다.

- loops=233: employees 테이블에서 읽은 emp_no를 이용해 salaries 테이블의 레코드를 찾는 작업이 반복된 횟수를 의미한다. 결국 여기서는 employees 테이블에서 읽은 emp_no의 개수가 233개임을 의미한다.

"actual time" 필드와 "rows" 필드의 설명에서 평균 시간과 평균 레코드 건수라고 했는데, 이는 loops 필드의 값이 1 이상이기 때문이다. 즉 salaries 테이블에서 emp_no 일치 건을 찾는 작업을 233번 반복해서 실행했는데, 매번 salaries 테이블에서 첫 번째 레코드를 가져오는 데 평균 0.007밀리초가 걸렸으며, 마지막 레코드를 읽는 데는 평균 0.009밀리초가 걸린 것을 의미한다. rows 필드의 값이 10이므로, 여기서는 salaries 테이블에서 emp_no를 검색해서 10개의 레코드를 모두 가져오는 데 평균 0.009밀리초가 걸린 것이다.

EXPLAIN ANALYZE 명령은 EXPLAIN 명령과 달리 실행 계획만 추출하는 것이 아니라 실제 쿼리를 실행하고 사용된 실행 계획과 소요된 시간을 보여주는 것이다. 그래서 쿼리의 실행 시간이 아주 많이 걸리는 쿼리라면 EXPLAIN ANALYZE 명령을 사용하면 쿼리가 완료돼야 실행 계획의 결과를 확인할 수 있다. 쿼리의 실행 계획이 아주 나쁜 경우라면 EXPLAIN 명령으로 먼저 실행 계획만 확인해서 어느 정도 튜닝한 후 EXPLAIN ANALYZE 명령을 실행하는 것이 좋다.

10.3 실행 계획 분석

MySQL 8.0 버전부터는 EXPLAIN 명령의 결과로 출력되는 실행 계획의 포맷을 기존 테이블 포맷과 JSON, TREE 형태로 선택할 수 있다. 사실 실행 계획의 출력 포맷보다는 실행 계획이 어떤 접근 방법을 사용해서 어떤 최적화를 수행하는지, 그리고 어떤 인덱스를 사용하는지 등을 이해하는 것이 더 중요하다. 기존 테이블 포맷으로 출력되던 실행 계획을 이해할 수 있다면 포맷이 바뀌어도 어렵지 않게 실행 계획을 이해할 수 있을 것이다. 이 책에서는 지면상 가독성이 높은 테이블 포맷을 사용해 실행 계획을 표시하겠다.

```
mysql> EXPLAIN
    SELECT *
    FROM employees e
        INNER JOIN salaries s ON s.emp_no=e.emp_no
    WHERE first_name='ABC';
```

id	select_type	table	partitions	type	possible_keys	key	key_len	ref	rows	filtered	Extra
1	SIMPLE	e	NULL	ref	PRIMARY,ix_firstname	ix_firstname	58	const	1	100.00	NULL
1	SIMPLE	s	NULL	ref	PRIMARY	PRIMARY	4	employees.e.emp_no	10	100.00	NULL

아무런 옵션 없이 EXPLAIN 명령을 실행하면 쿼리 문장의 특성에 따라 표 형태로 된 1줄 이상의 결과가 표시된다. 표의 각 라인(레코드)은 쿼리 문장에서 사용된 테이블(서브쿼리로 임시 테이블을 생성한 경우 그 임시 테이블까지 포함)의 개수만큼 출력된다. 실행 순서는 위에서 아래로 순서대로 표시된다 (UNION이나 상관 서브쿼리와 같은 경우 순서대로 표시되지 않을 수도 있다). 출력된 실행 계획에서 위쪽에 출력된 결과일수록(id 칼럼의 값이 작을수록) 쿼리의 바깥(Outer) 부분이거나 먼저 접근한 테이블이고, 아래쪽에 출력된 결과일수록(id 칼럼의 값이 클수록) 쿼리의 안쪽(Inner) 부분 또는 나중에 접근한 테이블에 해당한다.

이제부터는 실행 계획에 표시되는 각 칼럼이 어떤 것을 의미하는지, 그리고 각 칼럼에 어떤 값들이 출력될 수 있는지 하나씩 자세히 살펴보겠다.

> **주의** 이 책에서 예시로 보여주는 실행 계획 결과는 제한된 지면 특성상 설명에 필요치 않거나 중요하지 않은 칼럼들은 일부 제거하거나 내용을 줄여서 보여준다. 그래서 사용자의 화면에 표시되는 결과와 포맷, 그리고 칼럼 개수가 일치하지 않더라도 무시하고 중요한 부분에만 집중하자.

10.3.1 id 칼럼

하나의 SELECT 문장은 다시 1개 이상의 하위(SUB) SELECT 문장을 포함할 수 있다. 다음 쿼리를 살펴보자.

```
mysql> SELECT ...
       FROM (SELECT ... FROM tb_test1) tb1, tb_test2 tb2
       WHERE tb1.id=tb2.id;
```

위의 쿼리 문장에 있는 각 SELECT를 다음과 같이 분리해서 생각해볼 수 있다. 이렇게 SELECT 키워드 단위로 구분한 것을 "단위(SELECT) 쿼리"라고 표현하겠다.

```
mysql> SELECT ... FROM tb_test1;
mysql> SELECT ... FROM tb1, tb_test2 tb2 WHERE tb1.id=tb2.id;
```

실행 계획에서 가장 왼쪽에 표시되는 id 칼럼은 단위 SELECT 쿼리별로 부여되는 식별자 값이다. 이 예제 쿼리의 경우 실행 계획에서 최소 2개의 id 값이 표시될 것이다. 하나의 SELECT 문장 안에서 여러 개의 테이블을 조인하면 조인되는 테이블의 개수만큼 실행 계획 레코드가 출력되지만 같은 id 값이 부여된다. 다음 예제에서처럼 SELECT 문장은 하나인데, 여러 개의 테이블이 조인되는 경우에는 id 값이 증가하지 않고 같은 id 값이 부여된다.

```
mysql> EXPLAIN
        SELECT e.emp_no, e.first_name, s.from_date, s.salary
        FROM employees e, salaries s
        WHERE e.emp_no=s.emp_no LIMIT 10;
```

id	select_type	table	type	key	ref	rows	Extra
1	SIMPLE	e	index	ix_firstname	NULL	300252	Using index
1	SIMPLE	s	ref	PRIMARY	employees.e.emp_no	10	NULL

반대로 다음 쿼리의 실행 계획에서는 쿼리 문장이 3개의 단위 SELECT 쿼리로 구성돼 있으므로 실행 계획의 각 레코드가 각기 다른 id 값을 지닌 것을 확인할 수 있다.

```
mysql> EXPLAIN
        SELECT
        ( (SELECT COUNT(*) FROM employees) + (SELECT COUNT(*) FROM departments) ) AS total_
count;
```

id	select_type	table	type	key	ref	rows	Extra
1	PRIMARY	NULL	NULL	NULL	NULL	NULL	No tables used
3	SUBQUERY	departments	index	ux_deptname	NULL	9	Using index
2	SUBQUERY	employees	index	ix_hiredate	NULL	300252	Using index

여기서 한 가지 주의해야 할 것은 실행 계획의 id 칼럼이 테이블의 접근 순서를 의미하지는 않는다는 것이다. 다음 쿼리의 실행 계획을 살펴보면 dept_emp 테이블의 id 값은 1이고 employees 테이블의 id 값은 2로 표시됐다.

```
mysql> EXPLAIN FORMAT=TREE
    SELECT * FROM dept_emp de
    WHERE de.emp_no= (SELECT e.emp_no
                        FROM employees e
                       WHERE e.first_name='Georgi'
                         AND e.last_name='Facello' LIMIT 1);
```

+----+-------------+-------+------+-------------------+------+-------------+
| id | select_type | table | type | key | rows | Extra |
+----+-------------+-------+------+-------------------+------+-------------+
| 1 | PRIMARY | de | ref | ix_empno_fromdate | 1 | Using where |
| 2 | SUBQUERY | e | ref | ix_firstname | 253 | Using where |
+----+-------------+-------+------+-------------------+------+-------------+

하지만 실제 이 쿼리의 실행 순서는 employees 테이블을 먼저 읽고, 그 결과를 이용해 dept_emp 테이블을 읽는 순서로 실행된 것이다. 테이블 형태의 실행 계획에서는 테이블의 접근 순서가 조금 혼란스러울 수 있는데, 다음과 같이 EXPLAIN FORMAT=TREE 명령으로 확인해보면 순서를 더 정확히 알 수 있다.

```
-> Filter: (de.emp_no = (select #2))  (cost=1.10 rows=1)
    -> Index lookup on de using ix_empno_fromdate (emp_no=(select #2))  (cost=1.10 rows=1)
    -> Select #2 (subquery in condition; run only once)
        -> Limit: 1 row(s)
            -> Filter: (e.last_name = 'Facello')  (cost=70.49 rows=25)
                -> Index lookup on e using ix_firstname (first_name='Georgi')  (cost=70.49
rows=253)
```

TREE 포맷의 실행 계획에서 "Select #2"라고 된 부분이 id 값이 2인 employees 테이블인데, employees 테이블의 ix_firstname 인덱스를 읽는 부분이 가장 들여쓰기가 많이 된 것을 볼 수 있다. 즉, 이 쿼리는 employees 테이블이 가장 먼저 조회되고, 그 결과를 이용해 dept_emp 테이블이 조회된 것이다.

10.3.2 select_type 칼럼

각 단위 SELECT 쿼리가 어떤 타입의 쿼리인지 표시되는 칼럼이다. select_type 칼럼에 표시될 수 있는 값은 다음과 같다.

10.3.2.1 SIMPLE

UNION이나 서브쿼리를 사용하지 않는 단순한 SELECT 쿼리인 경우 해당 쿼리 문장의 select_type은 SIMPLE로 표시된다(쿼리에 조인이 포함된 경우에도 마찬가지다). 쿼리 문장이 아무리 복잡하더라도 실행 계획에서 select_type이 SIMPLE인 단위 쿼리는 하나만 존재한다. 일반적으로 제일 바깥 SELECT 쿼리의 select_type이 SIMPLE로 표시된다.

10.3.2.2 PRIMARY

UNION이나 서브쿼리를 가지는 SELECT 쿼리의 실행 계획에서 가장 바깥쪽(Outer)에 있는 단위 쿼리는 select_type이 PRIMARY로 표시된다. SIMPLE과 마찬가지로 select_type이 PRIMARY인 단위 SELECT 쿼리는 하나만 존재하며, 쿼리의 제일 바깥쪽에 있는 SELECT 단위 쿼리가 PRIMARY로 표시된다.

10.3.2.3 UNION

UNION으로 결합하는 단위 SELECT 쿼리 가운데 첫 번째를 제외한 두 번째 이후 단위 SELECT 쿼리의 select_type은 UNION으로 표시된다. UNION의 첫 번째 단위 SELECT는 select_type이 UNION이 아니라 UNION되는 쿼리 결과들을 모아서 저장하는 임시 테이블(DERIVED)이 select_type으로 표시된다.

```
mysql> EXPLAIN
    SELECT * FROM (
        (SELECT emp_no FROM employees e1 LIMIT 10) UNION ALL
        (SELECT emp_no FROM employees e2 LIMIT 10) UNION ALL
        (SELECT emp_no FROM employees e3 LIMIT 10) ) tb;
```

위 쿼리의 실행 계획은 다음과 같다. UNION이 되는 단위 SELECT 쿼리 3개 중에서 첫 번째(e1 테이블)만 UNION이 아니고, 나머지 2개는 모두 UNION으로 표시돼 있다. 대신 UNION의 첫 번째 쿼리는 전체 UNION의 결과를 대표하는 select_type으로 설정됐다. 여기서는 세 개의 서브쿼리로 조회된 결과를 UNION ALL로 결합해 임시 테이블을 만들어서 사용하고 있으므로 UNION ALL의 첫 번째 쿼리는 DERIVED라는 select_type을 갖는 것이다.

id	select_type	table	type	key	ref	rows	Extra
1	PRIMARY	\<derived2\>	ALL	NULL	NULL	30	NULL
2	DERIVED	e1	index	ix_hiredate	NULL	300252	Using index

```
| 3 | UNION       | e2   | index | ix_hiredate | NULL | 300252 | Using index |
| 4 | UNION       | e3   | index | ix_hiredate | NULL | 300252 | Using index |
+---+-------------+------+-------+-------------+------+--------+-------------+
```

10.3.2.4 DEPENDENT UNION

DEPENDENT UNION 또한 UNION select_type과 같이 UNION이나 UNION ALL로 집합을 결합하는 쿼리에서 표시된다. 그리고 여기서 DEPENDENT는 UNION이나 UNION ALL로 결합된 단위 쿼리가 외부 쿼리에 의해 영향을 받는 것을 의미한다. 다음의 예제 쿼리를 보면 두 개의 SELECT 쿼리가 UNION으로 결합됐으므로 select_type에 UNION이 표시된 것을 알 수 있다. IN 이하 서브쿼리에서는 두 개의 쿼리가 UNION으로 연결된 것을 확인할 수 있다. 예제 쿼리의 경우 MySQL 옵티마이저는 IN 내부의 서브쿼리를 먼저 처리하지 않고, 외부의 employees 테이블을 먼저 읽은 다음 서브쿼리를 실행하는데 이때 employees 테이블의 칼럼값이 서브쿼리에 영향을 준다. 이렇게 내부 쿼리가 외부의 값을 참조해서 처리될 때 select_type에 DEPENDENT 키워드가 표시된다.

```
mysql> EXPLAIN
    SELECT *
    FROM employees e1 WHERE e1.emp_no IN (
      SELECT e2.emp_no FROM employees e2 WHERE e2.first_name='Matt'
      UNION
      SELECT e3.emp_no FROM employees e3 WHERE e3.last_name='Matt'
    );
```

결국 내부적으로는 UNION에 사용된 SELECT 쿼리의 WHERE 조건에 "e2.emp_no=e1.emp_no"와 "e3.emp_no=e1.emp_no"라는 조건이 자동으로 추가되어 실행된다. 외부에 정의된 employees 테이블의 emp_no 칼럼이 서브쿼리에 사용되기 때문에 DEPENDENT UNION이 select_type에 표시된 것이다.

```
+------+-------------------+------------+-------+---------+------+--------+-----------------+
| id   | select_type       | table      | type  | key     | ref  | rows   | Extra           |
+------+-------------------+------------+-------+---------+------+--------+-----------------+
| 1    | PRIMARY           | e1         | ALL   | NULL    | NULL | 300252 | Using where     |
| 2    | DEPENDENT SUBQUERY | e2        | eq_ref | PRIMARY | func |      1 | Using where     |
| 3    | DEPENDENT UNION   | e3         | eq_ref | PRIMARY | func |      1 | Using where     |
| NULL | UNION RESULT      | <union2,3> | ALL   | NULL    | NULL |   NULL | Using temporary |
+------+-------------------+------------+-------+---------+------+--------+-----------------+
```

10.3.2.5 UNION RESULT

UNION RESULT는 UNION 결과를 담아두는 테이블을 의미한다. MySQL 8.0 이전 버전에서는 UNION
ALL이나 UNION(또는 UNION DISTINCT) 쿼리는 모두 UNION의 결과를 임시 테이블로 생성했는데, MySQL
8.0 버전부터는 UNION ALL의 경우 임시 테이블을 사용하지 않도록 기능이 개선됐다. 하지만 UNION(또는
UNION DISTINCT)은 MySQL 8.0 버전에서도 여전히 임시 테이블에 결과를 버퍼링한다. 실행 계획상에서
이 임시 테이블을 가리키는 라인의 select_type이 UNION RESULT다. UNION RESULT는 실제 쿼리
에서 단위 쿼리가 아니기 때문에 별도의 id 값은 부여되지 않는다.

```
mysql> EXPLAIN
    SELECT emp_no FROM salaries WHERE salary>100000
    UNION DISTINCT
    SELECT emp_no FROM dept_emp WHERE from_date>'2001-01-01';

+------+--------------+-----------+-------+--------------+--------+---------------------------+
| id   | select_type  | table     | type  | key          | rows   | Extra                     |
+------+--------------+-----------+-------+--------------+--------+---------------------------+
|  1   | PRIMARY      | salaries  | range | ix_salary    | 191348 | Using where; Using index  |
|  2   | UNION        | dept_emp  | range | ix_fromdate  |   5325 | Using where; Using index  |
| NULL | UNION RESULT | <union1,2>| ALL   | NULL         |   NULL | Using temporary           |
+------+--------------+-----------+-------+--------------+--------+---------------------------+
```

위 실행 계획의 마지막 "UNION RESULT" 라인의 table 칼럼은 "〈union1,2〉"로 표시돼 있는데, 이것
은 그림 10.3과 같이 id 값이 1인 단위 쿼리의 조회 결과와 id 값이 2인 단위 쿼리의 조회 결과를 UNION
했다는 것을 의미한다.

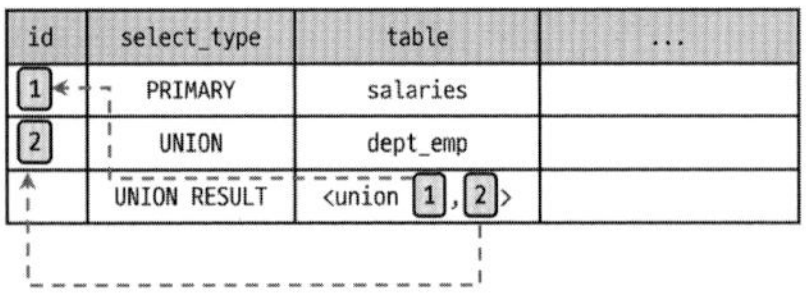

그림 10.3 UNION RESULT의 〈union N,M〉이 가리키는 것

위의 예제와 동일한 쿼리에서 UNION DISTINCT를 UNION ALL로 변경하면 "UNION RESULT" 라인이 없어
진 것을 확인할 수 있다. UNION ALL을 사용하면 MySQL 서버는 임시 테이블에 버퍼링하지 않기 때문에
"UNION RESULT" 라인이 필요치 않게 된다.

```
mysql> EXPLAIN
        SELECT emp_no FROM salaries WHERE salary>100000
        UNION ALL
        SELECT emp_no FROM dept_emp WHERE from_date>'2001-01-01';
```

id	select_type	table	type	key	rows	Extra
1	PRIMARY	salaries	range	ix_salary	191348	Using where; Using index
2	UNION	dept_emp	range	ix_fromdate	5325	Using where; Using index

10.3.2.6 SUBQUERY

일반적으로 서브쿼리라고 하면 여러 가지를 통틀어서 이야기할 때가 많은데, select_type의 SUBQUERY는 FROM 절 이외에서 사용되는 서브쿼리만을 의미한다.

```
mysql> EXPLAIN
        SELECT e.first_name,
                (SELECT COUNT(*)
                FROM dept_emp de, dept_manager dm
                WHERE dm.dept_no=de.dept_no) AS cnt
        FROM employees e WHERE e.emp_no=10001;
```

id	select_type	table	type	key	rows	Extra
1	PRIMARY	e	const	PRIMARY	1	NULL
2	SUBQUERY	dm	index	PRIMARY	24	Using index
2	SUBQUERY	de	ref	PRIMARY	41392	Using index

MySQL 서버의 실행 계획에서 FROM 절에 사용된 서브쿼리는 select_type이 DERIVED로 표시되고, 그 밖의 위치에서 사용된 서브쿼리는 전부 SUBQUERY라고 표시된다. 이 책이나 MySQL 매뉴얼에서 사용하는 "파생 테이블"이라는 단어는 DERIVED와 같은 의미로 이해하면 된다.

10.3.2.7 DEPENDENT SUBQUERY

서브쿼리가 바깥쪽(Outer) SELECT 쿼리에서 정의된 칼럼을 사용하는 경우, select_type에 DEPENDENT SUBQUERY라고 표시된다. 다음의 예제 쿼리를 한번 살펴보자.

```
mysql> EXPLAIN
    SELECT e.first_name,
            (SELECT COUNT(*)
             FROM dept_emp de, dept_manager dm
             WHERE dm.dept_no=de.dept_no AND de.emp_no=e.emp_no) AS cnt
    FROM employees e
    WHERE e.first_name='Matt';
```

이럴 때는 안쪽(Inner)의 서브쿼리 결과가 바깥쪽(Outer) SELECT 쿼리의 칼럼에 의존적이기 때문에 DEPENDENT라는 키워드가 붙는다. 또한 DEPENDENT UNION과 같이 DEPENDENT SUBQUERY 또한 외부 쿼리가 먼저 수행된 후 내부 쿼리(서브쿼리)가 실행돼야 하므로 (DEPENDENT 키워드가 없는) 일반 서브쿼리보다는 처리 속도가 느릴 때가 많다.

```
+----+--------------------+-------+------+-------------------+------+-------------+
| id | select_type        | table | type | key               | rows | Extra       |
+----+--------------------+-------+------+-------------------+------+-------------+
|  1 | PRIMARY            | e     | ref  | ix_firstname      |  233 | Using index |
|  2 | DEPENDENT SUBQUERY | de    | ref  | ix_empno_fromdate |    1 | Using index |
|  2 | DEPENDENT SUBQUERY | dm    | ref  | PRIMARY           |    2 | Using index |
+----+--------------------+-------+------+-------------------+------+-------------+
```

10.3.2.8 DERIVED

MySQL 5.5 버전까지는 서브쿼리가 FROM 절에 사용된 경우 항상 select_type이 DERIVED인 실행 계획을 만든다. 하지만 MySQL 5.6 버전부터는 옵티마이저 옵션(optimizer_switch 시스템 변수)에 따라 FROM 절의 서브쿼리를 외부 쿼리와 통합하는 형태의 최적화가 수행되기도 한다. DERIVED는 단위 SELECT 쿼리의 실행 결과로 메모리나 디스크에 임시 테이블을 생성하는 것을 의미한다. select_type이 DERIVED인 경우에 생성되는 임시 테이블을 파생 테이블이라고도 한다. 또한 MySQL 5.5 버전까지는 파생 테이블에는 인덱스가 전혀 없으므로 다른 테이블과 조인할 때 성능상 불리할 때가 많다. 그러나 MySQL 5.6 버전부터는 옵티마이저 옵션에 따라 쿼리의 특성에 맞게 임시 테이블에도 인덱스를 추가해서 만들 수 있게 최적화됐다.

```
mysql> EXPLAIN
    SELECT *
    FROM (SELECT de.emp_no FROM dept_emp de GROUP BY de.emp_no) tb,
       employees e
    WHERE e.emp_no=tb.emp_no;
```

사실 위의 쿼리는 FROM 절의 서브쿼리를 간단히 제거하고 조인으로 처리할 수 있는 형태다. 실제로 다른 DBMS에서는 이렇게 쿼리를 재작성하는 형태의 최적화 기능도 제공한다. 하지만 다음 실행 계획을 보면 알 수 있듯이 MySQL 서버에서는 FROM 절의 서브쿼리를 임시 테이블로 만들어서 처리한다.

id	select_type	table	type	key	rows	Extra
1	PRIMARY	\<derived2\>	ALL	NULL	331143	NULL
1	PRIMARY	e	eq_ref	PRIMARY	1	NULL
2	DERIVED	de	index	ix_empno_fromdate	331143	Using index

MySQL 서버는 버전이 업그레이드되면서 조인 쿼리에 대한 최적화는 많이 성숙된 상태다. 그래서 파생 테이블에 대한 최적화가 부족한 버전의 MySQL 서버를 사용 중일 경우, 가능하다면 DERIVED 형태의 실행 계획을 조인으로 해결할 수 있게 쿼리를 바꿔주는 것이 좋다. MySQL 8.0 버전부터는 FROM 절의 서브쿼리에 대한 최적화도 많이 개선되어 가능하다면 불필요한 서브쿼리는 조인으로 쿼리를 재작성해서 처리한다. 하지만 옵티마이저가 처리할 수 있는 것은 한계가 있으므로 여전히 최적화된 쿼리를 작성하는 것은 중요하다.

10.3.2.9 DEPENDENT DERIVED

MySQL 8.0 이전 버전에서는 FROM 절의 서브쿼리는 외부 칼럼을 사용할 수가 없었는데, MySQL 8.0 버전부터는 래터럴 조인(LATERAL JOIN) 기능이 추가되면서 FROM 절의 서브쿼리에서도 외부 칼럼을 참조할 수 있게 됐다. 다음 쿼리는 래터럴 조인의 가장 대표적인 활용 예제로서, employees 테이블의 레코드 1건당 salaries 테이블의 레코드를 최근 순서대로 최대 2건까지만 가져와서 조인을 실행한다.

```
mysql> SELECT *
       FROM employees e
       LEFT JOIN LATERAL
         (SELECT *
          FROM salaries s
          WHERE s.emp_no=e.emp_no
          ORDER BY s.from_date DESC LIMIT 2) AS s2  ON s2.emp_no=e.emp_no;
```

래터럴 조인의 경우에는 LATERAL 키워드를 사용해야 하며, LATERAL 키워드가 없는 서브쿼리에서 외부 칼럼을 참조하면 오류가 발생한다. 래터럴 조인이 사용된 쿼리의 실행 계획은 다음과 같다.

```
+----+-------------------+-------------+------+------------+----------------------------+
| id | select_type       | table       | type | key        | Extra                      |
+----+-------------------+-------------+------+------------+----------------------------+
|  1 | PRIMARY           | e           | ALL  | NULL       | Rematerialize (<derived2>) |
|  1 | PRIMARY           | <derived2>  | ref  | <auto_key0>| NULL                       |
|  2 | DEPENDENT DERIVED | s           | ref  | PRIMARY    | Using filesort             |
+----+-------------------+-------------+------+------------+----------------------------+
```

실행 계획에서 보다시피 select_type 칼럼의 DEPENDENT DERIVED 키워드는 해당 테이블이 래터럴 조인으로 사용된 것을 의미한다. 래터럴 조인에 대한 자세한 내용은 11.4.7.6절 '래터럴 조인(Lateral Join)'을 참조하자.

10.3.2.10 UNCACHEABLE SUBQUERY

하나의 쿼리 문장에 서브쿼리가 하나만 있더라도 실제 그 서브쿼리가 한 번만 실행되는 것은 아니다. 그런데 조건이 똑같은 서브쿼리가 실행될 때는 다시 실행하지 않고 이전의 실행 결과를 그대로 사용할 수 있게 서브쿼리의 결과를 내부적인 캐시 공간에 담아둔다. 여기서 언급하는 서브쿼리 캐시는 쿼리 캐시나 파생 테이블(DERIVED)과는 전혀 무관한 기능이므로 혼동하지 않도록 주의하자. 간단히 SUBQUERY와 DEPENDENT SUBQUERY가 캐시를 사용하는 방법을 비교해 보자.

- SUBQUERY는 바깥쪽(Outer)의 영향을 받지 않으므로 처음 한 번만 실행해서 그 결과를 캐시하고 필요할 때 캐시된 결과를 이용한다.

- DEPENDENT SUBQUERY는 의존하는 바깥쪽(Outer) 쿼리의 칼럼의 값 단위로 캐시해두고 사용한다.

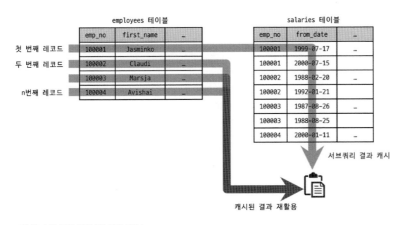

그림 10.4 SUBQUERY의 결과 캐시

그림 10.4는 select_type이 SUBQUERY인 경우 캐시를 사용하는 방법을 표현한 것이다. 그림 10.4에서는 캐시가 처음 한 번만 생성된다는 것을 알 수 있다. 하지만 DEPENDENT SUBQUERY는 서브쿼리 결과가 그림 10.4와 같이 캐시는 되지만, 딱 한 번만 캐시되는 것이 아니라 외부(Outer) 쿼리의 값 단위로 캐시가 만들어지는 방식으로 처리된다.

select_type이 SUBQUERY인 경우와 UNCACHEABLE SUBQUERY는 이 캐시를 사용할 수 있느냐 없느냐의 차이가 있다. 서브쿼리에 포함된 요소에 의해 캐시 자체가 불가능할 수가 있는데, 그럴 경우 select_type이 "UNCACHEABLE SUBQUERY"로 표시된다. 캐시를 사용하지 못하게 하는 요소로는 대표적으로 다음과 같은 것들이 있다.

- 사용자 변수가 서브쿼리에 사용된 경우

- NOT-DETERMINISTIC 속성의 스토어드 루틴이 서브쿼리 내에 사용된 경우

- UUID()나 RAND()와 같이 결괏값이 호출할 때마다 달라지는 함수가 서브쿼리에 사용된 경우

다음은 사용자 변수(@status)가 사용된 쿼리 예제다. 이 경우 WHERE 절에 사용된 단위 쿼리의 select_type이 UNCACHEABLE SUBQUERY로 표시되는 것을 확인할 수 있다.

```
mysql> EXPLAIN
    SELECT *
    FROM employees e WHERE e.emp_no = (
      SELECT @status FROM dept_emp de WHERE de.dept_no='d005');
```

id	select_type	table	type	key	rows	Extra
1	PRIMARY	e	ALL	NULL	300252	Using where
2	UNCACHEABLE SUBQUERY	de	ref	PRIMARY	165571	Using index

10.3.2.11 UNCACHEABLE UNION

이미 UNION과 UNCACHEABLE에 대해서는 충분히 설명했으므로 기본적인 의미는 이해했을 것이다. UNCACHEABLE UNION이란 이 두 개 키워드의 속성이 혼합된 select_type을 의미한다.

10.3.2.12 MATERIALIZED

MySQL 5.6 버전부터 도입된 select_type으로, 주로 FROM 절이나 IN(subquery) 형태의 쿼리에 사용된 서브쿼리의 최적화를 위해 사용된다. 다음 쿼리는 급여가 100보다 크거나 같고 1000보다 적거나 같은 직원들의 정보를 모두 가져오는 쿼리다.

```
mysql> EXPLAIN
    SELECT *
    FROM employees e
    WHERE e.emp_no IN (SELECT emp_no FROM salaries WHERE salary BETWEEN 100 AND 1000);
```

MySQL 5.6 버전까지는 employees 테이블을 읽어서 employees 테이블의 레코드마다 salaries 테이블을 읽는 서브쿼리가 실행되는 형태로 처리됐다. 하지만 MySQL 5.7 버전부터는 서브쿼리의 내용을 임시 테이블로 구체화(Materialization)한 후, 임시 테이블과 employees 테이블을 조인하는 형태로 최적화되어 처리된다.

다음은 위 예제 쿼리의 실행 계획이다. 서브쿼리 부분(실행 계획에서 id 값이 2인 레코드)이 먼저 처리되어 임시 테이블로 구체화됐다는 것을 select_type의 MATERIALIZED 키워드로 알 수 있다.

```
+----+--------------+-------------+-------+----------+------+-------------------------+
| id | select_type  | table       | type  | key      | rows | Extra                   |
+----+--------------+-------------+-------+----------+------+-------------------------+
|  1 | SIMPLE       | <subquery2> | ALL   | NULL     | NULL | NULL                    |
|  1 | SIMPLE       | e           | eq_ref| PRIMARY  |    1 | NULL                    |
|  2 | MATERIALIZED | salaries    | range | ix_salary|    1 | Using where; Using index|
+----+--------------+-------------+-------+----------+------+-------------------------+
```

IN(subquery)나 FROM 절에 사용된 서브쿼리에 대한 최적화는 9.3.1.13절 '구체화(Materialization)'에서 자세한 내용을 확인할 수 있다. 여기서는 select_type에 사용된 MATERIALIZED 키워드는 DERIVED와 비슷하게 쿼리의 내용을 임시 테이블로 생성한다는 것을 의미한다는 정도로만 언급하겠다.

10.3.3 table 칼럼

MySQL 서버의 실행 계획은 단위 SELECT 쿼리 기준이 아니라 테이블 기준으로 표시된다. 테이블의 이름에 별칭이 부여된 경우에는 별칭이 표시된다. 간단한 예제 쿼리를 살펴보자.

```
mysql> EXPLAIN SELECT NOW();
mysql> EXPLAIN SELECT NOW() FROM DUAL;
```

두 예제 쿼리 중 첫 번째 쿼리는 FROM 절 자체가 없으며, 두 번째 쿼리는 FROM 절에 "DUAL"이라는 테이블이 사용됐다. 실제 DUAL이라는 테이블은 없지만 이 쿼리는 오류를 발생시키지 않는다. 오라클 RDBMS에 익숙한 사용자를 위해 MySQL 서버는 내부적으로 DUAL이라는 테이블이 있는 것처럼 작동할 뿐이다. 실제로 MySQL 옵티마이저는 두 번째 쿼리가 요청되면 "FROM DUAL" 부분을 제거하고 첫 번째 쿼리와 동일하게 변형해서 처리한다. 오라클 RDBMS에서는 FROM 절이 없으면 오류가 발생하지만 MySQL 서버는 그렇지 않다.

위의 두 예제와 같이 별도의 테이블을 사용하지 않는 SELECT 쿼리인 경우에는 table 칼럼에 NULL이 표시된다.

```
+----+-------------+-------+------+---------+----------------+
| id | select_type | table | key  | key_len | Extra          |
+----+-------------+-------+------+---------+----------------+
|  1 | SIMPLE      | NULL  | NULL | NULL    | No tables used |
+----+-------------+-------+------+---------+----------------+
```

> **주의** "dual"이라는 이름의 테이블을 사용한다면 다음과 같이 백틱(Backtick, "`") 문자로 테이블명을 감싸서 사용해야 한다. 하지만 이렇게 백틱을 사용하는 것은 많이 번거로우니 가능하면 "dual"이라는 예약어는 사용하지 말자.
>
> ```
> mysql> CREATE TABLE `dual` (id INT);
> mysql> INSERT INTO `dual` VALUES (1);
> mysql> SELECT * FROM `dual`;
> ```

table 칼럼에 〈derived N〉 또는 〈union M,N〉과 같이 "〈〉"로 둘러싸인 이름이 명시되는 경우가 많은데, 이 테이블은 임시 테이블을 의미한다. 또한 "〈〉" 안에 항상 표시되는 숫자는 단위 SELECT 쿼리의 id 값을 지칭한다. 다음 실행 계획을 한번 살펴보자.

```
+----+-------------+-------------+--------+------------------+--------+-------------+
| id | select_type | table       | type   | key              | rows   | Extra       |
+----+-------------+-------------+--------+------------------+--------+-------------+
|  1 | PRIMARY     | <derived2>  | ALL    | NULL             | 331143 | NULL        |
|  1 | PRIMARY     | e           | eq_ref | PRIMARY          |      1 | NULL        |
|  2 | DERIVED     | de          | index  | ix_empno_fromdate| 331143 | Using index |
+----+-------------+-------------+--------+------------------+--------+-------------+
```

위의 실행 계획에서 첫 번째 라인의 table 칼럼의 값이 〈derived2〉인데, 이것은 단위 SELECT 쿼리의 id 값이 2인 실행 계획으로부터 만들어진 파생 테이블을 가리킨다. 단위 SELECT 쿼리의 id 값이 2인 실행 계획(실행 계획의 최하위 라인)은 dept_emp 테이블로부터 SELECT된 결과가 저장된 파생 테이블이라는 점을 알 수 있다. 그림 10.5는 실행 계획의 table 칼럼에 표시된 정보를 해석하는 방법을 보여준다.

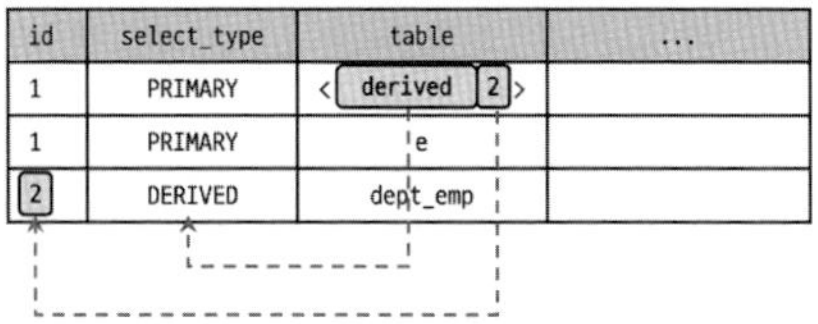

그림 10.5 〈derived N〉의 의미

지금까지 실행 계획의 id 칼럼과 select_type, table 칼럼을 살펴봤다. 이 3개의 칼럼은 실행 계획의 각 라인에 명시된 테이블이 어떤 순서로 실행되는지를 판단하는 근거를 표시해준다. 그러면 이 3개의 칼럼만으로 위의 실행 계획을 분석해 보자.

1. 첫 번째 라인의 테이블이 〈derived2〉라는 것으로 보아 이 라인보다 id 값이 2인 라인이 먼저 실행되고 그 결과가 파생 테이블로 준비돼야 한다는 것을 알 수 있다.

2. 세 번째 라인(id 값이 2인 라인)을 보면 select_type 칼럼의 값이 DERIVED로 표시돼 있다. 즉, 이 라인은 table 칼럼에 표시된 dept_emp 테이블을 읽어서 파생 테이블을 생성하는 것을 알 수 있다.

3. 세 번째 라인의 분석이 끝났으므로 다시 실행 계획의 첫 번째 라인으로 돌아가자.

4. 첫 번째 라인과 두 번째 라인은 같은 id 값을 가지고 있는 것으로 봐서 2개 테이블(첫 번째 라인의 〈derived2〉와 두 번째 라인의 e 테이블)이 조인되는 쿼리라는 사실을 알 수 있다. 그런데 〈derived2〉 테이블이 e 테이블보다 먼저(윗 라인에) 표시됐기 때문에 〈derived2〉가 드라이빙 테이블이 되고, e 테이블이 드리븐 테이블이 된다는 것을 알 수 있다. 즉, 〈derived2〉 테이블을 먼저 읽어서 e 테이블로 조인을 실행했다는 것을 알 수 있다.

이제 MySQL 서버에서 쿼리의 실행 계획을 어떤 순서로 읽는지 대략 파악했을 것이다. 참고로 방금 분석해 본 실행 계획의 실제 쿼리는 다음과 같다.

```
mysql> SELECT *
       FROM
         (SELECT de.emp_no FROM dept_emp de GROUP BY de.emp_no) tb,
         employees e
       WHERE e.emp_no=tb.emp_no;
```

MySQL 8.0 버전에서는 서브쿼리에 대한 최적화가 많이 보완됐는데, 이미 select_type 칼럼의 값을 설명하면서 MATERIALIZED라는 것을 살펴봤다. select_type이 MATERIALIZED인 실행 계획에서는 "⟨subquery N⟩"과 같은 값이 table 칼럼에 표시된다. 이는 서브쿼리의 결과를 구체화(Materialization)해서 임시 테이블로 만들었다는 의미이며, 실제로는 ⟨derived N⟩과 같은 방법으로 해석하면 된다.

10.3.4 partitions 칼럼

MySQL 5.7 버전까지는 옵티마이저가 사용하는 파티션들의 목록은 EXPLAIN PARTITION 명령을 이용해 확인 가능했지만 MySQL 8.0 버전부터는 EXPLAIN 명령으로 파티션 관련 실행 계획까지 모두 확인할 수 있게 변경됐다. 우선 파티션 관련된 실행 계획을 확인하기 전에 간단히 다음과 같은 파티션 테이블을 생성하고, employees 테이블의 모든 레코드를 복사한다. employees_2 테이블은 hire_date 칼럼값을 기준으로 5년 단위로 나누어진 파티션을 가진다. 그런데 파티션 생성 시 제약 사항(파티션 키로 사용되는 칼럼은 프라이머리 키를 포함한 모든 유니크 인덱스의 일부여야 함)으로 인해 프라이머리 키에 emp_no 칼럼과 함께 hire_date 칼럼을 추가해서 테이블을 생성했다.

```
mysql> CREATE TABLE employees_2 (
        emp_no int NOT NULL,
        birth_date DATE NOT NULL,
        first_name VARCHAR(14) NOT NULL,
        last_name VARCHAR(16) NOT NULL,
        gender ENUM('M','F') NOT NULL,
        hire_date DATE NOT NULL,
        PRIMARY KEY (emp_no, hire_date)
       ) PARTITION BY RANGE COLUMNS(hire_date)
       (PARTITION p1986_1990 VALUES LESS THAN ('1990-01-01'),
        PARTITION p1991_1995 VALUES LESS THAN ('1996-01-01'),
        PARTITION p1996_2000 VALUES LESS THAN ('2000-01-01'),
        PARTITION p2001_2005 VALUES LESS THAN ('2006-01-01'));

mysql> INSERT INTO employees_2 SELECT * FROM employees;
```

이제 다음과 같이 hire_date 칼럼의 값이 1999년 11월 15일과 2000년 1월 15일 사이인 레코드를 검색하는 쿼리를 한번 살펴보자.

```
mysql> EXPLAIN
    SELECT *
    FROM employees_2
    WHERE hire_date BETWEEN '1999-11-15' AND '2000-01-15';
```

테이블 생성 구문에서 파티션 목록을 살펴보면 이 쿼리에서 조회하려는 데이터는 p1996_2000과 p2001_2005 파티션에 저장돼 있음을 알 수 있다. 실제로 옵티마이저는 쿼리의 hire_date 칼럼 조건을 보고, 이 쿼리에서 필요로 하는 데이터는 p1996_2000과 p2001_2005 파티션에만 있다는 것을 알아내게 된다. 그래서 실행 계획에서도 나머지 파티션에 대해서는 어떻게 접근할지 데이터 분포가 어떠한지 등의 분석을 실행하지 않는다. 이처럼 파티션이 여러 개인 테이블에서 불필요한 파티션을 빼고 쿼리를 수행하기 위해 접근해야 할 것으로 판단되는 테이블만 골라내는 과정을 파티션 프루닝(Partition pruning)이라고 한다.

그렇다면 쿼리의 실행 계획을 통해서 어느 파티션을 읽는지 확인할 수 있어야 쿼리의 튜닝이 가능할 것이다. 위의 쿼리와 같이 파티션을 참조하는 쿼리(파티션 키 칼럼을 WHERE 조건으로 가진)의 경우 옵티마이저가 쿼리 처리를 위해 필요한 파티션들의 목록만 모아서 실행 계획의 partitions 칼럼에 표시해준다. 위의 쿼리는 p1996_2000과 p2001_2005 파티션만 접근했다는 것을 다음 실행 계획에서 알 수 있다.

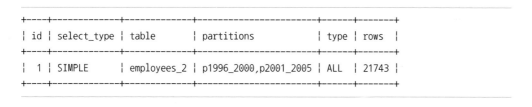

```
+----+-------------+-------------+---------------------+------+-------+
| id | select_type | table       | partitions          | type | rows  |
+----+-------------+-------------+---------------------+------+-------+
|  1 | SIMPLE      | employees_2 | p1996_2000,p2001_2005 | ALL  | 21743 |
+----+-------------+-------------+---------------------+------+-------+
```

이 실행 계획에서 한 가지 재미있는 부분은 type 칼럼의 값이 ALL이라는 것이다. 이는 풀 테이블 스캔으로 쿼리가 처리된다는 것을 의미하는데, 어떻게 풀 테이블 스캔으로 테이블의 일부만 읽을 수 있는 것일까? 그 이유는 MySQL을 포함한 대부분의 RDBMS에서 지원하는 파티션은 물리적으로 개별 테이블처럼 별도의 저장 공간을 가지기 때문이다. 이 쿼리의 경우 employees_2 테이블의 모든 파티션이 아니라 p1996_2000 파티션과 p2001_2005 파티션만 풀 스캔을 실행하게 된다.

10.3.5 type 칼럼

쿼리의 실행 계획에서 type 이후의 칼럼은 MySQL 서버가 각 테이블의 레코드를 어떤 방식으로 읽었는지를 나타낸다. 여기서 방식이라 함은 인덱스를 사용해 레코드를 읽었는지, 아니면 테이블을 처음부터 끝까지 읽는 풀 테이블 스캔으로 레코드를 읽었는지 등을 의미한다. 일반적으로 쿼리를 튜닝할 때 인덱스를 효율적으로 사용하는지 확인하는 것이 중요하므로 실행 계획에서 type 칼럼은 반드시 체크해야 할 중요한 정보다.

MySQL의 매뉴얼에서는 type 칼럼을 "조인 타입"으로 소개한다. 또한 MySQL에서는 하나의 테이블로부터 레코드를 읽는 작업도 조인처럼 처리한다. 그래서 SELECT 쿼리의 테이블 개수에 관계없이 실행 계획의 type 칼럼을 "조인 타입"이라고 명시하고 있다. 하지만 type 칼럼의 값은 조인과 직접 연관 지어 생각하지 말고, 각 테이블의 접근 방법(Access type)으로 해석하면 된다.

실행 계획의 type 칼럼에 표시될 수 있는 값은 현재 많이 사용되는 대부분의 버전에서 거의 차이 없이 다음과 같이 표시된다.

- system
- const
- eq_ref
- ref
- fulltext
- ref_or_null
- unique_subquery
- index_subquery
- range
- index_merge
- index
- ALL

위의 12개 접근 방법 중에서 하단의 **ALL**을 제외한 나머지는 모두 인덱스를 사용하는 접근 방법이다. **ALL**은 인덱스를 사용하지 않고, 테이블을 처음부터 끝까지 읽어서 레코드를 가져오는 풀 테이블 스캔 접근 방법을 의미한다. 하나의 단위 SELECT 쿼리는 위의 접근 방법 중에서 단 하나만 사용할 수 있다. 또한 index_merge를 제외한 나머지 접근 방법은 하나의 인덱스만 사용한다. 그러므로 실행 계획의 각라인에 접근 방법이 2개 이상 표시되지 않으며, index_merge 이외의 type에서는 인덱스 항목에도 단하나의 인덱스 이름만 표시된다.

이제 실행 계획의 type 칼럼에 표시될 수 있는 값을 위의 순서대로 하나씩 살펴보자. 참고로 위에 표시된 각 접근 방법은 성능이 빠른 순서대로 나열된 것이며, 각 type의 설명도 이 순서대로 진행할 것이다. MySQL 옵티마이저는 이러한 접근 방법과 비용을 함께 계산해서 최소의 비용이 필요한 접근 방법을 선택해 쿼리를 처리한다.

10.3.5.1 system

레코드가 1건만 존재하는 테이블 또는 한 건도 존재하지 않는 테이블을 참조하는 형태의 접근 방법을 system이라고 한다. 이 접근 방법은 InnoDB 스토리지 엔진을 사용하는 테이블에서는 나타나지 않고, MyISAM이나 MEMORY 테이블에서만 사용되는 접근 방법이다.

```
mysql> CREATE TABLE tb_dual (fd1 int NOT NULL) ENGINE=MyISAM;
mysql> INSERT INTO tb_dual VALUES (1);

mysql> EXPLAIN SELECT * FROM tb_dual;
+----+-------------+---------+--------+------+-------+
| id | select_type | table   | type   | rows | Extra |
+----+-------------+---------+--------+------+-------+
|  1 | SIMPLE      | tb_dual | system |    1 | NULL  |
+----+-------------+---------+--------+------+-------+
```

위 예제에서 tb_dual 테이블은 레코드가 1건만 들어 있는 MyISAM 테이블이다. 이 테이블을 InnoDB로 변환하면 결과는 어떻게 될까?

```
mysql> CREATE TABLE tb_dual (fd1 int NOT NULL) ENGINE=InnoDB;
mysql> INSERT INTO tb_dual VALUES (1);

mysql> EXPLAIN SELECT * FROM tb_dual;
```

```
+----+-------------+---------+------+------+-------+
| id | select_type | table   | type | rows | Extra |
+----+-------------+---------+------+------+-------+
|  1 | SIMPLE      | tb_dual | ALL  |    1 | NULL  |
+----+-------------+---------+------+------+-------+
```

쿼리의 모양에 따라 조금은 다르겠지만 접근 방법(type 칼럼)이 ALL 또는 index로 표시될 가능성이 크다. system은 테이블에 레코드가 1건 이하인 경우에만 사용할 수 있는 접근 방법이므로 실제 애플리케이션에서 사용되는 쿼리에서는 거의 보이지 않는 실행 계획이다.

10.3.5.2 const

테이블의 레코드 건수와 관계없이 쿼리가 프라이머리 키나 유니크 키 칼럼을 이용하는 WHERE 조건절을 가지고 있으며, 반드시 1건을 반환하는 쿼리의 처리 방식을 const라고 한다. 다른 DBMS에서는 이를 유니크 인덱스 스캔(UNIQUE INDEX SCAN)이라고도 표현한다.

```
mysql> EXPLAIN
    SELECT * FROM employees WHERE emp_no=10001;
```

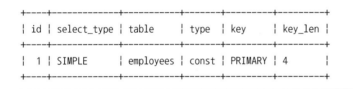

다음 예제와 같이 다중 칼럼으로 구성된 프라이머리 키나 유니크 키 중에서 인덱스의 일부 칼럼만 조건으로 사용할 때는 const 타입의 접근 방법을 사용할 수 없다. 이 경우에는 실제 레코드가 1건만 저장돼 있더라도 MySQL 엔진이 데이터를 읽어보지 않고서는 레코드가 1건이라는 것을 확신할 수 없기 때문이다.

```
mysql> EXPLAIN
    SELECT * FROM dept_emp WHERE dept_no='d005';
```

프라이머리 키의 일부만 조건으로 사용할 때는 type 칼럼에 const가 아닌 ref로 표시된다.

```
+----+-------------+----------+------+---------+--------+
| id | select_type | table    | type | key     | rows   |
+----+-------------+----------+------+---------+--------+
|  1 | SIMPLE      | dept_emp | ref  | PRIMARY | 165571 |
+----+-------------+----------+------+---------+--------+
```

하지만 프라이머리 키나 유니크 인덱스의 모든 칼럼을 동등 조건으로 WHERE 절에 명시하면 다음 예제와
같이 const 접근 방법을 사용한다.

```
mysql> EXPLAIN
       SELECT * FROM dept_emp WHERE dept_no='d005' AND emp_no=10001;
```

```
+----+-------------+----------+-------+---------+---------+------+
| id | select_type | table    | type  | key     | key_len | rows |
+----+-------------+----------+-------+---------+---------+------+
|  1 | SIMPLE      | dept_emp | const | PRIMARY | 20      |    1 |
+----+-------------+----------+-------+---------+---------+------+
```

> **참고** 실행 계획의 type 칼럼이 const인 실행 계획은 MySQL의 옵티마이저가 쿼리를 최적화하는 단계에서 쿼리를
> 먼저 실행해서 통째로 상수화한다. 그래서 실행 계획의 type 칼럼의 값이 "상수(const)"로 표시되는 것이다. 다음의 예
> 제 쿼리를 한 번 살펴보자.
>
> ```
> mysql> EXPLAIN
>        SELECT COUNT(*)
>        FROM employees e1
>        WHERE first_name=(SELECT first_name FROM employees e2 WHERE emp_no=100001);
> ```
>
> 위의 예제 쿼리에서 WHERE 절에 사용된 서브쿼리는 employees(e2) 테이블의 프라이머리 키를 검색해서 first_name
> 을 읽고 있다. 이 쿼리의 실행 계획은 다음과 같은데, 예상대로 e2 테이블은 프라이머리 키를 const 타입으로 접근한다
> 는 것을 알 수 있다.
>
>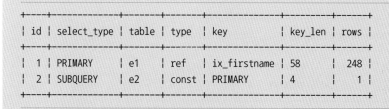
>
> ```
> +----+-------------+-------+-------+--------------+---------+------+
> | id | select_type | table | type  | key          | key_len | rows |
> +----+-------------+-------+-------+--------------+---------+------+
> |  1 | PRIMARY     | e1    | ref   | ix_firstname | 58      |  248 |
> |  2 | SUBQUERY    | e2    | const | PRIMARY      | 4       |    1 |
> +----+-------------+-------+-------+--------------+---------+------+
> ```

실제 이 쿼리는 옵티마이저에 의해 최적화되는 시점에 다음과 같은 쿼리로 변환된다. 즉, 옵티마이저에 의해 상수화된 다음 쿼리 실행기로 전달되기 때문에 접근 방법이 const인 것이다.

```
mysql> SELECT COUNT(*)
       FROM employees e1
       WHERE first_name='Jasminko'; -- // Jasminko는 사번이 100001인 사원의 first_name 값임
```

10.3.5.3 eq_ref

eq_ref 접근 방법은 여러 테이블이 조인되는 쿼리의 실행 계획에서만 표시된다. 조인에서 처음 읽은 테이블의 칼럼값을, 그다음 읽어야 할 테이블의 프라이머리 키나 유니크 키 칼럼의 검색 조건에 사용할 때를 가리켜 eq_ref라고 한다. 이때 두 번째 이후에 읽는 테이블의 type 칼럼에 eq_ref가 표시된다. 또한 두 번째 이후에 읽히는 테이블을 유니크 키로 검색할 때 그 유니크 인덱스는 NOT NULL이어야 하며, 다중 칼럼으로 만들어진 프라이머리 키나 유니크 인덱스라면 인덱스의 모든 칼럼이 비교 조건에 사용돼야만 eq_ref 접근 방법이 사용될 수 있다. 즉, 조인에서 두 번째 이후에 읽는 테이블에서 반드시 1건만 존재한다는 보장이 있어야 사용할 수 있는 접근 방법이다.

다음 예제 쿼리의 실행 계획을 살펴보자. 우선 첫 번째 라인과 두 번째 라인의 id 값이 1로 같으므로 두 개의 테이블이 조인으로 실행된다는 것을 알 수 있다. 그리고 dept_emp 테이블이 실행 계획의 위쪽에 있으므로 dept_emp 테이블을 먼저 읽고 "e.emp_no=de.emp_no" 조건을 이용해 employees 테이블을 검색한다. employees 테이블의 emp_no는 프라이머리 키라서 실행 계획의 두 번째 라인은 type 칼럼이 eq_ref로 표시된다.

```
mysql> EXPLAIN
       SELECT * FROM dept_emp de, employees e
       WHERE e.emp_no=de.emp_no AND de.dept_no='d005';
```

id	select_type	table	type	key	key_len	rows
1	SIMPLE	de	ref	PRIMARY	16	165571
1	SIMPLE	e	eq_ref	PRIMARY	4	1

10.3.5.4 ref

ref 접근 방법은 eq_ref와는 달리 조인의 순서와 관계없이 사용되며, 또한 프라이머리 키나 유니크 키 등의 제약 조건도 없다. 인덱스의 종류와 관계없이 동등(Equal) 조건으로 검색할 때는 ref 접근 방법이 사용된다. ref 타입은 반환되는 레코드가 반드시 1건이라는 보장이 없으므로 const나 eq_ref보다는 빠르지 않다. 하지만 동등한 조건으로만 비교되므로 매우 빠른 레코드 조회 방법의 하나다.

```
mysql> EXPLAIN
       SELECT * FROM dept_emp WHERE dept_no='d005';

+----+-------------+----------+------+---------+---------+-------+
| id | select_type | table    | type | key     | key_len | ref   |
+----+-------------+----------+------+---------+---------+-------+
|  1 | SIMPLE      | dept_emp | ref  | PRIMARY | 16      | const |
+----+-------------+----------+------+---------+---------+-------+
```

위의 예에서는 dept_emp 테이블의 프라이머리 키를 구성하는 칼럼(dept_no, emp_no) 중에서 일부만 동등(Equal) 조건으로 WHERE 절에 명시됐기 때문에 조건에 일치하는 레코드가 1건이라는 보장이 없다. 그래서 const가 아닌 ref 접근 방법이 사용됐으며 실행 계획의 ref 칼럼값에는 const가 명시됐다. 이 const는 접근 방법이 아니라 ref 접근 방법에서 값 비교에 사용된 입력값이 상수('d005')였음을 의미한다. ref 칼럼의 내용은 뒤에서 다시 한번 살펴보겠다.

지금까지 배운 실행 계획의 type에 대해 간단히 비교하면서 다시 한번 정리해보자.

- const: 조인의 순서와 관계없이 프라이머리 키나 유니크 키의 모든 칼럼에 대해 동등(Equal) 조건으로 검색(반드시 1건의 레코드만 반환)

- eq_req: 조인에서 첫 번째 읽은 테이블의 칼럼값을 이용해 두 번째 테이블을 프라이머리 키나 유니크 키로 동등(Equal) 조건 검색(두 번째 테이블은 반드시 1건의 레코드만 반환)

- ref: 조인의 순서와 인덱스의 종류에 관계없이 동등(Equal) 조건으로 검색(1건의 레코드만 반환된다는 보장이 없어도 됨)

이 세 가지 접근 방법 모두 WHERE 조건절에 사용하는 비교 연산자는 동등 비교 연산자여야 한다는 공통점이 있다. 동등 비교 연산자는 "=" 또는 "<=>"을 의미한다. "<=>" 연산자는 NULL에 대한 비교 방식만 조금 다를 뿐 "=" 연산자와 같은 연산자다.

또한 세 가지 모두 매우 좋은 접근 방법으로 인덱스의 분포도가 나쁘지 않다면 성능상의 문제를 일으키지 않는 접근 방법이다. 쿼리를 튜닝할 때도 이 세 가지 접근 방법에 대해서는 크게 신경 쓰지 않고 넘어가도 무방하다.

10.3.5.5 fulltext

fulltext 접근 방법은 MySQL 서버의 전문 검색(Full-text Search) 인덱스를 사용해 레코드를 읽는 접근 방법을 의미한다. 지금 살펴보는 type의 순서가 일반적인 처리 성능의 순서이긴 하지만 실제로 데이터의 분포나 레코드의 건수에 따라 빠른 순서는 달라질 수 있다. 이는 비용 기반의 옵티마이저에서 통계 정보를 이용해 비용을 계산하는 이유이기도 하다. 하지만 전문 검색 인덱스는 통계 정보가 관리되지 않으며, 전문 검색 인덱스를 사용하려면 전혀 다른 SQL 문법을 사용해야 한다.

MySQL 서버에서 전문 검색 조건은 우선순위가 상당히 높다. 쿼리에서 전문 인덱스를 사용하는 조건과 그 이외의 일반 인덱스를 사용하는 조건을 함께 사용하면 일반 인덱스의 접근 방법이 const나 eq_ref, ref가 아니면 일반적으로 MySQL은 전문 인덱스를 사용하는 조건을 선택해서 처리한다. 전문 검색은 "MATCH (...) AGAINST (...)" 구문을 사용해서 실행하는데, 이때 반드시 해당 테이블에 전문 검색용 인덱스가 준비돼 있어야만 한다. 테이블에 전문 인덱스가 없다면 쿼리는 오류가 발생하고 중지될 것이다. 전문 검색 인덱스를 사용하기 위해서는 다음과 같이 전문 검색 인덱스가 테이블에 정의돼 있어야 한다.

```
mysql> CREATE TABLE employee_name (
         emp_no int NOT NULL,
         first_name varchar(14) NOT NULL,
         last_name varchar(16) NOT NULL,
         PRIMARY KEY (emp_no),
         FULLTEXT KEY fx_name (first_name,last_name) WITH PARSER ngram
       ) ENGINE=InnoDB;
```

다음의 "MATCH ... AGAINST ..." 예제 쿼리를 한 번 살펴보자.

```
mysql> EXPLAIN
         SELECT *
         FROM employee_name
         WHERE emp_no=10001
```

```
    AND emp_no BETWEEN 10001 AND 10005
    AND MATCH(first_name, last_name) AGAINST('Facello' IN BOOLEAN MODE);
```

위 쿼리 문장은 3개의 조건을 가지고 있다. 첫 번째 조건은 employee_name 테이블의 프라이머리 키를 1 건만 조회하는 const 타입의 조건이며, 두 번째 조건은 밑에서 설명할 range 타입의 조건이다. 그리고 마지막으로 세 번째 조건은 전문 검색 조건이다. 이 문장의 실행 계획을 보면 다음과 같다.

```
+----+-------------+---------------+-------+---------+---------+
| id | select_type | table         | type  | key     | key_len |
+----+-------------+---------------+-------+---------+---------+
| 1  | SIMPLE      | employee_name | const | PRIMARY | 4       |
+----+-------------+---------------+-------+---------+---------+
```

최종적으로 MySQL 옵티마이저가 선택한 것은 첫 번째 조건인 const 타입의 조건이다. const 타입의 첫 번째 조건이 없으면 나머지 두 조건 중에서 어느 것을 선택할까? 다음의 실행 계획은 첫 번째 조건을 빼고 실행 계획을 확인한 결과다.

```
mysql> EXPLAIN
    SELECT *
    FROM employee_name
    WHERE emp_no BETWEEN 10001 AND 10005
        AND MATCH(first_name, last_name) AGAINST('Facello' IN BOOLEAN MODE);
```

```
+----+-------------+---------------+----------+---------+---------------------------------+
| id | select_type | table         | type     | key     | Extra                           |
+----+-------------+---------------+----------+---------+---------------------------------+
| 1  | SIMPLE      | employee_name | fulltext | fx_name | Using where; Ft_hints: no_ranking |
+----+-------------+---------------+----------+---------+---------------------------------+
```

이번에는 range 타입의 두 번째 조건이 아니라 전문 검색 조건인 세 번째 조건을 선택했다. 일반적으로 쿼리에 전문 검색 조건(MATCH ... AGAINST ...)을 사용하면 MySQL 서버는 주저 없이 fulltext 접근 방법을 사용한다. 하지만 지금까지의 경험으로 보면 전문 검색 인덱스를 이용하는 fulltext보다 일반 인덱스를 이용하는 range 접근 방법이 더 빨리 처리되는 경우가 더 많았다. 따라서 전문 검색 쿼리를 사용할 때는 조건별로 성능을 확인해 보는 편이 좋다.

10.3.5.6 ref_or_null

이 접근 방법은 ref 접근 방법과 같은데, NULL 비교가 추가된 형태다. 접근 방법의 이름 그대로 ref 방식 또는 NULL 비교(IS NULL) 접근 방법을 의미한다. 실제 업무에서 많이 활용되지 않지만, 만약 사용된다면 나쁘지 않은 접근 방법 정도로 기억해 두면 충분하다.

```
mysql> EXPLAIN
       SELECT * FROM titles
       WHERE to_date='1985-03-01' OR to_date IS NULL;
```

id	select_type	table	type	key	key_len	ref	rows
1	SIMPLE	titles	ref_or_null	ix_todate	4	const	2

10.3.5.7 unique_subquery

WHERE 조건절에서 사용될 수 있는 IN(subquery) 형태의 쿼리를 위한 접근 방법이다. unique_subquery 의 의미 그대로 서브쿼리에서 중복되지 않는 유니크한 값만 반환할 때 이 접근 방법을 사용한다.

```
mysql> EXPLAIN
       SELECT * FROM departments
       WHERE dept_no IN (SELECT dept_no FROM dept_emp WHERE emp_no=10001);
```

id	select_type	table	type	key	key_len
1	PRIMARY	departments	index	ux_deptname	162
2	DEPENDENT SUBQUERY	dept_emp	unique_subquery	PRIMARY	20

10.3.5.8 index_subquery

IN 연산자의 특성상 IN(subquery) 또는 IN(상수 나열) 형태의 조건은 괄호 안에 있는 값의 목록에서 중복된 값이 먼저 제거돼야 한다. 앞서 살펴본 unique_subquery 접근 방법은 IN(subquery) 조건의 subquery가 중복된 값을 만들어내지 않는다는 보장이 있으므로 별도의 중복을 제거할 필요가 없었다. 하지만 업무 특성상 IN(subquery)에서 subquery가 중복된 값을 반환할 수도 있다. 이때 서브쿼리 결과의 중복된 값을 인덱스를 이용해서 제거할 수 있을 때 index_subquery 접근 방법이 사용된다.

명확한 이해를 위해 index_subquery와 unique_subquery 접근 방법의 차이를 다시 한번 정리해보자.

- unique_subquery: IN (subquery) 형태의 조건에서 subquery의 반환 값에는 중복이 없으므로 별도의 중복 제거 작업이 필요하지 않음

- index_subquery: IN (subquery) 형태의 조건에서 subquery의 반환 값에 중복된 값이 있을 수 있지만 인덱스를 이용해 중복된 값을 제거할 수 있음

10.3.5.9 range

range는 우리가 익히 알고 있는 인덱스 레인지 스캔 형태의 접근 방법이다. range는 인덱스를 하나의 값이 아니라 범위로 검색하는 경우를 의미하는데, 주로 "<, >, IS NULL, BETWEEN, IN, LIKE" 등의 연산자를 이용해 인덱스를 검색할 때 사용된다. 일반적으로 애플리케이션의 쿼리가 가장 많이 사용하는 접근 방법인데, 이 책에서 소개하는 접근 방법의 순서상 MySQL 서버가 가지고 있는 접근 방법 중에서 상당히 우선순위가 낮다는 것을 알 수 있다. 얼마나 많은 레코드를 필요로 하느냐에 따라 차이는 있겠지만 range 접근 방법도 상당히 빠르며, 모든 쿼리가 이 접근 방법만 사용해도 최적의 성능이 보장된다고 볼 수 있다.

```
mysql> EXPLAIN
    SELECT * FROM employees WHERE emp_no BETWEEN 10002 AND 10004;
```

```
+----+-------------+-----------+-------+---------+---------+------+
| id | select_type | table     | type  | key     | key_len | rows |
+----+-------------+-----------+-------+---------+---------+------+
|  1 | SIMPLE      | employees | range | PRIMARY | 4       |    3 |
+----+-------------+-----------+-------+---------+---------+------+
```

> **주의** 이 책에서 인덱스 레인지 스캔이라고 하면 const, ref, range라는 세 가지 접근 방법을 모두 묶어서 지칭하는 것임을 기억하자. 또한 "인덱스를 효율적으로 사용한다" 또는 "작업 범위 결정 조건으로 인덱스를 사용한다"라는 표현 모두 이 세 가지 접근 방법을 의미한다. 업무상 개발자나 DBA와 소통할 때도 const나 ref, range 접근 방법을 구분해서 언급하는 경우는 거의 없으며, 일반적으로 "인덱스 레인지 스캔" 또는 "레인지 스캔"으로 언급할 때가 많다.

10.3.5.10 index_merge

지금까지 설명한 다른 접근 방법과는 달리 index_merge 접근 방법은 2개 이상의 인덱스를 이용해 각각의 검색 결과를 만들어낸 후, 그 결과를 병합해서 처리하는 방식이다. 하지만 index_merge 접근 방법이 사용되는 경우를 생각해보면 이름만큼 그렇게 효율적으로 작동하는 것은 아니다. index_merge 접근 방법에는 다음과 같은 특징이 있다.

- 여러 인덱스를 읽어야 하므로 일반적으로 range 접근 방법보다 효율성이 떨어진다.
- 전문 검색 인덱스를 사용하는 쿼리에서는 index_merge가 적용되지 않는다.
- index_merge 접근 방법으로 처리된 결과는 항상 2개 이상의 집합이 되기 때문에 그 두 집합의 교집합이나 합집합, 또는 중복 제거와 같은 부가적인 작업이 더 필요하다.

MySQL 매뉴얼에서 index_merge 접근 방법의 우선순위는 ref_or_null 바로 다음에 있다. 하지만 이 책에서는 위의 이유 때문에 우선순위의 위치를 range 접근 방법 아래로 옮겼다. index_merge 접근 방법이 사용될 때는 실행 계획에 조금 더 보완적인 내용이 표시되는데, 그 내용은 실행 계획의 Extra 부분 설명에서 자세히 살펴보겠다.

다음은 두 개의 조건이 OR 연산자로 연결된 쿼리다. 그런데 OR로 연결된 두 개 조건이 모두 각각 다른 인덱스를 최적으로 사용할 수 있는 조건이다. 그래서 MySQL 옵티마이저는 "emp_no BETWEEN 10001 AND

11000" 조건은 employees 테이블의 프라이머리 키를 이용해 조회하고, "first_name='Smith'" 조건은 ix_firstname 인덱스를 이용해 조회한 후 두 결과를 병합하는 형태로 처리하는 실행 계획을 만들어 낸다.

```
mysql> EXPLAIN
       SELECT * FROM employees
       WHERE emp_no BETWEEN 10001 AND 11000
             OR first_name='Smith';
```

id	type	key	key_len	Extra
1	index_merge	PRIMARY,ix_firstname	4,58	Using union(PRIMARY,ix_firstname); Using where

10.3.5.11 index

index 접근 방법은 많은 사람이 자주 오해하는 접근 방법이다. 접근 방법의 이름이 index라서 MySQL 서버에 익숙하지 않은 많은 사람이 "효율적으로 인덱스를 사용하는구나"라고 생각하게 만드는 것 같다. 하지만 index 접근 방법은 인덱스를 처음부터 끝까지 읽는 인덱스 풀 스캔을 의미한다. range 접근 방법과 같이 효율적으로 인덱스의 필요한 부분만 읽는 것을 의미하는 것은 아니라는 점을 잊지 말자.

index 접근 방법은 테이블을 처음부터 끝까지 읽는 풀 테이블 스캔 방식과 비교했을 때 비교하는 레코드 건수는 같다. 하지만 인덱스는 일반적으로 데이터 파일 전체보다 크기가 작으므로 인덱스 풀 스캔 시 풀 테이블 스캔보다 빠르게 처리되며, 쿼리의 내용에 따라 정렬된 인덱스의 장점을 이용할 수 있으므로 훨씬 효율적이라 할 수 있다. index 접근 방법은 다음 조건 가운데(첫 번째+두 번째) 조건을 충족하거나(첫 번째+세 번째) 조건을 충족하는 쿼리에서 사용되는 읽기 방식이다.

- range나 const, ref 같은 접근 방법으로 인덱스를 사용하지 못하는 경우
- 인덱스에 포함된 칼럼만으로 처리할 수 있는 쿼리인 경우(즉, 데이터 파일을 읽지 않아도 되는 경우)
- 인덱스를 이용해 정렬이나 그루핑 작업이 가능한 경우(즉, 별도의 정렬 작업을 피할 수 있는 경우)

다음 쿼리는 아무런 WHERE 조건이 없으므로 range나 const, 또는 ref 접근 방법을 사용할 수 없다. 하지만 정렬하려는 칼럼은 인덱스(ux_deptname)가 있으므로 별도의 정렬 처리를 피하려고 index 접근 방법을 사용했다.

```
mysql> EXPLAIN
       SELECT * FROM departments ORDER BY dept_name DESC LIMIT 10;

+----+-------------+-------------+-------+-------------+---------+------+
| id | select_type | table       | type  | key         | key_len | rows |
+----+-------------+-------------+-------+-------------+---------+------+
|  1 | SIMPLE      | departments | index | ux_deptname | 162     |    9 |
+----+-------------+-------------+-------+-------------+---------+------+
```

이 예제의 실행 계획은 테이블의 인덱스를 처음부터 끝까지 읽는 index 접근 방법이지만 LIMIT 조건이 있기 때문에 상당히 효율적이다. 단순히 인덱스를 거꾸로(역순으로) 읽어서 10개만 가져오면 되기 때문이다. 하지만 LIMIT 조건이 없거나 가져와야 할 레코드 건수가 많아지면 상당히 느린 처리를 수행한다.

10.3.5.12 ALL

우리가 흔히 알고 있는 풀 테이블 스캔을 의미하는 접근 방법이다. 테이블을 처음부터 끝까지 전부 읽어서 불필요한 레코드를 제거(체크 조건이 존재할 때)하고 반환한다. 풀 테이블 스캔은 지금까지 설명한 접근 방법으로는 처리할 수 없을 때 가장 마지막에 선택하는 가장 비효율적인 방법이다.

다른 DBMS와 같이 InnoDB도 풀 테이블 스캔이나 인덱스 풀 스캔과 같은 대량의 디스크 I/O를 유발하는 작업을 위해 한꺼번에 많은 페이지를 읽어 들이는 기능을 제공한다. InnoDB에서는 이 기능을 "리드 어헤드(Read Ahead)"라고 하며, 한 번에 여러 페이지를 읽어서 처리할 수 있다. 데이터 웨어하우스(Data Warehouse)나 배치 프로그램처럼 대용량의 레코드를 처리하는 쿼리에서는 잘못 튜닝된 쿼리(억지로 인덱스를 사용하게 튜닝된 쿼리)보다 더 나은 접근 방법이기도 하다. 쿼리를 튜닝한다는 것이 무조건 인덱스 풀 스캔이나 테이블 풀 스캔을 사용하지 못하게 하는 것은 아니라는 점을 기억하자.

일반적으로 index와 ALL 접근 방법은 작업 범위를 제한하는 조건이 아니므로 빠른 응답을 사용자에게 보내야 하는 웹 서비스 등과 같은 온라인 트랜잭션 처리 환경에는 적합하지 않다. 테이블이 매우 작지 않다면 실제로 테이블에 데이터를 어느 정도 저장한 상태에서 쿼리의 성능을 확인해 보고 적용하는 것이 좋다.

MySQL 서버에서는 인접한 페이지가 연속해서 몇 번 읽히면 백그라운드로 작동하는 읽기 스레드가 최대 64개의 페이지씩 한꺼번에 디스크로부터 읽어 들이기 때문에 한 번에 페이지 하나씩 읽어 들이는 작업보다는 상당히 빠르게 레코드를 읽을 수 있다. 이러한 작동 방식을 리드 어헤드(Read Ahead)라고 한다. MySQL 서버에서는 innodb_read_ahead_threshold 시스템 변수와 innodb_random_read_ahead 시스템 변수를 이용해 리드 어헤드를 언제 실행할지 제어할 수 있다.

MySQL 8.0 버전에서는 병렬 쿼리(Parellel Query) 기능이 도입됐는데, 아직은 초기 구현 상태여서 조건 없이 전체 테이블 건수를 가져오는 쿼리 정도만 병렬로 실행될 수 있다. MySQL 서버의 병렬 쿼리는 innodb_parallel_read_threads 시스템 변수를 이용해 동시에 몇 개의 스레드를 사용할지 설정할 수 있다.

```
mysql> SELECT /*+ SET_VAR(innodb_parallel_read_threads=1) */ COUNT(*) FROM big_table;
+-----------+
| count(*)  |
+-----------+
| 177920306 |
+-----------+
1 row in set (2 min 33.93 sec)

mysql> SELECT /*+ SET_VAR(innodb_parallel_read_threads=4) */ COUNT(*) FROM big_table;
+-----------+
| count(*)  |
+-----------+
| 177920306 |
+-----------+
1 row in set (21.85 sec)

mysql> SELECT /*+ SET_VAR(innodb_parallel_read_threads=32) */ COUNT(*) FROM big_table;
+-----------+
| count(*)  |
+-----------+
| 177920306 |
+-----------+
1 row in set (5.35 sec)
```

10.3.6 possible_keys 칼럼

실행 계획에 있는 이 칼럼 또한 사용자의 오해를 자주 불러일으킨다. MySQL 옵티마이저는 쿼리를 처리하기 위해 여러 가지 처리 방법을 고려하고 그중에서 비용이 가장 낮을 것으로 예상하는 실행 계획을 선택해 쿼리를 실행한다. 그런데 possible_keys 칼럼에 있는 내용은 옵티마이저가 최적의 실행 계획을 만들기 위해 후보로 선정했던 접근 방법에서 사용되는 인덱스의 목록일 뿐이다. 즉, 말 그대로 "사용될 법했던 인덱스의 목록"인 것이다. 실제로 실행 계획을 보면 그 테이블의 모든 인덱스가 목록에 포함되어 나오는 경우가 허다하기에 쿼리를 튜닝하는 데 크게 도움이 되지는 않는다. 그래서 실행 계획을 확인할 때는 possible_keys 칼럼은 특별한 경우를 제외하고는 그냥 무시해도 된다. 절대 possible_keys 칼럼에 인덱스 이름이 나열됐다고 해서 그 인덱스를 사용한다고 판단하지 않도록 주의하자.

10.3.7 key 칼럼

possible_keys 칼럼의 인덱스가 사용 후보였던 반면, key 칼럼에 표시되는 인덱스는 최종 선택된 실행 계획에서 사용하는 인덱스를 의미한다. 그러므로 쿼리를 튜닝할 때는 key 칼럼에 의도했던 인덱스가 표시되는지 확인하는 것이 중요하다. key 칼럼에 표시되는 값이 PRIMARY인 경우에는 프라이머리 키를 사용한다는 의미이며, 그 이외의 값은 모두 테이블이나 인덱스를 생성할 때 부여했던 고유 이름이다.

실행 계획의 type 칼럼이 index_merge가 아닌 경우에는 반드시 테이블 하나당 하나의 인덱스만 이용할 수 있다. 하지만 index_merge 실행 계획이 사용될 때는 2개 이상의 인덱스가 사용되는데, 이때는 key 칼럼에 여러 개의 인덱스가 ","로 구분되어 표시된다. 앞에서 살펴본 index_merge 실행 계획을 다시 한번 살펴보자. 다음의 실행 계획은 WHERE 절의 각 조건이 PRIMARY와 ix_firstname 인덱스를 사용한다는 것을 나타낸다.

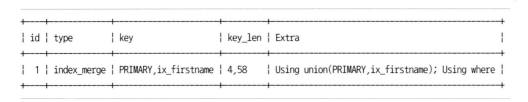

```
+----+-------------+--------------------+---------+-------------------------------------------+
| id | type        | key                | key_len | Extra                                     |
+----+-------------+--------------------+---------+-------------------------------------------+
|  1 | index_merge | PRIMARY,ix_firstname | 4,58  | Using union(PRIMARY,ix_firstname); Using where |
+----+-------------+--------------------+---------+-------------------------------------------+
```

그리고 실행 계획의 type이 ALL일 때와 같이 인덱스를 전혀 사용하지 못하면 key 칼럼은 NULL로 표시된다.

10.3.8 key_len 칼럼

key_len 칼럼은 많은 사용자가 쉽게 무시하는 정보지만 사실은 매우 중요한 정보 중 하나다. 실제 업무
에서 사용하는 테이블은 단일 칼럼으로만 만들어진 인덱스보다 다중 칼럼으로 만들어진 인덱스가 더
많다. 실행 계획의 key_len 칼럼의 값은 쿼리를 처리하기 위해 다중 칼럼으로 구성된 인덱스에서 몇 개
의 칼럼까지 사용했는지 우리에게 알려준다. 더 정확하게는 인덱스의 각 레코드에서 몇 바이트까지 사
용했는지 알려주는 값이다. 그래서 다중 칼럼 인덱스뿐 아니라 단일 칼럼으로 만들어진 인덱스에서도
같은 지표를 제공한다.

다음 예제는 두 개의 칼럼(dept_no, emp_no)으로 구성된 프라이머리 키를 가지는 dept_emp 테이블을 조
회하는 쿼리다. 이 쿼리는 dept_emp 테이블의 프라이머리 키 중에서 dept_no만 비교에 사용한다.

```
mysql> EXPLAIN
    SELECT * FROM dept_emp WHERE dept_no='d005';

+----+-------------+----------+------+---------+---------+
| id | select_type | table    | type | key     | key_len |
+----+-------------+----------+------+---------+---------+
|  1 | SIMPLE      | dept_emp | ref  | PRIMARY | 16      |
+----+-------------+----------+------+---------+---------+
```

그래서 key_len 칼럼의 값이 16으로 표시된 것이다. 즉, dept_no 칼럼의 타입이 CHAR(4)이기 때문에 프
라이머리 키에서 앞쪽 16바이트만 유효하게 사용했다는 의미다. 이 테이블의 dept_no 칼럼은 utf8mb4
문자 집합을 사용한다. 실제 utf8mb4 문자 집합에서는 문자 하나가 차지하는 공간이 1바이트에서 4바
이트까지 가변적이다. 하지만 MySQL 서버가 utf8mb4 문자를 위해 메모리 공간을 할당해야 할 때는
문자와 관계없이 고정적으로 4바이트로 계산한다. 그래서 위의 실행 계획에서 key_len 칼럼의 값으로
16바이트(4*4 바이트)가 표시된 것이다.

이제 똑같은 인덱스를 사용하지만 dept_no 칼럼과 emp_no 칼럼에 대해 각각 조건을 하나씩 가지고 있는 다음 쿼리를 한번 살펴보자.

```
mysql> EXPLAIN
       SELECT * FROM dept_emp WHERE dept_no='d005' AND emp_no=10001;
```

```
+----+-------------+----------+-------+---------+---------+
| id | select_type | table    | type  | key     | key_len |
+----+-------------+----------+-------+---------+---------+
|  1 | SIMPLE      | dept_emp | const | PRIMARY | 20      |
+----+-------------+----------+-------+---------+---------+
```

dept_emp 테이블의 emp_no의 칼럼 타입은 INTEGER이며, INTEGER 타입은 4바이트를 차지한다. 위의 쿼리 문장은 프라이머리 키의 dept_no 칼럼뿐만 아니라 emp_no까지 사용할 수 있게 적절히 조건이 제공됐다. 그래서 key_len 칼럼이 dept_no 칼럼의 길이와 emp_no 칼럼의 길이의 합인 20으로 표시된 것이다.

그리고 때로는 key_len 필드의 값이 데이터 타입의 길이보다 조금 길게 표시되는 경우도 발생할 수 있다. 다음과 같이 테이블을 생성하고, 쿼리의 실행 계획을 살펴보자.

```
mysql> CREATE TABLE titles (
         emp_no int NOT NULL,
         title varchar(50) NOT NULL,
         from_date date NOT NULL,
         to_date date DEFAULT NULL,
         PRIMARY KEY (emp_no,from_date,title),
         KEY ix_todate (to_date)
       );

mysql> EXPLAIN
       SELECT * FROM titles WHERE to_date<='1985-10-10';
```

위 쿼리의 실행 계획은 다음과 같이 출력됐다. 다음 내용에서 key_len은 4로 표시됐는데, ix_todate 인 덱스는 DATE 타입 칼럼인 to_date라는 칼럼 하나만 가지고 있는 인덱스다. MySQL에서 DATE 타입은 3 바이트를 사용하므로 key_len이 3이라고 출력돼야 하는데, 왜 4가 출력됐을까?

```
+----+-------------+--------+-------+-----------+---------+
| id | select_type | table  | type  | key       | key_len |
+----+-------------+--------+-------+-----------+---------+
|  1 | SIMPLE      | titles | range | ix_todate | 4       |
+----+-------------+--------+-------+-----------+---------+
```

그 이유는 to_date 칼럼이 DATE 타입을 사용하면서 NULL이 저장될 수 있는(NULLABLE) 칼럼으로 정의
됐기 때문이다. MySQL에서는 NOT NULL이 아닌 칼럼에서는 칼럼의 값이 NULL인지 아닌지를 저장하기
위해 1바이트를 추가로 더 사용한다. 그래서 이 예제에서는 4(3+1)바이트가 key_len에 표시된 것이다.

10.3.9 ref 칼럼

접근 방법이 ref면 참조 조건(Equal 비교 조건)으로 어떤 값이 제공됐는지 보여준다. 상숫값을 지정했
다면 ref 칼럼의 값은 const로 표시되고, 다른 테이블의 칼럼값이면 그 테이블명과 칼럼명이 표시된다.
이 칼럼에 출력되는 내용은 크게 신경 쓰지 않아도 무방한데, 다음과 같은 케이스는 조금 주의해서 볼
필요가 있다.

가끔 쿼리의 실행 계획에서 ref 칼럼의 값이 func라고 표시될 때가 있다. 이는 "Function"의 줄임말로
참조용으로 사용되는 값을 그대로 사용한 것이 아니라 콜레이션 변환이나 값 자체의 연산을 거쳐서 참
조됐다는 것을 의미한다. 간단히 다음 예제 쿼리의 실행 계획을 한번 살펴보자.

```
mysql> EXPLAIN
       SELECT *
       FROM employees e, dept_emp de
       WHERE e.emp_no=de.emp_no;
```

이 쿼리는 employees 테이블과 dept_emp 테이블을 조인하는데, 조인 조건에 사용된 emp_no 칼럼의 값에
대해 아무런 변환이나 가공도 수행하지 않았다. 그래서 이 쿼리의 실행 계획은 다음과 같이 ref 칼럼에
조인 대상 칼럼의 이름이 그대로 표시된다.

```
+----+-------------+-------+--------+---------+---------------------+
| id | select_type | table | type   | key     | ref                 |
+----+-------------+-------+--------+---------+---------------------+
|  1 | SIMPLE      | de    | ALL    | NULL    | NULL                |
|  1 | SIMPLE      | e     | eq_ref | PRIMARY | employees.de.emp_no |
+----+-------------+-------+--------+---------+---------------------+
```

이번에는 위의 쿼리에서 조인 조건에 간단한 산술 표현식을 넣어 쿼리를 만들고, 실행 계획을 한번 확인해 보자.

```
mysql> EXPLAIN
    SELECT *
    FROM employees e, dept_emp de WHERE e.emp_no=(de.emp_no-1);
```

위의 쿼리에서는 dept_emp 테이블을 읽어서 emp_no 값에서 1을 뺀 값으로 employees 테이블과 조인한다. 이 쿼리의 실행 계획에서는 ref 값이 조인 칼럼의 이름이 아니라 func라고 표시되는 것을 확인할 수 있다.

```
+----+-------------+-------+--------+---------+------+
| id | select_type | table | type   | key     | ref  |
+----+-------------+-------+--------+---------+------+
|  1 | SIMPLE      | de    | ALL    | NULL    | NULL |
|  1 | SIMPLE      | e     | eq_ref | PRIMARY | func |
+----+-------------+-------+--------+---------+------+
```

그런데 이렇게 사용자가 명시적으로 값을 변환할 때뿐만 아니라 MySQL 서버가 내부적으로 값을 변환해야 할 때도 ref 칼럼에는 func가 출력된다. 문자집합이 일치하지 않는 두 문자열 칼럼을 조인한다거나 숫자 타입의 칼럼과 문자열 타입의 칼럼으로 조인할 때가 대표적인 예다. 가능하다면 MySQL 서버가 이런 변환을 하지 않아도 되게 조인 칼럼의 타입은 일치시키는 편이 좋다.

10.3.10 rows 칼럼

MySQL 옵티마이저는 각 조건에 대해 가능한 처리 방식을 나열하고, 각 처리 방식의 비용을 비교해 최종적으로 하나의 실행 계획을 수립한다. 이때 각 처리 방식이 얼마나 많은 레코드를 읽고 비교해야 하는지 예측해서 비용을 산정한다. 대상 테이블에 얼마나 많은 레코드가 포함돼 있는지 또는 각 인덱스 값의 분포도가 어떤지를 통계 정보를 기준으로 조사해서 예측한다.

MySQL 실행 계획의 rows 칼럼값은 실행 계획의 효율성 판단을 위해 예측했던 레코드 건수를 보여준다. 이 값은 각 스토리지 엔진별로 가지고 있는 통계 정보를 참조해 MySQL 옵티마이저가 산출해 낸 예상값이라서 정확하지는 않다. 또한 rows 칼럼에 표시되는 값은 반환하는 레코드의 예측치가 아니라 쿼리를 처리하기 위해 얼마나 많은 레코드를 읽고 체크해야 하는지를 의미한다. 그래서 실행 계획의 rows 칼럼에 출력되는 값과 실제 쿼리 결과 반환된 레코드 건수는 일치하지 않는 경우가 많다.

```
mysql> EXPLAIN
    SELECT * FROM dept_emp WHERE from_date>='1985-01-01';
```

위 쿼리는 dept_emp 테이블에서 from_date가 "1985-01-01"보다 크거나 같은 레코드를 조회하는 쿼리다. 이 쿼리는 dept_emp 테이블의 from_date 칼럼으로 생성된 ix_fromdate 인덱스를 이용해 처리할 수도 있지만 풀 테이블 스캔(ALL)을 선택했다. 다음 쿼리의 실행 계획에서 rows 칼럼의 값을 확인해 보면 MySQL 옵티마이저가 이 쿼리를 처리하기 위해 대략 331,143건의 레코드를 읽어야 할 것이라고 예측했음을 알 수 있다. dept_emp 테이블의 전체 레코드가 331,143건이므로 테이블의 모든 레코드를 비교해봐야 한다고 판단한 것이다. 그래서 MySQL 옵티마이저는 인덱스 레인지 스캔이 아니라 풀 테이블 스캔을 선택한 것이다.

```
+----+-------------+----------+------+------+---------+--------+
| id | select_type | table    | type | key  | key_len | rows   |
+----+-------------+----------+------+------+---------+--------+
|  1 | SIMPLE      | dept_emp | ALL  | NULL | NULL    | 331143 |
+----+-------------+----------+------+------+---------+--------+
```

그럼 이제 범위를 더 줄인 쿼리의 실행 계획을 한번 비교해 보자. 다음 쿼리의 실행 계획을 보면 MySQL 옵티마이저는 대략 292건의 레코드만 읽고 체크해 보면 원하는 결과를 가져올 수 있을 것으로 예측했음을 알 수 있다. 물론 그래서 실행 계획도 풀 테이블 스캔이 아니라 range로 인덱스 레인지 스캔을 사용한다.

```
mysql> EXPLAIN
    SELECT * FROM dept_emp WHERE from_date>='2002-07-01';
```

```
+----+-------------+----------+-------+-------------+---------+------+
| id | select_type | table    | type  | key         | key_len | rows |
+----+-------------+----------+-------+-------------+---------+------+
|  1 | SIMPLE      | dept_emp | range | ix_fromdate | 3       | 292  |
+----+-------------+----------+-------+-------------+---------+------+
```

이 예에서 옵티마이저는 from_date 칼럼의 값이 '2002-07-01'보다 크거나 같은 레코드가 292건만 존재할 것으로 예측했고, 이는 전체 테이블 건수와 비교하면 8.8%밖에 되지 않는다. 그래서 최종적으로 옵티마이저는 ix_fromdate 인덱스를 range 방식(인덱스 레인지 스캔)으로 처리한 것이다. 또한 인덱스에 포함된 from_date 칼럼이 DATE 타입이므로 key_len에는 3바이트로 표시됐다.

> **참고** 이미 언급한 바와 같이 MySQL 옵티마이저가 예측한 값은 틀릴 가능성이 높다. 옵티마이저가 예측하는 수치는 대략의 값이지 정확한 값을 산출하기 위한 기능은 아니다. 하지만 대략의 수치에는 어느 정도 근접해야 하며, 그래야만 옵티마이저는 제대로 된 실행 계획을 수립할 수 있다. 가끔 인덱스되지 않은 칼럼이나 칼럼의 값이 균등하게 분포되지 않은 경우에도 제대로 된 예측을 못할 수 있다. 이런 경우를 위해 MySQL 8.0부터는 히스토그램이 도입됐다. 히스토그램에 대한 자세한 내용은 10.1.2절 '히스토그램'을 참조하자.

10.3.11 filtered 칼럼

옵티마이저는 각 테이블에서 일치하는 레코드 개수를 가능하면 정확히 파악해야 좀 더 효율적인 실행 계획을 수립할 수 있다. 실행 계획에서 rows 칼럼의 값은 인덱스를 사용하는 조건에만 일치하는 레코드 건수를 예측한 것이다. 하지만 대부분 쿼리에서 WHERE 절에 사용되는 조건이 모두 인덱스를 사용할 수 있는 것은 아니다. 특히 조인이 사용되는 경우에는 WHERE 절에서 인덱스를 사용할 수 있는 조건도 중요하지만 인덱스를 사용하지 못하는 조건에 일치하는 레코드 건수를 파악하는 것도 매우 중요하다.

다음 예제 쿼리는 employees 테이블과 salaries 테이블을 조인한다. employees 테이블의 "e.first_name='Matt'" 조건은 인덱스를 사용할 수 있으며, salaries 테이블은 "s.salary BETWEEN 50000 AND 60000" 조건이 인덱스를 사용할 수 있다. 이 경우에는 employees 테이블과 salaries 테이블 중에서 나머지 조건들까지 합쳐서 최종적으로 일치하는 레코드 건수가 적은 테이블이 드라이빙 테이블로 선정될 가능성이 높다.

```
mysql> EXPLAIN
    SELECT *
    FROM employees e,
         salaries s
    WHERE e.first_name='Matt'
      AND e.hire_date BETWEEN '1990-01-01' AND '1991-01-01'
      AND s.emp_no=e.emp_no
      AND s.from_date BETWEEN '1990-01-01' AND '1991-01-01'
      AND s.salary BETWEEN 50000 AND 60000;
```

이 쿼리의 실행 계획은 다음과 같다.

```
+----+-------------+-------+------+--------------+------+----------+
| id | select_type | table | type | key          | rows | filtered |
+----+-------------+-------+------+--------------+------+----------+
|  1 | SIMPLE      | e     | ref  | ix_firstname | 233  |  16.03   |
|  1 | SIMPLE      | s     | ref  | PRIMARY      | 10   |   0.48   |
+----+-------------+-------+------+--------------+------+----------+
```

employees 테이블에서 인덱스 조건에만 일치하는 레코드는 대략 233건이며, 이 중에서 16.03%만 인덱스를 사용하지 못하는 "e.hire_date BETWEEN '1990-01-01' AND '1991-01-01'" 조건에 일치한다는 것을 알 수 있다. filtered 칼럼의 값은 필터링되어 버려지는 레코드의 비율이 아니라 필터링되고 남은 레코드의 비율을 의미한다. 그래서 employees 테이블에서 salaries 테이블로 조인을 수행한 레코드 건수는 대략 37(233 * 0.1603)건 정도였다는 것을 알 수 있다. 테이블의 조인 순서가 반대로 되면 조인 횟수가 얼마나 될지 한번 살펴보자.

```
mysql> EXPLAIN
       SELECT /*+ JOIN_ORDER(s, e) */ *
       FROM employees e,
            salaries s
       WHERE e.first_name='Matt'
         AND e.hire_date BETWEEN '1990-01-01' AND '1991-01-01'
         AND s.emp_no=e.emp_no
         AND s.from_date BETWEEN '1990-01-01' AND '1991-01-01'
         AND s.salary BETWEEN 50000 AND 60000;
```

```
+----+-------------+-------+--------+-----------+------+----------+
| id | select_type | table | type   | key       | rows | filtered |
+----+-------------+-------+--------+-----------+------+----------+
|  1 | SIMPLE      | s     | range  | ix_salary | 3314 |  11.11   |
|  1 | SIMPLE      | e     | eq_ref | PRIMARY   |  1   |   5.00   |
+----+-------------+-------+--------+-----------+------+----------+
```

salaries 테이블을 조인의 선행 테이블로 선택했다면 salaries 테이블에서 대략 368건(3314 * 0.1111)이 조건에 일치해서 employees 테이블로 조인을 수행했을 것이다. 물론 MySQL 서버 옵티마이저는 레코드 건수뿐만 아니라 다른 요소들도 충분히 감안해서 실행 계획을 수립하겠지만 조인의 횟수를 줄이고 그 과정에서 읽어온 데이터를 저장해둘 메모리 사용량을 낮추기 위해 대상 건수가 적은 테이블을 선행 테이블로 선택할 가능성이 높다. 그래서 filtered 칼럼에 표시되는 값이 얼마나 정확히 예측될 수 있느냐에 따라 조인의 성능이 달라지는 것이다.

MySQL 8.0에서는 filtered 칼럼의 값을 더 정확히 예측할 수 있도록 히스토그램 기능이 도입됐다. 히스토그램에 대한 더 자세한 내용은 10.1.2절 '히스토그램'을 참조하자.

10.3.12 Extra 칼럼

칼럼의 이름과는 달리, 쿼리의 실행 계획에서 성능에 관련된 중요한 내용이 Extra 칼럼에 자주 표시된다. Extra 칼럼에는 고정된 몇 개의 문장이 표시되는데, 일반적으로 2~3개씩 함께 표시된다. Extra 칼럼에는 주로 내부적인 처리 알고리즘에 대해 조금 더 깊이 있는 내용을 보여주는 경우가 많다. 그래서 MySQL 서버의 버전이 업그레이드되고 최적화 기능이 도입될수록 새로운 내용이 더 추가될 것으로 보인다. 이 책에서 언급되지 않은 내용이 Extra 칼럼에 표시된다면 매뉴얼의 내용을 참조하자. 그럼 Extra 칼럼에 표시될 수 있는 문장을 하나씩 자세히 살펴보자. 여기서 설명하는 순서는 성능과는 무관하므로 각 문장의 순서 자체는 의미가 없다.

10.3.12.1 const row not found

쿼리의 실행 계획에서 const 접근 방법으로 테이블을 읽었지만 실제로 해당 테이블에 레코드가 1건도 존재하지 않으면 Extra 칼럼에 이 내용이 표시된다. Extra 칼럼에 이런 메시지가 표시되는 경우에는 테이블에 적절히 테스트용 데이터를 저장하고 다시 한번 쿼리의 실행 계획을 확인해 보는 것이 좋다.

10.3.12.2 Deleting all rows

MyISAM 스토리지 엔진과 같이 스토리지 엔진의 핸들러 차원에서 테이블의 모든 레코드를 삭제하는 기능을 제공하는 스토리지 엔진 테이블인 경우 Extra 칼럼에 "Deleting all rows" 문구가 표시된다. "Deleting all rows" 문구는 WHERE 조건절이 없는 DELETE 문장의 실행 계획에서 자주 표시되며, 이 문구는 테이블의 모든 레코드를 삭제하는 핸들러 기능(API)을 한번 호출함으로써 처리됐다는 것을 의미한다. 기존에는 테이블의 레코드를 삭제하기 위해 각 스토리지 엔진의 핸들러 함수를 레코드 건수만큼 호출해서 삭제해야 했는데, "Deleting all rows" 처리 방식은 한 번의 핸들러 함수 호출로 아주 간단하고 빠르게 처리할 수 있다.

MySQL 8.0 버전에서는 InnoDB 스토리지 엔진과 MyISAM 엔진 모두 더 이상 실행 계획에 "Deleting all rows" 최적화는 표시되지 않는다. 테이블의 모든 레코드를 삭제하고자 한다면 WHERE 조건절이 없는 DELETE보다 TRUNCATE TABLE 명령을 사용할 것을 권장한다.

10.3.12.3 Distinct

Extra 칼럼에 DISTINCT 키워드가 표시되는 다음 예제 쿼리를 한 번 살펴보자.

```
mysql> EXPLAIN
       SELECT DISTINCT d.dept_no
       FROM departments d, dept_emp de WHERE de.dept_no=d.dept_no;
```

id	select_type	table	type	key	Extra
1	SIMPLE	d	index	ux_deptname	Using index; Using temporary
1	SIMPLE	de	ref	PRIMARY	Using index; Distinct

위 쿼리에서 실제 조회하려는 값은 dept_no인데, departments 테이블과 dept_emp 테이블에 모두 존재하는 dept_no만 중복 없이 유니크하게 가져오기 위한 쿼리다. 그래서 두 테이블을 조인해서 그 결과에 다시 DISTINCT 처리를 넣은 것이다.

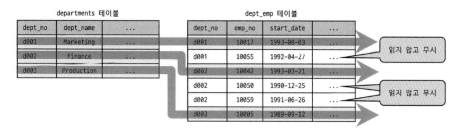

그림 10.6 DISTINCT의 처리 방식

그림 10.6은 실행 계획의 Extra 칼럼에 Distinct가 표시되는 경우 어떻게 처리되는지 보여준다. 쿼리의 DISTINCT를 처리하기 위해 조인하지 않아도 되는 항목은 모두 무시하고 꼭 필요한 것만 조인했으며, dept_emp 테이블에서는 꼭 필요한 레코드만 읽었다는 것을 표현하고 있다.

10.3.12.4 FirstMatch

세미 조인의 여러 최적화 중에서 FirstMatch 전략이 사용되면 MySQL 옵티마이저는 실행 계획의 Extra 칼럼에 "FirstMatch(table_name)" 메시지를 출력한다. 다음 쿼리의 실행 계획을 살펴보자.

```
mysql> EXPLAIN SELECT *
       FROM employees e
       WHERE e.first_name='Matt'
         AND e.emp_no IN (
             SELECT t.emp_no FROM titles t
             WHERE t.from_date BETWEEN '1995-01-01' AND '1995-01-30'
         );
```

```
+----+-------+------+-------------+------+------------------------------------------+
| id | table | type | key         | rows | Extra                                    |
+----+-------+------+-------------+------+------------------------------------------+
|  1 | e     | ref  | ix_firstname |  233 | NULL                                    |
|  1 | t     | ref  | PRIMARY     |    1 | Using where; Using index; FirstMatch(e) |
+----+-------+------+-------------+------+------------------------------------------+
```

FirstMatch 메시지에 함께 표시되는 테이블명은 기준 테이블을 의미하는데, 위 실행 계획의 경우 employees 테이블을 기준으로 titles 테이블에서 첫 번째로 일치하는 한 건만 검색한다는 것을 의미한다. FirstMatch 세미 조인 최적화 전략에 대한 자세한 내용은 9.3.1.11절 '퍼스트 매치(firstmatch)'를 참조하자.

10.3.12.5 Full scan on NULL key

이 처리는 "col1 IN (SELECT col2 FROM ...)"과 같은 조건을 가진 쿼리에서 자주 발생할 수 있는데, col1 의 값이 NULL이 된다면 결과적으로 조건은 "NULL IN (SELECT col2 FROM ...)"과 같이 바뀐다. SQL 표준 에서는 NULL을 "알 수 없는 값"으로 정의하고 있으며, NULL에 대한 연산의 규칙까지 정의하고 있다. 그 정의대로 연산을 수행하기 위해 이 조건은 다음과 같이 비교돼야 한다.

- 서브쿼리가 1건이라도 결과 레코드를 가진다면 최종 비교 결과는 NULL
- 서브쿼리가 1건도 결과 레코드를 가지지 않는다면 최종 비교 결과는 FALSE

이 비교 과정에서 col1이 NULL이면 서브쿼리에 사용된 테이블에 대해서 풀 테이블 스캔(Full scan)을
해야만 결과를 알아낼 수 있다. Extra 칼럼의 "Full scan on NULL key"는 MySQL 서버가 쿼리를 실
행하는 중 col1이 NULL을 만나면 차선책으로 서브쿼리 테이블에 대해서 풀 테이블 스캔을 사용할 것이
라는 사실을 알려주는 키워드다. "col1 IN (SELECT col2 FROM ...)" 조건에서 col1이 NOT NULL로 정의된
칼럼이라면 이러한 차선책은 사용되지 않고 Extra 칼럼에도 표시되지 않을 것이다.

Extra 칼럼에 "Full scan on NULL key"를 표시하는 실행 계획을 한번 살펴보자.

```
mysql> EXPLAIN
       SELECT d.dept_no,
           NULL IN (SELECT id.dept_name FROM departments d2) FROM departments d1 ;

+----+-------------+-------+---------------+-------------------------------------------------+
| id | select_type | table | type          | Extra                                           |
+----+-------------+-------+---------------+-------------------------------------------------+
|  1 | PRIMARY     | d1    | index         | Using index                                     |
|  2 | SUBQUERY    | d2    | index_subquery| Using where; Using index; Full scan on NULL key |
+----+-------------+-------+---------------+-------------------------------------------------+
```

> **참고** 여기서 사용된 쿼리는 단순히 예제를 만들어 내기 위해 작성한 쿼리다. 적절한 예제를 보여주기 위해 조금 억지
> 스러운 쿼리도 있을 수 있다. 때로는 특정한 실행 계획을 보여주기 위해 의미 없는 쿼리가 사용된 적도 있으니 예제로
> 사용된 쿼리들은 그냥 실행 계획 참조용으로만 살펴보자.

칼럼이 NOT NULL로 정의되지는 않았지만 이러한 NULL 비교 규칙을 무시해도 된다면 col1이 절대 NULL
은 될 수 없다는 것을 MySQL 옵티마이저에게 알려주면 된다. 가장 대표적인 방법은 이 쿼리의 조건에
"col1 IS NOT NULL"이라는 조건을 지정하는 것이나. 그러면 col1이 NULL이면 "col1 IS NOT NULL" 조건이
FALSE가 되기 때문에 후속 조건인 "col1 IN (SELECT col2 FROM tb_test2)" 조건은 실행하지 않는다.

```
mysql> SELECT *
       FROM tb_test1
       WHERE col1 IS NOT NULL
         AND col1 IN (SELECT col2 FROM tb_test2);
```

"Full scan on NULL key" 코멘트가 실행 계획의 Extra 칼럼에 표시됐다고 하더라도 IN이나 NOT IN 연산자의 왼쪽에 있는 값이 실제로 NULL이 없다면 tb_test2 테이블에 대한 풀 테이블 스캔은 발생하지 않으므로 걱정하지 않아도 된다. 하지만 IN이나 NOT IN 연산자의 왼쪽 값이 NULL인 레코드가 있고, 서브쿼리에 개별적으로 WHERE 조건이 지정돼 있다면 상당한 성능 문제가 발생할 수도 있다.

10.3.12.6 Impossible HAVING

쿼리에 사용된 HAVING 절의 조건을 만족하는 레코드가 없을 때 실행 계획의 Extra 칼럼에는 "Impossible HAVING" 키워드가 표시된다.

```
mysql> EXPLAIN
       SELECT e.emp_no, COUNT(*) AS cnt
       FROM employees e
       WHERE e.emp_no=10001
       GROUP BY e.emp_no
       HAVING e.emp_no IS NULL;
```

위의 예제에서 HAVING 조건에 "e.emp_no IS NULL"이라는 조건이 추가됐지만, 사실 employees 테이블의 e.emp_no 칼럼은 프라이머리 키이면서 NOT NULL 타입의 칼럼이다. 그러므로 결코 "e.emp_no IS NULL" 조건을 만족할 가능성이 없으므로 Extra 칼럼에서 "Impossible HAVING"이라는 키워드를 표시한다.

```
+----+-------------+-------+------+------+-------------------+
| id | select_type | table | type | key  | Extra             |
+----+-------------+-------+------+------+-------------------+
|  1 | SIMPLE      | NULL  | NULL | NULL | Impossible HAVING |
+----+-------------+-------+------+------+-------------------+
```

애플리케이션의 쿼리 중에서 실행 계획의 Extra 칼럼에 "Impossible HAVING" 메시지가 출력된다면 쿼리가 제대로 작성되지 못한 경우가 대부분이므로 쿼리의 내용을 다시 점검하는 것이 좋다.

10.3.12.7 Impossible WHERE

"Impossible HAVING"과 비슷하며, WHERE 조건이 항상 FALSE가 될 수밖에 없는 경우 "Impossible WHERE"가 표시된다.

```
mysql> EXPLAIN
    SELECT * FROM employees WHERE emp_no IS NULL;
```

위의 쿼리에서 WHERE 조건절에 사용된 emp_no 칼럼은 NOT NULL이므로 "emp_no IS NULL" 조건은 항상 FALSE가 된다. 이럴 때 쿼리의 실행 계획에는 다음과 같이 "불가능한 WHERE 조건"을 의미하는 문구가 Extra 칼럼에 출력된다.

```
+----+-------------+-------+------+------------------+
| id | select_type | table | type | Extra            |
+----+-------------+-------+------+------------------+
|  1 | SIMPLE      | NULL  | NULL | Impossible WHERE |
+----+-------------+-------+------+------------------+
```

10.3.12.8 LooseScan

세미 조인 최적화 중에서 LooseScan 최적화 전략이 사용되면 실행 계획의 Extra 칼럼에는 "LooseScan" 문구가 표시된다.

```
mysql> EXPLAIN
    SELECT * FROM departments d WHERE d.dept_no IN (
        SELECT de.dept_no FROM dept_emp de );
```

```
+----+-------+--------+---------+--------+------------------------+
| id | table | type   | key     | rows   | Extra                  |
+----+-------+--------+---------+--------+------------------------+
|  1 | de    | index  | PRIMARY | 331143 | Using index; LooseScan |
|  1 | d     | eq_ref | PRIMARY |      1 | NULL                   |
+----+-------+--------+---------+--------+------------------------+
```

LooseScan 세미 조인 최적화 전략에 대한 자세한 내용은 9.3.1.12절 '루스 스캔(loosescan)'을 참조하자.

10.3.12.9 No matching min/max row

쿼리의 WHERE 조건절을 만족하는 레코드가 한 건도 없는 경우 일반적으로 "Impossible WHERE ..." 문장이 Extra 칼럼에 표시된다. MIN()이나 MAX()와 같은 집합 함수가 있는 쿼리의 조건절에 일치하는 레코드가 한 건도 없을 때는 Extra 칼럼에 "No matching min/max row"라는 메시지가 출력된다. 그리고 MIN()이나 MAX()의 결과로 NULL이 반환된다.

```
mysql> EXPLAIN
    SELECT MIN(dept_no), MAX(dept_no)
    FROM dept_emp WHERE dept_no='';
```

위의 쿼리는 dept_emp 테이블에서 dept_no 칼럼이 빈 문자열인 레코드를 검색하고 있지만 일치하는 레코드는 한 건도 없기 때문에 위 쿼리의 실행 계획의 Extra 칼럼에는 "No matching min/max row" 코멘트가 표시된다.

```
+----+-------------+-------+------+------+-----------------------+
| id | select_type | table | type | key  | Extra                 |
+----+-------------+-------+------+------+-----------------------+
|  1 | SIMPLE      | NULL  | NULL | NULL | No matching min/max row|
+----+-------------+-------+------+------+-----------------------+
```

> **주의** Extra 칼럼에 출력되는 내용 중에서 "No matching ..."이나 "Impossible WHERE ..." 등의 메시지는 잘못 생각하면 쿼리 자체가 오류인 것처럼 오해하기 쉽다. 하지만 Extra 칼럼에 출력되는 내용은 단지 쿼리의 실행 계획을 산출하기 위한 기초 자료가 없음을 표현하는 것뿐이다. Extra 칼럼에 이러한 메시지가 표시된다고 해서 실제 쿼리가 문법적으로 오류가 있는 것은 아니다. 다만 쿼리 처리를 위한 데이터가 없다는 의미이므로 혹시 쿼리가 비즈니스적으로 잘못된 것인지 확인해볼 필요는 있다.

10.3.12.10 no matching row in const table

다음 쿼리와 같이 조인에 사용된 테이블에서 const 방법으로 접근할 때 일치하는 레코드가 없다면 "no matching row in const table"이라는 메시지를 표시한다.

```
mysql> EXPLAIN
    SELECT *
    FROM dept_emp de,
        (SELECT emp_no FROM employees WHERE emp_no=0) tb1
    WHERE tb1.emp_no=de.emp_no AND de.dept_no='d005';
```

이 메시지 또한 "Impossible WHERE ..."와 같은 종류로, 실행 계획을 만들기 위한 기초 자료가 없음을 의미한다.

```
+----+-------------+-------+------+------+------------------------------+
| id | select_type | table | type | key  | Extra                        |
+----+-------------+-------+------+------+------------------------------+
|  1 | SIMPLE      | NULL  | NULL | NULL | no matching row in const table |
+----+-------------+-------+------+------+------------------------------+
```

10.3.12.11 No matching rows after partition pruning

"No matching rows after partition pruning" 메시지는 파티션된 테이블에 대한 UPDATE 또는 DELETE 명령의 실행 계획에서 표시될 수 있는데, 해당 파티션에서 UPDATE하거나 DELETE할 대상 레코드가 없을 때 표시된다. 다음 예제와 같이 hire_date 칼럼으로 파티션된 employees_parted 테이블을 한번 가정해 보자.

```
mysql> CREATE TABLE employees_parted (
          emp_no int NOT NULL,
          birth_date DATE NOT NULL,
          first_name VARCHAR(14) NOT NULL,
          last_name VARCHAR(16) NOT NULL,
          gender ENUM('M','F') NOT NULL,
          hire_date DATE NOT NULL,
          PRIMARY KEY (emp_no, hire_date)
        ) PARTITION BY RANGE COLUMNS(hire_date)
        (PARTITION p1986_1990 VALUES LESS THAN ('1991-01-01'),
         PARTITION p1991_1995 VALUES LESS THAN ('1996-01-01'),
         PARTITION p1996_2000 VALUES LESS THAN ('2001-01-01'),
         PARTITION p2001_2005 VALUES LESS THAN ('2006-01-01'));

mysql> INSERT INTO employees_parted SELECT * FROM employees;

mysql> SELECT MAX(hire_date) FROM employees_parted;
+----------------+
| MAX(hire_date) |
+----------------+
| 2000-01-28     |
+----------------+
```

위 예제의 employees_parted 테이블은 hire_date 칼럼을 기준으로 5년 단위 파티션으로 구성돼 있다. 그리고 employees 테이블의 모든 레코드를 employees_parted 테이블로 복사해두자. employees_parted 테이블의 최댓값은 '2000-01-28'이라는 것도 확인했다. 그리고 다음과 같이 hire_date 칼럼의 값이 2020년보다 큰 경우만 삭제하는 쿼리에 대해서 실행 계획을 한번 확인해보자.

```
mysql> EXPLAIN DELETE FROM employees_parted WHERE hire_date>='2020-01-01';
+----+-------------+-------+------------+------+------------------------------------------+
| id | select_type | table | partitions | type | Extra                                    |
+----+-------------+-------+------------+------+------------------------------------------+
|  1 | DELETE      | NULL  | NULL       | NULL | No matching rows after partition pruning |
+----+-------------+-------+------------+------+------------------------------------------+
```

employees_parted 테이블의 hire_date 칼럼의 값이 2006년 1월 1일 이전까지만 파티션이 정의돼 있다. 그래서 2020년 1월 1일보다 큰 값을 삭제하는 DELETE 문장의 실행 계획에서 partitions 칼럼이 비어 있는 것이다. 이러한 경우 Extra 칼럼에 "No matching rows after partition pruning" 메시지가 출력된다. 이 메시지는 단순히 삭제할 레코드가 없음을 의미하는 것이 아니라 대상 파티션이 없다는 것을 의미한다. 다음 예제는 실제 삭제할 레코드는 없지만 대상 파티션은 있기 때문에 실행 계획에서 partitions 칼럼이 비어있지 않으며, Extra 칼럼에도 해당 메시지가 표시되지 않는 것을 알 수 있다.

```
mysql> EXPLAIN DELETE FROM employees_parted WHERE hire_date<'1990-01-01';
+----+-------------+------------------+------------+------+-------------+
| id | select_type | table            | partitions | type | Extra       |
+----+-------------+------------------+------------+------+-------------+
|  1 | DELETE      | employees_parted | p1986_1990 | ALL  | Using where |
+----+-------------+------------------+------------+------+-------------+
```

10.3.12.12 No tables used

FROM 절이 없는 쿼리 문장이나 "FROM DUAL" 형태의 쿼리 실행 계획에서는 Extra 칼럼에 "No tables used"라는 메시지가 출력된다. 다른 DBMS와는 달리 MySQL 서버는 FROM 절이 없는 쿼리도 허용된다. 이처럼 FROM 절 자체가 없거나 FROM 절에 상수 테이블을 의미하는 DUAL(칼럼과 레코드를 각각 1개씩만 가지는 가상의 상수 테이블)이 사용될 때는 Extra 칼럼에 "No tables used"라는 메시지가 표시된다.

```
mysql> EXPLAIN SELECT 1;
mysql> EXPLAIN SELECT 1 FROM dual;
```

```
+----+-------------+-------+------+------+----------------+
| id | select_type | table | type | key  | Extra          |
+----+-------------+-------+------+------+----------------+
|  1 | SIMPLE      | NULL  | NULL | NULL | No tables used |
+----+-------------+-------+------+------+----------------+
```

10.3.12.13 Not exists

프로그램을 개발하다 보면 A 테이블에는 존재하지만 B 테이블에는 없는 값을 조회해야 하는 쿼리가 자주 사용된다. 이럴 때는 주로 NOT IN(subquery) 형태나 NOT EXISTS 연산자를 주로 사용한다. 이러한 형태의 조인을 안티-조인(Anti-JOIN)이라고 한다. 똑같은 처리를 아우터 조인(LEFT OUTER JOIN)을 이용해서도 구현할 수 있다. 일반적으로 NOT IN(subquery)이나 NOT EXISTS 등의 연산자를 사용하는 안티-조인으로 처리해야 하지만 레코드의 건수가 많을 때는 아우터 조인을 이용하면 빠른 성능을 낼 수 있다.

아우터 조인을 이용해 dept_emp 테이블에는 있지만 departments 테이블에는 없는 dept_no를 조회하는 쿼리를 예제로 살펴보자. 다음의 예제 쿼리는 departments 테이블을 아우터로 조인해서 ON 절이 아닌 WHERE 절에 아우터 테이블(departments)의 dept_no 칼럼이 NULL인 레코드만 체크해서 가져온다. 즉, 안티-조인은 일반 조인(INNER JOIN)을 했을 때 나오지 않는 결과만 가져오는 방법이다.

```
mysql> EXPLAIN
       SELECT *
       FROM dept_emp de
         LEFT JOIN departments d ON de.dept_no=d.dept_no
       WHERE d.dept_no IS NULL;
```

이렇게 아우터 조인을 이용해 안티-조인을 수행하는 쿼리에서는 실행 계획의 Extra 칼럼에 "Not exists" 메시지가 표시된다. "Not exists" 메시지는 옵티마이저가 dept_emp 테이블의 레코드를 이용해 departments 테이블을 조인할 때 departments 테이블의 레코드가 존재하는지 아닌지만 판단한다는 것을 의미한다. 즉, departments 테이블에 조인 조건에 일치하는 레코드가 여러 건이 있다고 하더라도 딱 1건만 조회해보고 처리를 완료하는 최적화를 의미한다.

```
+----+-------------+-------+--------+----------+-------------------------+
| id | select_type | table | type   | key      | Extra                   |
+----+-------------+-------+--------+----------+-------------------------+
|  1 | SIMPLE      | de    | ALL    | NULL     | NULL                    |
|  1 | SIMPLE      | d     | eq_ref | PRIMARY  | Using where; Not exists |
+----+-------------+-------+--------+----------+-------------------------
```

10.3.12.14 Plan isn't ready yet

MySQL 8.0 버전에서는 다음과 같이 다른 커넥션에서 실행 중인 쿼리의 실행 계획을 살펴볼 수 있다. 우선 다음과 같이 employees 테이블을 풀 스캔하는 쿼리가 실행 중인 상태에서 다른 커넥션을 통해 이 쿼리가 정말 풀 스캔을 실행하고 있는지를 한 번 확인해보자.

```
mysql> SHOW PROCESSLIST;
+----+------+---------+------+-------------+------------------------------------+
| Id | User | Command | Time | State       | Info                               |
+----+------+---------+------+-------------+------------------------------------+
|  8 | root | Query   |    7 | User sleep  | SELECT * FROM employees WHERE SLEEP(1) |
|  9 | root | Query   |    0 | starting    | SHOW PROCESSLIST                   |
+----+------+---------+------+-------------+------------------------------------+
```

> **참고** 예제에서 사용된 쿼리는 일부러 실행 시간을 더 지연시키기 위해 WHERE 절에 SLEEP() 함수를 사용했다. 그래서 이 쿼리는 employees 테이블의 레코드 한 건을 확인하고 1초 동안 쉬었다가(Sleep) 다시 그다음 레코드 한 건을 읽고 또 1초 쉬는 것을 반복한다.

이 상태에서 다른 커넥션에서 employees 테이블을 읽고 있는 이 쿼리의 실행 계획을 EXPLAIN FOR CONNECTION 명령으로 확인해보자.

```
mysql> EXPLAIN FOR CONNECTION 8;
+----+-------------+-----------+------+--------+-------------+
| id | select_type | table     | type | rows   | Extra       |
+----+-------------+-----------+------+--------+-------------+
|  1 | SIMPLE      | employees | ALL  | 300473 | Using where |
+----+-------------+-----------+------+--------+-------------+
```

실제 커넥션 id(프로세스 번호)가 8인 커넥션에서 실행하고 있는 쿼리의 실행 계획을 살펴본 결과 정말 풀 테이블 스캔을 실행하고 있다는 것을 알 수 있다. EXPLAIN FOR CONNECTION 명령은 MySQL 옵티마이 저가 의도된 인덱스를 사용하지 못해서 풀 스캔을 한다거나 잘못된 실행 계획을 선택한 것이 아닌지 확인할 때 유용하게 사용할 수 있는 명령이다.

이렇게 EXPLAIN FOR CONNECTION 명령을 실행했을 때 Extra 칼럼에 "Plan is not ready yet"이라는 메시지가 표시될 때도 있는데, 이 경우는 해당 커넥션에서 아직 쿼리의 실행 계획을 수립하지 못한 상태에서 EXPLAIN FOR CONNECTION 명령이 실행된 것을 의미한다. 이 경우에는 대상 커넥션의 쿼리가 실행 계획을 수립할 여유 시간을 좀 더 주고, 다시 EXPLAIN FOR CONNECTION 명령을 실행하면 된다.

10.3.12.15 Range checked for each record(index map: N)

두 개의 테이블을 조인하는 다음의 쿼리를 보면서 이 메시지의 의미를 이해해 보자. 조인 조건에 상수가 없고 둘 다 변수(e1.emp_no와 e2.emp_no)인 경우 MySQL 옵티마이저는 e1 테이블을 먼저 읽고 조인을 위해 e2를 읽을 때 인덱스 레인지 스캔과 풀 테이블 스캔 중에서 어느 것이 효율적일지 판단할 수 없게 된다. 즉, e1 테이블의 레코드를 하나씩 읽을 때마다 e1.emp_no 값이 계속 바뀌므로 쿼리의 비용 계산을 위한 기준 값이 계속 변하는 것이다. 그래서 어떤 접근 방법으로 e2 테이블을 읽는 것이 좋을지 판단할 수 없다.

```
mysql> EXPLAIN
       SELECT *
       FROM employees e1, employees e2
       WHERE e2.emp_no >= e1.emp_no;
```

예를 들어, 사번이 1번부터 1억 번까지 있다고 가정해 보자. 그러면 e1 테이블을 처음부터 끝까지 스캔하면서 e2 테이블에서 "e2.emp_no >= e1.emp_no" 조건을 만족하는 레코드를 찾아야 하는데, 문제는 e1.emp_no=1인 경우에는 e2 테이블의 1억 건 전부를 읽어야 한다는 것이다. 하지만 e1.emp_no=100000000 인 경우에는 e2 테이블을 한 건만 읽으면 된다.

그래서 e1 테이블의 emp_no가 작을 때는 e2 테이블을 풀 테이블 스캔으로 접근하고, e1 테이블의 emp_no 가 큰 값일 때는 e2 테이블을 인덱스 레인지 스캔으로 접근하는 형태를 수행하는 것이 최적의 조인 방법이다. 지금까지 설명한 내용을 줄여서 표현하면 "레코드마다 인덱스 레인지 스캔을 체크한다"라고 할 수 있는데, 이것이 Extra 칼럼에 표시되는 "Range checked for each record"의 의미다.

그림 10.7은 "Range checked for each record" 실행 계획의 처리 시나리오를 그림으로 표현한 것이다.

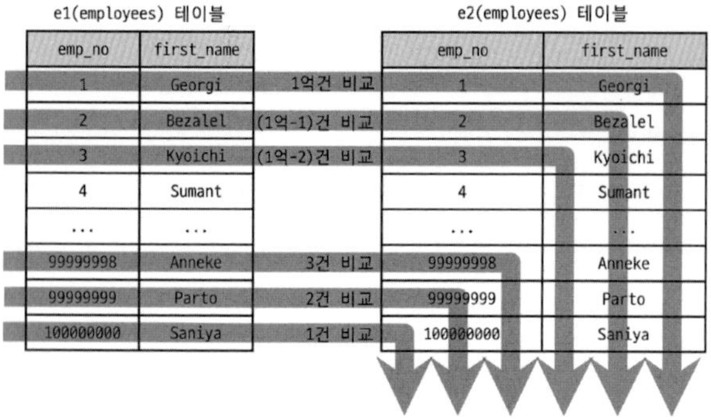

그림 10.7 레코드별로 range와 ALL 중에서 선택해야 하는 실행 계획

다음은 "Range checked for each record" 실행 계획의 상세 내용인데, Extra 칼럼에 표시되는 내용을 조금 더 자세히 살펴보자.

```
+----+-------------+-------+------+-------------------------------------------------+
| id | select_type | table | type | Extra                                           |
+----+-------------+-------+------+-------------------------------------------------+
|  1 | SIMPLE      | e1    | ALL  | NULL                                            |
|  1 | SIMPLE      | e2    | ALL  | Range checked for each record (index map: 0x1)  |
+----+-------------+-------+------+-------------------------------------------------+
```

Extra 칼럼의 출력 내용 중에서 "(index map: 0x1)"은 사용할지 말지를 판단하는 후보 인덱스의 순번을 나타낸다. "index map"은 16진수로 표시되는데, 해석을 위해서는 우선 이진수로 표현을 바꿔야 한다. 위의 실행 계획에서는 0x1이 표시됐는데, 이는 이진수로 바꿔도 1이다. 그래서 이 쿼리는 e2(employees) 테이블의 첫 번째 인덱스를 사용할지 아니면 테이블을 풀 스캔할지를 매 레코드 단위로 결정하면서 처리된다. 여기서 테이블의 첫 번째 인덱스란 "SHOW CREATE TABLE employees" 명령으로 테이블의 구조를 조회했을 때 제일 먼저 출력되는 인덱스를 의미한다.

그리고 쿼리 실행 계획의 type 칼럼의 값이 ALL로 표시되어 풀 테이블 스캔으로 처리된 것으로 해석하기 쉽다. 하지만 Extra 칼럼에 "Range checked for each record"가 표시되면 type 칼럼에는 ALL로 표시된다. 즉 "index map"에 표시된 후보 인덱스를 사용할지 여부를 검토해서 이 후보 인덱스가 별로 도움이 되지 않는다면 최종적으로 풀 테이블 스캔을 사용하기 때문에 ALL로 표시된 것이다.

"index map"에 대한 이해를 돕기 위해 조금 더 복잡한 "index map"을 예제로 살펴보자. 우선 다음과 같이 여러 개의 인덱스를 가지는 테이블에 실행되는 쿼리의 실행 계획에서 "(index map: 0x19)"라고 표시됐다고 가정하자.

```
mysql> CREATE TABLE tb_member(
        mem_id INTEGER NOT NULL,
        mem_name VARCHAR(100) NOT NULL,
        mem_nickname VARCHAR(100) NOT NULL,
        mem_region TINYINT,
        mem_gender TINYINT,
        mem_phone VARCHAR(25),
        PRIMARY KEY (mem_id),
        INDEX ix_nick_name (mem_nickname, mem_name),
        INDEX ix_nick_region (mem_nickname, mem_region),
        INDEX ix_nick_gender (mem_nickname, mem_gender),
        INDEX ix_nick_phone (mem_nickname, mem_phone)
    );
```

우선 0x19 값을 비트(이진) 값으로 변환해 보면 11001이다. 이 비트 배열을 해석하는 방법은 다음 표와 같다. 이진 비트맵의 각 자릿수는 "CREATE TABLE tb_member ..." 명령에 나열된 인덱스의 순번을 의미한다.

	다섯 번째 자리	네 번째 자리	세 번째 자리	두 번째 자리	첫 번째 자리
비트맵 값	1	1	0	0	1
인덱스	ix_nick_phone	ix_nick_gender	ix_nick_region	ix_nick_name	PRIMARY KEY

결론적으로 실행 계획에서 "(index map: 0x19)"의 의미는 위의 표에서 각 자릿수의 값이 1인 다음 인덱스를 사용 가능한 인덱스 후보로 선정했음을 의미한다.

- PRIMARY KEY

- ix_nick_gender

- ix_nick_phone

각 레코드 단위로 이 후보 인덱스 가운데 어떤 인덱스를 사용할지 결정하게 되는데, 실제 어떤 인덱스가 사용됐는지는 알 수 없다. 단지 각 비트맵의 자릿수가 1인 순번의 인덱스가 대상이라는 것만 알 수 있다.

> **참고** 실행 계획의 Extra 칼럼에 "Range checked for each record"가 표시되는 쿼리가 많이 실행되는 MySQL 서버에서는 SHOW GLOBAL STATUS 명령으로 표시되는 상태 값 중에서 Select_range_check의 값이 크게 나타난다.

10.3.12.16 Recursive

MySQL 8.0 버전부터는 CTE(Common Table Expression)를 이용해 재귀 쿼리를 작성할 수 있게 됐다. MySQL 서버에서 재귀 쿼리는 다음 예제와 같이 WITH 구문을 이용해 CTE를 사용하면 된다.

```
mysql> WITH RECURSIVE cte (n) AS
    (
        SELECT 1
        UNION ALL
        SELECT n + 1 FROM cte WHERE n < 5
    )
    SELECT * FROM cte;
```

위 쿼리의 WITH 절에서 실행하는 작업은 다음과 같다.

1. "n"이라는 칼럼 하나를 가진 cte라는 이름의 내부 임시 테이블을 생성
2. "n" 칼럼의 값이 1부터 5까지 1씩 증가하게 해서 레코드 5건을 만들어서 cte 내부 임시 테이블에 저장

그리고 WITH 절 다음의 SELECT 쿼리에서는 WITH 절에서 생성된 내부 임시 테이블을 (WHERE 절이 없으므로) 풀 스캔해서 결과를 반환한다. 이렇게 CTE를 이용한 재귀 쿼리의 실행 계획은 Extra 칼럼에 "Recursive" 구문이 표시된다.

```
+----+-------------+-------------+------+------+----------------------+
| id | select_type | table       | type | key  | Extra                |
+----+-------------+-------------+------+------+----------------------+
|  1 | PRIMARY     | <derived2>  | ALL  | NULL | NULL                 |
|  2 | DERIVED     | NULL        | NULL | NULL | No tables used       |
|  3 | UNION       | cte         | ALL  | NULL | Recursive; Using where |
+----+-------------+-------------+------+------+----------------------+
```

10.3.12.17 Rematerialize

MySQL 8.0 버전부터는 래터럴 조인(LATERAL JOIN) 기능이 추가됐는데, 이 경우 래터럴로 조인되는 테이블은 선행 테이블의 레코드별로 서브쿼리를 실행해서 그 결과를 임시 테이블에 저장한다. 이 과정을 "Rematerializing"이라고 한다. 다음 예제 쿼리의 실행 계획을 한번 살펴보자.

```
mysql> EXPLAIN
       SELECT * FROM employees e
         LEFT JOIN LATERAL (SELECT *
                            FROM salaries s
                            WHERE s.emp_no=e.emp_no
                            ORDER BY s.from_date DESC LIMIT 2) s2 ON s2.emp_no=e.emp_no
       WHERE e.first_name='Matt';
```

id	select_type	table	type	key	Extra
1	PRIMARY	e	ref	ix_firstname	Rematerialize (<derived2>)
1	PRIMARY	<derived2>	ref	<auto_key0>	NULL
2	DEPENDENT DERIVED	s	ref	PRIMARY	Using filesort

이 실행 계획에서는 employees 테이블의 레코드마다 salaries 테이블에서 emp_no가 일치하는 레코드 중에서 from_date 칼럼의 역순으로 2건만 가져와 임시 테이블 "derived2"로 저장했다. 그리고 employees 테이블과 "derived2" 테이블을 조인한다. 그런데 여기서 "derived2" 임시 테이블은 employees 테이블의 레코드마다 새로 내부 임시 테이블이 생성된다. 이렇게 매번 임시 테이블이 새로 생성되는 경우 Extra 칼럼에는 "Rematerialize" 문구가 표시된다.

래터럴 조인에 대한 자세한 내용은 11.4.7.6절 '래터럴 조인(Lateral Join)'을 참조하자.

10.3.12.18 Select tables optimized away

MIN() 또는 MAX()만 SELECT 절에 사용되거나 GROUP BY로 MIN(), MAX()를 조회하는 쿼리가 인덱스를 오름차순 또는 내림차순으로 1건만 읽는 형태의 최적화가 적용된다면, Extra 칼럼에 "Select tables optimized away"가 표시된다.

또한 MyISAM 테이블에 대해서는 GROUP BY 없이 COUNT(*)만 SELECT할 때도 이런 형태의 최적화가 적용된다. MyISAM 테이블은 전체 레코드 건수를 별도로 관리하기 때문에 인덱스나 데이터를 읽지 않고도 전체 건수를 빠르게 조회할 수 있다. 하지만 MyISAM 테이블에서 WHERE 조건절이 있는 쿼리는 이런 최적화를 사용하지 못한다.

```
mysql> EXPLAIN
    SELECT MAX(emp_no), MIN(emp_no) FROM employees;

mysql> EXPLAIN
    SELECT MAX(from_date), MIN(from_date) FROM salaries WHERE emp_no=10002;
```

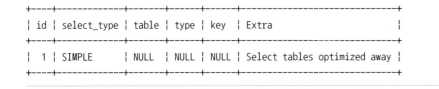

첫 번째 쿼리는 employees 테이블에 있는 emp_no 칼럼에 인덱스가 생성돼 있으므로 "Select tables optimized away" 최적화가 가능하다. 그림 10.8은 employees 테이블의 emp_no 칼럼에 생성된 인덱스에서 첫 번째 레코드와 마지막 레코드만 읽어서 최솟값과 최댓값을 가져오는 것을 표현한 것이다.

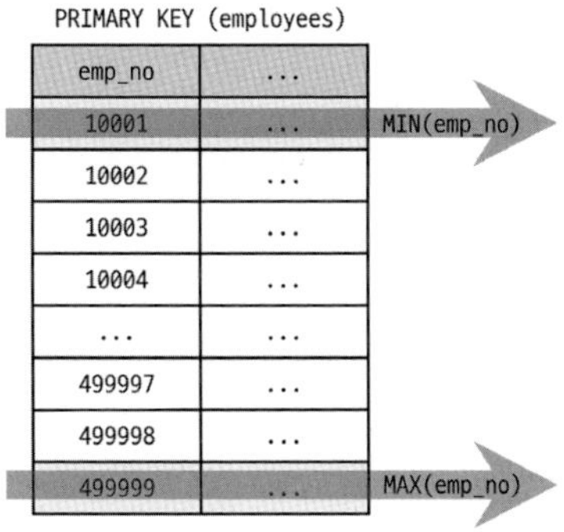

그림 10.8 WHERE 조건 없는 MIN( ), MAX( ) 쿼리의 최적화

두 번째 쿼리의 경우 salaries 테이블에 (emp_no, from_date)로 인덱스가 생성돼 있으므로 인덱스가 emp_no=10002인 레코드를 검색하고, 검색된 결과 중에서 오름차순 또는 내림차순으로 하나만 조회하면 되기 때문에 이러한 최적화가 가능하다. 그림 10.9는 이 과정을 보여준다.

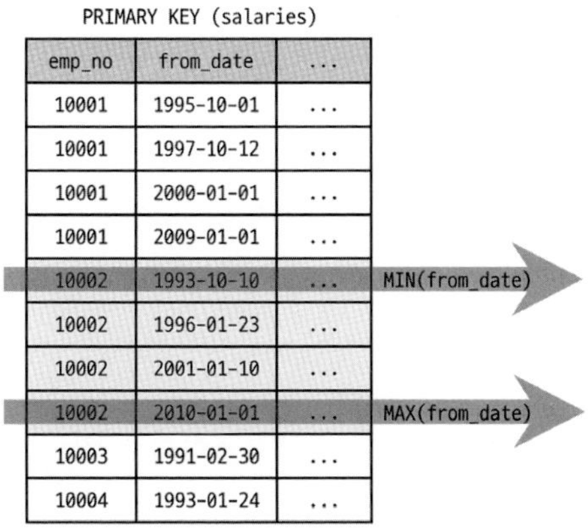

그림 10.9 WHERE 조건이 있는 MIN( ), MAX( ) 쿼리의 최적화

10.3.12.19 Start temporary, End temporary

세미 조인 최적화 중에서 Duplicate Weed-out 최적화 전략이 사용되면 MySQL 옵티마이저는 다음 예제와 같이 실행 계획의 Extra 칼럼에 "Start temporary"와 "End temporary" 문구를 표시하게 된다.

```
mysql> EXPLAIN
       SELECT * FROM employees e
       WHERE e.emp_no IN (SELECT s.emp_no FROM salaries s WHERE s.salary>150000);
```

```
+----+-------------+-------+--------+----------+----------------------------------------------+
| id | select_type | table | type   | key      | Extra                                        |
+----+-------------+-------+--------+----------+----------------------------------------------+
|  1 | SIMPLE      | s     | range  | ix_salary | Using where; Using index; Start temporary   |
|  1 | SIMPLE      | e     | eq_ref | PRIMARY  | End temporary                                |
+----+-------------+-------+--------+----------+----------------------------------------------+
```

Duplicate Weed-out 최적화 전략은 불필요한 중복 건을 제거하기 위해서 내부 임시 테이블을 사용하는데, 이때 조인되어 내부 임시 테이블에 저장되는 테이블을 식별할 수 있게 조인의 첫 번째 테이블에 "Start temporary" 문구를 보여주고 조인이 끝나는 부분에 "End temporary" 문구를 표시해준다. 즉, 이 예제에서는 salaries 테이블부터 시작해서 employees 테이블까지의 내용을 임시 테이블에 저장한다는 의미다. Duplidate Weed-out 최적화 전략에 대한 자세한 내용은 9.3.1.14절 '중복 제거 (Duplicated Weed-out)'를 참조하자.

10.3.12.20 unique row not found

두 개의 테이블이 각각 유니크(프라이머리 키 포함) 칼럼으로 아우터 조인을 수행하는 쿼리에서 아우터 테이블에 일치하는 레코드가 존재하지 않을 때 Extra 칼럼에 이 코멘트가 표시된다.

```
-- // 테스트 케이스를 위한 테스트용 테이블 생성
mysql> CREATE TABLE tb_test1 (fdpk INT, PRIMARY KEY(fdpk));
mysql> CREATE TABLE tb_test2 (fdpk INT, PRIMARY KEY(fdpk));

-- // 생성된 테이블에 레코드
mysql> INSERT INTO tb_test1 VALUES (1),(2);
mysql> INSERT INTO tb_test2 VALUES (1);

mysql> EXPLAIN
       SELECT t1.fdpk
       FROM tb_test1 t1
         LEFT JOIN tb_test2 t2 ON t2.fdpk=t1.fdpk WHERE t1.fdpk=2;
```

이 쿼리가 실행되면 tb_test2 테이블에는 fdpk=2인 레코드가 없으므로 다음처럼 "unique row not found"라는 코멘트가 표시된다.

```
+----+-------------+-------+-------+---------+------+----------------------+
| id | select_type | table | type  | key     | rows | Extra                |
+----+-------------+-------+-------+---------+------+----------------------+
|  1 | SIMPLE      | t1    | const | PRIMARY |    1 | Using index          |
|  1 | SIMPLE      | t2    | const | PRIMARY |    0 | unique row not found |
+----+-------------+-------+-------+---------+------+----------------------+
```

10.3.12.21 Using filesort

ORDER BY를 처리하기 위해 인덱스를 이용할 수도 있지만 적절한 인덱스를 사용하지 못할 때는 MySQL 서버가 조회된 레코드를 다시 한번 정렬해야 한다. ORDER BY 처리가 인덱스를 사용하지 못할 때만 실행 계획의 Extra 칼럼에 "Using filesort" 코멘트가 표시되며, 이는 조회된 레코드를 정렬용 메모리 버퍼에 복사해 퀵 소트 또는 힙 소트 알고리즘을 이용해 정렬을 수행하게 된다는 의미다. "Using filesort" 코멘트는 ORDER BY가 사용된 쿼리의 실행 계획에서만 나타날 수 있다.

```
mysql> EXPLAIN
       SELECT * FROM employees
       ORDER BY last_name DESC;
```

```
+----+-------------+-----------+------+------+--------+----------+----------------+
| id | select_type | table     | type | key  | rows   | filtered | Extra          |
+----+-------------+-----------+------+------+--------+----------+----------------+
|  1 | SIMPLE      | employees | ALL  | NULL | 300363 |   100.00 | Using filesort |
+----+-------------+-----------+------+------+--------+----------+----------------+
```

last_name 칼럼에는 인덱스가 없으므로 이 쿼리의 정렬 작업을 처리하기 위해 인덱스를 이용하는 것은 불가능하다. MySQL 옵티마이저는 레코드를 읽어서 소트 버퍼(Sort buffer)에 복사하고, 정렬해서 그 결과를 클라이언트에 보낸다.

실행 계획의 Extra 칼럼에 "Using filesort"가 출력되는 쿼리는 많은 부하를 일으키므로 가능하다면 쿼리를 튜닝하거나 인덱스를 생성하는 것이 좋다. "Using filesort"는 중요한 부분이므로 11.4.9절 'ORDER BY'에서 다시 자세히 다루겠다.

10.3.12.22 Using index(커버링 인덱스)

데이터 파일을 전혀 읽지 않고 인덱스만 읽어서 쿼리를 모두 처리할 수 있을 때 Extra 칼럼에 "Using index"가 표시된다. 인덱스를 이용해 처리하는 쿼리에서 가장 큰 부하를 차지하는 부분은 인덱스 검색에서 일치하는 키 값들의 레코드를 읽기 위해 데이터 파일을 검색하는 작업이다. 최악의 경우에는 인덱스를 통해 검색된 결과 레코드 한 건 한 건마다 디스크를 한 번씩 읽어야 할 수도 있다.

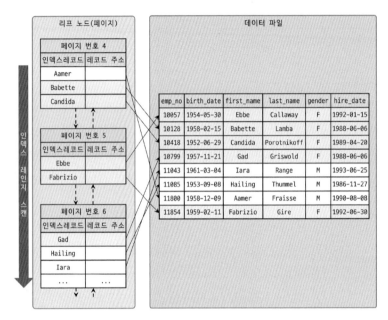

그림 10.10 B-Tree 인덱스 검색 후 데이터 레코드 읽기

그림 10.10과 같이 employees 테이블에 데이터가 저장돼 있고, 다음의 쿼리가 인덱스 레인지 스캔 접근 방법을 사용한다고 해보자. 실제 실행 계획은 풀 테이블 스캔을 사용할 것이다. 하지만 여기서는 employees 테이블의 first_name 칼럼에 생성된 인덱스(ix_firstname)를 사용하면 어떤 비효율이 발생하는지를 알아보기 위해서 인덱스 레인지 스캔으로 처리될 때 필요한 작업들을 살펴보자. 참고로 그림 10.10에서는 아래 쿼리의 WHERE 조건절에 일치하는 레코드가 5건만 표시돼 있지만 실제로는 대략 5만여 건이라는 점에 주의하자.

```
mysql> EXPLAIN
       SELECT first_name, birth_date
       FROM employees
       WHERE first_name BETWEEN 'Babette' AND 'Gad';
```

이 쿼리가 인덱스(ix_firstname)를 사용한다면 employees 테이블의 first_name 칼럼에 생성된 인덱스(ix_firstname)를 이용해 일치하는 레코드 5만여 건을 검색하고, 각 레코드의 birth_date 칼럼의 값을 읽기 위해 각 레코드가 저장된 데이터 페이지를 5만여 번 읽어야 한다. 그래서 다음과 같이 MySQL 옵티마이저가 만들어낸 실행 계획을 보면 인덱스를 사용하는 것보다 풀 테이블 스캔으로 처리하는 편이 더 효율적이라고 판단한 것이다.

```
+----+-------------+-----------+------+------+--------+-------------+
| id | select_type | table     | type | key  | rows   | Extra       |
+----+-------------+-----------+------+------+--------+-------------+
|  1 | SIMPLE      | employees | ALL  | NULL | 300473 | Using where |
+----+-------------+-----------+------+------+--------+-------------+
```

그럼 이제 birth_date 칼럼은 빼고 first_name 칼럼만 SELECT하는 쿼리를 생각해보자. 이 쿼리는 앞의 예제와는 달리 실제 풀 테이블 스캔이 아니라 인덱스 레인지 스캔으로 처리된다는 것을 알 수 있다.

```
mysql> EXPLAIN
       SELECT first_name
       FROM employees
       WHERE first_name BETWEEN 'Babette' AND 'Gad';
```

```
+----+-------------+-----------+-------+--------------+---------+-------------------------+
| id | select_type | table     | type  | key          | key_len | Extra                   |
+----+-------------+-----------+-------+--------------+---------+-------------------------+
|  1 | SIMPLE      | employees | range | ix_firstname | 58      | Using where; Using index |
+----+-------------+-----------+-------+--------------+---------+-------------------------+
```

이 예제 쿼리에서는 employees 테이블의 여러 칼럼 중에서 first_name 칼럼만 사용됐다. 즉, employees 테이블의 first_name 칼럼만 있으면 이 쿼리를 완료할 수 있다. 그래서 이 쿼리는 인덱스를 통해서 필요한 레코드를 검색하고 필요한 칼럼(first_name)까지 인덱스에서 가져올 수 있다. 필요한 칼럼이 모두 인덱스에 있으므로 데이터 파일을 읽어 올 필요가 없다. 이 쿼리는 디스크에서 30~40개의 페이지만 읽으면 되기 때문에 매우 빠른 속도로 처리된다.

두 번째 예제와 같이 인덱스만으로 쿼리를 수행할 수 있을 때 실행 계획의 Extra 칼럼에는 "Using index"라는 메시지가 출력된다. 이렇게 인덱스만으로 처리되는 것을 "커버링 인덱스(Covering index)"라고 한다. 인덱스 레인지 스캔을 사용하지만 쿼리의 성능이 만족스럽지 못한 경우라면 인덱스에 있는 칼럼만 사용하도록 쿼리를 변경해 큰 성능 향상을 볼 수 있다.

InnoDB의 모든 테이블은 클러스터링 인덱스로 구성돼 있다. 그리고 이 때문에 InnoDB 테이블의 모든 세컨더리 인덱스는 데이터 레코드의 주솟값으로 프라이머리 키 값을 가진다. 그림 10.10에서 살펴본 테이블이 InnoDB 스토리지 엔진을 사용한다면 실제로 인덱스는 그림 10.11과 같이 저장될 것이다. 인덱스의 "레코드 주소" 값에 employees 테이블의 프라이머리 키인 emp_no 값이 저장된 것을 볼 수 있다.

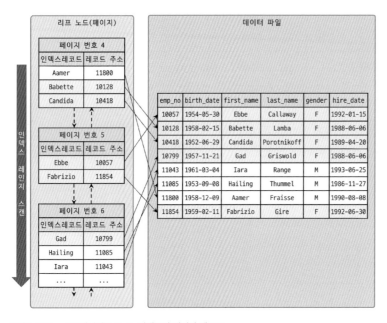

그림 10.11 InnoDB에서의 B-Tree 인덱스와 데이터 레코드

InnoDB 테이블에서는 first_name 칼럼만으로 인덱스를 만들어도 결국 그 인덱스에 emp_no 칼럼이 같이 저장되는 효과를 낸다. 이러한 클러스터링 인덱스 특성 때문에 쿼리가 "커버링 인덱스"로 처리될 가능성이 상당히 높다. 다음의 예제 쿼리를 한번 살펴보자. 이 예제 쿼리도 employees 테이블의 first_name 칼럼의 인덱스를 레인지 스캔으로 처리한다.

```
mysql> SELECT emp_no, first_name
       FROM employees
       WHERE first_name BETWEEN 'Babette' AND 'Gad';
```

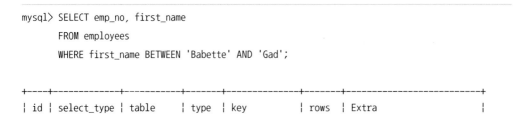

```
+----+-------------+-----------+-------+--------------+--------+-------------------------+
|  1 | SIMPLE      | employees | range | ix_firstname | 93802  | Using where; Using index |
+----+-------------+-----------+-------+--------------+--------+-------------------------+
```

이 쿼리에도 위의 첫 번째나 두 번째 예제처럼 같은 WHERE 조건이 지정돼 있어서 first_name 칼럼의 인덱스를 이용해 일치하는 레코드를 검색할 것이다. 그런데 이 쿼리는 위의 두 번째 예제 쿼리와는 달리 first_name 칼럼과 함께 emp_no 칼럼도 가져와야 한다. 하지만 emp_no는 employees 테이블의 프라이머리 키이기 때문에 이미 인덱스에 포함돼 있어 데이터 파일을 읽지 않아도 된다. 즉, InnoDB의 세컨더리 인덱스에는 데이터 레코드를 찾아가기 위한 주소로 사용하기 위해 프라이머리 키를 저장해두는 것이지만, 추가 칼럼을 하나 더 가지는 인덱스의 효과를 동시에 얻을 수 있다.

레코드 건수에 따라 차이가 있겠지만 쿼리를 커버링 인덱스로 처리할 수 있을 때와 그렇지 못할 때의 성능 차이는 수십 배에서 수백 배까지 날 수 있다. 하지만 무조건 커버링 인덱스로 처리하려고 인덱스에 많은 칼럼을 추가하면 더 위험한 상황이 초래될 수도 있다. 너무 과도하게 인덱스의 칼럼이 많아지면 인덱스의 크기가 커져서 메모리 낭비가 심해지고 레코드를 저장하거나 변경하는 작업이 매우 느려질 수 있기 때문이다.

접근 방법(실행 계획의 type 칼럼)이 eq_ref, ref, range, index_merge, index 등과 같이 인덱스를 사용하는 실행 계획에서는 모두 Extra 칼럼에 "Using index"가 표시될 수 있다. 즉, 인덱스 레인지 스캔(eq_ref, ref, range, index_merge 등의 접근 방법)을 사용할 때만 커버링 인덱스로 처리되는 것은 아니다. 인덱스 풀 스캔(index 접근 방법)을 실행할 때도 커버링 인덱스로 처리될 수 있는데, 이때도 똑같은 인덱스 풀 스캔의 접근 방법이라면 커버링 인덱스가 아닌 경우보다 훨씬 빠르게 처리된다.

> **주의** Extra 칼럼에 표시되는 "Using index"와 접근 방법(type 칼럼의 값)의 "index"를 혼동할 때가 자주 있는데, 사실 이 두 가지는 성능상 반대되는 개념이라서 반드시 구분해서 이해해야 한다. 이미 살펴봤듯이 실행 계획의 type 칼럼에 표시되는 "index"는 인덱스 풀 스캔으로 처리하는 방식을 의미하며, 이는 인덱스 레인지 스캔보다 훨씬 느린 처리 방식이다. 하지만 "Using index"는 커버링 인덱스가 사용되지 않는 쿼리보다는 훨씬 빠르게 처리한다는 것을 의미하는 메시지다. 커버링 인덱스는 실행 계획의 type에 관계없이 사용될 수 있다.

10.3.12.23 Using index condition

MySQL 옵티마이저가 인덱스 컨디션 푸시 다운(Index condition pushdown) 최적화를 사용하면 다음 예제와 같이 Extra 칼럼에 "Using index condition" 메시지가 표시된다.

```
mysql> SELECT * FROM employees WHERE last_name='Acton' AND first_name LIKE '%sal';
```

```
+----+-------------+-----------+------+-----------------------+---------+------------------------+
| id | select_type | table     | type | key                   | key_len | Extra                  |
+----+-------------+-----------+------+-----------------------+---------+------------------------+
|  1 | SIMPLE      | employees | ref  | ix_lastname_firstname | 66      | Using index condition  |
+----+-------------+-----------+------+-----------------------+---------+------------------------+
```

인덱스 컨디션 푸시 다운 최적화에 대한 자세한 내용은 9.3.1.3절 '인덱스 컨디션 푸시다운(index_condition_pushdown)'을 참조하자.

10.3.12.24 Using index for group-by

GROUP BY 처리를 위해 MySQL 서버는 그루핑 기준 칼럼을 이용해 정렬 작업을 수행하고 다시 정렬된 결과를 그루핑하는 형태의 고부하 작업을 필요로 한다. 하지만 GROUP BY 처리가 인덱스(B-Tree 인덱스에 한해서)를 이용하면 (별도의 추가 정렬 작업 없이) 정렬된 인덱스 칼럼을 순서대로 읽으면서 그루핑 작업만 수행한다. 이렇게 GROUP BY 처리에 인덱스를 이용하면 레코드의 정렬이 필요하지 않고 인덱스의 필요한 부분만 읽으면 되기 때문에 상당히 효율적이고 빠르게 처리된다. GROUP BY 처리가 인덱스를 이용할 때 쿼리의 실행 계획에서는 Extra 칼럼에 "Using index for group-by" 메시지가 표시된다. GROUP BY 처리를 위해 인덱스를 읽는 방법을 "루스 인덱스 스캔"이라고 하는데, 10.3.12.24.2절 '루스 인덱스 스캔을 통한 GROUP BY 처리'에서 다시 살펴보겠다.

GROUP BY 처리를 위해 단순히 인덱스를 순서대로 쭉 읽는 것과 인덱스의 필요한 부분만 듬성듬성 읽는 루스 인덱스 스캔은 다르다.

10.3.12.24.1 타이트 인덱스 스캔(인덱스 스캔)을 통한 GROUP BY 처리

인덱스를 이용해 GROUP BY 절을 처리할 수 있더라도 AVG(), SUM(), COUNT()처럼 조회하려는 값이 모든 인덱스를 다 읽어야 할 때는 필요한 레코드만 듬성듬성 읽을 수가 없다. 이러한 쿼리는 단순히 GROUP BY를 위해 인덱스를 사용하기는 하지만, 이를 루스 인덱스 스캔이라고 하지는 않는다. 또한 이러한 쿼리의 실행 계획에는 "Using index for group-by" 메시지가 출력되지 않는다.

```
mysql> EXPLAIN
    SELECT first_name, COUNT(*) AS counter
    FROM employees GROUP BY first_name;
```

```
+----+-------------+-----------+-------+--------------+---------+-------------+
| id | select_type | table     | type  | key          | key_len | Extra       |
+----+-------------+-----------+-------+--------------+---------+-------------+
|  1 | SIMPLE      | employees | index | ix_firstname | 58      | Using index |
+----+-------------+-----------+-------+--------------+---------+-------------+
```

10.3.12.24.2 루스 인덱스 스캔을 통한 GROUP BY 처리

단일 칼럼으로 구성된 인덱스에서는 그루핑 칼럼 말고는 아무것도 조회하지 않는 쿼리에서 루스 인덱스 스캔을 사용할 수 있다. 그리고 다중 칼럼으로 만들어진 인덱스에서는 GROUP BY 절이 인덱스를 사용할 수 있어야 함은 물론이고 MIN()이나 MAX() 같이 조회하는 값이 인덱스의 첫 번째 또는 마지막 레코드만 읽어도 되는 쿼리는 "루스 인덱스 스캔"이 사용될 수 있다. 이때는 인덱스를 듬성듬성하게 필요한 부분만 읽는다. 다음 예제 쿼리는 salaries 테이블의 (emp_no, from_date) 칼럼으로 만들어진 인덱스에서 각 emp_no 그룹별로 첫 번째 from_date 값(최솟값)과 마지막 from_date 값(최댓값)을 인덱스로부터 읽으면 되기 때문에 "루스 인덱스 스캔" 방식으로 처리할 수 있다.

```
mysql> EXPLAIN
    SELECT emp_no, MIN(from_date) AS first_changed_date, MAX(from_date) AS last_changed_date
    FROM salaries
    GROUP BY emp_no;
```

```
+----+-------------+----------+-------+---------+---------+-------------------------+
| id | select_type | table    | type  | key     | key_len | Extra                   |
+----+-------------+----------+-------+---------+---------+-------------------------+
|  1 | SIMPLE      | salaries | range | PRIMARY | 4       | Using index for group-by|
+----+-------------+----------+-------+---------+---------+-------------------------+
```

GROUP BY에서 인덱스를 사용하려면 우선 GROUP BY 조건에서 인덱스를 사용할 수 있는 요건이 갖춰져야 한다. 하지만 그 이전에 WHERE 절에서 사용하는 인덱스에 의해서도 GROUP BY 절의 인덱스 사용 여부가 영향을 받는다는 사실이 중요하다.

- **WHERE 조건절이 없는 경우**

  WHERE 절의 조건이 전혀 없는 쿼리는 GROUP BY 절의 칼럼과 SELECT로 가져오는 칼럼이 "루스 인덱스 스캔"을 사용할 수 있는 조건만 갖추면 된다. 그렇지 못한 쿼리는 타이트 인덱스 스캔(인덱스 스캔)이나 별도의 정렬 과정을 통해 처리된다.

- **WHERE 조건절이 있지만 검색을 위해 인덱스를 사용하지 못하는 경우**

  GROUP BY 절은 인덱스를 사용할 수 있지만 WHERE 조건절이 인덱스를 사용하지 못할 때는 먼저 GROUP BY를 위해 인덱스를 읽은 후, WHERE 조건의 비교를 위해 데이터 레코드를 읽어야만 한다. 그래서 이 경우도 "루스 인덱스 스캔"을 이용할 수 없으며, 타이트 인덱스 스캔(인덱스 스캔) 과정을 통해 GROUP BY가 처리된다.

- **WHERE 절의 조건이 있고, 검색을 위해 인덱스를 사용하는 경우**

  하나의 단위 쿼리가 실행되는 경우에 index_merge 이외의 접근 방법에서는 단 하나의 인덱스만 사용할 수 있다. 그래서 WHERE 절의 조건이 인덱스를 사용할 수 있으면 GROUP BY가 인덱스를 사용할 수 있는 조건이 더 까다로워진다. 즉 WHERE 절의 조건과 GROUP BY 처리가 똑같은 인덱스를 공통으로 사용할 수 있을 때만 루스 인덱스 스캔을 사용할 수 있다. WHERE 조건절이 사용할 수 있는 인덱스와 GROUP BY 절이 사용할 수 있는 인덱스가 다른 경우 일반적으로 옵티마이저는 WHERE 조건절이 인덱스를 사용하도록 실행 계획을 수립하는 경향이 있다. 때로는 전혀 작업 범위를 좁히지 못하는 WHERE 조건이라 하더라도 GROUP BY보다는 WHERE 조건이 먼저 인덱스를 사용할 수 있게 실행 계획이 수립된다.

> **참고**
> WHERE 절의 조건이 검색을 위해 인덱스를 이용하고, GROUP BY가 같은 인덱스를 사용할 수 있는 쿼리라고 하더라도 루스 인덱스 스캔을 사용하지 않을 수 있다. 즉, WHERE 조건에 의해 검색된 레코드 건수가 적으면 루스 인덱스 스캔을 사용하지 않아도 매우 빠르게 처리될 수 있기 때문이다. 루스 인덱스 스캔은 주로 대량의 레코드를 GROUP BY하는 경우 성능 향상 효과가 있을 수 있기 때문에 옵티마이저가 적절히 손익 분기점을 판단하는 것이다.
>
> 다음 예제 쿼리는 바로 위에서 살펴본 쿼리와 같다. WHERE 절의 검색 범위만 좁혀졌는데, 실행 계획의 Extra 칼럼에 "Using index for group-by" 처리가 사라진 것을 확인할 수 있다.
>
> ```
> mysql> EXPLAIN
>     SELECT emp_no,
>            MIN(from_date) AS first_changed_date,
>            MAX(from_date) AS last_changed_date
>     FROM salaries
>     WHERE emp_no BETWEEN 10001 AND 10099
>     GROUP BY emp_no;
> ```
>
> ```
> +----+-------------+----------+-------+---------+---------+-------------------------+
> | id | select_type | table    | type  | key     | key_len | Extra                   |
> +----+-------------+----------+-------+---------+---------+-------------------------+
> |  1 | SIMPLE      | salaries | range | PRIMARY | 4       | Using where; Using index |
> +----+-------------+----------+-------+---------+---------+-------------------------+
> ```

10.3.12.25 Using index for skip scan

MySQL 옵티마이저가 인덱스 스킵 스캔 최적화를 사용하면 다음 예제와 같이 Extra 칼럼에 "Using index for skip scan" 메시지를 표시한다.

```
mysql> ALTER TABLE employees
       ADD INDEX ix_gender_birthdate (gender, birth_date);

mysql> EXPLAIN
       SELECT gender, birth_date
       FROM employees
       WHERE birth_date>='1965-02-01';
+----+-----------+-------+----------------------+----------------------------------------------+
| id | table     | type  | key                  | Extra                                        |
+----+-----------+-------+----------------------+----------------------------------------------+
|  1 | employees | range | ix_gender_birthdate  | Using where; Using index for skip scan       |
+----+-----------+-------+----------------------+----------------------------------------------+
```

MySQL 8.0 버전부터는 루스 인덱스 스캔 최적화를 확장한 인덱스 스킵 스캔 최적화가 도입됐다. 아직은 부족한 부분이 있지만, 그래도 인덱스 스킵 스캔은 쿼리 최적화에서 중요한 기능이므로 내부적인 처리 방식을 잘 이해해 두자. MySQL 8.0의 인덱스 스킵 스캔에 대한 자세한 내용은 8.3.4.4절 '인덱스 스킵 스캔'을 참조하자.

10.3.12.26 Using join buffer(Block Nested Loop), Using join buffer(Batched Key Access), Using join buffer(hash join)

일반적으로 빠른 쿼리 실행을 위해 조인되는 칼럼은 인덱스를 생성한다. 실제로 조인에 필요한 인덱스는 조인되는 양쪽 테이블 칼럼 모두가 필요한 것이 아니라 조인에서 뒤에 읽는 테이블의 칼럼에만 필요하다. MySQL 옵티마이저도 조인되는 두 테이블에 있는 각 칼럼에서 인덱스를 조사하고, 인덱스가 없는 테이블이 있으면 그 테이블을 먼저 읽어서 조인을 실행한다. 뒤에 읽는 테이블(드리븐 테이블)은 검색 위주로 사용되기 때문에 인덱스가 없으면 성능에 미치는 영향이 매우 크기 때문이다.

조인이 수행될 때 드리븐 테이블의 조인 칼럼에 적절한 인덱스가 있다면 아무런 문제가 되지 않는다. 하지만 드리븐 테이블에 검색을 위한 적절한 인덱스가 없다면 MySQL 서버는 블록 네스티드 루프 조인이나 해시 조인을 사용한다. 블록 네스티드 루프 조인이나 해시 조인을 사용하면 MySQL 서버는 조인 버퍼를 사용한다. 실행 계획에서 조인 버퍼가 사용되는 실행 계획의 Extra 칼럼에는 "Using join buffer"라는 메시지가 표시된다.

사용자는 join_buffer_size라는 시스템 변수에 최대로 할당 가능한 조인 버퍼 크기를 설정할 수 있다. 조인되는 칼럼에 인덱스가 적절하게 준비돼 있다면 조인 버퍼는 크게 신경 쓰지 않아도 된다. 만약 그렇지 않다면 조인 버퍼를 너무 부족하거나 너무 과다하게 사용되지 않게 적절히 설정하는 것이 좋다. 일반적인 온라인 웹 서비스용 MySQL 서버라면 조인 버퍼 크기는 1MB 정도도 충분하다. 하지만 MySQL 8.0 버전부터는 해시 조인이 도입됐는데, 해시 조인 또한 조인 버퍼를 이용하도록 구현됐다. 그래서 데이터 웨어하우스처럼 대용량의 쿼리들을 실행해야 한다면 조인 버퍼를 더 크게 설정하는 것이 좋다. 다음 예제 쿼리는 조인 조건이 없는 카테시안 조인을 수행하는 쿼리다. 이런 카테시안 조인을 수행하는 쿼리는 항상 조인 버퍼를 사용한다.

```
mysql> EXPLAIN
       SELECT *
       FROM dept_emp de, employees e
       WHERE de.from_date>'2005-01-01' AND e.emp_no<10904;
```

위 예제 쿼리의 실행 계획은 다음과 같다.

```
+----+-------------+-------+-------+-------------+------------------------------------------+
| id | select_type | table | type  | key         | Extra                                    |
+----+-------------+-------+-------+-------------+------------------------------------------+
|  1 | SIMPLE      | de    | range | ix_fromdate | Using index condition                    |
|  1 | SIMPLE      | e     | range | PRIMARY     | Using where; Using join buffer (hash join) |
+----+-------------+-------+-------+-------------+------------------------------------------+
```

실행 계획의 Extra 칼럼에는 "Using join buffer"라는 문구가 표시됐는데, 이는 쿼리가 조인을 수행하기 위해 조인 버퍼를 활용했다는 것을 의미한다. 그 뒤의 "hash join" 문구는 조인 버퍼를 활용해 해시 조인(hash join)으로 처리됐음을 의미한다. "Using join buffer"는 예전 버전에도 있던 문구다. 하지만 MySQL 5.6 버전부터는 "Batched Key Access"나 "Hash join"이 도입되면서 "Using join buffer" 문구에 조인 알고리즘이 추가로 표시된다.

10.3.12.27 Using MRR

MySQL 엔진은 실행 계획을 수립하고 그 실행 계획에 맞게 스토리지 엔진의 API를 호출해서 쿼리를 처리한다. InnoDB를 포함한 스토리지 엔진 레벨에서는 쿼리 실행의 전체적인 부분을 알지 못하기 때문에 최적화에 한계가 있다. 이러한 이유로 아무리 많은 레코드를 읽는 과정이라 하더라도 스토리지 엔진은 MySQL 엔진이 넘겨주는 키 값을 기준으로 레코드를 한 건 한 건 읽어서 반환하는 방식으로밖에 작동하지 못하는 한계점이 있다. 실제 매번 읽어서 반환하는 레코드가 동일 페이지에 있다고 하더라도 레코드 단위로 API의 호출이 필요한 것이다.

MySQL 서버에서는 이 같은 단점을 보완하기 위해 MRR(Multi Range Read)이라는 최적화를 도입했다. MySQL 엔진은 여러 개의 키 값을 한 번에 스토리지 엔진으로 전달하고, 스토리지 엔진은 넘겨받은 키 값들을 정렬해서 최소한의 페이지 접근만으로 필요한 레코드를 읽을 수 있게 최적화한다. MRR이 도입되면서 각 스토리지 엔진은 디스크 접근을 최소화할 수 있게 된다. 간단히 MRR을 사용하는 실행 계획을 한 번 살펴보자.

```
mysql> EXPLAIN
    SELECT /*+ JOIN_ORDER(s, e) */ *
    FROM employees e,
         salaries s
    WHERE e.first_name='Matt'
      AND e.hire_date BETWEEN '1990-01-01' AND '1991-01-01'
      AND s.emp_no=e.emp_no
      AND s.from_date BETWEEN '1990-01-01' AND '1991-01-01'
      AND s.salary BETWEEN 50000 AND 60000;


+----+-------+--------+-----------+---------+------+------------------------------------+
| id | table | type   | key       | key_len | rows | Extra                              |
+----+-------+--------+-----------+---------+------+------------------------------------+
|  1 | s     | range  | ix_salary | 4       | 3314 | Using index condition; Using MRR   |
|  1 | e     | eq_ref | PRIMARY   | 4       |    1 | Using where                        |
+----+-------+--------+-----------+---------+------+------------------------------------+
```

위의 실행 계획은 salaries 테이블에서 읽은 레코드를 이용해 employees 테이블 검색을 위한 조인 키 값들을 모아서 MRR 엔진으로 전달하고, MRR 엔진은 키 값을 정렬해서 employees 테이블을 최적화된 방법으로 접근했음을 의미한다. MRR 최적화와 MRR 최적화를 활용한 조인 방법인 BKA 조인에 대해서는 9.3.1.1절 'MRR과 배치 키 액세스(mrr & batched_key_access)'를 참조하자.

10.3.12.28 Using sort_union(...), Using union(...), Using intersect(...)

쿼리가 index_merge 접근 방법(실행 계획의 type 칼럼의 값이 index_merge)으로 실행되는 경우에는 2개 이상의 인덱스가 동시에 사용될 수 있다. 이때 실행 계획의 Extra 칼럼에는 두 인덱스로부터 읽은 결과를 어떻게 병합했는지 조금 더 상세하게 설명하기 위해 다음 3개 중에서 하나의 메시지를 선택적으로 출력한다.

- Using intersect(...): 각각의 인덱스를 사용할 수 있는 조건이 AND로 연결된 경우 각 처리 결과에서 교집합을 추출해내는 작업을 수행했다는 의미다.
- Using union(...): 각 인덱스를 사용할 수 있는 조건이 OR로 연결된 경우 각 처리 결과에서 합집합을 추출해내는 작업을 수행했다는 의미다.
- Using sort_union(...): Using union과 같은 작업을 수행하지만 Using union으로 처리될 수 없는 경우(OR로 연결된 상대적으로 대량의 range 조건들) 이 방식으로 처리된다. Using sort_union과 Using union의 차이점은 Using sort_union은 프라이머리 키만 먼저 읽어서 정렬하고 병합한 이후 비로소 레코드를 읽어서 반환할 수 있다는 것이다.

Using union()과 Using sort_union()은 둘 다 충분히 인덱스를 사용할 수 있는 조건이 OR 연산자로 연결된 경우에 사용된다. Using union()은 대체로 동등 비교(Equal)처럼 일치하는 레코드 건수가 많지 않은 경우 사용되고, 각 조건이 크다 또는 작다와 같이 상대적으로 많은 레코드에 일치하는 조건이 사용되는 경우는 Using sort_union()이 사용된다. 하지만 실제로는 레코드 건수에 관계없이 각 WHERE 조건에 사용된 비교 조건이 모두 동등 조건이면 Using union()이 사용되며, 그렇지 않으면 Using sort_union()이 사용된다.

10.3.12.29 Using temporary

MySQL 서버에서 쿼리를 처리하는 동안 중간 결과를 담아 두기 위해 임시 테이블(Temporary table)을 사용한다. 임시 테이블은 메모리상에 생성될 수도 있고 디스크상에 생성될 수도 있다. 쿼리의 실행 계획에서 Extra 칼럼에 "Using temporary" 키워드가 표시되면 임시 테이블을 사용한 것인데, 이때 사용된 임시 테이블이 메모리에 생성됐는지 디스크에 생성됐는지는 실행 계획만으로 판단할 수 없다.

```
mysql> EXPLAIN
       SELECT *
       FROM employees
```

```
        GROUP BY gender
        ORDER BY MIN(emp_no);
```

위의 쿼리는 GROUP BY 칼럼과 ORDER BY 칼럼이 다르기 때문에 임시 테이블이 필요한 작업이다. 인덱스를 사용하지 못하는 GROUP BY 쿼리는 실행 계획에서 "Using temporary" 메시지가 표시되는 가장 대표적인 형태의 쿼리다.

```
+----+-------------+-----------+-------+------------------------------+
| id | select_type | table     | type  | Extra                        |
+----+-------------+-----------+-------+------------------------------+
|  1 | SIMPLE      | employees | index | Using temporary; Using filesort |
+----+-------------+-----------+-------+------------------------------+
```

> **주의** 실행 계획의 Extra 칼럼에 "Using temporary"가 표시되지는 않지만, 실제 내부적으로는 임시 테이블을 사용할 때도 많다. Extra 칼럼에 "Using temporary"가 표시되지 않았다고 해서 임시 테이블을 사용하지 않는다고 판단하지 않도록 주의해야 한다. 대표적으로 메모리나 디스크에 임시 테이블을 생성하는 쿼리는 다음과 같다.
>
> - FROM 절에 사용된 서브쿼리는 무조건 임시 테이블을 생성한다. 물론 이 테이블을 파생 테이블(Derived table)이라고 부르지만, 결국 실체는 임시 테이블이다.
>
> - "COUNT(DISTINCT column1)"를 포함하는 쿼리도 인덱스를 사용할 수 없는 경우에는 임시 테이블이 만들어진다.
>
> - UNION이나 UNION DISTINCT가 사용된 쿼리도 항상 임시 테이블을 사용해 결과를 병합한다. (MySQL 8.0 버전부터 UNION ALL이 사용된 경우에는 더이상 내부 임시 테이블을 사용하지 않도록 개선됐다.)
>
> - 인덱스를 사용하지 못하는 정렬 작업 또한 임시 버퍼 공간을 사용하는데, 정렬해야 할 레코드가 많아지면 결국 디스크를 사용한다. 정렬에 사용되는 버퍼도 결국 실체는 임시 테이블과 같다. 쿼리가 정렬을 수행할 때는 실행 계획의 Extra 칼럼에 "Using filesort"라고 표시된다.
>
> 그리고 임시 테이블이나 버퍼가 메모리에 저장됐는지, 디스크에 저장됐는지는 MySQL 서버의 상태 변숫값으로 확인할 수 있다. 다음 예제 쿼리는 실행 계획의 Extra 칼럼에 "Using temporary"가 표시되지 않았다.
>
> ```
> mysql> EXPLAIN
>     SELECT COUNT(DISTINCT last_name)
>     FROM employees;
> ```

```
+----+-------------+-----------+------+------+-------+
| id | select_type | table     | type | key  | Extra |
+----+-------------+-----------+------+------+-------+
|  1 | SIMPLE      | employees | ALL  | NULL | NULL  |
+----+-------------+-----------+------+------+-------+
```

하지만 MySQL 서버의 상태 값을 살펴보면 임시 테이블이 1번 생성됐다는 것을 알 수 있다.

```
-- // 현재 세션의 상태 값을 초기화
mysql> FLUSH STATUS;

mysql> SHOW STATUS LIKE 'Created_tmp%';
+-------------------------+-------+
| Variable_name           | Value |
+-------------------------+-------+
| Created_tmp_disk_tables | 0     |
| Created_tmp_files       | 0     |
| Created_tmp_tables      | 0     |
+-------------------------+-------+

mysql> SELECT COUNT(DISTINCT last_name) FROM employees;
+---------------------------+
| COUNT(distinct last_name) |
+---------------------------+
|                      1637 |
+---------------------------+

mysql> SHOW STATUS LIKE 'Created_tmp%';
+-------------------------+-------+
| Variable_name           | Value |
+-------------------------+-------+
| Created_tmp_disk_tables | 0     |
| Created_tmp_files       | 0     |
| Created_tmp_tables      | 1     |
+-------------------------+-------+
```

임시 테이블에 대한 더 자세한 내용은 9.2.6절 '내부 임시 테이블 활용'을 참조하자.

10.3.12.30 Using where

이미 MySQL 서버의 아키텍처 부분에서 언급했듯이 MySQL 서버는 내부적으로 크게 MySQL 엔진과 스토리지 엔진이라는 두 개의 레이어로 나눠 볼 수 있다. 각 스토리지 엔진은 디스크나 메모리상에서 필요한 레코드를 읽거나 저장하는 역할을 하며, MySQL 엔진은 스토리지 엔진으로부터 받은 레코드를 가공 또는 연산하는 작업을 수행한다. MySQL 엔진 레이어에서 별도의 가공을 해서 필터링(여과) 작업을 처리한 경우에만 Extra 칼럼에 "Using where" 코멘트가 표시된다.

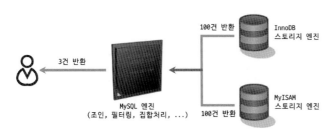

그림 10.12 MySQL 엔진과 각 스토리지 엔진의 처리 차이

그림 10.12와 같이 각 스토리지 엔진에서 전체 200건의 레코드를 읽었는데, MySQL 엔진에서 별도의 필터링이나 가공 없이 그 데이터를 그대로 클라이언트로 전달하면 "Using where"가 표시되지 않는다. 8.3.7.1절 '비교 조건의 종류와 효율성'에서 작업 범위 결정 조건과 체크 조건의 구분을 언급했는데, 실제로 작업 범위 결정 조건은 각 스토리지 엔진 레벨에서 처리되지만 체크 조건은 MySQL 엔진 레이어에서 처리된다. 다음 쿼리를 한번 살펴보자.

```
mysql> EXPLAIN
       SELECT *
       FROM employees
       WHERE emp_no BETWEEN 10001 AND 10100
         AND gender='F';
```

이 쿼리에서 작업 범위 결정 조건은 "emp_no BETWEEN 10001 AND 10100"이며 "gender='F'"는 체크 조건임을 쉽게 알 수 있다. 그런데 처음의 emp_no 조건만 만족하는 레코드 건수는 100건이지만, 두 조건을 모두 만족하는 레코드는 37건밖에 안 된다. 이는 스토리지 엔진은 100개를 읽어서 MySQL 엔진에 넘겨줬지만 MySQL 엔진은 그중에서 63건의 레코드를 그냥 필터링해서 버렸다는 의미다. 여기서 "Using where"는 63건의 레코드를 버리는 처리를 의미한다.

```
+----+-------------+-----------+-------+---------+------+----------+-------------+
| id | select_type | table     | type  | key     | rows | filtered | Extra       |
+----+-------------+-----------+-------+---------+------+----------+-------------+
|  1 | SIMPLE      | employees | range | PRIMARY | 100  |    50.00 | Using where |
+----+-------------+-----------+-------+---------+------+----------+-------------+
```

실행 계획에서 Extra 칼럼에 가장 흔히 표시되는 내용이 "Using where"다. 그래서 가장 쉽게 무시해 버리는 메시지이기도 하다. 실제로 왜 "Using where"가 표시됐는지 전혀 이해할 수 없을 때도 많다. 때로는 프라이머리 키로 한 건의 레코드만 조회해도 "Using where"로 출력되는 문제점도 있었다. 그래서 실행 계획의 Extra 칼럼에 표시되는 "Using where"가 성능상의 문제를 일으킬지 아닐지를 적절히 선별하는 능력이 필요한데, MySQL 8.0에서는 실행 계획에 filtered 칼럼이 같이 표시되므로 쉽게 성능상의 이슈가 있는지 없는지를 알아낼 수 있다. 이 실행 계획에서는 filtered 칼럼의 값이 50%인 것을 보면 옵티마이저는 100건 중에서 50건은 버려지고 최종 남은 50건이 반환될 것으로 예측했다는 것을 알 수 있다.

> **참고**
>
> 위의 쿼리 예제를 통해 인덱스 최적화를 조금 더 살펴보자. 위 처리 과정에서 최종적으로 쿼리에 일치하는 레코드는 37건밖에 안 되지만 스토리지 엔진은 100건의 레코드를 읽은 것이다. 상당히 비효율적인 과정이라고 볼 수 있다. 그런데 employees 테이블에 (emp_no, gender)로 인덱스가 준비돼 있었다면 어떻게 될까? 이때는 두 조건 모두 작업 범위의 제한 조건으로 사용되어 필요한 37개의 레코드만 정확하게 읽을 수 있다.

10.3.12.31 Zero limit

때로는 MySQL 서버에서 데이터 값이 아닌 쿼리 결괏값의 메타데이터만 필요한 경우도 있다. 즉 쿼리의 결과가 몇 개의 칼럼을 가지고, 각 칼럼의 타입은 무엇인지 등의 정보만 필요한 경우가 있다. 이런 경우에는 쿼리의 마지막에 "LIMIT 0"을 사용하면 되는데, 이때 MySQL 옵티마이저는 사용자의 의도(메타 정보만 조회하고자 하는 의도)를 알아채고 실제 테이블의 레코드는 전혀 읽지 않고 결괏값의 메타 정보만 반환한다. 이 경우 실행 계획의 Extra 칼럼에는 "Zero limit" 메시지가 출력된다.

```
mysql> EXPLAIN SELECT * FROM employees LIMIT 0;
```

```
+----+-------------+-------+------+------+------------+
| id | select_type | table | type | key  | Extra      |
+----+-------------+-------+------+------+------------+
|  1 | SIMPLE      | NULL  | NULL | NULL | Zero limit |
+----+-------------+-------+------+------+------------+
```

H - I

J – M

S – T

U - Z